Werner Maser

Der Wortbruch

Hitler, Stalin
und der Zweite Weltkrieg

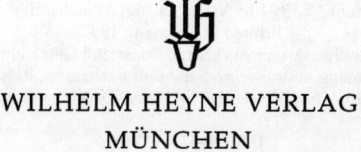

WILHELM HEYNE VERLAG
MÜNCHEN

HEYNE SACHBUCH
19/469

Bildnachweis:
RIA-„Nowosti" S. 18, 98, 214, 311, 339, 345, 360
Helmut Ritgen S. 271, 353
Alle weiteren Fotos: Bilderdienst Süddeutscher Verlag und Privat

Umwelthinweis:
Dieses Buch wurde auf
chlor- und säurefreiem Papier gedruckt.

4. Auflage

Ungekürzte Taschenbuchausgabe im
Wilhelm Heyne Verlag GmbH & Co. KG, München
Copyright © 1994 by Verlag Olzog, München/Landsberg
Printed in Germany 1997
Umschlagillustration: Archiv für Kunst und Geschichte, Berlin
Umschlaggestaltung: Atelier Adolf Bachmann, Reischach
Druck und Verarbeitung: Presse-Druck Augsburg

ISBN 3-453-11764-6

*Meiner Frau Ingrid
In Dankbarkeit*

Vorwort

Dreiundfünfzig Jahre nach dem Ausbruch des deutsch-sowjetischen Krieges polemisierte der russische Historiker Aleksandr I. Boroznjak von der „Ural-Staatsuniversität" in der Januar/Februar Ausgabe 1994 der von der Russischen Akademie der Wissenschaften herausgegebenen Zeitschrift „Vaterländische Geschichte" über den von deutschen Historikern gelegentlich als Beginn eines „Präventivkrieges" interpretierten deutschen Angriff vom 22. Juni 1941 auf die Sowjetunion. Da es inzwischen möglich war, die bis 1990 sorgsamst gehüteten maßgeblichsten sowjetischen Geheimdokumente einzusehen und auszuwerten, erweist sich sein geschichtsfremder Ausfall gegen die deutschen Fachhistoriker, deren Darstellungen den jüngsten Forschungsstand repräsentieren, bestenfalls als absonderliches Mißverständnis der nicht instrumentalisierten Vorgaben seiner eigenen Wissenschaftsdisziplin.

Nicht nur, daß Boroznjak als „Quellen" für seine Argumentation gegen sachkundige deutsche Darstellungen nahezu ausnahmslos Historiker anführt, die weder russisch schreiben noch sprechen können und größtenteils auch seit Jahren wissenschaftlich nichts mehr mit dem deutsch-sowjetischen Krieg zu tun hatten. Er beruft sich darüber hinaus beispielsweise auf eine Rede eines ehemaligen deutschen Bundespräsidenten, auf moralisierende Äußerungen von Schriftstellern wie Ralph Giordano und Heinrich Böll, auf einen Psychoanalytiker und auf eine Reihe namenloser Publizisten und Feuilletonisten, die als historische Laien Meinungen äußern, für die es keine dokumentarischen Belege gibt.

Dem über ein merkwürdiges Verhältnis zur Geschichtsforschung verfügenden russischen Historiker, der unter dem Schirm der Russischen Akademie der Wissenschaften ganz offensichtlich im Namen vieler seiner Kollegen schreibt, wird sicherlich kaum jemand widersprechen, soweit seine Äußerungen das Leid sowjetischer Kriegsgefangener in deutscher Hand und andere bedauernswerte Konsequenzen des deutsch-sowjetischen Krieges betreffen; aber hinsichtlich seiner verqueren und verbiesterten Verquickung der historischen Ereignisse im Zusammenhang mit den sowohl auf deutscher als auch auf sowjetischer Seite synchron betriebenen und inzwischen zweifelsfrei nachweisbaren Vorbereitungen für einen Krieg gegeneinander liefert er das Eingeständnis einer erneuten politischen Instrumentalisierung der Geschichtsschreibung. Auf eine so bestürzend ärmliche Weise, die auch in Rußland vorübergehend als völlig abwegig klassifiziert werden durfte, kann die unheilvolle Vergangenheit nicht einmal annähernd plausibel verständlich gemacht werden.

Es kann längst nicht mehr darum gehen, die ungeheuerlichen Konsequenzen des Krieges aufzuzeigen und davon einseitig und singulär die Ursachen und Anlässe abzuleiten. Zwar zitiert Boroznjak aus der „Iswestija" von 21. Juni 1991 die Bilanz, daß es „sowohl des Mutes zu fragen als auch wissenschaftlicher Anstrengungen" bedürfte, um die Vergangenheit „zu verstehen" und „zu erkennen"; aber daran gehalten hat er sich nicht. Nicht ein einziges Dokument, das geeignet wäre, seine Argumente zu belegen, wird genannt. Nicht einmal die schriftlichen Hinterlassenschaften Molotows und der Militärs Wassilewski und Schukow und jetzt des Stalin-Biographen und Generals Wolkogonow, die sich der historischen Wahrheit – aus welchen Beweggründen auch immer – sehr viel mehr verpflichtet fühlten, gelten ihm als Koordinatensystem.

Daß Stalin nicht nur einmal einen Krieg gegen Hitler führen wollte, ist zweifelsfrei belegbar.* Nachgewiesen werden kann aber auch, daß er die sowjetischen Vorbereitungen für den Krieg gegen Deutschland zumindest seit Ende Dezember 1940 als notwendige Maßnahme zur Auslösung eines Präventivkrieges bezeichnen konnte, wie es auf deutscher Seite 1941 ebenfalls eindeutig der Fall war.

Wer Leopold von Rankes Maxime, daß der Historiker sein Amt wie ein Priester aufzufassen und zu zeigen habe, „wie es eigentlich gewesen" ist, für Makulatur hält, wird niemals den Zustand herbeiführen können, der unser aller Wunsch sein muß: Die zur tatsächlichen Freundschaft führende fugenlose Aussöhnung mit Rußland. Daß sie nur durch die ungeschmälerte Preisgabe der historischen Ereignisse möglich ist, liegt auf der Hand.

Prof. Dr. Werner Maser

---

* Bemerkenswerte Untersuchungen über Stalins Kriegsvorbereitungen liegen seit Jahren unter anderem von Joachim Hoffmann vom Militärgeschichtlichen Forschungsamt Freiburg, von Heinz Magenheimer von der österreichischen Landesverteidigungsakademie und von Ernst Topitsch von der Universität Graz vor. Eine historische Darstellung, die den Ablauf der synchron betriebenen Kriegsvorbereitungen Stalins und Hitlers untersucht und nachvollzieht, fehlte bislang. Diese Lücke soll „Der Wortbruch" schließen.

Inhalt

I. Die Schleuse zum Krieg in Europa

Der Hitler-Stalin-Pakt　　　　　　　　　　　　　　　　　　3

Stalin aus Hitlers und Ribbentrops Sicht (3). – Hitlers Expansionspolitik vor dem „Pakt" (7). – Erste Annäherungsversuche zwischen Berlin und Moskau (8). – Moskau wünscht Normalisierung der Beziehungen (14). – Moskau und das Münchener Abkommen (17). – Sowjetisch-britisch-französische Militärverhandlungen (20). – Stalins Hinwendung zu Hitler (31). – Hitlers Äußerungen zum Pakt (50). – Sowjetische öffentliche Äußerungen zum Pakt (52). – Der Pakt in Hitlers Kalkül (55). – Der Pakt und sowjetische und deutsche Intellektuelle (56). – Der Pakt im Spiegel ausländischer Verlautbarungen (59). – „Hitler-Deutschland" – Vom Aggressor zum Pakt-Partner (60). – Die Westmächte und der Pakt (65). – Vor- und Nachteile für die Pakt-Partner (68). – Die sowjetische Militärdoktrin (71). – Der Weg zum Pakt im Überblick (74).

II. Die unheilvolle Allianz

Vom deutsch-sowjetischen Krieg gegen Polen zum sowjetisch-finnischen Krieg　　　　　　　　　　　77

Im unmittelbaren Vorfeld des Krieges (79). – Der Polen-Feldzug (81). – „Neuaufteilung der Welt" und Zweiter Weltkrieg in Stalins Kalkül (87). – Stalin liquidiert die militärische und politische Elite (88). – Der Kriegsverlauf in Polen (90). – Weshalb Stalin erst am 17. September 1939 in Polen einmarschierte (94). – Stalins Wunsch nach einem weitergehenden Pakt mit Hitler (103). – Deutsch-sowjetischer Grenz- und Freundschaftsvertrag (105). – Bestimmung der jeweiligen deutsch-sowjetischen Interessensphären (106). – Offizielle Parole: „Freundschaft" (119). – Schicksal der Juden (120). – Zankapfel Baltikum (123). – Stalin in Ribbentrops Rückschau (126). – Rüstungsindustrie und Wehrkraft der Pakt-Partner (129). – Schacher um Litauen (139). – Hitlers „Friedensangebot" an die Westmächte (140). – Im Vorfeld des Westfeldzuges (143).

Kontinentaleuropa im Griff der Diktatoren 149

Stalins Finnlandkrieg (149). – Planungen der Westmächte (161). – Konsequenzen der Partnerschaft: Rohstoffe gegen Rüstungsgüter (169). – Finnland: Ein Opfer des Paktes (176). – Unternehmen „Weserübung" (183). – „Weserübung" und die Weltöffentlichkeit (191). – Hitlers Krieg im Westen (192). – Hitler in Paris: Stalin besetzt das Baltikum (201). – Eingliederung Bessarabiens und der Nord-Bukowina in die UdSSR (202). – Der weitere Verlauf des Krieges gegen Frankreich (204). – Frankreich kapituliert: Betroffenheit in Moskau (207). – Auswirkungen der deutsch-sowjetischen Wirtschaftsabkommen (209). – Churchill zwischen Roosevelt und Stalin (210). – Churchills Abhängigkeit von Roosevelt (213). – Moskau: Irritationen über die Erfolge des Pakt-Partners (217).

III. Die Dämmerung des Burgfriedens

Kein west-östlicher Diwan 223

Stalin zwischen Hitler und Churchill (225). – Umorientierung in der deutschen Rüstung (230). – November 1940: Molotow in Berlin (232). – Hitlers altes Ziel: Lebensraum im Osten (249). – 29. November 1940: Erstes Planspiel für den Ostfeldzug (251). – Januar 1941: Hitlers Lagebeurteilung (253). – Fehlkalkulationen Hitlers (257). – Synchrone Vorbereitung auf den Krieg gegeneinander (261)

IV. Das Konkurrenzprogramm

Hitlers Unternehmen „Barbarossa" und Stalins strategischer Aufmarsch von 1941 265

Militärische Planspiele auf sowjetischer Seite (265). – Die Rüstungsindustrie der UdSSR (268). – Theoretische Vorbereitungen für den Aufmarsch (273). – Vorbereitungen für den Aufmarsch (279). – Fehleinschätzungen des deutschen Generalstabes (280). – „Fall Barbarossa" – Für Stalin kein Geheimnis (284). – Präventivkrieg – Vorbereitungen auf beiden Seiten (287). – „Barbarossa" und die sowjetische Aufklärung (293). – Stalins Konzept vom modernen Krieg (296). – Der Balkanfeldzug (303). – Der Aufmarsch der Roten Armee (307). – Irritationen durch Heß' Flug nach England (319). – Wassilewskis operativer Aufmarschplan (324). – Maßnahmen Schukows (329). – Feindbeurteilung des deutschen Generalstabes (333). – „Kriegsgerichtsbarkeit" (340). – Der Aufmarsch in der Endphase (345). – Bis zum letzten Augenblick: Vorgetäuschte Normalität (355). – Neutralitätspakt zwischen Japan und der Sowjetunion (358). – Guderians Warnungen: Kein Kriterium für Hitler (361). – Truppenbewegungen der Roten Armee zur Westgrenze (363). – Hitlers demonstrative Gelassenheit (365). – Antonescu bei Hitler (366). – Verlustschätzungen des deutschen Generalstabes (368). – Ribbentrops Telegramm vom 20. Juni 1941 (370). – Der Tag vor dem deutschen Angriff (373). – Hitler kam Stalin zuvor (375). – Gründe für die deutschen Anfangserfolge (376). – Die Konsequenz des Wortbruchs (379).

V. Anhang

Dokumente	383
Anmerkungen	428
Bibliographie	443
Personenregister	453

I
Die Schleuse zum Krieg in Europa

Der Hitler-Stalin-Pakt

Der Hitler-Stalin-Pakt

Der deutsche Außenminister Joachim von Ribbentrop hatte gemeint, aus Stalins Rede während des XVIII. Parteitages der KPdSU vom 10. März 1939 herauslesen zu können, daß Stalin „die sowjetisch-deutschen Beziehungen zu verbessern"[1] wünschte, weshalb er die Rede umgehend Hitler mit der Bitte vorlegte, ihn „dringend" zu ermächtigen, die erforderlichen Schritte in diese Richtung unternehmen und letztlich einen Pakt zwischen Deutschland und der Sowjetunion vorbereiten zu können. Doch Hitler, der in der Sowjetunion seit Anbeginn seines politischen Engagements ein Staatsgebilde erblickte, mit dem es grundsätzlich keine Gemeinsamkeiten geben dürfte, war – zunächst wenigstens – nicht dazu bereit, die Ambitionen seines Außenministers zu sanktionieren. Die jüngsten Äußerungen Stalins, der – nach Ribbentrops Informationen – erklärt hatte, nicht bereit zu sein, „für gewisse kapitalistische Mächte 'die Kastanien aus dem Feuer zu holen'," bewertete er anders als der Außenminister. „Formal könnte man die Politik der Nichteinmischung wie folgt charakterisieren", hatte Stalin gesagt und erklärt: „Jedes Land möge sich gegen die Aggressoren verteidigen, wie es will und wie es kann, wir scheren uns nicht darum, wir werden sowohl mit den Aggressoren als auch mit ihren Opfern Handel treiben."

Offensichtlich übersehen hatte Ribbentrop folgende Feststellung Stalins: „In Wirklichkeit bedeutet jedoch die Politik der Nichteinmischung eine Begünstigung der Aggression, die Entfesselung des Krieges und folglich seine Umwandlung in einen Weltkrieg. In der Politik der Nichteinmischung macht sich das Bestreben, der Wunsch geltend, die Aggressoren bei der Ausführung ihres dunklen Werkes nicht zu hindern ... zum Beispiel Deutschland nicht zu hindern, sich in die europäischen Angelegenheiten zu verstricken, sich in einen Krieg gegen die Sowjetunion einzulassen, alle Kriegstreiber tief in den Morast des Krieges versinken zu lassen, sie im stillen dazu anzuspornen, dazu zu bringen, daß sie einander schwächen und erschöpfen, dann aber, wenn sie genügend geschwächt sind, mit frischen Kräften auf dem Schauplatz erscheinen und, natürlich ‚im Interesse des Friedens' aufzutreten, um den geschwächten Kriegsteilnehmern die Bedingungen zu diktieren ... nehmen wir zum Beispiel Deutschland. Man trat Deutschland Österreich ab, ungeachtet der Verpflichtung, die Selbständigkeit Österreichs zu verteidigen, man trat ihm das Sudetenland ab, überließ die Tschechoslowakei ihrem Schicksal, womit man allen und jeden Verpflichtungen zuwiderhandelte, und begann dann in der Presse lärmend zu lügen ... Es hat den Anschein, als ob dieser verdächtige Lärm den Zweck hatte, bei der Sowjetunion Wut gegen Deutschland zu erregen, die Atmosphäre zu vergiften und einen Konflikt mit Deutschland zu provozieren, ohne daß dazu sichtbare Gründe vorliegen."[2]

Überhört hatte Ribbentrop offensichtlich nicht nur diese Argumente, die in der kommunistischen Literatur später stärkste Beachtung fanden, sondern auch Stalins drastische Warnung: „Es ist allerdings sehr wohl möglich, daß es in Deutschland Verrückte gibt, die davon träumen, einen Elefanten, d.h. die Sowjetukraine,* einer Mücke, d.h. der sogenannten Karpatho-Ukraine, anzugliedern. Wenn es dort wirklich solche wahnwitzige Leute gibt, so ist nicht daran zu zweifeln, daß sich in unserem Lande in genügender Zahl Zwangsjacken für solche Verrückte finden würden".** Ausgewiesene Kenner Stalins und des sowjetischen Regimes vermochten aus der Rede Stalins nicht herauszuhören, was Ribbentrop für

---

* Im Februar und März bewegte die sowjetische Führung die Sorge, daß Hitler möglicherweise die sogenannte Karpatho-Ukraine als Basis für einen Krieg gegen die Sowjetunion erobern und Polen sich der Sowjetukraine bemächtigen wollte. Mitte März bekundete Hitler jedoch öffentlich, daß er weder die Karpatho-Ukraine noch eine „Groß-Ukraine" wolle, was in Großbritannien als Zeichen dafür gewertet wurde, daß er (vorerst jedenfalls) nicht einen Krieg gegen die Sowjetunion, sondern ein Arrangement mit ihr anstrebe, was Stalin am 10. März zwangsläufig nicht wissen konnte. Aufschlußreich erscheint eine Tagebucheintragung Alfred Rosenbergs noch vom 15. Juni 1939 (Das politische Tagebuch Alfred Rosenbergs, München 1964, S. 174 f.): „Die West-Ukraine mit der Großukraine, wozu politisch das ganze ... Dongebiet zuzurechnen wäre ... umfaßt die landwirtschaftlich und auch mineralogisch reichsten Gebiete der Sowjetunion ... Alle ... aufgeworfenen Fragen können allein vom Führer entschieden werden." Fortan zitiert: Rosenberg, Tagebuch ...

** Stalin, Fragen des Leninismus, Ost-Berlin 1951, S. 689. Hinsichtlich der Interpretation der Stalin-Rede ist Ribbentrop möglicherweise den Berichten seines Mitarbeiters Peter Kleist gefolgt, der seinen eigenen Mythos „webte" und später einen Großteil der (zumindest deutschen) Historikerschaft irreführte. Trotz aller inzwischen vorliegenden Quellen und Publikationen ist nicht eindeutig zu entscheiden, ob die Initiative für die Beziehungsverbesserung auf deutscher Seite von Ribbentrop oder von Gustav Hilger, dem deutschen Gesandtschaftsrat und Handelsattaché an der deutschen Botschaft

gegeben hielt, nämlich ein Angebot Stalins an Deutschland, sich mit der Sowjetunion zu arrangieren. Daß die deutschsprachige Forschung dennoch bis in die jüngste Zeit hinein darauf baute, in jenem 10. März den ersten Schritt für die Kursänderung Stalins gegenüber Deutschland sehen zu können, haben nicht nur Philipp W. Fabry, Walther Hofer, F.A. Krummacher, Helmut Lange, J.W. Brügel und Andreas Hillgruber bewiesen.

Hitler, weitaus hellhöriger und instinktsicherer als Ribbentrop, dem er im Herbst 1943 erklärte, „wenn ich mich heute mit Rußland einige, packe ich es morgen wieder an — ich kann halt nicht anders,"[3] mußte bis August 1939 angesichts der außenpolitischen Ereignisse und der geheim gehaltenen deutschen Versuche, sich mit Großbritannien zu arrangieren, betonte Rücksicht auf englische Reaktionen nehmen. So konnte er die Intentionen seines Außenministers schon daher keineswegs offiziell gutheißen, auch wenn er dem sowjetischen Botschafter während des Neujahrsempfanges des diplomatischen Korps am 1. Januar 1939 besonders entgegenkommend und auch in seiner Rede vom 30. Januar 1939 gegenüber der Sowjetunion — bis dahin ebenso ungewöhnlich — betont zurückhaltend gewesen war. Daß Diplomaten des Auswärtigen Amtes gleichzeitig in London und Moskau über eventuelle künftige Gemeinsamkeiten verhandelten, deren Ziel die Ausschaltung des jeweiligen anderen Lagers war, erschien ihm zunächst sekundär. Da er sich Anfang 1939 — im Gegensatz zu später — noch nicht zu der Einsicht durchgerungen hatte, daß „man sich in Wirtschaftsdingen nicht von ideologischen Erwägungen leiten lassen"[4] dürfte, kostete es ihn in dieser Vorkriegsphase weder Anstrengungen noch Mühe, seine Weisungen und Verlautbarungen mit seinen tatsächlichen Vorstellungen zu identifizieren. Noch am 23. Mai 1939 hörten die Militärs Brauchitsch, Keitel, Milch, Halder, Bodenschatz, Raeder, Göring, Warlimont, Schmundt, Engel, Albrecht und Below ungeschminkt von ihm, wovon er überzeugt war: Zu Rußland, so erklärte er ihnen, seien „wirtschaftliche Beziehungen nur möglich, wenn [die] politischen Beziehungen sich verbessert"[5] hätten.

Fortsetzung Fußnote von vorheriger Seite

in Moskau, von Karl Schnurre, dem Vortragenden Legationsrat im Auswärtigen Amt oder von Friedrich Werner Graf von der Schulenberg, dem deutschen Botschafter in Moskau, ausging. Vgl. dazu unter anderem: Fleischhauer, Ingeborg, Der Pakt. Hitler, Stalin und die Initiative der deutschen Diplomatie 1938–1939, Berlin und Frankfurt am Main 1990, S. 27 f. Fortan zit.: Fleischhauer, Der Pakt ... und Herwarth, Hans von, Zwischen Hitler und Stalin. Erlebte Zeitgeschichte 1931–1945, Frankfurt am Main 1982, S. 162.

Daß er sich 13 Tage zuvor bereits spontan für eine deutsch-russische Koalition entschieden gehabt hatte, wie Joseph Goebbels und General Ernst Köstring mutmaßten, gehört in den Bereich der zahlreichen Legenden, soweit es diesen Aspekt betrifft. Köstring, der als deutscher Militärattaché in Moskau den Militärparaden der Roten Armee zum 1. Mai auf dem „Roten Platz" beigewohnt und Hitler einen – von der Ehefrau eines am Roten Platz wohnenden westlichen Waffenattachés heimlich gedrehten – Film darüber mitgebracht hatte, hatte gemeint, aus einer Bemerkung Hitlers über Stalin („Ich wußte gar nicht, daß Stalin eine solch sympathische und kraftvolle Persönlichkeit ist") eine derartige Folgerung ziehen zu können.*

Als einigermaßen zuverlässig belegt dagegen kann gelten, was Peter Kleist einem russischen Informanten am 19. Juni 1939 über Hitlers plötzliche intensive Beschäftigung mit der Sowjetunion berichtete. Danach hatte sich Hitler in der Woche zuvor „eingehend mit der Sowjetunion" befaßt und gegenüber von Ribbentrop geäußert, daß „nach der Lösung der polnischen Frage" darauf hingearbeitet werden müsse, „eine neue Rapallo-Etappe"** zu inszenieren und „eine gewisse Zeitlang gegenüber Moskau eine Politik des Gleichgewichts und der wirtschaftlichen Zusammenarbeit"[6] zu betreiben.

Die Verbesserung der deutsch-sowjetischen Beziehungen durch ein vertragliches Arrangement kam sowohl der Sowjetunion als auch dem Dritten Reich im Herbst 1939 sehr gelegen. Die Geschichte vom 23. August 1939 bis zum 22. Juni 1941 beweist dies überzeugend. Bis August 1939 hatten zwar sowohl Stalin als auch Hitler gehofft, sich mit Mächten verbünden zu können, die sie in einem – nach ihrer Auffassung „unvermeidlichen" – Krieg gegeneinander gegebenenfalls an ihrer Seite würden sehen

---

* Vgl. Fleischhauer, Der Pakt, S. 237 und S. 499. Sowohl bei Goebbels als auch bei Köstring (1885 in Moskau geboren und dort zur Schule gegangen) spielten persönliche Wünschbarkeiten eine maßgebliche Rolle. Doch anders als Ribbentrop hatte Köstring aus Stalins Rede vom 10. März 1939 nicht unbedingt ein Angebot an Deutschland herausgehört. „Man muß sich fragen", schrieb er beispielsweise am 13. März 1939 an den deutschen Botschaftsrat Werner von Tippelskirch, „welchen Zweck befolgt Stalin damit, daß er uns ausgesprochen milde, wenn nicht gar wohlwollend behandelt ... Aus Liebe zu uns tut Stalin es sicher nicht." Vgl. Teske, Hermann, Ernst Köstring, Der militärische Mittler zwischen dem Deutschen Reich und der Sowjetunion 1921–1941, Frankfurt a.M. 1965, S. 223 ff.

** Mit dem am 16. April 1922 zwischen Deutschland und Sowjetrußland in Rapallo bei Genua abgeschlossenen Vertrag war nach dem Ersten Weltkrieg hinter dem Rücken der kritisierten Westmächte eine neue Regelung der deutsch-russischen Beziehungen eingeleitet worden.

können, doch beiden war das nicht gelungen. Hitler hatte auf Großbritannien gesetzt, Stalin auf Großbritannien und Frankreich.

Den Ablauf und den Wandel der verbindlichen Vorgaben Hitlers und Stalins, der im August an einen Krieg gegen Deutschland dachte, in dem England und Frankreich an der Seite der Sowjetunion hatten fechten sollen, während Hitler sich seit April auf seinen Krieg gegen Polen vorbereitete, spiegeln vor allem die amtlichen Akten zur Deutschen Auswärtigen Politik differenziert wider. Und sie zeigen – trotz der konventionellen diplomatischen Sprache und der betonten Rücksichtnahme auf völkerrechtliche Gepflogenheiten – zugleich auch, daß die synchron agierenden Diktatoren sich nicht nur so zögernd näherten, weil sie sich anderswo arrangieren zu können hofften. Der „Anschluß" Österreichs im April 1938, das Verhalten der Westmächte im Zusammenhang mit dem Münchener Abkommen vom 29. September 1938 und dessen „Beachtung" durch Hitler sowie die deutsche Kündigung des deutsch-englischen Flottenabkommens von 1935 (28. April 1939), der deutsch-polnischen Nichtangriffserklärung von 1934 (ebenfalls 28. April 1939) und der Abschluß des deutsch-italienischen „Stahlpaktes" (22. Mai 1939), blockierten nach Stalins Ansicht sowohl die durchaus mögliche Überbrückung der ideologischen Gegensätze als auch die Anknüpfung an die von Hitler unterbundenen deutsch-russischen Beziehungen aus der Zeit der Weimarer Republik. Die in Fragen gekleideten Argumente A.J.P. Taylors hinsichtlich der zögernden Bereitschaft Hitlers, sich der Sowjetunion politisch zu nähern, beruhen auf puren Spekulationen. Hitler hielt sich so lange zurück, nicht weil er womöglich „einen Agenten in Whitehall oder im Kreml" oder gar „eine Direktleitung zu Stalin persönlich" hatte und sicher war, daß „die Russen von allein auf seine Seite überwechseln würden", wie Taylor mutmaßte,* sondern weil er sich nicht vorstellen konnte, plötzlich seine jahrzehntelang aufdringlich verfochtene Weltanschauung ad absurdum führen zu müssen.** In dieser Hinsicht unterschied er sich grundsätzlich von Stalin, der es dem „Apparat" der KPdSU über-

---

* Taylor, Die Ursprünge des Zweiten Weltkrieges, Die Jahre 1933–1939, München 1962, S. 290. Fortan zit. Taylor, Ursprünge des Zweiten Weltkrieges ... „Wir wissen nichts", resümierte Taylor (ebenda) und folgerte fälschlich, daß es „wahrscheinlich ... einfach die unerschütterliche Überzeugung des Spielers" gewesen sei, die Hitlers diesbezügliches Verhalten bestimmt habe.

** Daß in Deutschland lange Zeit „Hitler das Haupthindernis für eine russische-deutsche Annäherung" darstellte, hat der amerikanische Historiker David J. Dallin bereits 1944 festgestellt. Vgl. Dallin, David J., Soviet Russia's Foreign Policy, New Haven 1944, S. 22 und 27 ff.

ließ, seine Entscheidungen nachträglich für die Öffentlichkeit zu interpretieren, der sich sowohl er als auch Hitler zu der Zeit tunlichst zu entziehen bemühten, soweit es um die Gestaltung ihrer gegenseitigen Beziehungen ging.

Unterhalb der höchsten Ebene sowohl in Moskau als auch in Berlin allerdings bemühten sich Diplomaten, spätestens nach Hitlers Entscheidung vom 3. April 1939, den Krieg gegen Polen militärisch unmittelbar vorzubereiten*, deutsch-russische Verhältnisse auszubauen, wie sie zur Zeit der Weimarer Republik unter dem Schirm der Verträge von Rapallo und Berlin** zumindest bestanden hatten. Zu der Zeit waren beispielsweise über eine „Gesellschaft zur Förderung gewerblicher Unternehmungen" (GEFU) ein Konzessionsvertrag der Dessauer Flugzeugwerke Junkers zur Errichtung eines Zweigwerkes in Fili bei Moskau zur Herstellung von Metallflugzeugen und Motoren zustande gekommen und bei Samara durch eine deutsch-russische Bersol AG eine Fabrik zur Produktion von Giftgas und Artilleriemunition errichtet worden. In Tula, Leningrad und Schlüsselburg hatten Fabriken unter der Verwaltung der Krupp-Werke Munition am laufenden Band produziert.

Die Diplomaten beider Seiten, deren Kooperation jeweils durch politisch instrumentalisierte, ideologisch artikulierte Vorgaben gravierend behindert wurde, gaben sich nahezu ausnahmslos große Mühe, im Rahmen der ihnen auferlegten Grenzen Beziehungen herzustellen, die zur gegebenen Zeit als Plattformen für Entscheidungen dienen konnten, wie sie im Juli 1939 schließlich zaghaft einsetzten. So erklärte beispielsweise der sowjetische Botschafter Merekalow dem deutschen Staatssekretär Ernst von Weizsäcker, den er von sich aus im Auswärtigen Amt in Berlin aufgesucht hatte, am 17. April 1939, daß ideologische Meinungsverschiedenheiten das deutsch-russische Verhältnis sowenig zu beeinflussen

---

* Weisung „Fall Weiß". Sie begann mit dem Passus: „Die gegenwärtige Haltung Polens erfordert es, über die bearbeitete Grenzsicherung Ost hinaus die militärischen Vorbereitungen zu treffen, um nötigenfalls jede Bedrohung von dieser Seite für alle Zukunft auszuschließen." Vgl. Hubatsch, Walther, Hitlers Weisungen für die Kriegführung 1933–1945. Dokumente des Oberkommandos der Wehrmacht, München 1965, S. 19 ff. Fortan zit.: Hubatsch, Hitlers Weisungen ...
** Der „Berliner Vertrag" oder „Neutralitätsvertrag" vom 24. April 1926 zwischen Deutschland und Sowjetrußland basierte auf dem Vertrag von Rapallo vom 16. April 1922. Die Vertragsgegner versicherten einander, über alle politischen und wirtschaftlichen Fragen „eine Verständigung herbeizuführen", im Falle eines Angriffes durch eine oder mehrere dritte Mächte „Neutralität zu wahren" und sich eventuellen Boykotts seitens fremder Mächte nicht anzuschließen. Der zunächst auf 5 Jahre geschlossene Vertrag wurde am 24. Juni 1931 durch das Moskauer Protokoll bis zum 30. Juni 1933 verlängert.

brauchten, wie dies bei den russisch-italienischen Beziehungen der Fall sei. „Es bestehe für Rußland kein Grund, warum es nicht mit uns auf normalem Fuß leben sollte", notierte Weizsäcker als Äußerung Merekalows.[7] Da ein russischer Diplomat derartige Annäherungsversuche keineswegs ohne Anweisungen „von oben" unternehmen durfte, konnte Ribbentrop glauben, im Zusammenhang mit seinem Vorstoß bei Hitler, der zu der Zeit vor der Sowjetunion nicht gerade großen Respekt zu haben schien,* nicht womöglich bloßen Wunschvorstellungen gefolgt zu sein. Die überraschende und aufsehenerregende Ablösung des jüdischen sowjetischen Außenministers Maxim Maximowitsch Litwinow am 3. Mai 1939 und dessen Ersetzung durch Molotow** mußte auch Hitler zu Überlegungen anregen, die bis dahin nicht in den Rahmen seiner Vorstellungen gepaßt hatten. Doch darauf war die Entscheidung Stalins, der stets mißtrauisch nach Berlin blickte, ganz offensichtlich angelegt. Nicht zufällig bemühte sich der sowjetische Botschaftsrat Astachow dann auch bereits am 5. Mai 1939, vom deutschen Vortragenden Legationsrat Karl Schnurre zu erfahren, ob „dieses Ereignis" in Berlin „zu einer veränderten Einstellung der Sowjetunion gegenüber"[8] führen werde. Der deutsche Botschafter Friedrich Werner Graf von der Schulenburg meinte am 20. Mai 1939 nach einer einstündigen Unterredung mit Molotow zwar, daß Molotow hinsichtlich der Verbesserung der deutsch-sowjetischen Beziehungen „Zeit gewinnen, sich im Augenblick mit uns nicht engagieren und uns bei etwaigen politischen Vorschlägen [den] Vortritt überlassen möchte",[9] wie auch zehn Tage danach von Weizsäcker in einem Bericht sinngemäß notierte: „Der sowjetische Geschäftsträger*** besuchte mich heute vormittag auf meinen Wunsch", schrieb er am 30. Mai 1939 und fuhr fort: „Er unterstrich stark die Möglichkeit einer sehr reinlichen Scheidung zwischen innenpolitischen Maximen einerseits und außenpolitischer Einstellung andererseits ... [und] brachte zum Schluß vor, daß die ideologische Scheidewand zwischen Moskau und Berlin eigentlich doch von uns aufgerichtet worden sei".[10]

---

* In der – den Angriff gegen Polen betreffenden – Weisung „Fall Weiß" vom 3. April 1939 hieß es unter anderem: „Ein Eingreifen Rußlands, soweit dieses dazu fähig sein sollte, wird Polen aller Voraussicht nach nichts nützen ..." Hubatsch, Hitlers Weisungen ..., S. 19.
** Daß die Ablösung Litwinows eine mögliche Folge der gegen den US-Präsidenten Roosevelt gerichteten Rede Hitlers vom 28. April 1939 gewesen sei, ist nicht zu belegen.
*** Bei ausländischen Regierungen akkreditierte diplomatische Vertreter (im Range nach Botschafter und Gesandtem).

Doch bereits am 15. Juni 1939 konnte der Unterstaatssekretär Ernst Woermann protokollieren: „Der bulgarische Gesandte suchte mich heute auf und teilte mir vertraulich folgendes mit: der sowjetrussische Geschäftsträger, mit dem er in keinerlei engerer Beziehung stehe, habe ihn gestern ohne sichtlichen Anlaß aufgesucht und sei zwei Stunden bei ihm geblieben. Das lange Gespräch, bei dem nicht mit Sicherheit zu erkennen gewesen sei, ob es die persönlichen Ansichten des Herrn Astachow oder die Ansichten der Sowjetregierung wiedergegeben habe, lasse sich etwa folgendermaßen zusammenfassen:

Die Sowjetunion stehe der augenblicklichen Weltlage zögernd gegenüber. Sie schwankte zwischen drei Möglichkeiten, nämlich dem Abschluß des Paktes mit England und Frankreich, einer weiteren verzögernden Behandlung der Paktverhandlungen und einer Annäherung an Deutschland. Gefühlsmäßig läge der Sowjetunion diese letzte Möglichkeit am nächsten, wobei weltanschauliche Fragen nicht mitzuspielen brauchten ...

Hindernd sei aber die Furcht vor einem deutschen Angriff, entweder durch die baltischen Staaten oder durch Rumänien ... Wenn Deutschland die Erklärung abgeben würde, daß es die Sowjetunion nicht angreifen wolle oder mit ihr einen Nichtangriffspakt abschließen würde, so würde die Sowjetunion wohl von dem Vertragsabschluß mit England absehen. Die Sowjetunion wisse jedoch nicht, was Deutschland eigentlich wolle ..."[11]

Die Äußerungen Hitlers, der hinsichtlich seiner öffentlichen Bekundungen über internationale Beziehungen Rücksicht auf die Reaktionen in England nahm, wo er um Sympathien warb und seit Mitte April 1939 zunächst Vertreter einzelner deutscher Industriellenverbände mit britischen Industriellen und seit Anfang Juni auch Mitarbeiter Ribbentrops mit Mitgliedern des Londoner Außenministeriums über ein deutsch-englisches Arrangement verhandeln ließ, nährten in Moskau derartige Fragen, Zweifel und Irritationen, zumal dort die umständlichen britisch-französisch-sowjetischen Geheimverhandlungen zu der Zeit weder ein Ende noch Ergebnisse im Sinne Stalins erwarten ließen.* Zwar bemühte sich Hitler,

---

* 1959 verstiegen M. Andrejewa und K. Dmitrijewa (Meschdunarodnaja Shisn, Nr. 2 und 3, Moskau 1959) sich – richtungsweisend für die marxistisch-leninistische Geschichtsschreibung – zu der Behauptung, daß die Verhandlungen „von England und Frankreich hintertrieben" worden seien, weil sie eine „kollektive Sicherheit sowie die Zusammenarbeit mit der Sowjetunion" nicht wünschten und Hitler zeigen wollten, „wohin die Aggression zu richten" sei. Vgl. Deutsche Außenpolitik, H. 5, Ost-Berlin 1959, S. 541 ff. Selbst Stalins Biograph, der General und Philosophie-Professor Dimitri Wolkogonow (deutsche Ausgabe: Stalin. Triumph und Tragödie. Ein politisches Porträt, Düsseldorf, 2. Aufl. 1990. Fortan zit.: Wolkogonow, Stalin ...), ist diesen Vorgaben (u.a. S. 466 f.) gefolgt.

Auszug aus den handschriftlichen Aufzeichnungen des Generalstabsoffiziers Oberstleutnant Schmundt über Feststellungen Hitlers während einer Besprechung vom 23. Mai 1939 mit Göring und den Militärs Brauchitsch, Keitel, Milch, Raeder, Halder, Bodenschatz, Warlimont, Schmundt, Engel, Albrecht und Below über die „Lage und Ziele der Politik":

„Die 80 Millionen Masse hat die ideellen Probleme gelöst. Die wirtschaftlichen Probleme müssen gelöst werden. Um die Schaffung der wirtschaftlichen Voraussetzungen hierzu kommt kein Deutscher herum. Zur Lösung der Probleme gehört Mut. Es darf nicht der Grundsatz gelten, sich durch Anpassung an die Umstände einer Lösung der Probleme zu entziehen. Es heißt vielmehr, die Umstände den Forderungen anzupassen. Ohne Einbruch in fremde Staaten oder Angreifen fremden Eigentums ist dies nicht möglich.

Der Lebensraum, der staatl. Größe angemessen, ist die Grundlage für jede Macht. Eine Zeit lang kann man Verzicht leisten, dann aber kommt die Lösung der Probleme so oder so. Es bleibt die Wahl zwischen Aufstieg oder Abstieg. In 15 oder 20 Jahren wird für uns die Lösung zwangsweise notwendig. Länger kann sich kein deutscher Staatsmann um die Frage herumdrücken.

Z. Zt. befinden wir uns im Zustand nationalen Hochgefühls in gleicher Gesinnung mit 2 anderen Staaten: Italien und Japan.

Die zurückliegende Zeit ist wohl ausgenützt worden. Alle Schritte waren folgerichtig auf das Ziel ausgerichtet."

diesen Trend nicht zu blockieren, doch ganz gelang ihm dies nicht, zumal seine Überzeugung, in Rußland „Raum" okkupieren zu müssen, nach wie vor zu den tragenden Säulen seiner Weltanschauung gehörte. Erst am 23. Mai hatte er die Militärs Brauchitsch, Keitel, Halder, Bodenschatz, Warlimont und einige andere noch einmal darauf eingeschworen. Während Hitler Anfang Juni zur Kenntnis nahm, daß Molotow den deutschen Botschafter „zu politischen Gesprächen aufgefordert" habe,[12] sandte er an Franco anläßlich der Siegesfeier der spanischen Falange am 9. Juni ein Glückwunschtelegramm, in dem es unter anderem hieß: „Der Führer erwiderte mit seinen und des deutschen Volkes aufrichtigen Wünschen für eine glückliche Zukunft Spaniens, indem er seiner Überzeugung Ausdruck gab, daß der gemeinsam durchgeführte Kampf gegen den kultur- und völkerzerstörenden Bolschewismus zwischen dem deutschen und spanischen Volk ein Band unlösbarer Gemeinschaft geschaffen hat."[13] Er konnte „halt nicht anders", wie er Ribbentrop gegenüber im Herbst 1943 selbst eingestand. Hitlers Verhältnis zu seiner „Weltanschauung" bestimmte gewöhnlich nicht nur seine spontanen Äußerungen, sondern auch seine Entscheidungen, die er in sehr vielen Fällen vor sich herschob, bis sie sich von selbst erledigt hatten oder aber als Fait accompli nur noch der Bestätigung bedurften.

Anders Stalin. Er war in der Lage, sich innerhalb eines Tages vom Saulus zum Paulus zu wandeln, ohne sich auch nur darum zu kümmern, wie sein „Apparat" derartige Häutungen propagandistisch aufbereitete. Während er sich beispielsweise bis zum 19. August 1939 mit der Vorstellung identifizierte, mit England, Frankreich und Polen einen Krieg gegen Deutschland führen zu wollen, entschied er sich am 20. August ohne Skrupel, das krasse Gegenteil in Kauf zu nehmen. Ihm behagte der Nationalsozialismus zwar ebensowenig wie Hitler der Bolschewismus, doch sein Denken orientierte sich gewöhnlich mehr an den Realkategorien, als dies bei Hitler der Fall war, der in mancher Hinsicht mehr Skrupel als sein Gegenspieler hatte. Stalin behielt – auch nach dem Abschluß seines Paktes mit Hitler im August 1939 – unentwegt im Auge, daß Hitler seine alte programmatische Forderung nach „Lebensraum im Osten"[14] über kurz oder lang in die Tat umsetzen würde. „Ich bin nicht so einfältig", erklärte er am 1. Juli 1940 beispielsweise dem britischen Botschafter in Moskau, Stafford Cripps, „den deutschen Versicherungen zu glauben, sie hätten keinen Wunsch nach Hegemonie [in Europa]; aber ich bin von der physischen Unmöglichkeit überzeugt, da Deutschland nicht über die dazu notwendige Seemacht verfügt."[15]

Weizsäcker protokollierte am 18. Juni 1939: „Ich selbst hatte vor 14 Tagen dem [sowjetischen] Geschäftsführer nach einer persönlichen Instruktion des Führers zu sagen: Ihr könnt unsere Freunde oder unsere Feinde sein, ganz wie ihr wollt."[16] Astachow ließ er am 17. Juni 1939 vom deutschen Botschafter Schulenburg, der sich vom 12. bis 24. Juni 1939 in Deutschland aufhielt, die Ende Mai/Anfang Juni von Ribbentrop und dessen Mitarbeitern formulierten Vorschläge über „die Vertiefung wirtschaftlicher Beziehungen" und über eine allgemeine Verbesserung der deutsch-sowjetischen Beziehung vortragen und ihm zugleich warnend erklären, daß „Rußland ... zu wählen" habe – zwischen Deutschland und den anderen beiden Westmächten.

Schulenburg hegte trotz der Vorbehalte Hitlers die Hoffnung, daß das Eis gebrochen sei. Astachow hatte in Berlin „gleich nach den einleitenden Worten" seiner „Genugtuung Ausdruck" verliehen „daß die politische Atmosphäre" zwischen Deutschland und der Sowjetunion allmählich besser würde, was beiden Ländern nur zum Nutzen gereichen könne.[17] Doch bereits am Tage nach seiner Rückkehr nach Moskau kamen die vor allem von Karl Schnurre engagiert forcierten Verhandlungen über ein deutsch-sowjetisches Wirtschaftsabkommen, auf das besonders Hermann Göring als Beauftragter des Vierjahresplanes hoffnungsvoll gewartet hatte, zum Stillstand. Hitler registrierte dies verärgert, obwohl er – nach vorausgegangenem Drängen – bereits am 20. Juni entschieden hatte, „an einer Wiederaufnahme der Wirtschaftsbesprechungen zur Zeit nicht interessiert zu sein."[18]

Angesichts der alten freundschaftlich engen Beziehungen zwischen Stalin und Molotow konnten die Exponenten nicht nur des deutschen Auswärtigen Amtes davon ausgehen, daß Molotow jeweils wiederholte, was Stalin dachte und sagte. Als von der Schulenburg am Nachmittag des 29. Juni 1939 mit Molotow im Kreml zusammentraf, konnte er feststellen, daß der Russe die ihm vorgetragenen deutschen Wünsche und Vorleistungen hinsichtlich der Normalisierung der deutsch-sowjetischen Beziehungen zwar „mit Genugtuung zur Kenntnis" nahm, er mußte aber auch erkennen, daß er auf Vorbehalte stieß. „Mein Eindruck geht dahin", telegrafierte er nach Berlin, „daß die Sowjetregierung großes Interesse hat, unsere politische Auffassung kennenzulernen und den Kontakt mit uns aufrecht zu erhalten. Obwohl bei allem, was Molotow äußerte, ein starkes Mißtrauen unverkennbar war, bezeichnete er doch [eine] Normalisierung [der] Beziehungen zu Deutschland als erwünscht und möglich."[19]

Doch Hitler entschied nach der Lektüre des Schulenburg-Telegramms: „Man soll den Russen (mit einigen Tagen Verzögerung) mitteilen, daß man aus ihrem Verhalten ersähe, daß sie die Fortführung weiterer Gespräche von der Annahme der Grundlagen unserer Wirtschaftsbesprechungen* ... abhängig machten. Da diese Basis für uns nicht tragbar sei, wären wir an einer Wiederaufnahme der Wirtschaftsbesprechungen mit Rußland zur Zeit nicht interessiert."[20] Am 30. Juni 1939 teilte Weizsäcker dem deutschen Botschafter in Moskau im Auftrage Ribbentrops mit, daß nach Lage der Dinge „auf politischem Gebiet nunmehr bis auf weitere Weisung genügend gesagt" worden sei „und daß im Augenblick das Gespräch von uns aus nicht wieder aufzunehmen"[21] wäre.

So engagiert nun aus Moskau gedrängt wurde, endlich „eine Normalisierung der Beziehungen zur Sowjetunion" hergestellt zu sehen, so desinteressiert gab sich Hitler öffentlich. Durch die Reichspressestelle der NSDAP ließ er am 10. Juli bekanntgeben, daß am 2. September der „Reichsparteitag des Friedens"** beginnen werde, empfing Diplomaten, Politiker und andere Staatsgäste, beförderte Offiziere, zeichnete Ministerialbeamte, Schauspieler und Architekten aus, nahm (am 6. Juli) an einem Rundflug der neuen Condor-Maschine „Grenzmark" teil, mit der sein Außenminister von Ribbentrop im August zum Abschluß des Hitler-Stalin-Paktes nach Moskau fliegen sollte, veranstaltete am 14. Juli einen festlichen Empfang zum „Tag der Deutschen Kunst 1939",*** der als „wahres Friedensfest" in die Geschichte eingehen sollte,[22] beehrte Tagungen, legte Kränze nieder, schritt Ehrenformationen ab und hielt am 16. Juli eine „Kulturrede".**** Die Welt sollte glauben, daß er derzeit nur an den Frieden und an die Kultur denke und von aktuellen außenpolitischen Problemen nicht bedrängt werde.

---

* Wovon im Gespräch zwischen Molotow und Schulenburg ebenfalls die Rede gewesen war.
** Diese Bezeichnung hatte er bereits in einer Rede vom 1. April 1939 in Wilhelmshaven angekündigt. Der Parteitag fiel infolge des am 1. September 1939 begonnenen Polenfeldzuges aus.
*** Zum Empfang war auch Astachow eingeladen worden, was die Sowjetregierung mit „Befriedigung" zur Kenntnis genommen hatte. Die Aufmerksamkeit, die dem sowjetischen Diplomaten in München zuteil geworden war, bewertete Wladimir Petrowitsch Potemkin, der sowjetische Stellvertretende Volkskommissar für Äußeres, am 27. Juli 1939 gegenüber Schulenburg in Moskau außerordentlich positiv „für die beiderseitigen Beziehungen". Akten zur Deutschen Auswärtigen Politik, D VI, Nr. 724.
**** Es war seine letzte Rede dieser Art; veröffentlicht im „Völkischen Beobachter" vom 17. Juli 1939.

Stalin und Molotow, die trotz ihrer anderslautenden offiziellen und öffentlichen Bekundungen eine konsequente Kollisionspolitik gegenüber Deutschland – mit dem Ziel der Errichtung einer Weltherrschaft – betrieben, reagierten auf die für sie symptomatische Weise. Sie registrierten Hitlers „kulturpolitischen" Aktivismus und die Abstinenz öffentlicher antisowjetischer Äußerungen und ordneten sie ebenso ein, wie sie ihre Aktivitäten eingeordnet zu sehen wünschten. Molotow erklärte, so berichtete der deutsche Botschafter am 3. Juli 1939, einen Tag nachdem Hitler, Brauchitsch, Keitel und Himmler in Hamburg am Staatsakt für den am 28. Juni verstorbenen Kommandierenden General* Knochenhauer teilgenommen hatten, daß die „Sowjetregierung entsprechend den Verlautbarungen ihrer Leiter gute Beziehungen zu allen Staaten wünsche und daher – unter Voraussetzung der Gegenseitigkeit – auch eine Normalisierung der Beziehungen zu Deutschland begrüßen würde.** Daß die Beziehungen derzeit „schlecht geworden" seien, betonte er, könne nicht der Sowjetregierung zur Last gelegt werden.[23]

In Berlin wurde jedoch weiterhin hinhaltend taktiert. Das verabredete Wirtschafts- „Gespräch mit [dem Politbüro-Mitglied Anastas Iwanowitsch] Mikojan wird ... nicht so zu führen sein", telegrafierte Weizsäcker im Stile einer Weisung an die deutsche Botschaft in Moskau, „daß es den Charakter einer deutschen Pression annimmt. Vielmehr ist unser Standpunkt sachlich und nüchtern darzulegen und das Weitere den Russen zu überlassen. Wir dürfen uns keinesfalls in die Lage eines Petenten begeben."[24]

---

* Um Laien nicht zu irritieren, wird auf die Differenzierung der Generalsränge verzichtet, zumal sie in Deutschland und in der Sowjetunion unterschiedlich waren. Es heißt (außer bei Feldmarschällen) grundsätzlich: General ...
** Während dieses Gespräches, in dem Schulenburg erklärt hatte, daß der Berliner Vertrag von 1926 (vgl. S. 44) nach wie vor gelte, fragte Molotow: „Sind Sie davon überzeugt, daß der Berliner Vertrag wirklich noch in Kraft und nicht durch spätere Verträge überdeckt worden ist?". Schulenburgs Antwort: „Ich kenne keine solchen Verträge und habe keinen Anlaß, an der Gültigkeit des Berliner Vertrages zu zweifeln". Die deutschen Hinweise auf die Gültigkeit des Vertrages wirkten sich positiv auf die Gespräche aus. Im Hitler-Stalin-Pakt vom 23. August hieß es denn auch gleich in der Einleitung: „Die Deutsche Reichsregierung und die Regierung der Sozialistischen Sowjetrepubliken geleitet von dem Wunsche die Sache des Friedens zwischen Deutschland und der UdSSR zu festigen und ausgehend von den grundlegenden Bestimmungen des Neutralitätsvertrages, der im April 1926 zwischen Deutschland und der UdSSR geschlossen wurde ..." Vgl. die erste Seite des Vertrages, S. 44.

Dennoch begannen die Aktivitäten der Diplomaten erste sichtbare Früchte zu tragen. Der sowjetische Geschäftsträger Astachow hatte am 14. Juli in München am „Tag der Deutschen Kunst" teilnehmen dürfen, bevor die Sowjets zehn Tage später in Berlin sondierten, ob die Reichsregierung bereit sein würde, „zwei deutsche Persönlichkeiten zu der ersten großen landwirtschaftlichen Ausstellung Rußlands[25] nach Moskau zu entsenden, wie Weizsäcker am 24. Juli 1939 feststellte, der am 22. Juli an Schulenburg geschrieben hatte, daß Deutschland „aus allgemeinen Gründen" (der deutsche Truppen-Aufmarsch gegen Polen war in vollem Gange) „zu möglichst frühem Zeitpunkt" den Abschluß der Wirtschaftsverhandlungen wünsche.[26] Am 26. Juli hatte Karl Schnurre freie Hand, seinen sowjetischen Gesprächspartnern Astachow und Babarin, dem Leiter der Handelsvertretung der UdSSR in Deutschland, einigermaßen differenziert vorzuschlagen, daß „die Wiederherstellung guter politischer Beziehungen ... entweder in Anlehnung an das, was früher war, oder eine Neuordnung unter Berücksichtigung der beiderseitigen lebenswichtigen politischen Interessen"[27] möglich sei, zumal – und dies war ein völlig neues Argument im Rahmen der Fühlungnahmen – doch davon ausgegangen werden müsse, daß „bei aller Verschiedenheit der Weltanschauung ein Gemeinsames in der Ideologie Deutschlands, Italiens und der Sowjetunion" vorhanden sei: die „Gegnerstellung gegen die kapitalistischen Demokratien".[28]

Mit dieser Wendung war deutscherseits ein Weg beschritten worden, der schließlich beide Seiten hinsichtlich der angestrebten Annäherung hoffen ließ. Zwar machten die Russen geltend, daß die „Sowjetunion ... sich durch die national-sozialistische Außenpolitik auf das schwerste bedroht fühlen" müßte, nachdem der am 25. November 1936 zwischen Deutschland und Japan geschlossene „Antikominterpakt" zur Abwehr gegen die kommunistische „Zersetzung und Vergewaltigung der bestehenden Staaten"[29] weiterhin existiere und das Münchener Abkommen vom 29. September 1938 dem Reich schließlich „freie Hand in Osteuropa"[30] gegeben habe; aber sie ließen dennoch erkennen, daß sie hofften, die neue – und für sie positive – deutsche Auffassung werde in „Moskau ... sichtbare Spuren in der weiteren Entwicklung hinterlassen",[31] womit Ribbentrop gerechnet hatte. Eilig mußte Weizsäcker* am 29. Juli 1939 an die

---

* ... der nach eigenen Aufzeichnungen vom 24. Juli 1939 Astachow gegenüber erklärt hatte, daß Deutschland „mit Polen sehr kurzen Prozeß machen" werde, wenn es nicht bald „Raison annehme". Zit. nach Hass, Gerhart, 23. August 1939. Der Hitler-Stalin-Pakt. Dokumentation, Berlin 1990, S. 135. Fortan zit.: Hass, 23. August 1939 ...

deutsche Botschaft in Moskau telegrafieren. „Vor weiteren Gesprächen bitte ... in Vorbereitung befindliche Instruktionen und Regelung der Sprache"[32] abwarten.

Maßgeblich blieb bis Mitte August 1939 jedoch die Position der vom Verlauf der sowjetisch-britisch-französischen Verhandlungen zunehmend enttäuschten Sowjets. Erst seitdem ließen sie erkennen, daß sie bereit seien, den – infolge der bis dahin betonten Zurückhaltung der Russen zum Teil frustrierten – deutschen Gesprächspartnern tatsächlich substantiell entgegenzukommen.*

Wann immer sowjetische Funktionsträger in Gesprächen Skepsis und dezidierte Vorbehalte gegenüber außenpolitischen Vereinbarungen laut werden ließen, beschworen sie, wie Stalin dies bereits am 10. März 1939 während des XVIII. Parteitages der KPdSU richtungsweisend getan hatte, die Zeit von der Mai-Krise der Tschechoslowakei bis zum Münchener Abkommen** herauf. Dabei interpretierten sie das Münchener Abkommen gewöhnlich als „Kulminationspunkt der Förderung der imperialistischen Politik", der „Förderung des Freifahrtscheins für Hitler zur Offensive gegen den Osten", als „Freifahrtschein zur Entfaltung des Weltkrieges"[33]. Propagandistisch effektvoll artikuliert, nahm die Sowjetunion vor allem zu der Zeit in Anspruch, im Gegensatz zu „kapitalistischen" Staaten selbst dann vertragstreu zu sein, wenn ihre Vertragspartner dies nicht

---

* Am 15. August 1939 war Molotow erstmals auf die bis dahin vorgetragenen deutschen Angebote und Vorschläge tatsächlich eingegangen. Schulenburg berichtete über sein Gespräch mit Molotow am 16. August nach Berlin: „Die Sowjetunion habe in diesen ganzen letzten Jahren unter dem Eindruck gestanden, daß die deutsche Regierung nicht den Wunsch habe, eine Verbesserung der Beziehungen zur Sowjetunion herbeizuführen. Jetzt liege die Sache anders. Aus den Besprechungen, die in den letzten Wochen stattgefunden hätten, habe die Sowjetregierung die Überzeugung gewonnen, daß es der deutschen Regierung mit ihren Absichten, eine Änderung des Verhältnisses zur Sowjetunion herbeizuführen, wirklich ernst sei". Akten zur Deutschen Auswärtigen Politik D VII, Nr. 79. Vgl. auch Eber Malcolm Carroll und Fritz Theodor Epstein. Das nationalsozialistische Deutschland und die Sowjetunion 1939–1941, Akten aus dem Deutschen Auswärtigen Amt. Washington 1948, Dok. 36. Fortan jeweils in Klammern „C.-E." und Dok.-Nummer.

** Im Münchener Abkommen vom 29. September 1938 zwischen Deutschland, Großbritannien, Frankreich und Italien hatten sich die Vertragspartner verpflichtet, sich an die vereinbarten Modalitäten hinsichtlich der Abtretung des sudetendeutschen Gebietes an das Großdeutsche Reich zu halten, nachdem es der Tschechoslowakei nicht gelungen war, zwischen der Regierung in Prag, der Slowakei und den Sudetendeutschen ein allseits zufriedenstellendes Verhältnis herzustellen. Akten zur Deutschen Auswärtigen Politik, S.D. Bd. II, Dok. 675, S. 812 ff. und Dokumente und Materialien zur Vorgeschichte des 2. Weltkrieges I, Dok. 35, S. 261 ff.

Frankreichs Premierminister Daladier unterzeichnet das Münchener Abkommen.

wären.* Immer nutzten ihre Exponenten bis August 1939 die Möglichkeit, aller Welt zu suggerieren, daß sich die UdSSR an die Lenin zugeschriebene Maxime von der Möglichkeit der friedlichen Koexistenz aller Länder – ohne Rücksicht auf ihre Gesellschaftsordnungen – hielte. Sie seien, so argumentierten sie, 1938 bereit gewesen, die Tschechoslowakei militärisch gegen Deutschland zu unterstützen, obwohl Frankreich seinen Verpflichtungen aus dem französisch-sowjetischen Beistandspakt

---

* Im Protokoll für die CSR zum französisch-sowjetischen Beistandspakt von 1935 hieß es unter anderem: „Gleichzeitig erkennen die Regierungen Frankreichs und der Sowjetunion an, daß die Verpflichtungen über gegenseitigen Beistand nur insoweit wirksam sein werden, als unter Voraussetzungen des vorliegenden Vertrages dem Vertragsteil, der das Opfer eines Angriffs geworden ist, seitens Frankreich Beistand geleistet wird." In der Praxis hieß dies, daß die Haltung der UdSSR von den Entscheidungen der französischen Regierung bestimmt wurde; sie war abhängig von ihr. Die UdSSR brauchte erst dann einzugreifen, wenn Frankreich voranging. Dieser Passus spielte in den Beziehungen der UdSSR, Frankreichs und der CSR während der Geschehnisse von 1938 eine wesentliche Rolle.

vom 2. Mai 1935* nicht nachgekommen sei. Doch tatsächlich bewiesen haben sie es nicht. Sie ließen es mit einem Protest ihres Außenministers Litwinow vom 18. März 1939 an Schulenburg bewenden, in dem es unter anderem hieß: „Der Sowjetregierung sind keine Verfassungen irgendeines Staates bekannt, die dem Staatsoberhaupt das Recht geben, ohne Einverständnis seines Volkes dessen selbständige staatliche Existenz aufzuheben ... Der tschechoslowakische Präsident hatte ... keinerlei Vollmachten von seinem Volk und handelte im offensichtlichen Widerspruch zu den Artikeln 64 und 65 der tschechoslowakischen Verfassung ... Angesichts des Dargelegten kann die Sowjetregierung die Einverleibung der Tschechei in den Bestand des Deutschen Reiches, und in der einen oder anderen Form auch der Slowakei, nicht als rechtmäßig und den allgemein anerkannten Normen des Völkerrechts und der Gerechtigkeit oder dem Grundsatz der Selbstbestimmung der Völker entsprechend anerkennen."[34]

Wolkogonow berichtet zwar, vage und pauschalierend, daß der Volkskommissar für Verteidigung eine Weisung für den Militärsonderbezirk Kiew erteilt habe, nach der „eine spezielle Heeresgruppierung ... zu schaffen" wäre und auch „im belorussischen Militärsonderbezirk ... Vorbereitungen getroffen" worden seien,[35] doch reichen diese Angaben des Generals nicht aus, definitive Urteile zu formulieren. Zudem bezieht sich seine Feststellung, daß „spezielle Übungen" stattgefunden hätten, mehr als 70 Divisionen in Kampfbereitschaft versetzt und in „einigen Regionen ... die Teilmobilisierung eingeleitet" worden sei, auf Maßnahmen, die erst Ende September 1938 eingeleitet wurden. Und auch seine Darstellung, daß der Generalstabschef Schaposchnikow die westlichen Militärbezirke telegrafisch angewiesen habe, „Rotarmisten und Jugendkommandeure, die ihren Wehrdienst ... leisteten ... bis zu einem bestimmten Befehl nicht aus den Reihen der Roten Armee zu entlassen",** bezieht sich nicht auf das Frühjahr 1938, sondern auf Ende September 1938.

---

* Dem französisch-sowjetischen Beistandspakt vom 2. Mai war am 16. Mai ein französisch-sowjetisches Militärbündnis gefolgt, in dem sich die Vertragspartner unter anderem dazu verpflichteten, „Hilfe und Beistand" zu leisten, „falls ein Mitglied des Völkerbundes ... zum Krieg schreitet". Deutschland war am 15. Oktober 1933 aus dem Völkerbund ausgetreten (die Sowjetunion war 1934 eingetreten und 1939 ausgeschlossen worden). Am 16. Mai 1935 unterzeichneten die Sowjetunion und die Tschechoslowakei einen gleichlautenden Vertrag, in dem es hieß, daß die Sowjet-Vertragspartner nur dann zur Beistandsleistung verpflichtet seien, wenn „Frankreich Beistand leistet ... Die UdSSR greift erst dann ein, wenn Frankreich vorangeht."
** Wolkogonow, Stalin, S. 465. Am 15. März 1939 erklärten Hitler und Hácha, daß „das Schicksal des tschechischen Volkes und Landes ... in die Hände" Hitlers und „des Deutschen Reiches" gelegt worden sei. Ende September 1938 wies (nach Wolkogonow, Stalin, S. 465) Schaposchnikow telegrafisch (sic!) an, spezifische Maßnahmen zu treffen.

**Das paraphierte Abkommen vom 23./24. Juli 1939
zwischen Großbritannien, Frankreich und der Sowjetunion**

Die Regierungen des Vereinigten Königreiches, Frankreichs und der UdSSR sind, in dem Wunsche, die vom Völkerbund angenommenen Grundsätze gegenseitiger Hilfeleistung gegen die Aggression wirksamer zu machen, zu folgender Übereinkunft gelangt:

Artikel 1

Das Vereinigte Königreich, Frankreich und die UdSSR verpflichten sich, sich gegenseitig jede sofortige und wirksame Hilfe zu leisten, falls eines dieser drei Länder in Feindseligkeiten mit einer europäischen Macht verwickelt wird, sei es [als Folge]
1. einer von dieser Macht gegen eines der drei Länder gerichteten Aggression, sei es [als Folge]
2. einer direkten oder indirekten Aggression, die diese europäische Macht gegen irgendeinen europäischen Staat richtet, dessen Unabhängigkeit oder Neutralität gegen eine solche Aggression einer der drei beteiligten Staaten meint verteidigen zu müssen.

Es besteht Einverständnis zwischen den drei vertragschließenden Regierungen, daß der Begriff „indirekte Aggression" im voraufgehenden Paragraphen 2 so verstanden werden muß, daß er eine von dem in Frage stehenden Staat unter Gewaltanordnung durch eine andere Macht hingenommene Aktion umschreibt und dies die Aufgabe seiner Unabhängigkeit oder seiner Neutralität nach sich zieht.

Die im vorliegenden Artikel vorgesehene Hilfe wird in Einklang mit den Grundsätzen des Völkerbundes geleistet werden, aber ohne daß es notwendig ist, seinem Verfahren zu folgen oder ein Tätigwerden des Völkerbundes abzuwarten.

Artikel 2

Die drei vertragschließenden Regierungen werden in der kürzestmöglichen Frist das Verfahren, die Formen und das Ausmaß der Hilfe, die sie gemäß Artikel 1 zu leisten haben, verabreden, um eine solche Hilfeleistung so wirksam wie möglich zu gestalten.

Artikel 3

Die drei vertragschließenden Regierungen werden in regelmäßigen Abständen Informationen über die internationale Situation austauschen und werden im Interesse des Friedens Wege zu einer gegenseitigen diplomatischen Hilfeleistung bereiten. Ohne die sofortige Bewilligung der Artikel 1 entsprechenden Hilfe zu präjudizieren und um deren Vorbereitung besser zu sichern für den Fall, daß Umstände eintreten sollten, die zur Anwendung der in Artikel 1 vorgesehenen Verpflichtungen zu gegenseitigem Beistand zwingen würden, werden die drei vertragschließenden Regierungen auf das Ersuchen einer von ihnen sofort in Beratungen eintreten, um die Situation zu prüfen und um, falls es notwendig ist, auf Grund eines gemeinsamen Beschlusses den Zeitpunkt des sofortigen Inkrafttretens des Mechnismus der gegenseitigen Hilfeleistung und seiner Anwendungsweise, unabhängig vom Verfahren des Völkerbundes, festzulegen.

Artikel 4

Die drei vertragschließenden Regierungen werden sich gegenseitig die Texte aller Beistandsverpflichtungen, die sie schon gegenüber anderen europäischen Staaten übernommen haben, mitteilen. Wenn eine der drei Regierungen in der Zukunft die Möglichkeit ins Auge faßt, eine neue derartige Verpflichtung zu übernehmen, wird sie zuvor die beiden anderen Regierungen über diese Frage konsultieren und ihnen den Text der abgeschlossenen Verpflichtung übermitteln.

Artikel 5

Die drei Regierungen verpflichten sich, im Falle der Eröffnung gemeinsamer, in Artikel 1 vorgesehener Maßnahmen gegen eine Aggression, sowohl Waffenstillstand als auch Frieden nur auf Grund eines gemeinsamen Beschlusses abzuschließen.

Artikel 6

Das vorliegende Abkommen tritt gleichzeitig mit dem auf Grund von Artikel 2 noch abzuschließenden in Kraft.

Artikel 7

Das vorliegende Abkommen bleibt für fünf Jahre vom Datum des heutigen Tages an in Kraft. Nach einem Zeitraum, der nicht weniger als sechs Monate betragen darf, werden die drei Staaten in Beratungen eintreten, um festzustellen, ob es wünschenswert ist, es mit oder ohne Veränderungen zu erneuern.

Protokoll

Die drei vertragschließenden Regierungen haben sich über folgende Punkte ins Einvernehmen gesetzt:
1. Paragraph 2 des Artikels 1 des heute von ihnen unterzeichneten Abkommens soll sich auf folgende europäische Staaten erstrecken: Türkei, Griechenland, Rumänien, Polen, Belgien, Estland, Lettland, Finnland.
2. Die vorstehende Liste kann nach Übereinstimmung zwischen den drei vertragschließenden Regierungen einer Revision unterzogen werden.
3. Im Falle einer Aggression oder einer Aggressionsdrohung durch eine europäische Macht gegen einen nicht in der vorstehenden Liste bezeichneten europäischen Staat werden die drei vertragschließenden Regierungen, ohne eine sofortige Aktion, die irgendeiner von ihnen zu unternehmen sich verpflichtet fühlen würde zu präjudizieren, sofort auf Wunsch einer von ihnen in Beratungen über jede Aktion, die durch gemeinsamen Beschluß entschieden werden sollte, eintreten.
4. Das vorliegende Zusatzabkommen wird nicht veröffentlicht werden.

Quelle: Documents on British Foreign Policy, Serie 3, Bd. VI., Dok. Nr. 493

Die Erklärung der Sowjets, 1938 nicht eingegriffen zu haben, weil die Tschechoslowakei sich nicht mit der Bitte an Moskau gewandt habe, Deutschland entgegenzutreten,* ist durchsichtig. Allerdings ist nicht zu übersehen, daß die Sowjetunion sich nach der Entscheidung Frankreichs, Prag nicht zu unterstützen, in keiner einfachen Lage befand, zumal Polen und Rumänien sich auch noch weigerten, der Roten Armee Durchmarschrechte einzuräumen. Und selbst wenn Rumänien sich anders verhalten hätte, wäre es den Russen infolge des total desolaten und primitiven rumänischen Eisenbahnnetzes kaum möglich gewesen, ihre erste Division in weniger als drei Monaten über die indirekte Strecke Rumänien in die Slowakei zu befördern. George F. Kennan resümierte nach einem Gespräch mit dem deutschen Militärattaché in Prag: „Die russische Erklärung der Bereitschaft zum Beistand der Tschechoslowakei, wenn Frankreich dergleichen tat, war eine Geste, die Moskau sehr wenig kostete. Man kann behaupten, daß für die Tschechen aus verschiedenen Gründen gute Aussichten bestanden, gerettet zu werden, wenn sie sich zum Widerstand entschlossen hätten. Man kann jedoch kaum behaupten, daß sie durch die Truppen der Sowjetunion gerettet worden wären."[36]

Während die Reichsregierung seit Ende Juli 1939 auf rasche amtliche Entscheidungen der Sowjets im Hinblick auf eine deutsch-sowjetische Übereinkunft drängte und die Regierung der UdSSR – als demonstratives Zeichen ihres Entgegenkommens – deutsche Landwirtschaftsfachleute nach Moskau einladen ließ, paraphierten** ihre Vertreter in denselben Tagen, nämlich am 23. und am 24. Juli, einen von den Westmächten am 8. und 17. Juli vorgelegten Vertrag mit Zusatzprotokoll[37], nachdem Molotows Forderung zugestimmt worden war, Militärverhandlungen einzuleiten. Und, während Weizsäcker die deutsche Botschaft in Moskau am 3. August wissen ließ, daß die deutsche Regierung nunmehr bereit sei, zu „ganz konkret über die Sowjetunion interessierenden Fragen zu sprechen"[38], genehmigte Stalin am Tag danach ein von den Volkskommissariaten für Verteidigung und Äußeres ausgearbeitetes Dokument,

---

* Chruschtschow behauptete später wider besseres Wissen (in: Welt ohne Waffen – Welt ohne Krieg, Ost-Berlin 1961, S. 112), daß der tschechoslowakische Staatspräsident Eduard Benesch mit den Westmächten konspiriert und Hitler damit den „Freifahrtschein ... zur Offensive gegen den Osten", den „Freifahrtschein zur Entfaltung des Weltkrieges", geliefert habe.

** Die Delegationen paraphierten den Vertrag, dessen Unterzeichnung verschoben wurde, was heißt, daß er nicht rechtskräftig wurde.

das den Titel „Vorstellungen zu den Verhandlungen mit England und Frankreich"* trug und in fünf Variationen militärische Maßnahmen für den „Aufmarsch unserer Kräfte" gegen den „Hauptaggressor" behandelte, als der Deutschland seit März 1939 galt, seit Hitler die „Resttschechei erledigt" hatte und nicht nur die Westmächte befürchteten, daß er sich an keine internationalen Vereinbarungen mehr halten würde.** „Im Falle eines Angriffs ... gegen uns, müssen wir von England und Frankreich", so hieß es in den „Vorstellungen", die „Stellung von 86 Infanterie-Divisionen fordern, einen entschiedenen Vormarsch ihrerseits vom 16. Tag der Mobilisierung an, eine aktive Teilnahme Polens am Krieg und ebenfalls einen ungehinderten Durchmarsch unseres Heeres durch das Territorium Galiziens und des Korridors von Wilna bei gleichzeitiger Zurverfügungstellung von rollendem Material".[39] Generalstabsmäßig festgelegt war nicht nur, wie viele Panzer und Flugzeuge und welchen Anteil an Artillerie die Sowjetunion, England und Frankreich

---

* Der Militärpakt, an dem Moskau sehr gelegen war, bereitete Stalin einige Kopfschmerzen. Nachdem von Molotow den beiden Westmächten – über ihre Botschafter – am 14. Mai 1939 ein wirksamer „Vertrag über gegenseitige Hilfeleistung gegen einen Aggressor" angeboten worden war, hatten sie sich zwar am 24. Mai bereit erklärt, das Angebot zu akzeptieren, jedoch zugleich auch darauf bestanden, daß die UdSSR vor einer gemeinsamen militärischen Aktion sowohl Konsultationen unter den Vertragspartnern als auch der Einschaltung des Völkerbundes zustimme, womit Stalin nicht einverstanden war. Den danach folgenden Vorschlag der Sowjetunion vom 2. Juni, mit der militärischen Hilfeleistung in dem Augenblick zu beginnen, in dem die Kampfhandlungen einsetzen würden, hatten die Westmächte ihrerseits verworfen und darauf beharrt, erst dann eingreifen zu wollen, wenn alle Vertragspartner sich darüber einig seien, daß die Situation „bedrohlich für die Unabhängigkeit oder Neutralität eines anderen europäischen Staates" (SSSR, S. 450 f., Dok. 329) wäre, was der Sowjetregierung wiederum nicht annehmbar erschienen war. Nachdem England und Frankreich schließlich am 25. Juli nach weiteren Sondierungen ihre Bereitschaft zum Abschluß eines Militärpaktes zugesagt hatten, ließ Stalin die besagten „Vorstellungen" konzipieren und formulieren.
Den Vorschlag der westlichen Missionen vom 14. August, die sowjetische Regierung zu veranlassen, sich unmittelbar mit den Regierungen Polens und Rumäniens in Verbindung zu setzen und sie zu fragen, ob sie bereit seien, der Roten Armee den Durchmarsch durch ihre Territorien zu erlauben, lehnten die Sowjets mit fadenscheinigen Ausflüchten ab. Vgl. das Sitzungsprotokoll in Anhang S. 383 ff.
** Die Sowjetunion hatte daher vorgeschlagen, am 19. März eine Konferenz nach Bukarest einzuberufen, an der die Sowjetunion, Großbritannien, Frankreich, Polen, Rumänien und die Türkei teilnehmen und den „Aggressor" zur Vorsicht mahnen sollten. Da Rumänien schließlich nicht zu Hitlers nächsten Zielen gehörte, was zunächst befürchtet worden war, Polen jedoch als solches feststand, schlug England am 21. März vor, den „Aggressor" durch eine gemeinsame formelle Erklärung Großbritanniens, Frankreichs, Polens und der Sowjetunion abzuschrecken, worauf Polen, das die Beteiligung der Sowjetunion ablehnte, nicht einging.

jeweils stellen sollten, sondern auch die Richtung der „Hauptschläge" und die Koordinierung der militärischen Aktionen.*

Ab 13. August, drei Tage nachdem Astachow mit Schnurre Einzelheiten über die Präambel des deutsch-sowjetischen Kreditvertrages besprochen hatten, verhandelten britische und französische Militärmissionen in Moskau mit den vom sowjetischen Marschall Woroschilow angeführten sowjetischen Militärs und hoch angesiedelten politischen Funktionsträgern Kusnetzow, Loktionow, Smorodionow und Schaposchnikow[40], deren Trachten weisungsgemäß darauf gerichtet war, über ihre Verhandlungspartner aus London und Paris verbindliche Zusagen ihrer Regierungen für einen Militärpakt mit der Sowjetunion für einen Krieg gegen Deutschland zu gewinnen. Stalin, der die Strategie und Taktik der seit dem 14. Juni – nach Sondierungsgesprächen in der zweiten Märzhälfte – in Moskau verhandelnden Briten und Franzosen mehrfach verärgert kommentiert hatte, fuhr bis zum 20. August 1939 (wie Hitler in London auch**) zielstrebig zweigleisig.

* Hitler war am 12. August 1939 überzeugt, daß „die Entsendung der englisch-französischen Militärmission nach Moskau" lediglich dem Zweck diene, „den katastrophalen Stand der politischen Verhandlungen zu verschleiern". Stalin, so meinte er, sehe sich durch „eine siegreiche russische Armee ebenso gefährdet" wie „durch ein geschlagenes russisches Heer", weshalb er [Hitler] davon ausginge, daß „Rußland ... höchstens das Interesse" habe, „seinen Zugang zur Ostsee etwas zu erweitern". Der Prozeß gegen die Hauptkriegsverbrecher vor dem Internationalen Militärgerichtshof Nürnberg 14. November 1945 bis 1. Oktober 1946, Nürnberg 1947, Dok. 1871-PS. Fortan zitiert IMT.

** Mit den Ergebnissen der Verhandlungen in London, wo deutscherseits (trotz des großen Revirements auch im Auswärtigen Amt, das als „aristokratische Anomalie innerhalb eines revolutionären Kleinbürgerstaates" galt und 1939 „gleichgeschaltet" wurde, so daß alle wichtigen Entscheidungen von Hitler selbst getroffen wurden) die gegen Hitler eingestellten Theodor und Erich Kordt, Adam Trott zu Solz, Fabian von Schlabrendorff, Ewald von Kleist-Schmenzin und Helmut James von Moltke im Sinne Ernst von Weizsäckers agierten und (wie die Brüder Kordt) einen „raschen und erfolgreichen Abschluß der britischen Verhandlungen mit Sowjetrußland" (vgl. Ritter, Gerhard, Carl Goerdeler und die deutsche Widerstandsbewegung, München 1964, S. 240) wünschten, war Hitler nicht einverstanden. Die Briten waren gegebenenfalls bereit, ihre Garantien gegenüber Polen und Rumänien gegenstandslos werden zu lassen und eventuell auch auf „Drittmärkten" mit Deutschland gemeinsam tätig zu sein (Akten zur Deutschen Auswärtigen Politik, Serie D, Bd. 1, Baden-Baden 1950, S. IX f.), Deutschland wirtschaftlich zu unterstützen und auch über Kolonialfragen zu reden, wenn Hitler die Rüstungsindustrie stoppte. Sowjetische Politiker und Historiker behaupteten im Sinne der Stalin-Interpretationen, daß die britische Regierung seit Juni 1939 mit deutschen Regierungsvertretern „streng vertrauliche Geheimverhandlungen" über eine neue „Aufteilung der Welt" auf „Kosten der Sowjetunion, Chinas und anderer Länder" geführt und sich bemüht habe, hartnäckig „der zum Scheitern verurteilten Münchener Politik" zu folgen und Hitler dazu zu bringen, sich gegen die Sowjetunion zu wenden (vgl. Deutsche Außenpolitik, Ost-Berlin 1959, H. 5, S. 541 ff.).

Er ließ einerseits Molotow, Astachow, Babarin, Potemkin und Mikojan monatelang mit Ribbentrop und dessen engsten Mitarbeitern konferieren, die deutschen Vorbehalte gegenüber der Sowjetunion systematisch abbauen, die „Friedfertigkeit" sowohl seiner Regierung als auch seines Regimes als selbstverständliche Vorgaben suggerieren und von Molotow (bereits mit einem „Geheimprotokoll" versehen) einen „Nichtangriffspakt" formulieren, in dem vom „Wunsch nach Festigung der Sache des Friedens"[41] die Rede war – und drängte andererseits England und Frankreich, sich mit ihm für einen vermeintlich notwendigen Präventivkrieg gegen das Reich zu verbünden. Obwohl er, der „eiskalte Rechner", wie Hitler ihn nannte, London und Paris unterstellte, sich „insgeheim mit Hitler zu arrangieren"[42], bot er den beiden Westmächten an, eine gewaltige Streitmacht gegen Deutschland (und seine möglichen Verbündeten Lettland, Estland, Rumänien und Ungarn) für den Fall aufzubieten, daß sie bereit wären, sich mit der Sowjetunion zu verbünden.

Das Sitzungsprotokoll der „Militärmissionen der UdSSR/Großbritanniens und Frankreichs" vom 14. August 1939 spricht für sich:

„Auf Ersuchen der Militärmissionen Großbritanniens und Frankreichs stelle ich", erklärte der sowjetische Armeekommandeur Schaposchnikow*," im Auftrage der Militärmission der UdSSR den Aufmarschplan der Streitkräfte der UdSSR an deren Westgrenze dar. Die Rote Armee läßt im europäischen Teil der UdSSR gegen eine Aggression in Europa aufmarschieren und Front machen:

120 Infanteriedivisionen, 16 Kavalleriedivisionen, 5 000 schwere Geschütze (einschließlich Kanonen und Haubitzen), 9 000 bis 10 000 Panzer, 5 000 bis 5 500 Kampfflugzeuge (ohne Hilfsflugzeuge), d.h. Bomber und Jäger.**

In dieser Zahl sind nicht einbegriffen: die Truppenteile der Befestigungsbereiche, die Flugabwehr-, die Küstenschutz- und die Reserveverbände, der Ersatz (Depots) und die Rückwärtigen Dienste ..."***

Die Kriegsstärke der Division beträgt 19 000 Mann ... Die Armee, bestehend aus 5 bis 8 Korps, hat eigene Artillerie, Flugzeuge und Panzer.

---

* Vgl. auch das sowjetische Protokoll vom 14. August 1939 und das britische Protokoll vom selben Tage im Anhang S. 383 ff.
** Zur Stärke der deutschen Streitkräfte vgl. S. 130 ff.
*** Im Vergleich dazu: Im Juni 1941 setzte die deutsche Wehrmacht beim Angriff auf die Sowjetunion 152 Divisionen ein, 75 Prozent des gesamten deutschen Feldheeres.

In Alarmbereitschaft versetzt werden die Verbände in den Befestigungsbereichen innerhalb von 4 bis 6 Stunden. Befestigungsbereiche hat die UdSSR entlang ihrer gesamten Westgrenze, vom Nördlichen Eismeer bis zum Schwarzen Meer.

Der Aufmarsch der Armee wickelt sich innerhalb von 8 bis 20 Tagen ab. Das Eisenbahnnetz ermöglicht es, die Armee in der genannten Zeit nicht nur an den Grenzen zusammenzuziehen, sondern sie auch entlang der Front umzugruppieren. Entlang der Westgrenze haben wir in einer Tiefe bis zu 300 km drei bis fünf Rochiermöglichkeiten ..." Nach dieser Stärkenaufrechnung, die Admiral Drax, der Leiter der britischen Mission, (auf Anfrage) mitschreiben durfte, erläuterte Schaposchnikow: „Ich will nun die von der Militärmission der UdSSR gebilligten drei Varianten für ein eventuelles gemeinsames Vorgehen der Streitkräfte Großbritanniens, Frankreichs und der UdSSR im Falle einer Aggression in Europa darlegen.

1. Vorschlag für den Fall, daß der Block der Aggressoren Großbritanniens und Frankreich angreift. In diesem Fall stellt die UdSSR 70 Prozent der Streitkräfte, die von Großbritannien und Frankreich unmittelbar gegen den Hauptaggressor – Deutschland – eingesetzt werden. Genauer: Wenn zum Beispiel Frankreich und Großbritannien gegen Deutschland unmittelbar 90 Infanteriedivisionen aufstellen würden, so würde die UdSSR 63 Infanteriedivisionen, 6 Kavalleriedivisionen mit entsprechender Anzahl Artillerie, Panzer, Flugzeuge, in Gesamtstärke von rund 2 Millionen Mann, bereitstellen ...

2. Vorschlag ... Die Nord-Flotte der UdSSR führt Operationen vor den Küsten Finnlands und Norwegens außerhalb ihrer Hoheitsgewässer gemeinsam mit einem britisch-französischen Geschwader durch ... Die Baltische Flotte der UdSSR kann Unterseeboote einsetzen und vor den Küsten Ostpreußens und Pommerns Minen legen. Die U-Boote der Baltischen Flotte der UdSSR werden den gegnerischen Transport von Rohstoffen aus Schweden stören ... falls die Aggression sich gegen Polen und Rumänien richtet ... [kann eine] Teilnahme der UdSSR am Kriege ... nur dann erfolgen, wenn Frankreich und Großbritannien mit Polen und möglichst auch mit Litauen und Rumänien den Durchmarsch und Operationen unserer Truppen durch den Korridor von Wilna über Galizien und Rumänien vereinbaren.

In diesem Fall stellt die UdSSR 100 Prozent der Streitkräfte, mit denen Großbritannien und Frankreich unmittelbar gegen Deutschland antreten. Wenn zum Beispiel Frankreich und Großbritannien gegen Deutschland

90 Infanteriedivisionen antreten lassen, stellt die UdSSR 90 Infanteriedivisionen und 12 Kavalleriedivisionen mit entsprechenden Artillerie-, Flieger- und Panzerkräften ... Im Süden sperrt die Schwarzmeer-Flotte der UdSSR das Donau-Delta gegen das Eindringen von Unterseebooten des Aggressors und eventuellen anderen Marinekräften und riegelt den Bosporus ab, um feindlichen Geschwadern und Unterseebooten den Zugang zum Schwarzen Meer zu verwehren. [...]
3. Vorschlag für den Fall, daß der Hauptangreifer sich über das Territorium Finnlands, Estlands und Lettlands hinweg gegen die UdSSR richtet. In diesem Fall werden Frankreich und Großbritannien unverzüglich in den Krieg gegen den Aggressor oder den Aggressorblock eintreten müssen.

Durch Verträge mit Großbritannien und Frankreich verbunden, muß Polen unbedingt gegen Deutschland antreten* und unseren Truppen, laut Vereinbarung der Regierungen Großbritanniens und Frankreichs mit der Regierung Polens, durch den Korridor von Wilna und Galizien Durchlaß gewähren"[43].

Daß die Sowjets auf der Durchmarscherlaubnis durch Polen nur bestanden hätten, weil Stalin die Moskauer Militärverhandlungen habe scheitern lassen wollen, wie Sir Samuel Hoare, Heinz Holldack und Walther Hofer meinten, ist nicht mehr haltbar.

Die Sowjets lockten ihre westlichen Verhandlungspartner mit gigantischen Zahlen. So sollte die erste Welle der Luftwaffe 5 000 bis 5 500 Kampfflugzeuge auf dem westeuropäischen Kriegsschauplatz umfassen, dem gegebenenfalls monatlich 900 bis 950 neue Maschinen zur Verfügung gestellt werden könnten. Eindeutig den Angriffscharakter der ge-

---

* Am 17. August 1939 meldete Theodor Kordt von der deutschen Botschaft aus London nach Berlin: „Erfahre aus sicherer Quelle: Die englisch-französisch-sowjetrussischen Militärverhandlungen sind so weit fortgeschritten, daß in Besprechungen mit dem polnischen Generalstab eingetreten werden kann. Polen, das bisher gegenüber Versuchen, ihm sowjetrussische Hilfe anzubieten, Zurückhaltung gezeigt hat, erklärte sich nun bereit, die Besprechungen aufzunehmen." Zit. nach: Rauch, Georg von, Der deutsch-sowjetische Nichtangriffsvertrag vom August 1939. Entfesselung oder Ausbruch des Zweiten Weltkrieges? Hrsg. von Gottfried Niedhart, Darmstadt 1976, S. 354. Obwohl sich sowohl der britische als auch der französische Botschafter sehr bemühten, vom polnischen Außenminister das Durchmarschrecht für sowjetische Truppen zugesagt zu bekommen, weigerte sich die polnische Regierung, darauf einzugehen. Vgl. die Mitteilung des britischen Botschafters Sir H. Kennard vom 23. August 1939 an den britischen Außenminister, Lord Halifax. Documents on British Foreign Policy, Serie 3, Bd. VII, Dok. Nr. 176.

I. Der Hitler-Stalin-Pakt

Die Verhandlungsführer der britischen und französischen Militärmissionen, Sir Reginald Plunkett-Ernle-Erle-Drax und General Doumenc verlassen am 5. August 1939 an Bord der „City of Exeter" Tilbury auf dem Weg nach Moskau.

Marschall Kliment J. Woroschilow, sowjetischer Verhandlungsführer.

planten Operationen heraushebend, erklärte der Armeekommandeur Loktionow: „Die Reichweite der Bomber beträgt 1 800 bis 4 000 Kilometer. Die Bombenladung reicht von 600 Kilogramm ... bis 2 500 Kilogramm ... Das Verhältnis zwischen Bombern, Jagd- und Armeefliegern beträgt prozentual 55:40:15".*

Doch die beiden westlichen Militärmissionen, die sich erst elf Tage nach der Zustimmung ihrer Regierungen – mit einem Passagierdampfer – auf den Weg nach Moskau begeben hatten, wofür sie sechs Tage benötigten, ließen sich Zeit.**

Am 15. August 1939, um 4.40 Uhr, erreichte das Büro des deutschen Botschafters in Moskau ein Telegramm des deutschen Außenministers, der Friedrich Werner Graf von der Schulenburg auftrug, „Molotow aufzusuchen" und ihm unter anderem unmittelbar mündlich „mitzuteilen":

„1. Der Gegensatz zwischen der nationalen Idee, verkörpert durch das nationalsozialistische Deutschland, und der Idee der Weltrevolution, verkörpert durch die UdSSR, war in den vergangenen Jahren die alleinige Ursache, daß sich Deutschland und Rußland in zwei weltanschaulich getrennten und sich bekämpfenden Lagern gegenüberstanden. Die Entwicklung der neueren Zeit scheint zu zeigen, daß die verschiedenen Weltauffassungen ein vernünftiges Verhältnis zwischen den beiden Staaten und die Wiederherstellung neuer guter Zusammenarbeit nicht ausschließen. Die Periode der außenpolitischen Gegnerschaft könnte damit ein- für allemal abgeschlossen, und der Weg für eine neue Zukunft der beiden Länder frei werden.

2. Reale Interessengegensätze zwischen Deutschland und Rußland bestehen nicht. Deutschlands und Rußlands Lebensräume berühren sich, aber in ihren natürlichen Bedürfnissen überschneiden sie sich nicht. Hiermit fehlt von vornherein jede Ursache einer aggressiven Tendenz eines Landes gegen das andere. Deutschland hat keinerlei aggressive Absichten gegen die UdSSR. Die Reichsregierung ist der Auffassung, daß es zwischen Ostsee und Schwarzem Meer keine Frage gibt, die nicht zur vollen Zufriedenheit beider Länder geregelt werden könnte.

---

* Schon zu der Zeit arbeiteten die sowjetischen Flugzeugwerke teilweise in zwei Schichten. Vgl. Schukow Georgi K., Erinnerungen und Gedanken, Stuttgart 1969, S. 180. Fortan zit.: Schukow, Erinnerungen ...

** Vgl. auch die Protokolle der Verhandlungen der Militärmissionen vom 14. August 1939 im Anhang S. 383 ff.

Hierzu gehören Fragen wie: Ostsee, Baltikum, Polen, Südost-Fragen usw. Darüber hinaus könnte politische Zusammenarbeit beider Länder nur nützlich sein. Das trifft auch auf die deutsche und russische Wirtschaft zu, die sich nach jeder Richtung ergänzen.

3. Es unterliegt keinem Zweifel, daß die deutsch-russische Politik heute an einem geschichtlichen Wendepunkt angelangt ist. Die in der nächsten Zeit in Berlin und Moskau zu fassenden politischen Entschlüsse werden für die Gestaltung der Beziehungen zwischen dem deutschen und russischen Volk auf Generationen von entscheidender Bedeutung sein. Von ihnen wird es abhängen, ob die beiden Völker eines Tages erneut und ohne zwingenden Grund die Waffen kreuzen, oder ob sie wieder zu einem freundschaftlichen Verhältnis kommen werden. Beiden Ländern ist es früher immer gut gegangen, wenn sie Freunde waren, und schlecht, wenn sie Feinde waren [...]

5. Die Reichsregierung und die Sowjetregierung müssen nach allen Erfahrungen damit rechnen, daß die kapitalistischen westlichen Demokratien unversöhnliche Feinde sowohl des nationalsozialistischen Deutschlands wie auch Sowjetrußlands sind. Sie versuchen heute erneut, durch Abschluß eines Militärbündnisses Rußland gegen Deutschland in den Krieg zu hetzen [...]

6. Die durch die englische Politik hervorgerufene Zuspitzung der deutsch-polnischen Beziehungen sowie die englische Kriegstreiberei und die damit verbundenen Bündnisbestrebungen machen eine baldige Klärung des deutsch-russischen Verhältnisses erforderlich ... Da aber nach den bisherigen Erfahrungen diese Klärung durch den üblichen diplomatischen Kanal nur langsam herbeigeführt werden kann, bin ich bereit, zu einem kurzen Besuch nach Moskau zu kommen, um namens [des] Führers Herrn Stalin die Auffassung des Führers auseinanderzusetzen. Nur durch eine solche unmittelbare Aussprache ist nach meiner Auffassung eine Änderung herbeizuführen, und es sollte nicht unmöglich sein, hierbei das Fundament für eine endgültige Bereinigung der deutsch-russischen Beziehungen zu legen".[44]

Rund zwölf Stunden bevor das Telegramm in Moskau eingetroffen war, hatte der sowjetische Marschall Woroschilow gegenüber den westlichen Militärmissionen erklärt, „daß die Operationen der sowjetischen Truppen gegen Ostpreußen und in Galizien, und die Operationen Englands und Frankreichs im Westen das Ende Deutschlands bedeuten würden",[45] wenn es zum Krieg gegen Deutschland käme.

Molotow, der Schulenburg am 15. August empfing, ging während des Gespräches – im Gegensatz zu seiner sonstigen Gewohnheit – weder auf den Antikominternpakt ein, noch verlangte er, deutscherseits künftig auf die „Unterstützung der japanischen Aggression" zu verzichten, was der Botschafter in einem seiner Berichte vom 16. August ausdrücklich hervorhob.[46] Was Molotow, der – wie Stalin – zweifellos jederzeit über den Verlauf und die Ergebnisse der Verhandlungen der Militärmissionen[47] informiert war, in dieser Situation besonders am Herzen lag, faßte Schulenburg in einem Bericht vom 16. August an das Auswärtige Amt in Berlin in dem lapidaren Satz zusammen: „In diesem Zusammenhang interessierte ihn [Molotow] die Frage, wie [die] Deutsche Regierung zu der Idee des Abschlusses eines Nichtangriffspaktes mit der Sowjetunion eingestellt sei."[48]

Stalin, der die deutsch-sowjetischen Gespräche „mit großem Interesse" verfolgte, wie Schulenburg von Molotow erfuhr,[49] ließ in dieser Situation – über Molotow – die erste Andeutung seines Wunsches nach einem Geheimpakt mit Deutschland zur Aufteilung der Zone zwischen der UdSSR und dem Reich[50] erkennen. Molotow erklärte dem deutschen Botschafter, daß „zunächst" ein Wirtschaftsabkommen* geschlossen werden müsse, dem „nach kurzer Zeit" ein Nichtangriffspakt oder Neutralitätspakt folgen „könne", in dem die ihm am 15. August von Ribbentrop zugeleiteten Erklärungen „ihren Niederschlag finden müßten".[51] Den von Ribbentrop am 16. August – über die Moskauer Botschaft – vorgetragenen Vorschlag jedoch, unmittelbar mit dem Flugzeug nach Moskau zu kommen, um an Ort und Stelle selbst mit Molotow zu verhandeln, konnte der sowjetische Außenminister angesichts der in seiner Nachbarschaft auf die nächsten Gespräche mit ihren sowjetischen Verhand-

---

* Der deutsch-sowjetische Handelsverkehr war selbst in der Zeit der feindlich artikulierten ideologischen Gegensätze zwischen 1933 und 1938 niemals zum Erliegen gekommen. Deutschland gehörte stets zu den drei maßgeblichsten Importländern der UdSSR und bestritt beispielsweise bis zu zwei Drittel des für die Sowjetunion so wichtigen Werkzeugmaschinenimports. Selbst Wirtschafts- und Kreditabkommen existierten weiterhin. Da Deutschland 1938 infolge des hohen Rohstoffverbrauches (nicht zuletzt für die Rüstungsindustrie) und der sich verschärfenden Devisenlage Probleme bekam, bemühte Berlin sich um ein neues Kreditabkommen und stellte der Sowjetunion einen 200-Millionen-Kredit in Aussicht, was die Regierung der UdSSR im Januar 1939 zum Anlaß nahm, ihre Bereitschaft zu entsprechenden Verhandlungen zu bekunden.

Telegramm Schulenburgs vom 16. August 1939

Citissime!	Telegramm (geh.Ch.V.)
	Moskau, den 16. August 1939 2.48 Uhr
	Ankunft: " 16. " " 4.25 " **Ganz Geheim!**

Nr. 175 vom 15.8. Auf Telegramm vom 14. Nr. 175 +)

1 W.....g	Geheim!

Randvermerk:
Telegramm Moskau 175
ist heute früh auf
Weisung von Herrn
VLR Kordt nach Fuschl
an H.R.A.M. durchge-
geben. Hübscher 16.8.
6.40 Uhr.

    Molotow nahm Inhalt mir aufgetragener Mitteilung mit größtem Interesse entgegen, bezeichnete sie als außerordentlich wichtig und erklärte, daß er seiner Regierung hierüber und mir in Kürze Antwort geben werde. Schon jetzt könne er erklären, daß Sowjetregierung deutsche Absichten nach Verbesserung Beziehungen zu Sowjetunion lebhaft begrüße und angesichts meiner heutigen Mitteilung nunmehr an Aufrichtigkeit dieser Absichten glaube.

    Zur Frage der Herreise des Herrn Reichsaußenministers möchte er provisorisch als seine eigene Ansicht zum Ausdruck bringen, daß eine solche Reise einer entsprechenden Vorbereitung bedürfe, damit Meinungsaustausch zu einem Ergebnis führe.

    In diesem Zusammenhang interessiere ihn die Frage, wie Deutsche Regierung zu der Idee des Abschlusses eines Nichtangriffspaktes mit der Sowjetunion eingestellt sei, ferner ob Deutsche Regierung bereit sei, auf Japan zwecks Besserung sowjetisch-japanischer Beziehungen und Beseitigung der Grenzkonflikte einzuwirken und ob etwaige gemeinsame Garantierung Baltenstaaten in den Bereich deutscher Erwägungen gehören.

    Bezüglich angestrebter Verbreitung Wirtschaftsverkehrs anerkannte Molotow, daß Verhandlungen in Berlin erfolgreich fortschritten und einem günstigen Ende zusteuerten.

    Molotow wiederholte, daß, wenn meine heutige Mitteilung Idee Nichtangriffspaktes oder etwas ähnliches einschließt, über diese Frage konkret gesprochen werden müsse, damit im Falle einer Herreise des Herrn Reichsaußenministers es nicht bei einem Meinungsaustausch verbleibt, sondern konkrete Entscheidungen getroffen werden.

    Molotow anerkannte zwar, daß Eile geboten, um nicht vor vollendete Tatsachen gestellt zu werden, betonte jedoch, daß entsprechend Vorbereitung von ihm erwähnter Fragen unerläßlich sei.

    Eingehende Aufzeichnung über Verlauf Unterredung folgt Donnerstag mit Sonderkurier Flugzeug.

                              Schulenburg

23920

Quelle: Politisches Archiv AA Nr.34/29920

Russische „Mein Kampf"-Ausgabe von 1992. Erste Übersetzung: 1935

> Но если бы даже предположить, что совершилось чудо и что такая война не окончилась полным уничтожением Германии, — в последнем счете обескровленный немецкий народ все равно был бы окружен по-прежнему громадными военными державами, а стало быть, наше нынешнее положение ни в чем существенном не изменилось бы.
> Обыкновенно на это возражают, что союз с Россией вовсе не должен еще означать немедленной войны или что к такой войне мы можем предварительно как следует подготовиться. Нет, это не так! *Союз, который не ставит себе целью войну, бессмыслен и бесполезен.* Союзы создаются только в целях борьбы. Если даже в. момент заключения союза война является еще вопросом отдаленного будущего, все равно, стороны непременно будут иметь в виду прежде всего перспективу военных осложнений. Глупо было бы думать, что какая бы то ни было держава, заключая союз, будет думать иначе. Одно из двух: либо германско-русская коалиция осталась бы только на бумаге, а тем самым потеряла бы для нас всякую ценность и значение; либо такой союз перестал бы быть только бумажкой и был бы реализован, и тогда весь остальной мир неизбежно увидел бы в этом предостережение для себя. Совершенно наивно думать, будто Англия и Франция в таком случае стали бы спокойно ждать, скажем, десяток лет, пока немецко-русский союз сделает все необходимые технические приготовления для войны. Нет, в этом случае гроза разразилась бы над Германией с невероятной быстротой.
> *Уже один факт заключения союза между Германией и Россией означал бы неизбежность будущей войны,* исход которой заранее предрешен. Такая война могла бы означать только конец Германии.

lungspartnern wartenden britischen und französischen Missionen schwerlich gutheißen. So vertröstete er den deutschen Amtskollegen, den er während seines Gespräches mit Schulenburg als „hervorragenden Politiker und Staatsmann"[52] bezeichnete, nicht nur mit der Feststellung, daß für derartige Aktionen „gründliche Vorbereitungen" nötig seien, sondern auch mit dem Hinweis darauf, daß die „Sowjetregierung ... das Aufsehen" scheue, das „eine solche Reise hervorrufen würde".[53]

Doch Ribbentrop drängte Schulenburg noch am selben Tage (18. August), „nochmals eine sofortige Unterhaltung mit ... Molotow herbeizuführen" und ihn zu bewegen, einem umgehenden Ribbentrop-Besuch „mit der Generalvollmacht des Führers" zuzustimmen, da sich die „deutsch-polnischen Beziehungen" von „Tag zu Tag" verschärften und „jeden Tag" damit zu rechnen sei, daß „Zwischenfälle eintreten könnten, die den Ausbruch eines offenen Konflikts unvermeidlich machten".[54] Doch in Moskau verhandelten nach wie vor die westlichen Militärmissionen, so daß die Sowjetregierung weiter hinhaltend agieren mußte. Sie

> „Man wende nun nicht ein, bei einem Bund mit Rußland müsse nicht gleich an einen Krieg gedacht werden, oder wenn, könne man sich auf einen solchen gründlich vorbereiten. Nein. Ein Bündnis, dessen Ziel nicht die Absicht zu einem Krieg umfaßt, ist sinn- und wertlos. Bündnisse schließt man nur zum Kampf. Und mag die Auseinandersetzung im Augenblick des Abschlusses eines Bündnisvertrages in noch so weiter Ferne liegen, die Aussicht auf eine kriegerische Verwicklung ist nichtsdestoweniger die innere Veranlassung zu ihm. Und man glaube ja nicht, daß etwa irgendeine Macht den Sinn solch eines Bundes anders auffassen würde. Entweder eine deutsch-russische Koalition bliebe auf dem Papier allein stehen, dann wäre sie für uns zweck- und sinnlos, oder sie würde aus den Buchstaben des Vertrages in die sichtbare Wirklichkeit umgesetzt – und die andere Welt wäre gewarnt. Wie naiv, zu denken, daß England und Frankreich in einem solchen Falle ein Jahrzehnt warten würden, bis der russisch-deutsche Bund seine technischen Vorbereitungen zum Kampf beendet haben würde. Nein, das Unwetter bräche blitzschnell über Deutschland herein.
>   So liegt schon in der Tatsache des Abschlusses eines Bündnisses mit Rußland die Anweisung für den nächsten Krieg. Sein Ausgang wäre das Ende Deutschlands."

Hitler 1926 im zweiten Band seines Buches „Mein Kampf". Nach Angaben seines Biographen Wolkogonow ließ Stalin sich einen Auszug aus „Mein Kampf" übersetzen, als die deutschen Truppen sich bereits Minsk näherten. Stalin las: „Wir schließen endlich ab die Kolonial- und Handelspolitik der Vorkriegszeit und gehen über zur Bodenpolitik der Zukunft. Wenn wir aber heute in Europa von neuem Grund und Boden reden, können wir in erster Linie nur an Rußland und die ihm untertanen Randstaaten denken."
Ob Stalin sich den hier zitierten Passus vor dem 23. August 1939 übersetzen ließ, ist nicht bekannt. Die in den USA erscheinende Zeitschrift „Der russische Faschist" hatte „Mein Kampf" bereits 1935 ins Russische unter dem Titel „Moja Borbja" übersetzt, wie auch der Titel der 1992 in Moskau erschienenen „Mein Kampf"-Übersetzung lautet.

ließ Ribbentrop am 19. August – nach Stalins Entscheidung, die Verhandlungen über einen Militärpakt mit England und Frankreich zu beenden – wissen, daß er am 26. oder 27. August, „eine Woche nach der Veröffentlichung der Unterzeichnung des deutsch-sowjetischen Wirtschaftsabkommens* vom 19. August, nach Moskau kommen könne.[55]

---

* Beide Länder sollten sich danach „mit ihren Volkswirtschaften auf die natürlichste Weise" ergänzen. Die „Sowjetunion, das Land unerschöpflichen Rohstoffreichtums" und Deutschland, „das Land der spezialisiertesten und hochwertigsten Industrien", sollten sich bemühen, die jeweiligen Bedürfnisse ihres Vertragspartners zu erfüllen. Die Sowjetunion hob hervor, daß sie in der Lage sei, „ihre Warenbezüge aus Deutschland mit ihren eigenen Erzeugnissen" zu bezahlen. „Umgekehrt bezahlt Deutschland seine Rohstoffbezüge aus der Sowjetunion mit hochwertigen deutschen Industrieerzeugnissen". Akten zur Deutschen Auswärtigen Politik, D VII, Nr. 147. „Die Regierung der Union der Sowjetischen Sozialistischen Republiken" wird veranlassen, so hieß es im Artikel I des Abkommens, „daß die Handelsvertretung der UdSSR in Deutschland oder die Einfuhrorganisationen der UdSSR zusätzliche Bestellungen im Werte von 200 Millionen RM an deutschen Firmen erteilen."

Unverblümt und mit entwaffnender Offenheit erklärte Stalin am 19. August 1939 während einer Geheimsitzung des ZK der WKP (b): „Die Frage Krieg oder Frieden tritt in eine für uns kritische Phase. Wenn wir den Vertrag über gegenseitige Hilfe mit Frankreich und Großbritannien abschließen, wird Deutschland auf Polen verzichten und einen ‚modus vivendi‘ mit den Westmächten suchen. Der Krieg wird abgewendet, aber im weiteren können die Ereignisse einen für die UdSSR gefährlichen Charakter annehmen. Wenn wir den Vorschlag Deutschlands über den Abschluß eines Nichtangriffspaktes mit ihnen annehmen, werden sie natürlich Polen überfallen und der Eintritt Frankreichs und Englands in diesen Krieg wird unvermeidlich. Westeuropa wird von ernsthaften Unruhen und Unordnung ergriffen werden. Unter diesen Bedingungen werden wir große Chancen haben, außerhalb des Konfliktes zu verbleiben und wir können auf unseren vorteilhaften Kriegseintritt hoffen.

Die Erfahrung der letzten zwanzig Jahre zeigt, daß in Friedenszeiten eine kommunistische Bewegung in Europa keine Chance hat, die stark genug wäre, die Macht zu ergreifen. Die Diktatur einer solchen Partei wird nur als Resultat eines großen Krieges möglich. Wir werden unsere Wahl treffen, und die ist eindeutig. Wir müssen den deutschen Vorschlag annehmen und die anglo-französische Mission höflich zurückschicken. Der erste Vorteil, den wir uns zunutze machen, wird die Einnahme Polens bis zu den Toren Warschaus sein, das ukrainische Galizien mit eingeschlossen.

Deutschland behält uns die volle Handlungsfreiheit in den baltischen Staaten vor und erhebt keinen Einspruch in Sachen Rückkehr Bessarabiens in die UdSSR. Sie sind bereit, uns Rumänien, Bulgarien und Ungarn in der Eigenschaft als Einflußsphären abzutreten. Als offen verbleibt die Frage in Verbindung mit Jugoslawien ... Gleichzeitig müssen wir die Folgen in Betracht ziehen, die sich sowohl aus einer Niederlage, wie auch aus einem Sieg Deutschlands ergeben werden. Im Falle einer Niederlage Deutschlands folgt unausweichlich die Sowjetisierung Deutschlands und die Schaffung einer kommunistischen Regierung. Wir dürfen auch nicht vergessen, daß ein sowjetisiertes Deutschland sich vor einer großen Gefahr befindet, falls diese Sowjetisierung sich als Folge einer Niederlage in einem Blitzkrieg erweist. England und Frankreich werden noch über ausreichend Stärke verfügen, um Berlin einzunehmen und ein sowjetisches Deutschland zu verhindern. Und wir werden nicht in der Lage sein, unseren bolschewistischen Genossen in Berlin zu Hilfe zu kommen.

Auf diese Weise besteht unsere Aufgabe darin, daß Deutschland einen möglichst längeren Krieg führen sollte, mit dem Ziel, daß England und Frankreich ermüdet und bis zu einem Grade geschwächt sind, daß sie nicht mehr in der Lage wären, eine Bedrohung für ein sowjetisches Deutschland darzustellen. Während wir eine Position der Neutralität beibehalten und unsere Stunde abwarten, wird die UdSSR dem heutigen Deutschland Hilfe erweisen, indem wir es mit Rohstoffen und Lebensmitteln versorgen. Es versteht sich aber von selbst, daß unsere Hilfe bestimmte Größenordnungen nicht dahingehend übersteigen soll, die unsere eigene Wirtschaft aushöhlen und die Schlagkraft unserer Armee schwächen könnten.

Gleichzeitig müssen wir eine aktive kommunistische Propaganda, besonders im anglo-französischen Block – und hier vorrangig in Frankreich –, führen. Wir müssen darauf vorbereitet sein, daß die Partei in diesen Ländern während des Krieges gezwungen sein wird, sich von ihrer legalen Tätigkeit zu verabschieden und in den Untergrund zu gehen. Wir sind uns im klaren darüber, daß diese Arbeit viele Opfer fordern wird, aber unsere französischen Genossen werden keine Bedenken hegen. Zu ihren Aufgaben werden in erster Linie die Zersetzung und Demoralisierung von Armee und Militär gehören. Wenn diese vorbereitende Tätigkeit in der gebührenden Form ausgeführt wird, ist die Sicherheit von Sowjetdeutschland gewährleistet, und das wiederum wird einer Sowjetisierung Frankreichs förderlich sein.

Für die Realisierung dieser Pläne ist es unumgänglich, daß der Krieg so lange wie möglich ausgedehnt wird, und genau in diese Richtung müssen alle Kräfte ausgerichtet werden, mit denen wir in Westeuropa und auf dem Balkan aktiv werden.

Betrachten wir nun eine zweite Annahme, das heißt, einen Sieg Deutschlands. Einige haben sich die Ansicht zu eigen gemacht, daß diese Möglichkeit uns vor eine große Gefahr stellt. Ein Quäntchen Wahrheit liegt in dieser Behauptung, aber es wäre ein Fehler zu denken, daß diese Gefahr so nahe und so groß werden wird, wie sie sich von einigen vorgestellt wird. Wenn Deutschland den Sieg davonträgt, geht es aus dem Krieg zu entkräftet hervor, als daß es in einen militärischen Konflikt mit der UdSSR eintritt, der wenigstens zehn Jahre dauert.

Deutschlands Hauptsorge wird die Beobachtung der besiegten Staaten England und Frankreich sein, um dort Widerstandsbewegungen niederzuhalten. Andererseits wird ein siegreiches Deutschland riesige Territorien einnehmen und somit im Verlaufe vieler Jahrzehnte mit

‚deren Nutzbarmachung' und der Herstellung der deutschen Ordnung beschäftigt sein. Es ist offensichtlich, daß Deutschland an anderem Platz sehr beschäftigt ist, als sich gegen uns zu wenden. Es gibt noch eine Sache, die unserer Sicherheit dient. In einem besiegten Frankreich wird die FKP sehr stark sein. Die kommunistische Revolution wird unausweichlich stattfinden und wir können diesen Umstand dahingehend ausnutzen, Frankreich zu Hilfe zu kommen und es zu unserem Verbündeten zu machen. Im weiteren werden alle Völker, die unter den ‚Schutz' des siegreichen Deutschlands gefallen sind, ebenso zu unseren Verbündeten werden. Vor uns liegt ein weites Tätigkeitsfeld zur Entwicklung der Weltrevolution.

Genossen! Im Interesse der UdSSR – der Heimat der Werktätigen – auf daß der Krieg ausbricht zwischen dem Reich und dem kapitalistischen anglo-französischen Block. Man muß alles tun, damit dieser so lange wie möglich ausgedehnt wird mit dem Ziel der Schwächung beider Seiten. Vorrangig aus diesem Grunde müssen wir dem Abschluß des von Deutschland vorgeschlagenen Paktes zustimmen und daran arbeiten, daß dieser Krieg, der eines Tages erklärt werden wird, in die maximale zeitliche Ausdehnung geführt wird. Es wird notwendig, in den eingetretenen Ländern die propagandistische Arbeit dahingehend zu verstärken, daß sie vorbereitet sind für die Zeit nach dem Krieg..."*

Da Stalin sich erst am 20. August dazu entschied, die Verhandlungen mit den westlichen Militärmissionen zu beenden, mußte Molotow nach Möglichkeiten Ausschau halten, den Besuch des deutschen Außenministers derzeit zu verhindern. So beharrte er noch am 20. August gegenüber Schulenburg darauf, daß der genaue „Zeitpunkt" augenblicklich nicht festgelegt werden könne, doch das änderte sich rasch. Noch am selben Tag überreichte Molotow dem deutschen Botschafter den Entwurf des sowjetischen Nichtangriffspaktes, der bereits geheimes Zusatzprotokoll vorsah.** „Der gegenwärtige Pakt ist nur bei gleichzeitiger Unterzeichnung

---

* Beutearchiv der UdSSR, Sammlung des ehemaligen Sonderarchivs der UdSSR, F 7, op 1, d. 1223.
** Vgl. S. 43. Nach wie vor behaupten marxistische Chronisten wie beispielsweise Wolkogonow, daß die Idee des geheimen Zusatzprotokolls von deutscher Seite gekommen sei. „Stalin, der sich überraschend zu einem Abkommen mit Deutschland entschlossen hatte", schrieb der Stalin-Biograph 1990, „ging noch weiter. Er erklärte sich nun auch zu einem ‚Geheimen Zusatzprotokoll' bereit. Dieses Protokoll verlieh dem erzwungenen und möglicherweise unumgänglichen Nichtangriffsvertrag einen extrem negativen Charakter." Wolkogonow, Stalin, S. 477. Vgl. Akten zur Deutschen Auswärtigen Politik, D. VII, Nr. 132 (C.E. 42).

eines besonderen Protokolls über die Punkte" gültig, hieß es da, „an denen die vertragschließenden Teile auf dem Gebiet der auswärtigen Politik interessiert sind ... Das Protokoll bildet einen integrierenden Bestandteil des Paktes".[56] Einen Tag später, am 21. August, erfuhren die Engländer und Franzosen, daß Ribbentrop sich anschickte, nach Moskau zu fliegen.[57] Zumindest die Sowjets mußten ihre geheimen Doppelkontakte aufgeben – und gegenüber den Westmächten mit offenen Karten spielen. Sie wurden angeklagt, die Sowjetregierung systematisch und absichtlich hingehalten und hintergangen zu haben. Der sowjetische Historiker A.D. Nikonow „bewies" im Sinne Stalins später, daß die USA den von Stalin geforderten Militärpakt nicht akzeptiert hätten,* weil er „die Möglichkeit ausgeschlossen hätte, einen Zusammenstoß zwischen Deutschland und der Sowjetunion herbeizuführen,** weil er [zudem] die Stellung Großbritanniens und Frankreichs gefestigt und gleichzeitig damit das Bestreben der USA erschwert hätte, diese Länder ökonomisch und politisch dem amerikanischen Einfluß zu unterwerfen."[58]

Tatsache ist indes, daß die in Europa tonangebende britische Regierung zwar einerseits darauf baute, daß die britischen Inseln weder zu erobern noch zu besetzen seien, doch andererseits auch davon ausging, im Falle eines größeren Krieges schlechte Karten zu haben, wenn ihr die USA nicht zur Seite stünde. Ihre Gold- und Devisenreserven waren so begrenzt, daß sie bereits 1940 zur Neige gingen, zumal England den Vereinigten Staaten Ende des Jahres seine gesamten Goldreserven als Sicherheit überlassen mußte. Schon Ende 1940 war sicher, daß das Königreich ohne Unterstützung aus Washington den Krieg bestenfalls nur noch 12 Monate würde durchhalten können.[59] So mußte die britische Absicht, Stalin im Umgang mit Hitler sichtlich den Rücken zu stärken, schon daher zum Scheitern verurteilt sein.

Am 20. August hatte sich Hitler schließlich selbst in die Verhandlungen mit einem Telegramm an Stalin eingeschaltet, der vier Stunden spä-

---

* In einem Interview in der „Iswestija" vom 27. August 1939 hatte Woroschilow noch erklärt: „Nicht deshalb wurden die militärischen Verhandlungen mit England und Frankreich abgebrochen, weil die UdSSR einen Nichtangriffspakt mit Deutschland schloß, sondern umgekehrt, die UdSSR schloß einen Nichtangriffspakt mit Deutschland unter anderem auch infolge des Umstandes, daß die militärischen Verhandlungen mit Frankreich und England wegen unüberwindlicher Schwierigkeiten in eine Sackgasse geraten waren."

** Wolkogonow revidierte die alte sowjetische Behauptung drei Jahrzehnte danach durch die Feststellung (Stalin, S. 469), daß „die westlichen Delegationen nur nach Moskau gekommen waren, um allgemeine Vorstellungen darzulegen und um ihre Regierungen über Moskaus Pläne zu informieren."

ter telegrafisch antwortete und erklärte: „Die Sowjetregierung hat mich beauftragt, Ihnen mitzuteilen, daß sie einverstanden ist mit dem Eintreffen des Herrn von Ribbentrop in Moskau am 23. August".*

Hitlers Telegramm vom 20. August 1939 an Stalin:

„Herrn Stalin Moskau.

1. Ich begrüße die Unterzeichnung des neuen deutsch-sowjetischen Handelsabkommens als ersten Schritt zur Neugestaltung des deutsch-sowjetischen Verhältnisses aufrichtig.

2. Der Abschluß eines Nichtangriffspaktes mit der Sowjetunion bedeutet für mich eine Festlegung der deutschen Politik auf lange Sicht. Deutschland nimmt damit wieder eine politische Linie auf, die in Jahrhunderten der Vergangenheit für beide Staaten nutzbringend war. Die Reichsregierung ist daher in einem solchen Falle entschlossen, alle Konsequenzen aus einer so eingreifenden Umstellung zu ziehen.

3. Ich akzeptiere den von Ihrem Außenminister Herrn Molotow übergebenen Entwurf des Nichtangriffspaktes, halte es aber für dringend notwendig, die mit ihm noch zusammenhängenden Fragen auf schnellstem Wege zu klären.

4. Das von der Regierung der Sowjetunion gewünschte Zusatzprotokoll kann nach meiner Überzeugung in kürzester Zeit substantiell geklärt werden, wenn ein verantwortlicher deutscher Staatsmann in Moskau hierüber selbst verhandeln kann. Sonst ist sich die Reichsregierung nicht darüber im klaren, wie das Zusatzprotokoll in kurzer Zeit geklärt und festgelegt werden könnte.

5. Die Spannung zwischen Deutschland und Polen ist unerträglich geworden. Das polnische Verhalten einer Großmacht gegenüber ist so, daß jeden Tag eine Krise ausbrechen kann. Deutschland ist jedenfalls entschlossen, diesen Zumutungen gegenüber von jetzt an die Interessen des Reiches mit allen Mitteln wahrzunehmen.

6. Es ist meine Auffassung, daß es bei der Absicht der beiden Reiche, in ein neues Verhältnis zueinander zu treten, zweckmäßig ist, keine Zeit zu verlieren. Ich schlage Ihnen daher noch einmal vor, meinen Außenminister am Dienstag, dem 22. August, spätestens aber am Mittwoch, dem 23. August, zu empfangen. Der Reichsaußenminister hat umfassendste Generalvollmacht zur Abfassung und Unterzeichnung des Nichtangriffspaktes sowie des Protokolls. Eine längere Anwesenheit des Reichsaußenministers in Moskau als ein bis höchstens zwei Tage ist mit Rücksicht auf ▶

---

* Das Telegramm Hitlers wurde am 20. August um 16.35 Uhr in Berlin aufgegeben und traf am 21. August um 0.45 Uhr in Moskau ein. Schulenburg übergab es um 15.00 Uhr Molotow, der es unmittelbar an Stalin weitergab. Stalins Telegramm an Hitler wurde am 21. August um 19.45 Uhr in Moskau aufgegeben. In Berlin traf es um 21.45 Uhr ein. Vgl. Akten zur Deutschen Auswärtigen Politik, D VII, Nr. 142, Nr. 157 und Nr. 159.

die internationale Situation unmöglich. Ich würde mich freuen, Ihre baldige Antwort zu erhalten. Adolf Hitler."*

Stalins telegrafische Antwort vom 21. August 1939:
„An den Reichskanzler Deutschlands Herrn A. Hitler.
Ich danke für den Brief. Ich hoffe, daß ein deutsch-sowjetischer Nichtangriffspakt eine Wendung zur ernsthaften Besserung der politischen Beziehungen zwischen unseren Ländern schaffen wird.
Die Völker unserer Länder bedürfen friedlicher Beziehungen zueinander; das Einverständnis der deutschen Regierung mit dem Abschluß eines Nichtangriffspaktes schafft die Grundlage für die Liquidierung der politischen Spannung und für die Aufrichtung des Friedens und die Zusammenarbeit zwischen unseren Ländern.
Die Sowjetregierung hat mich beauftragt, Ihnen mitzuteilen, daß sie einverstanden ist mit dem Eintreffen des Herrn von Ribbentrop in Moskau.
gez. Stalin"

Am 23. August 1939 zwischen 16 und 17 Uhr traf Ribbentop dann mit Hitlers Flugzeug auf dem Moskauer Flugplatz ein, wo er von Schulenburg, dem sowjetischen Botschafter Potemkin und einem sowjetischen Oberst empfangen und zunächst in die ehemalige österreichische Botschaft geleitet wurde, in der er „Quartier nahm". Um 18 Uhr wurde er im Kreml erwartet, ohne zu wissen, wer mit ihm verhandeln würde. „Oben angelangt", schrieb er während seiner Nürnberger Haft, „wurden wir [er, Schulenburg und der sowjetische Oberst] in ein längliches Arbeitszimmer geführt, an dessen Ende uns Stalin stehend erwartete, neben ihm Molotow. Graf Schulenburg konnte einen Ruf der Überraschung nicht unterdrücken. Obwohl er schon Jahre Botschafter in Moskau war, hatte er Stalin noch nie gesprochen".[60]

Obwohl Ribbentrops Überlieferungen, soweit sie diesen Komplex betreffen, zuweilen nicht nur nicht zuverlässig, sondern gelegentlich auch falsch sind,** haben sie bezüglich der Darstellung der Begegnung mit Stalin und Molotow den Rang einer sicheren Primärquelle. Sein Bericht: „Nach einer kurzen förmlichen Begrüßung setzten wir uns zu Viert an

---

* Das Telegramm wurde von Ribbentrop an Schulenburg mit der Anweisung gesandt: „Führer beauftragt Sie, sich umgehend bei Molotow anzusagen und ihm folgendes Telegramm des Führers an Herrn Stalin auszuhändigen ... Ich bitte das vorstehende Telegramm schriftlich auf Bogen ohne Kopf zu übergeben". Akten zur Deutschen Auswärtigen Politik, D VII, Nr. 142 (C.-E. 44).

** So behauptete Ribbentrop beispielsweise (Joachim von Ribbentrop, Zwischen London und Moskau. Erinnerungen und letzte Aufzeichnungen. Aus dem Nachlaß herausgege-

VOLLMACHT

Dem Reichsminister des Auswärtigen
Herrn Joachim von RIBBENTROP

erteile ich hierdurch Generalvollmacht, im Namen des Deutschen Reiches mit bevollmächtigten Vertretern der Regierung der Union der Sozialistischen Sowjetrepubliken über einen Nichtangriffsvertrag sowie über alle damit zusammenhangenden Fragen zu verhandeln und sowohl den Nichtangriffsvertrag als auch andere sich aus den Verhandlungen ergebende Vereinbarungen zu unterzeichnen, und zwar gegebenenfalls mit der Massgabe, dass dieser Vertrag und diese Vereinbarungen sofort mit der Unterzeichnung in Kraft treten.

Obersalzberg, den 22. August 1939

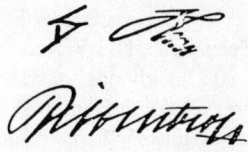

ben von Annette von Ribbentrop. Leoni am Starnberger See 1961, S. 177 f., fortan zit.: Ribbentrop ...), daß er am 23. August „nichts von einem ... Entschluß des Führers, Polen anzugreifen" gewußt habe, was schwer nachvollziehbar erscheint. Zweifelsfrei falsch ist seine Feststellung, daß „die Russen [am 23. August] keinen Text über einen Nichtangriffspakt vorbereitet gehabt hatten" und nicht zuletzt auch, daß an dem Tage „immer noch die englischen und französischen Militärmissionen in Moskau mit dem Kreml über den beabsichtigten Militärpakt" verhandelten.

einen Tisch: Stalin, Molotow, Graf Schulenburg und ich. Außerdem war unser Dolmetscher, Botschaftsrat Hilger ... und der ... russische Dolmetscher Pawlow anwesend ... Zu Beginn des Gesprächs brachte ich den Wunsch Deutschlands zum Ausdruck, das deutsch-sowjetische Verhältnis auf eine neue Grundlage zu stellen und einen Ausgleich der Interessen auf allen Gebieten herbeizuführen; wir wollten uns mit Rußland auf längste Sicht verständigen ... Dann sprach Stalin – kurz, prägnant, ohne viele Worte zu machen, aber was er sagte, war klar und unmißverständlich und zeigte, wie mir schien, auch den Wunsch nach Ausgleich und Verständigung mit Deutschland. Stalin benutzte den bezeichnenden Ausdruck: wir hätten uns zwar seit Jahren ‚mit Kübeln von Jauche übergossen', aber das sei kein Grund, daß wir uns nicht auch wieder vertragen könnten ... Die Antwort Stalins war so positiv, daß wir nach der ersten grundsätzlichen Aussprache, in der die beiderseitige Bereitschaft zum Abschluß eines Nichtangriffspaktes festgestellt wurde, sofort auf die materielle Seite der Abgrenzung der gegenseitigen Interessen und auf die deutsch-polnische Krise im besonderen eingehen konnten. Bei den Verhandlungen herrschte eine günstige Atmosphäre ... Die Interessensphären in den zwischen Deutschland und der Sowjetunion liegenden Ländern wurden abgegrenzt, Finnland, der größte Teil der baltischen Staaten sowie Bessarabien wurden als zur sowjetischen Sphäre gehörend erklärt. Für den Fall des Ausbruchs eines deutsch-polnischen Konflikts ... wurde eine ‚Demarkationslinie' vereinbart. Stalin hatte im Verlauf des ersten Teiles der Verhandlungen bereits erklärt, daß er gewisse Interessensphären wünsche ... [Die] Demarkationslinie [in Polen] wurde durch die Flußläufe der Weichsel, des San und des Bug bezeichnet ... Ich hatte zwar für den Abschluß eines Vertrages uneingeschränkte Vollmacht, hielt jedoch bei der Bedeutung der russischen Forderungen* eine Rückfrage bei Adolf Hitler für richtig ... Die Verhandlungen wurden deshalb unterbrochen und um 10 Uhr abends, nachdem ich die Zustimmung des Führers erhalten hatte, wieder aufgenommen. Nun gab es keine Schwierigkeiten mehr – der Nichtangriffspakt und das geheime Zusatzprotokoll wurden paraphiert und bereits vor Mitternacht unterzeichnet".**

---

* Stalin forderte die baltischen Häfen Libau und Windau als sowjetische Einflußsphären. Hitlers Reaktion: „Antwort lautet: Ja, einverstanden." (Akten zur Deutschen Auswärtigen Politik, D VII, Nr. 205)
** Ribbentrop, S. 180 ff. Diese Darstellung Ribbentrops ist ungenau. Der Pakt und das Geheime Zusatzprotokoll wurden am 24. August um 2 Uhr früh unterschrieben – und der Akt auf den 23. August zurückdatiert. Im Zusammenhang mit dem geheimen Zu-

In welcher Hast die Verträge ausgefertigt wurden, verrät bereits ihr Aussehen. Sie enthalten weder die Staatswappen oder Siegel der Regierungen oder Auswärtigen Ämter Deutschlands und der UdSSR, noch – ersatzweise – die persönlichen Siegel oder Wappen der Unterzeichner Ribbentrop und Molotow. Lediglich hinsichtlich der Alternate, die die beiden Außenminister austauschten, sind die international üblichen Gepflogenheiten gewahrt worden. Das heißt: Der deutsche Text nennt zuerst die „Deutsche Reichsregierung" und danach die Regierung der „Union der Sozialistischen Sowjetrepubliken", während es in der russischen Fassung umgekehrt der Fall ist. Daß Molotow und Ribbentrop auch für die Formulierung der Vertragstexte am 23. August keinen Aufwand betrieben, bezeugt die nahezu wörtliche Übereinstimmung der unterzeichneten Alternate mit der Fassung, die Molotow dem deutschen Botschafter bereits drei Tage zuvor übergeben hatte.

Ganz offensichtlich hatte Stalin es mit dem Abschluß des Vertrages ebenso eilig wie Hitler, der sprungbereit nach Warschau blickte. Offiziell gab Stalin vor, im Westen eine Invasion des „Aggressors" Deutschland und im Osten, von Fernost, einen Angriff Japans auf die Sowjetunion verhindern zu müssen. Was er tatsächlich im Sinne hatte, lag bislang im Dunkel. Daß zu der Zeit weder Deutschland noch Japan in der Lage waren, auch nur mit geringster Aussicht auf Erfolg die UdSSR anzugreifen, kann ihm nicht verborgen gewesen sein. Deutschland, wo es 1939 nicht einmal Ansätze für Operationspläne gegen die Sowjetunion – und darüber hinaus auch weder einen Kriegsplan noch einen Rüstungsplan – gab, vermochte bestenfalls einen Krieg von vielleicht vier Monaten durchzustehen. Große Teile der japanischen Landstreitkräfte standen in den Weiten Chinas. Die mit den Russen am Chalkin-Gol im August in Grenzscharmützel verwickelten Truppen zogen den kürzeren. An einen Zweifrontenkrieg, wie Stalin ihn ständig als aktuelles Problem in die Propaganda-Landschaft stellte, konnte nicht ernsthaft gedacht werden. Die rasch verbreitete Propagandaversion vom „Schlag gegen den Antikomintern-Pakt" (Deutschland – Italien – Japan) wirkte zwar glaubwürdig, war jedoch mit Stalins Zielvorstellungen nicht identisch.

satzprotokoll hieß es bei Ribbentrop (S. 181 f.): „Abkommen, die andere Länder berühren, werden selbstverständlich nicht in Verträgen festgelegt, die für die Öffentlichkeit bestimmt sind ... Noch aus einem anderen Grunde wurde das Abkommen als Geheimvertrag abgeschlossen: die deutsch-russische Vereinbarung verstieß gegen ein Abkommen zwischen Rußland und Polen und gegen den Vertrag, der 1936 zwischen Frankreich und Rußland geschlossen worden war und ein konsultatives Vorgehen bei Vertragsabschlüssen mit anderen Staaten vorsah."

Sowjetischer Entwurf des Nichtangriffspaktes

Moskau, 20. August 1939

Der sowjetische Nichtangriffspaktentwurf hat folgenden Wortlaut:

Die Regierung der UdSSR und Deutschland, geleitet von dem Wunsch nach Festigung der Sache des Friedens zwischen den Völkern und ausgehend von den grundlegenden Bestimmungen des Neutralitätsvertrages, der im April 1926 zwischen der Union der Sozialistischen Sowjetrepubliken und Deutschland geschlossen wurde, sind zu nachstehender Übereinkunft gelangt:

Artikel 1: Beide vertragschließenden Teile verpflichten sich, sich gegenseitig irgendeines Gewaltaktes und irgendeiner aggressiven Handlung gegeneinander oder eines Angriffs auf einander, sowohl einzeln als auch gemeinsam mit anderen Mächten zu enthalten.

Artikel 2: Falls einer der vertragschließenden Teile Gegenstand eines Gewaltaktes oder Angriffs seitens einer dritten Macht werden sollte, so wird der andere vertragschließende Teil in keiner wie immer gearteten Form solche Handlungen dieser Macht unterstützen.

Artikel 3: Im Falle der Entstehung von Streitigkeiten oder Konflikten zwischen den vertragschließenden Teilen über diese oder jene Fragen verpflichten sich beide Teile, diese Streitigkeiten und Konflikte ausschließlich auf friedlichem Wege mittels gegenseitiger Konsultation oder erforderlichenfalls mittels Schaffung von entsprechenden Schlichtungskommissionen zu regeln.

Artikel 4: Der gegenwärtige Vertrag wird auf die Dauer von fünf Jahren abgeschlossen mit der Maßgabe, daß, sofern einer der vertragschließenden Teile ihn nicht ein Jahr vor Ablauf der Frist kündigt, die Dauer der Wirksamkeit des Vertrages automatisch für weitere fünf Jahre als verlängert gelten wird.

Artikel 5: Der gegenwärtige Vertrag soll innerhalb einer möglichst kurzen Frist ratifiziert werden, wonach der Pakt in Kraft tritt.

Postscriptum: Der gegenwärtige Pakt ist nur bei gleichzeitiger Unterzeichnung eines besonderen Protokolls über die Punkte, an denen die vertragschließenden Teile auf dem Gebiet der auswärtigen Politik interessiert sind, gültig. Das Protokoll bildet einen integrierenden Bestandteil des Paktes.

Quelle: Mitteilung des deutschen Botschafters an das Auswärtige Amt in Berlin. Akten zur Deutschen Auswärtigen Politik, D VII, Nr. 133 (C.-E. 43).

Nichtangriffsvertrag zwischen Deutschland und der Union der Sozialistischen Sowjetrepubliken

Die Deutsche Reichsregierung und
die Regierung der Union der Sozialistischen Sowjetrepubliken
geleitet von dem Wunsche die Sache des Friedens
zwischen Deutschland und der UdSSR zu festigen und ausgehend von den grundlegenden Bestimmungen des Neutralitätsvertrages, der im April 1926 zwischen Deutschland und der UdSSR geschlossen wurde, sind zu nachstehender Vereinbarung gelangt:

Artikel I.

Die beiden Vertragschließenden Teile verpflichten sich, sich jeden Gewaltakts, jeder aggressiven Handlung und jedes Angriffs gegeneinander, und zwar sowohl einzeln als auch gemeinsam mit anderen Mächten, zu enthalten.

Artikel II.

Falls einer der Vertragschließenden Teile Gegenstand kriegerischer Handlungen seitens einer dritten Macht werden sollte, wird der andere Vertragschließende Teil in keiner Form diese dritte Macht unterstützen.

Artikel III.

Die Regierungen der beiden Vertragschließenden Teile werden künftig fortlaufend zwecks Konsultation in Fühlung miteinander bleiben, um sich gegenseitig über Fragen zu informieren, die ihre gemeinsamen Interessen berühren.

Artikel IV.
Keiner der beiden Vertragschließenden Teile wird sich an irgend einer Mächtegruppierung beteiligen, die sich mittelbar oder unmittelbar gegen den anderen Teil richtet.

Artikel V.
Falls Streitigkeiten oder Konflikte zwischen den Vertragschließenden Teilen über Fragen dieser oder jener Art entstehen sollten, werden beide Teile diese Streitigkeiten oder Konflikte ausschließlich auf dem Wege freundschaftlichen Meinungsaustausches oder nötigenfalls durch Einsetzung von Schlichtungskommissionen bereinigen.

Artikel VI.
Der gegenwärtige Vertrag wird auf die Dauer von 10 Jahren abgeschlossen mit der Maßgabe, daß, soweit nicht einer der Vertragschließenden Teile ihn ein Jahr vor Ablauf dieser Frist kündigt, die Dauer der Wirksamkeit dieses Vertrages automatisch für weitere fünf Jahre als verlängert gilt.

Artikel VII.
Der gegenwärtige Vertrag soll innerhalb möglichst kurzer Frist ratifiziert werden. Die Ratifikationsurkunden sollen in Berlin ausgetauscht werden. Der Vertrag tritt sofort mit seiner Unterzeichnung in Kraft.

Ausgefertigt in doppelter Urschrift, in deutscher und russischer Sprache.

Moskau am 23. August 1939.[61]

Die Existenz des – auf Molotows Anregungen zustande gekommenen – Geheimen Zusatzprotokolls, das Stalin 1939 völkerrechtswidrig unter anderem die Möglichkeit eingeräumt hatte, polnisches Territorium umgehend und bald danach auch Estland, Lettland, Litauen, Bessarabien und die Nordbukowina zu okkupieren, hat die Sowjetunion bis Dezember 1990, bis zur Publikation des Beschlusses der Volksdeputierten der UdSSR „Über die politische und rechtliche Bewertung des sowjetisch-deutschen Nichtangriffsvertrages von 1939",* rigoros abgestritten. Nach einem Bericht der „Iswestija" vom 25. Dezember 1989 spra-

---

* Materialien des II. Kongresses der Volksdeputierten UdSSR, Dezember 1989. Über die politische und rechtliche Bewertung des deutsch-sowjetischen Nichtangriffsvertrages von 1939, Moskau 1990, S. 5 – 27 und 29 – 31. Das Original des Geheimen Zusatzprotokolls, von dem nach dem Zweiten Weltkrieg erstmals am 23. April 1946 während des Nürnberger Prozesses zur Bestürzung der sowjetischen Gerichtsdelegation vom Hess-Verteidiger Dr. Seidl Kopien vorgelegt wurden, befand sich bis 1944 im Archiv des Auswärtigen Amtes in Berlin, wo Ribbentrop wichtige Dokumente aus Sicherheitsgründen auf Sicherheitsfilme aufnehmen ließ. Das „Geheime Zusatzprotokoll" befindet sich auf der Kleinbildrolle „F 19" (35 x 55 mm; Aufnahme 182 und 183). In Moskau wurde das russische Original von 1939 im April 1946 (ohne Tagesdatum) einem Mitarbeiter Molotows übergeben, der es angesichts des Kriegsverbrecherprozesses in Nürnberg möglicherweise vernichtete, was allerdings auch erst in den Jahren 1953/54 zur Zeit des Machtkampfes zwischen Berija, Malenkow und Molotow geschehen sein kann, zumal Molotow nach Stalins Tod wieder das Außenministerium übernommen hatte. Kopien blieben jedoch erhalten.

ЗАКЛЮЧЕНИЕ СОВЕТСКО-ГЕРМАНСКОГО ДОГОВОРА О НЕНАПАДЕНИИ.

23-го августа в 3 часа 30 мин. две беседы состоялись, первая беседа продолжалась 3-х часов. После перерыва в 10 часов вечера беседа была возобновлена и закончилась подписанием договора о ненападении, текст которого приводится ниже.

Договор о ненападении между Германией и Советским Союзом.

Правительство СССР и
Правительство Германии

Руководимые желанием укрепить дело мира между СССР и Германией и исходя из основных положений договора о нейтралитете, заключенного между СССР и Германией в апреле 1926 года, пришли к следующему соглашению:

Статья I.

Обе Договаривающиеся Стороны обязуются воздерживаться от всякого насилия, от всякого агрессивного действия и всякого нападения в отношении друг друга, как отдельно, так и совместно с другими державами.

Статья II.

В случае, если одна из Договаривающихся Сторон окажется объектом военных действий со стороны третьей державы, другая Договаривающаяся Сторона не будет поддерживать ни в какой форме эту державу.

Статья III.

Правительства обеих Договаривающихся Сторон остаются в будущем в контакте друг с другом для консультации, чтобы информировать друг друга о вопросах, затрагивающих их общие интересы.

Статья IV.

Ни одна из Договаривающихся Сторон не будет участвовать в какой-либо группировке держав, которая прямо или косвенно направлена против другой стороны.

Статья V.

В случае возникновения споров или конфликтов между Договаривающимися Сторонами по вопросам того или иного рода, обе стороны будут разрешать эти споры или конфликты исключительно мирным путём в порядке дружественного обмена мнениями или в нужных случаях путём создания комиссий по урегулированию конфликта.

Статья VI.

Настоящий договор заключается сроком на десять лет с тем, что поскольку одна из Договаривающихся Сторон не денонсирует его за год до истечения срока, срок действия договора будет считаться автоматически продлённым на следующие пять лет.

Статья VII.

Настоящий договор подлежит ратификации в возможно короткий срок. Обмен ратификационными грамотами должен произойти в Берлине. Договор вступает в силу немедленно после его подписания.

Составлен в двух оригиналах, на немецком и русском языках в Москве, 23 августа 1939 года.

По уполномочию
Правительства СССР
В. МОЛОТОВ.

За Правительство
Германии
И. РИББЕНТРОП.

Der russische Text des sowjetisch-deutschen Nichtangriffspaktes in der „Prawda" vom 24. August 1939[62]

chen sich noch zu der Zeit 252 von 1948 stimmberechtigten Deputierten gegen eine Verurteilung des Protokolls vom 23. August 1939 aus. 264 enthielten sich der Stimme. Stalins Biograph Wolkogonow zweifelte durchsichtigerweise noch 1990: „Die Originale dieses Protokolls, so scheint es, hat niemand gesehen ... Ribbentrop hat sie wohl mit nach Moskau gebracht, doch möglicherweise wurden sie nicht unterschrieben. Aber sollte es kein Geheimes Zusatzprotokoll gegeben haben, so hat es mit Sicherheit neben dem Vertrag ergänzende Übereinkünfte (eventuell auch mündlicher Art) gegeben, um die Interessensphären beider Staaten abzustecken."[63]

Geheimes Zusatzprotokoll[64]

Aus Anlaß der Unterzeichnung des Nichtangriffsvertrages zwischen dem Deutschen Reich und der Union der Sozialistischen Sowjetrepubliken haben die unterzeichneten Bevollmächtigten der beiden Teile in streng vertraulicher Aussprache die Frage der Abgrenzung der beiderseitigen Interessenssphären in Osteuropa erörtert. Diese Aussprache hat zu folgendem Ergebnis geführt:

1. Für den Fall einer territorial-politischen Umgestaltung in den zu den baltischen Staaten (Finnland, Estland, Lettland, Litauen) gehörenden Gebieten bildet die nördliche Grenze Litauens zugleich die Grenze der Interessenssphären Deutschlands und der UdSSR. Hierbei wird das Interesse Litauens am Wilnaer Gebiet beiderseits anerkannt.

2. Für den Fall einer territorial-politischen Umgestaltung der zum polnischen Staate gehörenden Gebiete werden die Interessenssphären Deutschlands und der UdSSR ungefähr durch die Linie der Flüsse Narew, Weichsel und San abgegrenzt.

Die Frage, ob die beiderseitigen Interessen die Erhaltung eines unabhängigen polnischen Staates erwünscht erscheinen lassen und wie dieser Staat abzugrenzen wäre, kann endgültig erst im Laufe der weiteren politischen Entwicklung geklärt werden.

In jedem Falle werden beide Regierungen diese Frage im Wege einer freundschaftlichen Verständigung lösen.

3. Hinsichtlich des Südostens Europas wird von sowjetischer Seite das Interesse an Bessarabien betont. Von deutscher Seite wird das völlige politische Desinteressement an diesen Gebieten erklärt.

4. Dieses Protokoll wird von beiden Seiten streng geheim behandelt werden.

Moskau, den 23. August 1939.

Für die Deutsche Reichsregierung:	In Vollmacht der Regierung der UdSSR:
J. v. Ribbentrop	W. Molotow

Die russische Fassung des Zusatzprotokolls*

СЕКРЕТНЫЙ ДОПОЛНИТЕЛЬНЫЙ ПРОТОКОЛ.

При подписании договора о ненападении между Германией и Союзом Советских Социалистических Республик нижеподписавшиеся уполномоченные обоих сторон обсудили в строго конфиденциальном порядке вопрос о разграничении сфер обоюдных интересов в Восточной Европе. Это обсуждение привело к нижеследующему результату:

1. В случае территориально-политического переустройства областей, входящих в состав Прибалтийских государств (Финляндия, Эстония, Латвия, Литва), северная граница Литвы одновременно является границей сфер интересов Германии и СССР. При этом интересы Литвы по отношению Виленской области признаются обоими сторонами.

2. В случае территориально-политического переустройства областей, входящих в состав Польского Государства, граница сфер интересов Германии и СССР будет приблизительно проходить по линии рек Нарева, Вислы и Сана.

Вопрос, является ли в обоюдных интересах желательным сохранение независимого Польского Государства и каковы будут границы этого государства, может быть окончательно выяснен только в течение дальнейшего политического развития.

Во всяком случае, оба Правительства будут решать этот вопрос в порядке дружественного обоюдного согласия.

Quelle: Russische Nachrichtenagentur „Nowosti".

- 2 -

    3. Касательно юго-востока Европы с советской стороны подчеркивается интерес СССР к Бессарабии. С германской стороны заявляется о ее полной политической незаинтересованности в этих областях.

    4. Этот протокол будет сохраняться обоими сторонами в строгом секрете.

Москва, 23 августа 1939 года.

Nach der Unterzeichnung des deutsch-sowjetischen Nichtangriffspaktes und des Geheimen Zusatzprotokolls vom 23. August bereits am 24. August wieder in Berlin: Ribbentrop erstattet Hitler seinen Bericht.

Nach seiner Rückkehr* aus Moskau – bereits am 24. August – wurde Ribbentrop in Berlin von Hitler empfangen,** der ihn besonders lobte und als „zweiten Bismarck" bezeichnete. Wie er das Ergebnis des Pakt-Abschlusses aus unmittelbarer zeitlicher Nähe offiziell beurteilte und rechtfertigte, ließ er am 25. August zunächst Mussolini wissen, dem er nach Rom schrieb: „Duce! Seit längerer Zeit standen Deutschland und Rußland in Gedankenaustausch über eine Neugestaltung der beiderseitigen politischen Beziehungen.

Die Notwendigkeit, in diesem Sinne zu Ergebnissen zu kommen, wurde verstärkt

1. durch die Lage der allgemeinen weltpolitischen Situation, soweit sie für die beiden Achsenmächte entscheidend ist,
2. durch das fortgesetzte Hinausziehen einer klaren Stellungnahme des japanischen Kabinetts. Japan war wohl einverstanden zu einem Bündnis gegen Rußland, woran sowohl Deutschland als in meinen Augen Italien auch unter den obwaltenden Umständen nur sekundär interessiert sein konnten. Es war aber nicht einverstanden zu einer ebenso klaren Verpflichtung gegenüber England, und dies wäre vom Standpunkt nicht nur Deutschlands, sondern auch Italiens aus mitentscheidend gewesen. Die Behauptung der Militärs, in kurzer Zeit die japanische Regierung zu einer klaren Stellungnahme auch England gegenüber veranlassen zu können, lag seit Monaten vor, wurde aber praktisch eben doch nicht realisiert.
3. Das Verhältnis Deutschlands zu Polen ist nicht durch das Verschulden des Reichs, sondern wesentlich durch das Zutun Englands seit dem Frühjahr unbefriedigend gewesen und war in den letzten Wochen einfach unerträglich ... Die von Polen betriebene zollpolitische Abwür-

---

* Vor seinem Abflug erklärte Ribbentrop dem Vertreter des Deutschen Nachrichtenbüros (DNB) in Moskau unter anderem: „Deutschland und Rußland ist es früher immer schlecht gegangen, wenn sie Feinde waren, aber gut, wenn sie Freunde waren. Der Führer und Stalin haben sich für die Freundschaft entschieden ... Der Nichtangriffspakt ... ist ein festes und unverrückbares Fundament ... Es ist dies vielleicht einer der bedeutsamsten Wendepunkte in der Geschichte zweier Völker."
** Daß der Vertrag unterzeichnet worden war, hatte Ribbentrop ihm um 1 Uhr früh telefonisch aus Moskau mitgeteilt (DNB-Bericht vom 24. August 1939). Die Angaben Hans Hartls (Hans Hartl und Werner Marx, Fünfzig Jahre sowjetische Deutschlandpolitik, Boppard 1967, S. 125, fortan zit.: Hartl ...), daß Hitler Ribbentrop auf dem „Berghof" in Berchtesgaden empfangen habe, sind unzutreffend. Ribbentrop sollte Hitler dort zwar ursprünglich Bericht erstatten, doch das aus Moskau zurückkehrende Flugzeug wurde per Funk nach Berlin umdirigiert, wo Hitler sich am 24. August befand (vgl. Ribbentrop, S. 185).

gung Danzigs, die schon seit Wochen zur vollkommenen Stillegung des gesamten Handels führt, wird bei einer zeitlich auch nur sehr beschränkten Fortdauer die Stadt vernichten.

Diese Gründe veranlassen mich, eine Beschleunigung des Abschlusses der deutsch-russischen Besprechungen herbeizuführen. Ich habe Ihnen, Duce, darüber im einzelnen noch nicht berichtet, weil mir sowohl der Einblick in den erreichbaren Umfang dieser Besprechungen als auch überhaupt die Gewißheit der Möglichkeit des Gelingens fehlte.

Nun ist in den letzten Wochen die seit dem Weggang Litwinows zutage getretene Bereitschaft des Kremls, zu einer Neuordnung der Beziehungen zu Deutschland zu kommen, immer stärker in Erscheinung getreten und ermöglichte es mir, nunmehr nach einer bereits erfolgten Vorklärung meinen Reichsaußenminister nach Moskau zu schicken zum Abschluß eines Vertrages, der der weiteste zur Zeit bestehende Nichtangriffspakt überhaupt ist und dessen Text der Öffentlichkeit übergeben wurde. Der Pakt ist bedingungslos und umschließt außerdem die Pflicht zur Konsultation über alle Rußland und Deutschland berührenden Fragen. Darüber hinaus aber darf ich Ihnen, Duce, mitteilen, daß durch die Absprachen die wohlwollendste Haltung Rußlands im Falle irgendeines Konfliktes sichergestellt, und daß vor allem die Möglichkeit irgendeines Eingriffes Rumäniens in einen solchen Konflikt nicht mehr gegeben ist ...

Ich glaube, Duce, Ihnen sagen zu dürfen, daß durch die Verhandlungen mit Sowjetrußland eine vollkommen neue weltpolitische Situation entstanden ist, die als stärkster Gewinn für die Achse ausgelegt werden muß".*

---

* „Zur Lage an der deutsch-polnischen Grenze kann ich ... Ihnen nur mitteilen", erklärte er Mussolini, der ihn am selben Tag für den Fall eines Krieges und einer italienischen Beteiligung auf deutscher Seite („Wenn Polen angreift und dessen Bundesgenossen einen Gegenangriff gegen Deutschland eröffnen") um „Kriegsmaterial und Rohstoffe" gebeten hatte, über die Deutschland selbst längst nicht ausreichend verfügte, „daß wir seit Wochen im Alarmzustand sind ... und daß ich im Falle unerträglicher polnischer Vorgänge augenblicklich handeln werde." Mussolini begründete seine Bitte mit dem Hinweis darauf, daß Hitler ihm gegenüber ursprünglich erklärt habe, daß er „den Krieg für nach 1942 vorgesehen" hätte. Akten zur Deutschen Auswärtigen Politik, D VII, Nr. 266 und Documenti Diplomatici Italiani, Serie 8, Bd. XIII, Nr. 250.

Noch war Hitler nicht sicher, ob Polen vor seinem „großen Bluff" kapitulieren würde oder aber durch einen Krieg in die Knie gezwungen werden müßte.*

In Moskau fiel die Aufgabe, dem Sowjetvolk und der Weltöffentlichkeit zu erklären, wieso die Sowjetregierung sich zu einem Pakt mit dem „faschistischen" Deutschland entschieden habe, dem populären Marschall Kliment Jefremowitsch Woroschilow zu, der am 27. August 1939 in der „Iswestija" zu erklären hatte: „Nicht deshalb wurden die militärischen Verhandlungen mit England und Frankreich abgebrochen, weil die UdSSR einen Nichtangriffspakt mit Deutschland schloß, sondern umgekehrt, die UdSSR schloß einen Nichtangriffspakt mit Deutschland unter anderem auch infolge des Umstandes, daß die militärischen Verhandlungen mit Frankreich und England wegen unüberwindlicher Meinungsverschiedenheiten in eine Sackgasse geraten waren." Die Öffentlichkeit durfte rätseln.

Am 31. August, vier Tage nach Woroschilows öffentlicher Erklärung, monierte Molotow während der außerordentlichen vierten Tagung des Obersten Sowjets der UdSSR die Feststellung der westlichen Missionen, daß „die UdSSR keine gemeinsame Grenze mit dem Aggressor" Deutschland habe und sowjetische Truppen daher durch polnisches Territorium transportiert werden müßten, was ohne polnische Zustimmung nicht geschehen dürfe. „Wir zogen in Betracht", erklärte Molotow, der das Völkerrechts-Argument nicht gelten lassen wollte, „daß es den Regierungen Englands und Frankreichs schwerfiel, einen schroffen Kurswechsel ihrer Politik von der feindseligen Einstellung zur Sowjetunion ... zu ernsthaften Verhandlungen mit der UdSSR auf der Basis gleicher Verpflichtungen zu vollziehen ... Einerseits fürchten die englische und die französische Regierung eine Aggression und möchten deshalb mit der Sowjetunion einen Pakt über gegenseitige Hilfe haben, insofern das sie selbst stärkt, insofern das England und Frankreich stärkt. Andererseits aber hegen die englische und die französische Regierung Befürchtungen, daß der

---

* Ernst von Weizsäcker beispielsweise berichtete am 23. August 1947 in Nürnberg während einer Vernehmung durch Robert M. W. Kempner (Kempner, Das Dritte Reich im Kreuzverhör. Aus den Vernehmungsprotokollen des Anklägers, Düsseldorf 1984, S. 213), wie er die Tage (23. und 24. August 1939) in Hitlers Haus auf dem Obersalzberg erlebt hatte: „Es war ... eine aufregende Unterhaltung. Ich konnte feststellen ... daß ... ein Auf und Ab festzustellen war, zwischen Krieg und der Vermutung, daß die Polen durch Hitlers Manöver klein beigeben könnten, was mit der Tschechoslowakei vorher passiert war."

Abschluß eines ernst zu nehmenden Paktes ... mit der UdSSR unser Land stärken könnte, was ihren Absichten nicht entspricht ... Nur so kann man auch die Haltung Polens verstehen, das nach der Weisung Englands und Frankreichs handelte."* Tatsache dagegen ist, daß sich die britische Regierung noch bis Mitte Juni 1941, als Stalin und Hitler ihre Truppen zum Krieg gegeneinander aufmarschieren ließen, um ein Arrangement mit der UdSSR bemühte.**

Die von den sowjetischen Militärs im August 1939 außerordentlich aggressiv und von den westlichen Militärmissionen durch ausweichende und durch ständige Hinweise auf völkerrechtliche Vorgaben durchsichtig hinhaltend geführten Verhandlungen*** hatten sowohl Stalin als auch Molotow angesichts der „Gefahrenlage", in der sie sich zu befinden vorgaben, mehr als nur irritiert.****

---

* „Die außerordentliche vierte Tagung des Obersten Sowjets der UdSSR" (russ.), S. 196.
** Sir Stafford Cripps, der britische Botschafter in Moskau, bemühte sich bis zum 6. Juni 1941 in Moskau um eine Übereinkunft mit der Regierung der UdSSR. Der britische Außenminister Eden schlug dem sowjetischen Botschafter Maiski in London am 13. Juni vor, im Falle eines deutschen Angriffs auf die Sowjetunion sofort eine Militärmission nach Moskau zu entsenden. Vgl. Churchill, Winston, The Second World War, Bd. 3, London 1949, S. 543 ff.
*** Vgl. die Verhandlungsprotokolle vom 14. August 1939 im Anhang, S. 383 ff.
**** Stalin führte – von marxistisch-leninistischen Historikern argumentativ massiv unterstützt – sowohl den formal datenmäßigen Verlauf des Notenwechsels von März bis August 1939 zwischen der sowjetischen Regierung und der britischen Regierung als auch die Kompetenzeinschränkungen der britischen Verhandlungspartner als Beweis für seine Behauptung an, daß die Westmächte letztlich den Krieg verschuldet hätten. Der datenmäßige Verlauf: Am 15. April 1939 unterbreiteten die Briten der Sowjetunion erste Vorschläge für Vereinbarungen. Die Sowjetunion reagierte bereits zwei Tage danach mit einem Gegenvorschlag. London benötigte drei Wochen für eine Stellungnahme, die Moskau nach fünf Tagen beantwortete, London reagierte erst nach dreizehn Tagen. Obwohl die Sowjetregierung innerhalb von vierundzwanzig Stunden antwortete, ließ sich London fünf Tage Zeit für eine Reaktion, die von Moskau wiederum innerhalb von vierundzwanzig Stunden beantwortet wurde. Die britische Regierung wartete mit ihrer Antwort neun Tage, auf die Moskau nach zwei Tagen reagierte. London antwortete nach fünf Tagen, die Russen nach einem Tag. Acht Tage später meldeten sich die Engländer, die Russen dagegen noch am selben Tag. Sechs Tage ließ sich die britische Regierung für eine Antwort Zeit, die von den Sowjets am selben Tag beantwortet wurde, von britischer Seite jedoch unbeantwortet blieb. Vgl. dazu Taylor, Ursprünge des Zweiten Weltkrieges, S. 268. Die britische Militärmission, die in der Sowjetunion verhandelte, war nicht befugt, Abkommen abzuschließen, was sowjetische Historiker wie beispielsweise A. S. Jerussalimski dazu bewog, am 4. September 1959 im „Neuen Deutschland" im Sinne Stalins zu schreiben: „So haben die Westmächte unter Ausnutzung der Haltung der reaktionären Regierungen Polens und Rumäniens die Verhandlungen in die Sackgasse geführt und sie gegenstandslos gemacht."

Trinksprüche zwischen Stalin, Molotow und Hitlers „Leibfotograf" Heinrich Hoffmann nach dem Abschluß des deutsch-sowjetischen Nichtangriffspaktes.

Während Hitler, Ribbentrop und die gesamten Funktionsträger des NS-Regimes ebenso wie die exponierten und von Moskau abhängigen Kommunisten den Pakt bis Juni 1941 öffentlich zwangsläufig gutheißen mußten,* stieß er sowohl bei der bürgerlichen Welt als auch bei den überzeugten Nationalsozialisten und ideologisch gefestigten Marxisten-Leninisten auf Abwehrhaltung. Hatte er doch nicht nur die von der Kooperation der Demokratien und des Bolschewismus getragene Politik der kollektiven Sicherheit, sondern auch die bis dahin unantastbare kommu-

---

* So erklärte das Zentralkomitee der Kommunistischen Partei Deutschlands beispielsweise am 25. August 1939 richtungweisend: „Das deutsche Volk begrüßt den Nichtangriffspakt zwischen der Sowjetunion und Deutschland ... weil er ... ein Instrument ... zur Wahrung des Friedens zwischen Deutschland und der Sowjetunion ist". In der Februar-Ausgabe 1940 der Komintern-Zeitschrift „Die Welt" erklärte Walter Ulbricht: „Die deutsche Regierung erklärte sich zu friedlichen Beziehungen zur Sowjetunion bereit, während der englisch-französische Kriegsblock den Krieg gegen die sozialistische Sowjetunion will. Das Sowjetvolk und das werktätige Volk Deutschlands haben ein Interesse an der Verhinderung des englischen Kriegsplanes."

Der Pakt in Hitlers Kalkül 55

nistische Maxime „Kampf gegen den Faschismus" zur Makulatur gemacht, zugleich auch die Demokratien mit einer neuen Front konfrontiert. Wie Hitler über den Pakt tatsächlich dachte, erklärte er den Oberbefehlshabern der Wehrmacht einen Tag vor dem Abschluß des Paktes. England und Frankreich, so war er überzeugt, würden − im Falle eines Krieges gegen Polen − über eine Blockade nicht hinausgehen. „Dagegen haben wir", sagte er, „unsere Autarkie und die russischen Rohstoffe. Polen wird entvölkert und mit Deutschen besiedelt. Mein Polenpakt [vom 26. Januar 1934] war nur als Zeitgewinn gedacht. Und im übrigen, meine Herren, ereignet sich mit Rußland ja nur dasselbe, was ich mit Polen durchexerziert habe. Nach Stalins Tod, er ist ein schwerkranker Mann, zerbrechen wir die Sowjetunion. Dann dämmert die deutsche Erdherrschaft herauf."*

Als Molotow am Tage vor dem Beginn des Polen-Feldzuges vor der außerordentlichen vierten Tagung des Obersten Sowjets der UdSSR bei der Ratifizierung des Vertrages feststellte, „daß man [jetzt] in Deutschland" Stalins Politik „verstanden und daraus praktische Schlußfolgerungen" gezogen habe, brach „Gelächter" aus, wie die „Prawda" vom 1. September 1939 berichtete.**

---

* IMT, Bd. 2, S. 33877. In dem von Hitler erwähnten „Polenpakt", der bis 1944 gelten sollte, von Hitler jedoch am 28. April 1939 in seiner Reichstagsrede gekündigt wurde, war vereinbart worden, daß Polen und Deutschland sich in „den ihre gegenseitigen Beziehungen betreffenden Fragen, welcher Art sie auch sein mögen", sich „unmittelbar ... verständigen. Sollten etwa Streitfragen zwischen ihnen entstehen und sollte sich deren Bereinigung durch unmittelbare Verhandlungen nicht erreichen lassen, so werden sie in jedem besonderen Fall auf Grund gegenseitigen Einvernehmens eine Lösung durch andere friedliche Mittel suchen ... Unter keinen Umständen werden sie jedoch zum Zweck der Austragung solcher Streitfragen zur Anwendung von Gewalt schreiten." Dokumente der deutschen Politik, Hrsg.: P. Müller-Benneckenstein und Six, Berlin 1935 ff., Bd. II, S. 63, Dok. 30.

** „Jetzt ertönen Stimmen", erklärte Molotow, „in denen das Nichtverstehen der einfachsten Grundlagen der begonnenen Verbesserung der politischen Beziehungen zwischen der Sowjetunion und Deutschland zum Ausdruck kommt." Die sowjetische Geschichtsschreibung hat (zumindest bis 1986) die Version verfochten, daß der Pakt lediglich ein korrektes Neutralitätsverhältnis bescheinigt habe. Vgl. dazu u.a.: Istorija meschdunarodnych otnosenij i wesnej politiki SSSR, Bd. 1 Moskau 1986, S. 224 f. Die Geheimabkommen über Einflußsphären und die Abkommen auf wirtschaftlichem Gebiet gingen jedoch weit darüber hinaus. Stalin selbst erklärte während der Schlußverhandlungen über das große Wirtschaftsabkommen vom 11. Februar 1940: „Die Sowjetunion wolle von Deutschland lernen und dies besonders auf dem Gebiet der militärischen Rüstung". Akten zur Deutschen Auswärtigen Politik, D VIII, Dok. 499.

Der sowjetische Außenminister Molotow unterzeichnet in Stalins Anwesenheit den deutsch-sowjetischen Grenz- und Freundschaftsvertrag vom 28. September 1939. Im Hintergrund: Graf von der Schulenburg und Gesandtschaftsrat und Handelsattaché Gustav Hilger.

Der nationalsozialistische „Partei-Philosoph" Alfred Rosenberg hatte am 25. August in sein Tagebuch geschrieben: „Ich habe das Gefühl, als ob sich dieser Moskau-Pakt irgendwann am Nationalsozialismus rächen wird. Das war nicht ein Schritt aus freiem Entschluß, sondern die Handlung einer Zwangslage, ein Bittgesuch seitens einer Revolution gegenüber dem Haupt einer anderen, die niederzukämpfen das vorgehaltene Ideal eines 20-jährigen Kampfes gewesen ist. Wie können wir noch von der Rettung und Gestaltung Europas sprechen, wenn wir den Zerstörer Europas um Hilfe bitten müssen?"[65]

Anders urteilte Ribbentrops Staatssekretär Ernst von Weizsäcker. „Auf längere Sicht", notierte er am 28. September 1939,* nachdem der deutschsowjetische Grenz- und Freundschaftsvertrag im Moskauer Kreml unterzeichnet worden war, „ist diese neue Verbindung mit Moskau ein Wag-

---

* Wahrscheinlich stammt die Notiz nicht vom 28. September, sondern vom 14. Oktober 1939. Hier wird der 28. September angegeben, weil Weizsäcker seine Aufzeichnung mit dem Datum versehen hat.

nis, im September 39 war sie eine Hilfe ... Die Welt wird uns das* noch lange nachtragen. Wir selbst werden uns erst dann darüber ganz Rechenschaft geben, wenn wir am Ende des Krieges stehen, der ohne den Vertrag vom 23.8. nicht entfesselt worden wäre".[66]

Namhafte deutsche Universitätshistoriker dagegen, die sich ebenfalls nicht an der öffentlichen Rechtfertigung der NS-Kriegspolitik beteiligten, im Hitler-Stalin-Pakt jedoch auch eine Schleuse zum Krieg in Europa erblickten, waren (zumindest beim Beginn des deutsch-sowjetischen Krieges) fest überzeugt, daß ihm diese Funktion seit Anbeginn nicht von Hitler, sondern von Stalin zugedacht worden sei. Friedrich Meineckes Schüler Siegfried A. Kaehler beispielsweise, warf den Sowjets im Juni 1941 vor, den Pakt geschlossen zu haben, um über ihn einen europäischen Krieg und die Bolschewisierung des Kontinents in die Wege leiten zu können. So sehr er dem NS-Regime bis dahin mit Kritik und historisch betonten Vorbehalten begegnet war, so überzeugt war er jetzt, daß der „barbarischen Revolution asiatischer Herkunft"** mit deutscher Überlegenheit entgegengetreten werden müsse.

Anders als in der Sowjetunion, wo die Historiker der Universitäten und Hochschulen stets die Politik ihrer Regierung positiv interpretierten, begleiteten und verteidigten und entsprechend zur öffentlichen Meinungsbildung beitrugen, verhielt es sich in Deutschland – auch zur Zeit des NS-Regimes. Während in der Sowjetunion, wo von 1937 bis 1939 sämtliche „deutschfreundlichen Elemente" aus wichtigen Positionen ausgeschaltet und durch deutschfeindliche Funktionsträger ersetzt worden waren, ideologisch einheitlich gefestigte Historiker und Völkerrechtler wie A.M. Pankratowa, W.P. Potjomkin, E.W. Tarlé, N.P. Koltschanowski, S.P. Platanow, N.G. Pawlenko, J.W. Parotkin, W.G. Truchanow, S.A. Sa-

---

* Hier bezog Weizsäcker sich auf Konsequenzen aus dem deutsch-sowjetischen Grenz- und Freundschaftsvertrag vom 28. September 1939: „... Die Preisgabe der Randstaaten und Finnlands und die auf Wunsch des Führers sehr beschleunigte Rückführung der Deutschen aus diesen Gebieten ist ein Geschenk an Rußland, das wir aber (außer Litauen) schon am 23. August in Moskau machten."
** Kaehler am 24. Juni 1941 in einem Brief an Meinecke, der ihm antwortete: „Uns ... bleibt in der Tat jetzt gar nichts anderes übrig, als die Zähne zusammenzubeißen zu äußerstem Widerstand gegen" den Bolschewismus. Zit. nach Schönfelder, Karen, Historiker und Politik. Geschichtswissenschaft im Nationalsozialismus, Frankfurt am Main 1992, S. 243 und 372. Vgl. dazu auch Friedrich Meinecke – Siegfried A. Kaehler, Briefwechsel in Auswahl 1912–1953, in: F. Meinecke, Ausgewählter Briefwechsel, Hrsg.: L. Dehio und P. Classen, Stuttgart 1962. Bezeichnend erscheint hierbei, daß sich sowohl Meinecke als auch Kaehler (gerade im Krieg) mit dem von Hitler geführten Reich identifizierten.

mislowa, A.S. Jerussalimski, B.G. Tartakowski, W.D. Kulbakin und W.T. Fomin, mit ihren Mitteln systematisch dazu beitrugen, die Geschichte im Sinne von Marx, Lenin und Stalin politisch zu instrumentalisieren und den Hitler-Stalin-Pakt nach dem jeweiligen Bedürfnis der Regierung zu interpretieren, war dies in Deutschland nicht der Fall. Zwar redeten renommierte Historiker wie beispielsweise Kurt von Raumer, Albert Brackmann, Wilhelm Schüßler, Wolfgang Windelband, Hermann Christern, Hans Uebersberger, Erich Maschke, Richard Fester, Willy Hoppe, Erich Marcks, Arnold Oskar Meyer, Karl Alexander von Müller und Heinrich von Srbik Hitler und dem Nationalsozialismus das Wort, doch sie sprachen für sich.

Dem NS-Regime war es trotz der Bemühungen vor allem Heinrich Himmlers und Alfred Rosenbergs nicht gelungen, ein einheitliches Geschichtsbild zu schaffen und die an Universitäten lehrende Historikerschaft zwingend darauf festzulegen. Carl Erdmann, Gerhard Ritter, Heinrich Dannenbauer, Friedrich Baethgen, Siegfried Kaehler, Peter Rassow, Walter Goetz, Fritz Kern, Walter Markov, Martin Lintzel und Franz Schnabel, um hier nur sie anzuführen, verweigerten sich dem Nationalsozialismus. Da der Verband deutscher Historiker nur noch ein Schattendasein führte, konnten weder Hitler noch die Funktionsträger des NS-Regimes wissenschaftlich begründete Argumente für ihre Propagandaversionen erwarten.

Zwar fanden seit April 1940, vom Reichsministerium für Wissenschaft, Erziehung und Volksbildung organisiert und von der Deutschen Gesellschaft zur Erhaltung und Förderung der Forschung unterstützt, verschiedene Tagungen als „Kriegseinsatz der Geisteswissenschaften" statt, an denen sich auch Universitätshistoriker beteiligten, doch was sie zur Unterstützung der NS-Propaganda über die Kriegsführung des Regimes beitrugen, konnten die Veranstalter im Grunde nur als „gutachterliche" Maßnahmen verwenden.*

Gutachten unabhängiger Wissenschaftler aber konnte es weder in der Sowjetunion noch in Deutschland geben. Beide Seiten handelten gleichermaßen, und beide Hauptverantwortlichen, Hitler und Stalin, behielten für sich, was sie wirklich dachten. Die mit Rosenberg und dessen Amt kooperierenden Historiker wären schlecht beraten gewesen, wenn sie publiziert hätten, wie Rosenberg die Ereignisse sah. In sein politisches Ta-

---

* Ausnahmen wie beispielsweise Hermann Oncken, der den Pakt mehrfach öffentlich begrüßt hatte, zogen sich nach dem 22. Juni 1941 völlig zurück. Oncken weigerte sich seitdem, selbst auch nur Vorträge über die Kriegspolitik Hitlers zu halten.

gebuch hatte er beispielsweise am 22. August 1939 eingetragen: „Ribbentrop wird ... nichts fühlen, da er außer Haß auf England keine politische Gesinnung besitzt ... Ich jedenfalls halte Ribbentrop für den Verbrecher Iswolsky,* der auch aus gekränkter Eitelkeit die ‚Gründe' zu seiner politischen Haltung schöpfte."** Für die Öffentlichkeit zu gelten hatte, was Hitler und Ribbentrop für gegenwärtig angemessen hielten. Ribbentrop hatte erklärt, daß der „Pakt mit Rußland" vom realpolitischen Gesichtspunkt aus ein außerordentlicher Erfolg gewesen sei, da er an die Außenpolitik Bismarcks angeknüpft und die „Einkreisung Deutschlands" beseitigt habe,*** und Hitler hatte in seiner Rede vom 1. September 1939 festgestellt: „Rußland und Deutschland" werden „von zwei verschiedenen Doktrinen regiert ... Deutschland hat nicht die Absicht, seine Doktrin zu exportieren, und in dem Augenblick, in dem Sowjetrußland seine Doktrin nicht nach Deutschland zu exportieren gedenkt, sehe ich keine Veranlassung mehr, daß wir auch nur noch einmal gegeneinander Stellung nehmen sollen. Wir sind uns beide darüber klar: Jeder Kampf unserer Völker gegeneinander würde nur anderen einen Nutzen abwerfen ... Der Nichtangriffs- und Konsultationspakt, der am Tage seiner Unterzeichnung bereits gültig wurde, hat gestern die höchste Ratifikation in Moskau und auch in Berlin erfahren. In Moskau wurde der Pakt genau so begrüßt, wie Sie ihn hier begrüßen".****

Damit war den Propagandisten, Medien und Funktionsträgern vorgegeben, woran sie sich zu halten hatten. Gänzlich anders lagen die Dinge in Frankreich und in England.

Exemplarisch für die Unsicherheit der Westmächte, die mit der Sowjetunion eben erst noch über einen Militärpakt verhandelt hatten, war die Feststellung des französischen Außenministers Georges Bonnet vom 23. August vor dem französischen Kriegsrat. „Der deutsch-russische Pakt", sagte er, „verändert vollständig das Gleichgewicht der Kräfte. Po-

---

* Alexander Petrowitsch Iswolsky (1856–1919), russischer Diplomat, 1906–1910 Außenminister, 1910–1917 Botschafter in Paris. Er gehörte zu den Befürwortern einer französisch-russischen Allianz gegen die Mittelmächte Deutschland und Österreich.
** Rosenberg, Tagebuch, S. 89. Rosenberg warf seinem Rivalen Ribbentrop vor, den Pakt nur vorbereitet und geschlossen zu haben, weil er sich an den Briten rächen wollte. Öffentlich konnte er diese Meinung jedoch nicht äußern.
*** Ribbentrop, S. 184. Ribbentrop war (ebenda) überzeugt, daß der Pakt auch der „Zustimmung des deutschen Volkes sicher" habe sein können.
**** DNB-Text vom 1. 9. 1939, Domarus, 1314/15. Er erklärte, daß infolge des Paktes Gewaltanwendungen gegeneinander ausgeschlossen seien und daß „diese politische Entscheidung ... eine ungeheure Wende für die Zukunft" bedeute und „eine endgültige" sei.

len wird von nun an keine Unterstützung mehr in der UdSSR finden können. Wir hatten gedacht, daß die Sowjetunion ihm wenigstens die Hilfe seiner Luftwaffe gewähren und es mit Kriegsmaterial und Rohstoffen beliefern würde. Dieser Hoffnung muß entsagt werden; vielleicht kann man sogar Schlimmes befürchten: eine deutsch-russische Entente gegen Polen."*

Die 1938 und 1939 von Stalin – auch auf nationaler Ebene – systematisch multiplizierte Version, daß Hitler die UdSSR zu der Zeit angreifen und in ihrer Existenz bedrohen könnte, basierte sowenig auf Tatsachen wie seine ständige Beteuerung bis Juni 1941, nur die Sicherung des Friedens und die unbeschadete Existenz der Sowjetunion im Auge gehabt zu haben. Nicht unbedingt abwegig erscheint, daß Stalin den für die Sowjetunion gefährlichen „Aggressor Deutschland" in der Hoffnung erfand, Deutschland auf dem Umweg über einen „Präventivkrieg" (nach Möglichkeit mit Hilfe der westeuropäischen Demokratien) militärisch und wirtschaftlich aus dem Kräftespiel der Mächte ausschalten zu können und zugleich weltweit psychologisch den Boden für sowjetische militärische Vorstöße nach Westen bereiten zu können. In Polen konnte er dank seiner völkerrechtswidrigen Vereinbarungen mit Hitler ohne besonders aufwendige Propagandavorbereitungen ebenso einmarschieren wie in Lettland, Estland, Litauen, Bessarabien und in die Nordbukowina. Mit Deutschland hingegen konnte so nicht verfahren werden.

Wie die im Zusammenhang mit Deutschland Ängste suggerierende Sowjetpropaganda bis zum 22. August 1939 in der UdSSR gewirkt hatte, beschrieb Schulenburg am 6. September 1939 in einem Telegramm (ADAP, D VIII, Nr. 13) an das Auswärtige Amt in Berlin. „Da Kriegsangst, insbesondere die Furcht vor deutschem Angriff Stimmung hiesiger Bevölkerung in den letzten Jahren stark beeinflußt", telegrafierte er, wurde „Abschluß Nichtangriffspakt mit Deutschland allgemein mit großer Erleichterung aufgenommen und begrüßt. Allerdings wird plötzliche

---

* „Welche Haltung sollen wir einnehmen?" fragte er und fuhr fort: „Müssen wir blindlings unser Bündnis mit Polen anwenden? Ist es im Gegenteil besser, Warschau zu einem Kompromiß zu bewegen? Wir könnten so Zeit gewinnen, um unsere Ausrüstung zu vervollständigen, unsere militärische Macht zu vergrößern unsere diplomatische Situation zu verbessern, um Deutschland wirksamer Widerstand zu leisten, falls es sich zum Angriff gegen Frankreich wenden sollte. Doch ein Kompromiß riskiert eine Schwächung des französisch-polnischen Bündnisses. Dieses aber ist stets für die Verteidigung selbst Frankreichs als wesentlich angesehen worden. Ist dies immer noch der Standpunkt des französischen Generalstabes?" Bonnet, George, La Défense de la Paix, Bd. II, S. 303. Vgl. Hofer, Walther, Die Entfesselung des Zweiten Weltkrieges, Frankfurt am Main 1960, S. 169.

„Hitler – Deutschland" – *Vom Aggressor zum Pakt-Partner*

Schwenkung der Politik der Sowjetunion nach jahrelanger eindringlicher gegen deutschen Aggressor gerichteten Propaganda von Bevölkerung vorläufig noch schlecht verstanden."

Als Stalin den englischen und französischen Militärmissionen Mitte August 1939 anbieten ließ, gegen Deutschland beispielsweise augenblicklich 5 000 bis 5 500 und monatlich weitere 900 bis 950 Kampfflugzeuge (gegen insgesamt 3 195 deutsche) zur Verfügung zu stellen, konnte er davon ausgehen, daß ein solcher Plan später vermutlich nicht mehr so chancenreich verwirklicht werden könnte.

Sicher, Hitler hatte innerhalb kurzer Zeit die „Resttschechei erledigt" und Österreich „heimgeholt", doch für einen Angriffskrieg gegen die Sowjetunion fehlten ihm alle – auch nur ansatzweise erfolgversprechenden – Voraussetzungen. Daß Deutschland am 7. Juni 1939 Nichtangriffspakte mit Estland und Lettland geschlossen,* im Lauf der Zeit einige Randstaaten auf seine Seite gezogen und sich die Sympathien Finnlands gesichert hatte, änderte nichts daran. Eher hätte die von Deutschland unabhängige politische Lage, zumal in der zweiten Juli-Hälfte 1939, Stalin und der Sowjetunion Existenzbedrohungen suggerieren können. Die sowjetischen Verhandlungen mit den britischen und französischen Militärmissionen, denen die sowjetischen Karten offen auf den Tisch gelegt worden waren, führten nicht zu dem Erfolg, den Stalin gewünscht hatte. Die Scharmützel an der mandschurisch-japanischen Grenze zwischen japanischen und russischen Soldaten konnten als möglicher kommender Kriegsherd hochgespielt werden,** eine deutsch-britisch-japanische Interessengemeinschaft gegen die UdSSR als möglich erscheinen.***

---

* Die Stalin im Sommer 1940, während die deutsche Wehrmacht an der Westfront kämpfte, kurzerhand in die Sowjetunion eingliederte: Litauen im Juni, Lettland im Juli und Estland im August 1940.

** Trotz der Tatsache, daß der sowjetische Nachrichtendienst (Raswedupr) 1938 und 1939 noch spürbar unter den Folgen der Tuchatschewskij-Affäre von 1937 (vgl. die Ausführungen im nächsten Kapitel) litt, verfügte er in Tokio bis zur Enttarnung Richard Sorges Ende 1941 über bemerkenswerte konspirative Quellen. Stalin kann schwerlich unbekannt gewesen sein, daß die japanische Luftwaffe 1938 (ausschließlich der Marine-Luftwaffe) über nur insgesamt 70 Kriegsflugzeuge verfügte. 1939 waren es 91. Die Gesamtstärke der japanischen Armee betrug 1939 1 196 000 Mann. Zum Krieg gegen Deutschland hatte Stalin dagegen am 15. August 1939 den westlichen Militärmissionen neben Tausenden von Panzern, Flugzeugen und 16 Kavallerie-Divisionen allein 120 Infanterie-Divisionen à 19 000 Mann (2 280 000 Mann) angeboten.

*** Zustande kam (nach dem sowjetisch-japanischen Neutralitätsabkommen vom 13. April 1941) indes ein deutsch-italienisch-japanisches Abkommen, in dem die Partner sich – unter der Ausklammerung der Sowjetunion – verpflichteten, „die Waffen nicht niederzulegen, bis der gemeinsame Krieg gegen die Vereinigten Staaten von Amerika und England zum erfolgreichen Ende geführt worden ist." Vgl. dazu die diesbezüglichen Ausführungen im nächsten Kapitel.

Friedrich Werner Graf von der Schulenburg, von 1934 bis 1941 deutscher Botschafter in Moskau. Er hoffte vergeblich, dauerhafte deutsch-sowjetische Beziehungen einleiten zu können. Nach dem Beginn des deutsch-sowjetischen Krieges erklärte er sich bereit, als Vertreter des Widerstandskreises Goerdeler nach der Ausschaltung Hitlers als Außenminister zu fungieren und mit Stalin über einen Sonderfrieden zu verhandeln. Schulenburg wurde vom Volksgerichtshof zum Tode verurteilt und am 10. November 1944 hingerichtet.

Durchaus wahrscheinlich ist, daß es Stalin, der auf den ersten Blick seinen politischen Kredit nicht nur im eigenen Land, sondern auch international aufs Spiel zu setzen drohte, beim Abschluß des Vertrages darum ging, neben den zu erwartenden Territoriumsgewinnen, dem Tor zum Westen und den dringend benötigten Erzeugnissen der modernen deutschen Technik und Industrie, den Westmächten nun erst recht den „Aggressor Deutschland" vorzuführen. Würden die Westmächte erfahren, was in dem von Molotow sorgsam vorbereiteten „Geheimen Zusatzprotokoll" stünde, so dürfte er kalkuliert haben, würden sie ihn zunächst zwar zum Spießgesellen Hitlers zu machen versuchen, sich von ihm jedoch bald eines Besseren belehren lassen müssen. Der völkerrechtswidrige Inhalt des Geheimen Zusatzprotokolls vom 23. August mußte sich aus seiner Sicht positiv auswirken. Als einer der abgefeimtesten Benutzer von Geheimdiensten wußte er, wie schnell Geheimdokumente in falsche Hände geraten und allgemein bekannt werden konnten. Und so war es denn auch in diesem Fall. Bereits am Tage des Abschlusses des Paktes übermittelte der französische Botschafter seiner Regierung einen Bericht, der die we-

Telegramm des amerikanischen Botschafters in Moskau an den US-Außenminister

TELEGRAM RECEIVED

EDA A portion of
this telegram must be
closely paraphrased
before being communi-
cated to anyone (D)

MOSCOW

FROM Dated August 24, 1939

Received 11:15 a.m.

Secretary of State

Washington

465, August 24, noon.

(GRAY) My 464, August 24, 9 a.m. The text of the treaty was published in the Soviet press today and follows the outline given in my telegram under reference, with the addition of a preamble that the present treaty is based on the Soviet German treaty of April 1926. As the press will undoubtedly carry the full text I will not telegraph it (END GRAY).

STRICTLY CONFIDENTIAL. I am informed in strict confidence that a full "understanding" was reached last night between the Soviet and German Governments in reference to territorial questions in Eastern Europe whereby Estonia, Latvia, Eastern Poland, and Bessarabia are recognized as spheres of Soviet vital interest. Apparently Finland was not mentioned. My informant added that article four which prohibits the contracting parties from joining any group of powers directed against the other, in addition to pre-cluding Soviet adherence to any Anglo-French alliance will also preclude any German-Japanese collaboration. I am informed that the negotiations were conducted personally

by

EDA - 2 - #465, August 24, noon from Moscow

by Stalin who did not disguise from Ribbentrop that he
had long been in favor of a Soviet-German rapprochement.
When the treaty was concluded Stalin drank a toast
to Hitler and to "the revival of the traditional German-
Russian friendship". As a result of the discussions
dealing with territorial questions involving countries
lying between Germany and the Soviet Union I am
informed that there was a tacit agreement to the effect
that the Soviet Union would be given territorial
compensation if it so desired for both territorial
changes which might be introduced by Germany in those
regions.

Ribbentrop is flying back to Berlin at 2 p.m. today.

STEINHARDT

CSB

sentlichsten Teile des „Geheimen Zusatzprotokolls" enthielt* und in Paris und London sofort Irritationen und spürbare Unsicherheiten auslöste. Und auch Präsident Roosevelt wurde am selben Tage noch von seinem Staatssekretär Cordell Hull informiert, der vom Moskauer US-Botschafter Laurence A. Steinhardt durch ein offenes Telegramm** erfahren hatte, was in Moskau geschehen war.

* Gelbbuch der Französischen Regierung, Dok. Nr. 232. Die sogenannten „Wohlthat-Gespräche", die deutsch-britischen Wirtschaftsverhandlungen vom Juli 1939, sah er als einen Beweis dafür an, daß Großbritannien sich bemühte, Hitler zum Krieg gegen die UdSSR zu ermuntern.
** Daß das Telegramm „chiffriert" gewesen sei, wie beispielsweise Ingeborg Fleischhauer (Der Pakt, S. 401) behauptet, ist eine der vielen Legenden, die sich um die Ereignisse ranken. Weder Fleischhauer noch Schulenburgs persönlicher Referent Johnnie von Herwarth und dessen amerikanischer Kollege Charles E. Bohlen, auf die sich Fleischhauer beruft, haben das Telegramm jemals gesehen. Schulenburg, von Hitler, Ribbentrop und dem Ergebnis vom 23. August bitter enttäuscht, hatte Herwarth informiert, der seinen US-Kollegen und Freund Bohlen anrief und ihn zu sich in die deutsche Botschaft bat, von wo er den US-Botschafter Steinhardt telefonisch über das Geheime Zusatzprotokoll unterrichtete, der das (im Nationalarchiv Washington unter der Nr. 761. 62 11/93 aufbewahrte) Telegramm formulierte und nach Washington sandte.

Da Frankreich und England infolge ihrer Vereinbarungen mit Polen zur Beistandsleistung für Polen gezwungen waren, wenn Hitler angriff, was seit Ende August feststand und zwischen Hitler und ihm geregelt war,* würde er beweisen, daß er nicht Hitlers Waffengefährte war, sondern nach wie vor auf der Seite der Westmächte stand. Hitlers Hoffnung, daß er als Pakt-Partner die Rote Armee möglichst gleichzeitig mit der Wehrmacht in Polen einmarschieren lassen – und damit entweder westliche Kriegserklärungen auch gegen die UdSSR auslösen oder aber die Westmächte von einem Kriegseintritt abhalten – würde, deckte sich nicht mit seinen Planungen. Der Einmarsch der Roten Armee in Polen durfte aus seiner Sicht nicht als völkerrechtswidrige Wahrnehmung des Artikels 2 des Geheimen Zusatzprotokolls vom 23. August erscheinen, sondern mußte im Gegenteil als notgedrungene Maßnahme zum Schutze der in Polen lebenden Weißrussen und Ukrainer deklariert werden.

Den Pakt mit Hitler müßten die Westmächte als sein letztes Mittel verstehen, sich den „Aggressor" vom Leibe zu halten, seine gelegentlichen verbalen Ausfälle gegen sie als unerläßliche Pflichtübungen gegenüber seinem Pakt-Partner Hitler. Daß Großbritannien sein Verhalten honorierte, konnte er registrieren, ohne in diesem Zusammenhang Hitlers Mißtrauen auf sich zu ziehen. Das britisch-sowjetische Handelsabkommen vom 10. Oktober 1939,** von dem auch Deutschland profitierte, indem es die aus dem Commonwealth gegen sowjetische Holzlieferungen eingetauschten Rohstoffe Zinn und Kautschuk und Maschinen von der UdSSR abkaufte, war nur ein Beweis dafür,*** die britischen Bemühungen von Juni 1941, sich nun doch mit ihm auch militärisch zu arrangieren, ein weiteres Indiz. Winston Churchills vielzitiertes Wort, daß er gegen Hitler selbst mit dem Teufel paktieren würde, erschien im Juni 1941 kei-

---

* In einer internen Denkschrift des italienischen Außenministeriums über die sowjetische Politik 1939 (Foreign Office Akten, 1940, Bd. 24 849) findet sich die Feststellung des italienischen Botschafters in Moskau, Augusto Rosso, vom 25. August 1939: „Ribbentrop sagte mir, die Sowjetregierung habe die Notwendigkeit zur Kenntnis genommen, daß Deutschland die Frage Danzig regle und werde infolgedessen keine Einwendung gegen einen Krieg Deutschlands gegen Polen erheben." Stalin war von Hitler bereits am 20. August brieflich darauf hingewiesen worden, daß er gegen Polen gegebenenfalls „mit allen Mitteln" vorgehen würde.

** Zwar verlor das Abkommen seinen Wert, nachdem sich herausgestellt hatte, daß die Sowjetunion die vom Commonwealth gelieferten Produkte gegen Erzeugnisse der Rüstungsindustrie an Deutschland verkaufte; doch Stalins Bild blieb einigermaßen unbeschädigt.

*** Die Bemühungen der Briten z.B. vom 16. Februar und vom 18. März 1940, weitere Verträge mit der UdSSR abzuschließen, und Churchills Angebot an Stalin vom Juli 1940, die Seiten zu wechseln, bezeugten kontinuierliches Entgegenkommen.

neswegs auf Stalin gemünzt, dem der Krieg – im krassen Gegensatz zu Hitler – einen außerordentlichen Popularitätszuwachs eintrug. Und nicht zuletzt: Während des Nürnberger Prozesses gegen die als Hauptkriegsverbrecher angeklagten Deutschen wurde sein Pakt mit Hitler – auf Betreiben der sowjetischen Richter J.T. Nikitschenko und A.F. Wolchkow vom 8. August und 7. September 1946 – im Urteil behandelt, als sei er seitens der UdSSR niemals unterzeichnet worden.*

Daß Stalin „die Verhandlungen" der Militärmissionen nur führen ließ, „um Hitler zur Eile zu treiben",** wie Hans Hartl 1967 behauptete, trifft mit Sicherheit nicht zu. Seine primären Bestrebungen waren nicht auf ein Bündnis mit Hitler, sondern auf einen Militärpakt mit England und Frankreich gerichtet. Den Pakt mit Hitler nahm er, nachdem seine ursprüngliche Idee nicht den von ihm erhofften Anklang gefunden hatte, lediglich als eine Art Ersatz hin, den er allerdings effektvoll zu nutzen verstand.

Tatsache ist zwar, daß Stalin die Verhandlungen der Militärmissionen abbrechen und beenden ließ; doch dies geschah nicht, weil er auf Hitlers entgegenkommendes Einverständnis gewartet habe, wie Hartl behauptete, sondern weil er seine Vorstellungen und Erwartungen nicht durchzusetzen vermochte. Und unzutreffend sind auch die Behauptungen der marxistisch-leninistisch orientierten Historiker, die den westlichen Militärmissionen unterstellten, „lieber die Verhandlungen über den Abschluß einer militärischen Konvention" abgebrochen zu haben, „als ein Abkommen zu treffen, das ein Übereinkommen mit Deutschland unmöglich gemacht hätte."[67] Unzutreffend ist ebenso auch die von ihnen verfochtene Version, daß der Anstoß zum Abschluß eines Nichtangriffspaktes, den sie zurückhaltend zu kritisieren beginnen, von Deutschland

---

* Tatsachenwidrig hieß es lediglich, daß Ribbentrop im August 1939 nach Moskau geschickt worden sei, um einen Nichtangriffspakt auszuhandeln. Vgl. dazu unter anderem: Nazi Conspiracy and Aggression: Opinion and Judgment, Washington, D.C. 1962, Box 14. „Vorschlag für einen Urteilsrahmen", S. 34, 42, 43, Akte 2; Entwurf A, S. 25 – 30, 41, 43, Akte 5; Entwurf B, S. 24, 42, 43, Akte 6; „Notes on Judgment", 8. August 1946, S. 10, 11; 7. September 1956, S. 37, Akte 3.

** Ähnlich hatte sich 1973 auch Marschall Alexander Michailowitsch Wassilewski (Sache des ganzen Lebens, Moskau 1973, deutsche Ausgabe: Ost-Berlin 1977, S. 84, fortan zit.: Wassilewski, Sache des ganzen Lebens ...) ausgedrückt, in dessen 539 Seiten umfassenden Erinnerungen der Hitler-Stalin-Pakt in 7 Zeilen behandelt wurde: „Nachdem die Sowjetunion sah, daß Großbritannien, Frankreich und Polen nicht gewillt waren, einen Vertrag über den gemeinsamen Kampf gegen die vorauszusehende Hitleraggression abzuschließen, ging sie auf den von Deutschland vorgeschlagenen Nichtangriffspakt ein. ... Mit der Unterzeichnung ... durchkreuzte die UdSSR die Pläne der internationalen Reaktion".

ausgegangen sei.⁶⁸ „Selbstverständlich erscheint der Nichtangriffsvertrag, von unserem heutigen Standpunkt aus betrachtet", schrieb beispielsweise der Stalin-Biograph Wolkogonow 1990, „in einem schlechten Licht. Ein Bündnis mit den westlichen Demokratien wäre attraktiver gewesen. Aber weder waren England und Frankreich dazu bereit, noch verfügte Stalin über die notwendige Geduld. Ausgehend von ihren Interessen und dem internationalen Kräfteverhältnis hatte die UdSSR damals wohl keine andere Alternative".⁶⁹

Der „Abschluß des sowjetisch-deutschen Vertrages vom 23. August warf die Pläne jener reaktionären Diplomaten Englands und Frankreichs über den Haufen, die darauf spekuliert hatten, die Sowjetunion zu isolieren und ihr die Gegenseitigkeit der Hilfeleistung zu versagen, um dann die deutsche Aggression gegen sie zu lenken", schrieben die Akademiemitglieder A.M. Pankratowa und W.P. Potjomkin unmittelbar nach dem

D. Low: „Begegnung in der Hölle" („London Evening Standard") 1939 nach dem Abschluß des Hitler-Stalin-Paktes

Ende des Zweiten Weltkrieges und attestierten der Sowjetregierung, 1939 einen großen diplomatischen Erfolg errungen zu haben.[70] Die Interpretation hatte Stalin ihnen bereits am 3. Juli 1941 vorgegeben, als er über den sowjetischen Rundfunk erklärte, daß der Pakt „ein unbestreitbarer Gewinn" für die Sowjetunion „und ein großer Verlust für das faschistische Deutschland"[71] gewesen sei.

Stalins offizielle Interpretation exemplifiziert in bestürzender Weise, wie kraß die Geschichte auf das Prokrustesbett gezwungen und politisch instrumentalisiert wurde. Der Pakt erwies sich für beide Partner als gleichermaßen nützlich.

Stalin, der bis zum 21. August 1939 weltweit das Schreckgespenst genährt hatte, daß Hitler die Sowjetunion in allernächster Zeit angreifen könne, wurde dieser Vision ledig. Der Pakt, die beiderseitigen Garantieerklärungen hinsichtlich der baltischen Staaten und Hitlers Verzichterklärung auf ostpolnisches Territorium, ließen diese Vision – vorerst jedenfalls – zur Makulatur werden. Doch damit nicht genug. Das ostpolnische Territorium konnte Stalin im September 1939, Litauen im Juni, Lettland im Juli und Estland im August 1940 okkupieren. Die Sowjetunion, die auf internationaler Ebene nach Krediten Ausschau hielt und dringend technische Ausrüstungen nicht nur für ihre angestrengte Rüstungsindustrie brauchte, die 1941 bereits 43,4 Prozent des gesamten Staatshaushaltes der UdSSR beanspruchte und 23 Millionen Menschen beschäftigte,[72] mußte das Abkommen als Gewinn ansehen,* wie Stalin am 3. Juli 1941 feststellte, dem der Pakt die Tür zum Westen geöffnet hatte. Hitler wiederum, der Stalin weitaus mehr als die Westmächte geboten[73] und dafür von ihm freie Hand für seinen Krieg gegen Polen und für die „territorial-politische Umgestaltung der zum polnischen Staate gehörenden Gebiete" bis zu den Flüssen Narew, Weichsel und San zugesichert bekommen hatte, konnte ebenfalls vorübergehend sicher sein, an keiner zweiten Front kämpfen zu müssen. Zudem erhielt Deutschland – vor allem nach dem deutsch-sowjetischen Wirtschaftsabkommen vom 11. Februar 1940 als eine der Konsequenzen des Hitler-Stalin-Paktes vom 23. August 1939 von der UdSSR Rohstoffe im Wert von rund 800 Millionen Mark zugesichert.

---

* Die Sowjetunion profitierte nicht zuletzt auch bereits aus den vagen Formulierungen über das gegenseitige Interesse an Südosteuropa. Während die sowjetische Seite ihr Interesse an Bessarabien „betonte", bekundete die deutsche Seite ihr „völliges politisches Desinteresse an diesen Gebieten", was schließlich zwangsläufig Streitigkeiten auslösen mußte.

Als negative Konsequenz mußte Hitler nach dem „Verrat" seiner Weltanschauung durch den Abschluß des Paktes in Kauf nehmen, daß er außenpolitisch vorübergehend so gut wie isoliert dastand. Japan, vom Vertragsabschluß mit Moskau sehr überrascht, sah den am 25. November 1936 mit Deutschland geschlossenen Antikomintern-Pakt (dem 1937 auch Italien beigetreten war) damit als nicht mehr aktuell an und ersetzte seinen in Berlin betont prodeutsch orientierten Botschafter General Hiroshi Oshima durch den Berufsdiplomaten Saburo Kurusu, der strikte Neutralität an den Tag zu legen hatte. Die seit dem 25. November 1939 amtierende Regierung Abe Noguynkai bemühte sich um eine Verbesserung zu den europäischen Westmächten und um einen „Ausgleich" mit den USA. Der von der Sowjetunion am 30. November 1939 ausgelöste Krieg gegen Finnland zwang Hitler seinerseits – trotz der engagierten Bemühungen des schwedischen Forschers und Weltreisenden Sven Hedin vom 4. März 1940,* Hitler zu Vermittlungsaktivitäten zu bewegen – zur strikten Neutralität. Kein ausländischer Staatsmann, kein Politiker oder Diplomat, suchte ihn von November 1939 bis Anfang Februar 1940 auf. Selbst sein „Intim-Freund" Mussolini warf ihm vor, sein seit Jahr und Tag verfochtenes antibolschewistisches Programm verraten zu haben.**

Stalins Entscheidung vom 4. August 1939, von seinen führenden Militärs unmittelbar „Vorstellungen zu den Verhandlungen mit England und Frankreich" im Hinblick auf eine gemeinsame Militäraktion gegen den „Hauptaggressor" Deutschland*** entwickeln zu lassen, exemplifiziert unmißverständlich, daß er – zumindest nach außen hin – nicht nur von einer akuten Bedrohung der Sowjetunion durch Deutschland überzeugt

* Hitler verteidigte im Gespräch mit Hedin den Pakt mit Stalin und erklärte (nach dem Protokoll des Gesandten und Chefdolmetschers des Auswärtigen Amtes, Paul Otto Schmidt) unter anderem: „Stalin mache ... eine Wandlung durch. Er sei nicht mehr der internationale Bolschewist, sondern zeige sich absolut als nationaler Russe und verfolge im Grunde genommen genau dieselbe naturgegebene nationalrussische Politik des Zaren" (Hillgruber, Andreas, Staatsmänner und Diplomaten bei Hitler. Vertrauliche Aufzeichnungen über Unterredungen mit Vertretern des Auslandes 1939–1941, Frankfurt am Main 1967, S. 78, fortan zit. Hillgruber, Staatsmänner ...). Das gleiche Argument benutzte Hitler in einem Brief vom 8. März 1940 an Mussolini. Vgl. S. 184.
** Zu den Reaktionen in der Weltöffentlichkeit auf den Pakt vgl. unter anderem: Leonhard, Wolfgang, Der Schock des Hitler-Stalin-Paktes. Erinnerungen aus der Sowjetunion, Westeuropa und USA. Freiburg 1986.
*** An dessen Seite im Osten gegebenenfalls Lettland, Estland, Rumänien und Ungarn fechten würden. Daß die Sowjetunion zu der Zeit von Hitler bedroht worden sei, wie Stalin mutmaßte, ist eine Legende, zu deren Urhebern vor allem Stalin selbst gehörte. Wie Dokumente zuverlässig belegen, war 1939 nicht die UdSSR von Deutschland, sondern umgekehrt Deutschland von der Sowjetunion bedroht.

Besiegt die inneren und die äußeren Feinde!

Josef Stalin nach Lenins Tod (21. Januar 1924):
„Haltet im Gedächtnis, liebt, studiert Iljitsch Lenin, unseren Lehrer und Führer! Kämpft gegen unsere Feinde und besiegt sie, die inneren ebenso wie die äußeren, so wie er es befahl. Baut ein neues Leben auf, eine neue Kultur! Dies alles nach seinen Lehren. Scheut nicht die Kleinigkeiten in der Arbeit, denn sie sind es, aus denen Großes wird! Dies ist eines der wichtigsten Vermächtnisse unseres Iljitsch. J. Stalin."

war, sondern auch willens, Deutschland durch einen Krieg auf deutschem Territorium niederzuwerfen. „Die Tarnung rein annexionistischer Eroberungskriege, um derentwillen eben Kriege begonnen werden", lehrte das sowjetische Akademie-Mitglied E.W. Tarlé unmittelbar nach dem

Ende des Zweiten Weltkrieges in der sowjetischen „Geschichte der Diplomatie", „ist in der Geschichte eine alltägliche Erscheinung."[74] Zwar wollte der sowjetische Völkerrechtler diese Interpretation ganz gewiß nicht auch für die sowjetischen Kriege gelten lassen, doch die Geschichte bezeugt, daß gerade die sowjetischen Kriege seit September 1939 so gesehen werden müssen.

Nachdem unübersehbar geworden war, daß sich die Westmächte dem Werben Stalins und Molotows entziehen würden, trat Molotow am 18. August in einem Gespräch mit Schulenburg (mit einem ausdrücklichen Hinweis auf Stalins Einverständnis) im Hinblick auf den inzwischen ebenso unübersehbar werdenden Positionswechsel der sowjetischen Regierung und deren Erklärungsnotstand über die vorausgegangenen militärischen Verhandlungen mit England und Frankreich über einen Krieg gegen Deutschland die Flucht nach vorne an, indem er erklärte: „Es ist verständlich, daß eine derartige Politik der deutschen Regierung (auf dem Wege über den Antikominternpakt) die Sowjetunion zwang, ernste Maßnahmen zur Vorbereitung einer Abwehr gegen eine mögliche Aggression auf die Sowjetunion von Seiten Deutschlands zu ergreifen und somit an der Organisierung der Abwehrfront eine Reihe von Staaten gegen eine Aggression teilzunehmen."*

Nach den verbindlichen Richtlinien des – bereits vor Stalins offizieller Übernahme der Regierungsgeschäfte – erlassenen Befehls Nr. 113 vom 11. Dezember 1938 über „die Gefechtsausbildung und politische Schulung des Lehrjahres 1939" galt 1939 als sicher, was im Kriegsfall zu geschehen haben würde: Der Feind mußte auf seinem eigenen Territorium vernichtet werden.** Die Rote Armee hätte zu beweisen gehabt, daß sie befehlsgemäß die „angriffslustigste von allen Armeen" wäre, „die irgendwann einen Angriff geführt haben".[75]

---

* Akten zur Deutschen Auswärtigen Politik, D VII, Nr. 105 (C.-E. 39). Zwei Tage zuvor hatte Ribbentrop Schulenburg angewiesen, Molotow mitzuteilen: „Der Führer ist der Auffassung, daß in Anbetracht der gegenwärtigen Lage und der Möglichkeit des jederzeitigen Eintretens ernster Ereignisse (bitte hierzu Herrn Molotow zu erklären, daß Deutschland nicht gewillt ist, die polnischen Provokationen auf die Dauer hinzunehmen) eine grundsätzliche und schnelle Klärung des deutsch-russischen Verhältnisses und der beiderseitigen Einstellung zu den aktuellen Fragen erwünscht ist." Akten zur Deutschen Auswärtigen Politik, D VII, Nr. 75 (C.-E. 38)
** Welche Aufgabe und Funktion der Roten Armee zugedacht war, bezeugen nicht zuletzt auch die Protokolle der Militärmissionen vom August 1939. Die Sowjetunion forderte für einen von ihr geplanten Krieg gegen Deutschland die völkerrechtswidrige Durchmarscherlaubnis durch Polen, was eindeutig keinen Verteidigungskrieg, sondern einen Angriffskrieg voraussetzt. Vgl. die Protokolle im Anhang, S. 383 ff.

Auszüge aus dem bis September 1993 „unauffindbaren" Befehl Nr. 113 des sowjetischen Volkskommissariats für Verteidigung vom 11. Dezember 1938

ПРИКАЗ
Народного Комиссара Обороны Союза ССР № 113
11 декабря 1938г
г. Москва

"О боевой и политической подготовке войск на 1939 учебный год"

" Рабоче- крестьянская Красная армия, как и весь советский народ, готова всегда жить в мире со всем миром, но рабоче-крестьянская Красная армия также готова каждый миг стереть в порошок любого врага, дерзнувшего напасть на страну трудящихся.

Если враг навяжет нам войну, рабоче-крестьянская Красная армия будет самой нападающей из всех когда-либо нападавших армий.

В основу всей боевой и политической подготовки войск положить большевистское воспитание всего личного состава Р.К.К.А. в духе выработки и тренировки у него железной воли и стального характера, в духе активных действий, инициативы, непоколебимого порыва и постоянного стремления вступить в бой с врагом и умело организованными совместными действиями всех родов войск уничтожить его в решительном наступательном бою на его же территории...

Красная армия должна стрелять лучше всех армий мира. Меткий, хладнокровный и экономный стрелок - это и есть боец рабоче-крестьянской расной армии."

„Über die Gefechtsausbildung und politische Schulung für das Lehrjahr 1939"

„Die Rote Arbeiter- und Bauernarmee, wie auch das ganze sowjetische Volk, sind immer bereit, mit der ganzen Welt in Frieden zu leben, aber die Rote Arbeiter- und Bauernarmee ist ebenso jeden Augenblick bereit, jeden Feind auszuradieren, der sich erdreistet, das Land der Werktätigen zu überfallen. Falls der Feind uns einen Krieg aufzwingt, wird die Rote Arbeiter- und Bauernarmee die angriffslustigste von allen Armeen sein, die irgendwann einen Angriff geführt haben.

Die Grundlage jeder Gefechtsausbildung und politischen Schulung der Truppen ist die bolschewistische Erziehung des gesamten Personalbestandes der R(oten) A(rbeiter- und) B(auern) A(rmee) im Sinne der Erzeugung und des Trainierens eines eisernen Willens und stählernen Charakters, im Sinne aktiver Handlungen, Initiative, unerschütterlichen Dranges und ständigen Strebens, den Feind zu bekämpfen und mit geschickt organisierten gemeinsamen Handlungen aller Truppengattungen ihn im entschlossenen Angriffsgefecht auf seinem eigenen Territorium zu vernichten ...

Die Rote Armee muß besser als alle Armeen der Welt schießen. Ein treffsicherer, kaltblütiger und sparsamer Schütze – das ist der Kämpfer der Roten Arbeiter- und Bauernarmee."

Seit 1939 galt für die Rote Armee per Dekret, daß sie – trotz der für die Propaganda weiterhin als verbindlich geltenden „traditionellen" sowjetischen Militärdoktrin – nicht mehr wie bis dahin nur ein reines Verteidigungsinstrument sein dürfe, sondern daß sie als Offensivarmee „den Feind zu bekämpfen und mit geschickt organisierten gemeinsamen Handlungen aller Truppengattungen ... im entschlossenen Angriffsgefecht auf seinem eigenen Territorium zu vernichten" habe.

Gewiß spielte in dem Zusammenhang auch die Überlegung eine Rolle, daß ein nennenswerter Einbruch eines Aggressors in die UdSSR sowohl Stalins Herrschaft als auch die Existenz des einzigen „Arbeiter- und Bauernstaates" in Frage stellen müßte, doch diesen Sachverhalt zur alleinigen Vorgabe zu erheben, hieße angesichts der Quellenlage und des Forschungsstandes zweifelsfreie Primärquellen zu ignorieren.

Nicht zufällig lauteten die Hauptreferate der Generale während der Tagung der Befehlshaber der Wehrkreise und der Armeen im Dezember 1940, auf der ausschließlich operative Maßnahmen gegen Deutschland zur Debatte standen: „Das Wesen der modernen Angriffsoperation", „Die Luftstreitkräfte in der Angriffsoperation und im Kampf um die Luftüberlegenheit" und „Einsatz mechanisierter Verbände in modernen Angriffsoperationen".[76]

Zwar behauptete die sowjetische Propaganda stets, daß die Rote Armee gemäß der sowjetischen Militärdoktrin eine Defensiv-Armee sei, die immer erst nach einem Überfall durch „Aggressoren" offensiv werden dürfe, doch schon 1939 war es unmöglich, diese Begriffe – vor allem im Zusammenhang mit der sowjetischen Politik – zweifelsfrei definitiv zu unterscheiden. Nicht von ungefähr erklärte ein Vertreter der sowjetischen Delegation 1945 während der Verhandlungen über das Statut für den Nürnberger Kriegsverbrecherprozeß in London: „Wenn man über aggressive Kriegspolitik spricht, so weiß man zwar, was man meint – wenn der Begriff jedoch definiert werden soll, stößt man auf Schwierigkeiten, die bis heute noch nicht überwunden werden konnten."[77] Noch 1950 resümierte ein Referent der Völkerrechtskommission der Vereinten Nationen hilflos: „Jeder Versuch, diesen Begriff zu definieren, wäre pure Zeitvergeudung."[78] Unbeantwortet muß die Frage bleiben, wieso die beiden Partner des Hitler-Stalin-Paktes darauf verzichteten, Strafandrohungen für die Verletzung der Vereinbarungen zu fixieren oder auch nur anzudeuten.*

---

* Für zweiseitige Verträge (wie den Hitler-Stalin-Pakt) waren derartige Feststellungen völkerrechtlich allerdings auch nicht unbedingt vorgesehen.

Beide, Hitler und Stalin, die einander in jeder Hinsicht würdig waren, drängten 1939 zur unmittelbaren Kriegsbereitschaft, Hitler zu einem Angriff gegen Polen, Stalin zu einem „Präventivkrieg" gegen Deutschland. Hitler bekam seinen Krieg am 1. September, Stalin – dank seines Paktes mit Hitler – kaum drei Wochen später ebenfalls, auch wenn es nicht der Krieg war, den er bis zum 20. August ins Kalkül gezogen hatte.

Daß beide Partner ihre bis dahin vehement verfochtenen Ideologien vor aller Welt verrieten und ad absurdum führten, wirkte sensationell, daß Stalin sich indes im Einklang mit dem sowjetischen Völkerrechtsverständnis hinsichtlich der Prinzipientreue befand,* kümmerte dabei nicht einmal ihn selbst.

1939

Stalin erklärt auf dem XVII. Parteitag der KPdSU (10. März):
„„... hat unser Land, das unbeirrt die Politik der Erhaltung des Friedens betreibt, gleichzeitig auch eine große Arbeit zur Stärkung der Kampfbereitschaft unserer Roten Armee und unserer Roten Kriegsmarine entfaltet."

Generaladmiral Erich Raeder im Auftrage Hitlers (12. März): „Nach dem Willen des Führers wird die deutsche Wehrmacht weiter verstärkt und befähigt, ihrer immer verantwortungsvolleren Aufgabe ... stets gerecht zu werden ... Wo eine Lücke auftreten sollte, wird sie geschlossen! Wo ein Nachrüsten erforderlich ist, wird es in Angriff genommen".

17. April

Die UdSSR schlägt Großbritannien und Frankreich ein Dreierbündnis vor.

Der sowjetische Botschafter Merekalow erklärt dem Staatssekretär Ernst von Weizsäcker, daß die Sowjetunion die „Reibereien zwischen Deutschland und den westlichen Demokratien nicht gegen" Deutschland ausgenutzt habe und daß sie dies auch „nicht zu tun" gedenke.

23./24. Juli

Die Sowjetunion, Großbritannien und Frankreich paraphieren ein Abkommen über gegenseitigen Beistand.

Moskau lädt deutsche Fachleute zur Landwirtschaftsausstellung ein.

---

* „Prinzipientreue bedeutet keinen Vorteil, wenn man sie mechanisch auffaßt", postulierte 1962 beispielsweise der renommierte sowjetische Völkerrechtler Gregorij I. Tunkin und fuhr fort: „Loyalität gegenüber Prinzipien kann selbst im günstigsten Fall teuer zu stehen kommen." Zit. nach Tunkin, Woprosy Teorii meschdunarodnaja Prawa, Moskau 1962; deutsch in: Modernes Völkerrecht. Form oder Mittel der Außenpolitik, Ost-Berlin 1965, S. 202 f.

4. August

Stalin genehmigt „Vorstellungen zu den Verhandlungen mit England und Frankreich" über militärische Maßnahmen gegen den „Hauptaggressor" Deutschland und erklärt sich bereit, 120 Divisionen der Roten Armee dafür zur Verfügung zu stellen.

Der sowjetische Geschäftsträger Astachow sucht den Vortragenden Legationsrat Karl Schnurre auf und übermittelt ihm Molotows Feststellung, daß die Sowjetunion an einer „Normalisierung und Besserung der Beziehungen zu Deutschland interessiert" sei.

4. August

Botschafter Graf von der Schulenburg berichtet dem Auswärtigen Amt: „In heutiger 1 1/4stündiger Unterredung trat Molotow aus seiner sonstigen Reserve heraus und zeigte sich ungewöhnlich aufgeschlossen ... Molotow erwiderte, daß die gegenwärtigen von (der) Sowjetunion eingeschlagenen Wege rein defensive Ziele und Festigung einer Abwehrfront gegen Aggression verfolgten."

Stalin läßt sowjetische Vertreter bis zum 19. August mit britischen und französischen Delegationen über Präventivmaßnahmen gegen Deutschland verhandeln, obwohl Molotow dem Reich in seinem Namen einen Nichtangriffspakt angeboten hat und die deutsche Reichsregierung den sowjetischen Wünschen hinsichtlich eines sowjetisch-deutschen Bündnisses in jeder Hinsicht entgegengekommen ist.

14. August

Sowjetische, britische und französische Militärmissionen verhandeln unter aggressivem Druck der Sowjets über gemeinsame militärische Maßnahmen im Falle eines Krieges gegen Deutschland.

Ribbentrop läßt Molotow durch Schulenburg ausrichten, daß es keine realen „Interessengegensätze zwischen Deutschland und Rußland" gebe und „daß die kapitalistischen westlichen Demokratien unversöhnliche Feinde sowohl des nationalsozialistischen Deutschlands wie auch Sowjetrußlands sind."

20. August

Stalin erfährt am frühen Vormittag, daß die britische Militärmission vorschlage, die nächste Sitzung am 23. August unter der Leitung des britischen Admirals Drax anzuberaumen.

Stalin entscheidet sich, die Verhandlungen mit den Westmächten abzubrechen und sich mit Hitler zu arrangieren. Am 23. August reicht er Ribbentrop die Hand.

23. August

Abschluß des deutsch-sowjetischen Nichtangriffspaktes und geheime Festlegung „territorial-politischer" Interessenssphären zwischen Deutschland und der Sowjetunion.

II
Die unheilvolle Allianz

Vom deutsch-sowjetischen Krieg gegen Polen zum sowjetisch-finnischen Krieg

Vom deutsch-sowjetischen Krieg gegen Polen zum sowjetisch-finnischen Krieg

Im unmittelbaren Vorfeld des Krieges

22. August 1939: Hitler vor den Oberbefehlshabern der Wehrmacht: „Wir brauchen keine Angst vor Blockade zu haben. Der Osten liefert uns Getreide, Vieh, Kohle, Blei, Zink. Es ist ein großes Ziel, das vielen Einsatz fordert. Ich habe nur Angst, daß mir noch im letzten Moment irgendein Schweinehund einen Vermittlungsplan vorlegt ... Ich werde propagandistischen Anlaß zur Auslösung des Krieges geben, gleichgültig, ob glaubhaft."

23. August 1939: Abschluß des deutsch-sowjetischen Nichtangriffspaktes mit Geheimem Zusatzprotokoll.

25. August 1939: Premierminister Neville Chamberlain und Außenminister Edward Halifax erklären im Unterhaus, daß das deutsch-sowjetische Bündnis England und Frankreich nicht davon abhalten könne, ihren Verpflichtungen gegenüber Polen nachzukommen.

Unterredung Hitlers mit dem britischen Botschafter Nevile Henderson, dem er erklärt, daß „das deutsch-polnische Problem gelöst werden müsse und gelöst werden würde". Er versichert, daß er danach bereit sei, „mit England Abmachungen zu treffen, die ... nicht nur die Existenz des britischen Weltreiches unter allen Umständen", sondern auch eigene Rüstungsbeschränkungen garantieren. An „den westlichen Problemen", betont er, sei er „nicht interessiert"; eine Grenzkorrektur im Westen stehe „außerhalb jeder Erwägung".

Henderson reagiert mit der Feststellung, daß die britische Regierung dieses „Angebot" nur in Betracht ziehen könne, wenn es gleichzeitig eine friedliche Lösung mit Polen vorsehe. Hitlers Reaktion: „Wenn Sie es für nutzlos halten, dann senden Sie mein Angebot überhaupt nicht ab".

25. August 1939: Hitler befiehlt den Angriff auf Polen für den 26. August 4.30 Uhr früh.

Die britische Regierung gibt bekannt, daß das am 6. April 1939 unterzeichnete britisch-polnische Militärabkommen am Abend des 25. August in London ratifiziert werden wird.

Mussolini teilt Hitler mit, daß Italien militärisch nicht aktiv werden könne, wenn Hitler Polen angreife und die polnischen Bundesgenossen zu ihren Verpflichtungen stünden.

Hitler zieht den Befehl zum Angriff (26. August) mit der Weisung an General Wilhelm Keitel zurück: ,,Sofort alles anhalten ... ich brauche Zeit zu Verhandlungen".

25. August 1939: Molotow bittet Botschafter von der Schulenburg, nachträglich im Punkt 2 des Geheimen Zusatzprotokolls vom 23. August zugunsten der UdSSR eine präzisierende Ergänzung im Zusammenhang mit der Abgrenzung der Interessensphären veranlassen zu wollen.

Ribbentrop erklärt dem italienischen Botschafter Augusto Rosso, daß die Regierung der UdSSR versichert habe, ,,keine Einwendungen gegen einen Krieg Deutschlands gegen Polen" zu erheben.

26. August 1939: Hitler läßt Belgien, Holland, Luxemburg und der Schweiz die Respektierung der Neutralität versichern.

Pressebericht über Abzug sowjetischer Truppen von der polnisch-russischen Grenze.

26., 27. (bis zum 30. August) 1939: Vermittlungsversuche Mussolinis und des schwedischen Industriellen Birger Dahlerus scheitern.

28. August 1939: Molotow erklärt dem deutschen Botschafter in Moskau, daß sowjetische Truppen nicht von der polnischen Ostgrenze abgezogen worden seien.

29. August 1939: Molotow wiederholt, daß nach wie vor 250 000 Rotarmisten an der polnischen Grenze stationiert seien.

Hitler bemüht sich, Großbritannien aus der deutsch-polnischen Krise herauszuhalten.

Angebot der britischen Regierung, direkte Verhandlungen zwischen Deutschland und Polen vermitteln zu wollen.

Hitler stimmt zu, verlangt jedoch, daß ein polnischer Unterhändler bis zum 30. August in Berlin zu erscheinen habe, was nicht geschieht.

30. August 1939: Polen erklärt am Nachmittag die Mobilmachung.

31. August 1939: Molotow erklärt vor dem Obersten Sowjet: Der Hitler-Stalin-Pakt ,,soll ... neue Möglichkeiten für das Wachstum der Kräfte sichern, eine Festigung unserer Stellungen, das weitere Wachstum des Einflusses der Sowjetunion auf die internationale Entwicklung ... Auch wenn ein militärischer Zusammenstoß in Europa nicht vermieden werden kann, wird das Ausmaß eines solchen Krieges begrenzt sein."

Der Polen-Feldzug 81

> **31. August 1939:** Der polnische Botschafter Josef Lipski meldet, mit der Aufnahme der Verhandlungen beauftragt worden zu sein.
> Ein entziffertes Telegramm der polnischen Regierung vom selben Tage an Lipski in Berlin enthält die Weisung, passiv zu bleiben, sich unter keinen Umständen auf sachliche Diskussionen einzulassen und zu erklären, daß die polnische Regierung die englische Anregung zu direkten deutsch-polnischen Besprechungen „in günstigem Sinn" prüfe; eine förmliche Antwort werde „spätestens in einigen Stunden" folgen.
> Hitler telegrafiert dem Herzog von Windsor (einstiger König Eduard VIII.): „Es hängt ... von England ab, ob meine Wünsche für die künftige Gestaltung der deutsch-englischen Beziehungen ihre Verwirklichung finden können."
>
> **31. August 1939, 12.40 Uhr:** Hitlers Weisung Nr. 1 für die Kriegsführung: „1.9.39, Angriffszeit 4.45."
>
> **31. August 1939, 20.20 Uhr:** Unter dem Stichwort „Großmutter gestorben" fingiert ein SS-Sondertrupp Reinhard Heydrichs einen „polnischen" Überfall auf den deutschen Rundfunksender Gleiwitz und läßt als „Beweis" vorher getötete KZ-Insassen in polnischen Uniformen am Schauplatz zurück.
>
> **1. September 1939,** 4.45 Uhr: Der Krieg gegen Polen beginnt.

„Abgeordnete, Männer des Deutschen Reichstages!" so begann Hitler am frühen Morgen des 1. September 1939 seine Rede vor dem Reichstag. Das Ereignis, die Ankündigung seines ersten Krieges, der bereits begonnen hatte, stand ihm ins Gesicht geschrieben. Er hatte die Nacht zuvor kaum geschlafen und wirkte nervös und müde. Stockend und sich zuweilen versprechend, rechnete er mit den Staaten ab, die nicht gewollt hatten, was er von ihnen erwartete oder verlangte. Er beschuldigte Polen, beruhigte die Westmächte und hob die Sowjetunion besonders positiv hervor. „Seit Monaten leiden wir alle unter der Qual eines Problems", erklärte er und fuhr fort: Eines Problems, „das uns einst das Versailler Diktat beschert hat und das nunmehr in seiner Ausartung und Entartung unerträglich geworden war ... Das Diktat von Versailles ist für uns Deutsche kein Gesetz ... Polen hat den Kampf gegen die Freie Stadt Danzig entfesselt.* Es war weiter nicht bereit, die Korridorfrage in einer irgend-

---

* In seiner Unterredung mit Mussolinis Schwiegersohn, dem italienischen Außenminister Galeazzo Graf Ciano, sagte Hitler nach dem Unterredungsprotokoll vom selben Tage (Hillgruber, Staatsmänner, S. 44 f.) unter anderem: „Polen [sei] ... immer wieder gegen Deutschland vorgegangen. Schon in den Jahren 1936 bis 1937 hatte sich Polen in diesem

wie billigen und den Interessen beider gerecht werdenden Weise zu lösen ... Ich habe keinen Zweifel darüber gelassen, daß man ... das heutige Deutschland nicht mit dem Deutschland, das vor uns war, verwechseln darf ... Deutschland hat keine Interessen im Westen, unser Westwall ist gleichzeitig für alle Zeiten die Grenze des Reiches ... diese Einstellung des Reiches wird sich nicht mehr ändern."

1. September 1939. Hitler erklärt vor dem Reichstag: „Seit 5.45 Uhr wird jetzt zurückgeschossen! Und von jetzt ab wird Bombe mit Bombe vergolten!"

Dann leitete er seinen Kommentar zum deutsch-sowjetischen Nichtangriffspakt mit der „Ankündigung" ein: „Ich bin glücklich, Ihnen nun von dieser Stelle aus ein besonderes Ereignis mitteilen zu können", und schloß ihn mit der Feststellung ab: „Rußland und Deutschland haben im Welt-

Fortsetzung Fußnote von vorheriger Seite
  Sinne betätigt." Tatsächlich hatte die polnische Regierung beispielsweise während der Besetzung des Rheinlandes einen Präventivkrieg gegen Deutschland vorgeschlagen und angeboten, sich daran zu beteiligen. Vgl. Roos, H., Polen zwischen den Weltkriegen, in: Osteuropa-Handbuch, Bd. Polen, Hrsg. W. Markert, Köln-Graz 1959, S. 63.

krieg gegeneinander gekämpft und waren letzten Endes die Leidtragenden. Ein zweites Mal soll und wird das nicht mehr geschehen."*

In schneidendem Ton rief er gleichsam aller Welt zu: „Polen hat nun heute nacht zum erstenmal auf unserem eigenen Territorium auch durch reguläre Soldaten geschossen. Seit 5.45 Uhr wird jetzt zurückgeschossen! Und von jetzt ab wird Bombe mit Bombe vergolten."**

Daß nicht die Deutschen, sondern die Polen „zurückschossen", erfuhren die meisten Deutschen erst, als Hitler tot und der Krieg, der nach seinen Erwartungen lediglich eine lokal begrenzte Operation hatte werden sollen, vorbei war. „Die politische Führung sieht es als ihre Aufgabe an, Polen ... womöglich zu isolieren, d.h. den Krieg auf Polen zu beschränken", so hatte er es beispielsweise am 3. April 1939 in seiner Weisung 1 a, „Fall Weiß", in der Hoffnung formuliert, daß England und Frankreich hinsichtlich seiner Expansionspolitik weiterhin passiv bleiben würden. „Eine zunehmend krisenhafte innere Entwicklung Frankreichs und eine daraus folgernde Zurückhaltung Englands", hatte er gehofft, „könnten eine derartige Lage in nicht zu ferner Zeit entstehen lassen."[1]

Erst am 3. September 1939, nach den Kriegserklärungen Großbritanniens*** und Frankreichs an das Deutsche Reich und der Zurückhaltung seines Partners Stalin, gestand er sich ein, daß seine Hoffnung, einen „lokalisierten" Feldzug nur gegen Polen führen zu können, eine Illusion gewesen war.

Angesichts des veröffentlichten Forschungsstandes und der ungezählten Publikationen über den Polenfeldzug kann hier darauf verzichtet werden, den Verlauf der militärischen Operationen und Maßnahmen differenziert nachzuzeichnen. Anders verhält es sich indes im Zusammenhang mit Stalins Engagement im Rahmen der unheilvollen Allianz und seinen vorausgegangenen Behauptungen über die wirtschaftliche und militärische Stärke des „Aggressors Hitler-Deutschland".

---

* DNB-Text vom 1.9.1939. Später, am 30.1.1941 und am 30.1.1942, behauptete Hitler in Reden, „den Juden" am 1. September 1939 die Vernichtung für den Fall angedroht zu haben, daß es zu einem Kriege käme. Doch davon war in seiner Rede vom 1. September 1939 mit keinem Wort die Rede gewesen.
** Tatsächlich hatte der deutsche Einmarsch bereits um 4.45 Uhr begonnen.
*** Am selben Tag erklärten die mit England verbundenen Staaten Australien, Burma, Indien, Jordanien und Neuseeland, Deutschland den Krieg. Am 6. September folgte die Südafrikanische Union, am 10. September Kanada. Am 3. September, an dem Hitler nach der britischen Kriegserklärung seinen Außenminister irritiert „Was nun?" fragte, gab der neu ernannte sowjetische Botschafter Alexander Schkwarzew (vgl. S. 128) sein Beglaubigungsschreiben bei Hitler ab.

1. September 1939: Deutsche Infanteristen beseitigen am Zollhaus der Straße Zoppot-Gdingen den Schlagbaum der polnischen Grenze.

Auffällig war, daß der deutsch-polnische Krieg in der sowjetischen Presse zunächst eine so geringe Rolle spielte,* daß sich die sowjetische Bevölkerung keinerlei Sorgen und Irritationen ausgesetzt sah, obwohl sie Deutschland bis zum 22. August 1939 als gefährlichen „Aggressor" hatte sehen müssen. Zwar erschien Hitlers Rede vom 1. September in der „Prawda" vom 2. September unter einer dreispaltigen Überschrift, doch Ängste wurden nicht geschürt. Die Presse tat, als handelte es sich an der Westgrenze der Sowjetunion um ein Geplänkel, das Moskau nur wenig

* Anders verhielt es sich zwangsläufig in Deutschland, wo Stimmung und Zustimmung für den Krieg erzeugt werden sollten. Das Deutsche Nachrichten-Büro verbreitete ständig Situationsberichte und Neuigkeiten. Die Presse tat es auch. Ihren Tenor exemplifizierte der „Würzburger Generalanzeiger", der in seiner Ausgabe vom 1. September von der „Züchtigung des Friedensstörers" gesprochen hatte. Hitler, Göring und andere Funktionsträger des NS-Regimes hielten Reden, die der Rundfunk übertrug. Der „Völkische Beobachter" tat sich als Multiplikator besonders hervor. Hitler ließ im Reichsgesetzblatt vom 9. September 1939 (I, S. 1753 f.) einen Gnadenerlaß für die Zivilbevölkerung verkünden. Der Krieg war in aller Munde.

anginge. Sie berichtete über ein großes Volksfest im Dynamo-Stadion, über ein Fest in Sokolniki und am Ende der ersten Kriegswoche über internationale Jugendtreffen in Moskau, Leningrad und Kiew, wobei sie allerdings weitgehend darauf verzichtete, die teilnehmenden Nationen aufzuschlüsseln. Über die militärischen Operationen hingegen wurde möglichst objektiv und neutral berichtet. Die Sowjetunion sollte aller Welt als unbeteiligt erscheinen. Sowohl die deutschen Wehrmachtsberichte als auch die offiziellen polnischen Meldungen wurden veröffentlicht.

Erste Reaktionen der kommunistischen Parteien und Medien auf den Kriegsbeginn

„Wir unterstützen alle Maßnahmen, die zur Sicherung des Sieges der Demokratie über den Faschismus notwendig sind."
(Politisches Büro der KP Großbritanniens, 2.9.)

„Der imperialistische Krieg zur Neuaufteilung der Welt zwischen den kapitalistischen Großmächten ist in eine neue Phase getreten. Nazideutschland hat Polen angegriffen."
(Zentralkomitee der KP Schwedens, 4.9.)

„Das verräterische Versagen Chamberlains und Daladiers in den ersten drei Tagen des deutschen Angriffs gegen Polen, die bis zum letzten Augenblick gemachten Annäherungsvorschläge, dies alles hat nun zur Folge gehabt, daß die Nazis übermütig geworden sind und das Äußerste gewagt haben."
(Generalsekretär der KP der Niederlande, 4.9.)

„Der Krieg ist da. Er ist ein Krieg, der gewonnen werden kann und muß. Und das britische Volk kann ihn gewinnen. Der Faschismus und seine Freunde in der ganzen Welt haben diesen Krieg über uns gebracht."
(Londoner Daily Worker, 6.9.)

„Der gegenwärtige Krieg ist ein imperialistischer, ungerechter Krieg, an dem die Bourgeoisie der kriegführenden Staaten gleich schuld sind ... Die kommunistischen Parteien müssen überall zu einer entschiedenen Offensive gegen die verräterische Politik der Sozialdemokratie übergehen. Die kommunistischen Parteien ... müssen sofort ihre politische Linie korrigieren."
(Klement Gottwald in einem Radiogramm aus Moskau an die illegale Parteileitung in Prag, 8.9.)

> „Wir möchten festgehalten wissen, daß wir der Einstellung des Präsidenten unseres Landes gegen die Teilnahme Amerikas am Krieg ... voll zustimmen. Wir unterstützen den ausdrücklichen Entschluß des Präsidenten, den Einfluß unseres Landes gegen eine Ausbreitung des Krieges geltend zu machen, insbesondere soweit diese Amerika einschließen würde, und den Krieg zu dem schnellstmöglichen Ende zu bringen."
> *(Nationalkomitee der Kommunistischen Partei der Vereinigten Staaten, 11.9.)*
>
> *Eine Stimme, die widerrufen werden mußte:*
> „Die Kommunistische Partei unterstützt den Krieg, weil sie ihn für einen gerechten Krieg hält, der von der gesamten Arbeiterklasse und allen Freunden der Demokratie in Großbritannien unterstützt werden sollte ... Warum unterstützt die Kommunistische Partei den Krieg? Weil sie erkennt, daß der Sieg des Faschismus ... zur gewaltsamen Zerstörung jedes demokratischen Rechtes und der Freiheit führt, für deren Erreichung die Arbeiterklasse ihre Klassenfeinde so bitter und unter so kostspieligen Opfern bekämpft hatte."
> *(Harry Polititt, Generalsekretär der KP Großbritanniens in „How to Win the War?", 12.9.)*

Hitler hatte „nur" einen lokal begrenzten Krieg gewollt, keinen Zweiten Weltkrieg. Für Stalin hingegen war er längst vor dem 1. September 1939 ausgebrochen. Seine Argumente: Japan führte seit Juli 1937 einen Eroberungskrieg in China, wo seine Generale A. Tscherepanow und Andrej Andrejewitsch Wlassow seit November 1938 als Berater Tschiang Kai-scheks fungierten. Italien hatte Albanien überfallen und im Mai 1936 Abessinien annektiert. Deutsche und italienische Freiwillige hatten von 1936 bis Frühjahr 1939 in Spanien auf der Seite Francos gekämpft und ihm letztlich zur Macht verholfen. Österreich war nach dem deutschen Einmarsch vom 11. März 1938 ein Teil „Großdeutschlands" geworden, und unmittelbar nachdem Stalin den Delegierten des XVIII. Parteitages der KPdSU am 10. März 1939 ausgemalt hatte, was er über die Zukunft hinsichtlich der „offenen Neuaufteilung der Welt und der Einflußsphären"* dachte, war von Hitler die „Rest-Tschechei" zerschlagen und die Slowakei dem Reich unterstellt worden, obwohl ihr nach dem Münche-

---

* In einem Interview, das die „Prawda" am 30.11.1939 veröffentlichte, stritt Stalin zwar ab, entsprechende Feststellungen getroffen zu haben, doch seine diesbezüglichen Vorstellungen bedurften schon zu der Zeit keines Kommentars mehr.

ner Abkommen vom 29. September 1938 in Deutschland, Großbritannien, Frankreich und Italien die Garantie gegen unprovozierten Angriff zugesichert worden war. Die am 1. September 1939 verabschiedete Allgemeine Wehrpflicht durch den Obersten Sowjet konnte vor diesem Hintergrund schwerlich als Zufall angesehen werden.

Wie Stalin bereits am 10. März 1939 während des XVIII. Parteitages erklärt hatte, war er fest davon überzeugt, daß der Zweite Weltkrieg mit der „Neuaufteilung der Welt" begonnen habe, weshalb die Sowjetunion jederzeit bereit und in der Lage sein müsse, sich ihren Anteil – mit Waffengewalt – zu sichern. „... der Krieg ist unerbittlich", sagte er und erläuterte: „Man kann ihn hinter keinerlei Kulissen verstecken. Denn hinter keinerlei ‚Achsen', ‚Dreiecken' und ‚Antikomintern-Pakten' läßt sich die Tatsache verstecken, daß Japan während dieser Zeit ein gewaltiges Gebiet Chinas, Italien-Abessinien, Deutschland-Österreich und das Sudetengebiet, Deutschland und Italien gemeinsam Spanien an sich gerissen haben, all dies entgegen den Interessen der nichtaggressiven Staaten. Der Krieg blieb Krieg, der Kriegsblock der Aggressoren blieb ein Kriegsblock und die Aggressoren blieben Aggressoren ... Somit vollzieht sich vor unseren Augen eine offene Neuaufteilung der Welt und der Einflußsphären auf Kosten der Interessen der nichtaggressiven Staaten, wobei diese keinerlei Versuche zur Abwehr unternehmen, in gewisser Weise sogar jene begünstigen ... Wir fürchten keine Drohungen der Aggressoren und sind bereit, auf einen Schlag der Kriegsbrandstifter, die versuchen sollten, die Unantastbarkeit der Sowjetgrenzen zu verletzen, mit einem doppelten Schlag zu antworten."[2]

Im Gegensatz zu zahlreichen Historikern und Militärs, die Stalin vorwarfen, durch die Ermordung des Marschalls Michael Nikolajewitsch Tuchatschewski und des größten Teiles der Führungskräfte der Roten Armee im Jahre 1937 die Wehrkraft der sowjetischen Streitkräfte gravierend reduziert zu haben, was auch Hitler glaubte, war Stalin der gegenteiligen Ansicht.* Er glaubte, daß die UdSSR durch die „Säuberung" vor allem innerhalb der Roten Armee mächtiger als je zuvor geworden sei.

---

* Nicht wenige Sachkenner teilten Stalins Auffassung. Einer von ihnen war der 1911 in Montenegro geborene Kampfgefährte Titos, Milovan Djilas, der als zeitweilig zweitmächtigster Mann Jugoslawiens 1944, 1945 und 1948 die Möglichkeit hatte, ausführlicher mit Stalin zu sprechen. „Stalin hatte", schrieb er 1962 (Djilas, Gespräche mit Stalin, Frankfurt am Main, S. 68. Fortan zit.: Djilas ...), „umfassende Säuberungen durchgeführt, besonders in den höheren Kommandostäben, aber diese hatten eine geringere Wirkung gehabt, als bisweilen geglaubt wird, denn er zögerte gleichzeitig nicht, jüngere und begabte Leute zu fördern", die es ihm durch besonderen Ehrgeiz und Leistung dankten. Nach Schukows Angaben (Erinnerungen, S. 205) wurden die Kommandeure aller Grade in mehr als 200 Militärschulen der Roten Armee und der Kriegsmarine, in 19 Akademien, 10 Militärfakultäten ziviler Hochschulen und 7 Marinehochschulen ausgebildet.

Reichspräsident Paul von Hindenburg mit sowjetischen Offizieren zur Zeit der Weimarer Republik während einer Manöverpause in Deutschland. Auf unserem Foto links neben Hindenburg: Marschall Michael Tuchatschewski, Stabschef der Roten Armee und Stellvertretender Kriegsminister der Sowjetunion.

1937 hatte er Tuchatschewski und zwei weitere von insgesamt fünf Marschällen der Sowjetunion hinrichten lassen. Exekutiert wurden 1937 auf seine Weisung ferner: 14 von 16 Armee-Befehlshabern, alle 8 Admirale, 60 von 67 Kommandierenden Generälen, 136 von 199 Divisionskommandeuren und 221 von 397 Brigadekommandeuren, alle 11 Stellvertretende Verteidigungskommissare, 75 von 80 Mitgliedern des Obersten Kriegsrats und 35 000 Offiziere unterer Ränge, rund die Hälfte des gesamten Offizierskorps.

Von den 194 führenden Bolschewiki, die von 1898 bis 1934 dem ZK der KPdSU angehört hatten, ließ Stalin zwischen 1936 und 1939 104 erschießen. 7 nahmen sich das Leben. Von den 71 Mitgliedern des Zentralkomitees des Jahres 1934 ließ er 44 hinrichten. Von den 1966 Delegierten des XVII. Parteitages (1934) wurden 1 108 verhaftet, 61 der (von 1917 bis 1934) insgesamt 115 Minister der Sowjetunion erschossen. Rund die Hälfte der 1,2 Millionen alten Parteimitglieder kamen in Haftanstalten; nur 50 000 von ihnen überlebten. Jeder zweite Verhaftete starb beim Verhör oder durch Hinrichtungen. Viele gingen in Lagern zugrunde.

Im März 1938, ein Jahr vor dem XVIII. Parteitag, meldeten Timoschenko, Smirnow und Chruschtschow, daß sich der Militärrat im Kiewer Militärbezirk bemühe, „die restlichen feindlichen Elemente endgültig auszumerzen", und der berüchtigte Militärjurist Wassili Wassilijewitsch Ulrich, der in den Moskauer Schauprozessen als Vorsitzender fungierte, bat Stalin und Molotow am 14. Juni 1939, rund zehn Wochen vor dem Abschluß des Hitler-Stalin-Paktes, „im Interesse der Geheimhaltung ... zu den Verhandlungen" gegen beschuldigte Militärs „keine Verteidiger zuzulassen". 800 Verfahren im Moskauer Militärbezirk, 700 im Nordkaukasischen Bezirk, 500 im Charkower und 400 im Sibirischen Militärbezirk, so teilte Ulrich mit, wickele er derzeit im Sinne Stalins ab.³

Hatte Stalin während des Parteitages im März 1939 von „Aggressoren" ganz allgemein geredet, denen er im Falle eines Angriffes einen „doppelten Schlag" durch die Rote Armee androhte, befleißigte er sich inzwischen einer Version, die keine Fragen offen ließ. Zu Chruschtschow sagte er am 24. August, einen Tag nach der Unterzeichnung seines Paktes mit Hitler und eine Woche vor dem Beginn des Polenkrieges: „... ich habe [Hitler] ... getäuscht ... Dieser Krieg wird für eine gewisse Zeit an uns vorbeigehen, – es wird ein Krieg zwischen Deutschland, Frankreich und England beginnen, möglicherweise werden die USA hineingezogen. Wir werden die Möglichkeit haben ... neutral zu bleiben."* Seine Rechnung ging auf.

Beginn des Krieges gegen Polen: 1. September 1939, 04.45 Uhr. Truppen der deutschen und polnischen Seite und sowjetische Beteiligung:

Deutsche Seite: Heeresgruppe Nord unter General Fedor von Bock mit der 3., General Günter von Kluge mit der 4. Armee und die Heeresgruppe Süd unter General Gerd von Rundstedt mit der 8. und 14. Armee (mit 6 Panzer-Divisionen, 4 leichten, 4 motorisierten, 3 Gebirgsjäger- und 37 Infanterie-Divisionen. 3 195 Panzer, 5 Sturmgeschütze.

Luftflotte 1 unter Generalfeldmarschall Albert Kesselring und Luftflotte 4 unter General Alexander Löhr. 1 302 Flugzeuge: 133 dem Oberbefehlshaber der Luftwaffe direkt unterstellt, 288 Nahaufklärer des Heeres und 216 Jäger der Heimatluftverteidigung Ost. Insgesamt 1 939 Flugzeuge (einsatzbereit: 1 538).

---

* Chruschtschow, Nikita, Vospominanja, Izbrannye otryvki, New York 1982, Bd. I. S. 39. Daß Stalin „Hitler-Deutschland" meinte, wenn er vom „Aggressor" redete, beweisen nicht nur die Verhandlungsprotokolle der sowjetisch-britisch-französischen Militärmissionen, die bis zum 20. August über einen gemeinsamen Krieg gegen Deutschland verhandelten. Vgl. S. 383 ff. im Anhang.

Die deutsche Land-Streitmacht, die zum Angriff auf Polen antrat, 39 Infanterie-Divisionen, 13 Panzer- und motorisierte Divisionen und eine Kavallerie-Brigade,* entsprach ungefähr der Stärke der polnischen Landstreitkräfte.**

Polnische Seite: Im Einsatz: 40 Infanterie-Divisionen, 2 motorisierte Brigaden, 11 Kavallerie-Brigaden, 1 143 leichte Panzerfahrzeuge, 277 Jagdflugzeuge, 203 Mehrzweckflugzeuge, 66 Bomber und 199 Nahaufklärer.

1. September: 10 Uhr, Eröffnung des Geschützfeuers des deutschen Schulschiffes „Schleswig-Holstein" auf die Westernplatte.

1. September
Der sowjetische Rundfunksender Minsk sendet „Rufzeichen" als „dringende Navigations-Versuche" zur Unterstützung der deutschen Luftwaffe und verlängert ausdrücklich dafür sein Programm um zwei Stunden. Vereinbartes Rufzeichen: „Richard Wilhelm 1.0."

1. bis 3. September
Die polnische Armee „Modlin" unter General Przedrzymirski-Krubowieck wird nach dreitägigen Kämpfen aus der „Mlawa-Stellung" geworfen.
Durchbruch des XIX. Panzer-Korps unter General Heinz Guderian durch den Korridor in Richtung Kulm und Graudenz. Starke Teile der von General Bortnowski befehligten polnischen Armee „Pommerellen" werden eingeschlossen und bis zum 5. September vernichtet.

2. September
Sowjetische Offiziere, die nach Berlin gereist sind, sollen auf Bitten der sowjetischen Regierung nicht als „Militärmission", sondern als neue „sowjetische Militärattachés" vorgestellt werden.

3. September
Ribbentrop telegrafiert an den deutschen Botschafter in Moskau („streng geheim und ausschließlich für Botschafter bestimmt"): „Erwarten bestimmt, polnische Armee in einigen Wochen entscheidend geschlagen zu haben. Wir würden dann das Gebiet, das in Moskau als deutsche Interessensphäre festgestellt wurde, militärisch besetzt halten ... Bitte ... mit Molotow sofort ... besprechen und dabei feststellen, ob es nicht von der Sowjetunion für geboten gehalten wird, daß russische Streitkräfte sich zur gebotenen Zeit gegen polnische Streitkräfte in russischer Interessensphäre in Bewegung setzen und dieses Gebiet ihrerseits in Besitz nehmen. Nach unserer Auffassung würde das ... im Sinne Moskauer Abmachungen liegen."

---

* Die diesbezüglichen Angaben differieren in der Fachliteratur. Vgl. dazu Manstein, Erich von, Verlorene Siege, Frankfurt am Main und Bonn 1964, S. 24 ff., fortan zit.: Manstein ..., und Hillgruber, Andreas und Hümmelchen, Gerhard, Chronik des Zweiten Weltkrieges. Kalendarium militärischer und politischer Ereignisse 1939–1945, S. 12 ff., fortan zit.: Hillgruber-Hümmelchen, Chronik ...

** Vgl. Manstein, S. 27 f. und Hillgruber-Hümmelchen, Chronik, S. 12.

... bis 5. September
Durchbruch der 10. Armee mit den Panzer-Korps XV unter General Hermann Hoth und XVI unter General Erich Hoepner beiderseits Tschenstochau. Vernichtung der von Brigade-General Gosiorowski befehligten polnischen Infanterie-Divison.

5. September
Schulenburg übermittelt der Reichsregierung die Antwort der Sowjetregierung, die erklärt hat, ,,in einem geeigneten Zeitpunkt unbedingt genötigt" zu sein, ,,konkrete Handlungen zu beginnen". Allerdings sei ,,dieser Zeitpunkt noch nicht herangereift". Stalin verzögert sein Eingreifen in Polen, um Frankreich und England nicht dazu zu bewegen, auch der Sowjetunion den Krieg zu erklären und sie damit zum Kriegspartner Deutschlands zu machen.

Der polnische Oberbefehlshaber Marschall Rydz-Śmigły, befiehlt den Rückzug hinter die Weichsel.

6. September
Das Korps Wodrig erreicht den Narew bei Rozan. Die Korps XVI und XV stoßen über Tomaszow und Kielce vor. Das XXII. unter General Ewald von Kleist erreicht Tarnow.

8. September
Spitzen der 4. Panzer-Division unter General Hans Reinhardt erreichen Warschau.

9. September
Molotow übermittelt der deutschen Regierung ,,Glückwünsche und Grüße" nach dem Einmarsch der deutschen Truppen in Warschau und verspricht, ,,daß eine sowjetische militärische Aktion noch in diesen Tagen erfolgen" werde.

8. bis 11. September
Das XV., XVI. und IV. Korps schließen die von General Dab-Biernacki befehligte polnische Armee ,,Preußen" ein und zwingen sie bei Radom zur Kapitulation. 60 000 Offiziere, Unteroffiziere und Mannschaften der polnischen Armee geraten in deutsche Kriegsgefangenschaft.

9. bis 12. September
Heftige Ausbruchsversuche der polnischen Armee ,,Posen" unter General Kutrzeba an der Bzura durch Verbände der 8. Armee (besonders der 30. Infanterie-Division unter General von Briesen) werden abgewiesen.

10. September
Molotow erklärt dem deutschen Botschafter, ,,daß die Sowjetregierung beabsichtigt" habe, ,,das weitere Vordringen deutscher Truppen zum Anlaß

zu nehmen, um zu erklären, daß Polen auseinanderfalle und die Sowjetunion infolgedessen genötigt sei, den von Deutschland ‚bedrohten' Ukrainern und Weißrussen zu Hilfe zu kommen". Den „Massen" sollte das Eingreifen „der Sowjetunion plausibel gemacht und gleichzeitig vermieden werden, daß [die] Sowjetunion als Angreifer erscheint ... Schließe ... Deutschland einen Waffenstillstand, so könne die Sowjetunion nicht einen ‚neuen Krieg' beginnen" (Telegramm Schulenburgs an die Reichsregierung).

10. September
Die 14. Armee forciert den San beiderseits von Przemyśl. Das XIX. Panzer-Korps (Guderian) durchstößt die von General Młot-Fijałkowski befehligte polnische Gruppe „Narew" und reibt bei Lomza die von General Podhorski geführte polnische 18. Infanterie-Division auf.

11. September
Warschau wird auf der Ostseite vom I. Armee-Korps abgeschnitten.

12. bis 17. September
Das XIX. Panzer-Korps stößt von Norden über Brest-Litowsk und das XXII. Armee-Korps über Tomaszow-Lubelski auf Cholm vor. Das gesamte polnische Feldheer ist westlich des Flusses Bug eingeschlossen.

14. September
Molotow bestellt den deutschen Botschafter nach viertägigem Schweigen zu sich und erklärt: „Für die politische Untermauerung sowjetischen Vorgehens [Zerfall Polens und Schutz ‚russischer' Minderheiten] sei es von größtem Werte, erst dann zur Aktion zu schreiten, wenn [das] Regierungszentrum Polens, die Stadt Warschau, gefallen sei." Artikel in der „Prawda" und in der „Iswestija" publizieren die Version der sowjetischen Regierung.

16. September
Molotow teilt Schulenburg mit, wie die Sowjetunion ihr Vorgehen zu begründen gedenke: „Sowjetunion fühlt sich verpflichtet, zum Schutze ihrer ukrainischen und weißrussischen Brüder einzugreifen und dieser unglücklichen Bevölkerung Möglichkeit zu ruhiger Arbeit zu verschaffen".

17. September
Zwei sowjetische Heeresgruppen marschieren in Ostpolen ein: Die von General Kowalew befehligte „Weißrussische Front" mit den Armeen 3, 11, 10 und 4 und die „Ukrainische Front" unter General Timoschenko mit den Armeen 5, 6 und 12.
Die polnische Regierung und die polnische Heeresleitung begeben sich auf rumänisches Territorium, wo sie interniert werden.

17. bis 20. September
Teile der deutschen 10. und 14. Armee schließen die polnische Armee „Lublin" ein und zwingen sie mit 60 000 Mann zur Kapitulation.

18. bis 19. September
Nach dem Scheitern weiterer Ausbruchsversuche kapitulieren die polnischen Armeen „Posen" und „Pommerellen" mit 170 000 Mann im Raum Kutno.

19. September
Hitler erklärt in einer vom Rundfunk übertragenen Rede in Danzig: „So haben wir Polen in knapp 18 Tagen zusammengeschlagen."

20. September
Kliment Jefremowitsch Woroschilow und Boris Michailowitsch Schaposchnikow vereinbaren mit den deutschen Militärs Ernst August Köstring, Heinrich Aschenbrenner und Hans Krebs: „Falls Vertreter beim Oberkommando der Roten Armee Hilfeleistung anfordern zwecks Vernichtung polnischer Truppenteile oder Banden, die sich auf dem Marschwege kleiner deutscher Truppenteile befinden, wird das Kommando der Roten Armee (die Führer der Kolonnen) erforderlichenfalls die zur Vernichtung der auf dem Marschwege befindlichen Widerstände nötigen Kräfte zur Verfügung stellen."

21. bis 23. September
Die deutschen Streitkräfte, die bereits die am 23. August 1939 in Moskau vereinbarte „Demarkationslinie" überschritten haben, ziehen sich vereinbarungsgemäß zurück.

25. September
Die Luftwaffen-Division z.b.V. unter General von Richthofen fliegt 1 176 Einsätze gegen die seit dem 19. September eingeschlossene polnische Hauptstadt Warschau und wirft 72 t Brand- und 486 t Sprengbomben ab, nachdem Hitlers Flugblatt-Ultimatum vom 16. September, das die Kapitulation der polnischen Truppen verlangte, nicht akzeptiert worden ist.

25. September
Stalin und Molotow teilen dem deutschen Botschafter Graf von der Schulenburg mit, daß die „Belassung eines selbständigen Restpolens abwegig" erscheine.

26. September
450 deutsche Flugzeuge greifen die polnische Festung Modlin an und wiederholen am 27. September den Angriff noch einmal mit 550 Flugzeugen.

27. bis 28. September
Kapitulation Warschaus mit 120 000 Mann.

28. September
Abschluß des deutsch-sowjetischen Grenz- und Freundschaftsvertrages. Litauen wird Teil der sowjetischen „Interessensphäre". Festlegung der „Interessengrenze" am Bug (anstatt der am 23. August vereinbarten Grenze an der Weichsel). Vormarsch der deutschen Truppen auf diese Grenze.
Erklärung der deutschen Reichsregierung und der Regierung der UdSSR, die die Westmächte auffordern, den Krieg zu beenden: „Sollten ... die Bemühungen der beiden Regierungen erfolglos bleiben, so würde damit die Tatsache festgestellt sein, daß England und Frankreich für die Fortsetzung des Krieges verantwortlich sind, wobei im Falle einer Fortdauer des Krieges die Regierungen Deutschlands und der UdSSR sich gegenseitig über die erforderlichen Maßnahmen konsultieren werden."

29. September
Kapitulation der Festung Modlin.

30. September
In Frankreich Bildung einer polnischen Exilregierung unter General Sikorski.

1. Oktober
4 000 Mann der polnischen Marine kapitulieren auf der Halbinsel Hela.

6. Oktober
Kapitulation der letzten polnischen Feldtruppen bei Kock und Lublin. Rund 16 800 Mann gehen in deutsche Kriegsgefangenschaft.
Deutsche Verluste während des Polenfeldzuges: 10 572 Tote, 3 404 Vermißte, 30 322 Verwundete.
UdSSR: 737 Tote, 1 859 Verwundete.
Polnische Kriegsgefangene in deutscher Hand: Über 700 000, in sowjetischem Gewahrsam: 217 000.

Nachdem deutsche Streitkräfte in Richtung auf Brest-Litowsk und Tomaszow-Lubelski vordrangen, beeilte sich Molotow am 14. September plötzlich und überraschend, dem deutschen Botschafter in Moskau zu erklären, daß die Rote Armee schneller als vorausgesehen in Polen eingreifen könne.* Am 10. September hatte er noch behauptet, daß „etwa zwei bis drei Wochen" für die Vorbereitungen nötig sein würden.[4] Of-

---

* Am 14. September hatte Molotow noch erklärt, daß die Rote Armee erst in Polen einmarschieren werde, wenn Warschau gefallen sei.

fenbar hatten die deutschen Erfolge Stalin überrascht und zugleich bewogen, sich möglichst umgehend zu engagieren.* Da Hitler zudem am 12. September erstmals geäußert hatte, möglichst noch 1939 auch im Westen zum Angriff übergehen zu wollen, und die britische Flotte sich anschickte, von Freetown, Kingston und Halifax ihren ersten Transatlantik-Konvoi auslaufen zu lassen und das Hauptquartier der von General Lord Gort befehligten Expeditionsarmee sich in Le Mans einrichtete, dürfte Stalin sich gedrängt gefühlt haben, seine vereinbarungswidrige Strategie zu offenbaren und in die Tat umzusetzen. Nachdem General von Brauchitsch – nach einer Meldung des Deutschen Nachrichten-Büros vom 9. September – erklärte, daß Kriegshandlungen an der deutschen Ostgrenze nicht mehr nötig seien, sah die Regierung der UdSSR ihre sorgsam vorbereitete Propagandaversion gefährdet, nach der sie „das weitere Vordringen deutscher Truppen zum Anlaß" vorzugeben gedachte, „den von Deutschland ‚bedrohten' Ukrainern und Weißrussen zu Hilfe"[5] kommen zu müssen. Ein Leitartikel der „Prawda" vom 14. September 1939 sollte die breite Öffentlichkeit psychologisch auf den bevorstehenden Einmarsch der Roten Armee vorbereiten. „Warum leistet die polnische Armee den Deutschen keinen nennenswerten Widerstand?" fragte der Leitartikler wahrheitswidrig und behauptete ebenso fälschlich: „Nur 60 Prozent der Bevölkerung sind Polen, der Rest sind Ukrainer, Weißrussen und Juden ... Die 11 Millionen Ukrainer und Weißrussen leben in einem Zustand nationaler Unterdrückung". Keineswegs rücksichtsvoll gegenüber dem deutschen Partner verfolgte die sowjetische Propaganda die ihr von Stalin und Molotow vorgegebene Richtlinie, die Sowjetunion unter keinen Umständen als „Aggressor" und aktiven Waffengefährten Deutschlands erscheinen zu lassen.

Am 15. September drängte – der ob dieser Brüskierung verärgerte – Ribbentrop die Sowjets, möglichst umgehend in Polen einzumarschieren,[6] weil sonst – angesichts der am 23. August in Moskau getroffenen Vereinbarungen über Einflußsphären – „ein politisch leerer Raum" entstehen könnte.[7] Er schlug vor, ein sowjetisch-deutsches Kommuniqué zu veröffentlichen, das die Besetzung Polens mit der Feststellung begründen

---

* Nicht zufällig verließ die „Prawda" ihre bislang demonstrierte „Neutralität" hinsichtlich der Berichte über den deutsch-polnischen Krieg. Am 11. September veröffentlichte sie einen ersten „Überblick" über die Kampfhandlungen, wobei sie den außerordentlich schnellen Vormarsch der deutschen Streitkräfte herausstellte, die Überlegenheit der deutschen Panzer, der Luftwaffe und der schweren Artillerie hervorhob und betont provozierend darauf hinwies, daß Polen weder auf „wirksame englische noch französische Hilfen" habe bauen können.

sollte, daß „den politisch und wirtschaftlich unhaltbaren Zuständen in den Gebieten ein Ende"[8] bereitet werden müßte.

Am 16. September erklärte Molotow dem deutschen Botschafter, daß Stalin im Augenblick „mit den militärischen Führern"[9] beriete und die Rote Armee „vielleicht sogar schon morgen oder übermorgen"[10] die Grenzen Polens überschreiten würde. Er irritierte Schulenburg mit der Feststellung, daß die sowjetische Regierung erklären werde: „Polnischer Staat sei zerfallen und existiere nicht mehr; damit seien sämtliche mit Polen geschlossenen Verträge hinfällig; dritte Mächte könnten versuchen, aus dem entstandenen Chaos Vorteile herauszuschlagen; Sowjetunion fühle sich verpflichtet, zum Schutze ihrer ukrainischen und weißrussischen Brüder einzugreifen und dieser unglücklichen Bevölkerung Möglichkeit zu ruhiger Arbeit zu verschaffen."[11]

Die marxistisch-leninistische Geschichtsschreibung und sowjetische Militärs übernahmen diese Version nicht nur, sondern malten sie darüber hinaus demagogisch aus: „In dieser Situation mußte die Sowjetregierung schnell und energisch handeln", schrieb beispielsweise der sowjetische Historiker G.A. Deborin und fuhr fort: „... um den Überfall des faschistischen Deutschlands auf die UdSSR abzuwenden ... Als der polnische Staat gänzlich zusammengebrochen und seine Regierung geflüchtet war,* trat die Sowjetunion am 17. September auf Beschluß der Regierung der UdSSR zu einem Befreiungsmarsch in die Westukraine und nach Westbelorußland an. Die Bevölkerung bereitete der Sowjetarmee einen begeisterten Empfang."[12]

Marschall Wassilewski behauptete 1973 unter krasser Verfälschung der Geschichte: „Der schnelle Vorstoß der faschistischen Truppen nach Osten und die Bedrohung Westrußlands und der Ukraine verstärkten das Streben ... nach Wiedervereinigung mit den Sowjetrepubliken. Die Sowjetunion sah sich vor die Aufgabe gestellt, den Brudervölkern Beistand zu leisten. Mitte September 1939 erteilte die Sowjetregierung den Befehl, die Grenze zu überschreiten und diese Gebiete zu *befreien* [Hervorhebung des Autors]. Berlin mußte dem Verlauf der nunmehrigen Demarkationslinie zustimmen."[13]

Stalins Biograph Wolkogonow zog es vor, diesen Aspekt 1990 erst gar nicht zu tangieren und zu erklären, wieso die Rote Armee erst am

---

* Die polnische Regierung und die Heeresleitung traten erst nach dem beginnenden Einmarsch der Roten Armee auf rumänisches Gebiet über, wo sie interniert wurden. Vgl. Hart, Liddell, Geschichte des Zweiten Weltkrieges, Bd. I., Düsseldorf 1972, S. 49. Fortan zit.: Hart ...

17. September in Polen einmarschiert sei. Daß sich sowjetische Historiker und Militärs buchstäblich darum drückten, dieser Frage nachzugehen, ist angesichts der sorgfältig überwachten politischen Instrumentalisierung der Geschichte zur Zeit des Bestehens der Sowjetunion verständlich. Daß Fachhistoriker wie beispielsweise Peter Gosztony, Liddell Hart und der Hitler-Stalin-Biograph Alan Bullock[14] und hochrangige deutsche Militärs wie Erich von Manstein[15] und Walter Warlimont* es unterließen, sich mit dieser Problematik auseinanderzusetzen, erscheint hingegen unverständlich.

Die britischen Historiker Alan Bullock und Liddell Hart vermieden die Diskussion über diese Frage. Bullock tat die Problematik mit der Feststellung ab: „Die Sowjetunion war von der Schnelligkeit des deutschen Einmarsches in Polen überrascht ... Sie mußte nun schleunigst ihre eigenen Pläne ändern und Vorbereitungen zur Besetzung des ihr im August-Abkommen zugesprochenen Gebietes treffen. Die Besetzung wurde am 17. September begonnen und in wenigen Tagen abgeschlossen".[16] Liddell Hart kommentierte das Ereignis ebenso plakativ: „Am 17. September überschritten ... die sowjetischen Armeen die polnische Ostgrenze. Dieser Schlag im Rücken besiegelte Polens Schicksal, denn es waren nun kaum mehr Truppen vorhanden, die sich dieser zweiten Invasion hätten entgegenstellen können."[17]

„Stalin", schrieb Peter Gosztony, der Schweizer Militärhistoriker ungarischer Herkunft, „lehnte bis zum 16. September eine unmittelbare Beteiligung an der Zerschlagung des polnischen Staates ab. Er hielt die Zeit für noch nicht gekommen, sich an der Seite Hitlers militärisch zu kompromittieren. Ihn interessierte viel mehr die Haltung der Westmächte in der polnischen Frage, besonders die britische Reaktion. Doch die raschen Erfolge der deutschen Truppen stimmten Stalin um."[18] Am 17. September ließ er die Rote Armee in Polen einmarschieren und informierte zugleich alle Staaten, im europäischen Krieg auch weiterhin neutral bleiben zu wollen. Daß dieser Sachverhalt sowjetischen Militärs, Historikern und zeitgeschichtlichen Autoren verborgen blieb, war kein Zufall, daß sie unzutreffende Urteile fällten, ist es ebensowenig.

Der 1978 nach England emigrierte einstige sowjetische Generalstäbler Viktor Suworow beispielsweise schrieb 1989: „... schon eine Woche nach

---

* General Walter Warlimont, vom Beginn des Krieges bis Herbst 1944 stellvertretender Chef des Wehrmachtsführungsstabes (Im Hauptquartier der Wehrmacht 1939 – 1945. Grundlagen – Formen – Gestalten, Frankfurt am Main und Bonn 1964, S. 48 f., fortan zit.: Warlimont ...), beschäftigte sich mit blutigen Zusammenstößen „von russischen und deutschen Truppen ... die nun ... gegeneinander vorrückten", nicht jedoch mit Stalins Terminierung hinsichtlich seines militärischen Angriffs auf Polen.

20. September 1939: Angebot des Verteidigungsministers der UdSSR und des Generalstabschefs der Roten Armee an das Oberkommando der deutschen Wehrmacht, „Hilfestellung" bei der „Vernichtung polnischer Truppenteile und Banden" zu leisten.

Weshalb Stalin erst am 17. September 1939 in Polen einmarschierte

Vorbeimarsch an General Guderian und General Kriwoschin von der Roten Armee bei der Übergabe der von der deutschen Wehrmacht eroberten Stadt Brest-Litowsk an die Rote Armee.

der Unterzeichnung" [des Hitler-Stalin-Paktes] „leistete sich Stalin seinen ersten üblen Trick. Hitler begann den Polenkrieg, doch Stalin erklärte, seine Truppen seien noch nicht bereit ... Hitler begann den Krieg und mußte feststellen, daß er alleingelassen wurde ... Kaum hatte der Krieg gegen Polen begonnen, bekam er auf der Stelle den Krieg gegen Frankreich hinzu, das heißt einen Krieg an zwei Fronten ... Umgehend erklärte auch Großbritannien Deutschland den Krieg."[19]

Suworow hat nicht erkannt, was Stalin tatsächlich wollte und letztlich auch erreichte. Hätte er die Rote Armee unmittelbar am 1. September 1939 bei Kriegsbeginn gegen Polen antreten lassen, wären Großbritannien und Frankreich – infolge ihrer Verträge* mit Polen – gezwungen gewesen, nicht nur Deutschland, sondern auch der Sowjetunion den Krieg zu erklären. Die Sowjetunion und Deutschland wären offen Partner im Krieg gegen die Westmächte geworden. So hat Stalin jedoch niemals kalkuliert. Er ließ die Rote Armee erst am 17. September in Polen „einrücken" und erklärte, wie bereits festgestellt, demagogisch, daß die Sowjetunion sich verpflichtet fühle, ihre von den Deutschen „bedrohten" ukrainischen und weißrussischen Brüder in Schutz zu nehmen, so daß er nicht eigentlich als Partner Hitlers, sondern als Verbündeter der Westmächte erscheinen mußte. Die militärischen Absprachen und anfänglichen gemeinsamen Aktivitäten Deutschlands und der Sowjetunion, deren Politik den Hitler-Stalin-Pakt keineswegs als „Neutralitäts-Pakt" interpretieren ließ, wie sowjetische Politiker und Historiker dies jahrzehntelang fälschlich taten,[20] ignorierten die Westmächte.

Hitler, der Anfang September gehofft und gewünscht hatte, daß die Westmächte auch der Sowjetunion den Krieg erklären würden, sah durch die Zurückhaltung Englands und Frankreichs hinsichtlich ihrer Kriegsmaßnahmen seine Auffassung bestätigt, daß „England an der Existenz solcher Staaten" wie Österreich, Tschechoslowakei und Polen nur wenig interessiert sei.[21]

Hätten Frankreich und Großbritannien, das am 10. Oktober 1939 ein Handelsabkommen mit der UdSSR abschloß, Stalins Neutralitätsvorspiegelung nicht akzeptiert und der Sowjetunion – wie Deutschland – den Krieg erklärt, wären sie es gewesen, denen ganz allgemein die Ausweitung des Krieges angelastet worden wäre. Stalin, der feststellen konnte, daß seine jüngste Kalkulation im Zusammenhang mit den Westmächten aufgegangen war, sah sich angesichts seines unübersehbaren Arrangements mit Hitler (aber auch mit England) in einer schwierigen Lage. Hitler, der Kriegsgegner Englands und Frankreichs, erwartete von ihm, dem er das Tor zum Westen geöffnet und Territoriumsgewinne ermöglicht

---

* Großbritannien hatte sich bereits am 31. März 1939 verpflichtet, „Polen mit allen Mitteln zu unterstützen" (Chamberlain im Unterhaus). Am 25. August 1939 erklärte die britische Regierung in einem Geheimen Zusatzprotokoll zum gegenseitigen Beistandspakt zwischen Großbritannien und Polen: „Sollte eine der Vertragschließenden Parteien mit einer europäischen Macht infolge eines Angriffs derselben in Feindseligkeiten verwickelt werden, so wird die andere ... Partei ... unverzüglich jede in ihrer Macht liegende Unterstützung und Beistand gewähren." Die Regierungen Großbritanniens und Frankreichs teilten der deutschen Regierung am 1. September mit, daß sie ihren Beistandsverpflichtungen gegenüber Polen nachkommen würden, wenn Deutschland nicht seine „Angriffshandlung gegen Polen einstellen" und seine Truppen nicht „unverzüglich aus polnischem Gebiet zurückzuziehen" bereit wäre.

hatte, zumindest verbale Unterstützung. Stalin gab sie ihm. So erklärte er beispielsweise am 30. November 1939 in einem „Prawda"-Interview: „... nicht Deutschland [hat] Frankreich und England angegriffen, sondern Frankreich und England haben Deutschland angegriffen und damit die Verantwortung für den gegenwärtigen Krieg auf sich genommen. Nach dem Ausbruch der Feindseligkeiten hat Deutschland Frankreich und England Friedensvorschläge gemacht, und die Sowjetunion hat die Friedensvorschläge Deutschlands unterstützt ... die herrschenden Kreise Frankreichs und Englands haben ... Deutschlands Friedensvorschläge und die Bemühungen der Sowjetunion ... in verletzender Weise zurückgewiesen."

Da der britisch-polnische Beistandsvertrag vom 25. August 1939 in seinem Geheimen Zusatzprotokoll die britische Beistandsverpflichtung ausdrücklich nur für den Fall vorgesehen hatte, daß Deutschland der Angreifer wäre, waren die Regierungen Frankreichs und Großbritanniens ganz offensichtlich froh, sich – nach der Flucht der polnischen Regierung aus Polen – weder des Vertragsbruches noch der Ausweitung des Krieges zeihen lassen zu müssen.

Als die Rote Armee dann am 17. September in Polen einfiel, verkündete der sowjetische Heeresbericht, daß die sowjetischen Truppen im Norden des Landes die Städte Molodetschno und Baranowitschi und im Süden Rowno besetzt hätten. Daß die sowjetischen Truppen, die angeblich zum brüderlichen Schutze einmarschiert und von der Bevölkerung begeistert empfangen worden seien, sieben polnische Flugzeuge abgeschossen und drei Bomber zur Landung gezwungen hatten, wie der Heeresbericht hervorhob, wurde tunlichst übersehen. Im Komintern-Organ „Rundschau" vom 17. September hieß es: „... hat die Sowjetregierung heute morgen dem polnischen Botschafter in Moskau eine Note überreicht, in der sie erklärte, daß die Sowjetregierung dem Oberkommando der Roten Armee die Verfügung erteilt hat, den Truppen den Befehl zu geben, die Grenzen zu überschreiten und Leben und Eigentum der Bevölkerung der Westukraine und Weißrußlands unter ihren Schutz zu stellen." Und am 18. September publizierte die „Prawda" einen Reim von Nikolai Asejew, der unter dem Titel „Haltet den Kopf hoch", gedichtet hatte:

„Die Flagge der Grundherrn wird mit Füßen getreten,
Aber du, polnisches Volk, bist nicht erniedrigt ...
Ihr Arbeiter Polens, glaubt nicht,
Daß wir marschiert sind,
Nur um eure Schmerzen zu vergrößern.

Wenn wir die Grenzen überschritten haben,
Dann nicht, um euch zu erschrecken;
Wir wollen nicht, daß ihr euch vor uns duckt;
Stolz könnt ihr euer Haupt in der Höhe tragen!"

Zwei Tage danach waren Kowel, Lemberg, Wilna und Grodno in russischer Hand. 60 000 polnische Offiziere, Unteroffiziere und Mannschaften gerieten in sowjetische Kriegsgefangenschaft und wurden in Lager gesteckt.

Doch davon war öffentlich nicht die Rede. Im Gegenteil. Enthusiastische Begrüßungen der Roten Armee durch die Bevölkerung wurden erdichtet und sowjetische Funktionsträger wie beispielsweise Nikita Chruschtschow zu umjubelten „Befreiern" stilisiert. Das am 19. September veröffentlichte deutsch-sowjetische Kommuniqué, nach dem die Rote Armee und deutsche Streitkräfte für Ordnung sorgen und wieder Ruhe und Sicherheit herstellen würden, war nicht mehr als Pflichtübung. Augenblicklich ging der sowjetische NKWD daran, aus dem von der Roten Armee besetzten Territorium die „feindlichen" und „illoyalen" Polen herauszufiltern und nach Osten zu deportieren. Bereits am 27. September wurden – durch die Tagespresse publiziert – die Großgrundbesitzer enteignet und die Aufteilung ihrer Besitztümer eingeleitet. Die Sowjetunion richtete sich augenblicklich darauf ein, das von ihr „befreite" Gebiet nicht mehr zu verlassen.

Hitler, der anfänglich vergeblich sowohl auf Stalins unmittelbares Eingreifen in Polen als auch auf eine Kriegserklärung der Westmächte an die Sowjetunion gehofft hatte, sah sich am 17. September in einer Situation, die ihm nicht behagte. Er hatte Polen bereits in die Knie gezwungen, so daß die Siegespalme allein ihm gehören müßte. Daß Stalin sie ihm nun – unter gänzlich anderen Parolen – streitig machen könnte, paßte nicht in sein Bild. Und er sagte dies auch offen. Am 19. September erklärte er in einer Rundfunkansprache aus Danzig demonstrativ: „So haben wir Polen in knapp 18 Tagen zusammengeschlagen",[22] was den Tatsachen nicht ganz entsprach. Warschau kapitulierte erst eine Woche später, die Verteidiger der Halbinsel Hela am 1. Oktober. Die bei Hitler noch einmal aufkeimende Hoffnung, daß die von ihm in seiner Rede vom 19. September heftig angegriffenen Briten der UdSSR wenigstens nun auch den Krieg erklären würden, erwies sich wiederum als purer Wunschtraum.

Bereits am nächsten Tag reagierte Stalin mit dem Vorschlag an Hitler, Polen restlos aufzuteilen, was er ursprünglich nicht gewollt zu haben schien.* Einen Tag vor Hitlers Danziger Erklärung hatte er gegenüber Schulenburg beziehungsvoll gemeint, daß es „eine bekannte Tatsache" sei, „daß alle Militärs eroberte Gebiete nicht gern räumten".[23] Er wußte, worüber er redete.

Am 25. September, zwei Tage vor der Kapitulation Warschaus, bestellten Stalin und Molotow den deutschen Botschafter zu sich in den Kreml, um ihm ihre Vorstellungen über die Aufteilung der Beute mitzuteilen. Wie der Nichtangriffsvertrag mit dem Geheimen Zusatzprotokoll vom 23. August 1939 auf Betreiben der sowjetischen Seite zustande gekommen war, so verhielt es sich auch jetzt. Unmittelbar bevor die letzten polnischen Streitkräfte kapitulierten, Polen von deutschen und sowjetischen Truppen besetzt und regierungslos war, drängten Stalin und Molotow die deutsche Regierung, einen neuen Vertrag zu schließen und die Beute restlos aufzuteilen. „Stalin und Molotow ließen mich heute 20 Uhr in den Kreml kommen", meldete der Botschafter und fuhr im Telegrammstil fort: „Bei der endgültigen Regelung der polnischen Frage müßte alles vermieden werden, was in Zukunft Reibungen zwischen Deutschland und Sowjetunion auslösen könnte. Unter diesem Gesichtspunkt erscheine ihm die Belassung eines selbständigen Restpolens abwegig. Er mache nunmehr folgenden Vorschlag: Von dem östlich der Demarkationslinie gelegenen Gebiet solle unser[em] Teil die gesamte Woiwodschaft Lublin und der Teil der Woiwodschaft Warschau bis zum Bug hinzugeschlagen werden. Dafür möchten wir auf Litauen verzichten."[24]

Der Schwede Birger Dahlerus, der am Tage vor der Kapitulation Warschaus in einem persönlichen Gespräch mit Hitler noch einmal versuchte, den deutschen Diktator zu einer umgehenden Friedensregelung zu bewegen, scheiterte erneut. Was er – in Anwesenheit seines Freundes Hermann Göring – von Hitler zu hören bekam, notierte dessen Chefdolmetscher Paul Otto Schmidt im Protokoll „über die Unterredung zwischen dem Führer und Herrn Dahlerus": „Der Führer erwiderte", so heißt es da, „daß sich die Engländer, wenn sie den Frieden wollten, allerdings über die realen Tatsachen völlig im klaren sein müßten. In Polen hatte

---

* Akten zur Auswärtigen Deutschen Politik, D VIII, Nr. 104. Am 20. September teilte Schulenburg dem Auswärtigen Amt unter anderem mit: „Molotow [ließ] durchblicken, daß bei der Sowjetregierung und bei Stalin persönlich vorhandene Neigung, ein restliches Polen bestehen zu lassen, jetzt der Tendenz gewichen sei, Polen entlang der Linie Pissa-Narew-Weichsel-San aufzuteilen. Die Sowjetregierung wünscht, hierüber sofort in Verhandlungen zu treten und sie in Moskau zu führen."

28. September 1939: Warschau hat kapituliert. 120 000 Offiziere, Unteroffiziere und Soldaten der polnischen Armee begeben sich in deutsche Kriegsgefangenschaft.

Deutschland den Sieg errungen, der in der Geschichte ohnegleichen wäre ... Unter diesen Umständen denke der Führer nicht daran, sich von irgend jemand in die Lösung der Polenfrage hineinreden zu lassen ... Auch sie [die Russen] hätten große Teile Polens besetzt ... Vorbedingung für Friedensbesprechungen wäre, daß ihm [Hitler] völlig freie Hand in bezug auf Polen gelassen würde .. Die Engländer [könnten] den Frieden haben, wenn sie es wollten, sie müßten sich aber beeilen, denn lange würden nicht mehr bloß Flugblätter abgeworfen* werden."[25]

---

* Bereits am 12. September 1939 hatte Hitler, von den raschen Erfolgen in Polen berauscht, trotz seiner Bedenken hinsichtlich der ungünstigen militärtechnischen Voraussetzungen die Absicht geäußert, noch im Herbst 1939 auch im Westen offensiv werden zu wollen. Vgl. Hillgruber, Andreas, Hitlers Strategie, Politik und Kriegführung 1940 – 1941, Frankfurt am Main 1965, S. 43. Fortan zit. als Hillgruber, Strategie ...

Tags darauf begab Ribbentrop sich erneut nach Moskau. In seinen Aufzeichnungen berichtete er darüber: „Am 27.9.1939 – noch in den letzten Tagen des Polenfeldzuges – flog ich zur Regelung der durch das sowjetische Eingreifen in Polen aufgetretenen Fragen zum zweiten Male nach Moskau und fand bei Stalin und Molotow eine ausgesprochen freundliche, fast herzliche Aufnahme. Bei diesem Besuch wurden die bekannten Grenzen zwischen dem späteren Generalgouvernement und der Sowjetunion in der großen Linie festgelegt. Gleichzeitig wurden weitreichende Handelsvereinbarungen besprochen und ein Freundschaftsvertrag vom 28.9.1939 unterzeichnet."[26]

Andor Hencke, einer der Vortragenden Legationsräte des Auswärtigen Amtes, der Ribbentrop begleitete, protokollierte für das Außenministerium: „... um 12.15 Uhr flogen wir von Königsberg nach Moskau weiter, wo wir nach einer Rekordzeit von dreieinhalb Stunden ... auf dem historischen Chodynka-Feld landeten. Dort bot sich uns ein bewegtes Bild. Das Flughafengebäude selbst war reich mit den Flaggen des Deutschen Reiches und den Staatsfahnen der Sowjetunion geschmückt. Wer wie ich über neun Jahre in der Sowjetunion als deutscher Auslandsvertreter gelebt hat, mußte von diesem Anblick besonders beeindruckt sein; denn vor der Augustreise des Reichsaußenministers war wohl noch niemals die Hakenkreuzfahne auf einem Sowjetgebäude gehißt worden ... Die Verhandlungen wurden durch ein Staatsessen unterbrochen, das Molotow um 19 Uhr ... im großen Palast des Kremls gab ... Am Schloßeingang empfing der Chef des russischen Protokolls den Reichsaußenminister und geleitete ihn durch den Kongreßsaal in einen in Rot und Gold gehaltenen Empfangssaal. Hier erwarteten Stalin ... und Molotow, umgeben von Marschall Woroschilow, dem Innenkommissar Berija und den übrigen obersten Spitzen der Sowjetmacht, den Abgesandten des Führers und die übrigen deutschen Gäste. Nach der Begrüßung öffnete sich die Tür zu einem ovalen Saal, in dem die Tafel stand. Reich mit Blumen geschmückt, gedeckt mit kostbarem Porzellan und vergoldeten Bestecken, bot sie im hellen Schein der elektrischen Kerzen einen überaus festlichen Anblick. Der Reichsaußenminister nahm neben Stalin und gegenüber von Molotow Platz ... Nach den offiziellen Tischreden brachte Molotow nach russischer Sitte auf jeden deutschen und sowjetischen Gast einen besonderen Trinkspruch aus. Stalin kam dann jedesmal persönlich zu dem Platz des Betreffenden, um auf sein Wohl anzustoßen ... Für uns alte Moskauer war es klar, daß die Sowjetregierung den deutschen Reichsaußenminister mit dieser Veranstaltung besonders ehren wollte. Dafür sprach nicht nur die Anwesenheit Stalins, der nur äußerst selten an Staatsbanketten zu Ehren ausländischer Gäste teilzunehmen pflegt, sondern auch die Tatsache, daß das Festessen nicht, wie sonst üblich, im eigentlichen Repräsentationsgebäude der Sowjetregierung stattfand, sondern im Kreml selbst."[27]

Drei Stunden hatten die Verhandlungen gedauert, über die Ribbentrop 1946 für seine Erinnerungen schrieb: „Erneut zeigte sich die Zähigkeit der Russen bei der diplomatischen Verfolgung ihrer Ziele, als Stalin und Molotow unter Verzicht auf gewisse Gebiete in Polen (Lublin) im Gegensatz zu den im August getroffenen Abmachungen nun auch Anspruch auf Einbeziehung Litauens in die sowjetische Interessensphäre erhoben."[28]

Da Ribbentrop in Moskau nicht wagte, diesem Begehren Stalins und Molotows aus eigener Vollmacht nachzugeben, rief er Hitler an, der ihm kurz danach – ebenfalls telefonisch – mitteilte, daß er die Forderung der Sowjets akzeptiere. Stalins lapidarer Kommentar: „Hitler versteht sein Geschäft."*

Für Hitler und die Akten seines Ministeriums diktierte Ribbentrop über die sich abzeichnenden Lösungsmöglichkeiten noch am 28. September unter anderem:

„1. Es verbleibt bei vereinbarten Flußlinien Pissa, Narew, Weichsel, San; ferner verbleibt Litauen entsprechend Moskauer Protokoll in deutscher Einflußsphäre.
2. Wir treten Litauen an die russische Einflußsphäre ab und erhalten dafür ein Areal östlich der Weichsel, das begrenzt wird nördlich sowie östlich vom Bug bis ungefähr Krylow und von dort westlich etwa über Tomaschew bis zum San. Weiter würde Sowjetunion aus ihrem bisherigen Interessengebiet abtreten Zipfel um Suwalki bis zur Linie scharf nördlich Augustowo ungefähr in Linie der Seeplatte = Augustowo-Kanal.

Hartnäckige Versuche meinerseits zur Verbesserung zweiten Vorschlags durch Feststellung einer Linie von Brest-Litowsk westlich an Grodno vorbei bis zur Memel westlich Kowno in gerader Linie bis zum Südzipfel Lettlands scheiterte an noch hartnäckigerem Widerstand Stalins. Immerhin scheint mir gewisse Verbesserung zweiten Vorschlags ... nicht ganz ausgeschlossen, wenn auch nur schwer durchsetzbar zu sein. Ich habe fer-

---

* Ribbentrop (Erinnerungen, S. 205) hatte den Eindruck, daß Hitler diese Entscheidung „nicht ganz leichten Herzens" gefällt habe.

ner im voraus Aussprache stärkstens auf eine, wenn auch nur beschränkte Grenzerweiterung Ostpreußens auf litauisches Gebiet ... insistiert. Stalin schien zuletzt nicht so ablehnend wie gegenüber meinem ursprünglichen Erweiterungsvorschlag, es scheint aber fraglich, ob auch diese Grenzkorrektur angesichts großer Sturheit Stalins durchsetzbar ist.

Stalin machte für seinen zweiten Vorschlag geltend, daß eine Teilung des Gebiets mit rein polnischer Bevölkerung ihm bedenklich scheine. Die Geschichte habe bewiesen, daß die polnische Bevölkerung immer wieder nach Vereinigung strebe. Eine Teilung der polnischen Bevölkerung werde daher leicht zu Unruheherden führen, woraus vielleicht Zwietracht zwischen Deutschland und der Sowjetunion gesät werden könnte. Meinen Vorschlag, das Ölgebiet von Drohobycz und Boryslaw Deutschland zu überlassen, da doch Rußland bereits über reiche Ölvorkommen verfüge, während Deutschland hieran Mangel leide, erklärte Stalin nicht annehmen zu können. Die ukrainische Bevölkerung habe in dringender Weise dieses Gebiet reklamiert. Er sei aber bereit, uns als Kompensation Öllieferungen in Höhe der Gesamtjahresproduktion zuzusagen, die gegenwärtig 300 000 Tonnen betrage, die er aber auf 500 000 Tonnen zu steigern hoffe. Hierfür könne Deutschland Kohle sowie Stahlrohre liefern.

Ich habe Stalin weiter gewisse Vorschläge zur Vertiefung deutschrussischer Freundschaft gemacht ..."*

Stalin, der am 25. September 1939 die Regelung der Litauen-Frage in seinem Sinne gewünscht hatte, schwebte das Baltikum als militärischstrategische Basis vor. Seit August 1939** hat er nicht aufgehört, dieses Ziel zu verfolgen. „Lettland, Litauen und Estland" sollten, so die Propagandaversion, „wieder in den Bruderbund der Sowjetvölker" eingegliedert und die Staatsgrenze der UdSSR „um 200 bis 300 Kilometer" vor-

---

* Akten zur Deutschen Auswärtigen Politik, D VIII, Nr. 152. Für die 1. Lösung sprach nach Ribbentrops Auffassung, daß Litauen „in unserer Hand" die deutsche „Siedlungszone" nach Norden erweitern würde, gegen sie, daß die Teilung des „polnischen Volksraumes möglicherweise Reibungen zwischen Deutschland und Rußland erzeugen" könnte. Die 2. Lösung („Einverleibung gesamten polnischen Volkstums"), so resümierte er, könnte Deutschland nicht nur die Möglichkeit erschließen, das nationalpolnische Problem „nach deutschem Gutdünken" zu gestalten, sondern auch mögliche Störungen der deutschrussischen Beziehungen unterbinden.
** Am 23. August 1939, als er und Molotow mit Ribbentrop in Moskau verhandelten, spielte dieser Aspekt bereits eine wesentliche Rolle im „Miteinander". Ribbentrop telegrafierte an Hitler: „... daß entscheidender Punkt für Endergebnis Anspruch der Russen ist, die Häfen Libau und Windau als ihre Interessensphären von uns anerkannt zu sehen". Akten zur Deutschen Auswärtigen Politik, D VII, Nr. 205 (C.-E. 51).

verlegt werden, wie der sowjetische Marschall Alexander Michailowitsch Wassilewski* 1973 offen eingestand.

Die Geheimen Zusatzprotokolle zum „Deutsch-sowjetischen Grenz- und Freundschaftsvertrag" vom 28. September bezeugen, welches Ergebnis schließlich zustande kam.

Nachträgliche Änderung zum Geheimen Zusatzprotokoll vom 23. August 1939

Die unterzeichneten Bevollmächtigten stellen das Einverständnis der Deutschen Reichsregierung und der Regierung der UdSSR über folgendes fest:

Das am 23. August 1939 unterzeichnete geheime Zusatzprotokoll wird in seiner Ziffer 1 dahin abgeändert, daß das Gebiet des litauischen Staates in die Interessensphäre der UdSSR fällt, weil andererseits die Woiwodschaft Lublin und Teile der Woiwodschaft Warschau in die Interessensphäre Deutschlands fallen (vgl. die Karte zu dem heute unterzeichneten Grenz- und Freundschaftsvertrage). Sobald die Regierung der UdSSR auf litauischem Gebiet zur Wahrnehmung ihrer Interessen besondere Maßnahmen trifft, wird zum Zwecke einer natürlichen und einfachen Grenzziehung die gegenwärtige deutsch-litauische Grenze dahin rektifiziert, daß das litauische Gebiet, das südwestlich der in der anliegenden Karte eingezeichneten Linie liegt, an Deutschland fällt.

Ferner wird festgestellt, daß die in Geltung befindlichen wirtschaftlichen Abmachungen zwischen Deutschland und Litauen durch die vorstehend erwähnten Maßnahmen der Sowjetunion nicht beeinträchtigt werden sollen.

Moskau, den 28. September 1939.

Für die Deutsche Reichsregierung: In Vollmacht der Regierung der UdSSR:

J. v. Ribbentrop   W. Molotow

---

* Wassilewski, Sache des ganzen Lebens, S. 96. Seit 1938 Mitglied der KPdSU, seit Mai 1942 Chef des Generalstabes der Roten Armee, seit 1943 Marschall der Sowjetunion.

Russische Fassung der Änderung des Geheimen Zusatzprotokolls

СЕКРЕТНЫЙ ДОПОЛНИТЕЛЬНЫЙ ПРОТОКОЛ.

Нижеподписавшиеся уполномоченные констатируют согласие Германского Правительства и Правительства СССР в следующем:

Подписанный 23 августа 1939 г. секретный дополнительный протокол изменяется в п.1 таким образом, что территория литовского государства включается в сферу интересов СССР, так как с другой стороны Люблинское воеводство и части Варшавского воеводства включаются в сферу интересов Германии (см. карту к подписанному сегодня Договору о дружбе и границе между СССР и Германией). Как только Правительство СССР предпримет на литовской территории особые меры для охраны своих интересов, то с целью естественного и простого проведения границы настоящая германо-литовская граница исправляется так, что литовская территория, которая лежит к юго-западу от линии, указанной на карте, отходит к Германии.

Далее констатируется, что находящиеся в силе хозяйственные соглашения между Германией и Литвой не должны быть нарушены вышеуказанными мероприятиями Советского Союза.

Geheimes Zusatzprotokoll
- - - - - - - - - - - - -

Die unterzeichneten Bevollmächtigten haben bei Abschluss des deutsch-sowjetischen Grenz- und Freundschaftsvertrages ihr Einverständnis über folgendes festgestellt:

Beide Teile werden auf ihren Gebieten keine polnische Agitation dulden, die auf die Gebiete des anderen Teiles hinüberwirkt. Sie werden alle Ansätze zu einer solchen Agitation auf ihren Gebieten unterbinden und sich gegenseitig über die hierfür zweckmässigen Massnahmen unterrichten.

Moskau, den 28.September 1939.

Für die Deutsche Reichsregierung:

Ribbentrap

In Vollmacht der Regierung der UdSSR.:

W. Molotow

СЕКРЕТНЫЙ ДОПОЛНИТЕЛЬНЫЙ ПРОТОКОЛ.

Нижеподписавшиеся Уполномоченные при заключении советско-германского договора о границе и дружбе констатировали свое согласие в следующем:

Обе стороны не допустят на своих территориях никакой польской агитации, которая действует на территории другой страны. Они ликвидируют зародыши подобной агитации на своих территориях и будут информировать друг друга о целесообразных для этого мероприятиях.

По уполномочию　　　　　　За Правительство
Правительства СССР　　　　　Германии

Москва, 28 сентября 1939 года.

Der deutsche Text des veröffentlichten deutsch-sowjetischen Grenz- und Freundschaftsvertrages vom 28. September 1939

Deutsch-sowjetischer Grenz- und Freundschaftsvertrag.
- -

Die Deutsche Reichsregierung und die Regierung der UdSSR betrachten es nach dem Auseinanderfallen des bisherigen polnischen Staates ausschliesslich als ihre Aufgabe, in diesen Gebieten die Ruhe und Ordnung wiederherzustellen und den dort lebenden Völkerschaften ein ihrer völkischen Eigenart entsprechendes friedliches Dasein zu sichern. Zu diesem Zwecke haben sie sich über folgendes geeinigt:

Artikel I

Die Deutsche Reichsregierung und die Regierung der UdSSR legen als Grenze der beiderseitigen Reichsinteressen im Gebiete des bisherigen polnischen Staates die Linie fest, die in der anliegenden Karte eingezeichnet ist und in einem ergänzenden Protokoll näher beschrieben werden soll.

Artikel II

Beide Teile erkennen die in Artikel I festgelegte Grenze der beiderseitigen Reichsinteressen als endgültig an und werden jegliche Einmischung dritter Mächte in diese Regelung ablehnen.

Artikel III

Artikel III

Die erforderliche staatliche Neuregelung übernimmt in den Gebieten westlich der in Artikel I angegebenen Linie die Deutsche Reichsregierung, in den Gebieten östlich dieser Linie die Regierung der UdSSR.

Artikel IV

Die Deutsche Reichsregierung und die Regierung der UdSSR betrachten die vorstehende Regelung als ein sicheres Fundament für eine fortschreitende Entwicklung der freundschaftlichen Beziehungen zwischen ihren Völkern.

Artikel V

Dieser Vertrag wird ratifiziert und die Ratifikationsurkunden werden sobald wie möglich in Berlin ausgetauscht werden. Der Vertrag tritt mit seiner Unterzeichnung in Kraft.

Ausgefertigt in doppelter Urschrift in deutscher und russischer Sprache.

Moskau, den 28.September 1939.

Für die Deutsche Reichsregierung:

In Vollmacht der Regierung der UdSSR.:

Erklärung der Deutschen Reichsregierung und der
Regierung der UdSSR. vom 28. September 1939.
- -

    Nachdem die Deutsche Reichsregierung
und die Regierung der UdSSR durch den heute unterzeichneten Vertrag die sich aus dem Zerfall des polnischen
Staates ergebenden Fragen endgültig geregelt und damit
ein sicheres Fundament für einen dauerhaften Frieden
in Osteuropa geschaffen haben, geben sie übereinstimmend
der Auffassung Ausdruck, dass es dem wahren Interesse
aller Völker entsprechen würde, dem gegenwärtig zwischen
Deutschland einerseits und England und Frankreich andererseits bestehenden Kriegszustand ein Ende zu machen. Die
beiden Regierungen werden deshalb ihre gemeinsamen Bemühungen, gegebenenfalls im Einvernehmen mit anderen befreundeten Mächten, darauf richten, dieses Ziel sobald
als möglich zu erreichen.
    Sollten jedoch die Bemühungen der beiden
Regierungen erfolglos bleiben, so würde damit die Tatsache festgestellt sein, dass England und Frankreich für
die Fortsetzung des Krieges verantwortlich sind, wobei
im Falle einer Fortdauer des Krieges die Regierungen
Deutschlands und der UdSSR. sich gegenseitig über die
erforderlichen Massnahmen konsultieren werden.

    Moskau, den 28. September 1939.
Für die Deutsche Reichsregierung: In Vollmacht der Regierung der UdSSR:

Der russische Text

ЗАЯВЛЕНИЕ СОВЕТСКОГО И ГЕРМАНСКОГО ПРАВИТЕЛЬСТВ
ОТ 28 СЕНТЯБРЯ 1939 ГОДА.

После того как Германское Правительство и Правительство СССР подписанным сегодня договором окончательно урегулировали вопросы, возникшие в результате распада Польского государства, и тем самым создали прочный фундамент для длительного мира в Восточной Европе, они в обоюдном согласии выражают мнение, что ликвидация настоящей войны между Германией с одной стороны и Англией и Францией с другой стороны отвечала бы интересам всех народов. Поэтому оба Правительства направят свои общие усилия, в случае нужды в согласии с другими дружественными державами, чтобы возможно скорее достигнуть этой цели. Если, однако, эти усилия обоих Правительств останутся безуспешными, то таким образом будет установлен факт, что Англия и Франция несут ответственность за продолжение войны, причем в случае продолжения войны Правительства Германии и СССР будут консультироваться друг с другом о необходимых мерах.

II. Die unheilvolle Allianz

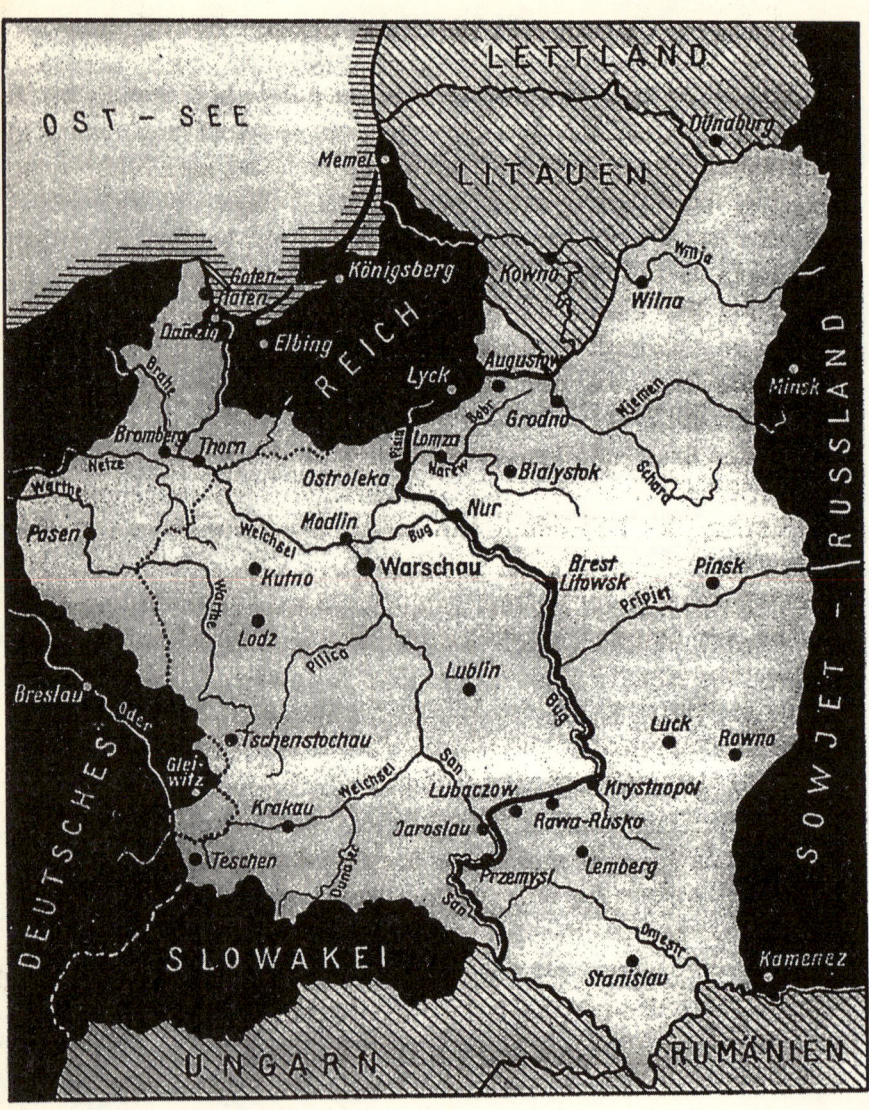

*Deutsch-sowjetische Demarkationslinie, entnommen aus: „Der Zeitspiegel",
5. Oktober 1939*

Bestimmung der jeweiligen deutsch-sowjetischen Interessensphären 117

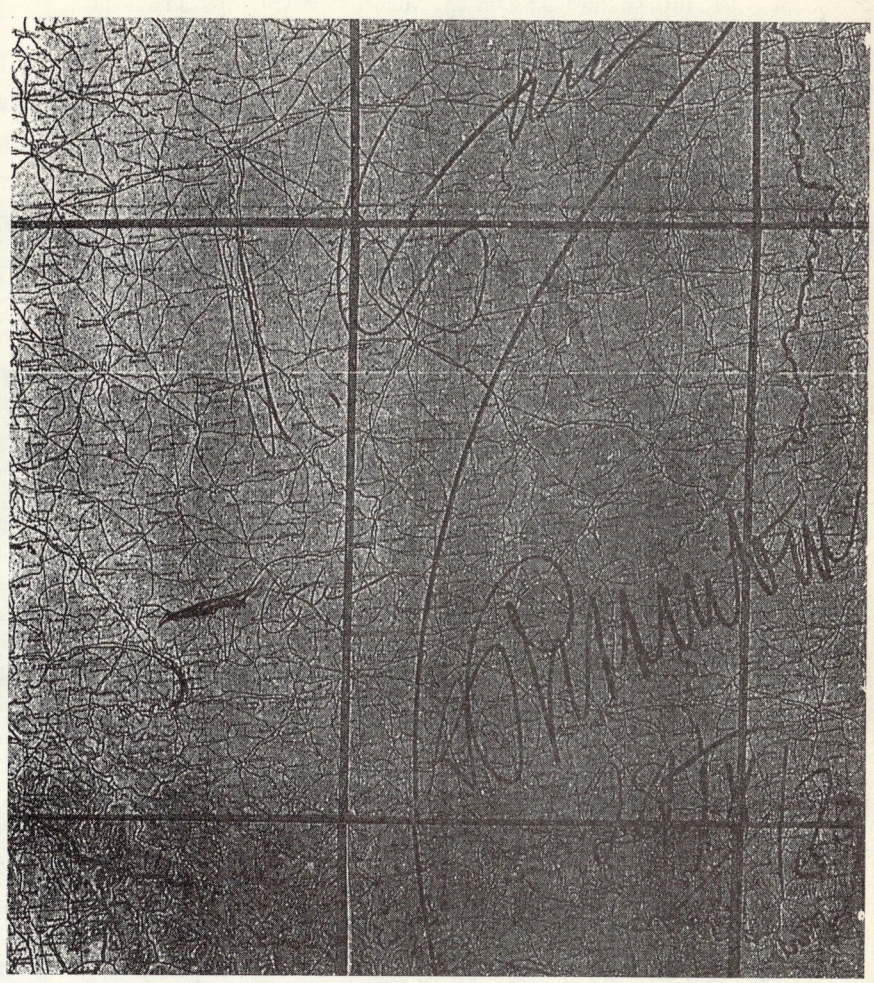

Aggressive Machtdemonstration: Stalins 58 Zentimeter große Unterschrift nach dem Abschluß des deutsch-sowjetischen Grenz- und Freundschaftsvertrages vom 28. September 1939 auf der Karte mit der Demarkationslinie. Rechts unten Ribbentrops Unterschrift. Links daneben Stalins kleine Unterschrift neben der Grenzkorrektur westlich von Lemberg.

118   II. Die unheilvolle Allianz

Wie der Hitler-Stalin-Pakt vom 23. August 1939 von Moskau aus dirigiert wurde, so geschah dies nun hinsichtlich der – zur großen Eile drängenden – Ratifizierung des Vertrages vom 28. September 1939. Der Oberste Sowjet ratifizierte ihn am 4. Oktober. Hitler hielt sich zurück und tat dies erst am 19. Oktober.* Bereits eine Woche nach der Ratifizierung in Moskau erklärte sich die Regierung der Sowjetunion bereit, für Deutschland als Blockadebrecher zu fungieren und im Ausland Rohstoffe, Metalle und Kautschuk „für uns einzukaufen", in Murmansk zu verfrachten und an Deutschland weiterzuverkaufen.[29] An dem Tag, an dem Hitler den Vertrag ratifizierte, ließ Stalin den deutschen Botschafter über Molotow wissen, daß er „ein starkes Deutschland" als „unbedingte

Der sowjetische Botschafter Schkwarzew (links) und Joachim von Ribbentrop am 14. Dezember 1939 bei der Unterzeichnung von Urkunden zum deutsch-sowjetischen Grenz- und Freundschaftsvertrag vom 28. September 1939.

* Die Ratifikationsurkunden des Vertrages vom 28. September 1939 wurden am 15. Dezember 1939 in Berlin ausgetauscht.

Offizielle Parole: „Freundschaft"

5. Oktober 1939: Truppenparade der 8. Armee vor Hitler in Warschau – die erste und letzte Veranstaltung dieser Art in einer eroberten Hauptstadt.

Voraussetzung für den Frieden in Europa"[30] betrachte. „Freundschaft" hieß betont die Parole. Ribbentrop ließ „Herrn Molotow oder Herrn Stalin" bitten, in einem Karpatener Revier Rothirsche jagen zu dürfen,[31] was ihm die Möglichkeit eröffnen sollte, „in näheren Kontakt mit russischen Persönlichkeiten"[32] zu kommen. Mikojan, der Volkskommissar für Außenhandel und Stellvertretende Vorsitzende des Rats der Volkskommissare der UdSSR, schlug am 29. Oktober vor, die von sowjetischen Organisationen für Deutschland gekauften Rohstoffe zur „Tarnung" durch neutrale Schiffe nach Odessa bringen und von da aus weiter verfrachten zu lassen. Ribbentrop rühmte die Sowjetunion als Hüterin des Völkerrechts und wünschte am 27. November von Molotow Proteste gegen die geplante Verschärfung der britischen Maßnahmen gegen neutrale

Schiffe, die deutsche Exportwaren in neutrale Länder brächten.* Stalin, der für seinen Angriffskrieg gegen Finnland auf Hitlers Wohlwollen angewiesen war, erklärte am 30. November in einem „Prawda"-Interview, daß Deutschland nicht Frankreich und England „angegriffen" hätte, sondern umgekehrt: „Frankreich und England haben Deutschland angegriffen."**

Harmonisierende Eilfertigkeit und Übereinstimmung allenthalben, so schien es. Doch der Schein trog. Spezifische und den Systemen immanente Ursachen und Anlässe für Differenzen und Ärgernisse hatten weder durch den Nichtangriffsvertrag noch durch den Grenz- und Freundschaftsvertrag aus der Welt geschafft werden können. Gelegentlich war sogar das Gegenteil der Fall. Den jeweiligen Tenor allerdings bestimmte eine sachbezogene neue Qualität. Am 7. November 1939 beispielsweise beklagte sich der sowjetische Volkskommissar Tewosjan während des Empfanges des neuen sowjetischen Botschafters Alexander Schkwarzew in der Berliner Botschaft der UdSSR bei Göring, trotz vorausgegangener Zusagen von der Besichtigung der „letzten Errungenschaften der Waffentechnik ... auf dem Gebiet der Feldartillerie, der Flugzeuge, der Zielvorrichtungen und der Nachrichtenübermittlung" ausgeschlossen worden zu sein.*** Wurde seit dem 23. August über Fragen der Grenzen, Einflußsphären, Waffentechniken und gegenseitige Lieferungen offen miteinander gesprochen und gestritten, blieb seit Anbeginn der deutsch-sowjetischen Verhandlungen ein Problem unausgesprochen: die Judenfrage. Ihre vorläufige Lösung vollzog sich in aller Heimlichkeit in den Wäldern des einstigen polnischen Territoriums, das Stalin und Hitler unter sich aufgeteilt hatten. Während aus dem seit Oktober 1939 vom Generalgouverneur Hans Frank „regierten" deutschen Teil ganze Kolonnen

---

* Akten zur Deutschen Auswärtigen Politik, D VIII, Nr. 314. Zuvor hatte Molotow bereits angeboten, in einem Hafen in der Nähe von Murmansk deutsche Schiffe und U-Boote reparieren zu lassen.
** Wilhelm Pieck, der Kommunist und spätere Präsident der DDR, assistierte Stalin im Dezember 1939 (Kommunistische Internationale, Stockholm, Dezember 1939) mit der Feststellung: Das Ziel des englischen Imperialismus „ist die Unterwerfung des deutschen Volkes, die Errichtung eines ‚konservativen' Regimes in Deutschland, das seine Aufgabe darin erblickt, der Gendarm des Kapitalismus gegen die Sowjetunion zu sein. Das deutsche Volk soll durch Hungerblockade und militärische Gewalt auf die Knie gezwungen werden."
*** Akten zur Deutschen Auswärtigen Politik, D VIII, Nr. 335. Göring bemühte sich zwar äußerst diplomatisch, das sowjetische Mißtrauen zu zerstreuen, indem er erklärte, daß die besagten Waffen und Techniken noch nicht genügend erprobt worden seien, so daß den Sowjets nicht zugemutet werden könne, sie zu übernehmen, doch auf sowjetischer Seite blieb das Unbehagen zurück.

jüdischer Einwohner Polens über die Grenze in das von der Roten Armee okkupierte Gebiet in der Hoffnung „abgeschoben" wurden, daß sie dort bleiben dürften, geschah dies nicht. General Keitel monierte beispielsweise am 5. Dezember 1939 telefonisch gegenüber Staatssekretär von Weizsäcker, daß die Abschiebungen „nicht so anstandslos" vor sich gingen, „wie es anscheinend erwartet" worden sei. „Praktisch" ginge „die Sache so vor sich": „an einem stillen Ort im Walde [würden beispielsweise] tausend Juden über die russische Grenze abgeschoben". 15 Kilometer davon entfernt „schob die Rote Armee sie wieder zurück", was „wiederholte Unzuträglichkeiten"[33] zur Folge hätte. Wieder im „Generalgouvernement", würden sie in Konzentrationslager beispielsweise nach Plaszów, Maidanek, Auschwitz, Birkenau, Ponary, Sobibor oder Treblinka deportiert.

Was polnische Juden zu erwarten hatten, plakatierte die „Prawda" vom 17. Oktober 1939 auf eine so sadistisch ekelerregende Weise, wie Julius Streichers pervers antisemitische Zeitung „Der Stürmer" es in Deutschland seit Jahren tat.* Die „Prawda"-Redaktion hatte David Saslawskij, den schon von Lenin als „korrupteste Feder in Rußland" bezeichneten jüdischen Journalisten, schreiben lassen:

„In aller Ernsthaftigkeit hat die französische Presse, obwohl sie selbst das Lachen kaum unterdrücken konnte, die Welt über ein sensationelles Ereignis unterrichtet. In der Soundso-Straße in Paris hat sich eine neue polnische Regierung gebildet, mit General Sikorski an der Spitze. Das Territorium, über das diese Regierung gebietet, umfaßt sechs Räume, ein Badezimmer und ein WC. Verglichen damit ist Monaco ein riesiges Imperium. In der großen Pariser Synagoge sprach Sikorski zu den jüdischen Bankiers von Paris. Die Synagoge war geschmückt mit einer Flagge, die einen weißen Adler zeigte – der Oberrabbiner muß ihn in kosheres Fleisch verwandelt haben, denn die orthodoxen Juden essen diesen Vogel nicht.

Im früheren Polen mußten sich die Juden zu Tode ängstigen vor dem polnischen Adel und dessen Pogromen: aber die jüdischen Bankiers in Paris hatten offenbar von General Sikorski nichts zu fürchten."

Saslawskij blieb keine Ausnahme. Kukriniskis „Malerkollektiv", um nur einen weiteren Namen zu nennen, stand ihm mit seinen hämischen Karikaturen von englischen und französischen „Demokraten" nicht nach.

---

* Milovan Djilas beispielsweise erschrak während seiner Gespräche mit Stalin über dessen gelegentlich kraß antisemitisch artikulierte Äußerungen. Vgl. unter anderem: Djilas, S. 196 f.

Seit der Ablösung des jüdischen Außenministers Litwinow, die in Berlin aufmerksam und als betontes Entgegenkommen und zu Verhandlungen einladende Geste der Regierung der UdSSR registriert worden war, fühlte Ribbentrop sich bemüßigt, den Stellenwert jüdischer Regierungsmitglieder und Funktionsträger im Sowjetregime zu bewerten und aus ihm mögliche Konsequenzen für die künftige deutsch-sowjetische Politik abzulesen. So urteilte er nach dem Abschluß des deutsch-sowjetischen Grenz- und Freundschaftsvertrages vom 28. September: „Ich erinnere mich besonders an Marschall Woroschilow und an den Minister für das Transportwesen, Kaganowitsch. Von ihm und seiner jüdischen Sippe war bei uns in Deutschland oft die Rede gewesen. Man zählte sie zu den ganz großen Drahtziehern des internationalen Judentums. Mein Gespräch mit Herrn Kaganowitsch war nur kurz, aber durch alle meine Beobachtungen, sowohl an diesem Abend wie auch sonst während meiner beiden Moskauer Aufenthalte bestätigte sich meine Überzeugung, daß es ernstlich eine vom internationalen Judentum zwischen Moskau, Paris, London und New York gesteuerte Aktion nicht gegeben hat. Im Moskauer Politbüro, dem für Rußland absolut maßgebenden Gremium, saßen außer Kaganowitsch keine Juden.* Auch unter den sonstigen höchsten Funktionären fand ich nur sehr wenige. Nach meinen eigenen Beobachtungen in Paris, London und Moskau und auf Grund aller Nachforschungen, die ich in dieser Frage anstellen ließ, hat es jüdische Querverbindungen zwischen Moskau und gleichen Kreisen in den westlichen Hauptstädten nicht gegeben."[34]

Nach seiner Rückkehr aus Moskau, so überlieferte Ribbentrop, habe er „gerade über diese Frage oft mit ... Hitler gesprochen."[35] Nach Ribbentrops Meinung sei Hitler „zumindest in den Jahren 1939 und 1940" von seinen kraß antisemitisch bestimmten Vorstellungen zugunsten einer realistischen Außenpolitik abgewichen. „Ich hatte jedenfalls damals", schrieb Ribbentrop, „die starke Hoffnung, ihn auf dem Wege über die politische Verständigung mit Rußland auch zu einem evolutionären Denken in den Weltanschauungsfragen zu bestimmen und damit auch einen Wandel in seiner Einstellung zum Judentum herbeizuführen."[36] Wieweit in dieser Darstellung die Absicht Ribbentrops eine Rolle spielte, angesichts des zu erwartenden Galgens ein Bild von sich zu hinterlassen, über

---

* Goebbels dagegen notierte in seinen Tagebüchern (Bd. 4, S. 12 f. und 23) – als Folge von Berichten über die von der Sowjetunion besetzten polnischen Gebiete –, daß die Juden in der UdSSR „noch immer vorneweg" seien.

das ohne Empörung diskutiert werden könnte, ist nicht zweifelsfrei zu belegen.

Wie angesichts der Genesis des Paktes vom 23. August und des Vertrages vom 28. September sowie der Struktur der beiden Pakt-Partner nicht anders zu erwarten gewesen war, versiegten die Verhandlungen nicht. Das Streit-Objekt, die Okkupation fremden Territoriums, bildete das Scharnier, das die Verbindung aufrechterhielt. Das Baltikum, für Stalins Ambitionen und zukunftsorientierte Sowjet-Politik sehr viel wichtiger als für Hitler, blieb der Zankapfel. Kaum daß der Krieg gegen Polen beendet war, drängte er Estland, Lettland und Litauen „Beistands- und Handelsabkommen" auf, die ihm ermöglichten, in diesen Staaten „legal" Verbände der sowjetischen Luftwaffe, der Flotte und des Heeres zu stationieren.

Nachdenklich stimmen mußte im Hinblick auf die Formulierung dieses Vertrages, der die gleichen formellen Mängel aufwies wie der Vertrag vom 23. August 1939,* daß in ihm weder eine Geltungsdauer und Kündigungsfrist noch eine Strafandrohung für die Verletzung der Vereinbarungen enthalten waren. Darüber hinaus kann die Feststellung im Artikel IV, daß „die vorstehende Regelung als ein sicheres Fundament für eine fortschreitende Entwicklung der freundschaftlichen Beziehungen zwischen ihren Völkern" zu betrachten sei, schwerlich als Ersatz für eine gegenseitige Zusicherung „friedlichen Verhaltens" gelten. Schon diese Argumente lassen die – nicht zweifelsfrei zu beantwortende – Frage zu, ob die Vertragspartner sich damit freie Hand für Aggressionen vorbehalten wollten, ohne das Odium des Vertragsbruches zu riskieren.

Mit einiger Sicherheit jedenfalls kann festgestellt werden, daß Stalin und Molotow seit Anbeginn der Vereinbarungen nicht daran gedacht haben, sich buchstabengetreu an sie zu halten. Nachdem Hitler beispielsweise während seiner Unterredung mit Molotow am 13. November 1940 moniert hatte, daß die Sowjetunion die vertraglichen Vereinbarungen mißachtet hätte, soweit es um Okkupationen fremder Gebiete ginge, entgegnete Molotow in skrupelloser Offenheit, daß „das Abkommen von 1939 auf eine bestimmte Etappe der Entwicklung" bezogen worden sei, die „mit der Beendigung des Polenkrieges abgeschlossen wurde", so daß die von der Sowjetunion „vorgenommenen Korrekturen" schließlich als Entgelt

---

* Vgl. S. 44.

für die Unterstützung der UdSSR gelten dürfte, die Deutschland letztlich auch ermöglicht hätte, Frankreich niederzuwerfen.*

Um vor der Weltöffentlichkeit trotz aller von ihm initiierten Maßnahmen nicht als „Okkupant" oder „Aggressor" bezeichnet werden zu können, ließ Stalin Molotow am 3. Oktober gegenüber dem deutschen Botschafter erklären, daß die Sowjetunion vorhabe, die polnische Stadt Wilna und deren unmittelbare Umgebung an Litauen „abzutreten" und dessen Regierung „zu verstehen [zu] geben", daß sie dafür einen Teil ihres Territoriums an Deutschland „abtreten müsse".[37] Seine durchsichtige Absicht: Die Sowjetunion sollte als der Staat erscheinen, der Litauen ein Territorium „schenkte", Deutschland dagegen als ein räuberischer Okkupator. Den Versuch Ribbentrops vom 4. Oktober, die Angelegenheit auf die Weise zu regeln, daß die UdSSR sich verpflichte, den besagten Teil Litauens nicht von sowjetischen Truppen zu besetzen und den Zeitpunkt der „Gebietsabtretung" Deutschland zu überlassen, fing Molotow am 4. Oktober mit der erpresserischen Feststellung ab, den litauischen Außenminister „aus Gründen der Loyalität" gegenüber Deutschland bereits im Sinne seines Vorschlages vom Vortage informiert zu haben.[38] Der „Aggressor Deutschland" sollte trotz aller öffentlichen Bekundungen des Gegenteils nicht aus dem Bewußtsein der Weltöffentlichkeit verschwinden.

Zwar legten die Sowjets inzwischen großen Wert darauf, die Begriffe „Angreifer" und „Angriff" neu interpretiert zu sehen, doch ihre Motive waren durchsichtig. Nachdem die Sowjetunion am 17. September 1939 als Aggressor gegen Polen aufgetreten war, was weder ihre propagandistisch artikulierten Rechtfertigungsversuche noch das Verhalten der Westmächte aus der Welt schaffen konnten, sah sich die Regierung der UdSSR veranlaßt, die Begriffe öffentlich neu zu definieren. „So weiß man zum Beispiel jetzt", erklärte Molotow richtungsweisend in einer Rede vom 31. Oktober vor dem Obersten Sowjet, „daß in den letzten Monaten Begriffe wie ‚Aggression' und ‚Angreifer' neue konkrete Bezeichnungen geworden sind und eine neue Bedeutung angenommen haben. Wir können uns dieser Begriffe heute nicht mehr im gleichen Sinn wie vor drei oder

---

* Vgl. Hillgruber, Staatsmänner, S. 307. Offen hatte Molotow bereits in einer Rede vom 1. August 1940 erklärt, daß Deutschland seine Siege im Westen ohne Rückendeckung der Sowjetunion nicht hätte erringen können. Unmißverständlich hatte er am 13. November gegenüber Hitler als sowjetische Auffassung über das Abkommen festgestellt, daß „mit der Niederlage Frankreichs" auch die „zweite Etappe ihr Ende" gefunden habe – und daß „man jetzt eigentlich in der dritten Etappe" stehe.

vier Monaten bedienen." Nicht „mehr die Deutschen, sondern die Engländer und Franzosen" seien die Aggressoren.[39] Noch weiter gehen durfte der in Moskau lebende bulgarische Kommunist Georgi Dimitroff. In der „Kommunistischen Internationale" konnte er im November richtungweisend feststellen: „Der Charakter eines Krieges hängt – wie Lenin lehrte – nicht davon ab, wer angegriffen hat und in wessen Land der ‚Feind' steht, sondern davon, welche Klasse den Krieg führt, welche Politik in dem gegebenen Krieg fortgeführt wird."

Diese Doktrin, die sich in den politisch-strategischen Entscheidungen der Regierung der UdSSR widerspiegelte, konnte nicht einmal gewaltsam mit dem international geltenden Völkerrecht und Kriegsvölkerrecht in Einklang gebracht werden. Trotz der Berufungen der Sowjets auf Friedrich Engels' Thesen über mögliche Kriegsgegner kommunistisch regierter Staaten* boten die Militärdoktrin der Roten Armee für das Jahr

Der bulgarische Kommunist Georgi Dimitroff (Mitte) am 22. Januar 1934 in einem Berliner Gefängnis. Später Emigrant in Moskau, ließ Stalin ihn gelegentlich „delikate" Erklärungen verbreiten.

* Vgl. K. Marx/F. Engels, Werke, Bd. 2, Ost-Berlin 1959, S. 543 f. Engels hatte behauptet, daß Kriege kommunistisch regierter Staaten „nur gegen antikommunistische Nationen vorkommen" könnten.

1939* und die sorgfältig bedachten Äußerungen sowjetischer Funktionsträger bis zum 17. September 1939** eine Plattform für gegenteilige Urteile. Seit November 1939 konnte davon nicht mehr die Rede sein. Da im kommunistischen Machtbereich weder Dimitroff noch andere Parteigänger Stalins befugt waren, persönliche Auffassungen zu multiplizieren, mußten diese Erklärungen als offizielle Versionen der Regierung der UdSSR angesehen werden.

Während Ribbentrop auch 1946 in Nürnberg noch überzeugt war, daß Hitler „trotz des auffallenden russischen Interesses an Litauen" ernsthaft an eine „Verständigung auf längste Sicht" gedacht habe, meinte er aus den Äußerungen der Sowjetführer eine andere Tendenz herausgehört zu haben. „Mir waren", notierte er für die Nachwelt, „in den Verhandlungen, die auf russischer Seite wie bei meinem ersten Besuch vornehmlich von Stalin selbst und nur zum Teil durch Molotow geführt wurden, zwei Äußerungen Stalins aufgefallen:

Als ich nach der Unterzeichnung des Freundschaftsvertrages zu Stalin sagte, daß nach meiner Überzeugung nunmehr Deutsche und Russen niemals wieder die Waffen kreuzen dürften, überlegte Stalin eine Weile, bis er dann wörtlich erwiderte: ‚Das sollte wohl so sein.' Ich ließ mir diese Bemerkung durch den dolmetschenden Botschaftsrat Hilger wiederholen, weil mir die Formulierung ungewöhnlich erschien.

Noch eine andere Antwort Stalins ist mir aus unseren Gesprächen während meines zweiten Moskauer Besuches fest im Gedächtnis haften geblieben. Als ich bei ihm wegen einer möglichen engeren Bindung über den Freundschaftsvertrag hinaus in Richtung auf ein reguläres Bündnis für die kommenden Kämpfe mit den Westmächten sondierte, antwortete mir Stalin: ‚Ich werde niemals dulden, daß Deutschland schwach wird'[40] ... Scharfe Kritiker der Sowjetunion – unter ihnen auch der frühere englische Botschafter in Berlin, Sir Nevile Henderson – behaupten, Stalin habe den Pakt mit Deutschland überhaupt nur abgeschlossen, um den Führer zum Vorgehen gegen Polen zu veranlassen, wohl wissend, daß England und Frankreich dann eingreifen würden. Nach dem voraussichtlichen Siege Deutschlands über Polen werde Rußland erstens wichtige, ihm nach dem letzten Krieg verloren gegangene Gebiete wiedererhalten, zweitens könne es in Ruhe zusehen, wie sich Deutschland im Krieg mit den Westmächten erschöpfe, um dann im gegebenen Augenblick das

---

* Vgl. S. 72.
** Der Tag des Einmarsches der Roten Armee in Polen.

Gewicht der Roten Armee zum Weitertreiben der Bolschewisierung Europas einzusetzen ... Seine [Stalins] ... Äußerungen lassen sich jedenfalls unterschiedlich interpretieren: Die erste zeigte, daß Stalin gegenüber meinem aus echter Überzeugung kommenden Ausspruch: ‚Nie wieder Krieg zwischen Deutschen und Russen' eine wesentlich kühlere Haltung einnahm; dachte er in diesem Augenblick an den nie aufgegebenen Gedanken eines Weitertragens der bolschewistischen Revolution nach Deutschland und Europa und damit also doch an die Möglichkeit eines zukünftigen deutsch-russischen Kampfes? ... Dachte er an die Unmöglichkeit, den Gegensatz der beiden Weltanschauungen zu überbrücken – so wie der Führer es später auffaßte – und glaubte er, daß eben aus diesen Gründen früher oder später doch eine Auseinandersetzung unumgänglich sei?

In Verbindung mit der ersten Äußerung erhält die zweite noch mehr Bedeutung. Aus ihr sprach unzweideutig das Bewußtsein der militärischen Stärke der Sowjetunion und die Absicht, im Falle eines für Deutschland unglücklichen Kriegsverlaufes einzugreifen. Diese Äußerung, dessen entsinne ich mich genau, wurde von Stalin in einer so spontanen Form vorgebracht, daß sie gewiß seiner damaligen Überzeugung entsprach. Mich überraschte besonders die große Selbstsicherheit hinsichtlich der Roten Armee, die aus den Worten Stalins zu sprechen schien."[41]

Wieweit hierbei die späteren Ereignisse Ribbentrops Feder geführt haben mögen, ist nicht zuverlässig zu beantworten. Aus seinen schriftlichen Hinterlassenschaften aus der Zeit vor der ersten April-Woche 1941* jedenfalls sind derartige Gedankengänge und Vorstellungen nicht herauszulesen. Als er sich Mitte Oktober 1939 beispielsweise darauf vorbereitete, eine „öffentliche Rede über die außenpolitische Lage" zu halten, berichtete er am 18. Oktober von der Schulenburg: „Ich beabsichtige ... über dieses Thema etwa folgendes zu sagen ... Die Sowjetunion .. habe Interesse an einem starken Deutschland als Nachbar und im Falle einer kriegerischen Auseinandersetzung zwischen Deutschland und den westlichen Demokratien lägen die Interessen der Sowjetunion und Deutschland durchaus in gleicher Linie. Die Sowjetunion würde niemals dulden, daß Deutschland in eine schwierige Lage käme."[42] Zwar betonte er, daß Stalin ihm dies nach der Unterzeichnung des Hitler-Stalin-Paktes erklärt habe, doch allem Anschein nach war Ribbentrop zu der Zeit tatsächlich davon überzeugt, daß es sich so verhielt.

---

* Nach eigenen Angaben erfuhr Ribbentrop von Hitler erst in der ersten April-Woche 1941, daß Hitler die UdSSR angreifen werde.

Bemerkenswert erscheint in diesem Zusammenhang, daß Ribbentrop nicht auffiel, daß die sowjetischen Botschafter in Berlin, Alexej Merekalow (vom 1. Juli 1939 bis zum 2. September 1939) und Alexander Schkwarzew (vom 3. September 1939 bis zum 18. Dezember 1940) gänzlich unbeschriebene Blätter waren, die auch nach ihren Abberufungen niemals eine auch nur subalterne Rolle gespielt haben. Kenner der sowjetischen Politik und Stalin-Kritiker meinten schon zu der Zeit daraus schließen zu können, daß Stalin seine Verträge mit Hitler lediglich als „Provisorien" ansah. Die Berufung des georgischen Geheimdienstspezialisten W.G. Dekanosow, der Molotow zu dem für beide Seiten unbefriedigenden Berlin-Besuch im November 1940 begleitet hatte, führten sie als weiteres Indiz für ihren Argwohn an. Der im Dezember 1940 nach Berlin entsandte Vertraute Molotows gab sein Beglaubigungsschreiben in Berlin am 19. Dezember 1940 ab, einen Tag nachdem Hitler die „Weisung Nr. 21: Fall Barbarossa" unterzeichnet hatte. Daß Stalin die wichtigsten Details der Weisung für den Angriff auf die Sowjetunion bereits

4. September 1939: Zwei neue sowjetische Hoheitsträger bei Hitler. Der neue sowjetische Botschafter Schkwarzew (links) verliest sein Beglaubigungsschreiben. In der Mitte: General Purkajew, der Militärbevollmächtigte der UdSSR.

neun Tage später auf dem Tisch hatte, dürfte nicht zuletzt auch Dekanosow zu verdanken gewesen sein, der sich in Berlin als „Horchposten" Stalins sah.*

Daß Stalin maßlos übertrieben hatte, als er „Hitler-Deutschland" als gefährlichen „Aggressor" plakatierte, der in der Lage wäre, die Sowjetunion mit Aussicht auf Erfolg zu überfallen und ihre Existenz ernsthaft zu gefährden, bewies der Polenfeldzug auf nicht zu kaschierende Weise. Hitler war 1939 zwar militärisch und wirtschaftlich zu einem kurzen Krieg gegen Polen in der Lage, zu mehr jedoch nicht. Nach einer Forderung Hitlers von 1936 sollten die Wehrmacht und die Wirtschaft zwar 1940 auf einen Kriegsfall vorbereitet und voll einsatzfähig sein,[43] doch das Rüstungsprogramm war – gemessen an der deutschen Industriekapazität – nur schwerfällig angelaufen. Bis September 1939 gab es in keinem deutschen Wirtschaftszweig eine Produktion, die Kriegsvorbereitungen auch nur ahnen ließ.[44] Noch im dritten Kriegsjahr gab es weder einen zentral gelenkten Rüstungsplan noch eine zentral gelenkte Rüstungsproduktion. Jeder Wehrmachtsteil, das Heer, die Luftwaffe und die Marine, rüstete für sich nach Programmen, die Hitler gebilligt hatte. Den fast 6 000 Mitarbeitern und einer „kriegsstarken Kompanie Generale", die beispielsweise allein das Heereswaffenamt** beschäftigte, war darüber hinaus auch die unumgängliche industrielle Munitions- und Waffenproduktion fremd. Ständiger Streit um Rohstoffe und Arbeitskräfte war nur eine der paralysierenden Folgen des Zuständigkeits- und Kompetenzengerangels. Gemeinsame Absprachen gab es nicht.

Da es in Deutschland bis zu der Zeit noch keinen Kriegsplan gab, fehlte zwangsläufig auch ein differenzierter Rüstungsplan.

Der Vierjahresplan mit Hermann Göring als oberster Instanz hatte zwar für die Sicherung der für die Rüstung wichtigen Rohstoffe zu sorgen, wobei Sonder- und Generalbevollmächtigte für Chemie und Kraftfahrwe-

---

* Dekanosow wurde am 23. Dezember 1953 (zu der Zeit Innenminister Georgiens) zusammen mit Berija, B.S. Kobulow und 6 Getreuen erschossen. Berija, der nach Stalins Tod (5. März 1953) hoffte, Nachfolger Stalins zu werden, hatte ihn als Innenminister, Außenminister und Nachfolger Molotows vorgesehen.

** Das Heereswaffenamt, das für die Rüstung des Heeres zuständig war, unterstand dem „Chef der Heeresrüstung", der zugleich auch Befehlshaber des Ersatzheeres war. Das Marinewaffenhauptamt war für die Marine, der Generalluftzeugmeister für die Luftwaffe zuständig. Zusätzlich existierte ein Wehrwirtschafts- und Rüstungsamt. Die Rüstungsinstitutionen unterstanden nicht dem Amt, sondern Hitler unmittelbar, was sie allerdings nicht hinderte, bei der Rüstungsplanung der Wehrmachtteile Entscheidungen beispielsweise über die Zuteilung von Rohstoffen zu beeinflussen.

sen Engpässe innerhalb spezieller Bereiche zu unterbinden hatten, doch sie bewirkten nicht, was Hitler erwartete. Zwar verfügte Göring über alle nötigen Vollmachten, doch er nutzte sie nicht angemessen. Infolge seiner vielen Ämter war er eindeutig überfordert. Allein seine Position als Oberbefehlshaber der Luftwaffe nahm ihn so in Anspruch, daß er schwerlich in der Lage war, sich „nebenbei" auch noch ausreichend mit den Rüstungsproblemen und deren Umfeld zu befassen.

Exemplarisch für den Kompetenzenstreit – und Wirrwarr ist nicht zuletzt ein Monolog Hitlers vom 16. August 1942. „Die Marine", sagte er, „könnte heute garantiert vier Schiffe mehr haben, schwere, alles war da, Stahl, Arbeiter ... Niemals hat die Marine Forderungen gestellt, sondern alle Forderungen habe ich gestellt, und von der Marine sind sie beschnitten worden. Nie hat das Heer an mich eine Forderung gestellt, sondern die Forderungen wurden von uns gestellt, und das Heer hat in der Ausführung gezögert. Es ging soweit: Ich mußte dem Heer eine Sache wegnehmen, damit sie überhaupt gemacht wurde." ... Bei den Panzern war es genau das gleiche. Man sagte, sie [die Panzer] haben nur einen Wert, wenn sie klein und schnell sind, alles andere ist ein Unsinn. Ich habe die ganze Zeit für den schweren Panzer gekämpft. Der Drahtfunk! Ich habe befohlen, daß es gemacht wird. Das Propagandaministerium hat es versäbelt, weil der Postminister sagte, die Sache sei technisch noch nicht fertig! Am Geld hat es ... nicht gefehlt ... Nach der Einführung der Wehrpflicht 1935 habe ich verlangt, es wird sofort befestigt! Es ist nichts gemacht worden außer Lächerlichkeiten. Dann hat das Heer endlich einen Plan vorgelegt bis zum Jahr 1952. Nicht weil das Heer nicht die Mittel gehabt hätte, sondern weil der Generalstab es so wollte! Ich habe das mit Gewalt immer wieder umschmeißen müssen."[45]

Da sich im Polenfeldzug rasch zeigte, daß die vorhandenen „Mittel" nicht ausgereicht hatten und sogar die Bomben- und Munitionserzeugung vorratsmäßig nicht den Anforderungen gerecht werden konnten, entstand im Herbst 1939 das „Reichsministerium für Bewaffnung und Munition", das am 17. März 1940 dem Ingenieur und Generalmajor der Luftwaffe Fritz Todt übertragen wurde, den Hitler am 5. Juli 1933 zum „Generalinspekteur des deutschen Straßenwesens" ernannt und mit dem Bau der Reichsautobahn beauftragt hatte.

Am 1. September 1939 hatte Hitler zwar laut behauptet, 90 Milliarden Mark für die Rüstung ausgegeben zu haben,[46] womit er offenbar dem Ausland Respekt einflößen wollte, doch die Tatsachen sahen anders aus. Bis 1939 waren rund 40 Milliarden Mark in die Rüstung investiert worden.

A b s c h r i f t

Reichsmarschall　　　　　　　　　　Berlin den, Februar 1941
•oßdeutschen Reiches
•r Vorsitzende
ichsverteidigungsrates

    An
        OKW
        OKH
        OKM
        RdL und ObdL (GL)
        RAM
        RWM
        RM f B u.M

        zur Kenntnis an die Gauleiter

Für das Jahr 1941 sind der deutschen Wehrmacht entscheidende Aufgaben gestellt. Ihre Durchführung verlangt es gebieterisch, daß alle Kräfte der Nation einheitlich und rücksichtslos auf das Ziel ausgerichtet werden, der kämpfenden Wehrmacht die Mittel bereitzustellen, die sie zur Durchführung ihrer Aufgaben vorwiegend benötigt. Um dies zu ermöglichen, sind zum Teil einschneidende Massnahmen notwendig, die die hierfür verantwortlichen Stellen ohne Verzug einzuleiten haben.

Für den weiteren Einsatz und die Umsetzung von Arbeitskräften ist erforderlich:

1. Angesichts der auf vielen Rüstungsgebieten vorhandenen erheblichen Vorräte ist es möglich, im Jahre 1941, in dem der Menschenbedarf der Wehrmacht besonders hoch ist, eine Einschränkung oder sogar Stillegung gewisser Fertigungen vorzusehen, um gleichzeitig trotz der Verknappung der Arbeitskräfte kriegsentscheidende Fertigungen bevorzugt zu fördern. Für das Heer sind bereits diesbezügliche Anordnungen getroffen. Es sind deshalb die Engpassfertigungen von kriegsentscheidender Bedeutung (Sonderstufen SS und S) der Wehrmacht bevorzugt, unter Zurücksetzung aller übrigen auch der nicht so dringenden wei-

Information Hermann Görings vom Februar 1941 an die Gauleiter der NSDAP im Zusammenhang mit der Rüstungsplanung.

20. April 1939, Hitlers 50. Geburtstag: Auf der Berliner „Ost-West-Achse" paradierten erstmals Fallschirmjäger als jüngste Waffengattung vor Hitler.

1933/1934 waren 1,9 Milliarden Mark aufgewendet worden, 1934/35 – 1,9 Milliarden, 1935/1936 – 4,0 Milliarden, 1936/1937 – 5,8 Milliarden, 1937/1938 – 8,2 Milliarden und 1938/1939 – 18,4 Milliarden.*
Noch im Mai 1940, während der Anteil der Rüstungsindustrie an der gesamten Industrieproduktion immer noch weniger als 15 Prozent betrug,** wurden monatlich beispielsweise 40 bis 50 Panzer (im Gegensatz zu mehr als 2 000 monatlich im Jahre 1944) hergestellt.

* Im Führerhauptquartier „Werwolf" nannte er seinen Gästen am 16. August 1942 wiederum Zahlen, die sich ungefähr mit seinen öffentlichen Angaben vom 1. September 1939 deckten. „1933 auf 1934", sagte er, „sind drei Milliarden an die Wehrmacht gegeben worden, 1934 stieg der Betrag auf über fünf Milliarden und bevor der Krieg angegangen ist, waren 92 Milliarden für den Krieg ausgegeben worden." Adolf Hitler. Monologe im Führerhauptquartier 1941–1944. Die Aufzeichnungen Heinrich Heims. Hrsg.: Werner Jochmann, München 1980, S. 243. Vgl. auch Stübel, Heinrich, Die Finanzierung der Aufrüstung im Dritten Reich, Europa-Archiv, Jg. 6/1951, S. 4128 ff. Nach Stübel sind es 63–64 Milliarden gewesen.
** 1941 waren es 19 %, 1942 – 26 %, 1943 – 38 % und 1944 – 50 %. Vgl. Kehrl, Hans, „Kriegswirtschaft und Rüstungsindustrie" (in: Bilanz des Zweiten Weltkrieges), S. 272. Fortan zit.: Heim ... Nach Speer (Erinnerungen, Frankfurt am Main 1969, S. 560) stieg der Index für Sprengstofferzeugung von 103 bis 1941 auf 131 für 1942, auf 191 für 1943 und auf 226 für 1944. Der Index für Munitionserzeugung einschließlich Bomben dagegen von 102 für 1941 auf 106 für 1942, auf 247 für 1943 und auf 306 für 1944. Zur Frage der deutschen Aufrüstung vgl. u.a. auch: Milward, Alan S., The German Economy at War, London 1965 und Klein, Burton H., Germany's Economic Preparations for War, Cambridge, Mass. 1959.

Die deutsche Flugzeugproduktion (einschließlich der Zivilflugzeuge, Schulungsflugzeuge und Transporter) erreichte 1939 nicht einmal den Ausstoß von monatlich 1 000 Maschinen, während 1944 nach langem Bombenkrieg mit starken Zerstörungen im gleichen Zeitraum allein mehr als 4 000 Jäger produziert wurden. Am 1. September 1939 verfügte die deutsche Luftwaffe[47] über insgesamt 1 180 Kampfflugzeuge, 771 Jagdflugzeuge, 336 Sturzkampfflugzeuge, 408 Zerstörer, 40 Schlachtflugzeuge, 552 Transportflugzeuge, 379 Aufklärer und 240 Maschinen der Marinefliegerverbände. Insgesamt waren 1 538 Maschinen einsatzbereit.*
Zwar wurden bis Ende 1939 weitere 2 518 Flugzeuge gebaut, doch am 1. September standen sie noch nicht zur Verfügung.

Zwar hatte Deutschland im Vorkriegsjahr mehr Stahl, Roheisen und Kohle als die UdSSR produziert, doch der Vergleich der Kapazitäten hinsichtlich des Vorhandenseins des für die Rüstung ebenso wichtigen Erdöls und der Eisenerze offenbarte die Positionen exemplarisch. Deutschland produzierte 1938 25 202 000 t Stahl,** die Sowjetunion 18 000 000 t. Das Verhältnis beim Roheisen*** betrug 19 918 000 t zu 14 600 000 t, bei der Kohle**** 171 789 000 zu 132 000 000 t. Während die UdSSR 26 530 000 t Eisenerze zur Verfügung hatte, mußte sich die deutsche Industrie mit 4 240 000 t begnügen.***** Beim Öl verschoben sich die Positionen noch krasser: 32 231 000 t zu 552 000 t. Bei einem errechneten Bedarf von etwa 8 000 000 t für die Mobilisierung im Jahre 1939 mußten 4 000 000 t aus dem Ausland beschafft werden. Nahezu 100 Prozent für Panzerstähle unersetzlichen Chroms, 25 Prozent Zink, 50 Prozent Blei, 65 Prozent Mineralöl, 70 Prozent Kupfer, 80 Prozent Kautschuk, 90 Prozent Zinn, 95 Prozent Nickel und 99 Prozent Bauxit mußten durch Auslandseinfuhren gedeckt werden. Die vorhandenen Rohstoffe reichten bestenfalls für 12 Wochen Krieg. Dabei befanden sich am 1. Sep-

---

* Von den in Polen eingesetzten Flugzeugen wurden während des Feldzuges 285 zerstört, 279 zu mehr als 10 Prozent beschädigt. Vgl. Bekker, C., Angriffshöhe 4000. Ein Kriegstagebuch der deutschen Luftwaffe 1939/45., Oldenburg 1964, S. 455.
** Einschließlich der Industrien Österreichs und der Tschechoslowakei. Die von Schukow (Erinnerungen, S. 214) genannten Zahlen sowohl hinsichtlich der deutschen als auch der sowjetischen Produktionen waren falsch und auf propagandistische Effekte abgestellt. So behauptete er, daß Deutschland 31,8 Millionen t Stahl und 439 Millionen t Kohle erzeugt habe, während es sowjetischerseits lediglich 18,3 Millionen t Stahl und 165,9 Millionen t Kohle gewesen seien.
*** Einschließlich der Industrien Österreichs und der Tschechoslowakei.
**** Außer Saar.
***** Einschließlich Österreichs.

tember nur 42 Prozent der für den Transport der Rohstoffe aus dem Ausland nötigen deutschen Handelsschiffe in deutschen Häfen.[48] Daß sich die strategische und kriegswirtschaftliche Lage für das Reich 1940 wesentlich zu seinen Gunsten ändern würde, konnte Hitler seit dem Kreditabkommen vom 19. August 1939 zwischen Deutschland und der Sowjetunion, das Deutschland in den ersten 12 Monaten Rohstoffe im Wert von rund 100 Millionen Mark garantieren sollte, nur hoffen. Zwar hatte er am 22. August 1939, einen Tag vor der Unterschrift des deutsch-sowjetischen Nichtangriffspaktes, in einer Rede erklärt, daß Deutschland „keine Angst vor Blockade zu haben" brauche; denn „der Osten" werde „Vieh, Kohle, Blei und Zink" liefern, doch Zahlen hatte er weder genannt noch angedeutet.[49] Von den Rohstoffen für rund 500 Millionen Mark dagegen, die Rußland nach dem Abschluß des deutsch-sowjetischen Wirtschaftsabkommens vom 11. Februar 1940 an das Reich zu liefern haben würde, konnte zu der Zeit noch keine Rede sein.

Hitler hatte zwar zum Aufbau einer autarken deutschen Wirtschaft gedrängt und unter anderem die Produktion synthetischer Treibstoffe, künstlichen Gummis (Buna),[50] bestimmter Kunststoffe und Zellwolle einleiten lassen, doch 1939 waren die Möglichkeiten noch nicht einmal entfernt ausgeschöpft. Er plante Rohstofflieferungen aus Skandinavien ein und verließ sich seit Ende August auf Rohstofflieferungen aus der Sowjetunion.

Hitler wußte, daß die Zeit im Zusammenhang mit der eigenen Rüstung nicht für ihn, sondern gegen ihn arbeitete. Ob er seine Machtposition zu der Zeit überschätzte und die der Gegner unterschätzte, ist schwer zu beweisen. Der Generalstab, der sowohl aus der Kenntnis der Geschichte der NSDAP als auch bereits aus militärischer Erfahrung Hitlers Glauben an sein Glück und seine Bereitschaft zum Risiko kannte, war skeptisch. Die 3,2 Millionen Soldaten, die er für den Kriegsfall forderte, hat er bis 1939 nicht bekommen können.[51] Nur vier Jahrgänge, die 1914, 1915, 1916 und 1917 geborenen Männer, waren ausgebildet worden.

Ein Problem für sich bildete die Kriegsmarine. Im Gegensatz zum Heer und zur Luftwaffe, die in der Rüstungsproduktion bevorzugt behandelt wurden, war sie 1939 allein der französischen Flotte stärkemäßig so hoffnungslos unterlegen, daß sie es auf keine Auseinandersetzung hätte ankommen lassen können. Infolge der kontinentalen Zielsetzungen Hitlers war bis dahin nicht einmal die Kapazität des englisch-deutschen

Flottenvertrages* von 1935 ausgeschöpft worden. Zwar sollte die Marine nach der Kündigung des Flottenabkommens durch Hitler im April 1939 nach dem sogenannten „Z Plan" 10 Schlachtschiffe, 4 Flugzeugträger, 20 schwere und 48 leichte Kreuzer, 22 Spähkreuzer, 66 Zerstörer, 90 Torpedoboote und 249 U-Boote bekommen; doch diese Stärke war erst für das Jahr 1948 vorgesehen. 1939 war alles das pure Zukunftsträumerei.

Zwar hatten – mit Kriegsbeginn am 1. September 1939 – fortan monatlich 29 U-Boote die Werften verlassen sollen,** was Admiral Karl Dönitz, der Befehlshaber der U-Boot-Flotte, hinsichtlich der Erwartungen immer noch als viel zu wenig ansah,*** doch noch in der zweiten Hälfte des Jahres 1940 waren es nur 6 im Monat. Deutschland verfügte sowohl am 1. September 1939 als auch am 1. September 1940 insgesamt über lediglich 57 U-Boote.[52] Die Anzahl der für den Einsatz im Atlantik geeigneten Boote sank bis Februar 1941 sogar von 26 auf 22. Im Oktober 1940 befanden sich im Nordatlantik mehr italienische als deutsche U-Boote.

---

* Nach dem deutsch-britischen Flottenabkommen vom 18. Juni 1935, das Hitler am 28. April 1939 kündigte, durfte die deutsche Flotte gegenüber der gesamten Flottenstärke der Mitglieder des Britischen Commonwealth ein Verhältnis von 35 zu 100 aufweisen. Hinsichtlich der U-Boot-Stärke hieß es im Vertrag: „Die Regierung des Deutschen Reiches verpflichtet sich ... mit ihrer Unterseeboot-Tonnage über 45 [Prozent] der Gesamt-Unterseeboot-Tonnage der Mitglieder des British-Commonwealth nicht hinauszugehen."

** Der Plan, monatlich 29 U-Boote zu produzieren, wurde ursprünglich bis 31. Dezember 1940 terminiert, im März 1940 (auf 25 Boote) modifiziert und am 17. August 1940 auf unbefristete Zeit verlängert. Vgl. Kriegstagebuch des Oberkommandos der Wehrmacht, Hrsg. Percy E. Schramm, Bd. I., 1. August 1940 bis 31. Dezember 1941, erläutert und zusammengestellt von Hans-Adolf Jacobsen, München 1982, S. 38. Fortan zit.: KTB OKW.

*** Vgl. Dönitz, Karl, Zehn Jahre und zwanzig Tage, Frankfurt am Main 1964, u.a. S. 47 ff. Der U-Boot-Rüstung wurden (bis Frühjahr 1943) aus der Gesamtrüstungszuteilung lediglich knapp 5 Prozent der Stahlproduktion zur Verfügung gestellt. Dönitz hatte Hitler bereits am 28. September 1939 während seines ersten Vortrages dringend empfohlen, alle Anstrengungen auf den U-Boot-Krieg zu konzentrieren, um im Nordatlantik gegen England die Entscheidung erzwingen zu können. 1964 schrieb er: „Das Leben Großbritanniens, die Ernährung des britischen Volkes und die Aufrechterhaltung seiner Industrie hängen im Frieden wie im Kriege von der Beherrschung der britischen Einfuhrwege im Atlantik ab ... Die Beherrschung des Atlantik war ... die Voraussetzung dafür, daß Großbritannien die Waffenwerkstätten der ganzen übrigen, auch der neutralen, Welt zur Verfügung standen ... Truppen, Waffen aller Art, Munition, Treibstoff usw. konnten nur auf diesem Wege gegen Deutschland zur Wirkung gebracht werden." (Marine-Rundschau 1964, S. 63 ff.)

Hitler und der Generalstab wußten, wie lange es möglich gewesen wäre, auch nur mit dem Aufwand weiterzukämpfen, den dieser „Blitzkrieg"* gefordert hatte. Sie konnten sich ausrechnen, daß der Krieg trotz der noch für rund drei Monate ausreichenden Rohstoffvorräte bereits in ca. 14 Tagen beendet gewesen wäre,⁵³ wenn die Franzosen und Briten im Westen angegriffen hätten. Sowohl der Munitionsvorrat, der bereits während des Polenfeldzuges nahezu aufgebraucht wurde, als auch die absolut unzureichende Truppenstärke am Westwall waren reale Fakten, die eine Fortsetzung des offensiven Kampfes zu einem Abenteuer machen mußten.**

Allerdings hatte Hitler den Oberbefehlshabern der Wehrmacht bereits am 22. August 1939 erklärt: „Unsere Stärke ist unsere Schnelligkeit und unsere Brutalität ... Generaloberst von Brauchitsch hat mir zugesagt, den Krieg gegen Polen in wenigen Wochen zum Abschluß zu bringen. Hätte er mir gemeldet, ich brauche zwei Jahre oder auch nur ein Jahr dazu, so hätte ich den Marschbefehl [gegen Polen] nicht gegeben. Denn wir können keinen langen Krieg führen."⁵⁴

Das wirtschaftliche und militärische Kräfteverhältnis Sowjetunion-Deutschland bot Stalin zu der Zeit keinen tatsächlichen Anlaß, Besorgnis oder gar Furcht zu suggerieren und alle Welt glauben zu machen, daß Hitler in der Lage sei, die Sowjetunion ernsthaft zu gefährden. Die Auswertung der Ereignisse und Dokumente läßt die Vermutung zu, daß es Stalin darum gegangen ist, „Hitler-Deutschland" rechtzeitig und systematisch mit dem Stigma des naturgegebenen „Aggressors" zu versehen, um späteren eigenen Operationen aggressiven Charakters psychologisch den Boden zu bereiten. Die richtungweisenden Bemühungen der sowjetischen Funktionsträger während der Verhandlungen mit den westlichen Militärmissionen bis 19. August 1939 waren mehr als ein Indiz dafür.

Die eigene Basis strafte Stalin Lügen. Die sowjetische Luftwaffe erhielt beispielsweise vom 1. Januar 1939 bis zum 22. Juni 1941 17 745 Kampf-

---

* Die gewöhnlich als „Erfindung" Hitlers kolportierte Formel „Blitzkrieg" stammte weder von ihm noch von einem anderen Deutschen. Hitler, dem sie nicht behagte, sagte in der Nacht vom 3. zum 4. Januar 1942 in seinem Hauptquartier „Wolfsschanze": „Blitzkrieg, das Wort ist eine italienische Erfindung, italienische Phraseologie." Heim, S. 173.
** In Unterredungen und Gesprächen bluffte Hitler oft, indem er Kriterien nannte, die mit den Tatsachen nichts – oder nur dem Scheine nach – zu tun hatten. So behauptete er beispielsweise gegenüber Sven Hedin am 16. Oktober 1939 (Hillgruber, Staatsmänner, S. 52), daß sein „erster Kriegsplan ... über fünf Jahre ginge. Doch könne er auch acht oder zehn Jahre kämpfen."

flugzeuge* und die Artillerie 99 578 Geschütze, Kanonen und Granatwerfer[55] – gegen 7 184 Geschütze der deutschen Artillerie im Juni 1941 – von der Rüstungsindustrie, die 1941 43,4 Prozent des gesamten sowjetischen Staatshaushaltes beanspruchte[56] und zwischen 1928 und 1941 von 9 Millionen „Werktätigen" auf 23 Millionen angewachsen war und bereits 1941 über einen Frauenanteil von 39 Prozent verfügte. Hatten 1928 rund 100 000 Ingenieure und Techniker in den Diensten der Rüstungsindustrie gestanden, waren es 1940 mehr als eine Million.[57] Wolkogonow berichtet zwar, daß vor dem 22. Juni 1941 täglich zwei bis drei Flugzeuge „durch Unfälle und Katastrophen" zerstört worden seien,"[58] doch für das zahlenmäßige Verhältnis war das bedeutungslos. Am 22. Juni 1941 jedenfalls verfügte die sowjetische Luftwaffe gegenüber der Wehrmacht über die fünffache Anzahl an Flugzeugen und über die siebenfache Menge an Panzern, was Hitler 1941 weder wußte noch hätte wahrhaben wollen. „Hätte mir einer" drei oder vier Tage vor dem Beginn des Rußlandkrieges erklärt, die Russen „haben 10 000 Panzer", sagte er in der Nacht vom 5. zum 6. Januar 1942, „ich hätte geantwortet: Sind Sie wahnsinnig?"[59]

Hatte die Friedensstärke der Roten Armee 1933 885 000 Mann betragen, waren es 1937 – 1 433 000, 1939 – 2 100 000, im Januar 1941 – 4 200 000 und im Juni 1941 rund 5 000 000 Mann.

Was immer Stalin in diesem Zusammenhang auch verbreitete und glauben machen wollte: Er wußte, wie stark die deutsche Wehrmacht war. Als Schukow ihm beispielsweise am 14. Mai 1941 meldete, daß allein im „Baltischen, im Westlichen, im Kiewer und im Odessaer Wehrkreis" 149 Divisionen der Roten Armee stünden, bemerkte er lediglich lapidar: „Die Deutschen haben nach unseren Informationen nicht so viele Truppen",[60] was den Tatsachen sehr nahe kam.**

Die hochentwickelte deutsche Technik und Industrie, die eisfreien Ostseehäfen und die Tür zum Westen waren Wünsche, die in Rußland über eine etablierte Tradition verfügten. Daß Stalin nur „Ruhe und grundle-

---

* Schukow, Erinnerungen, S. 201. Nach Wolkogonow (Stalin, S. 504 f.) habe es von Januar 1941 bis April 1941 71 Katastrophen und 156 Unfälle gegeben, wobei „141 Menschen getötet und 138 Maschinen zerstört" worden seien.
** Am 22. Juni 1941 trat die Wehrmacht mit 152 Divisionen zum Angriff auf die Sowjetunion an: 3 500 000 Mann. Die Rote Armee verlor allein während des ersten Kriegsjahres 4 500 000 Mann (Tote, Verwundete und Gefangene), ohne daß sich dies gravierend auswirkte.

gende politische Sicherheiten" und „von Deutschland die Anerkennung der Unverletzlichkeit des Status quo und damit die unverrückbare Stabilität in Osteuropa"[61] im Blick gehabt habe, wie beispielsweise Ingeborg Fleischhauer meint, trifft angesichts der zuverlässigen Indizien mit Sicherheit nicht zu, auch wenn der Reigen derjenigen, die diese These verfechten, immer noch Legion ist.

Während Stalin und Molotow am 25. September gedrängt hatten, möglichst rasch das Fell des waidwunden Bären nach ihren längst präzise formulierten Vorstellungen restlos aufzuteilen, unterschrieb Hitler – am selben Tage – die „Weisung Nr. 4 für die Kriegführung", in der es unter anderem hieß:

„1) Die endgültige politische Gestaltung des ehemaligen polnischen Gebietes zwischen der Demarkationslinie und der Reichsgrenze liegt noch nicht fest.

Nach Abschluß der Kämpfe um Warschau und Modlin ist die Demarkationslinie durch Verbände geringerer Kampfkraft weitläufig zu sichern.

Die zur baldigen Brechung des zur Zeit noch andauernden polnischen Widerstandes hinter der Demarkationslinie (San – Weichsel – Narew – Pissa) benötigten Kräfte des Heeres und der Luftwaffe sind im Osten zu belassen. Den beabsichtigten Kräfteeinsatz für beide Aufgaben bitte ich mir zu melden.

2) Die Entscheidung, ob Modlin und Warschau westlich der Weichsel vor dem 3.10. durch einen allgemeinen Angriff zu nehmen sind, behalte ich mir je nach dem Ergebnis der Teilangriffe und Zermürbungsaktionen noch vor. Die Vorbereitungen für einen solchen Angriff sind aber zu treffen.

3) Jeder Flüchtlingsstrom von Ost nach West über die Demarkationslinie ist mit Ausnahme volksdeutscher Elemente und ukrainischer Aktivisten schon jetzt zu unterbinden."[62]

Nachdem Warschau am 28. September in deutsche Hände gefallen, am selben Tage bereits der deutsch-sowjetische Grenz- und Freundschaftsvertrag von Molotow und Ribbentrop unterzeichnet worden war und die letzten polnischen Truppen am 6. Oktober bei Kock und Lublin kapituliert hatten, gab es den polnischen Staat nicht mehr. Rund 100 000 polnischen Soldaten, die sich der Gefangennahme durch die Wehrmacht oder durch die Rote Armee hatten entziehen können, gelang es, vor allem über Ungarn, in den Machtbereich der westlichen Alliierten zu entkommen.

Die deutschen Streitkräfte registrierten am Ende des Feldzuges 700 000 Gefangene, die Rote Armee 217 000.[63]

Bereits am 10. Oktober, zwei Wochen nach dem Abschluß des neuen deutsch-sowjetischen Bündnisses, schloß die Sowjetunion einen Beistandspakt mit Litauen ab, das der UdSSR Flotten- und Luftwaffenstützpunkte auf litauischem Territorium gewähren mußte, wozu Estland bereits am 28. September* und Lettland am 5. Oktober 1939 von Moskau genötigt worden waren.**

Während Ribbentrop sich darauf vorbereitete, seine − von Molotow am 4. Oktober kalt abgewiesenen − Versuche zu unternehmen, den gemeinsamen Schacher um Litauen nach außen einigermaßen zu kaschieren, reagierte Moskau in der Weise, wie es Mitte September 1939 im Zusammenhang mit dem Einmarsch der Roten Armee in Polen geschehen war. Die „Prawda" publizierte am 30. September 1939 eine verklärte Interpretation der sowjetischen Politik, die sich nicht im entferntesten mit der Wirklichkeit deckte.*** „Leuchtenden Auges", log das − für alle Richtungweisungen tonangebende − Blatt, „fand die sowjetische Friedenspolitik im Hilfspakt ... zwischen der UdSSR und Estland" ihre Bestätigung. „Rücksichtsvoll und sorgsam", so hieß es im gleichen Tenor weiter, „verhält sich das mächtige Sowjetland zu der Unabhängigkeit und Souveränität der kleinen, militärisch schwachen Staaten. Die UdSSR mischt sich nicht in ihre Angelegenheiten ein. Die UdSSR kann jedoch nicht zulassen, daß ein schwacher Nachbarstaat zum blinden Werkzeug, zum Spielzeug in den Händen der Brandstifter des Weltkrieges und damit zur Gefahr für die Verteidigung der Sowjetgrenzen werde ...

---

* Als Folge des deutsch-sowjetischen Grenz- und Freundschaftsvertrages wurden aus den baltischen Staaten rund 67 000 Deutsche (davon 50 000 aus Litauen) umgesiedelt.
** Im Juni 1940, als die deutschen Streitkräfte mit dem Westfeldzug beschäftigt waren, hob die Sowjetunion die Souveränität der baltischen Staaten auf. Die litauische Regierung „gab" der UdSSR am 15. Juni 1940 ihre „Zustimmung" zum Einmarsch der Roten Armee. Am 17. Juni rückten sowjetische Verbände in Lettland und Estland ein. Ende Juli 1939 waren die Länder sozialistische Sowjetrepubliken geworden.
*** In der November-Ausgabe 1939 des Kominternorgans „Rundschau" erklärte Molotow: „Der besondere Charakter dieser Pakte mit den baltischen Staaten beinhaltet in keiner Weise ein Eingreifen der Sowjetunion in die Angelegenheiten von Estland, Lettland und Litauen, wie gewisse ausländische Zeitungen zu behaupten versuchen. Im Gegenteil, alle diese Pakte gegenseitiger Hilfeleistung legen nachdrücklich die Unverletzlichkeit der Souveränität der unterzeichneten Staaten und das Prinzip der Nichteinmischung des einen in die Angelegenheiten des anderen nieder."

Der dauerhafte Frieden in Osteuropa ist wieder hergestellt. Getreu ihrer Politik beschränkt sich die Sowjetregierung nicht darauf. Im Interesse der Millionen von Werktätigen, im Interesse der europäischen Kultur bemüht sie sich, den Frieden in ganz Europa, in der ganzen Welt zu sichern. Es gibt keine Rechtfertigung für den Krieg zwischen Deutschland einerseits und England und Frankreich andererseits ... Der Freundschaftsvertrag zwischen der UdSSR und Deutschland bezeugt unwiderleglich, daß es keine Fragen gibt, über die man sich nicht verständigen könnte, wenn man ... nicht den Wunsch hat, einen Weltkrieg zu entfachen ...

Die Lage ist klar. Nur von den Regierungen Englands und Frankreichs hängt es jetzt ab, ob der gegen den Willen der Völker begonnene Krieg fortdauert, der Krieg die ganze Welt mit neuem Gemetzel bedroht ..."

Im Oktober 1939 mußte Hitler sich erneut eingestehen, daß seine Politik – im Gegensatz zu Stalins Strategie – nicht aufging. Noch ehe er Großbritannien am 6. Oktober sein „Friedensangebot" unterbreiten konnte, hatten Churchill[64] am 1. Oktober und Chamberlain[65] am 3. Oktober vor dem Unterhaus entschlossen versichert, daß England nicht bereit sei, sich von ihm zu Verhandlungen nötigen zu lassen, deren Kriterien er bestimme.* „Hitler konnte bestimmen", hatte Churchill gesagt, „wann der Krieg beginnen sollte; aber es wird nicht ihm oder seinen Nachfolgern vorbehalten sein, zu bestimmen, wann er enden wird." Sein „Angebot" vom 6. Oktober an England, sich mit Deutschland zu arrangieren und Frieden zu schließen, ließ Hitler mit der Drohung enden: „Sollte aber die Auffassung des Herrn Churchill und seines Anhanges erfolgreich bleiben, dann wird eben diese Erklärung meine letzte gewesen sein. Wir werden dann kämpfen. Weder Waffengewalt noch die Zeit werden Deutschland bezwingen. Ein November 1918 wird sich in der deutschen Geschichte nicht mehr wiederholen. Die Hoffnung auf eine Zersetzung unseres Volkes ist kindlich.

---

* Hitler erklärt unter anderem, daß der Versailler Vertrag für die Reichsregierung „als nicht mehr bestehend angesehen" werde und daß deutscherseits „irgendwelche weitere Revisionen ... außer der Forderung nach einem dem Reich gebührenden Kolonialbesitz, in erster Linie also auf Rückgabe der deutschen Kolonien", nicht mehr gestellt werden würden. Er forderte ein „Zurückführen der Rüstung auf ein vernünftiges und auch wirtschaftlich tragbares Maß" und eine Klärung der Anwendbarkeit und des Verwendungsbereichs gewisser moderner Waffen. Während einer Diskussion über Friedensverhandlungsfragen am 26. und 27. Mai 1940 in London zeigte das britische Kabinett zwar Bereitschaft zur Rückgabe der ehemaligen deutschen Kolonien, doch Churchill war nicht bereit, Hitlers Forderung nach Abrüstung als Friedensbedingung zu akzeptieren.

Herr Churchill mag der Überzeugung sein, daß Großbritannien siegen wird. Ich zweifle keine Sekunde, daß Deutschland siegt. Das Schicksal wird entscheiden, wer Recht hat ... Mögen diejenigen Völker und ihre Führer nun das Wort ergreifen, die der gleichen Auffassung sind. Und mögen diejenigen meine Hand zurückstoßen, die im Kriege die bessere Lösung sehen zu müssen glauben."[66]

Die Westmächte wiesen Hitlers „Friedensangebot" zurück. Ein Angebot der Königin der Niederlande und des Königs der Belgier vom 7. November, sich als Friedensvermittler zur Verfügung stellen zu wollen, lehnten sowohl die Westmächte (am 12. November) als auch Hitler (am 14. November) ab. Stalin hingegen war es gelungen, am 10. Oktober ein sowjetisch-britisches Handelsabkommen abzuschließen. An der deutsch-französischen Front herrschte Burgfrieden bis zum 20. September, bis deutsche Truppen aus Polen am Westwall eintrafen und französische Streitkräfte (ab 3. Oktober) die von ihnen im Vorfeld des Westwalls besetzten Gebiete bei Saarbrücken zu räumen begannen. Zwar waren gelegentlich Kampfflugzeuge beider Seiten in der Luft, doch begnügten sie sich mit Flugblattabwürfen und Aufklärungseinsätzen. Da weder Hitler noch die französische Staatsführung gegenseitige Gebietsforderungen geltend gemacht hatten, sahen sowohl die deutschen „Landser" als auch die französischen „Poilus" keinen Sinn in diesem Krieg. Danzig, um das es nach Hitlers Ausführungen vom 23. Mai 1939 vor den führenden Militärs der Wehrmacht nicht gegangen war, war inzwischen Bestandteil des Deutschen Reiches. Polen hatten sich Stalin und Hitler geteilt.

Mit der deutschen Wehrkraft stand es auch jetzt ganz und gar nicht zum besten, so daß jede größere militärische Operation offensiven Charakters zwangsläufig zu einem Vabanque-Spiel werden mußte. Die bei Kriegsbeginn aufgestellten Reserve- und Landwehrdivisionen waren nicht einmal für den Verteidigungsfall voll einsatzfähig. Die schon in Polen aufgebrauchten Munitions- und Waffenvorräte waren noch nicht angemessen ergänzt worden.* Hinzu kam, daß auch die Panzerverbände mit den schweren Panzern der Typen III und IV aufgefrischt werden mußten. Die in Polen eingesetzten Panzer der Typen I und II waren den französischen und britischen Panzern unterlegen. Die deutschen Truppenführer, General von Brauchitsch und sein Generalstabschef Franz Halder,

---

* Die im Westen vorhandenen Munitionsvorräte reichten nur für ein Drittel der Verbände, und dies auch nur für höchstens einen Monat.

Telegramm der holländischen Königin Wilhelmina und des Königs Leopold von Belgien vom 7. November 1939 an Adolf Hitler

Telegramm des Königs der Belgier und der Königin der Niederlande an den Deutschen Reichskanzler.

In einer für die ganze Welt schicksalsschweren Stunde, bevor der Krieg in Westeuropa in seiner ganzen Gewalt beginnt, haben wir die Ueberzeugung, daß es unsere Pflicht ist, unsere Stimme abermals zu erheben.

Schon vor einiger Zeit haben die kriegführenden Parteien erklärt, daß sie nicht abgeneigt wären, um redliche und sichere Grundlagen für einen gerechten Frieden zu untersuchen. Wir haben den Eindruck, daß es ihnen unter den gegenwärtigen Umständen schwer fällt, Fühlung zu nehmen zur genaueren Darlegung und zur Annäherung ihrer Standpunkte.

Als Souveräne zweier neutraler Staaten, die mit allen ihren Nachbarn gute Beziehungen pflegen, sind wir bereit, ihnen unsere guten Dienste anzubieten. Falls es ihnen genehm wäre, sind wir gewillt, ihnen mit allen zu unserer Verfügung stehenden Mitteln, wie es ihnen beliebt uns anheimzustellen und in der Gesinnung freundschaftlichen Verständnisses die Vermittlung von Beiträgen für eine zu erreichende Uebereinstimmung zu erleichtern.

Das ist unseres Erachtens die Aufgabe, die wir für das Wohlergehen unserer Völker und im Interesse der ganzen Welt zu erfüllen haben. Wir hoffen, daß unser Angebot angenommen werden wird und daß damit der erste Schritt getan wird zur Wiederherstellung eines dauerhaften Friedens.

Haag, den 7. November 1939.

gez. Wilhelm   Leopold.

84011

Quelle: Nationalarchiv Washington.

wollten sowohl aus militärischen als auch politischen Gründen keine Offensive, weil sie davon ausgingen, daß ein deutscher Angriff einen Kompromißfrieden, den das Oberkommando des Heeres angestrebt sehen wollte, unmöglich machen würde. Die deutschen Militärs, die auf Zeitgewinn für politische Verhandlungen mit den Westmächten hofften, waren überzeugt, daß bestenfalls eine „Operation im Nachzug",* ein Gegenschlag gegen eine feindliche Offensive,** erfolgversprechend sein könnte, womit sich ihre Vorstellungen mit den offiziellen sowjetischen Militärdoktrinen deckten: Abwehr eines Angriffs und die Vernichtung des Aggressors auf dessen Territorium.

Doch Hitler, der in militärischer Hinsicht wie Stalin dachte, favorisierte dennoch die Offensive. Anders als im Polenfeldzug, wo er – außer im Zusammenhang mit der Gestaltung des Aufmarsches in Ostpreußen – nicht in die militärische Führung eingegriffen hatte,[67] stellte er das Oberkommando des Heeres jetzt vor vollendete Tatsachen. Am 9. Oktober, einen Tag bevor Frankreich seinen „Friedensantrag" zurückwies, hatte er in der „Weisung Nr. 6 für die Kriegführung" als „Geheime Kommandosache" befohlen:

„1) Sollte in der nächsten Zeit zu erkennen sein, daß England und unter dessen Führung auch Frankreich nicht gewillt sind, den Krieg zu beenden, so bin ich entschlossen, ohne lange Zeit verstreichen zu lassen, aktiv und offensiv zu handeln.

2) Ein längeres Abwarten führt nicht nur zu einer Beseitigung der belgischen, vielleicht auch der holländischen Neutralität zugunsten der Westmächte, sondern stärkt auch die militärische Kraft unserer Feinde in zunehmendem Maße, läßt das Vertrauen der Neutralen auf einen Endsieg Deutschlands schwinden, und trägt nicht dazu bei, Italien als militärischen Bundesgenossen an unsere Seite zu bringen."[68]

Doch Hitler mußte „abwarten". 29mal verschob er vom 7. November 1939 bis zum 10. Mai 1940 – nach mehrfachen Diskussionen über die Gestaltung der Operation – den Angriffstermin. Angebote zur Friedensvermittlung, diesmal seitens des Königs der Belgier und der Königin der Niederlande vom 7. November 1939 sowie des Königs von Rumänien

---

* Nach Manstein, S. 86 eine Wortschöpfung Franz Halders.
** General Gamelin, der alliierte Oberbefehlshaber, hoffte seinerseits auf die Überlegenheit der Alliierten ab Frühjahr 1941.

vom 13. November 1939, lehnte er ebenso ab, wie er es im August des Jahres im Zusammenhang mit dem Krieg gegen Polen getan hatte.

Und Stalin? Auch er blieb der Aggressor. Nur tat er es als Wolf im Schafspelz. Er hatte – dank seiner Vereinbarungen mit Hitler – den baltischen Staaten Beistandspakte aufgezwungen, Truppen auf ihren Territorien stationiert und einen Teil Polens in Besitz genommen. Die Maske des Nothelfers streifte er erst ab, als die finnische Regierung sich weigerte, den Beispielen der Staatsführungen Estlands, Lettlands und Litauens zu folgen.* Am 30. November 1939 ließ er rund 30 Divisionen der Roten Armee in breiter Front die finnische Grenze überschreiten und mit dem Angriff gegen 10 finnische Divisionen und 7 gemischte Brigaden mit insgesamt 150 Flugzeugen beginnen.

Während Stalin, der noch Ende September 1940 davon überzeugt war, daß „die Deutschen" die Sowjetunion „erst in zwei oder drei Jahren" angreifen würden,[69] den Oktober des Jahres 1939 infolge seiner politischen Strategie als ausgesprochenen Erfolgsmonat bezeichnen konnte, mußte Hitler für sich das Gegenteil registrieren. Neben den – sein seit Jahr und Tag verfochtenes außenpolitisches Programm ad absurdum führenden – definitiven Absagen Großbritanniens und Frankreichs und der Bloßstellung vom 3. und 4. Oktober als imperialistischer Landräuber im Zusammenhang mit dem sowjetisch-deutschen Schacher um Litauen hatte er nicht nur gravierende politische Konsequenzen akzeptieren müssen. So war beispielsweise zwischen dem 10. und 19. Oktober die erste Gruppenoperation des Krieges mit U-Booten enttäuschend erfolglos geblieben, was ihm augenblicklich auch die Chance nahm, den Westmächten militärisch weiteren Respekt abzunötigen und sie eventuell doch noch zu Zugeständnissen zu bewegen. Bei drei eigenen Verlusten hatten sie aus einem Konvoi lediglich drei Schiffe versenkt, während durch Einzelangriffe bereits 20 Schiffe mit insgesamt 118 523 BRT versenkt worden waren. Und nicht zuletzt, am Ende des Monats, am 30. Oktober, hatte das U-Boot „U 56" unter Kapitänleutnant Zahn westlich der Orkneys das britische Schlachtschiff „Nelson" erfolglos angegriffen, mit dem Winston Churchill unterwegs nach Scapa Flow war. Die Magnetzünder der Torpedos hatten nicht funktioniert. Zwar waren die Sowjets Hitler im Zusammenhang mit wirt-

---

* Die Weigerung der türkischen Regierung, einen Beistandspakt mit der Sowjetunion zu schließen, wie die Sowjets es während ihrer Verhandlungen vom 21. September bis zum 17. Oktober 1939 mit dem türkischen Außenminister in Moskau wünschten, nahm Stalin – aus Rücksicht auf die Reaktion der Westmächte – hin.

Im Vorfeld des Westfeldzuges

Das britische Schlachtschiff „Nelson", auf dem Winston Churchill sich zur Fahrt nach Scapa Flow eingeschifft hatte, wurde am 30. Oktober 1940 westlich der Orkneys vom deutschen U-Boot „U 56" torpediert. Da die Magnetzündung der Torpedos versagte, konnte Churchill ungeschoren sein Ziel erreichen. Erst im September 1941 gab er den „Zwischenfall" zu.

schaftlichen Problemen des Reiches weit entgegengekommen, doch einen Ersatz für die von ihm verfochtene Strategie bedeutete dies nicht. Die Westgrenze der Sowjetunion war dank des Paktes mit Hitler um einige hundert Kilometer verschoben worden. Die UdSSR, in der von Herbst 1939 bis 1941 die Divisionen „mehr als verdoppelt ... und die Fliegerregimenter ... um vier Fünftel"[70] ergänzt wurden, verfügte über Stützpunkte* in den – damit – neutralisierten baltischen Staaten, die sie im Sommer 1940 kurzerhand in sozialistische Sowjetrepubliken umwandelte. Weißrußland und die westliche Ukraine, die niemals zum alten Russischen Reich gehört hatten, waren in die UdSSR eingegliedert worden. Im Fernen Osten war seit September wieder „der Friede" mit Japan hergestellt worden. Stalin, dessen erste moralische Niederlage am 30. November 1939 mit dem Beginn des von ihm ausgelösten Angriffskrieges gegen Finnland offenkundig wurde,** hatte sich im Oktober noch einmal rechtzeitig vertraglich mit Großbritannien arrangiert. Der deutsche Außenminister vertraute ihm. Daß Hitler dies nicht tat, änderte vorerst nichts an der Lage, zumal auch er seinem deutschen Vertragspartner nicht über den Weg traute. Sein aufsehenerregendes „Prawda"-Interview, in dem er „die Verantwortung für den gegenwärtigen Krieg" Frankreich und Großbritannien zuschrieb, ließ er nicht zufällig am 30. November erscheinen, an dem Tag, an dem die Rote Armee Finnland angriff. Wie Hitler sein Wohlverhalten am 1. September nötig gehabt hatte, so brauchte er jetzt dessen Loyalität.***

Ob Hitler sich hinsichtlich des Verhältnisses zur UdSSR anders orientiert hätte, wenn die politischen Ereignisse anders abgelaufen wären, ist nicht zu beantworten. Entscheidend ist, daß es auch nach der Niederwerfung Polens keine Zweifel darüber gab, daß er zur gegebenen Zeit mit einem Krieg gegen die Sowjetunion rechnete. Gerd R. Ueberschär schrieb über diese Phase der deutsch-sowjetischen Beziehungen: „Auch

---

* Estland mußte Flottenstützpunkte auf den Inseln Ösel und Dagö sowie in Baltischport und mehrere Flugplätze an die UdSSR verpachten, Lettland Flottenstützpunkte in Windau und Libau, Litauen in Vilejka, Altus und Prienai Garnisonen und Flugplätze.
** Der Ausschluß der Sowjetunion wegen ihres Angriffskrieges gegen Finnland aus dem Völkerbund, dem am 14. Dezember 1939 von 40 Staaten bei 9 Enthaltungen 31 zugestimmt hatten, gab Stalin letztlich erst recht die Möglichkeit, seine völkerrechtswidrigen Vorhaben und Maßnahmen ohne besondere Skrupel zu inszenieren und durchzusetzen.
*** Stalin befürchtete, daß Finnland, das Waffen und Munition von den Westmächten geliefert bekam, womöglich zur Plattform für eine Aussöhnung zwischen Großbritannien, Frankreich und Deutschland werden könnte.

nach dem militärischen Erfolg über Polen lassen weitere Erklärungen und Äußerungen Hitlers von Ende September bis Ende November 1939 keinen Zweifel daran, daß er das Bündnis mit der Sowjetunion nicht als das letzte Wort in dieser Angelegenheit, vielmehr als zeitliches Zweckbündnis und Übergangslösung ansah. Die abgeschlossenen Verträge waren nach Hitlers Überzeugung „keine sichere Grundlage für die Beurteilung" des weiteren bilateralen Verhältnisses zur UdSSR. „Ewig gültig" seien nur „der Erfolg [und] die Macht", so notierte sich General Halder, der Chef des Generalstabes des Heeres, in seinem Tagebuch die Worte Hitlers.

Wie sehr Hitler auf die Macht und Auswirkung militärischer Stärke auch im Verhältnis zweier miteinander verbündeter Staaten vertraute, belegen die Ausführungen in seiner Denkschrift vom 9. Oktober 1939, mit der er das Oberkommando des Heeres (OKH) von der Richtigkeit seines Entschlusses, demnächst Frankreich anzugreifen, zu überzeugen versuchte. Dabei führte er aus, daß eine dauernde Neutralität der UdSSR „durch keinen Vertrag und durch keine Abmachung ... mit Bestimmtheit sichergestellt" werden könne. Zur Zeit bestehe zwar ein Vertragsverhältnis; „in 8 Monaten, in einem Jahr oder gar in mehreren Jahren, kann dies auch anders sein. Die geringe Bedeutung des Wertes vertraglicher Abmachungen" habe sich gerade in den letzten Jahren erwiesen. Man könne sich nur auf die Demonstration militärischer Stärke verlassen. Einige Wochen später erklärte Hitler den Befehlshabern der Wehrmacht, Rußland bleibe auch „in Zukunft gefährlich". Man könne ihm jedoch nur entgegentreten, wenn man im Westen ungebunden sei. Verträge würden nur so lange gelten und eingehalten, wie sie für die Vertragspartner von Nutzen seien. Deshalb drängte Hitler auch so sehr darauf, das Heer nach einem baldigen Frankreichfeldzug ab Frühjahr 1940 wieder frei zur Verfügung zu haben, um dann „eine große Operation im Osten gegen Rußland" durchführen zu können.

In einer 4¹/₂stündigen Ansprache vor Reichs- und Gauleitern in der Reichskanzlei kam Hitler Ende Oktober noch deutlicher auf seine alten Ziele im Osten zurück: „Wenn er ... England und Frankreich auf die Knie gezwungen habe, werde er sich erneut dem Osten wieder zuwenden und dort klare Verhältnisse schaffen, die im Augenblick unter der Not der Zeit in Unordnung geraten und verworren seien."*

---

* Ueberschär, Gerd R., Hitlers Entschluß zum „Lebensraum"-Krieg im Osten. Programmatisches Ziel oder militärisches Kalkül?, in: Der deutsche Überfall auf die Sowjetunion, Frankfurt am Main 1991, S. 23 f. Fortan zit.: Ueberschär, Hitlers Entschluß ... Ueber-

Bis zu der Zeit hatte Hitler immer nur von der Notwendigkeit eines Krieges gegen Rußland geredet und geschrieben. Stalin dagegen, der seit September 1939 mehr Territorien okkupierte als Hitler, war sowohl 1938 als auch 1939 engagiert darum bemüht gewesen, einen Krieg gegen Deutschland zu entfesseln.*

Fortsetzung Fußnote von vorheriger Seite
  schär, der sich in diesem Zusammenhang auf Ulrich von Hassel (Vom anderen Deutschland. Aus den Tagebüchern 1938–1944, Frankfurt am Main 1964, S. 71 und 77), auf Franz Halder (Kriegstagebuch. Tägliche Aufzeichnungen des Chefs des Generalstabes des Heeres 1939–1942, Stuttgart 1962–1964, Bd. I, S. 38), auf Hans-Adolf Jacobsen (Dokumente zur Vorgeschichte des Westfeldzuges 1939–1940, Göttingen 1956, S. 7), auf Dokumentationen des IMT (Bd. 26, S. 331, Dok. 789 PS), auf die Tagebücher H. Groscurths (Tagebücher eines Abwehroffiziers 1939–1945, Hrsg. von Helmut Krausnick und H.C. Deutsch, Stuttgart 1970, S. 385 und S. 414) auf die Tagebücher von Goebbels (Bd. 3, S. 641, 645 und 679) stützt, was legitim ist, ignoriert dabei, daß entsprechende Stalin-Äußerungen gleichen Umfanges und gleicher Qualität aus der gleichen Zeit nachweisbar sind. Zudem überging er, daß Stalin bis August 1939 immerhin mindestens zweimal konkret auf einen Krieg gegen Deutschland gedrängt hatte: 1938 nach der „Erledigung der Rest-Tschechei" durch Hitler und 1939 vor dem Abschluß seines Paktes mit Hitler.
* Zu 1939 vgl. S. 22 und S. 383 ff. im Anhang, zu 1938 S. 22 und Wassilewski, Sache des ganzen Lebens, wo es S. 83 unter anderem heißt: „Im September 1938, als der Tschechoslowakei Gefahr drohte ... bereiteten wir uns gemeinsam mit Frankreich darauf vor ... diesem Land Beistand zu leisten. In diesem Zusammenhang erhielt der Stab des Kiewer Besonderen Militärbezirks die Direktive des Volkskommissars, die Winnizaer Armeegruppe in Gefechtsbereitschaft zu versetzen und sie an die Staatsgrenze der UdSSR heranzuführen. In den Gebieten Kamenez-Podolski und Winniza wurden das 4. Kavallerie-, das 25. Panzer- und das 17. Schützenkorps, zwei selbständige Panzerbrigaden und sieben Fliegerregimenter verlegt. Zur gleichen Zeit konzentrierte sich die Shitomirer Armeegruppe mit dem 2. Kavallerie-, dem 15. und 8. Schützenkorps in den Gebieten Kiew, Tschernigow und Shitomir sowie im Raum Nowograd-Wolynski und Schepetowka."

Kontinentaleuropa im Griff der Diktatoren

Am 30. November 1939, 64 Tage nach dem „Einmarsch" der Roten Armee in Polen, entfesselte Stalin einen Angriffskrieg gegen Finnland, der der UdSSR im Dezember 1939 schließlich den Ausschluß aus dem Völkerbund eintrug.* Nachdem Hitler der Politik Stalins gegenüber den baltischen Staaten − trotz ihrer strategischen Bedeutung sowohl für ihn als auch für Stalin in einer Flanke der Sowjetunion − nicht entgegengetreten war und die finnische Regierung sich in der Zeit vom 9. Oktober bis Ende November geweigert hatte, den Moskauer Forderungen nachzugeben, 2750 Quadratkilometer finnischen Territoriums gegen 5505 Quadratkilometer sowjetischen Raumes auszutauschen, die Grenze um „ein paar Dutzend Kilometer" zurückzuverlegen und der UdSSR den Hafen Hangö an der Nordseite des Golfs als Flottenstützpunkt zu verpachten,** kündigte Molotow am 27. November 1939 kurzerhand den seit dem 21. Januar 1932 bestehenden sowjetisch-finnischen Nichtangriffspakt.

Der Sowjetunion war daran gelegen, den Seeweg nach Leningrad zu sichern und die Möglichkeit zu bekommen, den Finnischen Meerbusen von beiden Küsten aus mit Artillerie blockieren zu können, feindlichen Kriegs- und Transportschiffen ein Eindringen in den Golf zu verwehren und Gegnern der UdSSR das Betreten der Inseln im Finnischen Meerbusen zu erschweren oder unmöglich zu machen. Daher hatte sie Finnland vorgeschlagen, die Inseln Hogland, Seiskari, Lavanskari, Tytsskari und

---

* Die Völkerbundversammlung folgte der Resolution des „Spezialausschusses" des Völkerbundes vom 14. Dezember, die Sowjetunion wegen ihres Angriffskrieges gegen Finnland aus dem Völkerbund auszuschließen. 3 skandinavische Länder, 3 Baltenstaaten, Bulgarien, China und die Schweiz enthielten sich der Stimme in der 40 Mitgliedstaaten umfassenden Völkerbundversammlung. Im Völkerbundsrat enthielten sich der Stimme: Griechenland, Jugoslawien, China und Finnland.

** Seit dem 14. April 1938 waren von Finnland sowjetische Bemühungen abgewiesen worden, zunächst die Insel Hogland, dann ab März 1939 vier Inseln im Finnischen Meerbusen an die Sowjetunion zu verpachten oder abzutreten.

Loivisto gegen sowjetische Gebiete zu tauschen und der UdSSR Hangö für die Dauer von 30 Jahren zu verpachten. Ferner hatte die finnische Grenze auf der Karelischen Insel so weit zurückverlegt werden sollen, daß Leningrad außerhalb der Reichweite der schweren Artillerie Finnlands läge. Und nicht zuletzt: Im hohen Norden Finnlands wollte Moskau die Grenze völlig neu gezogen sehen, da sie aus sowjetischer Sicht im Gebiet von Petsamo „unnatürlich" verliefe.

Wie Liddell Hart bereits vor zwei Jahrzehnten argumentierte, hätte die Sowjetunion durch einen solchen Ländertausch mehr „Sicherheit" gewonnen, ohne die finnische Verteidigungsposition ernsthaft zu beeinträchtigen. Doch das stark betonte finnische Nationalgefühl wäre durch den Schacher beschädigt worden.[1] Finnland war weder bereit, die Insel Hogland an die UdSSR abzutreten, noch die auf dem Festland liegende Hafenstadt Hangö den Russen als Pachtgebiet zu überlassen. Und auch den Moskauer Vorschlag, Hangö und das Umland käuflich zu erwerben, wies Helsinki als unannehmbar – und seiner Neutralitätspolitik widersprechende Lösung – zurück.

Die Finnen ignorierten die unverblümt massiven Drohungen der sowjetischen Presse ebenso wie zuvor die unmißverständlichen Andeutungen der sowjetischen Funktionsträger während der Moskauer Verhandlungen seit dem 9. Oktober 1939.

Die Sowjetunion, die den Finnischen Meerbusen beherrschte und mehr Soldaten unter Waffen stellen konnte, als Finnland Einwohner besaß, gab vor, sich von Finnland – wie bis zum 20. August 1939 von Deutschland – bedroht zu fühlen. Am 29. November ließ Molotow der Regierung in Helsinki eine Note zustellen, in der es unter anderem hieß: „Die Weigerung, ihre Truppen zurückzuziehen, läßt die Absicht der finnischen Regierung erkennen, ihre gegenwärtige Haltung beizubehalten, die mit dem Nichtangriffspakt in Widerspruch steht. Die Sowjetunion kann aber nicht zulassen, daß nur einer der beiden Vertragspartner sich an den Pakt hält, der andere dagegen nicht. Infolgedessen muß erklärt werden, daß die Sowjetunion sich von jetzt an nicht mehr durch den finnisch-russischen Nichtangriffspakt gebunden fühlt."[2]

Wie Hitler für seinen Angriff auf Polen – mit dem fingierten polnischen Überfall vom 31. August 1939 auf den deutschen Sender Gleiwitz – einen Vorwand für seine Operation geliefert hatte, so taten dies auch die Sowjets, indem sie behaupteten, daß finnische Truppen seit dem 26. November 1939 ernsthafte Grenzzwischenfälle inszeniert und Grenzstellungen der Roten Armee unter Feuer genommen hätten.

30. November 1939. Von der sowjetischen Luftwaffe am ersten Kriegstag zerbombte Häuser.

Am 29. November erklärte Molotow über den Rundfunk, daß finnische Truppen im Gegensatz zu finnischen Angaben – nach den seit dem 5. Oktober in Moskau für die UdSSR negativ verlaufenen Verhandlungen – eine sowjetische Stellung im Raum von Leningrad unter Feuer genommen hätten, weshalb die UdSSR ihre politischen und wirtschaftlichen Vertreter aus Finnland abberufen habe.[3] Nachdem Finnland sich weigerte, der sowjetischen Forderung nachzukommen, die als Unterstellung bezeichneten Behauptungen der Russen zu bestätigen und seine Truppen 20 bis 25 Kilometer zurückzuziehen, herrschte Kriegszustand. Sowjetische Zeitungen publizierten „Massenproteste" der sowjetischen Bevölkerung gegen Finnland und verkündeten: „Wir werden den Feind erbarmungslos schlagen" (Leningrad), „Wir werden Feuer mit Feuer beantworten" (Moskau), „Unsere Geduld ist zu Ende!" (Kronstadt) und „Der Volkszorn: Fegt die finnischen Abenteurer vom Erdboden!" (Kiew).[4] Eine TASS-Meldung vom 2. Dezember 1939 aus Leningrad besagte, daß in „Übereinstimmung mit den Vertretern einer Anzahl linksgerichteter Gruppen und mit rebellierenden finnischen Soldaten" unter dem in der Sowjetunion lebenden Komintern-Funktionär Otto Kuusinen als Ministerpräsident in der eroberten finnischen Grenzstadt Terijoki „eine neue finnische Regierung – die Volksregierung der Finnischen Republik – errichtet worden" sei. Ein groß aufgemachter Bericht der „Prawda" vom 3. Dezember, der Stalin, Molotow, Schdanow, Woroschilow und Kuusinen bei der „Unterzeichnung" eines „gegenseitigen Beistands- und Freundschaftspaktes" und eine Landkarte zeigte, in der Hangö als sowjetisches Pachtgebiet eingetragen war, sollte sowjetische Erfolge vorspiegeln, die es nicht gab. Die Klausel, nach der die Ratifikationsurkunden ausgetauscht werden sollten, basierte auf der Erwartung, daß die Rote Armee Finnland (schon nach einigen Tagen) „befreien" würde, entsprach der Tradition der sowjetischen Politik. Und bezeichnend für die sowjetische Sicht war auch, wie die Sowjets den internationalen Hintergrund zu sehen verlangten. Da die Bemühungen Großbritanniens und Frankreichs, während des deutsch-sowjetischen Krieges gegen Polen „einen Konflikt zwischen Deutschland und der UdSSR" heraufzubeschwören, sowenig von Erfolg gekrönt worden waren wie deren Bestreben, „Estland, Lettland und Litauen in den Krieg gegen die UdSSR zu ziehen",[5] wie Wassilewski feststellte,[6] hätten London und Paris „ihre Hoffnungen auf Finnland"[7] verlegt.* „Der drohende militärische Konflikt zwischen der UdSSR und Finnland überhäufte uns mit Arbeit", schrieb der (seit 1943) sowjetische Marschall, der verschwieg, daß die UdSSR für den Konflikt verantwortlich gewesen war. Da die „herrschenden Kreise des bürgerlichen Finnland" die „Versuche der Sowjetregierung", die drohende Kriegsgefahr „durch ein beiderseits vorteilhaftes Abkommen" aus der Welt zu schaffen, vereitelt hätten, habe schließlich die Rote Armee in Aktion treten müssen.

10. Oktober 1941. Generaloberst Jodl im Gespräch mit Feldmarschall Mannerheim als Partner im Krieg gegen die Sowjetunion.

„So befaßte sich der Oberste Kriegsrat der Roten Armee mit der Gefechtsbereitschaft der Streitkräfte, falls Finnland eine militärische Provokation wagen sollte", berichete Wassilewski weiter und zwang die – vorgeb-

Fußnote von vorheriger Seite

* In Übereinstimmung mit der „für alle Kommunisten verbindlichen sowjetischen Propagandaversion behauptete Wassilewski (Wassilewski, Sache des ganzen Lebens, S. 85) tatsachenwidrig unter anderem: „Unter dem Druck der demokratischen Kräfte schlossen die Regierungen dieser Staaten (Estland, Lettland und Litauen) im Herbst 1939 mit der UdSSR Verträge über gegenseitigen Beistand, über die Stationierung sowjetischer Truppenteile sowie die Errichtung von Flugplätzen und Seestützpunkten ab. Damit war die Annexion dieser kleinen Staaten durch Deutschland vorerst vereitelt, und sie standen ihm als Aufmarschgebiet gegen die UdSSR nicht zur Verfügung."

lich nur auf die Verteidigung angelegte – sowjetische Militärdoktrin bezeichnenderweise auf das marxistisch-leninistisch instrumentalisierte Prokrustesbett. „Der Generalstab legte einen bereits schon früher ausgearbeiteten und vom Volkskommissar für Verteidigung gebilligten Teilplan zur Abwehr einer Aggression vor."[8] Da ein solcher Fall jedoch nicht vorlag, wurden Kriterien bemüht, die die sowjetische Version angesichts der Tatsachen als pure Erfindung bloßstellten. „Als Schaposchnikow", der für die militärischen Operationen verantwortliche Stellvertretende Volkskommissar für Verteidigung (Verteidigungsminister), „diesen Plan dem Obersten Kriegsrat erläuterte, hob er hervor, daß die internationale Lage gebiete, die militärischen Antworthandlungen schnellstens durchzuführen und zum Abschluß zu bringen. Andernfalls würde Finnland", so argumentierte er, „sicherlich [sic!] von außen umfangreiche Unterstützung erhalten, wodurch sich der Konflikt in die Länge ziehen könnte."[9] Da der Oberste Kriegsrat den Plan nicht akzeptiert habe, wurde eine „von der Führung und vom Stab des Leningrader Militärbezirks" im Auftrage Stalins ausgearbeitete Variante „zu dem von Stalin befohlenen Zeitpunkt"[10] herangezogen und bestätigt.

Finnische Aufklärungspatrouille während einer Rast hinter der sowjetischen Front.

Die Hauptkräfte der dort stationierten und zusammengezogenen Roten Armee sollten danach „bei einer Aggression" die finnische „Mannerheimlinie auf der Karelischen Landenge durchbrechen und dort die Hauptkräfte der finnischen Armee zerschlagen."[11]

Da ein finnischer Angriff trotz des massierten Aufmarsches der Roten Armee ausblieb, die sowjetische Zielsetzung jedoch feststand, mußte – wie bereits festgestellt – ein wenigstens einigermaßen triftiger Grund für den als „Verteidigung" umstilisierten Angriff der Roten Armee inszeniert werden. Die Sowjet-Propaganda erfand finnische Grenzverletzungen als Rechtfertigung für den sowjetischen Angriffskrieg. „Am 26. November 1939 eröffnete die finnische Seite in der Nähe der Ortschaft Mainilla das Feuer auf sowjetische Grenzposten. Ähnliche Provokationen wiederholten sich in den folgenden Tagen."*

General Ernst Köstring, der deutsche Militärattaché in Moskau, der von seinem finnischen Kollegen augenblicklich wissen wollte, wie die finnische Seite den Sachverhalt sah, erfuhr – wie die deutsche Botschaft am 27. November berichtete – unmittelbar, daß Finnland „in der Gegend überhaupt [keine] Artillerie" stationiert habe. Der Finne, der „vor einigen Tagen" in „der Gegend der Karelischen Enge Truppen aus Weißrußland" gesehen hatte, war der Auffassung, daß die Sowjets „glaubten, über die gefrorenen Seen besser vorwärts [zu] kommen" und „jetzt gegen Finnland vorgehen" würden.

---

* Bereits diese ungenauen Angaben des sowjetischen Marschalls Wassilewski, von dem dieser Bericht stammt (Wassilewski, Sache des ganzen Lebens, S. 86) zeigen mehr als nur andeutungsweise, wie durchsichtig die sowjetischen Behauptungen waren. Wassilewski, der in unverfänglichen Details und Zusammenhängen – und selbst in absolut nebensächlichen Einzelheiten – stets äußerst präzise und oft ermüdend ausführlich berichtete, flüchtete sich hier, wo es um wesentliche Kriterien ging, in unverbindliche Andeutungen.

> **Sowjetunion – Finnland**
> **Botschaft Moskau Nr. 802 v. 27. 11.:**[12]
>
> Der Gehilfe des finnischen Militärattachés teilte dem deutschen Mil. Attaché Moskau auf Befragen über den Zwischenfall an der sowjetisch-finnischen Grenze mit: Die Russen unterstellten den Finnländern, bei dem Dorfe Mainila an der Karelischen Enge mit Artillerie gegen die Russen geschossen zu haben. Die Finnländer bestreiten, daß sie in der Gegend überhaupt Artillerie haben. Die Russen forderten in einer Note an die finnische Gesandtschaft, die Schuldigen zur Verantwortung zu ziehen und die finnischen Truppen an der ganzen Karelien-Enge 20 – 25 km zurückzunehmen. Die Antwort seiner Regierung wäre ihm bekannt. Nach seiner Auffassung sei es möglich, daß die Russen jetzt gegen Finnland vorgehen, da sie glaubten, über die gefrorenen Seen besser vorwärts zu kommen.
>
> Bei einer Reise vor einigen Tagen habe er feststellen können, daß in der Gegend der Karelischen Enge Truppen aus Weißrußland verschiedener Waffengattungen, angeblich auch aus Sibirien, antransportiert worden seien.
>
> gez. Hurkner
F. d. Richtigkeit:
>
> Verteiler: Obstlt
> Chef OKW
> Chef

Geheimbericht des Oberkommandos der Wehrmacht über eine Botschaftsmeldung aus Moskau über aktuelle sowjetisch-finnische Spannungen.

Die Rote Armee, die nach Molotows Angaben[13] von Ende März 1940 während ihres Krieges gegen Finnland insgesamt 48 745 Tote und 158 000 Verwundete zu beklagen hatte, mußte der finnischen „Motti"-Taktik, einer finnischen Waldkampf-Taktik, vor allem in der ersten Phase des Krieges bitteren Tribut zollen. Spätestens nachdem die sowjetische 163. Schützen-Division zwischen dem 11. und 28. Dezember 1939 im Raum Suomussalmi von der finnischen 9. Division restlos vernichtet worden war, sahen sich Stalin und seine Generalität dem Spott ausgesetzt. Winston Churchill beispielsweise erklärte am 20. Januar 1940 im Rundfunk, daß die Finnen der Welt „die militärische Unfähigkeit der Roten Armee" offenbart hätten.

Außen- und militärpolitischer Kurzbericht über den sowjetisch-finnischen Krieg[14]

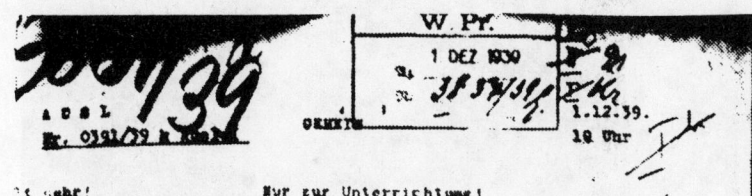

Nur zur Unterrichtung!

Außen- und militärpolitischer Kurzbericht Nr.47

(Zusammenfassung wichtigster Auslandsnachrichten
aus Ausw.Amt, Abwehr, Presse und Rundfunk)

Russisch-finnischer Konflikt

DNB meldet amtliche russische Bestätigung gemeldeter Kampfhandlungen russischer Wehrmacht gegen Finnland. Erklärung Kriegszustandes für ganz Finnland, Ernennung Feldmarschall Mannerheim zum Oberbefehlshaber. Erklärung Aussenministers Erkko, dass Finnland entschlossen, sich mit allen Mitteln zu verteidigen, jedoch auch zu "ehrenvoller Verständigung", falls solche möglich. (APB/Chi)

DNB meldet ferner Rücktritt finnischer Regierung nach Vertrauenskundigebung Reichstages und Neubildung unter Zuziehung aller Parteien. Neuer Regierungschef aus bisherigem Kabinett. (APB)

Havas und Reuter nennen bisherigen Finanzminister Tanner als Ministerpräsidenten (Chi)

Pressebüro finnischen Aussenamts herausgab Kommuniqué über russischen Truppeneinmarsch ohne Kriegserklärung, Zurückwerfen durch finnische Truppen, Luftangriffe auf Helsinki u.a. Städte, Flottenangriff auf Hangö.(Chi)

Reuter meldet Erklärung Chamberlains im Unterhaus über Vorgänge, "Bedauern über Angriff auf kleine unabhängige Nation".(Chi)

Reuter meldet "tiefe Erschütterung in USA", Rückkehr Roosevelts nach Washington, Besprechung mit Hull. (Chi)

Amerikanischer Rundfunk meldet Verbot an amerikanische Schiffe gemäss Neutralitätsgesetz russische, finnische Häfen anzulaufen. (Chi)

Havas meldet scharfe Verurteilung russischen Vorgehens in französischen politischen Kreisen. (Chi)

Reuter meldet, amerikanische Vermittlung von Finnland angenommen, von Russland abgelehnt. (Chi)

DNB meldet Entsendung deutscher Dampfer nach Helsinki und Reval zur Abholung Auslandsdeutscher. (APB)

Von Finnen vernichtete sowjetische Militär-Kolonnen in Karelien.

Solange die Rote Armee mit ihren Operationen blutig scheiterte, solange bemühte Stalin sich betont um die Gunst und um das Wohlwollen Hitlers. Dimitroff durfte – oder mußte – in der „Prawda" vom 23. Dezember 1939 im Sinne Stalins und Hitlers behaupten, daß „die Apostel des Sozialdemokratismus ... wütende Kriegshetzer" seien, und Stalin bescheinigte dem deutschen Außenminister ein paar Tage später telegrafisch, daß die Freundschaft der „Völker Deutschlands und der Sowjetunion durch Blut gefestigt" sei.[15] Deutschland, dessen Streitkräfte Stalin während des Polenfeldzuges in Erstaunen versetzt hatten, hätte als zusätzlicher Kriegsgegner unübersehbare Konsequenzen auslösen müssen.

Hitler, der sich wie Churchill angesichts der sowjetischen Mißerfolge zu der Zeit ein falsches Bild von der Wehrkraft der Roten Armee machte, nutzte die Situation. Er ließ Ribbentrop, den er persönlich zwar nicht sonderlich mochte, aber wegen seiner „Sturheit und Härte"[16] gewöhnlich situationsgerecht einzusetzen wußte, neue Forderungen an Moskau stellen. Zugunsten Hitlers sprach, daß Stalin in Finnland wiederum vor einer blamabel erscheinenden Niederlage stand. Die von Timoschenko geführte sowjetische 7. Armee mit der 7., 17., 24., 40., 43., 49., 86.,

100., 123., 136. und 138. Schützen-Division, den Panzer-Brigaden 13, 20, 35, 39 und 40 und der 9 Schützen-Divisionen und eine Brigade umfassenden 13. Armee war am 1. Februar zum Angriff auf die finnische 6. Division angetreten* und von dieser einen Division auf der Karelischen Landenge an der „Mannerheim-Linie" blutig abgewiesen worden.

Die sowjetische Führung war mehr als nur besorgt, zumal in jedem Augenblick mit Entscheidungen des in Paris tagenden alliierten Kriegsrates gegen die UdSSR zu rechnen war. Und in dieser Situation wandte sich Ribbentrop am 3. Februar an Schulenburg und beauftragte ihn, sich umgehend „mündlich" an Stalin zu wenden und ihm eine deutsche Forderung vorzutragen, die er wie folgt definierte: „Russische Haltung in Frage Ausgleichslieferung entspricht so wenig Wortlaut und Geist September-Abmachungen, daß ich sie nicht hinnehmen möchte, ohne alle Mittel erschöpft zu haben. Ich gehe davon aus ... daß erwartet werden kann, durch einen von mir persönlich unternommenen Schritt diese Lage wesentlich zu bessern. In dieser Annahme bitte ich Sie, eine persönliche Mitteilung von mir Herrn Stalin mündlich zu überbringen ...

... Es handle sich – darin glaube ich mich mit Herrn Stalin einig – bei den Verhandlungen nicht um einen der sonst üblichen Wirtschaftsverträge, bei denen die möglichst genaue und gleichzeitige Ausbalancierung der beiderseitigen Leistungen die Hauptsache ist. Es handelt sich vielmehr darum, die Zusage, die bei den September-Verhandlungen tatsächlich gegeben wurde, wenn sie auch aus besonderen Gründen in den Notenwechsel keine wörtliche Aufnahme gefunden hat, rechtzeitig in die Tat umzusetzen, nämlich die Zusage, daß die Sowjetregierung willens sei, Deutschland während des uns aufgezwungenen Krieges wirtschaftlich zu unterstützen. Es handelt sich ferner darum, in möglichst rascher und großzügiger Weise den Neuaufbau der Wirtschaftsbeziehungen zwischen beiden Ländern durchzuführen, wie er ,auf Grund und im Sinne der erzielten allgemeinen politischen Verständigung' beschlossen wurde.

Die Frage, für welche Zeit und in welcher Höhe die Sowjetregierung mit ihren Lieferungen in Vorleistung geht, kann hiernach nicht nach rein wirtschaftlichen Ausgleichsgesichtspunkten behandelt, muß vielmehr im Lichte der zwischen beiden Regierungen erzielten allgemeinen politischen Verständigung gesehen werden. Diese Verständigung hat es der Sowjetregierung – wie in diesem Zusammenhang nicht außer acht gelassen

---

* Die sowjetische Luftwaffe hatte diese – erfolglose – Offensive mit 4 087 Bomber- und 3 445 Jägereinsätzen vorbereitet. Vgl. Hillgruber-Hümmelchen, Chronik, S. 22.

werden darf – in der Zwischenzeit ermöglicht, ihre Wünsche hinsichtlich des früheren polnischen Gebiets zu verwirklichen und ihre Interessen an der Ostsee auszubauen und zu sichern. Die Tatsache, daß dies nicht zuletzt infolge des deutschen Sieges in Polen möglich wurde, kann wohl in diesem Rahmen als eine nicht unbeträchtliche deutsche Vorleistung betrachtet und als ein schwerwiegender Grund angeführt werden für die Berechtigung unseres Wunsches, nunmehr bei Fortsetzung des Krieges mit England und Frankreich durch möglichst rasche und umfassende Rohstofflieferungen seitens der Sowjetregierung unterstützt zu werden ...

Ich würde es aufrichtig bedauern, wenn wir infolge Festhaltens der Sowjetregierung an dem Verlangen eines kurzfristigen Ausgleichs die für uns wichtigen Lieferungen nicht so rasch und nicht in solchen Mengen erhalten würden, wie sie an sich von der Sowjetregierung getätigt werden könnten. Ich möchte daher Herrn Stalin zur Erwägung anheimgeben, bei nochmaliger Prüfung der erwähnten und der übrigen noch offenen Fragen diesen Gesichtspunkten Rechnung zu tragen und die erforderlichen Anweisungen zu geben, daß alles getan wird, um uns die Rohstoffe, welche die Sowjetregierung uns liefern kann, so rasch zukommen zu lassen, wie wir sie brauchen ..."[17]

Memorandum des französischen Generals Maurice Gustave Gamelin über militärische Operationen zur Verhinderung der Versorgung Deutschlands mit Erdöl aus dem Kaukasus[18]

Gu/1

MINISTÈRE
DE LA
DÉFENSE NATIONALE
ET DE LA GUERRE.

Cabinet
du Ministre.

Section de
Défense Nationale

RÉPUBLIQUE FRANÇAISE.

N° 5
de la Collection

15

TRÈS SECRET

Paris, le 18 MARS 1940

-:- INFORMATION du PRESIDENT -:-

Note du Général GAMELIN sur la Conduite de la
Guerre à la lumière des enseignements de
l'Affaire Finlandaise.

VU PAR LE MINISTRE

L'armistice russo-finlandais doit nous inciter à agir
plus vite et plus énergiquement.

C'est par une combinaison des mesures de blocus et par
certaines opérations militaires que nous pourrons resserrer
l'étreinte économique et amener l'Allemagne à sortir de son
expectative militaire.

a) Blocus. -

Contingenter le ravitaillement des Neutres, de
manière à les empêcher d'être les intermédiaires entre
l'Allemagne et l'extérieur. Un strict contingentement des
importations Hollandaises et Belges pourrait être de nature
à inciter l'Allemagne à envahir les Pays-Bas et la Belgique,
qui ne lui seraient plus utiles au point de vue économique.

Déclarer que la livraison de certains produits
essentiels, comme le Fer, par les pays limitrophes du Reich,
constitue un acte d'assistance entraînant des représailles
(blocus). Cette mesure pourrait inciter l'Allemagne à inter-
venir par les armes en Suède : il faut rester prêts à y aller
également.

b) Opérations militaires. -

But : Arrêt du ravitaillement de l'Allemagne en pétrole
du Caucase.

<u>Moyens</u>: bombardements aériens (9 groupes d'aviation basés en Syrie, avec, si possible, des terrains d'escale en Turquie, suffiraient). Cette action aérienne serait efficacement complétée par des actions navales en Mer Noire et des actions terrestres menées par la Turquie.

Sur cette question, le Général GAMELIN déclare qu'il n'est pas d'accord avec l'Amiral DARLAN, dont il envoie une note sur le même sujet: le Général GAMELIN estime, contrairement à l'opinion de l'Amiral DARLAN que, pour cette action dans le Caucase, la nécessité de l'accord préalable avec l'Italie ne s'impose pas.

o
o   o

Enfin, le Général GAMELIN demande que l'on commence le plus tôt possible les opérations de mines fluviales pour paralyser les transports intérieurs de l'Allemagne.

-:-:-:-:-

Die Deutsche Übersetzung

**MINISTERIUM
FÜR
NATIONALE VERTEIDIGUNG
UND KRIEG**

—o•o—

Büro
des Ministers

Abteilung
Nationale Verteidigung

FRANZÖSISCHE REPUBLIK

Paris, den ! 8. März 1940

UNTERRICHTUNG des PRÄSIDENTEN

STRENG GEHEIM*

Anmerkung des Generals GAMELIN zur
Kriegführung im Lichte der Erkenntnisse
aus der Finnland-Angelegenheit

KENNTNISNAHME DURCH DEN MINISTER**

Der finnisch-russische Waffenstillstand muß uns zu **rascherem** und **tatkräftigerem** Handeln antreiben.

Durch kombinierte Blockademaßnahmen und durch bestimmte militärische Operationen werden wir den wirtschaftlichen Druck verstärken und Deutschland dazu bringen können, seine militärischen Erwartungen aufzugeben.

a) Blockade. –

Mengenbegrenzung bei Versorgungslieferungen an neutrale Staaten, um sie auf diese Weise daran zu hindern, als Zwischenhändler zwischen Deutschland und dem Ausland zu agieren. Eine strenge Mengenbegrenzung bei holländischen und belgischen Einfuhren könnte geeignet sein, Deutschland zum Überfall auf die Niederlande und Belgien zu verleiten, da diese Staaten ihm wirtschaftlich nicht länger von Nutzen wären.

Erklärung, daß die Lieferung bestimmter wichtiger Erzeugnisse wie etwa Eisen durch die Anrainerstaaten des Reichs einen Akt der Unterstützung darstellt, der zu Vergeltungsmaßnahmen (Blockade) führt. Dieser Schritt könnte Deutschland zum Waffengang nach Schweden treiben. [Wir]*** müssen bereit bleiben, dort ebenfalls einzugreifen.

---

* *Anmerkung des Übersetzers (AdÜ):* Geheimhaltungsgrad des Originals offensichtlich aufgedruckt, und zwar schräg von „Section ... " bis „RÉPUBLIQUE ..." Darunter der handgeschriebene Vermerk „Dossier/Conduite guerre" (Akte Kriegsführung). Über dem Datum handschriftlich die Ziffer 15.

** *AdÜ:* Bearbeitungsvermerk offenbar aufgestempelt, und zwar schräg aufwärts bis „Guerre ..."

*** *AdÜ:* Die personenbezogene Lesart „Wir" ergibt sich aus den handschriftlichen Zusätzen „nous" und „s" bei „prêt(s)".

b) Militärische Operationen –

Ziel: Stop der Versorgung Deutschlands mit Erdöl aus dem Kaukasus.

Mittel: Bombardierung aus der Luft (9 in Syrien stationierte Fliegergruppen, sofern möglich, mit Zwischenlandeplätzen in der Türkei wären ausreichend). Dieser Lufteinsatz würde erfolgreich ergänzt durch Seekriegshandlungen im Schwarzen Meer und Landoperationen der Türkei.

In dieser Frage stimmt General GAMELIN nach seinen Worten nicht mit Admiral DARLAN überein, von dem er eine Anmerkung zu demselben Thema übersendet: General GAMELIN vertritt im Gegensatz zu Admiral DARLAN die Ansicht, daß für den Einsatz im Kaukasus eine vorherige Übereinkunft mit Italien nicht erforderlich sei.

Abschließend fordert General GAMELIN, möglichst bald mit der Flußminenverlegung zur Lähmung des Binnenverkehrs in Deutschland zu beginnen.

–:–:–:–:–

Memorandum des französischen Verteidigungsministeriums zur Vorbereitung militärischer Operationen in den Ölregionen Batum und Baku[19]

MINISTÈRE
DE LA
DÉFENSE NATIONALE
ET DE LA GUERRE.

Cabinet
du Ministre.

RÉPUBLIQUE FRANÇAISE.

Gu/1
N° 5
de la Collection

TRÈS SECRET

Paris, le   19

Section de
Défense Nationale

-:- SIGNATURE du PRESIDENT -:-

Préparation des Opérations en Moyen-Orient

-:-

I./   Le Général GAMELIN signale la nécessité de préparer
dès maintenant les Opérations sur BATOUM et BAKOU et
l'intérêt que présenteraient ces opérations même si celles
de SCANDINAVIE ne pouvaient avoir lieu.

II./   Il communique :

1) un télégramme et une lettre du Général WEYGAND
annonçant :
    a) que le Général WAVEL a reçu du WAR OFFICE
l'ordre d'étudier des opérations dans le
CAUCASE,

    b) que le Commandant des Forces Aériennes Britan-
niques lui a demandé l'autorisation de recon-
naître les terrains d'aviation de DJEZIREH
(Syrie) en vue de ces opérations.

2) L'accord envoyé par le Général GAMELIN au Général
WEYGAND au sujet de la reconnaissance par les Anglais des
terrains d'aviation de DJEZIREH.

... / ...

III./   Le Général GAMELIN demande au Président d'approuver un projet de dépêche indiquant au Général WEYGAND que :

1) en principe, les opérations du Moyen Orient doivent être dirigées par le Commandement Britannique et celles du CAUCASE par le Commandement Turc.

2) il peut participer aux études à mener en vue d'opérations en Moyen Orient et au CAUCASE.

IV./   Cette répartition du Commandement est conforme à l'additif au projet de plan de guerre pour 1940 adressé par le Général GAMELIN au sujet de la politique militaire alliée dans les Balkans et dans le Moyen Orient et qui donne :

Au Commandement Français, les opérations dans les Balkans.
Au Commandement Anglais, les opérations dans le Moyen Orient (couverture de la route des Indes).
Au Commandement Turc, les opérations dans le CAUCASE (Théâtre d'Opérations spécifiquement Turc).

V./   Il est toutefois difficile d'approuver dès maintenant cette répartition du Commandement, qui est une question à débattre en Comité de Guerre et en Conseil Suprême.

VI./   Par ailleurs, il serait opportun que le Général GAMELIN entre en relations avec le Général IRONSIDE au sujet des études entreprises par les Anglais, de manière à ce qu'Anglais et Français n'agissent pas, en TURQUIE notamment, en ordre dispersé,

... / ...

Die Deutsche Übersetzung

FRANZÖSISCHE REPUBLIK

**MINISTERIUM
FÜR
NATIONALE VERTEIDIGUNG
UND KRIEG**

—o·o—

Paris, den .... 19 ...

Büro
des Ministers

-:- **UNTERSCHRIFT des PRÄSIDENTEN** -:-

STRENG GEHEIM*

**Abteilung
Nationale Verteidigung**

**Vorbereitung der Operationen im
Nahen Osten**

-:-

I./ General GAMELIN verweist auf die Notwendigkeit, mit der Vorbereitung der Operationen gegen BATUM und BAKU nunmehr zu beginnen, sowie auf den Nutzen, den diese auch dann hätten, wenn die Operationen in SKANDINAVIEN nicht stattfinden könnten.

II./ Er übermittelt

1) ein Telegramm und ein Schreiben General WEYGANDS mit der Nachricht,
a) daß General WAVEL vom WAR OFFICE den Auftrag zur Prüfung von Operationen im KAUKASUS erhalten habe,
b) daß der Befehlshaber der britischen Luftstreitkräfte ihn mit Blick auf diese Operationen um Genehmigung zur Aufklärung der Flugplätze von DSCHESIRE (Syrien) gebeten habe.

2) das General WEYGAND zugeleitete Einverständnis General GAMELINS mit der Aufklärung der Flugplätze von DSCHESIRE durch die Briten.

---

* *AdÜ:* Geheimhaltungsgrad des Originals offensichtlich aufgedruckt, und zwar schräg von „Ministre" bis „RÉPUBLIQUE ..." Über der leeren Datumszeile die Ziffern 6 bzw. 9, darunter der handschriftliche Vermerk „His R 4".

III./ General GAMELIN bittet den Präsidenten um Genehmigung des Entwurfs einer Depesche mit der Mitteilung an General WEYGAND, daß

1) die Operationen im Nahen Osten grundsätzlich durch das britische Oberkommando, die im KAUKASUS durch das türkische Oberkommando geleitet werden sollen,
2) er sich an Überlegungen in bezug auf Operationen im Nahen Osten und im KAUKASUS beteiligen könne.

IV./ Die genannte Kommandoaufteilung steht im Einklang mit dem Zusatz zum Entwurf des Plans für die Kriegführung im Jahre 1940, der von General GAMELIN bezüglich der alliierten Militärpolitik auf dem Balkan und im Nahen Osten vorgelegt wurde und

dem französischen Oberkommando die Operationen auf dem Balkan,
dem britischen Oberkommando die Operationen im Nahen Osten (Sicherung der Route nach Indien),
dem türkischen Oberkommando die Operationen im KAUKASUS (spezifisch türkisches Operationsgebiet) zuweist.

V./ Es ist allerdings schwierig, dieser Kommandoaufteilung bereits jetzt zuzustimmen, da es sich hierbei um eine Angelegenheit handelt, die im Kriegskomitee und im Obersten Rat[*] zu erörtern ist.

VI./ Im übrigen wäre es zweckmäßig, wenn General GAMELIN mit General IRONSIDE bezüglich der von den Briten durchgeführten Untersuchungen in Verbindung träte, damit es insbesondere in der TÜRKEI zu keinem unabgestimmten Vorgehen von Briten und Franzosen kommt.

.../...

---

[*] *AdÜ:* Gemäß dem Gesetz über die „Organisation der Nation in Kriegszeiten" vom 11. Juli 1938 oblag dem Kriegskomitee die militärische Leitung des Krieges. (Vgl. Geschichte des Zweiten Weltkrieges, hrsg. von A. G. PLOETZ [2 Bde, Würzburg: Ploetz, 1960], II, 379 ff.). „Oberster Rat" („Conseil suprême") bezeichnet das britisch-französische Treffen am 11. 06. 40 in Briare unter Vorsitz von Churchill und Reynaud (vgl. *Quid 1992,* hrsg. von Dominique und Michelle Frémy [Paris: Laffont, 1991], 646).

Konsequenzen der Partnerschaft: Rohstoffe gegen Rüstungsgüter 169

Stalin sah sich einem doppelten Druck ausgeliefert. Der alliierte Kriegsrat hatte am 5. Februar beschlossen, Finnland militärisch zu unterstützen und Truppen nach Narvik zu entsenden,* die nicht nur Finnland helfen, sondern gleichsam auch die schwedischen Erzbergwerke von Gällivare schützen sollten, die Deutschland belieferten. Und er mußte damit rechnen, daß alliierte Bombenflugzeuge von Syrien aus die Ölregionen Baku und Batum bombardieren würden, wie der französische Generalstab es in seinem Plan „Russie Industrie Pétrolière" („R.I.P.") vorgesehen hatte. Ob er diesen Plan kannte, ist ungewiß. Jedenfalls beauftragte er einen amerikanischen Fachmann im Frühjahr 1940, zu prüfen, mit welchen Konsequenzen zu rechnen wäre, wenn die Gebiete bombardiert werden würden. Daß es zu der Operation nicht kam, konnte er letztlich den Briten verdanken, die den Plan offiziell für zu wenig erfolgversprechend hielten.** Den deutschen aktuellen Forderungen allerdings sah er sich unmittelbar ausgeliefert. Doch von ihnen konnte er sich vorerst „freikaufen". Am 8. Februar 1940 teilte Karl Julius Schnurre, der Leiter des Referats W IV (osteuropäische Wirtschaft) der Wirtschaftspolitischen Abteilung des Auswärtigen Amtes, dem deutschen Außenminister mit: „Herr Stalin leitete die Besprechung mit der Bemerkung ein ... der Brief des RAM von Ribbentrop ändere die Lage. Die Sowjetregierung werde die Meinung des Reichsaußenministers ... berücksichtigen. Es läge ihm jetzt Material über die Lieferungsmöglichkeiten von Wolfram, Molybdän, Kobalt vor. Einiges könne die Sowjetunion jetzt, allerdings für einen späteren Teil des Vertrages zusagen. Die Sowjetunion werde innerhalb von zwölf Monaten, vom Tage der Unterzeichnung an gerechnet, Waren im Werte von 420 bis 430 Millionen RM liefern ...

Deutschland solle den gleichen Wert in Waren, also auch 420 bis 430 Millionen Reichsmark, innerhalb von fünfzehn Monaten liefern."[20]

Drei Tage danach, am 11. Februar 1940, schloß die Sowjetunion mit Deutschland ein sowjetisch-deutsches Wirtschaftsabkommen ab, über das Schnurre am 26. Februar 1940 in Berlin folgende Aufzeichnungen machte:

„Das Abkommen stellt eine erste große Etappe zur Verwirklichung des von beiden Seiten vorgesehenen Wirtschaftsprogramms dar, dem weitere folgen sollen.

---

* Während des Finnlandkrieges lieferte Schweden an Finnland 25 Flugzeuge, 112 Geschütze, 104 Flak-Geschütze, 85 Pak-Geschütze, 80 000 Gewehre, Munition und weiteres Kriegsgerät. Vgl. Hillgruber-Hümmelchen, Chronik, S. 22.
** Ein unter dem Decknamen „MA 6" entwickelter britischer Plan diente nach Ansicht der auf die Bombardements drängenden französischen Militärs lediglich als Maßnahme zur Behinderung der französischen Aktion.

1) Das Abkommen umfaßt einen Zeitraum von 27 Monaten: die sowjetischen Leistungen, die innerhalb von 18 Monaten zu machen sind, werden durch deutsche Gegenlieferungen innerhalb von 27 Monaten kompensiert. Dadurch ist der schwierigste Punkt des Briefwechsels vom 28. September 1939, daß die sowjetischen Rohstofflieferungen durch deutsche industrielle, auf längere Zeit zu erstreckende Lieferungen kompensiert werden sollen, in unserem Sinne geregelt. Es war dies nicht ohne einen harten Kampf möglich ...

2) Die sowjetischen Leistungen. Die Sowjetunion liefert uns nach dem Abkommen innerhalb der ersten 12 Monate Rohstoffe im Werte von rund 500 Mill. RM; dazu kommen die sowjetischen Rohstofflieferungen, die im Kreditabkommen vom 19.8.1939 für den gleichen Zeitraum vorgesehen sind mit rund 100 Mill. RM.

Die wichtigsten Rohstoffe sind:

1 000 000 t Futtergetreide und Hülsenfrüchte im Werte von 120 Mill. RM,
  900 000 t Erdöl im Werte von etwa 115 Mill. RM,
  100 000 t Baumwolle im Werte von rund 90 Mill. RM,
  500 000 t Phosphate,
  100 000 t Chromerz,
  500 000 t Eisenerz,
  300 000 t Schrott und Roheisen,
    2 400 kg Platin.

Manganerz, Metalle, Holz und zahlreiche andere Rohstoffe.*

Dazu kommt ferner die sowjetische Rohstoffausfuhr nach dem Protektorat, die nicht in das Abkommen eingegliedert ist, mit etwa 50 Mill. RM, so daß die reinen Warenlieferungen der Sowjetunion im ersten Vertragsjahr mit insgesamt 650 Mill. RM angesetzt werden können.

Dazu kommen wichtige sonstige Leistungen. Die Sowjetunion hat uns auf Grund des Briefwechsels vom 28. September 1939 das Recht des Transits von und nach Rumänien, dem Iran und Afghanistan und den Ländern des Fernen Ostens zugestanden, was besonders wichtig im Hinblick auf die deutschen Sojabohnenbezüge aus Mandschukuo ist ...

3) Für das zweite Vertragsjahr ist bisher nur ein Teil der sowjetischen Lieferungen festgelegt worden. Die Sowjetunion wird Deutschland in den

---

* Zur deutschen Rohstofflage vgl. auch Zentrales Staatsarchiv (Sonderarchiv) Moskau: 1459 (1) 177.

ersten Monaten des zweiten Vertragsjahres für 230 Mill. RM Rohstoffe der gleichen Art wie im ersten Vertragsjahr liefern.

Es ist in Aussicht genommen, rechtzeitig vor Ablauf des ersten Vertragsjahres neue Verhandlungen aufzunehmen und den Umfang des Warenaustauschs für das zweite Vertragsjahr zu vervollständigen und noch über den Umfang des ersten Vertragsjahres hinaus zu steigern.

4) Die deutschen Lieferungen umfassen industrielle Erzeugnisse, industrielle Verfahren und Anlagen und Kriegsgerät.* Die sowjetischen Lieferungen der ersten 12 Monate sind von uns in 15 Monaten zu kompensieren. Die sowjetischen Lieferungen der ersten 6 Monate des zweiten Vertragsjahres (13. bis 18. Monat) sind von uns in 12 Monaten (vom 16. bis 27. Monat) zu kompensieren.

5) Unter den sowjetischen Lieferungen befinden sich innerhalb der ersten 18 Monate 11 000 t Kupfer, 3 000 t Nickel, 950 t Zinn, 500 t Molybdän, 500 t Wolfram, 40 t Kobalt. Diese Metallieferungen sind für die Durchführung der deutschen Gegenlieferungen nach der Sowjetunion bestimmt ...

Die Sowjetunion hat sich ferner bereit erklärt, für uns als Käufer von Metallen und Rohstoffen im dritten Auslande aufzutreten. Inwieweit diese Zusage angesichts der verstärkten englischen Gegenmaßnahmen realisiert werden kann, läßt sich zur Zeit nicht übersehen. Da Stalin selbst wiederholt eine großzügige Hilfe in dieser Richtung zugesagt hat, kann erwartet werden, daß von Sowjetseite alle Anstrengungen gemacht werden.

6) Die Verhandlungen waren schwierig und langwierig. Der Grund dafür lag im Sachlichen und im Psychologischen. Die Sowjetregierung ist in ihren Lieferzusagen zweifellos über das vom rein wirtschaftlichen Standpunkt Vertretbare hinausgegangen und muß die Lieferungen an Deutsch-

---

* „Die Sowjetunion hat uns im Abkommen vom 11. Februar 1940 das Recht des Transits von und nach Rumänien, dem Iran und Afghanistan und in den Ländern des Fernen Ostens zugestanden", notierte Schnurre darüber hinaus am selben Tage (26. Februar. Akten zur Deutschen Auswärtigen Politik, D VIII, Nr. 636) und stellte fest, daß deutscherseits damit gerechnet werden könnte, daß die Sowjetunion für insgesamt 800 Millionen Mark „Lieferungen und Leistungen" innerhalb der nächsten 12 Monate zur Verfügung stellen und „im dritten Auslande" für Deutschland als Käufer von Metallen und Rohstoffen auftreten wolle. Doch diese Zusicherungen erfüllte die Sowjetunion nicht immer so, wie es deutscherseits erwartet wurde. So monierte Ribbentrop beispielsweise am 23. April 1940 gegenüber dem deutschen Botschafter verärgert: „Sie möchten Herrn Molotow ... unsere Enttäuschung zum Ausdruck bringen, daß die von Herrn Stalin persönlich gegebene ... Zusage, für uns in dritten Ländern Rohstoffe zu kaufen, bisher zu keinen praktischen Ergebnissen geführt hat. Auch die Zusage, für unsere eigenen Rohstoffkäufe im Ausland Adresse Sowjetstellen zu Tarnungszwecken zur Verfügung zu stellen, werde nicht eingehalten." Akten zur Deutschen Auswärtigen Politik, D IX, Nr. 156.

Deutscher Kreuzer „Lützow" auf dem Weg nach Leningrad.

land teilweise zu Lasten ihrer eigenen Versorgung durchführen. Andererseits legt die Sowjetregierung begreiflicherweise Wert darauf, als Kompensation das zu erhalten, was in der Sowjetunion fehlt. Da die Sowjetunion keinerlei Verbrauchsgüter einführt, betrafen ihre Wünsche ausschließlich Produktionsgüter und Kriegsgerät. So treffen in zahlreichen Fällen sowjetische Engpässe mit deutschen Engpässen zusammen, z.B. bei Werkzeugmaschinen für die Herstellung von Artilleriemunition. Den Ausgleich der beiderseitigen Interessen zu finden, war nicht leicht. Psychologisch fiel das stets vorhandene Mißtrauen der Russen ins Gewicht und die Angst vor jeder Verantwortung. Auch Volkskommissar Mikojan mußte zahlreiche Fragen an Stalin persönlich heranbringen, da seine Machtbefugnisse nicht ausreichten.

Trotz aller Schwierigkeiten kam in den langen Verhandlungen immer wieder der Wille der Sowjetregierung zum Ausdruck, Deutschland zu helfen und die politische Verständigung auch wirtschaftlich breit zu untermauern.

Das Abkommen bedeutet für uns das weit geöffnete Tor im Osten. Die Rohstoffbezüge aus der Sowjetunion und aus den an die Sowjetunion angrenzenden Ländern lassen sich noch ganz beträchtlich steigern. Notwendig ist die Erbringung der deutschen Gegenleistung im erforderlichen Ausmaße. In Anbetracht der Größenordnung wird dies einer besonderen

Sowjetische Rohstofflieferungen werden von russischer Breitspur auf deutsche Normalspur umgeladen.

Kraftanstrengung bedürfen. Gelingt es uns, die Ausfuhr nach dem Osten im erforderlichen Ausmaße auszubauen und auszuweiten, so wird durch die hereinkommenden Rohstoffe aus dem Osten die englische Blockade in ihrer Wirkung in entscheidender Weise abgeschwächt."[21]

Als Gegenleistung hatte Deutschland bis zum 11. Mai 1941 Waren im Wert von rund 430 Millionen Mark und danach – bis zum 11. August 1941 – noch einmal für 230 Millionen Mark zu liefern.

Die sowjetischen Wunschlisten machten zweierlei drastisch deutlich: Stalin sah sich angesichts seiner Probleme in Finnland, die sein persönliches Prestige ebenso empfindlich beschädigten wie das der Roten Armee, von Hitler erpreßt, und er tat es mit seinen Forderungen auch. Nachdem er beispielsweise am 31. Dezember 1939 unmißverständlich erklärt hatte, daß die „Sowjetunion ... von Deutschland ... besonders auf dem Gebiet der militärischen Rüstung"[22] lernen wolle, war zu erwarten, daß er von Deutschland über kurz oder lang Kriegsmaterialien als Gegenleistung für eigene Lieferungen fordern würde,* modernste Kriegstechnik gegen Naturalien und Rohstoffe. Beide Diktatoren wußten seit Anbeginn ihrer unheilvollen Allianz, wie sehr sie aufeinander angewiesen sein würden.**

Der sowjetische Forderungskatalog enthielt (bis auf seine Listen 3 und 5) ausschließlich Kriegsmaterial jedweder Art. Ein Auszug aus den Listen ist beredt genug:

„A. Kriegsschiffbau: Kreuzer Lützow (14 240 t). Übergabe des Schiffskörpers nach Stapellauf, Lieferung der Antriebsturbinen, Bewaffnung und übriger Ausrüstung einschließlich Ersatzteilen und Munition nach Leningrad; Fertigstellung mit deutscher Hilfe ...
B. Schiffbaumaterialien: 365 t Schweißelektroden, 31 000 t Panzerplatten, 2626 t Kesselrohre, 175 Propeller- und Zwischenwellen ...
C. Marineartillerie: ein Drillingsturm (36 cm) komplett zum 1. 3. 1941.
D. Minen- und Torpedoausrüstungen.
E. Hydroakustische Anlagen.
F. Hydrographische und optische Geräte.
G. Flugzeuge: 10 Heinkel He 100, 5 Messerschmitt Me 109, 2 Junkers Ju 88, 2 Dornier Do 215, 3 Bücker Bü 131, 3 Bücker Bü 133, 3 Focke-Wulf Fw 58 V-13, 2 Focke-Achgelis Fa 266 (Hubschrauber), mit einer Lieferfrist bis zu 12 Monaten; 1 Messerschmitt Me 209 mit einer Lieferfrist von 15 Monaten ...
H. Feldartillerie: 2 schwere Feldhaubitzen (21 cm) komplett, 4 Flakgeschütze (10,5 cm) komplett, 1 komplettes Labor für ballistische Messungen ...

* Hitler, der dies voraussah, mußte sich angesichts seiner Lage fügen, wenn er nicht kapitulieren wollte. Doch verhielt er sich hinsichtlich der Lieferung der vertraglich vereinbarten Kriegsmaterialien zögerlich. Vgl. dazu Warlimont, S. 71. Alfred Jodl (ebenda) erklärte den Gauleitern der NSDAP am 7. November 1943 in einer Rede: „Der Führer hat diese Gefahr ... ständig im Auge gehabt und mir bereits während Westfeldzuges seinen grundlegenden Entschluß mitgeteilt, dieser Gefahr zu Leibe zu rücken, sobald es unsere militärische Lage erlaubt".
** Bezeichnend ist nicht zuletzt eine handschriftliche Eintragung im Kriegstagebuch des Oberkommandos der Wehrmacht vom 15. November 1940. „Die Russen wissen offenbar", heißt es da, „daß sie uns sehr notwendig sind." KTB OKW, I, 175.

I. Nachrichtenmittel: Funk-, Telefon- und Fernschreibanlagen mit Zubehör.
K. Chemische Ausrüstungen für die Kriegführung, darunter Muster synthetischen Kautschuks Buna S, SS, N und NN.
L. Pionierausrüstung: Straßenbaumaschinen, Sprenggeräte, Pumpen ...
M. Munitionselemente: Muster von Pyroxylin- und Dinitroglykolpulver, 500 fertige Ladungen für 105 mm-Minenwerfer ...
N. Panzer/Fahrzeuge: 1 Panzer   P III,   5 Zehntonnen-Anhänger, 2 Zwanzigtonnen-Anhänger, 5 Halbkettenfahrzeuge.
O. Werkzeugmaschinen: 308 Maschinen verschiedener Typen.

Liste 4:

5 Schwimmkräne für Kriegschiffbau, 2 Zwillingsgeschütztürme (38 cm), 1 950 Uhren mit Stoppeinrichtung, 2 000 Armbanduhren mit Stoppeinrichtung, 3 Höhenprüfstände für Flugzeugmotore, 1 Anlage zur Herstellung von Bimetallführungsringen für Granaten mit einer Jahresleistung von 2 000 t.

Liste 3 und 5 (Auswahl):

Bergbauausrüstungen, Lokomobile, Dampfturbinen, Dieselmotore und Kompressoren für die Erdölindustrie, Ausrüstungen für Kraftwerke, Ausrüstungen für Stahlwerke, Schmiedepressen, Pressen, Werkzeugmaschinen, Elektromotore, Hebeschiffe und Schlepper ..."[23]

Da Stalin und Molotow wußten, daß Hitler sich hinsichtlich der Preisgabe und Lieferung neuester Kriegstechniken soweit wie möglich zurückhielt, versuchten sie gelegentlich, außenpolitische Kriterien ins Feld zu führen und sie mit Forderungen oder Wünschen nach neuesten deutschen Waffen und anderen Kriegsmaterialien zu koordinieren, um so doch noch in ihren Besitz zu gelangen. So meinte Molotow beispielsweise am 14. April 1940,* daß „es vielleicht doch nicht ganz ausgeschlossen" sei, „daß England den Versuch machen würde, in das Schwarze Meer einzudringen", um dort den deutschen Handelsverkehr zu stören. „Für diesen Fall", so argumentierte er gegenüber dem deutschen Botschafter, „würde es der Sowjetunion von Bedeutung sein, die von Deutschland angewand-

---

* Daß Molotow die sowjetischen Wünsche ausgerechnet in dem Augenblick vortrug, in dem Hitler zur Aufgabe Norwegens bereit war, könnte zu der Vermutung Anlaß geben, daß die Sowjets genau wußten, was sich in Hitlers unmittelbarer Umgebung abspielte.

ten magnetischen Minen verwenden zu können ... ohne daß dabei das Geheimnis ihrer Konstruktion preisgegeben zu werden"* brauchte.

Noch am 11. Februar, dem Tage der Unterzeichnung des sowjetisch-deutschen Wirtschaftsabkommens, begann die 7. sowjetische Armee mit eigens herangeführten 14 Divisionen zwischen Muola- und Kuolema-See mit ihrer zweiten – von starken Luft- und Panzerkräften unterstützten – Offensive, die zwei Tage später bei Summa einen rund 15 Kilometer breiten Durchbruch durch die „Mannerheim-Linie" erzwang und die Finnen zur Zurücknahme ihres Südflügels in den Raum ostwärts von Wiborg veranlaßte. Zwar gelang es den Finnen, am 22. und 23. Februar die 18. sowjetische Division am Ladoga-See zu vernichten, doch am 28. und 29. Februar durchbrachen sowjetische Truppen auch den 2. Sperrgürtel der „Mannerheim-Linie", was den finnischen Nachschub erheblich gefährdete und die finnische Regierung bewog, der Regierung der UdSSR ihre Verhandlungsbereitschaft zu signalisieren. Doch die Sowjets starteten am 3. März noch einmal – an der karelischen Landenge – mit einer Großoffensive, die schließlich auch Feldmarschall von Mannerheim, den Oberbefehlshaber der – inzwischen um 20 Prozent reduzierten – finnischen Streitkräfte, im Kriegsrat für Verhandlungen mit der Sowjetunion eintreten ließen. Am 8. März 1940 begab sich die finnische Delegation zu Friedensverhandlungen nach Moskau, während finnische Truppen noch bis zum 12. März Wiborg verteidigten. Am 13. März akzeptierte die finnische Regierung, die auf französisch-britische Hilfen nicht mehr hoffte, die Auflagen der Sowjetunion: Gebietsabtretungen bei Salla und Kunsamo, Verzicht auf die ganze Karelische Landenge mit Wiborg, Bau einer Eisenbahnlinie von Kemijärvi bis zur Grenze, wo sie den Anschluß zur sowjetischen Eisenbahnlinie herstellen müsse, und die Erfüllung der ursprünglichen sowjetischen Forderungen.

Kaum daß Finnland kapituliert hatte, unternahm die sowjetische Führung Vorbereitungen für einen weiteren Krieg, in dem Deutschland als „wahrscheinlicher Hauptgegner" der Sowjetunion vorausgesetzt wurde. General Wassilewski, der in diesem Rahmen als erster Stellvertreter des Chefs der Operativen Verwaltung des Generalstabes eine maßgebliche Funktion ausübte, berichtete unter anderem: „Die Unterzeichnung des

---

* Akten zur Deutschen Auswärtigen Politik, D IX, Nr. 105. Ribbentrops Antwort vom 21. April 1940 an Schulenburg: „Bitte Sie, Herrn Molotow zu sagen, daß wir leider derzeit beim besten Willen nicht in der Lage sind, solche Minen abzugeben, da wir dieselben für intensiver werdende Kriegführung selbst benötigen". Akten zur Deutschen Auswärtigen Politik, D IX, Nr. 146.

Finnland: Ein Opfer des Paktes

Friedensvertrages zwischen Finnland und der UdSSR löste bei unseren Feinden tiefe Enttäuschung aus, ihre Aggressionspläne gegen unser Vaterland aber gaben sie nicht auf ... Für die Streitkräfte der UdSSR war Eile geboten. Auf Beschluß der Märztagung des Zentralkomitees der KPdSU (B) fand im April 1940 eine erweiterte Sitzung des Obersten Kriegsrates im Kreml statt ... Für die entscheidenden organisatorischen Prinzipien der Gefechtsausbildung der Truppen und Stäbe wurden grundlegende Beschlüsse gefaßt ... Besonders aufmerksam wurde das Problem behandelt, wie man die Truppen am besten auf Handlungen unter komplizierten Bedingungen vorbereiten konnte und wie die Stabausbildung der Kommandeure der Truppenteile und Verbände sowie der Stabsoffiziere dazu erfolgen sollte. Die Zahl der Übungen und Manöver wurde erhöht ... Der Operationsplan in diesen Monaten beherrschte all unser Tun. Als wahrscheinlicher Hauptgegner wurde in ihm Hitlerdeutschland

1. Mai 1937: Sowjetische Militärparade auf dem Roten Platz in Moskau. Oben links: Stalin, unten links: Tuchatschewski, der bald danach erschossen wurde.

genannt. Als weitere mögliche Gegner an der Seite Deutschlands kamen in Frage: Italien ... Finnland ... Rumänien ... und Ungarn ... Man rechnete damit, daß Deutschland für die Entfaltung seiner Kräfte an unseren Westgrenzen 10 bis 15 Tage benötigte. Über den möglichen Zeitpunkt des Kriegsbeginns wurde ... nichts gesagt."[24] Die „Prawda" vom 5. April 1940 drohte: „Der Oberste Sowjet hat das Budget der UdSSR für 1940 gebilligt. Mit großer Begeisterung stimmte er für eine beträchtliche Erhöhung unserer militärischen Ausgaben. Unser Land muß eine noch mächtigere Rote Armee und eine noch stärkere Flotte haben, wenn es den Kriegshetzern den Mut nehmen will. Die 57 Milliarden Rubel, die für die Stärkung unserer Verteidigung ausgegeben werden, werden der Armee und der Flotte helfen, alle mit der Sicherheit unseres Staates zusammenhängenden Probleme zu lösen." Und nicht zuletzt: Am 8. Mai 1940 gab das Präsidium des Obersten Sowjet bekannt, daß es fortan neue Rangbezeichnungen innerhalb der Roten Armee geben werde. Sie waren den westlichen Gepfogenheiten angepaßt. Von nun gab es – neben dem Marschall* – den Generalmajor, den Generalleutnant und den Armeegeneral. Marschall Woroschilow wurde, ein ebenso deutliches Indiz für die neue Rolle des Militärs im Sowjetstaat, zum Stellvertretenden Ministerpräsidenten der UdSSR – und zugleich zum Vorsitzenden des Verteidigungskomitees – ernannt, während Marschall Timoschenko das Amt des Verteidigungskommissars übernahm.

Seit dem sowjetisch-finnischen Krieg sind weder die Spekulationen noch Mutmaßungen über die anfänglichen Mißerfolge und schweren Niederlagen der Roten Armee verstummt. Nicht wenige Zeitgenossen waren und sind überzeugt, daß Stalin kaltschnäuzig gebluff habe, um vorsätzlich Irritationen über die Kriegsfähigkeit der sowjetischen Armee zu stiften. Die nachweisbaren Voraussetzungen sprechen jedoch nicht dafür. Während Polen sich geradezu als idealer Boden für einen „Blitzkrieg" erwiesen hatte, trifft dies für Finnland keineswegs zu. Die polnische Armee war auf den eigenen Angriff fixiert, die finnischen Truppen auf die Verteidigung. Die parallel zur Grenze angelegten finnischen Bahnlinien und die Straßenverbindungen im Landesinneren ermöglichten der finnischen militärischen Führung, ihre Reserven jederzeit zu verschieben und den Nachschub zu gewährleisten. Die Sowjets, die nur über eine Linie von Leningrad nach Murmansk – mit einer einzigen Abzweigung zur finnischen Grenze – verfügten, befanden sich bei Vorstößen stets zwischen

---

* Zu der Zeit: Woroschilow, Timoschenko, Schaposchnikow und Kulik.

Finnland: Ein Opfer des Paktes

80 und 300 Kilometer von der Eisenbahn entfernt, was sie daran hinderte, strategische Punkte problemlos bedrohen zu können. Zudem herrschte schneereicher, kalter Winter. Seen, Wälder und schlechte Straßen behinderten die Vormärsche. Enge Vormarschstraßen, die von Maschinengewehren unter Feuer genommen werden konnten, und landeskundige Partisanen setzten der Roten Armee weitere Grenzen.

Hitler, dessen Verlautbarungen Stalin in dieser Zeit noch sorgfältiger als zuvor registrierte, hielt sich an die am 23. August 1939 vereinbarte Regelung, neutral zu bleiben, wenn die Sowjetunion in einen Krieg mit einer dritten Macht verwickelt werden würde. Ihm lag daran, im Norden keinen „großen" Krieg entfacht zu sehen, weiterhin über die für ihn unerläßlichen Erzlieferungen aus Gällivare in Schweden und über die Nickeleinfuhren aus Petsamo in Finnland verfügen zu können und nicht zuletzt auch Stalin ein Beispiel zu geben und unbedingte Neutralität zu exemplifizieren. Am 8. Dezember 1939 ließ er im „Völkischen Beobachter" einen offiziellen Kommentar unter dem Titel „Deutschland und die finnische Frage" erscheinen, der seine persönliche Diktion verriet. „Es

1936: Olympische Spiele in Deutschland. Hitler begrüßt den schwedischen Forscher Sven Hedin, der sich im Oktober 1939 und im März 1940 in persönlichen Gesprächen mit Hitler darum bemühte, Hitler für eine Vermittlung zugunsten Finnlands zu gewinnen.

ist naiv und sentimental zugleich, zu erwarten, daß das deutsche Volk in dem Kampf um seine Zukunft nun plötzlich all den kleinen Staaten beistehen soll, die sich vorher nicht genugtun konnten, Deutschland zu schmähen und zu verunglimpfen."*

Stalin, mit dessen Angriffskrieg sich der Völkerbund seit dem 3. Dezember besonders befaßte, konnte zufrieden sein. Insgeheim allerdings hatte Hitler bereits im Vorfeld des sowjetisch-finnischen Krieges signalisiert, daß er schwedischen Hilfsmaßnahmen für Finnland „nicht in den Rücken fallen"** würde. Welche Rolle er Finnland im Rahmen seines späteren Operationsplanes „Fritz" zugedacht hatte, aus dem am 17. Dezember 1940 die „Weisung Nr. 21: Fall Barbarossa"[25] wurde, erfuhr General Erik Heinrichs, der Chef des Generalstabes der finnischen Armee, noch am Tage der Unterzeichnung der „Barbarossa"-Weisung von General Franz Halder im Lager des Oberkommandos des Heeres in Zossen.

„Auf den Flügeln unserer Operation", so hieß es in der „Weisung Nr. 21: Fall Barbarossa", ist mit der aktiven Teilnahme Rumäniens und Finnlands zu rechnen. In welcher Form die Streitkräfte beider Länder bei ihrem Eingreifen deutschem Befehl unterstellt werden, wird das Oberkommando der Wehrmacht zeitgerecht vereinbaren und festlegen ... Finnland wird den Aufmarsch der aus Norwegen kommenden abgesetzten deutschen Nordgruppe (Teile der Gruppe XXI) zu decken und mit ihr gemeinsam zu operieren haben. Daneben wird Finnland die Ausschaltung von Hangö zufallen ... Der Masse des finnischen Heeres wird die Aufgabe zufallen, in Übereinstimmung mit den Fortschritten des deutschen Nordflügels möglichst starke russische Kräfte durch Angriffe westlich oder beiderseits des Ladoga-Sees zu fesseln und sich in den Besitz Hangös zu setzen."[26]

Doch vorerst brauchte Hitler seinen Pakt-Partner Stalin weiterhin, wie jener nicht auf ihn verzichten konnte. Hitler mußte zunächst hinnehmen, daß Stalin sich in der baltischen Flanke Rußlands, in den alten „Puffergebieten" im Baltikum, einnistete und strategische Vorteile etablierte. Stalins Gegenleistung: Rohstoff- und Warenlieferungen an Deutschland und Zusicherung der „Neutralität" während der Feldzüge Hitlers im Westen.

---

* Schweden, Norwegen und Finnland, so hieß es dort, seien im Gegensatz zu den baltischen Staaten und Dänemark nicht bereit gewesen, mit Deutschland Nichtangriffspakte abzuschließen.

** Hitler im Gespräch mit Sven Hedin am 16. Oktober 1939. Vgl. Hillgruber, Staatsmänner, S. 48, 53 und 78.

Finnland: Ein Opfer des Paktes 181

Außen- und militärpolitischer Kurzbericht über den Ausschluß der Sowjetunion aus dem Völkerbund wegen ihres Angriffskrieges gegen Finnland[27]

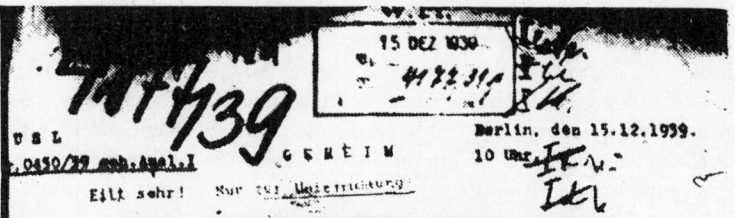

U S L   Berlin, den 15.12.1939.
0450/39 geh.Ausl.I   G E H E I M   10 Uhr

Eilt sehr!   Nur zur Unterrichtung

Außen- und militärpolitischer Kurzbericht Nr.64.
(Zusammenfassung wichtigster Auslandsnachrichten
aus Ausw. Amt, Abwehr, Presse und Rundfunk).

__Völkerbund und finnisch-russischer Konflikt.__
Die __Völkerbundsversammlung__ stimmte gestern für Resolution des Spezialausschusses, wonach __Russland__ aus __Völkerbund ausgeschlossen__ wird. Von 40 Staaten 9 Stimmenthaltungen: 3 Skandinavische Länder, 3 Baltenstaaten, Bulgarien, China, Schweiz.
__Völkerbundsrat__ nahm den Beschluss an, die Sowjetunion aus dem Völkerbund auszuschliessen. Stimmenthaltung: Griechenland, Jugoslawien, China, Finnland (Havas,Chi,DNB).

__Großbritannien.__
Reuter berichtet über __Chamberlains__ Erklärung in gestriger Unterhaussitzung: Warmes Eintreten für Finnland, das von England unterstützt werde, unter gleichzeitiger scharfer Kritik an Deutschland. Im Seegefecht bei __Montevideo__ scheine es, daß drei verhältnismäßig kleine britische Schiffe einen sehr tapferen Kampf gegen den viel schwerer bewaffneten Gegner ausfochten, wennzwar noch nicht alle Einzelheiten bekannt seien. Anerkennung loyaler Mitarbeit des Empire. Wichtige Abschlüsse mit den Dominions über Lieferung von Munition, Rohmaterial, Nahrungsmitteln. Verdunkelungsmaßnahmen seien schwere Belastung, jedoch unvermeidlich (Chi).

Reuter meldet __Rank Lord Chatfields im Oberhaus__ an __Flotte__ zum erfolgreichen und prachtvollen Kampf im Südatlantik. "Ich zweifele nicht, daß der 'Graf Spee' bald wieder auf kurze Zeit in See stechen wird". (Chi)

__Geheimsitzung__ der __Arbeiter- und Sozialisten-Internationale__ in London in Gegenwart prominenter Arbeiterführer, darunter __Leon Blum__ (Reuter/Chi).

Daily Express berichtet aus Amsterdam von deutschen militärischen Vorbereitungen, die auf große Ereignisse zum Beginn des Jahres schließen liessen. In Bremen und in den westlichen Ostseehäfen Truppentransporte und viel Kriegsmaterial. Voraussichtlich ein gemeinsa-

182   II. Die unheilvolle Allianz

Im Gegensatz zu Churchill erreichte Stalin mehr als seine ursprünglichen Ziele. Nach der Ausweitung der deutschen Machtsphäre über die im Herbst 1939 noch nicht vereinbarten – und durch den Ausfall des Einflusses der Westmächte in Südosteuropa „frei" gewordenen Territorien machte er erfolgreich zusätzliche Ansprüche geltend. Offen erklärte Molotow am 1. August 1940 vor dem Obersten Sowjet: „Wir haben viele neue Erfolge gehabt, aber wir beabsichtigen nicht, uns mit dem zufrieden zu geben, was wir erreicht haben ... Wir müssen unser ganzes Volk in einem Zustand der Mobilisierung, des Vorbereitetseins auf die Gefahr eines militärischen Angriffs halten, so daß ... keine Tricks unserer auswärtigen Feinde uns unvorbereitet treffen."²⁸

Churchills Illusion, „unter dem Deckmantel" der Hilfeleistung für Finnland „Deutschlands Flanke" bedrohen und Deutschland von den Erzvorkommen in Schweden und Finnland abschneiden zu können, brach

21. April 1940: Deutscher Nachschub für Norwegen.

ebenso in sich zusammen wie seine voreilige Behauptung, daß Großbritannien durch die am 9. April 1940 eingeleitete deutsche Besetzung Dänemarks und Norwegens „viel" gewinnen und „große Vorteile"[29] würde registrieren können.

Am 9. Oktober 1939 hatte Hitler in seiner „Weisung Nr. 6 für die Kriegführung" erklärt, daß er sobald wie möglich im Westen offensiv zu werden beabsichtige. „Sollte in der nächsten Zeit zu erkennen sein, daß England und unter dessen Führung auch Frankreich nicht gewillt sind, den Krieg zu beenden, so bin ich entschlossen, ohne lange Zeit verstreichen zu lassen, aktiv und offensiv zu handeln. Ein längeres Abwarten führt nicht nur zu einer Beseitigung der belgischen, vielleicht auch der holländischen Neutralität zugunsten der Westmächte, sondern stärkt auch die militärische Kraft unserer Feinde in zunehmendem Maße, läßt das Vertrauen der Neutralen auf einen Endsieg Deutschlands schwinden, und trägt nicht dazu bei, Italien als militärischen Bundesgenossen an unsere Seite zu bringen ... Der Zeitpunkt des Angriffs ist abhängig von der Verwendungsbereitschaft der Panzer und Mot-Verbände, die unter Anspannung aller Kräfte zu beschleunigen ist und von der dann gegebenen und in Aussicht stehenden Wetterlage".[30]

Am 26. März 1940 entschied Hitler nach einer Besprechung mit Großadmiral Erich Raeder, zunächst das Unternehmen „Weserübung", die Besetzung Dänemarks und Norwegens, in Angriff zu nehmen und kurz danach auch mit der Westoffensive zu beginnen. Am 7. April, rund zwei Wochen nach dem Beschluß des alliierten Kriegsrates in London, am 5. April mit der Verminung norwegischer Gewässer zu beginnen und Stützpunkte in Norwegen zu besetzen, ließ er zunächst 11 Kriegsschiffgruppen mit den zu ihrem Schutze nötigen Sicherungsschiffen zur Operation „Weserübung" auslaufen und die Besetzung Dänemarks und Norwegens auslösen. Am 9. April, dem Tag, an dem die deutschen Streitkräfte norwegischen Boden betraten, gratulierte Molotow dem deutschen Botschafter in Moskau mit der für die sowjetische Auslegung ihrer Militärdoktrin bezeichnenden Wendung: „Wir wünschen Deutschland für seine Verteidigungsmaßnahmen vollen Erfolg."[31] Obwohl die deutschen „Maßnahmen", zumal am ersten Tag der militärischen Operation, einen eindeutigen Angriff darstellten, redete Molotow von „Verteidigungsmaßnahmen". Besonders aufschlußreich erscheint in diesem Zusammenhang nicht zuletzt ein Dialog zwischen Stalin und Truman während der Potsdamer Konferenz vom 19. Juli 1945:

TRUMAN: „Ich empfinde dem Franco-Regime gegenüber keine Sympathie, doch ich möchte nicht an einem spanischen Bürgerkrieg beteiligt sein. Mir reicht der Krieg in Europa. Wir wären sehr froh, anstelle der Franco-Regierung eine andere Regierung in Spanien anerkennen zu können, doch ich denke, das ist eine Frage, die Spanien selbst lösen muß".

STALIN: „Soll das heißen, in Spanien bleibt alles unverändert? Ich bin der Meinung, daß sich das Franco-Regime festigt und daß dieses Regime in einigen anderen europäischen Ländern halbfaschistische Regierungsformen hochpäppelt. Man darf nicht vergessen, daß das Franco-Regime dem spanischen Volk von außen aufgezwungen wurde und keine Regierungsform darstellt, die sich auf der Grundlage innerer Verhältnisse ge-

---

Briefwechsel Hitler/Mussolini

Am 3. Januar 1940 schrieb Mussolini an Hitler: „... ich sage Ihnen, daß Sie nicht ständig die Grundsätze Ihrer Revolution zugunsten der taktischen Erfordernisse eines bestimmten Augenblicks opfern können. Ich fühle, daß Sie nicht das antisemitische und antibolschewistische Banner aufgeben dürfen, das Sie 20 Jahre hindurch hochgehalten haben ... Lassen Sie mich annehmen, daß dieses nicht der Fall sein wird. Die Lösung der Frage Ihres Lebensraumes liegt in Rußland und nicht anderswo, in Rußland mit seiner ungeheuren Fläche von 21 Millionen Quadratkilometern und neun Einwohnern auf den Quadratkilometer. Es gehört nicht zu Europa ... An dem Tag, an dem wir den Bolschewismus vernichtet haben, werden wir unseren beiden Revolutionen die Treue halten. Dann kommen die großen Demokratien an die Reihe ...".

Hitler antwortete dem italienischen Diktator erst zwei Monate später, am 8. März 1940:

„Rußland erlebt seit dem endgültigen Siege Stalins ohne Zweifel eine Wandlung des bolschewistischen Prinzips in der Richtung auf eine nationale russische Lebensform ... Das, was den Nationalsozialismus zum tödlichsten Feind des Kommunismus gemacht hat, war dessen jüdisch-internationale Führung mit dem ausgesprochenen Ziel einer Vernichtung der nichtjüdischen Völker bzw. ihrer führenden Kräfte ... Die Möglichkeit der Herstellung eines tragbaren Zustandes zwischen den beiden Ländern ist heute unzweifelhaft gegeben ...

Wenn aber der Bolschewismus sich zu einer russisch-nationalen Staatsideologie und Wirtschaftsidee entwickelt, dann stellt er eine Realität dar, gegen die zu kämpfen wir weder Interesse noch einen Anlaß besitzen."

Quelle: Akten zur Deutschen Auswärtigen Politik, D VIII, Dok. 504 und Nr. 663.

bildet hat. Sie wissen sehr gut, daß das Franco-Regime durch Hitler und Mussolini aufgezwungen wurde und deren Erbschaft ist. Indem wir das Franco-Regime vernichten, vernichten wir die Erbschaft Hitlers und Mussolinis ... Meiner Meinung nach wäre es sehr gefährlich, das Franco-Regime in seiner jetzigen Form bestehen zu lassen."[32]

Mit den inhaltlich ungefähr gleichen Argumenten hatte er vor dem 20. August 1939 versucht, England und Frankreich als Partner für einen Krieg gegen Deutschland zu gewinnen.[33] In seinem Konzept war jeder Krieg, den die Sowjetunion führte oder an dem sie beteiligt war, ein Verteidigungskrieg.

Da die Sowjetunion weder an der Besetzung Dänemarks und Norwegens noch am deutschen Westfeldzug unmittelbar beteiligt war, erübrigt sich ein fugenloser Nachvollzug dieser Operationen.[34]

Schwerer Kreuzer „Blücher", der am 9. April 1940 während der Operation „Weserübung" durch Torpedos und norwegische Küstenartillerie zerstört wurde.

7. April 1940

Auslaufen der ersten deutschen Kriegsschiffgruppen.

8. April 1940

Britische Zerstörer verminen Bodoe, Stadtlandest und Kristiansand.

9. April 1940

Beginn der deutschen Besetzung Dänemarks und Norwegens. Molotow erklärt dem deutschen Botschafter in Moskau: „Wir wünschen Deutschland für seine Verteidigungsmaßnahmen vollen Erfolg." Kommentar der in Oslo erscheinenden „Arbeideren": „Wenn Norwegen in einen Schauplatz eines blutigen Krieges verwandelt wird und das norwegische Volk den fürchterlichen Leiden ausgesetzt wird, dann sind unser Land und unser Volk Opfer der gleichen britischen und französischen Politik, so wie Abessinien, Albanien, Österreich und die Tschechoslowakei ..."

„Daily Worker" in London leugnet den deutschen Angriff: „Es ist ... möglich, daß die Deutschen es im Augenblick vorziehen, diplomatisch und nicht militärisch vorzugehen."

Einnahme Seelands. Kampf um Jütland (am 11. April) beendet. 6 norwegische Divisionen (gegen 9 deutsche Divisionen), 200 Flugzeuge (gegenüber insgesamt 838 deutschen Maschinen), 4 Küstenpanzerschiffe, 34 Torpedo-Boote, 9 U-Boote und einige kleinere Kriegsschiffe (neben 34 britischen Kriegsschiffen) auf norwegischer Seite verteidigungsbereit.

Vergebliche Verhandlungen zwischen dem deutschen Gesandten Bräuer und der norwegischen Regierung wegen der von Hitler bestimmten Einsetzung Quislings zum neuen norwegischen Regierungschef und norwegischer Aufruf zum militärischen Widerstand.

Zerstörung des deutschen Schweren Kreuzers „Blücher" durch Torpedos und norwegische Küstenartillerie.

88 deutsche Bomber des X. Fliegerkorps beschädigen westlich von Bergen mehrere britische Schiffe.

Versenkung des Leichten Kreuzers „Karlsruhe" südlich von Kristiansand durch ein britisches U-Boot.

Die deutsche Kriegsschiffgruppe 1 versenkt die norwegischen Küstenpanzerschiffe „Norge" und „Eidsvold".

10. April 1940

Besetzung Bornholms.

Versenkung des deutschen Leichten Kreuzers „Königsberg" durch 15 britische Trägerflugzeuge.

Erstes Seegefecht zwischen deutschen und britischen Zerstörern im Ofotfjord: je 2 Verluste.

11. April

Erklärung des Zentralkomitees der Kommunistischen Partei Norwegens: „Die ... entstandene Situation geht auf die Anstrengungen des englisch-französischen Kriegsblocks zurück, einen imperialistischen Krieg durch Einschluß von Skandinavien zu erweitern ... Die deutschen Militärbehörden haben erklärt, daß es keine Einschränkung der politischen Freiheit und Unabhängigkeit geben werde."

Kommentar der „Iswestija" zur Besetzung Norwegens: „ ... deutsches Vorgehen [mußte] zwangsgemäß erfolgen ... nachdem England und Frankreich Norwegen und [die] Souveränität skandinavischer Staaten verletzt [und] in neutralen Wässern Minen gelegt [und] Ausfuhr von Erz- und Landwirtschaftserzeugnissen nach Deutschland untersagt" haben. „Deutschland ist zu Gegenmaßnahmen gezwungen, um seine Position nicht zu verschlechtern".

Kommentar des Kopenhagener KP-Organs „Arbejderbladet": „Den englischen und französischen Kriegshetzern ist es gelungen, Skandinavien – oder doch Teile davon – zu einem Schlachtfeld zu machen."
„Prawda"-Titel: „Wie England und Frankreich Wind gesät und Sturm geerntet haben".

13. April

Verlust von 8 deutschen Zerstörern durch Feindeinwirkung und Selbstversenkung nach Erschöpfung des Treiböls und der Munitionsvorräte.

14. April

Nördlich von Narvik, dem eigentlichen Schlüsselpunkt der ganzen Operation, Landung der 24. britischen Brigade zur Unterstützung der 6. norwegischen Division.
Hitler zur Aufgabe Norwegens bereit: „Wir haben Pech gehabt." Unter dem Einfluß vor allem Alfred Jodls jedoch Fortsetzung des „Unternehmens Weserübung".

15. April

Landung von Teilen der britischen 49. Division bei Namsos.

16. April

Britische Gruppen landen – mit Zustimmung des dänischen Gouverneurs – auf den Faröer-Inseln.

18. April

6 000 britische Soldaten landen in Andalsnes.

20. April

Abschluß der Demobilisierung der dänischen Armee.

24. April

Ernennung des Gauleiters Terboven zum „Reichskommissar für Norwegen".

30. April

Bei Dombas Zusammentreffen der deutschen 196. und der 181. Infanterie-Divisionen.

1. Mai

„Fall Gelb" (Angriff auf den Westen) von Hitler auf den 5. Mai angesetzt.

1. und 2. Mai

Namsos und Andalsnes von britischen Truppen geräumt.

5. Mai

Norwegische Exilregierung in London konstituiert.

7. Mai

Befehl Hitlers: 9. Mai Beginn der Westoffensive.

9. Mai

Neuerliche Verschiebung der Offensive auf den 10. Mai.

10. Mai

Beginn der deutschen Offensive im Westen.

13. Mai

Beginn der – von starken Seestreitkräften unterstützten – alliierten Offensive bei Narvik.

18. Mai

Besetzung von Mo (zwischen Narvik und Drontheim) durch deutsche Streitkräfte.

21. Mai

Erstmaliger Vorschlag des Generaladmirals Raeder (gegenüber Hitler), England durch eine Invasion niederzuwerfen.

24. Mai

Beschluß der britischen Regierung, den Kampf in Norwegen abzubrechen.

28. Mai

Besetzung der Stadt Narvik und ihres Hafens durch 28 000 alliierte Soldaten. Deutsche Kräfte verhindern die Einnahme der Erzbahn östlich von Narvik.

1. Juni

Einnahme von Bodoe durch die deutsche 2. Gebirgs-Division.

3. Juni

Beginn des Abtransports der alliierten Truppen aus Narvik.

4. bis 8. Juni

15 000 alliierte Soldaten auf 6 Großtransportern ohne Verluste aus dem Raum Narvik nach Scapa Flow evakuiert.

7. bis 10. Juni

2. Konvoi – mit 10 000 Mann – aus Narvik-Harstad mit 7 Transportern in Scapa Flow gelandet.

9. Juni

Anordnung des norwegischen Königs Håkon VII. zur Einstellung der Feindseligkeiten.

10. Juni

Abschluß des „Unternehmens Weserübung" nach der Kapitulation der norwegischen Streitkräfte.

Deutsche Verluste: 1 Schwerer Kreuzer, 2 Leichte Kreuzer, 10 Zerstörer, 1 Torpedoboot, 6 U-Boote, 1 Schulschiff und einige kleinere Fahrzeuge. 1 317 Tote, 2 375 Vermißte, 1 604 Verwundete.

Alliierte Verluste: 1 Flugzeugträger, 2 Leichte Kreuzer, 9 Zerstörer, 5 U-Boote und eine Anzahl kleinerer Fahrzeuge.

2. Mai 1940: Britischer Nachschub für Norwegen.

Die den Westmächten knapp zuvorgekommene Norwegen-Besetzung Hitlers, die fünf Jahre später im Nürnberger Prozeß von Großbritannien ebenso als Hauptanklagepunkt akzeptiert wurde wie von Frankreich und der UdSSR, wohingegen der sowjetische Angriffskrieg gegen Finnland aus dem Prozeß ausgeklammert blieb, suggerierte andere Fragen als der sowjetisch-finnische Krieg. Die Rote Armee hatte in Finnland mindestens 48 745 Tote und 158 863 Verwundete registrieren müssen, die deutschen Streitkräfte in Norwegen 1 317 Tote, 1 604 Verwundete und 2 375 Vermißte. Liddell Hart resümierte: „Während der ganzen Zeit, in der die skandinavische Angelegenheit schwelte, hatten die alliierten Regierungen einen übertriebenen Angriffsgeist bewiesen, verbunden mit mangelndem Zeitgefühl. Das Ergebnis waren schwere Leiden für das norwegische Volk. Hitler dagegen hatte lange gezögert zuzuschlagen. Als er sich jedoch entschlossen hatte, den Westmächten zuvorzukommen, verlor er keine Zeit, und seine Truppen operierten mit einer Schnelligkeit und Kühnheit, die ihre geringe Zahl während des kritischen Stadiums reichlich wettmachten."[35]

Die sowjetische Presse, in der keine persönlichen Überlegungen, Vorstellungen und Meinungen irgendwelcher Redakteure veröffentlicht werden durften, wiederholte bis zum 9. April die deutsche Wendung von der „anglo-französischen Verletzung der norwegischen Souveränität" und trug dazu bei, Aggressionen zu schüren.* Am 10. April veröffentlichte sie ein dreispaltiges Memorandum der deutschen Regierung, das von Goebbels über den deutschen Rundfunk verlesen worden war. Als nach dem 12. April, so beispielsweise am 14., 15., 16. und 18. April, britische Expeditionseinheiten in Norwegen landeten und die deutsche Operation zu gefährden schienen, zog sich die sowjetische Presse auf einen „neutralen" Boden zurück und veröffentlichte, jeweils nebeneinandergestellt, die britischen und die deutschen Kommuniqués kommentarlos. Kommentare fanden sich lediglich in den regelmäßigen Übersichten, die am 9. Mai, dem Tag des Beginns der deutschen Offensive im Westen, mit einem „Prawda"-Beitrag endeten, der Deutschland in Norwegen bereits als Sieger sah.

Nachdem die deutschen Streitkräfte am 10. Mai 1940, während in Norwegen bei Narvik noch gekämpft wurde, zwischen der Nordsee und der Südgrenze Luxemburgs – nach 27maliger Terminverschiebung – mit ihrer West-Offensive begonnen hatten, war es wiederum Molotow, der sich augenblicklich zu Wort meldete und das Ereignis aus Stalins Sicht interpretierte. Molotow „nahm Mitteilung" über den Beginn des Angriffs „verständnisvoll auf", berichtete Schulenburg am 10. Mai nach Berlin und ergänzte: „er [Molotow] begreife, daß Deutschland sich gegen englisch-französischen Angriff schützen müsse. Er zweifele nicht an unserem Erfolg."[36] Auch hier befleißigte er sich der Interpretation, die für die sowjetische Militärdoktrin galt: Eigener Angriff = Verteidigung, fremde Verteidigung = Angriff. Was Wunder, daß auch die kommunistischen Parteien in den USA und Großbritannien in das gleiche Horn bliesen. „Heute haben die Vereinigten Staaten teil an der Schuld für diesen Krieg", schrieb Earl Browder, der Generalsekretär der KP der USA, am 11. Mai unter der Überschrift „The Jewish People and the War" in New York, und das Politische Büro der KP Großbritanniens erklärte im „Daily Worker" vom selben Tage: „Jetzt beginnt der totale Krieg ... Neue Länder, weitere Millionen arbeitender Menschen werden den Schrecken des imperialistischen Krieges ausgesetzt ... Es ist ein Krieg gegen das deutsche

---

* An diesem Tage wünschte Molotow Deutschland einen vollen Erfolg bei seinen „Verteidigungsmaßnahmen". In der „Iswestija" war am 11. April 1940 davon die Rede, daß Deutschland infolge der Politik Englands und Frankreichs „zu Gegenmaßnahmen gezwungen" worden sei.

Volk, um ihm ein neues Super-Versailles aufzuzwingen, ein Krieg für die Erhaltung und Ausdehnung des britischen Empire, für die Herrschaft der Rechten in Europa und für den Kampf gegen die Arbeiterklasse aller Länder."

Synchron erklärten der „Daily Worker" und die „Prawda" am 14. Mai, daß die Regierungen von Großbritannien und Frankreich zu verantworten hätten, was jetzt geschehe. „Die neue Taktik des anglo-französischen Blocks besteht darin", so rechtfertigte die „Prawda" den deutschen Angriff, „die Blockade Deutschlands zu organisieren, ein kleines Land nach dem anderen in Gefahr zu bringen, die Zahl der in den Krieg hineingezogenen Staaten maximal zu steigern und neue Kriegsschauplätze zu schaffen, auf denen die Truppen kleiner neutraler Länder für die Interessen des anglo-französischen Blocks kämpfen würden." Und am 16. Mai, einen Tag nachdem General Winkelman, der Oberbefehlshaber der niederländischen Truppen, die Kapitulation sämtlicher niederländischer Streitkräfte unterzeichnet hatte, behauptete die „Prawda" auf Initiative Stalins[37] unter anderem: „Holland und Belgien in den Krieg gegen Deutschland einzubeziehen, gehörte schon lange zu den Plänen des anglo-französischen Blocks. London und Paris haben jede Anstrengung gemacht, die Kampfplätze des von ihnen angefangenen Krieges [!] auszudehnen ... Genau wie vor einem Monat, als der anglo-französische Block die norwegische Neutralität verletzte, stand Deutschland jetzt vor der Aufgabe, Gegenmaßnahmen ... zu ergreifen."

Die um 5.35 Uhr unter dem Befehl des Oberbefehlshabers des Heeres, General Walther von Brauchitsch, und dessen Generalstabschef Franz Halder – unter Verletzung der Neutralität der Niederlande, Belgiens und Luxemburgs zur Offensive angetretenen deutschen Streitkräfte umfaßten im Nordabschnitt die Heeresgruppe B mit den von der Luftflotte 2 unterstützten Armeen 18 und 6, im Mittelabschnitt die Heeresgruppe A mit den von der Luftflotte 3 attachierten Armee 4 und 16 und im Südabschnitt die Heeresgruppe C mit den Armeen 1 und 7.

Die deutsche Gesamtstärke betrug: 10 Panzer-Divisionen, 7 motorisierte Divisionen, eine Kavallerie-Division, eine Luftlande-Division, eine Flieger(Fallschirm)-Division und 117 Infanterie-Divisionen. 2 445 Panzer und 3 834 Flugzeuge (davon: 1 482 Bomber und Sturzbomber, 42 Schlachtflugzeuge, 1 016 Jäger und 248 Zerstörer) standen 3 373 Panzern und 2 372 Flugzeugen der Alliierten gegenüber, die sich mit insgesamt 131 Divisionen und 7 Brigaden verteidigten. Zahlenmäßig waren die Deutschen den Verteidigern unterlegen.*

---

* Die Niederlande stellten: 8 Infanterie-Divisionen, eine leichte Division, eine Sperr-Division, 3 gemischte Brigaden, 46 Grenzschutz-Bataillone und 132 Flugzeuge. Der belgische Anteil betrug 2 Kavallerie-Divisionen, 2 Ardennenjäger-Divisionen, 18 Infanterie-Divisionen

Das älteste Dokument mit Hitlers erstem schriftlich fixierten Plan* für den Krieg im Westen: ,,Weisung Nr. 6 für die Kriegführung" vom 9. Oktober 1939

Der Oberste Befehlshaber
der Wehrmacht
OKW Nr. 172/39
g. K. Chefs. WFA/L
Geheime Kommandosache
Chef Sache
Nur durch Offizier

Berlin, den 9. 10. 1939

8 Ausfertigungen
2. Ausfertigung

Weisung Nr. 6 für die Kriegführung

1.) Sollte in der nächsten Zeit zu erkennen sein, daß England und unter dessen Führung auch Frankreich nicht gewillt sind, den Krieg zu beenden, so bin ich entschlossen, ohne lange Zeit verstreichen zu lassen, aktiv und offensiv zu handeln.

2.) Ein längeres Abwarten führt nicht nur zu einer Beseitigung der belgischen, vielleicht auch der holländischen Neutralität zugunsten der Westmächte, sondern stärkt auch die militärische Kraft unserer Feinde in zunehmendem Maße, läßt das Vertrauen der Neutralen auf einen Endsieg Deutschlands schwinden, und trägt nicht dazu bei, Italien als militärischen Bundesgenossen an unsere Seite zu bringen.

3.) Für die Weiterführung der militärischen Operationen befehle ich daher folgendes:

a) Am Nordflügel der Westfront ist durch den luxemburgisch-belgischen und holländischen Raum eine Angriffsoperation vorzubereiten. Dieser Angriff muß so stark und so frühzeitig als möglich geführt werden.

b) Zweck dieser Angriffsoperation ist es, möglichst starke Teile des französischen Operationsheeres und die an seiner Seite fechtenden Verbündeten zu schlagen, und gleichzeitig möglichst viel holländischen, belgischen und nordfranzösischen Raum als Basis für eine aussichtsreiche Luft- und Seekriegführung gegen England und als weites Vorfeld des lebenswichtigen Ruhrgebietes zu gewinnen.

Fortsetzung Fußnote von vorheriger Seite

und 180 Flugzeuge. Der britisch-französische Anteil umfaßte 3 Heeresgruppen mit 9 Armeen = 99 Divisionen und 4 Brigaden. Die Briten verfügten über 456 Flugzeuge, die Franzosen über 764 Maschinen.

* Zur ersten Aufmarschanweisung vom 19. Oktober 1939 vgl. Anhang S. 396 ff.

> c) Der Zeitpunkt des Angriffes ist abhängig von der Verwendungsbereitschaft der Panzer und Mot.-Verbände, die unter Anspannung aller Kräfte zu beschleunigen ist und von der dann gegebenen und in Aussicht stehenden Wetterlage.
> 4.) Die Luftwaffe verhindert das Eingreifen der französisch-englischen Luftwaffe gegen das eigene Heer und unterstützt, soweit erforderlich, dessen Vorgehen unmittelbar. Hierbei wird es auch darauf ankommen, das Festsetzen der englisch-französischen Luftwaffe sowie englische Truppenlandungen in Belgien und Holland zu verhindern.
> 5.) Die Seekriegführung hat alles daran zu setzen, um für die Dauer dieses Angriffs die Operationen des Heeres und der Luftwaffe mittelbar oder unmittelbar unterstützen zu können.
> 6.) Neben diesen Vorbereitungen für den planmäßigen Beginn des Angriffs im Westen müssen Heer und Luftwaffe jederzeit und in zunehmender Stärke bereit sein, um sofort einem französisch-englischen Einmarsch nach Belgien möglichst weit vorwärts auf belgischem Gebiet entgegentreten und Holland in einem möglichst weiten Umfang in Richtung auf die Westküste besetzen zu können.
> 7.) Die Tarnung der Vorbereitungen muß darauf abgestimmt sein, daß es sich nur um Vorsichtsmaßnahmen gegenüber der drohenden Versammlung französischer und englischer Kräfte an der französisch-luxemburgischen und belgischen Grenze handelt.
> 8.) Die Herren Oberbefehlshaber* bitte ich, mir auf Grund dieser Weisung ihre Absichten im einzelnen möglichst bald vorzutragen und mich über das OKW fortlaufend über den Stand der Vorbereitungen unterrichtet zu halten.
>
> (gez.) Adolf Hitler[38]

Was kaum jemand für möglich gehalten hatte, war eingetreten. Die deutschen Streitkräfte hatten die gegnerischen Verteidigungslinien und Systeme buchstäblich überrannt. Bereits am ersten Tag des Feldzuges waren deutsche Luftlandetruppen an der Moordijk-Brücke bei Rotterdam und Lastensegler auf dem belgischen Fort Eben-Emael bei Lüttich gelandet und hatten die Besatzung zur Kapitulation gezwungen. 72 feindliche Flugplätze im Hinterland wurden schlagartig angegriffen, am 13. Mai bereits bei Dinant und Sedan die Maas überschritten und Lüttich genommen. Die niederländischen Streitkräfte, die in den ersten fünf Tagen des Kampfes 2 890 Tote, 6 899 Verwundete und 26 Vermißte zu beklagen hatte, kapitulierten am 15. Mai, während sich Königin Wilhelmina und ihre Minister nach London absetzten, wo sie eine Exilregierung bildeten und zur Fortsetzung des Krieges an britischer Seite aufriefen.

Der weitere Verlauf des Feldzuges in Stichworten:

16. Mai

Entscheidung der britischen Regierung, nur die Luftgeschwader am Kampf teilnehmen zu lassen, die nicht zur Verteidigung der Insel benötigt werden.
Durchbruch der deutschen Heeresgruppe B durch die Dyle-Stellung.

1./17. Mai

Beginn des strategischen Luftkrieges des RAF gegen das Reich. Angriffe auf Öllager und Eisenbahnknotenpunkte durch 99 britische Bomber.

17. Mai

Brüssel ergibt sich kampflos den deutschen Streitkräften.

19. Mai

Die Panzergruppe Kleist erreicht Abbéville, die 6. Armee die Schelde.
Ablösung des alliierten Oberbefehlshabers Gamelin durch General Weygand.

20. Mai

Die Panzergruppe Kleist erreicht die Somme-Mündung und schneidet den alliierten Truppen nördlich des „Sichelschnitts" die Landverbindung ab.

21. Mai

Erstmalige Diskussion Großadmiral Raeders mit Hitler über eine eventuelle Invasion der britischen Insel.

24. Mai

Befehl „Halt" für die bis zum La-Bassée-Kanal vorgedrungene Panzergruppe Kleist. Absicht: Schonung der Panzer für die 2. Phase des Feldzuges.

25. Mai

Verzicht des britischen Generals John Viscount Gort, weiterhin nach Süden anzugreifen.

26. Mai

Freigabe der Heeresgruppe A für Panzerverbände, über die Kanallinie vorzustoßen, ohne allerdings Dünkirchen anzugreifen.

25. April 1940: Deutsche Wehrmacht in Kopenhagen.

Am 26. Mai 1940 erhielt die britische Expeditionsarmee von Sir A. Eden die Erlaubnis, sich in Richtung Dünkirchen abzusetzen. Die Admiralität befahl den unmittelbaren Beginn der Evakuierung.* Am 27. Mai begann die Einschiffung unter dem Decknamen „Dynamo". Zur selben Zeit diskutierte das britische Kabinett unter Churchills Regie über Friedensverhandlungsfragen, wobei sich zeigte, daß die Briten angesichts der militärischen und wirtschaftlichen Lage bereit waren, sich mit Hitler zu arrangieren und Deutschland gegebenenfalls die Kolonien zurückzugeben. Doch Hitlers strikte Forderung nach Abrüstung hinderte Churchill daran, sich

---

* Während Feldmarschall Gerd von Rundstedt den deutschen Panzern offenbar die Aufgabe zuordnete, die bei Dünkirchen auf ihre Evakuierung nach England wartenden Alliierten zu vernichten, nutzte Hitler das „Panzer Halt" vom 24. Mai dazu, die Panzer zu diesem Zweck nicht wieder antreten zu lassen. Bei einem späteren Besuch bei der Heeresgruppe A, so berichtete Rundstedt, habe Hitler geäußert, daß er gehofft habe, schneller zu einer Übereinkunft mit England zu gelangen, wenn er das britische Expeditionskorps entkommen lasse. Vgl. Warlimont, S. 114.

der Tendenz zu beugen und den Krieg einzustellen. Churchill, den so etwas wie eine Haßliebe mit Franklin D. Roosevelt verband, hoffte auf amerikanische Hilfen großen Stils, auf die Großbritannien infolge seiner schweren finanziellen und wirtschaftlichen Probleme angewiesen war. Die britischen Gold- und Devisenvorräte waren zu der Zeit nämlich bereits derart zusammengeschrumpft,[39] daß England ohne Hilfen aus den USA nicht in der Lage war, den Krieg länger als 12 Monate fortzusetzen.[40] Ende Mai sollte der britische Botschafter Sir Stafford Cripps in Moskau sondieren, ob von dort Hilfen erwartet werden könnten. Doch Stalin hielt sich zurück.[41] Am 28. Mai hatte der belgische König Leopold III. die Kapitulationsurkunde unterzeichnet. Die rumänische Regierung, die bislang zwar neutral gewesen war, jedoch deutliche Sympathien für die Alliierten bekundet hatte, schwenkte augenblicklich um und unterzeichnete am 29. Mai 1940 den sogenannten „Öl-Waffen-Pakt" mit Deutschland.

Hitler konnte sich als „Herr über Europa" preisen und feiern lassen, während Stalin sich nach seinem Finnland-Debakel, auch wenn es letztlich doch noch zu seinen Gunsten ausgegangen war, sowohl in der Sowjetunion als auch im Ausland um die Restaurierung seines Images bemühen mußte. Und dies war wiederum die Stunde Hitlers und Ribbentrops, der dem „Sehr geehrten Herrn Stalin" Ende Mai 1940* einen Brief schrieb und ihn barsch aufforderte, Schwierigkeiten auszuräumen, die hinsichtlich der sowjetischen Lieferungen an Deutschland bestünden.

„Ich habe mich im Januar ... mit einer persönlichen Botschaft an Sie gewandt und Sie um Ihre Vermittlung bei der Überwindung der Schwierigkeiten gebeten, die damals dem schnellen Abschluß des Wirtschaftsabkommens zwischen der Sowjetunion und Deutschland entgegenstanden", schrieb Ribbentrop und fuhr fort: „Ich bin Ihnen dankbar, daß diese Schwierigkeiten damals überwunden worden sind. In dem gleichen Geiste der Zusammenarbeit auf politischem und wirtschaftlichem Gebiet wende ich mich heute wieder an Sie. Die Lieferungen der Sowjetunion an Rohstoffen und Lebensmitteln erfolgen nicht in dem Tempo, wie ich es erwartet habe und wie ich es nach den Vereinbarungen und Zusagen erwarten dürfte ... Die Bitte, die ich an die Sowjetregierung richte, ist, alle ihre Anstrengungen mit denen der Reichsregierung zu vereinen, um in den nächsten Monaten die Transporte nach Deutschland auf das mögliche Maximum zu steigern.

---

* Der Brief Ribbentrops (Akten zur Deutschen Auswärtigen Politik, D IX, Nr. 300) war nur mit „Berlin, den ... Mai 1940" datiert. Nach dem 22. Mai kann er nicht geschrieben worden sein. Ob Stalin ihn erhielt, ist bislang nicht erwiesen.

Das gilt in erster Linie für den Transport von Erdölerzeugnissen. Die militärische Aktivität Deutschlands im Westen steht in ihrem Höhepunkt. Sie werden verstehen, daß unter diesen Umständen der Reichsregierung in den nächsten Wochen besonders daran gelegen ist, das mögliche Maximum an Flugbenzin, Autobenzin und anderen Erdölerzeugnissen zu erhalten.

Daneben steht das Interesse Deutschlands an schnellen Lieferungen von Metallen ... Die bisherigen Lieferungen an Metallen bleiben hinter diesen Zusagen zurück. Die Reichsregierung wäre der Sowjetregierung dankbar, wenn sie auch dieser Frage bei der besonderen Kriegswichtigkeit der Metalle ihre besondere Aufmerksamkeit und Unterstützung geben würde ...

Ich begrüße Sie, sehr geehrter Herr Stalin, in dem Wunsch, daß die im vorigen Jahr zwischen uns begonnenen, für unsere beiden Staaten so fruchtbaren persönlichen Beziehungen auf diesem Wege aufrechterhalten und fortgesetzt werden.

Ihr ergebener"[42]

28. Mai

König Leopold III. unterzeichnet die Kapitulation der belgischen Armee und begibt sich in deutsche Gefangenschaft. Verluste der belgischen Armee: 7 500 Tote und 15 850 Verwundete. Erklärung des belgischen Kabinetts, Exilregierung zu sein und an der Seite der Alliierten den Krieg fortzusetzen.

29. Mai

Unterzeichnung des „Öl-Waffen-Pakts" zwischen Deutschland und Rumänien.

30. Mai

Entscheidung Mussolinis, als Partner Deutschlands in den Krieg einzutreten.

1. Juni

Versenkung von 63 alliierten Handelsschiffen mit 355 431 BRT im Atlantik durch deutsche U-Boote.

3. Juni

Schwere deutsche Luftangriffe auf Flugmotorenwerke und Flugplätze am Stadtrand von Paris.

4. Juni

Abtransport von 338 226 Mann mit 848 Schiffen von Dünkirchen nach England. Verluste Englands: 272 Schiffe, davon 9 Zerstörer und zahlreiche kleinere Fahrzeuge. 88 Prozent des britischen Expeditionskorps (ohne Waffen und Ausrüstung).
 Einnahme Dünkirchens durch deutsche Truppen. 40 000 französische Soldaten in Gefangenschaft überführt.

4. bis 9. Juni

„Unternehmen Juno": Vorstoß der deutschen Schlachtschiffe „Gneisenau" und „Scharnhorst", des Schweren Kreuzers „Admiral Hipper" und von 4 Zerstörern gegen Harstad. Versenkung des britischen Transporters „Orama" (19 480 BRT), eines Tankers und eines U-Boot-Jägers. Vernichtung des britischen Flugzeugträgers „Glorious" und zweier Zerstörer durch deutsche Schlachtschiffe.

5. Juni

47 italienische U-Boote besetzen Positionen im Atlantik und im westlichen und östlichen Mittelmeer.

5. Juni

Beginn der „Schlacht um Frankreich" (Fall „Rot").
 Durchbruch der Heeresgruppe B mit der 4., 6. und 9. Armee und der Panzergruppe Kleist (später auch der 18. Armee) durch die mit 49 französischen Divisionen besetzte „Weygand-Linie" an der Somme und unteren Aisne in Richtung auf die untere Seine.

7./8. Juni

Erster alliierter Luftangriff auf Berlin.

9. Juni

Untere Seine von der Heeresgruppe B erreicht. Offensive der Heeresgruppe A mit der 2., 12. und 16. Armee und der Panzergruppe Guderian an der oberen Aisne und der Maas mit der Stoßrichtung Südost. Unterstützung durch die Luftflotte 2.

10. Juni

Kriegseintritt Italiens: 59 zweigliedrige Divisionen auf Sardinien und Sizilien und auf der Halbinsel (20 von ihnen zu 70 Prozent und weitere 20 zu 50 Prozent in voller Kriegsstärke), 12 Divisionen in Libyen und 2 Eingeborenen-Divisionen in Ostafrika. Gesamte Heeresstärke: 600 000 Mann. Luftwaffe: 3 296 Flugzeuge (einsatzbereit: 1 796). Marine: 6 Schlachtschiffe, 7 Schwere Kreuzer, 12 Leichte Kreuzer, 59 Zerstörer, 67 Torpedo-Boote und 116 U-Boote.

Französisch-britische Seestreitkräfte: 8 Schlachtschiffe, 2 Schlachtkreuzer, 7 Schwere Kreuzer, 17 Leichte Kreuzer, 69 Zerstörer, 6 Torpedo-Boote, 54 U-Boote, ein Flugzeugträger.

Britische Einheiten in Ägypten = 36 000, in Palästina 27 500, im Sudan 9 000, in Kenya 5 500, in Aden 2 500 und in Somaliland 1 470 Mann.

10. bis 11. Juni

Evakuierung der 51. britischen Division aus Saint-Valéry-en-Caux (2 137 englische und 1 184 französische Soldaten). Kapitulation des IX. französischen Korps (am 12. Juni); 40 000 Kriegsgefangene, darunter 12 Generale.

bis 13. Juni

11 059 britische Soldaten nach Le Havre und nach Cherbourg evakuiert.

11. Juni

Eroberung von Reims durch die 24. deutsche Infanterie-Division.
Evakuierung der französischen Regierung nach Tours.

12. Juni

Erklärung der spanischen Regierung: „nicht kriegführend". Feststellung des neuen britischen Botschafters Cripps in Moskau, daß der Sowjetunion eine führende Rolle auf dem Balkan zustehe.

13. Juni

Bereitschaftserklärung Roosevelts an den französischen Ministerpräsidenten Paul Reynaud, materielle Hilfe jedweder Art leisten – jedoch nicht in den Krieg eintreten – zu wollen.

14. Juni

Einmarsch der deutschen 28. Infanterie-Division in die am 13. Juni kampflos geräumte französische Hauptstadt.

15. Juni

Besetzung Kownos und Wilnas durch die Rote Armee.

Hitler in Paris: Stalin besetzt das Baltikum

14. Juni 1940: Das Infant.-Rgt. 83 der 28. Infant.-Div. beim Einmarsch in Paris.

Während die deutsche Wehrmacht am 14. Juni 1940 in Paris einrückte und alle Welt nach dort blickte, ging der litauischen Regierung aus Moskau ein Ultimatum zu, das sie aufforderte, einem Einmarsch sowjetischer Truppen zuzustimmen, was am 14. Juni geschah. Bereits am nächsten Tag rückten Truppen der Roten Armee in Kowno und Wilna ein, womit das Ende des litauischen Staates angezeigt und die Abriegelung der anderen baltischen Länder von Deutschland vollzogen war. Ab 17. Juni wehte auch in Lettland und Estland die Fahne der UdSSR, die Litauen am 3. August, Lettland am 5. August und Estland am 6. August in die Sowjetunion eingliederte,* was allerdings (mit Ausnahme des Deutsch-

---

* Berija hatte bereits am 10. September 1939 in einem Brief an Molotow nüchtern festgestellt: „In Verbindung mit der bevorstehenden Veränderung der Grenztruppen des NKWD des Kiewer und des Belorussischen Militärbezirks erweitert sich die von diesen Truppen zu verteidigende Linie der Staatsgrenze der UdSSR von 1 412 auf 2 012 Kilometer oder um 600 Kilometer. Zit. nach Wolkogonow, Stalin, S. 529.

Sir Stafford Cripps, von 1940 bis 1942 britischer Botschafter in Moskau. Diese Aufnahme zeigt ihn als Schatzkanzler bei der Bekanntgabe der Pfundabwertung am 18. September 1949.

land „zugeteilten" litauischen Grenzstreifens) mit Hitler abgesprochen war. Hinsichtlich des sowjetischen Anspruchs auf Bessarabien verhielt es sich jedoch nicht so. Wer allerdings der Ansicht gewesen war, daß Großbritannien in diesem Fall mehr als nur widersprechen würde, sah sich getäuscht. Der (seit dem 10. Mai) neue Premierminister Winston Churchill etablierte den betont sowjetfreundlich orientierten Labourpolitiker Sir Stafford Cripps als britischen Botschafter in Moskau, wo er am 12. Juni öffentlich erklärte, daß der Sowjetunion nach britischer Auffassung in Südosteuropa eine führende Position zustünde. Stalin brauchte nicht zu befürchten, bei der Okkupation Bessarabiens auf britische Gegenwehr zu treffen. Bereits am 23. Juni 1940 erklärte Molotow dem deutschen Botschafter in Moskau, daß die Lösung der „Bessarabien-Frage ... nunmehr keinen weiteren Aufschub" dulde. Die Sowjetunion strebe zwar eine

„Lösung auf friedlichem Wege" an, sei aber auch „entschlossen, Gewalt anzuwenden, falls [die] rumänische Regierung" eine „friedliche Einigung" ablehne.* Die Sowjetunion sei, so behauptete er, zu einem solchen Schritt berechtigt, da die „Bukowina ... ukrainische Bevölkerung habe."⁴³ Dem Einwand Schulenburgs, daß ihn die sowjetische Entscheidung überrasche, da deutscherseits davon ausgegangen worden sei, daß die UdSSR nicht „den Anstoß" zu der Aktion geben würde, begegnete er mit der Feststellung, daß „die Sache außerordentlich eilig" sei und Moskau hoffe, „daß Deutschland die sowjetische Aktion nicht stören, sondern unterstützen" würde.⁴⁴ Hitler machte gute Miene zum bösen Spiel und empfahl dem rumänischen König Carol II., auf militärischen Widerstand gegen die Sowjetunion zu verzichten, die ihre kampflose Besetzung am 1. Juli 1940 abschloß, am 2. August den größten Teil Bessarabiens in die neugeschaffene Moldauische SSR eingliederte und Südbessarabien und die Nordbukowina der Ukrainischen SSR anschloß.

Der rasche und beängstigend eindrucksvolle deutsche Sieg im Westen, den Stalin durch Truppenkonzentrationen der Roten Armee an der sowjetisch-deutschen Grenze zumindest zu behindern versucht hatte,** war in Moskau keineswegs auf Beifall gestoßen. Hitlers jüngste Rolle im Rahmen der Partnerschaft konnte Stalin, der durch die sowjetischen Lieferungen an das Reich nicht unerheblich dazu beigetragen hatte, angesichts seiner weltpolitischen Kalkulation nicht behagen. Daß die sowjetischen Waren- und Rohstofflieferungen an Deutschland Stalin zum „Vasallen Hitlers" hatten werden lassen, wie nicht selten behauptet wird, ist jedoch eine Legende.

Daß dagegen die deutschen Siege an den Fronten Stalin und Molotow irritierten und große Sorgen bereiteten, verriet die sowjetische Presse ungewollt. Hatte sie Großbritannien und Frankreich vor dem Beginn des Westfeldzuges ausgesprochen feindlich behandelt, änderte sich dies mit dem deutschen Vormarsch. „Nicht nur, daß die französische Armee jetzt zerschlagen worden ist", schrieb der sowjetische General P.A. Iwanow

---

* Offenbar ging die sowjetische Regierung davon aus, daß die *außenpolitische Schwierigkeit* Rumäniens, das große Mengen Rohstoffe an Deutschland lieferte, zu einer schweren Beeinträchtigung der deutschen Interessen führen würde.
** Stalin hatte gehofft (Akten zur Deutschen Auswärtigen Politik, D, Bd. IX, S. 527), daß die offenen Truppenbewegungen ostwärts der deutschen Ostgrenze Hitler dazu bewegen würden, Truppen aus Frankreich abzuziehen. Vgl. dazu auch Ulam, Adam B., Stalin. Koloß der Macht, München 1973, S. 496.

15. Juni 1940

Eroberung Verduns durch die deutschen Divisionen 71 und 76.

15. – 18. Juni

Evakuierung der 52. britischen Division und der „Norman Force" mit 30 630 Mann von Cherbourg.

16. Juni

Vorschlag der britischen Regierung an die französische Regierung, zwischen beiden Ländern eine Union zu bilden (eine Staatsangehörigkeit, ein Kabinett, eine Armee), um die französische Flotte für Großbritannien zu sichern.
Ablehnung seitens der französischen Regierung und Entscheidung für einen Waffenstillstand.

16. und 17. Juni

Evakuierung der 1. kanadischen Division mit 21 474 Mann von St. Malo und der britischen Armee und Luftwaffe mit 32 584 Mann von Brest.
Besetzung Lettlands und Estlands durch die Rote Armee. Einschließlich des litauischen Grenzstreifens, der Deutschland als deutsche Interessensphäre zugesprochen worden war.

18. und 19. Juni

Auslaufen der französischen Flotte nach Casablanca und Oran.
Räumung von St. Nazaire und Nantes; Überführung von 57 235 alliierten Soldaten nach Großbritannien.
Deutsche Flugzeuge versenken den britischen Truppentransporter „Lancaster" (16 234 BRT): 3 000 Mann Verluste.

bis 25. Juni

32 alliierte Schiffe mit 190 046 BRT von 13 deutschen U-Booten versenkt.

18. Juni

Besetzung Cherbourgs durch die 7. deutsche Panzer-Division und Le Mans' durch das XXXVIII. Armee-Korps.
General de Gaulle erklärt sich zum Führer der „Freien Franzosen".
Hitler und Mussolini erörtern französische Waffenstillstandsbedingungen.
Angriff der RAF auf Hamburg und Bremen.
Evakuierung von 2 303 britischen und 6 000 bis 8 000 polnischen Soldaten von La Rochelle und La Pallice.

Der weitere Verlauf des Krieges gegen Frankreich

19. Juni

Besetzung Brests durch das XV. Panzer-Korps und Nantes' durch das II. Armee-Korps.

19. bis 25. Juni

Evakuierung von 191 870 Mann der westlichen Kampftruppen.

20. Juni

Die französische Regierung bittet Italien um Waffenstillstand.
Besetzung Lyons durch das XVI. Panzer-Korps.
Zweite Unterredung Hitlers mit Großadmiral Raeder über eine deutsche Landung auf der britischen Insel.

24. Juni

Italienisch-Französischer Waffenstillstand in Rom.

25. Juni

Waffenruhe in Frankreich ab 01.35 Uhr.

25. Juni

Reaktion des deutschen Generalstabes auf das sowjetische Engagement im Baltikum: Sondierung der „Schlagkraft im Osten".

26. Juni

Abschluß des deutsch-französischen Waffenstillstandes in Compiègne.
Kapitulation der 3., 5. und 8. französischen Armee mit rund 500 000 Mann.
Übertritt von 25 000 Franzosen und 13 022 Polen bei St. Ursanne in die Schweiz.

Deutsche Verluste: 27 074 Tote, 111 034 Verwundete und 18 384 Vermißte.
Französische Verluste: 92 000 Tote, 200 000 Verwundete.
Britische Verluste: 68 111 Mann; die RAF 1 526 Mann.
In deutsche Kriegsgefangenschaft überführt: 1,9 Millionen Mann.

Juni 1940

Ohne entsprechende Weisungen. Hitlers Planungen des Oberkommandos der Wehrmacht und des Oberkommandos des Heeres über Offensivmaßnahmen gegen die Sowjetunion.

22. Juni 1940: *General Charles Huntziger bei der Unterzeichnung der deutschen Waffenstillstandsbedingungen im Wald von Compiègne.*

24. Oktober 1940. *Hitler im Gespräch mit Marschall Pétain, dem Chef der Vichy-Regierung.*

Frankreich kapituliert: Betroffenheit in Moskau 207

General de Gaulle, Repräsentant des „Freien Frankreich".

am 20. Juni 1940 in der „Prawda", einen Tag nachdem 191 870 Mann*
aus Frankreich evakuiert worden waren, „Frankreich hat auch alle lebenswichtigen Industriezentren verloren. Das ist Frankreichs Debakel ...
Ein weiterer Verbündeter Englands ist außer Gefecht gesetzt, und jetzt
ist England allein, Auge in Auge mit Deutschland und Italien. Aber beide
Seiten verfügen über große ökonomische Reserven, und sie können deshalb den Krieg noch längere Zeit fortsetzen. Es wäre [allerdings] viel zu
früh, jetzt schon das Ende des Krieges voraussagen zu wollen."

Die Kapitulation Frankreichs und die sich in der Sowjetunion in den
Tagen verbreitende Furcht, daß England sich jetzt angesichts der Lage
mit Hitler arrangieren könnte, trug ihre Früchte. England wurde relativ
offen ermuntert, den Kampf gegen Hitler nicht aufzugeben. „Deutsch-

---

* 19 000 polnische Soldaten, 144 171 Briten, 18 246 Franzosen, weitere 24 352 Polen, 4 938 Tschechen und 163 Belgier.

land errang im Kriege gegen die Alliierten große Erfolge", hieß es beispielsweise in einem Artikel der „Prawda" vom 1. August 1940, der Großbritannien zwar auf die Finger klopfen, jedoch auch zuversichtlich stimmen sollte. Deutschland „hat ... seine Hauptaufgabe noch nicht gelöst", erklärte der Autor, der zugleich auch kundtat, was er damit meinte: „Die Beendigung des Krieges zu den für Deutschland wünschenswerten Bedingungen." Acht Tage danach trug der Protokollant in das Kriegs-Tagebuch des Oberkommandos der Wehrmacht nach der Feststellung, daß 2 422 deutsche Flugzeuge einsatzbereit seien, unter anderem ein: „Bitte an Chef Ausland um Unterrichtung über russische Wehrkraft" und „Befehl ‚Aufbau-Ost' = Tarnung für Maßnahmen gegen Rußland."⁴⁵

Hitler im Kreise der von ihm nach dem Sieg über Frankreich zu Feldmarschällen ernannten Militärs.

Die sowjetische Wirtschaft, die unter der Last der zu der Zeit geradezu panisch betriebenen Rüstungsanstrengungen ächzte, hatte 1940 nicht nur die rund 23 Millionen Arbeiter und mehr als 10 000 Techniker zu bezahlen, die der Volkswirtschaft keinerlei positiv bilanzierbaren Nutzen eintrugen, sondern auch dafür zu sorgen, daß der Pakt-Partner Deutschland erhielt, was ihm vertraglich zugesichert worden war.

Über den Ablauf der sowjetischen Lieferungen an das Reich notierte Schnurre vier Wochen nach dem Ende des Frankreichfeldzuges, am 22. Juli 1940: „1. Der deutsch-sowjetische Wirtschaftsverkehr hat sich nach Abschluß der grundlegenden neuen Vereinbarungen im großen und ganzen zufriedenstellend entwickelt. Es muß anerkannt werden, daß die Sowjetregierung sich insbesondere in den letzten zwei Monaten transport- und produktionsmäßig die größte Mühe gegeben hat, für uns dringliche Rohstofflieferungen durchzuführen. Die Lieferungen von Getreide, Erdöl, Baumwolle, Grubenholz und Metallen bedeuten eine wirkliche Unterstützung für uns. Die Auswirkung der deutsch-sowjetischen Wirtschaftsabkommen kann daher nach dem jetzigen Stande positiv beurteilt werden.

Schwierigkeiten sind aus dem naturgemäß langsameren Ingangkommen der deutschen Gegenlieferungen zu erwarten. Die deutschen Lieferungen bleiben hinter den sowjetischen Lieferungen stärker zurück, als dies im Abkommen vorgesehen ist ...

2. Im einzelnen sind folgende Ziffern von Interesse:

Bisherige sowjetische Gesamtlieferungen	160 000 000 RM
davon im Monat Mai	32 000 000 RM
im Monat Juni	53 000 000 RM
im Monat Juli weitere aufsteigende Entwicklung.	

3. Die mengen- und wertmäßig größten Posten unter den bisherigen sowjetischen Lieferungen sind nach dem Stande vom 30. Juni:

Getreide mit	376 000 t
	(52 Millionen RM)
Erdöl mit	2 790 000 t
	(39 Millionen RM)

4. Feste Lieferabschlüsse sind unter anderem für folgende sowjetische Waren erfolgt:

Getreide	1 000 000 t
Mineralöl	1 000 000 t
Phosphate	500 000 t
Baumwolle	100 000 t
Manganerz	80 000 t
Flachs	10 000 t
Holz	35 Millionen RM

Insgesamt beträgt der Wert der bisher abgeschlossenen Verträge über russische Waren rund 450 Millionen RM. Weitere Abschlüsse, unter anderem über 100 000 t Chromerz, stehen bevor.

5. Die Sowjetunion hat ferner

5 000 t Kupfer
1 500 t Nickel
450 t Zinn

deren Lieferung sich vertragsmäßig über das ganze Vertragsjahr erstrecken sollte, bereits zu hundert Prozent geliefert. Sie hat sich darüber hinaus bereit erklärt, in Erfüllung der von Stalin im Februar gegebenen Zusage, uns einen Teil der von der Sowjetunion in den letzten Monaten in dritten Ländern eingekauften Rohstoffe abzugeben, und zwar:

5 800 t Kupfer
535 t Zinn
75 t Kobaltkonzentrat
75 t Nickelschrott
1 300 t Kautschuk

6. Die sowjetischen Bestellungen in Deutschland beliefen sich Ende Juni d.J. auf rund 600 Millionen RM. Die Ausführung dieser Aufträge nimmt, da es sich fast ausschließlich um Investitionsgüter, Produktionsmittel und Kriegsmaterial handelt, naturgemäß einen längeren Zeitraum in Anspruch. Die deutschen Lieferungen beliefen sich am 30. Juni 1940 ... auf 82 Millionen Reichsmark."[46]

Im Mai, Juni und Juli 1940 mag Stalin, den Churchill im Juli bereits auf seine Seite ziehen* zu können hoffte,[47] das „Für und Wider" eines konsequenten Stellungswechsels bedacht haben. Doch ein solcher Wechsel

---

* Vgl. Warlimont, S. 128. Neuerliche Versuche Großbritanniens, die Sowjetunion von Deutschlands Seite zu entfernen und sie als Partner gegen Hitler auf die Seite der Westmächte zu ziehen, folgten zunächst vor allem im Oktober 1940.

auf die Seite der Westmächte hätte ihm zu der Zeit keinen Gewinn eingetragen. Er hätte die Anti-Hitler-Gruppierung erheblich gestärkt, Hitlers Position in gleichem Maße geschwächt und zweifelsohne maßgeblich zur Beschleunigung des Kriegsendes beigetragen. Doch daran lag ihm nichts. Die Rolle dagegen, in der er sich befand, bot ihm die Möglichkeit, die Machtsphäre der UdSSR sichtlich zu erweitern, als „Neutraler" Länder zu okkupieren und sich als Richter aufzuspielen.

---

21. Juli

Umwandlung der baltischen Staaten Estland, Lettland und Litauen in Sowjetrepubliken.
Auftrag Hitlers an das Heer: Vorbereitung eines Operationsplanes für einen Feldzug gegen die Sowjetunion.

28. Juli

Anweisung Hitlers, ein Rüstungsprogramm für 180 Divisionen zu konzipieren.
Feststellung der „Aufmarsch-Straßenverbindungen" und „Eisenbahnaufmarschlinien" nach dem Osten.

31. Juli

Hitler: „Je schneller wir Rußland zerschlagen, um so besser."

5. August

Erste ausführlichere Studie für einen Ostfeldzug.

9. August

Weisung des Oberkommandos der Wehrmacht: Ausbau des Generalgouvernements als Operationsbasis für einen Feldzug gegen die Sowjetunion.

Die Schwäche Englands und das „Werben" der britischen Regierung um Hilfen bei Roosevelt, von Hitler und der Generalität beispielsweise am 31. Juli und am 13. Dezember 1940* besonders artikuliert diskutiert,

* Am 13. Dezember notierte Franz Halder in seinem Kriegstagebuch (Bd. 2, S. 224 f.) über Hitler-Äußerungen u.a.: „England ... fühlbar in verzweifelten Anstrengungen des Werbens um Amerika ... Produktion geschwächt, Zufuhr erschwert ... Die Hoffnungen Englands: a) Amerikas materielle Hilfe fühlbar, aber nicht entscheidend – sicher nicht vor 1941/42. Kriegseintritt wenig wahrscheinlich ... c) Rußland, von dem man hofft, daß es eine Alleinherrschaft Deutschlands auf dem Kontinent nicht will. Bisher keine Erfolge ... Die Absichten Englands: Durchhalten in der Heimat mit amerik. Hilfe."

Auszug

Kriegstagebuch von Franz Halder, 31. Juli 1940. Abschrift:

„d) **Angenommen:** England tritt nicht ein: Ausschalten der Hoffnungen, die England bewegen können, noch auf eine Änderung zu hoffen: Krieg an sich gewonnen. Frankreich fällt für britischen Geleitschutz weg; Italien bindet britische Kräfte.

U-Bootkrieg und Luftkrieg kann Krieg entscheiden, wird aber 1 – 2 Jahre dauern.

Englands Hoffnung ist Rußland und Amerika. Wenn Hoffnung auf Rußland wegfällt, fällt auch Amerika weg, weil Wegfall Rußlands eine Aufwertung **Japans** in Ostasien in ungeheurem Maß folgt.

Rußland ostasiatischer Degen Englands und Amerikas gegen Japan. Hier für England ungenehmer Wind. Japaner haben ihr Programm wie Rußland, das vor Kriegsende noch erledigt werden soll.

Siehe russischen Kriegsfilm über russischen Krieg! [Seitliche Notiz links.]
Rußland Faktor, auf den England am meisten setzt. Irgend etwas ist in London geschehen! Die Engländer waren schon ganz down, nun sind sie wieder aufgerichtet. Abgehörte Gespräche. Rußland unangenehm berührt von schneller Entwicklung der westeuropäischen Lage.

Rußland braucht England nie mehr zu sagen, als daß es Deutschland nicht groß haben will, dann hofft England wie ein Ertrinkender, daß in 6 – 8 Monaten die Sache ganz anders sein wird.

Ist aber Rußland zerschlagen, dann ist Englands letzte Hoffnung getilgt. Der Herr Europas und des Balkans ist dann Deutschland.

Entschluß: Im Zuge dieser Auseinandersetzung muß Rußland erledigt werden. Frühjahr 1941.

Je schneller wir Rußland zerschlagen, um so besser. Operation hat nur Sinn, wenn wir Staat in einem Zug schwer zerschlagen. Gewisser Raumgewinn allein genügt nicht. Stillstehen im Winter bedenklich.

Daher besser warten, aber bestimmter Entschluß, Rußland zu erledigen. Notwendig auch wegen Lage an der Ostsee. 2. Groß-Staat [Rußland] an Ostsee nicht brauchbar.

Beginn des Feldzuges: Mai 1941. 5 Monate Zeit zur Durchführung. Am liebsten noch in diesem Jahre. Geht aber nicht, um Operation einheitlich durchzuführen.

Ziel: Vernichtung der Lebenskraft Rußlands. Zerlegen in:
1. Stoß Kiew Anlehnung an Dnjepr. Luftwaffe zerstört Übergänge Odessa.
2. Stoß Randstaaten mit Richtung Moskau.
Schließlich Zusammenfassung aus Norden und Süden.
Später Teiloperation auf Ölgebiet Baku.
Inwieweit man Finnland und Türkei interessiert, wird man sehen.
Später: Ukraine, Weißrußland, Baltische Staaten an uns. Finnland bis ans Weiße Meer."

Aus: Franz Halder, Kriegstagebuch, Bd. 2, S. 49 ff.

paßte in Stalins Kalkül. Dem auf Betreiben des Labour-Führers Clement Attlee in der ersten Juni-Hälfte als britischen Botschafter nach Moskau delegierten Sir Stafford Cripps hatte er bereits am 1. Juli 1940 unmißverständlich erklärt, daß er kein Interesse an der Wiederherstellung des alten machtpolitischen Gleichgewichts in Europa habe.[48] Bis zum 3. Juli 1940 hatten die Vereinigten Staaten von Amerika nur geringe Mengen an Waffen und Munition an Großbritannien geliefert. An diesem Tag, der als schwarzer Fleck in die französische Geschichte eingegangen ist, vernichtete die britische Flotte – mit Roosevelts Einverständnis – bei Mers-el-Kabir die französische Flotte, um sie dem Zugriff Hitlers zu entziehen. Churchill, der über die Vernichtung der britischen Zerstörer bei Dünkirchen trauerte und bekundete, daß er „im Kampf zu bleiben" gedenke, „allein und wenn nötig auf Jahre hinaus",[49] warb zunächst am 13. Juli erfolglos um Roosevelts Unterstützung, was Hitler als Plus für sich und seine Position notierte. Am 10. Juli ließ er erstmals die Luftflotten 2 und 3 mit starken Kräften militärische Ziele in Südengland angreifen, wobei die Generale Albert Kesselring und Hugo Sperrle erstmals mit starken Kräften aufwarteten.

Vier Tage später begann Roosevelts Geheimdienstchef William J. Donovan in London die britische Kriegswilligkeit und Kriegsfähigkeit zu prüfen und festzustellen, auf welche Vorgaben ein totales amerikanisches Engagement gegebenenfalls treffen würde. Oberst Donovan, der bis Anfang August in London blieb, ließ sich von Churchill überzeugen, daß England in der Lage sein würde, eine deutsche Invasion abzuwehren.[50] „Wenn wir heil über die nächsten sechs Monate kommen", hatte Churchill den amerikanischen Präsidenten wissen lassen, werde er, Churchill, sich „hoffnungsvoll" fühlen können.[51] Doch dafür sei unerläßlich, daß die USA Großbritannien fünfzig oder sechzig der älteren US-Zerstörer zur Verfügung stellten, die der britischen Admiralität die Möglichkeit geben sollten, modernere britische Schiffe für die Abwehr einer deutschen Invasion freizustellen.

Der Preis, den Roosevelt nicht zufällig am 13. August 1940, als der Höhepunkt der Luftschlacht um England erreicht zu sein schien, den Briten präsentierte, war beispiellos hoch: Mindestens fünfzig US-Zerstörer einschließlich der dazugehörigen Begleitschiffe und fünf verschiedene Typen amerikanischer Flugzeuge, die die Royal Air Force allerdings selbst einfliegen müsse gegen eine „private Zusicherung" Churchills, daß im Falle einer britischen Kapitulation weder die ganze britische Flotte noch einzelne Schiffe an Deutschland ausgeliefert werden würden, und, was das

US-Präsident Franklin D. Roosevelt.

14. Mai 1940. Winston Churchill während seiner berühmt gewordenen „Blut-und-Tränen"-Rede.

4. Februar 1945: Stalin und Churchill während der Konferenz von Jalta.

britische Kabinett besonders empörte, die Verpachtung der britischen Stützpunkte auf Neufundland, auf den Bermudas, den Bahamas, auf Jamaika, St. Lucia, Trinidad und in Britisch Guayana – für die Dauer von 99 Jahren.[52]

Am 24. Mai hatte Churchills Leibarzt Lord Moran über eine Begegnung mit dem Premierminister in sein Tagebuch geschrieben: „Sie wollen [Frage Churchills an Moran] sicher wissen, was ich Präsident Roosevelt berichten werde. Nun, ich will Ihnen einen Vers aus dem Buch der Bücher zitieren, nach dessen Lehren Mr. Johnston* und meine eigene schottische Mutter erzogen worden sind: ‚Wo du hingehst, da will auch ich hingehen; und wo du weilst, da will ich auch weilen; dein Volk soll mein Volk sein, und dein Gott mein Gott ... Bis zum bitteren Ende.' Zu meiner Überraschung sah ich Tränen in Churchills Augen. Er wußte, was das bedeutete. Und selbst wir empfanden diese 53 Worte als ein Seil, das man dem Ertrinkenden zuwirft."[53]

Langwierige und dramatische Verhandlungen führten Ende August schließlich zu einem Ergebnis, das England ohne große Empörung akzeptieren konnte. Churchill durfte die ganze Transaktion als Geschenk Roosevelts bezeichnen, der berechtigt war, sie als Handelsgeschäft zu deklarieren. Großbritannien überließ den USA Neufundland und die Bermudas als „Geschenk". Die USA verkauften ihre Zerstörer gegen eine 99-Jahre-Pacht von sechs weiteren Stützpunkten auf den westindischen Inseln. Ein gesonderter Notenwechsel regelte die Zustimmung Großbritanniens, im Falle der Kapitulation vor Deutschland weder die Flotte zu versenken noch sie Hitler auszuliefern.

Stalin dagegen tat zu der Zeit, als habe er nicht nötig, solche „Geschäfte" überhaupt zu erwägen. Und in der Tat: Er sah sich von Deutschland, Italien,** Japan*** und Großbritannien zugleich umworben. Keiner der Werber wußte indes genau, um wessen Gunst und Wohlwollen er sich da bemühte. Bezeichnend erscheint die Antwort, die Hitler seiner Sekretärin Christine Schroeder (eigentlich: Emilie Schroeder) kurz nach dem Beginn des deutsch-sowjetischen Krieges auf die Frage gab, wieso er „immer betonte", daß die Entscheidung für den Krieg gegen die So-

---

* Johnston war von 1941 bis 1945 Staatssekretär für Schottland.
** Italien bemühte sich seit Juni 1940 um die Verbesserung der italienisch-sowjetischen Beziehungen, wobei Mussolini eine Interessenabgrenzung auf dem Balkan zu bewirken hoffte.
*** Japan wünschte den Abschluß eines Neutralitätsvertrags oder einen Nichtangriffspakt.

wjetunion sein „schwerster Entschluß" gewesen sei.* „Weil man so gar nichts über Rußland weiß", sagte er und fuhr fort, es könne „eine große Seifenblase sein ... aber ebenso auch anders."⁵⁴ Die Geheimnistuerei und Verdunkelungspolitik der Sowjetführung hatte wuchernde Früchte getragen.

1940, nach ihrem Debakel in Finnland, bemühte sie sich systematisch, noch intensiver als zuvor Drohungen zu kultivieren und Reichtum und Unüberwindbarkeit allgegenwärtig erscheinen zu lassen. Der XXIII. Jahrestag der bolschewistischen Revolution geriet am 7. November zu einem aufwendig spektakulären Ereignis. M.I. Kalinin, der Staatspräsident der UdSSR, behauptete am Vorabend der demonstrativen Feierlichkeiten in einer Rede im Moskauer Bolschoi-Theater, daß die Sowjetunion der einzige Staat sei, der nicht in den europäischen Krieg verwickelt sei und sich um die Erhaltung der Neutralität bemühe. Die „Prawda" klagte die „kapitalistische Welt" an und bezichtigte sie der „brutalen Zerstörung dessen, was Generationen geschaffen haben." Marschall Timoschenko warnte in seinem Tagesbefehl vom 7. November: „Die Rote Armee ist bereit ... einen vernichtenden Schlag gegen jedermann zu führen, der es wagen sollte, die geheiligten Grenzen unseres sozialistischen Staates zu verletzen."⁵⁵ Der Bericht der „Prawda" vom 9. November 1940 über die militärische Demonstration vom 7. November sprach für sich. „Die Parade", so hieß es da, „zeigte die ganze Macht der sowjetischen Armee. Die Plätze der Städte erzitterten unter dem Donner der Flugzeugmotoren und dem Marschtritt der Bataillone. Unsere Kampfflugzeuge überflogen unsere Städte in tadelloser Formation. Man sah sie überall, in Moskau, Riga, Lemberg, Orel, Tallinn, Tschernowitz, Woronesch, Kiew, Odessa, Archangelsk, Murmansk, Sewastopol, Tiflis, Nowosibirsk, Irkutsk, Eriwan, Wiborg, Krasnojarsk, Baku, Alma Ata, Wladiwostok und anderswo. Insgesamt nahmen mehr als 5 000 Kampfflugzeuge verschiedener Typen und Klassen an diesen Luftparaden teil, und wenn das Wetter an manchen Plätzen besser gewesen wäre, hätten es 8 000 sein können.

---

* Trotz seiner gelegentlichen Äußerungen (wie beispielsweise in seinem Brief vom 8. März 1940 an Mussolini), seine Gegnerschaft zum Kommunismus infolge der angeblichen Neuorientierung der Politik Stalins aufgegeben zu haben, hatte sich an seiner inneren Haltung niemals etwas geändert. „Der Pakt mit Rußland", sagte er beispielsweise am 2. August 1941 im Hauptquartier „Wolfsschanze", „hat mich nie bestimmt, der Gefahr im Inneren (den Kommunisten) gegenüber eine andere Haltung einzunehmen." Picker, Henry, Hitlers Tischgespräche im Führerhauptquartier 1941 – 1942, Stuttgart 1965 (2. Aufl.), S. 139. Fortan zit.: Picker ...

Unsere braven Stalin-Falken* flogen diese großartigen Maschinen, das Werk unserer ruhmreichen sowjetischen Konstrukteure."

Die deutsche Wehrmacht hätte im „Völkischen Beobachter" schwerlich makabrer gerühmt werden können. Finnland schien bereits außerhalb des Blickfeldes gerückt zu sein, das alte Selbstverständnis wieder zurückgekehrt. Bereits im September hatte Stalin kategorisch darauf hingewiesen, daß die sowjetischen Militärs „auf die öffentliche Meinung der Welt Rücksicht" zu nehmen und zugleich zu zeigen hätten, daß die Sowjetunion „die Lehren aus dem Konflikt mit Finnland gezogen" habe.[56]

Die „Welt" war aufgeteilt, die Harmonie gestört. Gegenseitige Vorwürfe und Rechtfertigungsversuche bestimmten das Klima der „Freundschaft".** Stafford Cripps meldete nach London, daß die Sowjets zu behaupten begännen, daß ihre „Übereinkommen" mit Deutschland auch Großbritannien nützen würden. Cripps, der im Oktober 1940 nach Gesprächen mit dem Außenkommissar Wyschinskij den Eindruck gewann, daß die Sowjetunion keinen deutschen Sieg im Westen wünschte, weshalb Großbritannien der UdSSR ein attraktives Angebot über ein britisch-sowjetisches Abkommen unterbreiten sollte,[57] übermittelte Anthony Eden am 8. August nach London: „Molotow sagte mir, die Übereinkommen [mit Deutschland] seien ... für uns von lebenswichtigem Interesse. Sie haben uns zum Beispiel ermöglicht, unsere Interessen in der westlichen Ukraine und in Weißrußland sicherzustellen."[58] Der britische Versuch vom 22. Oktober 1940, die UdSSR für einen Pakt zu gewinnen, scheiterte an Stalins Hoffnung auf bessere Angebote Hitlers. Großbritannien hatte der UdSSR vorgeschlagen, London gegenüber eine ebenso wohlwollende Neutralität entgegenzubringen wie Berlin, was auch für die sowjetische Politik gegenüber der Türkei und dem Iran gelten müßte.***

* Volkstümliche russische Bezeichnung für die Flieger der Roten Armee.
** Molotows Versuche, nach außen hin den Schein zu wahren und die Risse wieder zu kitten, erschienen zu deutlich an den Haaren herbeigezogen. So teilte Schulenburg dem Auswärtigen Amt beispielsweise am 29. Juli 1940 mit, daß die Sowjetunion die Verantwortung dafür übernehme, „daß alle deutschen Eigentumsinteressen ... in den Baltenstaaten gewahrt blieben". Die Regierung der UdSSR habe den Regierungen Litauens, Lettlands und Estlands entsprechende Weisungen erteilt. Akten zur Deutschen Auswärtigen Politik, D X, Nr. 206. Schnurre wiederholte diese Feststellung am 30. Juli noch einmal für die Akten des Auswärtigen Amtes. Daß hinter der Bereitschaft der Sowjetunion das Verlangen stand, den Teil Litauens, der nach dem beiderseitigen Gebietsschacher zur deutschen Interessensphäre gehörte, „nach deutscher Wahl in Gold oder Waren" von Deutschland zum Gegenwert von 3,86 Millionen Golddollar abzukaufen, ließ erst ein Memorandum Molotows vom 13. August 1940 erkennen. Akten zur Deutschen Auswärtigen Politik, D X, Nr. 332 (C.-E. 167).
*** Die Sowjetunion sollte sich verpflichten, die Türkei und Iran zu unterstützen, wenn sie von Deutschland angegriffen würden.

Moskau sollte auf einen Ausgleich mit Japan verzichten, wenn die ausgleichende Übereinkunft geeignet wäre, japanische „Aggressionspläne" zu fördern. Dafür wollte Großbritannien einen großzügigen Wirtschaftsvertrag mit der UdSSR abschließen, die Sowjetunion bei der Regelung der europäischen Verhältnisse nach Englands Sieg über Deutschland konsultieren und sich jeder sowjetischen Mächtekombination fernhalten, solange die UdSSR sich keiner feindlichen Haltung gegenüber Großbritannien befleißigte. Darüber hinaus war London bereit, die De-facto-Herrschaft der Sowjetunion über Estland, Lettland, Litauen, Bessarabien, die Nordbukowina und über den Teil des polnischen Staates anzuerkennen, der seit dem Polenfeldzug unter sowjetischer Kontrolle stehe.[59]

Rüstungskalkulationen: Reichsmarschall Hermann Göring 1940 im Gespräch mit Generalluftzeugmeister Ernst Udet.

Doch Stalin, der sich umworben fühlte, wollte mehr, und er hoffte, daß Hitler es ihm bieten würde.

Eine direkte Zusammenkunft zwischen Hitler und Stalin, die Ribbentrop über Molotow und Schulenburg diplomatisch zu arrangieren versuchte, kam nicht zustande. Eine offizielle Einladung seitens der deutschen Regierung oder Hitlers unterblieb, weil Berlin sich nicht der Peinlichkeit einer Absage aussetzen wollte. So blieb es schließlich bei einer Einladung an Molotow, der sie akzeptierte und Mitte November 1940 nach Berlin reiste, wo er mit Hitler, Ribbentrop und Göring konferierte – und schließlich Hitlers Entschluß auslöste, sobald wie möglich mit dem Krieg gegen die Sowjetunion zu beginnen.

III
Die Dämmerung des Burgfriedens

Kein west-östlicher Diwan

Kein west-östlicher Diwan

Hitler war inzwischen „Herr" über den westlichen Teil Polens, über Dänemark, Norwegen, Belgien, Luxemburg und die Niederlande. Frankreich hatte er niedergeworfen. Stalin gebot 1940 über Lettland, Estland, Litauen, Bessarabien und die Nordbukowina. Polen hatten er und Hitler sich geteilt. Finnland war ihm im Krieg unterlegen. Hitler, der bis zum 22. Juli 1940 gehofft hatte, daß Großbritannien angesichts der politischen und militärpolitischen Situation klein beigeben, sein „Friedensangebot" vom 19. Juli 1940 akzeptieren und sich mit ihm arrangieren werde, wozu das Foreign Office bis zum 22. Juli 1940 durchaus bereit war, mußte sich jedoch am 22. Juli von seinen zwei Jahrzehnte alten England-Plänen verabschieden.* Franz Halders Aufzeichnungen vom 22. Juli markieren die Zäsur. „Führer: Unklar, was in England wird", heißt es in den Kriegstagebüchern: „Die Vorbereitungen zur Waffenentscheidung müssen so schnell wie möglich getroffen werden. Der Führer will sich die militärpolitische Initiative nicht aus der Hand nehmen lassen. Sobald Klarheit, wird politische und diplomatische Initiative wieder aufgenommen werden. Gründe für die Fortsetzung des Krieges durch England: 1. Hoffnung auf Umschwung in Amerika (Roosevelt unsicher, Industrie nicht investieren. England läuft Gefahr, die Stellung als erste Seemacht an Amerika abzugeben). 2. Hoffnung auf Rußland. Die Lage Englands ist hoffnungslos ... Frage an Marine: In welcher Zeit kann Schiffsraum bereitgestellt werden? Wie kann artilleristischer Flankenschutz gewährleistet werden. Was kann von See her für Sicherung getan werden? Übersetzen erscheint dem Führer ein großes Risiko. Übersetzen daher erst, wenn kein anderer Weg offen ist, um mit England zum Schluß zu kommen. England sieht vielleicht folgende Möglichkeiten: Unruhe stiften via Rußland

---

* Am 22. Juli 1940 lehnte der britische Außenminister Lord Halifax Hitlers „Friedensangebot" (seinen „letzten Appell" an die Vernunft) vom 19. Juli 1940 (DNB-Text vom 19. Juli) kompromißlos ab.

auf dem Balkan, um uns Betriebsstoff wegzunehmen und unsere Luftflotte lahmzulegen. Gleicher Zweck durch Einstellung Rußlands gegen uns ... Wenn England weiter Krieg führen will, dann wird versucht werden, alles politisch gegen England einzuspannen. Spanien, Italien, Rußland. Bis Mitte September muß England erledigt sein, wenn wir zum Angriff schreiten. Kampf mit Luftwaffe und U-Booten ... Großangriff gegen feindliche Luftwaffe ... feindliche Jäger zerschlagen ... Angriff mit verschärftem U-Boot-Krieg koppeln."[1]

Hitlers Wunsch nach einem Arrangement mit Großbritannien blieb ebenso pure Illusion wie die britische Hoffnung auf ein konsequentes Umschwenken Stalins, der unmißverständlich erklärt hatte, an einer Wiederherstellung der alten machtpolitischen Verhältnisse in Europa nicht interessiert zu sein.[2] Da Cripps von ihm auch „erfahren" zu haben vorgab,* daß er einen deutschen Sieg ebensowenig wünschte, mußte er den Briten weiterhin als „unberechenbar" erscheinen. Die sich abzeichnenden intensiveren sowjetisch-britischen Kontakte** änderten nichts daran. Und Hitler hielt Stalin 1940 für noch unberechenbarer als 1939. Franz Halder hatte Oberst Hans von Greiffenberg, den Chef der Operationsabteilung, am 3. Juli 1940 angewiesen zu prüfen, wie ein militärischer Schlag gegen Rußland zu führen sei,*** „um ihm die Anerkennung der beherrschenden Rolle Deutschlands in Europa abzunötigen."[3] Zwar wollte er dies am 4. Juli lediglich als „Vorkehrung für alle Fälle" verstanden sehen, doch unterließ er nicht, gleichzeitig eine konkrete operative Planung gegen die Sowjetunion zu initiieren, die er auf eine Macht zweiten Ranges reduziert sehen wollte. 24 Tage danach, am 29. Juli, informierte Alfred Jodl seine engsten Mitarbeiter im Wehrmachtführungsstab über Hitlers Entschluß, „zum frühestmöglichen Zeitpunkt durch einen überraschenden Überfall auf Sowjetrußland die Gefahr des Bolschewismus ein für allemal aus der Welt zu schaffen."[4]

---

* Aus den Angaben von Sir Stafford Cripps, des am 6. Juni 1940 zum „außerordentlichen Botschafter und bevollmächtigten Minister" Großbritanniens in Moskau ernannten, äußerst eigenwilligen und unorthodox agierenden Labour-Politikers, der seit dem 12. Juni 1940 in der sowjetischen Hauptstadt residierte, ist nicht immer eindeutig herauszulesen, was tatsächlich geschah und was Cripps von sich aus hinzufügte.
** Bezeichnend für Stalin war nicht zuletzt, daß er Cripps unmittelbar nach dem Zusammenbruch Frankreichs zu einer Unterredung empfing, über die die deutsche Botschaft erst später unterrichtet wurde.
*** Halder, Kriegstagebuch, Bd. 2, S. 6. Das Oberkommando des Heeres hatte seit Ende Juni 1940 eine Studie über das „russische Problem" zur Hand, die Walther von Brauchitsch Hitler am 21. Juli 1940 vortrug (Halder, Kriegstagebuch, Bd. 2, 22. Juli 1940, S. 32 f.).

Absolut synchron agierten Stalin und seine Generale, die sich zumindest mit der gleichen Intensität auf einen Krieg gegen Deutschland vorbereiteten. Dort hatte bereits im April 1940 eine Sitzung des Obersten Kriegsrates im Kreml stattgefunden, in der beschlossen worden war, die „Organisation, Bewaffnung und Gefechtsausbildung der Roten Armee zu verbessern"[5] und die „strategische Entfaltung der Roten Armee"[6] zu aktivieren. „Der Operationsplan", so resümierte Wassilewski, „beherrschte in diesen Monaten all unser Tun. Als wahrscheinlicher Hauptgegner wurde Hitlerdeutschland genannt."[7] Stalins Intuition folgend, daß „Deutschland ... im Kriegsfall seine Hauptkräfte nicht im Zentrum jener Front konzentrieren" würde, die „längs der sowjetisch-deutschen Grenze entstünde", sondern im Südwesten, „wo es sich in erster Linie der reichen Industrie-, Rohstoff- und Landwirtschaftsgebiete zu bemächtigen"[8] versuchen würde, mußten vor allem die Generale Timoschenko, Merezkow und Watutin einen Operationsplan entwerfen, der Stalin im September 1940 von Schukow und Watutin vorgetragen wurde.[9] Schukow berichtete, daß die „militärische Ausbildung und Erziehung der Truppen nach den Erfordernissen des Krieges"[10] zu der Zeit zu den Hauptaufgaben der Offiziere der Roten Armee* gehörte, die er und Wladimir Nikolajewitsch Borissow, ein Mitglied des Militärrats des Wehrkreises, „den ganzen Sommer über" überwachte.[11] Truppeninspektionen, Geländeübungen im Beisein Timoschenkos und politische Instruktionen der Truppe standen auf der Tagesordnung.[12] Als vorgegebener Feind figurierten nicht etwa abstrakte Modelle oder die bei Manövern üblichen Farben „Rot" und „Blau", sondern konkret „Hitlerdeutschland".

Doch Stalins „Appetit" auf Kriege, die ihm nützen sollten, bezog sich bereits zu der Zeit nicht mehr nur auf Europa.** Wie der britische Botschafter Sir Stafford Cripps und der US-Botschafter Laurence A. Steinhardt, die in Moskau über gute Kontakte zur Sowjetführung verfügten, frühzeitig erkannten, ging es Stalin darum, auch im Fernen Osten einen

* Ende der dreißiger Jahre war Graf Ignatiew, ein in Paris lebender ehemaliger zaristischer Offizier, der dem NKWD in der französischen Hauptstadt einige Dienste erwiesen hatte, nach Moskau geholt worden, wo er den Befehlshabern der Roten Armee gesittete Manieren beibringen mußte.
** Offen bekundete beispielsweise der Volkskommissar des Äußeren am 1. Juli 1940 gegenüber dem sowjetischen Botschafter in Tokio: „Der Abschluß unserer Vereinbarung mit Deutschland war diktiert von dem Wunsch nach einem Krieg in Europa". Vgl. Hoffmann, Joachim, Die Angriffsvorbereitungen der Sowjetunion 1941, in: Zwei Wege nach Moskau. Vom Hitler-Stalin-Pakt bis zum „Unternehmen Barbarossa", München und Zürich 1991, S. 367. Fortan zit.: Hoffmann, Die Angriffsvorbereitungen der Sowjetunion 1941 ...

Krieg angezettelt zu sehen, von dem er – wie in Europa – profitieren zu können hoffte. „Wir würden allen Verträgen zustimmen, die einen Zusammenstoß zwischen Japan und den Vereinigten Staaten heraufbeschwören"[13] könnten, hieß es beispielsweise in einem Telegramm des sowjetischen Außenministeriums vom 14. Juni 1940 an die sowjetischen Botschafter in Japan und China.

„Ende September 1940", rund drei Monate vor Hitlers Unterzeichnung der „Weisung 21: Fall Barbarossa", „kündete der Generalstab [der Roten Armee] für Dezember eine Tagung der höchsten Truppenführer der Armee in Moskau an. Sie wurde auf Weisung des Zentralkomitees der Partei durchgeführt. Ich erhielt den Auftrag", bezeugte Schukow, über „das Wesen der modernen Angriffsoperation zu referieren."[14]

Stalin, der „eiskalte Rechner", wie Hitler ihn gelegentlich nannte, ließ sich nicht in die Karten sehen. Zwar hatte er dem britischen Botschafter im Juli zu verstehen gegeben, daß er weder einen deutschen Sieg wünschte noch Großbritannien eine dominierende Position in Europa zuzugestehen bereit sei,* doch die sowjetische Presse war angewiesen, Sympathien für Großbritannien offenkundig werden zu lassen. Die „Prawda" lobte die kameradschaftliche Atmosphäre in der britischen Armee und hob hervor, daß „das gegenwärtige System der Luftverteidigung Englands ... eindrucksvoller" sei „als alles, womit die [deutsche] Luftwaffe bisher zu tun hatte".[15] Ein TASS-Korrespondent, der eine englische Batterie der Luftabwehr hatte besuchen dürfen, rühmt die Einsatzfreudigkeit und Kampfbereitschaft der britischen Proletarier, die einen „Volkskrieg" gegen Deutschland führten.[16]

Anna Achmatowa dichtete angesichts solch neuer Töne einen Vers über die Bombardierung Londons durch deutsche Flugzeuge.[17] „Die Zeit schreibt mit knöcherner Hand", reimte sie, „Shakespeares vierundzwanzigstes Drama./ Nein, laßt uns lieber Hamlet und Cäsar/ Und Lear lesen, über den bleiernen Fluß/ Nein, laßt uns lieber die geliebte Julia begleiten ... Aber nicht das, nicht das, nicht das/ Dieses eine Drama zu

---

* „Stalin sagte mir", notierte Sir Stafford Cripps beispielsweise am 1. Juli 1940 unter anderem (Foreign Office Akten, 1940, Bd. 24844), „die Grundlage des (deutsch-sowjetischen) Nichtangriffspaktes sei das gemeinsame Bestreben gewesen, das alte in Europa bestehende Gleichgewicht zu beseitigen, das Großbritannien und Frankreich vor dem Krieg aufrecht zu erhalten bestrebt gewesen seien. Wenn der Premierminister (Churchill) das alte Gleichgewicht wieder hergestellt haben möchte, setzte Stalin fort, können wir ihm nicht zustimmen ... Ich bin nicht so einfältig, den deutschen Versicherungen zu glauben, sie hätten keinen Wunsch nach Hegemonie, aber ich bin von der physischen Unmöglichkeit einer solchen Hegemonie überzeugt."

lesen, können wir nicht ertragen".* Und Nikolai Tichonow fabulierte prophetisch: „Durch die Nacht, durch Ströme von Regen/ Und durch den Wind,/ Geht der Mann von London/ seinen Weg zum Luftschutzkeller./ Und während er geht, lernt er seine Lektion ... Wir lernen noch unsere Lektion/ Auf der Schulbank./ Aber in der Nacht träumen wir/ Von der Prüfung, die uns noch bevorsteht."**

Daß Großbritannien zurückschlug, verheimlichte die sowjetische Presse auch nicht mehr. So berichtete die „Prawda" beispielsweise über die „Evakuierung von Kindern aus Berlin"[18] und über eine Warnung Roosevelts an Pétain, sich womöglich mit Deutschland zu verbünden und England den Krieg zu erklären.[19]

Daß diese Situation augenblicklich die farbigsten Mutmaßungen initiieren mußte, war zwangsläufig. Winston Churchills Moskauer Botschafter Stafford Cripps faßte sie beim Schopf. Nachdem zwischen dem 15. und 18. Juni 120 449 britische und kanadische Soldaten aus Frankreich[20] evakuiert worden waren, Molotow dem deutschen Botschafter von der Schulenburg für die bemerkenswerten Erfolge der deutschen Wehrmacht gratuliert hatte und im deutschen Generalstab bereits über Demobilisierungsmaßnahmen beraten wurde, versuchte er, Irritationen zu stiften. Noch ehe die französischen Waffenstillstandsvorbereitungen abgeschlossen waren, hatte er über die französische und über die britische Gesandtschaft in Tallinn die Version auf den Weg gebracht, daß die sowjetischen Baltikum-Aktionen mit den Westmächten vereinbart worden seien, um Hitlers Siegeszug zu stoppen.

„Staatspräsident seien Nachrichten aus Moskau zugegangen", hieß es in einer Zusammenfassung des „Außen- und militärpolitischen Nachrichten"-Dienstes der Wehrmacht vom 18. Juni 1940, „wonach englischer Botschafter Cripps wiederholt Gespräche mit Molotow gehabt habe ... S. U. lasse 3 Millionen Soldaten Ostgrenze deutschen Einflußgebietes aufmarschieren, um hierdurch Westmächten zu helfen. Esten schlossen hieraus, daß russische Besetzung tatsächlich auf englisch-französische Einflüsterungen in Moskau zurückzuführen sei, und hoffen auf deutsche Gegenwirkung ... Nach Mitteilung estnischen Gesandten ... seien lange Unterredungen Molotows mit englischem und französischem Botschafter

---

* Das Gedicht durfte dann doch erst 1943 erscheinen: Anna Achmatowa, Isbrannoje, Taschkent 1943, S. 12.
** Tichonow durfte sein Gedicht sogar erst 1956 publizieren: Literaturnaja Moskwa, Moskau 1956, S. 499.

4520/40

Oberkommando der Wehrmacht
Nr. 0648/40 geh. Ausl. I   Geheim

Nur zur Unterrichtung!   Eilt sehr!

Außen- und militärpolitische Nachrichten
(Ohne Funk- und Pressemeldungen)

3. **Baltische Staaten**

 a) Gesandtschaft Tallin Nr.207 v.19.6.

Bei Gespräch Staatspräsidenten mit Sowjetkommissar Shdanow, das belanglos aber in angenehmen Formen verlaufen sei, habe sich als vorläufiger Eindruck ergeben, daß gegenwärtig Annexion oder Bolschewisierung Estlands nicht geplant sei. Staatspräsident seien Nachrichten a Moskau zugegangen wonach englischer Botschafter Cripps wiederholt l ge Gespräche mit Molotow gehabt habe. Aus Kreisen englischer und fr zösischer Gesandtschaft in Tallin werde verbreitet, daß Sowjetbesetzung Baltenstaaten sich gegen Deutschland richte. S.U. lasse 3 Milli Soldaten an Ostgrenze deutschen Einflußgebietes aufmarschieren, um hierdurch Westmächten zu helfen. Esten schlössen hieraus, daß russis Besetzung tatsächlich auf englisch-französische Einflüsterungen in M kau zurückzuführen sei, und hofften auf deutsche Gegenwirkung. Übereinkommen über Unterbringung Sowjettruppen sei erzielt, wobei Russen ih Forderungen erheblich ermäßigt hätten. Keine Zwischenfälle bei Truppbewegungen. Shdanow sei vom Bahnhof zur Sowjetgesandtschaft und zum Staatspräsidenten im Panzerwagen, begleitet von 2 Tanks, gefahren.

Baltische Staaten

 a) Gesandtschaft Tallinn Nr 204 und 207 vom 17.u.18.6.

Russische Forderungen seien im Militärbesprechungen Lei(ausserordentlich Erweitert worden: Gesamte Werften, Kasern Militärgebäude, Flugplätze seien sofort zu räumen, da Komm baltischer Flotte von Kronstadt nach Reval verlegt werden s Entwaffnung Schutzwehr, allgemeine Waffenabgabe für Zivilbevö kerung. Sowjetische Truppenbewegungen ohne Zwischenfall verl fen. Besetzt seien Reval, Narwa, Narwa-Joesu und anschliessen Küste nach Westen. In Reval 4000 Mann, 228 Panzerspähwagen un! Lastautos. Auf Oesel und Lagoe eilige Schanzarbeiten. Verhalt

> Sowjetmilitärs mache überstürzten, nervösen Eindruck, als ob i:
> gendein Angriff befürchtet werde - Da angegebene Gründe für
> Sowjetaktion völlig abwegig, vorliege reine Machtoperation,
> die offenbar vor deutscher Neugestaltung Europas schnell voll
> zogen werden solle, um vollendete Tatsachen zu schaffen. Nac
> Mitteilung estnischen Gesandten Moskau seien lange Unterredung:
> Molotows mit englischem und französischem Botschafter vorau5-
> gegangen. Offensichtlich hatten diese russisches Schwächege'
> genüber siegreichem Deutschland benutzt, um Sowjetunion zur
> schleunigen Angliederung Baltenstaaten aufzustacheln, in Hof;
> dadurch Keil zwischen Deutschland und Russland zu treiben.
> Estnischer Staatspräsident habe Gesandten gebeten, Einwirkung
> in Moskau im Sinne Mässigung oder Hinausschiebung zu veranlass
>   b) <u>Gesandtschaft Riga</u> Nr. 26 Nr. 262 vom 18.6.
>   Mannhafter Einsatz Staatspräsidenten Ulmanis sowie Ver-
> sammlungsverbote hätten wesentliche Beruhigung herbeigeführt.

Juni: 1940: Bericht des „Außen- und militärpolitischen Nachrichten"-Dienstes des Oberkommandos der Wehrmacht über Maßnahmen der Sowjets in den Baltischen Staaten: „... Aus Kreisen englischer und französischer Gesandtschaft in Tallinn wurde verbreitet, daß Sowjetbesetzung Baltenstaaten sich gegen Deutschland richten. S.U. lasse 3 Millionen Soldaten an Ostgrenze deutsche Einflußgebietes aufmarschieren, um hierdurch Westmächten zu helfen."

Aus: *Ausgewählte Dokumente zur Geschichte des Nationalsozialismus 1933–1945,* Hrsg. H.-A. Jacobsen und W. Jochmann, Bielefeld 1961 ff.

vorausgegangen. Offensichtlich hatte diese [russischen Schwäche] gegenüber siegreichem Deutschland benutzt, um Sowjetunion zur schleunigen Angliederung Baltenstaaten aufzustacheln, in Hoffnung, dadurch Keil zwischen Deutschland und Rußland zu treiben."

General Halder hatte am 22. Juli 1940 Hitlers Äußerungen festgehalten: „Stalin kokettiert mit England, um England im Kampf zu erhalten und uns zu binden, um Zeit zu haben, das zu nehmen, was er nehmen will und was nicht mehr genommen werden kann, wenn Frieden ausbricht. Er wird Interesse haben, daß Deutschland nicht zu stark wird ... Rußland-England: Beide wollen zueinander. Russen haben Angst, sich uns gegenüber zu kompromittieren ... Ablehnung Stalins gegen England ... Rußland lehnt ‚Gleichgewichts-Politik' Englands ab* ... Die wirkliche Stimmung in Rußland kommt aber bei anderen Gelegenheiten (Gespräch

---

* Gemeint war Stalins Unterredung mit Sir Stafford Cripps.

Kalinin* mit jugoslawischem Gesandten) zum Ausdruck. Hier wird zum Kampf gegen Deutschland aufgefordert."[21]

Anders als in der Sowjetunion, wo Stalin zu der Zeit 57 Millionen Rubel in die stark forcierte Rüsung investierte,** wurde bei der Rüstung in Deutschland bereits seit Ende Mai 1940 darauf verzichtet, „Fertigungskapazitäten auszubauen, die erst im Laufe des Jahres oder später zum Tragen"[22] kämen. Hitler rechnete fünf Wochen nach Beginn des Westfeldzuges damit, daß „die Aufgabe des Heeres in diesem Kriege im wesentlichen erfüllt"[23] sein würde, was zur Folge hatte, daß zwar die Panzer-Divisionen verdoppelt und die motorisierten Infanterie-Divisionen auf weitere 10 Divisionen erhöht, die Gesamtzahl der Divisionen jedoch auf 120 reduziert werden sollten.[24] Die Waffen- und Munitionsproduktion wurde – mit Ausnahme von schweren Panzern – eingeschränkt. Halder stellte am 18. Juni 1940 fest: „Demobilmachung: Wenn sie rasch erfolgen soll (und damit ist zu rechnen), dann als erste [Divisionen die aktiven Divisionen] nach hause nehmen. Jahrgang 20 nicht in Ers[-atz]-Truppenteile, sondern diese auflösen und junge Jahrgänge in die normale Ausbildung im Friedensstandort nehmen. Ersatzheer muß aufgelöst sein, wenn Feld-Div.[-isionen] zurückkehren. Auflösung*** braucht 14 Tage".[25]

Sieben Tage später erließ Keitel Richtlinien, die auf einer Anordnung Hitlers vom 7. Juni 1940 basierten und die Demobilisierung der im Kriegsheer freiwerdenden Kräfte anordneten. „Bisher für Wehrmachtfertigung eingesetzte, in Zukunft nicht mehr benötigte Kapazitäten, Produktionsmittel, Rohstoffe und Arbeitskräfte sind", so hieß es in den Richtlinien, „im Einvernehmen mit den Obersten Reichsbehörden ihren friedenswirtschaftlichen Bestimmungen wieder zuzuführen."[26]

Demonstrative Huldigungen an den Krieg, die in dieser Zeit in der Sowjetunion nicht zu den Ausnahmen gehörten, schienen weder Hitler noch die sieggewohnte Generalität zu beeindrucken. „Welch ein Glück und welche Freude, wird in den Blicken ... stehen", so durfte (oder mußte) beispielsweise der sowjetische Fliegergeneral Baidikow in der „Prawda" vom 18. August 1940 schreiben und fortfahren: „Ich sehe sie deutlich vor mir,

---

* Michail Iwanowitsch Kalinin war von 1919 bis 1946 offizielles Staatsoberhaupt der RSFSR und Vorsitzender des Zentralexekutivkomitees der UdSSR.
** 1940 betrug der Rüstungsetat 32,6 Prozent vom gesamten Staatsetat, 1941 = 43,4 Prozent. Vgl. Moroszow, Der Georgier, S. 207.
*** Im Juli und August 1940 wurden 17 Infanterie-Divisionen aufgelöst und zusätzliche 18 beurlaubt.

die Bomben, die die Fabriken zerstören, die Eisenbahnknotenpunkte, die Brücken, die Vorratshäuser und die Stellungen des Gegners; die Jagdbomber, die mit einem Feuerhagel die Truppenkolonnen, die Artilleriestellungen attackieren; die Luftlandefahrzeuge, die ihre Divisionen tief im Hinterland des aufmarschierten Gegners anlanden. Die mächtige und gefährliche Luftflotte des Sowjetlandes wird gemeinsam mit der Infanterie, den Panzermännern und Artilleristen ihre heilige Pflicht erfüllen und den unterdrückten Völkern beistehen, sich von ihren Henkern zu befreien."

Die gelegentlich kolportierte Behauptung, daß die deutschen Demobilisierungsmaßnahmen bereits eine falsche Einschätzung der Wehrkraft der Roten Armee bezeugten, basiert auf Spekulationen und Mutmaßungen. Hitler, der zu der Zeit noch auf ein Arrangement mit Großbritannien hoffte und die Anzahl der Divisionen (außer den Panzer-Divisionen und motorisierten Infanterie-Divisionen) reduzieren ließ, ging zu der Zeit von einer Neuorientierung der Wehrmacht aus, die infolge der von ihm noch vor der kurzfristigen Heeresverminderung geforderten Verdoppelung der Panzerverbände zusätzlich über 11 000 Panzer verfügen sollte. Bei einem Ausstoß von 150 Panzern pro Monat (1940) hätten 11 000 Panzer allerdings erst Anfang 1944 zur Verfügung stehen können, was Hitler am 9. Juli 1940 bewog, eine Monatsproduktion von 380 Panzern festzusetzen und letztlich mit 26 700 Panzern zu rechnen. Da diese Anzahl bei einer Monatsproduktion von 380 Panzern nicht bis Ende 1944, wie nun gefordert wurde, zur Verfügung stehen konnte,* korrigierte Hitler am 28. September 1940 seine Entscheidung vom 9. Juli durch einen „Führerbefehl", der die Fertigung von voraussichtlich 1 490 Panzern − bis 1. April 1941 − vorsah.

Theorie und Praxis hinsichtlich eines alsbaldigen Krieges gegen die Sowjetunion klafften auseinander.

Ribbentrops Moskau-Aktivitäten erwiesen sich indes als eindeutig. Sein spröder Charme und seine betuliche Ehrfurcht vor den sowjetischen Funktionsträgern gehörten längst der „Geschichte" an. Selbstbewußt und ohne Rücksichtnahme auf die in Moskau betont kultivierten traditionellen diplomatischen Gepflogenheiten forderte er kategorisch ein, was er zwölf Monate zuvor umständlich bittend vorgetragen hätte. So erklärte er dem sowjetischen Botschafter Schkwarzew beispielsweise am 2. September 1940, daß das vergangene Jahr „sowohl Deutschland als auch Sowjetruß-

---

* Es hätten monatlich 475 Panzer produziert werden müssen, was angesichts der zur Verfügung stehenden Arbeitskräfte und Kapazitäten nicht möglich war.

land große Vorteile gebracht" hätte und die UdSSR von den deutschen Siegen „einen großen Nutzen" habe. Sie habe „Revisionen durchführen können, die sich nicht hätten ermöglichen lassen, wenn Deutschland das englische System nicht zerbrochen hätte."[27] Und am 3. September wies er Schulenburg an, umgehend Molotow aufzusuchen und ihm vorzuhalten, daß die Sowjetunion „in verschiedenen Fällen ihres politischen Vorgehens in der letzten Zeit die Tatsache der Nachbarschaft ... zu Deutschland" ignoriert und Handlungen vorgenommen habe, die Deutschland nicht einfach hinnehmen könne. „In ... Litauen ... lag," so hob er beispielsweise hervor, "noch die Verpflichtung [der UdSSR] vor, Deutschland ein bestimmtes Gebiet im Südwesten Litauens zu übergeben für den Fall, daß die Sowjetunion auf litauischem Gebiet zur Wahrnehmung ihrer Interessen besondere Maßnahmen treffen würde. Trotzdem aber hat die Sowjetunion dieses Gebiet militärisch besetzt, obwohl dasselbe infolge der russischen Maßnahmen ohne weiteres als zu Deutschland gehöriges Gebiet hätte behandelt werden müssen ...* Im übrigen darf noch hinzugefügt werden, daß auch bei der Besetzung Bessarabiens und der Nordbukowina [die] Reichsregierung nur eine ganz kurzfristige Mitteilung von der Sowjetunion erhielt".[28]

Am 13. Oktober 1940, einen Tag nachdem Hitler das Unternehmen „Seelöwe" auf das Frühjahr 1941 verschoben und angewiesen hatte, die „Seelöwe"-Vorbereitungen bis dahin zur noch als „politisches militärisches Druckmittel" aufrechtzuerhalten, hatte Ribbentrop in Hitlers Auftrag an Stalin geschrieben und ihn gebeten, Molotow zu einem Gespräch mit Hitler nach Berlin kommen zu lassen. In Berlin sollte „auch nach der Auffassung des Führers die historische Aufgabe der vier Mächte, der Sowjetunion, Italiens, Japans und Deutschlands"[29] auf „längste Sicht" geordnet und festgelegt werden. Ribbentrop schlug dem „sehr verehrten Herrn Stalin" zugleich vor, nach dem erhofften Molotow-Besuch eventuell in Moskau gemeinsam mit Vertretern Japans und Italiens zusammenzukommen und „über die Grundlagen einer Politik" zu diskutieren, „die für uns alle nur von praktischem Nutzen sein könnte"[30]. Acht Tage später übergab Molotow dem deutschen Botschafter in Moskau einen

---

* Molotow sah sich außerstande, augenblicklich darauf zu reagieren und eine verbindliche Antwort zu formulieren. Er erklärte dem deutschen Botschafter, daß die Regierung der UdSSR schriftlich dazu Stellung nehmen werde. Am 21. September 1940 empfing er Schulenburg jedoch noch einmal und bot Deutschland an, gegebenenfalls den Artikel 3 des Nichtangriffspaktes zu annullieren, was Schulenburg zurückwies. Vgl. Akten zur Deutschen Auswärtigen Politik, D XI, Nr. 38 (C.-E. 176) und Nr. 81 (C.-E. 180).

versiegelten Brief mit Stalins Antwort an Ribbentrop. Stalin bedankte sich „aufrichtig" für den Ribbentrop-Brief und die in ihm enthaltene „lehrreiche Analyse der letzten Ereignisse" und erklärte: „Herr Molotow gesteht, daß er Ihr Schuldner ist und die Pflicht hat, Ihnen einen Gegenbesuch in Berlin abzustatten ... Für Herrn Molotow ist die Zeit vom 10. bis 12. November am bequemsten. Wenn sie auch der deutschen Regierung paßt, so kann die Frage als erledigt gelten."[31]

Am 9. November gab der Moskauer Rundfunk als Sondermeldung bekannt: „Auf Einladung der deutschen Reichsregierung und in Erwiderung der vorjährigen Reisen des Reichsaußenministers von Ribbentrop nach Moskau wird sich der Vorsitzende des Rats der Volkskommissare der UdSSR und Volkskommissar für Auswärtige Angelegenheiten Molotow in den nächsten Tagen zu einem Besuch nach Berlin begeben, um im Rahmen der freundschaftlichen Beziehungen zwischen den beiden Ländern den laufenden Gedankenaustausch durch eine erneute persönliche Fühlung fortzusetzen und zu vertiefen."*

Das Treffen in Berlin sollte Aufsehen in aller Welt erregen. Molotow und seine spektakuläre Begleitung wurden in Moskau mit beispiellosem Aufwand verabschiedet. Fünf Marschälle der Sowjetunion und nahezu das ganze Kabinett erwarteten ihn auf dem Moskauer Weißrussischen Bahnhof, wo eine Ehrenkompanie der Luftwaffe mit ihrer Musikkapelle angetreten waren. Berija, Mikojan und Timoschenko hatten sich die Ehre gegeben, ihren Regierungschef und Außenminister, der sich auf die erste Auslandsreise seines Lebens begab,[32] zu verabschieden. Stalin allerdings fehlte. Mit Molotow reisten 65 Begleiter nach Berlin: Der Volkskommissar (Minister) für das Hüttenwesen, fünf stellvertretende Volkskommissare, der Chef der „geheimen Polizei", General Wassilewski, zwei Vertreter des Volkskommissariats für Flugzeugindustrie, der deutsche Botschafter von der Schulenburg, der in Rußland geborene Botschaftsrat Gustav Hilger, siebzehn Mitarbeiter des sowjetischen Sicherheitsdienstes, zwölf Bahnbeamte, ein Arzt, ein Koch, ein Friseur und eine Kellnerin.

Daß die Zusammenkunft von Molotow und Hitler, die zu den wichtigsten Ereignissen zur Zeit des Zweiten Weltkrieges gehörte, in der sowjetischen Geschichtsschreibung lediglich eine nebensächliche Rolle spielt, hat plausible Gründe. Molotow war nicht nach Berlin gereist, um den

---

* A.A.-Film 3115, S. 635646 – 48. In der sowjetischen Presse erschien das Kommuniqué erstmals am 10. November 1940 kommentarlos, jedoch in großer Aufmachung auf der jeweils 1. Zeitungsseite.

Frieden zu sichern. Hätte sich seine Berliner Mission tatsächlich als das erwiesen, was sie nach sowjetischer Version gewesen sein sollte, wäre sie in einschlägigen sowjetischen Darstellungen mit Sicherheit angemessen herausgestellt worden. Gewöhnlich wird das Molotow-Hitler-Treffen mit ein paar Sätzen abgetan. In einigen – selbst aufwendigen – Darstellungen wird es nicht einmal erwähnt. Selbst Mitgliedern der Molotow-Delegation wie beispielsweise General Wassilewski, die über unwichtige Details des Zweiten Weltkrieges proportionslos lange Ausführungen hinterlassen haben, behandelten das Ereignis nur als Episode. Wurden politische Hintergründe genannt, war von der „Unantastbarkeit der Sowjetunion" und ihrer „Souveränität" die Rede, vom „deutschen Überfall", vom „Kampf gegen die imperialistische Politik anderer Staaten" und von der angeblichen „Zurückweisung" der an die Regierung der UdSSR herangetragenen Absichten, „Einflußsphären" zu schaffen.

Wassilewski beispielsweise schrieb 1973 in seinen Erinnerungen: „Wie wir bald erfuhren, versuchte Hitler, die sowjetische Delegation für ein schmutziges Spiel zu gewinnen. Er schlug vor, seinen provokatorischen Plan der ‚Aufteilung der Welt' zwischen Deutschland, Italien, Japan und der UdSSR zu erörtern. Molotow wies dieses Ansinnen zurück und verlangte eine konkrete Antwort auf unsere Fragen bezüglich der Politik Deutschlands in Osteuropa und seiner Ziele in Finnland und Rumänien. Eine gemeinsame Sprache konnte natürlich nicht gefunden werden."[33] Daß die Sowjets gerade eben dies beabsichtigt hatten, ist bestenfalls herauszulesen. Befriedigt notierte Wassilewski: „Auch das zweite Treffen mit Hitler verlief ergebnislos"[34] und: „Am 13. November abends empfing von Ribbentrop Molotow in der Wilhelmstraße. Aber auch hierbei gelang den Deutschen ihre beabsichtigte Provokation nicht."[35]

Generalfeldmarschall Wilhelm Keitel, sein späterer „Gegenspieler", der ebenfalls am Empfang teilgenommen hatte, notierte unter anderem: „Ich habe den Empfang der russischen Gäste beim Führer in der Reichskanzlei mitgemacht; der Begrüßung folgt(e) ein Frühstück in den Räumen des Führers, währenddessen ich neben dem Begleiter Molotows, Herrn Dekanosow, Platz hatte. Unterhaltung war nicht möglich, weil ein Dolmetscher nicht in erreichbarer Nähe saß ... Abgesehen von dem Abschiedsbesuch der russischen Herrn beim Führer nach der letzten, offenbar wichtigsten Besprechung, wo auch ich zur Verabschiedung herangeholt war, habe ich von den Besprechungen nichts mit angehört. Selbstverständlich habe ich Hitler nach dem Ergebnis gefragt, das er als unbefriedigend erklärte."[36]

Generalfeldmarschall Wilhelm Keitel

Der Behauptung Wassilewskis, daß Molotow Hitlers „provokatorischen Plan der Aufteilung der Welt" zurückgewiesen habe, steht das während des Gespräches aufgezeichnete amtliche Protokoll vom 12. November 1940 entgegen. Wiederholt ist in ihm davon die Rede, daß Molotow „mit den Ausführungen" Hitlers einverstanden gewesen sei und die diskutierten Probleme ebenso wie er gesehen habe.* Offensichtlich war dem Marschall nicht bekannt, daß die Protokolle, die Anfang Mai 1945 beim Einmarsch der Roten Armee in Berlin auf höchste Anweisung aus Moskau von der sowjetischen Geheimpolizei und von Mitgliedern der sogenann-

---

* So beispielsweise im Protokoll vom 12. November 1940: „Nachdem Molotow sich zu diesen Gedankengängen sehr zustimmend geäußert hatte", „Molotow äußerte dazu, daß dies vollkommen richtig sei", „... diesem Gedanken stimmte Molotow durch die Bemerkung zu ..." und „Molotow erklärte sich mit den Ausführungen des Führers ... einverstanden". Akten zur Deutschen Auswärtigen Politik, D XI/1,, Nr. 325 (C.-E. 199).

ten „Gruppe Ulbricht" im „Haus des Rundfunks" aufgespürt und sichergestellt werden sollten, dem Zugriff entgangen waren.

Wilhelm Keitel resümierte nach dem Treffen: „Ich war mir ... gleich im Klaren, daß wir auf den Krieg mit Rußland zusteuerten und weiß auch nicht, ob Hitler selbst in den Besprechungen alles aufgeboten hat, um ihn zu verhindern, was allerdings wohl nur bei Preisgabe seines Eintretens für die Interessen Rumäniens, Bulgariens und des Baltikums möglich gewesen wäre."[37] Daß auch dieser Version nicht kritiklos gefolgt werden kann, beweist das Unterredungsprotokoll vom 12. November 1940, in dem es unter anderem heißt: „Der Führer kam ... wieder auf die deutsch-russischen Bestrebungen zu sprechen. Er verstehe durchaus Rußlands Bemühungen um eisfreie Häfen mit absolut gesicherten Zugängen zum offenen Meer. Deutschland habe in seinen jetzigen Ostprovinzen seinen Lebensraum außerordentlich erweitert. Mindestens die Hälfte dieses Raumes sei jedoch als wirtschaftliches Zuschußgebiet anzusprechen. Vielleicht hätten sowohl Rußland und Deutschland nicht alles erreicht, was sie sich als Ziel vorgenommen hätten ... Im weiteren Verlauf der Besprechung richtete der Führer an Molotow die Frage, wie sich Rußland die Sicherung seiner Interessen im Schwarzen Meer und in den Meerengen vorstelle. Deutschland würde jederzeit bereit sein, von sich aus eine Verbesserung des Meerengenregimes für Rußland mit durchsetzen zu helfen."[38]

Hitler, dessen Sinnen und Trachten nach wie vor darauf gerichtet war, zunächst sobald als möglich England niederzuwerfen, weshalb er sich nicht leisten wollte, im Osten Probleme zu bekommen, kam seinem sowjetischen Gesprächspartner gelegentlich überraschend weit entgegen, was in Moskau offensichtlich als Zeichen von Schwäche aufgefaßt wurde. Molotow, so heißt es im Protokoll, kam „auf die Bedeutung des Dreimächtepaktes zu sprechen" und fragte, was die „Neuordnung in Europa und in Asien" bedeute und „in welcher Weise die UdSSR mit eingeschaltet" werden solle. Hitler erwiderte, „daß der Dreierpakt die Verhältnisse in Europa im Bereich der natürlichen Interessen der europäischen Staaten ordnen solle und Deutschland daher nunmehr an die Sowjetunion herantrete, damit diese in den sie interessierenden Gebieten mitsprechen könne. Auf keinen Fall soll eine Regelung ohne die sowjetrussische Mitarbeit getroffen werden. Dies gelte nicht nur für Europa, sondern auch für Asien, wo Rußland selbst an der Definition des großostasiatischen Raumes mitwirken und seine dortigen Ansprüche selbst bestimmen solle, Deutschlands Aufgabe wäre hierbei die eines Mittlers. Auf keinen Fall solle Rußland vor vollendete Tatsachen gestellt werden ...

Abschließend und zusammenfassend erklärte der Führer, es handele sich gewissermaßen um den ersten Kristallationspunkt für eine umfassende Zusammenarbeit unter Berücksichtigung der Probleme Westeuropas, die zwischen Deutschland, Italien und Frankreich zu regeln seien, sowie der Fragen des Ostens, die im wesentlichen Rußland und Japan angingen, bei denen jedoch Deutschland seine guten Dienste als Vermittler zur Verfügung stelle. Es handele sich darum, allen Versuchen Amerikas, ‚an Europa zu verdienen‘, entgegenzutreten. Die Vereinigten Staaten hätten weder in Europa noch in Afrika noch in Asien etwas zu suchen. Molotow erklärte sich mit den Ausführungen des Führers über die Rolle Amerikas und Englands einverstanden. Die Teilnahme Rußlands am Dreimächtepakt erschiene ihm grundsätzlich durchaus annehmbar unter der Voraussetzung, daß Rußland als Partner mitwirke und nicht nur Objekt sei. In diesem Falle sehe er keine Schwierigkeiten in der Frage der Teilnahme der Sowjetunion an den gemeinsamen Bemühungen. Aber das Ziel und die Bedeutung des Paktes müßten, besonders wegen der Abgrenzung des großostasiatischen Raumes, zunächst näher definiert werden."[39]

Molotow, der Hitler am 13. November herausfordernd darauf hinwies, „daß das deutsch-russische Abkommen nicht ohne Einfluß auf die großen deutschen Siege gewesen"[40] sei und daß sich seine Vorstellungen und Erwartungen mit den „genauen Weisungen"[41] Stalins deckten, erwies sich als unerbittlich, geradlinig und provokativ konsequent bei der Aufzählung der sowjetischen Wünsche für die Zukunft. Deutscherseits mußte sich der penible „Erfinder der Massenerschießungen nach Listen", wie russische Historiker ihn inzwischen zu nennen pflegen, vorwerfen lassen, nach Berlin gekommen zu sein, um Hitler zu provozieren und zum Waffengang herauszufordern. Hermann Görings vielzitierte Bemerkung „Das hat uns alle vom Stuhl gerissen", blieb exemplarisch für den Eindruck, den der fünfzigjährige Russe in Berlin nicht nur bei Hitler hinterließ.

Rigoros hatte Molotow die deutsch-sowjetischen Abkommen von 1939 als „auf eine bestimmte Etappe bezogen"[42] und erklärt, daß neuerliche Festlegungen in territorialer Hinsicht beispielsweise im Zusammenhang mit Litauen und der Bukowina nötig seien.[43] Obwohl im Geheimen Zusatzprotokoll vom 28. September 1939 davon keine Rede gewesen war, forderte er die Bukowina als sowjetische Einflußsphäre und verlangte, daß Deutschland „unter den gegenwärtigen Umständen für das russische Interesse an der Südbukowina" Verständnis aufbringen[44] und dies auch umgehend bestätigen müsse. Nicht „papierene Abmachungen", sondern „tatsächliche Garantien"[45] seien seitens der Sowjetunion gefragt, wie er am 13. November gegenüber von Ribbentrop beharrte. Die Meerengenfrage, die Türkei, Bulgarien, Rumänien, Ungarn und natürlich auch Polen, über dessen künftige Gestaltung „ein Protokoll zwischen der Sowjetunion und Deutschland"[46] bestünde, bedürften nach Stalins und Molotows Auffassung ebenso verbindlicher Absprachen und Vereinbarungen wie die Sicherung der sowjetischen Wünsche und Forderungen im Zusammenhang mit dem Kattegat, der Meerenge zwischen der Halbinsel Jütland und den dänischen Inseln, dem Sund zwischen der Ostsee und dem Kattegat und dem Großen Belt zwischen Fünen und Seeland. „Trotzdem wollte Hitler", so notierte Keitel, „die Entscheidung, den Krieg [gegen die Sowjetunion] vorzubereiten, noch nicht treffen, weil er die Reaktion in Moskau seitens Stalin zunächst noch abwarten wollte."[47]

Die oft diskutierte und ebenso häufig kontrovers beantwortete Frage, wieso sich der versierte Staatsmann und Politiker Molotow in Berlin so direkt, so provozierend und so „undiplomatisch" gegeben habe, ist angesichts des Verlaufes der Geschichte relativ einfach zu beantworten. Er folgte, wie Ernst Topitsch bereits 1985 feststellte,[48] einer präzise kalkulierten politischen Strategie, die Großzügigkeit und Raffinement in der taktischen Umsetzung vereinte und in der Person des bolschewistischen Russen, bei dessen Beurteilung ohnehin klischeehafte Urteilskriterien vorgegeben schienen, zunächst undurchsichtig blieb. Molotows Wortwahl, seine mathematisch präzise und unbeirrbare Logik entsprach zweifellos einer in Moskau akribisch festgelegten Strategie, was Hitler, der inzwischen an Stalins Unberechenbarkeit und Zielstrebigkeit gewöhnt war, instinktsicher erkannte.

Hitler und Ribbentrop waren allerdings spätestens seit dem 18. Oktober über die sowjetischen Intentionen informiert, die Molotow in Berlin verkörpern sollte. Inmitten der von der „Prawda", von der „Wetschernaja Moskwa" und der „Komsomolskaja Prawda" Mitte Oktober verbreiteten Lobgesänge auf Otto von Bismarck, dessen „Gedanken und Erinnerungen" vom Moskauer Verlag „Sozekis" in großer Auflage publiziert wurden, wirkte die für die Bismarck-Erinnerungen verfaßte Einleitung des sowjetischen Historikers Jerussalimski als unmißverständliche Warnung und Richtungsweisung. „Vor dem Auge Bismarcks, der es liebte, in die Zukunft zu schauen, indem er sich auf die Vergangenheit stützte", hatte der Historiker geschrieben, „stand die Erfahrung der Feldzüge Karls XII. und Napoleons I. nach Rußland. Beide Feldzüge haben mit einem Mißerfolg geendet. Bismarck kannte die unermeßlichen russischen Räume. Er verstand deren strategische Bedeutung und war der Ansicht, daß sie für eine fremde Militärmacht unüberwindlich sind. In den Gedanken und Erinnerungen bemerkt er, daß selbst beim glücklichen Verlauf eines Krieges gegen Rußland niemand die ungeheuren Möglichkeiten des gewaltigen Landes vernichten kann."*

Molotows Auftreten in Berlin dürfte auch die von ihm und Stalin mit Verärgerung registrierte Tatsache mitbestimmt haben, daß Hitler innerhalb der letzten vier Wochen vor Molotows Berlin-Besuch außenpolitische Entscheidungen durchgesetzt hatte, die sie als Bedrohung der Sowjetunion interpretierten. Am 23. September hatten Deutschland und Finnland ein „Transitabkommen" abgeschlossen und Deutschland zwei Divisionen über Nordfinnland nach Nordnorwegen transportiert. Am 12. Oktober hatte Hitler sich entschlossen, das Unternehmen „Seelöwe", die Offensive gegen England, „abzusagen" und auf das Frühjahr 1941 zu verschieben. Am gleichen Tage war in Bukarest – zum betonten Mißfallen Stalins, der 108 Tage zuvor die Nordbukowina okkupiert hatte, – eine von General Erik Hansen geleitete deutsche Wehrmachtmission eingetroffen, denen zwei Wochen später „Lehrtruppen" folgten, die drei rumänische Muster-Divisionen ausbilden sollten.[49] Zwei Wochen danach hatte Hitler mit Pétain und Laval konferiert, was ebenfalls nicht in Stalins Kalkül paßte. Halder notierte am 29. Oktober 1940: „Besprechung Führer-Pétain, Laval; Kriegsschuld, Kriegskosten, Kolonialproblem. Pétain erklärt sich im Prinzip damit einverstanden, daß Frankreich im Sinne der vom Führer verfolgten Pläne mit Deutschland zusammenarbeitet (,an eine Zusammenarbeit zu denken')."[50]

Am 22. Oktober hatte Hitler in Montoire-sur-le-Loire zunächst Pierre Laval, den Vizepräsidenten des französischen Ministerrates, und am 24. Oktober den französischen Staatschef Pétain und Laval zu Unterredungen empfangen, durch die er hoffte, ausloten zu können wieweit er die Franzosen in seine Planungen hinsichtlich seines Vorgehens gegen Großbritannien einbeziehen könnte. Sein Fazit nach dem Gespräch vom 24. Oktober: „Marschall Pétain erklärte sich im Prinzip bereit, eine Zusammenarbeit mit Deutschland im Sinne der Ausführungen des Führers in Aussicht zu nehmen. Die Modalitäten dieser Zusammenarbeit wür-

---

* A.A., Film 3115, S. 635639 – 40). Bismarcks „Gedanken und Erinnerungen" sollten (nicht zufällig) eine Bücherreihe „Bibliothek der Auswärtigen Politik" einleiten, die der sowjetische Staatsverlag geplant und vorbereitet hatte.

Die erste Vichy-Regierung nach der Kapitulation Frankreichs im Juli 1940. In der Mitte, Staatschef Marschall Pétain, flankiert von General Weygand und Vizepremier Laval. 2. v.l. Admiral Darlan, der später zu den Alliierten in Nordafrika überging und in Algier ermordet wurde.

den im einzelnen und von Fall zu Fall geregelt und entschieden. Marschall Pétain erhoffe sich für Frankreich eine günstige Beendigung des Krieges. Der Führer erklärte sich damit einverstanden."* Hitler, der seinen Staatsgästen erklärte, daß England auf Amerika und Rußland hoffte, das „mit Deutschland durch Verträge gebunden" sei,[51] hatte nicht erreicht, was ihm vorgeschwebt war. Gegenüber Laval hatte er es bereits formuliert. „Die Frage, ob Frankreich in der allgemeinen Mobilisierung gegen England eine positive Haltung einnehmen wolle oder von einer abwartenden Haltung sich größere Vorteile für die Zukunft versprechen zu können glaube", hatte er erklärt und hinzugefügt, daß die Antwort auf diese Frage von „allergrößter Wichtigkeit" für beide Länder sei. „Die Frage wäre auch deshalb entscheidend," so heißt es im Protokoll des Chefdolmetschers Paul Otto Schmidt vom 22. Oktober 1940, „weil die allgemeine Erweiterung der Front gegen England selbstverständlich je nach der Einstellung Frankreichs ... beeinflußt sein würde. Grundsätzlich glaube er [der Führer], daß selbst der beste Friede zwischen Deutschland und Frankreich, der dann zwangsläufig auf Kosten Englands geschlossen werden würde, nur ein Friede sein könne, der eine generelle Berücksichtigung bestimmter Interessen Deutschlands in Europa und Afrika in sich schlösse und darüber hinaus überhaupt zu einer mehr europäischen Auffassung von der Vertretung der berechtigten Interessen einer Reihe von Nationen in Afrika führen müßte."**

Doch weder Pétain noch Laval waren bereit gewesen, Hitlers Wünschen ausrechenbar entgegenzukommen.*** Pétain taktierte mit der Feststellung, daß es ihm „nicht möglich" sei, „bereits jetzt die genauen Grenzen der französischen Zusammenarbeit mit Deutschland festzulegen."[52]. Dennoch bezog Hitler Frankreich in seine künftigen Strategie als Partner ein.**** So hieß es beispielsweise in seiner „Weisung Nr. 18", die er am

---

* Akten zur Deutschen Auswärtigen Politik, D XI, S. 332. Laval ließ sich die verkürzte Zusammenfassung Hitlers „in französischer Übersetzung genau in die Feder diktieren."

** Akten zur Deutschen Auswärtigen Politik, D XI, S. 301 ff. Hitler bat Laval, Pétain „den Inhalt der Unterredung mitzuteilen" und ihm auch zu berichten, daß er „morgen eine Unterredung mit Franco haben werde".

*** Diplomatisch geschickt hatten sie sich „auf die öffentliche Meinung in Frankreich" berufen, die sie nicht einfach ignorieren könnten. Vgl. Akten zur Deutschen Auswärtigen Politik, D XI, S. 326 ff. Pétain entließ Laval am 13. Dezember 1940 aus allen Ämtern. Seitdem gehörte Admiral Darlan, den Hitler am 25. Dezember 1940 empfing, zu den wichtigsten Exponenten der Vichy-Regierung.

**** Nach einer Aufzeichnung des Generals Hans Speidel vom 31. Oktober 1940 habe der französische General Huntziger ihm gegenüber erklärt: „Die ehrliche und unabänderliche Auffassung des Marschall Pétain und seiner Mitarbeiter sei, die Englän-

12. November 1940, am Tage seiner ersten Begegnung mit Molotow unterzeichnete: „Das Ziel meiner Politik gegenüber Frankreich ist, mit diesem Land in einer für die zukünftige Kriegführung gegen England möglichst wirkungsvollen Weise zusammenzuarbeiten. Frankreich wird dabei vorläufig die Rolle einer ‚nicht kriegführenden Macht' zufallen, die in ihrem Hoheitsgebiet, besonders in den afrikanischen Kolonien, Maßnahmen der deutschen Kriegführung zu dulden und, soweit erforderlich, auch durch Einsatz eigener Verteidigungsmittel zu unterstützen hat. Vordringliche Aufgabe der Franzosen ist die defensive und offensive Sicherung ihrer afrikanischen Besitzungen (West- und Äquatorial-Afrika) gegen England und die de-Gaulle-Bewegung. Aus dieser Aufgabe kann sich die Teilnahme Frankreichs am Krieg gegen England in vollem Maße entwickeln."*

Daß es Hitler, der bis dahin den Ruhm für erfochtene Siege nicht gern mit anderen teilen wollte, erst nach dem Molotow-Besuch in Berlin darum gegangen sei, europäische (vor allem südosteuropäische) Partner auf seine Seite zu ziehen, wie Andreas Hillgruber und einige Kollegen behaupten, trifft nicht zu. Nicht nur Hitlers Politik gegenüber Rumänien, das er als Aufmarschbasis für den Fall einplante, daß die Türkei „in Schach" gehalten und das griechische Festland nördlich des Ägäischen Meeres „in Besitz" genommen werden müßten,** bezeugt das Gegenteil.

Zwar hatte Halder – Hitlers Vorstellungen folgend – am 25. Juni 1940 in sein „Kriegstagebuch" geschrieben, „Rußland will Bessarabien. Wir sind an Bessarabien nicht interessiert", doch er hatte auch vermerkt:

Fortsetzung Fußnote von vorherigen Seite

  der nicht etwa in Afrika nur abzuwehren, sondern wo es notwendig ist, sie auch anzugreifen, um verlorenes Gebiet zurückzuerobern". KTB OKW, Bd. 1, S. 979. Von der Darlan-Regierung, die französischen Staatsbürgern erlaubte, als Soldaten auch außerhalb der französischen Armee Dienst zu tun, wurden 1941 schließlich französische Freiwilligenverbände für den Krieg gegen die Sowjetunion aufgestellt. Vgl. Gosztony, S. 136 f. Vgl. auch Zentrales Staatsarchiv (Sonderarchiv) Moskau: 1372 (6) 22873.
* Hubatsch, Hitlers Weisungen, S. 77. Diese „Weisung" unterzeichnete Hitler, um noch einmal ausdrücklich darauf hinzuweisen, am 12. November 1940, am Tage seines ersten Zusammentreffens mit Molotow.
** „Um den Zeitbedarf für den Aufmarsch abzukürzen", hieß es in der „Weisung Nr. 18" vom 12. November 1940 (Hubatsch, Hitlers Weisungen, S. 81), „ist eine baldige Verstärkung der deutschen Heeresmission in Rumänien in einem mir vorzuschlagenden Ausmaß vorzubereiten. Ob. d.L. [Oberbefehlshaber der Luftwaffe] bereitet im Einklang mit den beabsichtigten Heeresoperationen Einsatz deutscher Luftwaffenverbände auf dem südostwärtigen Balkan und den Einsatz eines Flugmeldedienstes an der Südgrenze Bulgariens vor . . . Wünsche der Bulgaren für Aufrüstung des Heeres . . . sind entgegenkommend zu behandeln."

Gesandtschaft Kaunas Nr.900 v.13.6.

Ministerpräsident Merkys sei 12.6. aus Moskau zurückgekehrt ohne daß Sowjetregierung bisher bestimmte Forderungen ausgesprochen habe. Molotow habe bei Besprechungen lediglich Vorwürfe gegen Litauen erhoben und litauische Rechtfertigungsversuche in keinem te, z.B. auch nicht in Sachen Militärbündnisses mit Lettland und Estland oder Entsendung Militärattachés der baltischen Staaten tereinander, als berechtigt anerkannt. Auf Frage Merkys' in letzter Zusammenkunft, was Litauen tun solle, habe Molotow geantwortet, diese Sache sei Selbstmord. Kabinett habe daher beschlossen, daß Innenminister Skucas demissionieren und der bei Russen infolge nes Kampfes gegen den Kommunismus sehr unbeliebte, mit deutscher Polizei aber gut zusammen arbeitende Direktor Staatspolizeiamts Powilaitis sofort entlassen werden solle. Dieser Beschluß solle Sowjetregierung durch Aussenminister übermittelt werden mit Anfrage ob Zwischenfall damit erledigt. Wann Aussenminister zur Durchführung Auftrags Gelegenheit finden werde, sei noch nicht bekannt, Stimmung in Kaunas sei aber sehr pessimistisch.

Baltische Staaten

a) **Botschaft Moskau Nr.1167 v.17.6**

Im Anschluss an Glückwunsch zu glänzenden deutschen Wehrmachtserfolgen habe Molotow den Botschafter über das Vorgehen der S.U. gegen die Baltenstaaten informiert. Es sei notwendig gewesen, allen Intrigen ein Ende zu setzen, mit denen England und Frankreich in den Baltenstaaten versucht hätten, Zwietracht und Misstrauen zwischen Deutschland der S.U. zu säen. Zu Verhandlungen über Regierungsneubildung seien als Sonderemissäre entsandt nach Litauen: stellv. Aussenkommissar Dekano nach Lettland: Stellvertreter Ministerrats Vyschinski, nach Estland: Gauleiter von Leningrad Shdanow. Angesichts Fluchts Smetonas und Möglichkeit Grenzübertritts litauischer Heeresteile werde Sowjetregierung falls litauische Regierung darum bitte, letztere bei Grenzüberwachung unterstützen.

Juni 1940: Ultimative Forderung Molotows an den litauischen Außenminister Urbsys, Einheiten der Roten Armee unverzüglich in Litauen einmarschieren zu lassen.

Aus: Ausgewählte Dokumente zur Geschichte des Nationalsozialismus 1933 – 1945, Hrsg. H.-A. Jacobsen und W. Jochmann, Bielefeld 1961 ff.

„Die von den Russen in die Debatte geworfene Frage Bukowina ist neu und geht über die Abmachungen hinaus, die zwischen Rußland und uns getroffen worden sind."[53] Der Grund für die Zurückhaltung gegenüber Rumänien und dem Balkan bis Oktober insgesamt: „Wir haben ... großes Interesse daran, daß es in den Balkanländern nicht zum Kriege kommt".[54]

Seit September 1939 hatte Stalin Hitler immer wieder vor vollendete Tatsachen gestellt,* die – außer im Zusammenhang mit der späten und tatsachenwidrig begründeten Besetzung Polens durch die Rote Armee – nicht so vereinbart gewesen waren. So hatte Moskau, um diesen Sachverhalt hier noch einmal zu wiederholen, beispielsweise im Oktober 1939 Estland, Lettland und Litauen in ultimativer Form aufgefordert, der Roten Armee wichtige Land-, See- und Luftstützpunkte zu überlassen. Mitte Juni 1940 waren sowjetische Truppen in Litauen,** Estland und Lettland einmarschiert, am 26. Juni hatte die Regierung der UdSSR ohne Absprache mit Berlin Rumänien, wo seit Mitte Oktober die bereits erwähnten deutschen „Lehrtruppen" ihren Dienst versahen, ultimativ aufgefordert, Bessarabien und die Nordbukowina an die Sowjetunion abzutreten.***

Einen Zugang zur Ostsee, die Stalin gern als russisches Binnenmeer gesehen hätte, besaß die Sowjetunion seit ihrem Winterfeldzug gegen Finnland, den Hitler zur Betroffenheit Helsinkis als „neutraler" Beobachter hatte registrieren müssen.

---

* Daß Hitler „erst im Sommer 1940" begriffen habe, von Stalin „hinters Licht geführt" worden zu sein, wie Viktor Suworow meint (Suworow, Der Eisbrecher. Hitler in Stalins Kalkül, Stuttgart 1989, S. 67; fortan zit.: Suworow . . .), ist dokumentarisch nicht zu belegen.
** Einen Tag bevor Molotow in Berlin eintraf, über dessen Forderungen hinsichtlich des Baltikums keine Illusionen herrschten, hatte Ernst Wiehl, der Leiter der Wirtschaftspolitischen Abteilung des Auswärtigen Amtes, eine Handakte vorbereitet, die sich mit der Note der UdSSR vom 12. August 1940 über den „deutschen" Streifen in Litauen befaßte. Danach hatte die UdSSR 3 860 000 Golddollar als „Kompensation" dafür angeboten. Vorbehaltlich der Zustimmung Hitlers sollten jedoch 13 Millionen Golddollar gefordert werden, wobei darauf hingewiesen wurde, daß es 42 Millionen sein müßten, wenn ostpreußische Bodenpreise als Vorgabe dienen würden. Akten zur Deutschen Auswärtigen Politik D XI, Nr. 319.
*** Gleichzeitig wurden starke Truppenverbände an die sowjetisch-deutsche Grenze verlegt. Vgl. Akten zur Deutschen Auswärtigen Politik, D IX, S. 20.

November 1940: Molotow in Berlin

Wjatscheslaw Molotow und Joachim von Ribbentrop in Berlin, November 1940

Daß Molotows angebliche Mission, dem Frieden zu dienen, in Berlin gescheitert war, konnte er schon am 15. November bei seiner Verabschiedung zur Kenntnis nehmen. Wassilewski bemerkte: „Die Verabschiedung war kühl. Von dem Pomp und der zur Schau gestellten Höflichkeit der Gastgeber war nichts mehr zu spüren."* Generalfeldmarschall Keitel, der Chef des Oberkommandos der Wehrmacht, hatte lediglich seinen Stellvertreter General Georg Thomas zur Verabschiedung entsandt, was die „Prawda" vom selben Tage – zwar kommentarlos, jedoch – vielsagend vermerkte. Molotows „herzliches auf Wiedersehen" auf dem „Anhalter Bahnhof" in Berlin galt nicht den deutschen Gastgebern, sondern provokativ demonstrativ den Mitgliedern der russischen Botschaft. Obwohl im Schlußkommuniqué von „gegenseitigem Vertrauen" die Rede war, war den russischen Lesern, die gelernt hatten, zwischen den Zeilen zu lesen, unmißverständlich klar, was die Stunde geschlagen hatte, zumal in den Berichten nicht einmal die bei solchen Anlässen übliche Floskel „freundliche Atmosphäre" zu finden war. Die am 18. November publizierten Fotos in der „Prawda" sprachen denn auch für sich: Molotow mit unbewegtem Poker-Gesicht, Hitler mit deutlich gequältem Lächeln. Molotows Habitus schien zu exemplifizieren, was sich in der Sowjetunion – trotz ihres Finnland-Debakels – auszubreiten begonnen hatte, nämlich die verhängnisvolle Vorstellung von der „Unbesiegbarkeit" der Roten Armee, die zudem überall dort, wo sie kämpfen würde, automatisch auf die massive Unterstützung der „Arbeiterklasse" der jeweiligen Sowjetfeinde rechnen könnte.

Hatte Stalin sein beim Abschluß des Hitler-Stalin-Paktes verpfändetes Wort, daß er „den Pakt sehr ernst" nehme und Deutschland „auf sein Ehrenwort" bauen könne, „daß die Sowjetunion ihren Partner nicht betrügen" würde,[55] seit September 1939 mehrfach gravierend gebrochen, so tat Hitler dies jetzt. Instinktiv hatte er erkannt, daß er unmittelbar zwischen Kampf und Unterwerfung wählen müßte. Jetzt war er überzeugt, den von ihm seit Anbeginn seiner politischen Karriere zum wesentlichen Programmpunkt seiner Politik erhobenen – jedoch vorerst zurückgestellten – Krieg gegen die Sowjetunion nicht länger aufschieben zu können. Daß er diesen Krieg nun allerdings nicht mehr – wie in seinem Buch „Mein Kampf" – als Raubkrieg definieren mußte, sondern ihn „Präventivkrieg" nennen konnte, kam ihm trotz seiner Mißachtung von Verträgen internationalen Charakters und den daraus resultierenden Konsequenzen sehr entgegen.

* Wassilewski, Sache des ganzen Lebens, S. 98. „Später erfuhr die ganze Welt", schrieb Wassilewski (ebenda), „daß Hitler bereits am 5. Dezember 1940 den Plan . . . für den Überfall auf die UdSSR – im Prinzip gebilligt hatte und ihn am 18. Dezember durch den ausführlichen Plan ‚Barbarossa' ersetzen ließ".

Auf die von Molotow in Berlin vorgetragenen und vereinbarungsgemäß festgelegten Bedingungen Moskaus, die sofort schriftlich niedergelegt wurden, antwortete er nicht mehr.*

Die sowjetische Note vom 26. November 1940, in der die Regierung der UdSSR ihre Vorbedingungen für den – am 12. und 13. November in Berlin diskutierten – Beitritt der Sowjetunion zum „Dreierpakt" fixierte, ignorierte er. Die Verbindung zwischen Berlin und Moskau lief Gefahr, endgültig gekappt zu werden. „Wahrscheinlich hat Hitler", so folgerte Keitel in seinen Aufzeichnungen über das Berliner Treffen, „recht gehabt, denn weitere Forderungen der Russen wären wohl mit Sicherheit gefolgt, sobald Stalin gegen uns 1 – 2 Jahre später voll angriffsbereit gewesen wäre ... Er wollte Zeit gewinnen, nachdem die Erledigung Frankreichs in sechs Wochen seinen Zeitplan über den Haufen geworfen hatte. Ich würde eine solche Hypothese nicht aufstellen, wenn nicht unser Präventivangriff [19] 41 den Stand der russischen Angriffsabsichten bewiesen hätte."[56]

Keitels Resümée deckt sich mit den (ihm nicht bekannten) Äußerungen Hitlers vom 15. Februar 1945 gegenüber Martin Bormann: „Es bleibt uns keine andere Wahl, als den Faktor Rußland aus dem europäischen Kraftfeld auszulöschen ... Unsere einzige Chance, einen Sieg über Rußland zu erringen, lag darin, seinem Angriff zuvorzukommen; denn ein Verteidigungskrieg gegen die Sowjetunion war für uns undiskutabel. Keinesfalls durften wir der Roten Armee den Vorteil des Geländes überlassen, unsere Autobahnen für den Ansturm der roten Panzer, unsere Eisenbahnen für ihren Truppen- und Materialtransport ... Ich wußte von diesem Augenblick an, daß über kurz oder lang Stalin abfallen und ins alliierte Lager übergehen würde. Sollte ich weiter zuwarten, um besser gerüstet zu sein? ... wir hätten den ungewissen Aufschub zu teuer bezahlen müssen. Wir hätten nämlich den bolschewistischen Erpressungsversuchen in bezug auf Finnland, auf Rumänien, auf Bulgarien und die Türkei nachgeben müssen. Und das war für mich indiskutabel."[57]

Mit Molotows Berlin-Besuch war jedenfalls das Ende des sowjetisch-deutschen „Burgfriedens" eingeläutet und der seit dem Frühsommer 1940 im Gespräch befindliche Fall „Barbarossa" auf eine aktuelle Ebene gestellt worden. Hitler war zu der Überzeugung gelangt, daß es nicht bei

---

* Hitlers Blick war nun auf Südosteuropa gerichtet, das er unter seine Kontrolle zu bringen begann. Ungarn trat bereits am 20. November 1940 dem Dreimächtepakt ein. Rumänien und die Slowakei folgten bald ebenso, was die sowjetische Führung zwar als Affront betrachtete, jedoch hinnahm.

Der japanische Botschafter in Berlin verliest nach der Unterzeichnung des Drei-Mächte-Paktes am 27. September 1940 im Auswärtigen Amt in Berlin eine Erklärung. Neben ihm der italienische Außenminister Graf Ciano und Adolf Hitler.

den von Molotow ins Spiel gebrachten Forderungen bleiben und Stalin, wie er es bereits im Sommer des Jahres nicht nur im Zusammenhang mit Territoriumsbesetzungen getan hatte, gemeinsame Vereinbarungen auch weiterhin als lediglich „papierene Abmachungen" betrachten würde. „Noch am Tage der Abreise Molotows habe ich", so diktierte er Bormann am 15. Februar 1945, „Aufmarschvorbereitungen befohlen, um die Rechnung mit Rußland beim Anbruch der ersten schönen Tage ins Reine zu bringen".[58] Elf Tage später erklärte er dem „Sekretär des Führers" noch einmal, wie er die Entwicklung der deutsch-sowjetischen Beziehungen seit Sommer 1940 sah: „Das Verhalten der Sowjets im Sommer 1940, die sich das Baltikum und Bessarabien einverleibten, während wir [beim Westfeldzug] alle Hände voll zu tun hatten, ließ nicht den geringsten Zweifel über ihre wahren Ziele aufkommen. Und wenn solche wirklich bestanden hätten, der Besuch Molotows im November hätte sie völlig zerstreut. Auch die Vorschläge Stalins nach der Rückkehr seines Außenministers* konnten mich nicht täuschen. Stalin, dieser geborene Erpresser, wollte nur Zeit gewinnen und seine Ausgangspositionen in Finnland und auf dem Balkan verbessern. Ein regelrechtes Katz- und Mausspiel ... Stalin ... konnte jeden Tag den Krieg starten. Während des ganzen Winters und ganz besonders in den ersten Frühjahrstagen hat der Gedanke mir den Schlaf geraubt, die Sowjets könnten mir zuvorkommen."[59]

Doch bereits während Hitler am 12. November 1940 Molotow in Berlin begrüßte, diskutierte der Generalstab „die Grundlagen der Versorgung im Falle einer Ost-Operation", bei der nach den Vorstellungen des Generalquartiermeisters zunächst 2 Millionen Menschen, 300 000 Pferde, 500 000 Kraftfahrzeuge und 960 Züge versorgt werden müßten.[60]

Molotows Haltung hatte demonstrativ offenbart, daß die Sowjetunion zu Kompromissen nicht bereit sei, was Hitlers und Stalins Prophezeiungen über den „unvermeidlichen" Krieg gegeneinander in absehbarer Zeit als sicher erscheinen ließ. Angesichts der beiderseitigen Einstellung und Vorbereitungen erwies sich Hitlers Krieg als eindeutiger „Präventivkrieg", nicht aus operativ-taktischer, sondern aus strategisch-taktischer Sicht. Die ideologischen Dimensionen erschienen in diesem Zusammenhang zweitrangig.

Der von Andreas Hillgruber seit 1965 programmatisch komponierte, seitdem kontinuierlich „vervollständigte" und bereits zu seinen Lebzeiten zwar als Konstruktion kritisierte,** jedoch von zahlreichen Historikern als vermeintlich wissenschaftlich abgesicherte Tatsachenanalyse übernommene „Stufenplan" Hitlers ist angesichts des Forschungsstandes und der Quellenlage unhaltbar. Bereits die Analyse des Kriegsverlaufs, der mehrfachen – zum Teil gravierenden – Umorientierungen der Rüstungswirtschaft und der Truppenstärkenregelungen bis zum 22. Juni 1941 lassen Hitlers Gesamtstrategie weitaus eher als aufwendig betriebene Im-

---

* Zwar erschienen nach der Hitler-Molotow-Begegnung erstmals Hitler-Bilder in der sowjetischen Presse (A.A.-Film 3115/I, S. 635654), doch bemerkenswerte positive „Vorschläge" kamen aus Moskau nicht. Im Gegenteil: Dem von Ribbentrop entworfenen „Viermächtepakt" (Deutschland – Italien – Japan – Sowjetunion) war die Sowjetunion nur unter Bedingungen beizutreten bereit, die Hitler angesichts seiner Ambitionen nicht akzeptieren konnte. Vgl. Akten zur Deutschen Auswärtigen Politik, D XI, Nr. 404 (C.-E. 204).

** Zu den Auseinandersetzungen mit Hillgrubers „Stufenplan" vgl. u.a. Hartmut Schustereit. Vabanque. Hitlers Angriff auf die Sowjetunion 1941 als Versuch, durch den Sieg im Osten den Westen zu bezwingen. Herford und Bonn 1988, S. 106 ff.

provisation erscheinen. Zweifellos spielten Hitlers Vorstellungen von der „notwendigen" Gewinnung neuen „Lebensraumes" im Osten, von der ebenso unerläßlichen Zerstörung der Einheit der Sowjetunion und deren wirtschaftliche Ausbeutung eine Rolle im Rahmen seines Kalküls, doch die dogmatische Fixierung des deutschen Krieges gegen die Sowjetunion zum programmatisch geplanten Raubkrieg im Rahmen eines „Stufenplanes" im Hinblick auf eine deutsche „Weltmacht"-Position erweist sich ebenso als ideologische Instrumentalisierung der Geschichte wie die Behauptung, daß das Unternehmen „Barbarossa" als „rassenideologischer Vernichtungskrieg" geplant worden sei.

Hitlers Entscheidung zum Angriff auf die Sowjetunion basierte 1941 keineswegs primär auf der Idee eines zunächst zu errichtenden Kontinentalimperiums als Vorstufe zu Erringung einer deutschen „Weltmachtstellung", und sie resultierte ebensowenig aus der Absicht, seine – seit den zwanziger Jahren verfochtenen – rassenideologischen Vorstellungen durch diesen Krieg zu realisieren.

Die rassenideologischen Prämissen haben Hitler nicht gehindert, den Pakt mit Stalin, den „Deutsch-Sowjetischen Grenz- und Freundschaftsvertrag" und das deutsch-sowjetische Handelsabkommen vom 11. Februar 1940 abzuschließen. Die Tendenz des rassenideologischen Krieges, den Hitler Ende Februar 1941 gesprächsweise ins Spiel brachte, entfaltete sich erst im Laufe der unerbittlichen Kampfhandlungen auf sowjetischem Territorium. Die Geschichte des – den höheren Befehlshabern der Wehrmachtstelle am 30. März 1941 angekündigten – berüchtigten „Kommissar-Befehls" widerlegt diese Feststellung nicht.*

Wenn Hitler tatsächlich auf Stalins Reaktion gewartet hat, bevor er sich für die Auslösung des Falles „Barbarossa" entschied, wie Keitel angab, am 26. November 1940 hatte er sie in Händen.** Moskau forderte

---

* Kaum irgendwo sonst prallen die Thesen und Meinungen derart kontrovers aufeinander wie in diesem Zusammenhang. Vgl. dazu unter anderem: Magenheimer, Heinz, Zum deutsch-sowjetischen Krieg 1941, in: Österreichische Militärische Zeitschrift (ÖMZ), 1/1994, S. 51 ff., Schustereit, S. 129 ff., Hesse, Erich, Der sowjetische Partisanenkrieg 1941 – 1944 im Spiegel deutscher Kampfanweisungen und Befehle, Göttingen und Zürich 1993, S. 18; Pietrova, Bianka, in: FAZ vom 3. September 1986, S. 6 und durchweg dogmatisch „stilbildend": Hillgruber, Strategie (vor allem S. 377 ff. und 516 ff.), Ueberschär, Gerd R. und Wette, Wolfram (Hrsg.), Unternehmen „Barbarossa". Der Deutsche Überfall auf die Sowjetunion, Paderborn 1984.

** Unzutreffend ist jedoch, daß Hitler sich erst nach dem 26. November 1940 endgültig dazu entschloß, die Sowjetunion anzugreifen, wie Esmondo M. Robertson 1989 behauptete. Vgl. Robertson, Hitler Turns from the West to Russia, May-December 1940, in: Paths to War. New Essays on the Origins of the Second World War, hrsg. von Robert Boyse, London 1989, S. 378.

als Bedingung für den Beitritt der Sowjetunion zum „Dreimächtepakt" den „unverzüglichen" Abzug der deutschen Truppen aus Finnland, die Gewährleistung einer langfristigen Pacht nach einem „Abschluß eines gegenseitigen Beistandspaktes zwischen [der] Sowjetunion und ... Bulgarien sowie durch Schaffung einer Basis für Land- und Seestreitkräfte der UdSSR im Rayon des Bosporus und der Dardanellen" die Anerkennung „der Aspiration der Sowjetunion" südlich von Batum und Baku „in der allgemeinen Richtung auf den Persischen Golf hin".[61] Geheimprotokolle zwischen Deutschland, der Sowjetunion und Finnland, zwischen Japan und der UdSSR (über einen japanischen Verzicht auf die Naphta- und Kohlenkonzessionen auf Nord-Sachalin) und zwischen der Sowjetunion, Deutschland und Italien, die Bulgarien als Bestandteil der „Sicherheitszone ... der Sowjetunion" anzuerkennen hätten,[62] sollte die neuen Forderungen der UdSSR legitimieren. Hitler fühlte sich brüskiert und verzichtete auf eine Antwort.

Hitler, der am 20. November den Beitritt Ungarns, am 23. November Rumäniens und am 24. November der Slowakei zum Dreimächtepakt erwirkt hatte, sah seine Vermutungen bestätigt.[63] Am 29. November 1940 ließ er – unter Leitung des Generals Friedrich Paulus* – ein erstes Planspiel des Oberkommandos des Heeres für den Ostfeldzug veranstalten. Es sollte erste Kriterien für die erste Aufmarschanweisung des Oberkommandos des Heeres liefern und weitere entsprechende Veranstaltungen vorbereiten. Für das nächste Planspiel, das am 3. Dezember 1940 stattfand, war denn auch bereits die konkrete Aufgabe erteilt: „II. Teil der Operation bis zur Gewinnung der Linie Minsk-Kiew".[64] Und in der vier Tage später stattfindenden Übung, die von Halder als „Kriegsspiel" bezeichnet wurde, ging es um die Simulierung eines Aufmarsches deutscher Truppen in der Stärke von vier Divisionen „von Norwegen durch Finnland", wo sie an der finnischen Grenze zur Offensive bereitzustehen hätten.[65]

---

* Generalleutnant, seit dem 3. September 1940 Oberquartiermeister I im Generalstab des Heeres. Paulus kapitulierte (nachdem er von Hitler noch telegrafisch zum Generalfeldmarschall befördert worden war) mit der 6. Armee in Stalingrad. Im Juli 1944 schloß er sich in sowjetischer Gefangenschaft dem Nationalkomitee Freies Deutschland" an. Während des Nürnberger Prozesses gegen die als Hauptkriegsverbrecher angeklagten Deutschen stellte er sich den sowjetischen Anklägern als Zeuge zur Verfügung. Vgl. Maser, Nürnberg, Tribunal der Sieger, S. 125, 191 und 236.

Es scheint, als hätten Hitlers ausstehende Antwort auf das sowjetische „Angebot" vom 26. November 1940 und diese Plan- und Kriegsspiele, über die die Sowjets informiert worden sein dürften, die sowjetische Regierung bewogen, noch einmal andere Töne anzuschlagen. Drei Tage nach dem ersten Plan-Spiel boten sie überraschend an, 150 Millionen Mark als Entschädigung für Vermögenswerte im Baltikum zu zahlen, 2 250 000 t Getreide zu liefern und die von Deutschland erhaltenen Geschütztürme vereinbarungsgemäß zu bezahlen.[66] Und das illegale Zentralkomitee der Kommunistischen Partei der Tschechei durfte am 15. Dezember 1940 publizieren: „Die historische Bedeutung der Reise des Genossen Molotow nach Berlin liegt darin, daß auf Grund der Fortsetzung der freundschaftlichen Beziehungen zwischen Deutschland und der Sowjetunion die Pläne der Vereinigten Staaten für eine Auswertung des Krieges und seine Umkehr in Richtung nach Osten vereitelt werden."[67] Allerdings fehlte auch da eine Drohung nicht. „Die UdSSR wird auch weiter", so hieß es danach, „die Streitigkeiten zwischen den Imperialisten zur Stärkung ihrer eigenen Stellung ausnützen und nach dem Augenblick Ausschau halten, der für ein endgültiges Zerreißen der Kapitalistischen Umzingelung günstig"[68] ist. Die tschechischen Kommunisten kannten Stalins verbindliches Programm so gut wie ihre „Genossen" in der UdSSR und anderswo. Schon 1925, als Hitler sein Buch „Mein Kampf" diktierte, in dem er einen Raubkrieg gegen Rußland für unerläßlich hielt, wenn Deutschland überleben sollte,[69] hatte Stalin vor dem Zentralkomitee seiner Partei kodifiziert, daß die Sowjetunion als letzte Macht auf den Plan treten werden, „um das entscheidende Gewicht in die Waagschale zu werfen."[70] Die gegenwärtige Situation schien vielen Kommunisten Stalins politisches Axiom zu bestätigen, daß der „erste sozialistische Staat" durch die „kapitalistische Welt" lebensgefährlich bedroht sei. Stalin und Molotow bemühten sich zielstrebig, ihre Politik mit „Zuckerbrot und Peitsche" durchzusetzen.

Bereits am 22. Dezember 1940, vier Tage nach Hitlers Unterzeichnung der „Weisung Nr. 21 (Fall Barbarossa)"* – und zwei Tage nach dem Beginn der Tagung der ranghöchsten Militärs der Roten Armee über Fragen des modernen Angriffskrieges – reagierte Molotow erneut aggressiv und unnachgiebig. Entschieden verlangte er über Schulenburg und Schnurre „noch im alten Jahre" sämtliche „zwischen Deutschland und der

---

* Bereits am 28. Dezember 1940 war Stalin im Besitz der wesentlichsten Details der „Barbarossa"-Weisung.

UdSSR schwebenden Fragen" ebenso erledigt zu sehen wie die Anerkennung zweier Umsiedlungsabkommen und eines Grenzabkommens, „das die alte deutschlitauische Grenze als jetzt gültige deutsch-sowjetische Grenze bestätigt".[71] Zwar erklärte er, daß er nicht an das Gerede glaube, daß Deutschland „durch die Hinausziehung der Frage der litauischen Grenzziehung einen Konfliktgrund offen halten" wolle, doch sei „es im gemeinsamen deutsch-sowjetischen Interesse" notwendig, „eine völlige Klarstellung herbeizuführen und damit einem solchen Gerede ein Ende zu bereiten".[72]

Wie Hitler, der zu der Zeit den eben erst am 27. September 1940 geschlossenen, jedoch weder von Stalin noch von Roosevelt besonders gefürchteten „Dreierpakt"* und dessen vermeintliche militärische und wirtschaftliche Potenz betont ins Feld führte, wenn er die von ihm repräsentierte Mächtekonstellation definierte, die europäische Lage** zum Jahreswechsel von 1940 zu 1941 aus der Perspektive der Kriegführung beurteilte, überlieferte General Paulus nach Hitler-Vorträgen vom 8. und 9. Januar 1941 auf dem „Berghof". Von den vorgeblichen Wirtschaftsmöglichkeiten ausgehend, hatte Hitler – nach Paulus' Stichwortnotizen – erklärt: „Engländer übertreiben ihre Möglichkeiten. Deutschland größter Industriestaat der Welt. Europäische Lage: Norwegen gesichert. Englische Demonstrationen nicht ausgeschlossen. Westen: Nur Luftbedrohung. Besetzte Gebiete friedenswillig. Frankreich: In nichtbesetzten Kreisen träumen einige von Wandlung. In Kolonien Widerstandswillige. Einstellung gegen Italien anders als gegen uns! Gesamthaltung Frankreichs abwartend. ,Wir sind die Verpflichtung gegenüber Frankreich los'. Spanien: fällt für uns als Helfer aus. Rußland: hat bestimmte Forderungen gestellt, an die es früher nicht dachte: Finnland – Balkan – Marioampol. Balkan: Rumänien ist auf unserer Seite ... Unmacht kein Hindernis. Jugoslawien läßt alles offen. Bulgarien sehr vorsichtig. König klug, aber sehr vorsichtig. Will Dynastie nicht riskieren. *(Fortsetzung S. 255)*

* Roosevelt, der die antideutsche Stimmung in den USA vor allem nach der Verletzung des Völkerrechts durch die Besetzung Hollands und Belgiens, dem Angriff auf Norwegen und die deutschen Angriffe auf amerikanische Schiffe im Atlantik wachsam registrierte, nahm den Abschluß des Paktes jedoch zum Anlaß, auf ein Gegenbündnis zu drängen. Nach einem Brief Churchills vom 8. Dezember 1940, der ihn darauf hinwies, daß Großbritannien bald nicht mehr in der Lage sei, die Lieferungen aus den USA zu bezahlen, bereitete er die amerikanische Öffentlichkeit darauf vor, daß von nun an weitergehende Hilfeleistungen an England notwendig seien. Eine der Konsequenzen bedeutete (nach dem bereits seit dem 2. September bestehenden Zerstörer-Stützpunkt-Abkommen) der Abschluß des amerikanisch-britischen Pacht- und Leihabkommens.

** Vgl. Zentrales Staatsarchiv (Sonderarchiv) Moskau: 14 57 (57) 62 70 und 14 58 (52) 1 33 55.

[Waffenstillstandskommission] Wiesbaden, [...]
Chefgruppe Ir - Nr. 475/40 geh.

Bezug: a.) W.St.K. Ch Ia Nr.438/40 geh. v.1.11.40
       b.) W.St.K. Ch Ia Nr.442/40 geh. v.3.11.40

Betr.: Französische Memoranden.

An
OKW/Abt.L
B e r l i n.

I. **Vordringlich ist die Genehmigung erwünscht für alle Anträge, die die Erhöhung der französischen Kampfkraft in Afrika und die Verteidigungsfähigkeit des Mutterlandes gegen mögliche englische Gegenschläge bezwecken:**

1.) Festsetzung der Stärke der Landstreitkräfte in Nordafrika im Einvernehmen mit den Italienern.

2.) Belassung der Streitkräfte in Biserta und Oran.

3.) Stärkung der Kampfkraft der französischen Flotte. Einzelheiten sind hier noch von der Präzisierung der französischen Wünsche abhängig, die von der W.St.K. gefordert worden ist (Zahl der zuzulassenden Schiffe einschl. U-Boote und der Marine-Luftstreitkräfte). Grundsätzliche Klärung der italienischen Stellungnahme ist hierbei erforderlich.

4.) Aufstellung der für das Mutterland beantragten zusätzlichen Jagd- und Flakverbände, zumindest der bisher schon als Reserve bereitgestellten 2 Jagdgruppen, 1? mittleren und 6 leichten Flakbatterien.

5.) Verbesserung der personellen und materiellen Ausstattung der zugelassenen Flieger- und Flakverbände.

6.) Erhöhung der Stärke der Kampf- und Aufklärungsgruppen in Afrika von 13 auf 17 Flugzeuge.

7.) Aufstellung der Fallschirmjäger-Kompanie für Französisch-Westafrika.

8.) Aufstellung der Jagdstaffel für Madagaskar.

9.) Freilassung von kriegsgefangenen Kolonialspezialisten für die aufzustellenden Afrika-Verbände.

II. **Weniger vordringlich** sind nach Ansicht der W.St.K. alle übrigen Anträge, die Organisationsänderungen oder -verbesserun-

- 7 -

gen der französischen Wehrmacht bezwecken (z.B. für Übergangs-
heer im Mutterland).

III. Einen besonderen Komplex bilden die französischen Wünsche
die das rüstungswirtschaftliche Gebiet berühren. Die Entscheidung in diesen Punkten kann ohnehin nicht sofort erfolgen, da
zunächst eingehend geklärt werden muss, welche Auswirkungen
die französischen Wünsche auf die in Frankreich laufenden eigenen rüstungswirtschaftlichen Absichten haben.

Die Waffenstillstandskommission darf nochmals betonen, daß
nach ihrer Ansicht eine möglichst grosszügige und generelle Ent
scheidung kräftemäßig sich am wirksamsten für den beabsichtig
ten Zweck und psychologisch am günstigsten auf die Haltung der
Franzosen auswirken würde.

        Im Entwurf gez.: v. Stülpnagel

        Für die Richtigkeit
        gez. Böhm
        Oberst d. G.

November 1940: Vorschläge der deutschen Waffenstillstandskommission zur „Erhöhung der Verteidigungsfähigkeit des Mutterlandes gegen mögliche englische Gegenschläge".

Aus: *Der Zweite Weltkrieg in Bildern und Dokumenten,* Hrsg. Hans-Adolf Jacobsen und Hans Dollinger, München 1963.

Einzelpunkte:
Englisches Kriegsziel? England will Kontinent beherrschen. Also müßte es uns auf dem Kontinent schlagen. Also muß ich (Hitler) auf dem Kontinent so stark sein, daß dieses Ziel nie erreicht wird. Englische Hoffnung: Amerika – Rußland.
Wir können England nicht durch Landung endgültig schlagen (Luftwaffe, Marine). Infolgedessen müssen wir im Jahr 1941 Verhältnisse auf dem Kontinent so gefestigt haben, daß wir weiteren Krieg mit England (und Amerika) entgegensehen können. (Eden – Mann des Zusammengehens mit Rußland.)
Rußland: Stalin: klug und schlau; wird immer mehr fordern. Sieg Deutschlands für russische Ideologie untragbar.
Entschluß: Rußland so früh wie möglich zu Boden zwingen.

```
+ KR NWIX 291914.12. 0025 -
  OKW ABTEILUNG L ATLAS -
-STRENG GEHEIM-
 NACHSTEHENDES FERNSCHREIBEN WURDE SOEBEN UNMITTELBAR AN
 FUEHRER BERGHOF ABGESANDT: .-
 STRENG GEHEIM.- GENERAL DOYEN UEBERMITTELTE MIR SOEBEN
 23 UHR 15 FERNMUENDLICH NACHSTEHENDEN WORTLAUT EINES
 SCHREIBENS MARSCHALL PETAIN AN FUEHRER: FOLGT WORTLAUT : .-
 '' 13.DEZEMBER 1940 . HERR REICHSKANZLER, MIR LIEGT
 DARAN, UNVERZUEGLICH AUF IHRE BOTSCHAFT ZU ANTWORTEN UND
 IHNEN FUER DIE EDELMUETIGE ABSICHT ZU DANKEN,
 DIE SIE LEITET.-
 INDEM SIE HEUTE DER INVALIDENGRUFT DIE STERBLICHE HUELLE
 DES HERZOGS VON REICHSTADT ZUFUEHREN, HABEN SIE DEM RUHM
 UNSERER WAFFEN EINE EHRE ERWIESEN, DIE DAS HERZ ALLER
 FRANZOSEN RUEHREN WIRD...... DIESE GESTE ZEICHNET SICH
 EINDRINGLICH IN DEN CYCLUS EINER LOYALEN ZUSAMMENARBEIT
 ZWISCHEN UNSEREN VOELKERN EIN. SIE KENNZEICHNET
 ''DIE WEGE DES EDELMUTES'', AUF DENEN SIE SICH IMMER
 BGEGENEN KOENNEN. .-
```

Dezember 1940: Fernschreiben des Oberkommandos der Wehrmacht mit einer Botschaft des Marschalls Pétain an Hitler: Dank für „edelmütige Absicht".

Aus: Ausgewählte Dokumente zur Geschichte des Nationalsozialismus 1933–1945, Hrsg. H.-A. Jacobsen und W. Jochmann, Bielefeld 1961 ff.

Engländer können in 2 Jahren 40 Divisionen haben, könnte Rußland zum Zusammengehen mit England reizen.
Japan zur ernstlichen Mitarbeit bereit. Anpacken russischer Frage gibt Japan im Osten freie Hand gegen England. Entschluß zu radikaler Bereinigung kontinentaler Lage. So früh wie möglich!
Russische Rüstung: Altes Material, soweit neu, ist es von fremden Ländern übernommen.
Führung mechanisch! Es fehlt geistiges Format."*

Daß Hitler einige Positionen falsch eingeschätzt hatte, mußte er bald erfahren. Obwohl General Huntziger versichert hatte, daß Pétain willens sei, die Briten in Afrika nicht nur abzuwehren, sondern auch anzugreifen,[73] hatten die britische Regierung und sein Kabinett am 5. Dezember 1940 ein Geheimabkommen geschlossen, in dem vereinbart worden war, den Status quo in den Kolonien nicht anzutasten. Roosevelt und Churchill waren übereingekommen, in Ostasien zu kooperieren.[74] Roosevelts „Lend-Lease"-Gesetz, das er noch Ende des Jahres 1940 in den Kongreß eingebracht hatte, und seine Proklamation, daß die USA das Arsenal für die Demokratie sei, mußten Hitler Probleme bereiten.** Die Beschlagnahmung deutscher Schiffe in amerikanischen Hoheitsgewässern, die Verfolgung deutscher Kriegsschiffe und der Schießbefehl gegen deutsche U-Boote vom 11. September 1941, hatten zuvor so nicht auf Hitlers „Rechnung" gestanden.

Und die Sowjetunion, seit der Verschiebung des Unternehmens „Seelöwe" sein zentrales Problem? Am 5. Dezember 1940 hatte er erklärt: „Sollte England gezwungen werden können, um einen Waffenstillstand zu bitten, so wird es versuchen, Rußland als seinen kontinentalen Fest-

---

* Da General Halder, der Chef des Generalstabes, an den Zusammenkünften mit Hitler nicht teilnahm, hatte er General Paulus als seinen Vertreter beauftragt, Hitlers Äußerungen zu notieren. Halder, Kriegstagebuch, Bd. 2, S. 243 ff. Gegenüber General Jodl hatte Hitler an 21. Dezember 1940 übereinstimmend geäußert, daß 1941 „alle kontinental-europäischen Probleme" gelöst werden müßten, da „ab 1942 [die] USA in der Lage wäre, einzugreifen." KTB OKW, Bd. 1, S. 996.
** Mit den USA begann Hitler sich erst ausführlicher zu befassen, als die kontinentalen Probleme mit der Marine- und Fernostpolitik verquickt wurden. Seine Vorstellung von der amerikanischen Wehrkraft glich lange einer Karikatur. Die ihm vor Pearl Harbour zugänglich gemachten Angaben über die Rüstungskapazität der USA bezeichnete er gegenüber Mussolini beispielsweise am 4. Oktober 1941 als „gigantische Übertreibung" (vgl. Akten zur Deutschen Auswärtigen Politik, D XI, S. 210 – 221). Und Ribbentrop hatte im November 1940 zu Molotow gemeint, daß Deutschland und Italien „nie wieder einen Angelsachsen auf dem europäischen Kontinent landen lassen" würden. Akten zur Deutschen Auswärtigen Politik, D XI, Nr. 325.

Auszüge aus Reden des US-Präsidenten Roosevelt:

16. Juli 1940

„Die Demokratie kann nur gedeihen, wenn sie die Zuneigung jener gewinnt, die Lincoln die einfachen Leute genannt hat. Die Demokratie kann sich diese Zuneigung nur dann erhalten, wenn sie die Würde dieser einfachen Leute hinreichend respektiert, indem sie die Gesellschaft so ordnet, daß sie der Masse der Männer und Frauen angemessene Sicherheit und vernünftige Aussichten für sie selbst und ihre Kinder zusichert.
Wir stehen vor einer der großen Entscheidungen der Weltgeschichte. Es ist nicht allein eine Entscheidung für eine Regierungsform durch das Volk gegen die Diktatur. Es ist nicht allein eine Entscheidung für die Freiheit gegen die Sklaverei.
Es ist nicht eine Entscheidung zwischen Fortschritt und Rückschritt. Es ist all dieses zusammen."

3. September

„Da die deutschen Angriffe auf kleine Nationen so schnell vor sich gingen, hatte es sich nicht nur für die Vereinigten Staaten, sondern für die gesamte westliche Hemisphäre als dringend notwendig erwiesen, eine entsprechende Verteidigung gegen diese Art moderner Kriegführung vorzubereiten. Eine angemessene Verteidigung verlangte den Ausbau verschiedener Basen, die im Osten des Kontinents selbst und draußen im Atlantischen Ozean als Vorposten der Sicherheit lagen ... es hatte sich vorher keine Gelegenheit ergeben, vorteilhafte ... im Atlantischen Ozean zu erringen.
Im September 1940 bedurfte Großbritannien dringend weiterer Zerstörer, um seine Frachtdampfer zu schützen und seine Blockade gegen Deutschland und die Abschnürung aller Versorgungszufuhren aufrecht zu erhalten. In unserem Besitz befand sich eine Reihe alter Zerstörer, die ... bei unserer eigenen notwendigen Verteidigung entbehrt werden konnten, und die für die Verteidigung Englands ... eine große Hilfe bedeuteten."

16. September

„Die erste listenmäßige Erfassung [der Wehrpflichtigen] wird am Mittwoch, dem 16. Oktober, zwischen 7 Uhr morgens und 9 Uhr abends stattfinden."

30. September

„Ewige Wahrheiten werden weder wahr noch ewig sein, wenn sie nicht für jede neue soziale Situation einen neuen Sinn erhalten."

> **17. Dezember**
>
> „Angenommen, das Haus meines Nachbarn fängt Feuer und zweihundert Meter entfernt liegt bei mir ein langer Gartenschlauch. Wenn er meinen Gartenschlauch nehmen und an seinen Hydranten anschließen kann, dann helfe ich ihm vielleicht sein Feuer löschen. Was werde ich also tun? Ich werde nicht vorher zu ihm sagen: ‚Nachbar, mein Gartenschlauch hat mich fünfzehn Dollar gekostet, Sie müssen mir fünfzehn Dollar dafür bezahlen.' Ich will nicht die fünfzehn Dollar. Ich will meinen Gartenschlauch zurück, wenn das Feuer gelöscht ist. Wenn der Schlauch das Feuer gut übersteht ... und keine Beschädigung aufweist, wird mein Nachbar ihn zurückgeben und mir sehr dafür danken. Aber nehmen wir an, er geht während des Brandes drauf. Dann sage ich ... : ‚Ich kann ihn nicht mehr gebrauchen ...' Er wird sagen: ‚Wie lang ist er gewesen?' Ich erkläre ihm, daß er fünfzig Meter lang war. Er wird sagen: ‚Gut. Ich werde ihn ersetzen'. Wenn ich jetzt wieder einen hübschen Gartenschlauch bekomme, bin ich bestens bedient."*

* Quelle: Roosevelt, F.D., Links von der Mitte. Briefe, Reden, Konferenzen. Frankfurt am Main 1951.

landsdegen zu gewinnen ... Die bisherigen Feldzüge beweisen, daß Angriffe an einem günstigen Zeitpunkt gestartet werden müssen. Die Gunst des Zeitpunktes hängt nicht nur von der Witterung ab, sondern auch von dem gegenseitigen Verhältnis der Kräfte, der Bewaffnung usw. Der Russe ist uns waffenmäßig unterlegen* wie der Franzose. Er hat wenige moderne Feldbatterien, alles andere ist nachgebautes altes Material ... Die Masse der russischen Panzer ist schlecht gepanzert.[75] Der russische Mensch ist minderwertig. Die Armee ist führerlos ... Die innere Neuorientierung der russischen Armee wird im Frühjahr noch nicht besser sein. Wir haben im Frühjahr einen sichtlichen Höchststand in Führung, Material, Truppe, die Russen einen unverkennbaren Tiefstand.** Wenn die russische Armee einmal geschlagen ist, dann ist das Desaster unaufhalt-

---

* Dieser Vorstellung hing Hitler verblüffend lange an. So sagte er beispielsweise (Heim, S. 180) in der Nacht vom 5. zum 6. Januar 1942, zwei Tage nachdem die 10. Sowjetische Armee unter General Golikow Suchinitschi südwestlich von Kaluga eingeschlossen hatte, unter anderem: „Erfindungen hat der Russe nicht gehabt. Was er hat, hat er alles von anderen. Sämtliche Ingenieure und Werkzeugmaschinen hat er aus dem Ausland. Wenn ich ihm ein Kommandogerät für Flak gebe, so kann er das nachbauen, aber er findet es von sich aus nicht ... Der Russe wollte von allem, was wir an Schiffen haben, ein Stück. Wir mußten den Russen (nach dem Vertrag vom Februar 1940) einige Sachen geben, die zwanzig Jahre Geistesarbeit gekostet haben."
** Vgl. Zentrales Staatsarchiv (Sonderarchiv) Moskau: 1257 (1) 74.

sam ... Durch die Art unseres Ansatzes muß die russische Armee zerlegt und in Paketen abgewürgt werden."[76]

Hitler und Stalin planten synchron. Ihre Generalstäbe rätselten nicht, wer der Feind sein werde, auch wenn auf deutscher Seite die Auswahl größer war.

Seit dem 20. Dezember tagten die höchsten Truppenführer der Roten Armee in Moskau. Auf dieser − seit September 1940* vorbereiteten − „Konferenz", an der Stalins militärischer Berater Wassilewski nicht teilnehmen konnte, weil er nach eigenen Angaben „ernsthaft krank"[77] war, hatte Schukow über „Das Wesen der modernen Angriffsoperationen" zu referieren.[78] Nicht Verteidigungsstrategie und -taktik, sondern der Angriff stand im Vordergrund, über den − neben Schukow − die Generale Smirnow, Rytschagow und Pawlow referierten. „Alle Redner und der Volkskommissar für Verteidigung, der das Schlußwort sprach", stimmten laut Schukow überein, „daß wir, falls Deutschland einen Krieg gegen die Sowjetunion entfesselte, der stärksten Armee des Westens gegenübertreten müßten".[79] Die Auffassung Stalins, der an der Tagung nicht teilgenommen hatte, ist nicht überliefert. Offensichtlich war er jedoch anderer Meinung als sein Verteidigungskommissar. Schukow berichtet lediglich: Stalin „machte Timoschenko Vorhaltungen, weil dieser die Tagung geschlossen hatte, ohne Stalins Urteil über die Schlußrede des Volkskommissars abgewartet zu haben".[80] Auch General Wassilewski schwieg sich in seinen Erinnerungen darüber aus.** Sein lapidarer Kommentar: „Ich konnte an diesen wichtigen Maßnahmen nicht teilnehmen. Seit November war ich ernsthaft krank."[81]

Während die Militärs hüben und drüben ihre Degen schärften und Hitler und Stalin einander belauerten,[82] belehrte Molotow den deutschen Botschafter am 22. Dezember 1940 barsch, daß „sich wirtschaftliche und politische Frage nicht voneinander trennen ließen" und seine Regierung nicht davon „abgehen könne",[83] den Zipfel Litauens, der infolge der gemeinsamen Vereinbarungen vom 28. September 1939 zur deutschen Interessensphäre gehöre, für sich zu verlangen. Die Sowjetunion, so betonte er am 30. Dezember kategorisch, wolle noch vor dem Jahreswechsel sämt-

---

* Schukow berichtet (Erinnerungen, S. 183) unter anderem: Das vorgegebene „Thema war außerordentlich kompliziert, und da ich an das hohe Niveau der Tagung dachte, hatte ich einen ganzen Monat lang viele Stunden täglich an dem Referat zu arbeiten ... Termingemäß wurde der Entwurf dem Volkskommissar vorgelegt."
** Wolkogonow (Stalin, S. 448 f.) und Alan Bullock (Hitler und Stalin. Parallele Leben, Berlin 1991, S. 297 f.) ist diese Tatsache offenbar nicht einmal aufgefallen.

liche Probleme gelöst sehen,[84] die das Verhältnis zueinander belasteten. Mit einem neuen Wirtschaftsabkommen lockend,[85] versuchte er, diesen Konfliktherd aus der Welt zu schaffen. Die deutsche Seite wiederum, die Stalins Wunsch kannte, das ganze Baltikum sobald wie irgend möglich ungeschmälert als strategische Basis in die UdSSR einzugliedern, beschränkte sich darauf, „angemessene Kompensation"[86] zu verlangen und den von der Sowjetunion vorgegebenen Terminplan zu ignorieren.*

---

* Die Verhandlungen über den „Litauen-Zipfel" wurden in der zweiten Januar-Woche fortgesetzt. Akten zur Deutschen Auswärtigen Politik, D XI, Nr. 638 (C.-E. 210).

Adolf Hitler am 1. Januar 1941 im Tagesbefehl an die deutsche Wehrmacht:

„Das Jahr 1941 wird die Vollendung des größten Sieges unserer Geschichte bringen!"

(DNB-Text vom 1. Januar 1941)

„Groß ist dieses Land: Selbst der Erdball muß sich neun Stunden drehen, ehe für unser gesamtes riesiges Land ein neues Siegesjahr begonnen hat. Die Zeit wird kommen, in der dafür nicht neun, sondern volle vierundzwanzig Stunden nötig sind ... Und wer weiß, wo wir das Neujahrsfest in fünf, in zehn Jahren begehen werden: in welcher Zone, auf welchem sowjetischen Meridian?"

„Prawda" vom 1. Januar 1941

IV
Das Konkurrenzprogramm

Hitlers Unternehmen „Barbarossa" und Stalins strategischer Aufmarsch von 1941

Hitlers Unternehmen „Barbarossa" und Stalins strategischer Aufmarsch von 1941

Im „Dezember 1940", so überlieferte Marschall Alexander Michailowitsch Wassilewski, „kamen die Führungskader der Armee zu einer Beratung zusammen, und danach wurde mit den höchsten Militärs* ein operativ-strategisches Kriegsspiel durchgeführt.** Die Auswertung der Beratung und des Kriegsspiels fand auf höchster Ebene im Kreml statt."[1] Zwar gab Wassilewski an, aus „gesundheitlichen" Gründen an der Zusammenkunft der militärischen „Führungskader" nicht teilgenommen zu haben, doch hinterließ er den aufschlußreichen Hinweis: „Sehr sorgfältig studierte man" im ersten Halbjahr 1941 „Fragen des Angriffs und der strategischen Verteidigung. Der Volkskommissar für Verteidigung verlangte in seinen Direktiven von den Führungskadern der Roten Armee, den Verteidigungsoperationen dieselbe Aufmerksamkeit zu schenken wie den Angriffsoperationen."[2] Ungewollt bestätigte er damit wiederum, daß der vorgegebene Schwerpunkt der militärischen Denkrichtung und Maßnahmen nicht die in der Öffentlichkeit aus ideologischen Erwägungen behauptete Verteidigungsoperation, sondern die Angriffsoperation war.

Marschall Schukow attestierte der Sowjetunion 33 Jahre später als Resümee der damaligen Tagung, „den Entwicklungsgang der modernen Kriegskunst richtig"[3] erkannt und die nötigen Konsequenzen daraus gezogen zu haben. „Neue umfangreiche Übungen", berichtete er, „wurden veranstaltet, ein Plan zur Verteidigung der Staatsgrenzen ausgearbeitet und die Organisation der Truppen erhöht."[4]

---

* Nach Schukow, Erinnerungen (S. 183) waren dies: „ ... die Befehlshaber der Wehrkreise und der Armeen ... die Mitglieder der Militärräte die Chefs der Wehrkreise und Armeestäbe und außerdem auch die Kommandeure aller Militärakademien, Professoren und Doktoren der Militärwissenschaften, die Generalinspekteure der Waffengattungen, die Chefs der Zentralverwaltungen und leitende Mitarbeiter des Generalstabs. Ständig waren Mitglieder des Politbüros anwesend".
** Das erste dieser Kriegsspiele fand vom 2. zum 6. Januar 1941 statt.

Der für den Tag nach dem Ende der Kreml-Tagung vorgesehene Beginn eines – als „streng geheim" klassifizierten – „großen Kriegsspiels"⁵ wurde von Stalin, dem offenbar Timoschenkos Besprechungsbilanz mißfallen hatte, um einen Tag verschoben. Schukow, der – wie Wassilewski auch – noch Jahrzehnte danach darauf verzichtete, genaue Daten zu nennen, überliefert: „Am nächsten Morgen begann das große operativ-strategische Kriegsspiel. Man ging davon aus, daß Deutschland von Westen her angegriffen hatte. Die Leitung hatten Timoschenko und der Generalstabschef Merezkow. Sie ,spielten' am strategischen Südwestabschnitt mit. Die ,blaue' Seite waren die angreifenden Deutschen, die ,rote' stellte die sich verteidigende Sowjetunion dar. Es sollte überprüft werden, inwieweit die Hauptpunkte des Deckungs- und Aktionsplanes der Truppen im Anfangsstadium des Krieges real und zweckmäßig waren. Unser Generalstab hatte alles weitgehend auf die letzten Kampfhandlungen der deutschen Truppen in Europa abgestellt. Im Westen erstreckte sich die angenommene Front von Ostpreußen bis zum Polessje-Gebiet. Die ,Blauen' verfügten dabei über mehr als 50 Divisionen. Starke Luftstreitkräfte unterstützen die Truppen."⁶

Im Kreml schilderte Merezkow den Ablauf der Übung und erstattete Stalin einen ausführlichen Bericht darüber, mit welchen Problemen die „Roten" konfrontiert worden seien. „Als er [Meretzkow] das Kräfteverhältnis zwischen beiden Seiten darlegte und auf das Übergewicht der ,Blauen' besonders an Panzern und Flugzeugen hinwies, unterbrach ihn Stalin verärgert über den Mißerfolg der ,roten' Seite: ,Vergessen Sie nicht, daß im Krieg nicht nur die zahlenmäßige Überlegenheit eine Rolle spielt, sondern auch das Können der Kommandeure und Truppen'".⁷ Doch noch ehe die Teilnehmer diesen Vorwurf Stalins „verdaut" hatten, hörten sie von ihm die nicht etwa auf Clausewitz, sondern auf Friedrich Engels zurückgehende „Lehre", daß es im Kriege weniger auf das Können der Feldherren als auf die Masse und überlegene Rüstung ankomme. „Den Sieg", so hatte Stalin seine Generale belehrt, „trägt im Kriege die Seite davon, die mehr Panzer hat und deren Truppen stärker motorisiert sind".⁸ Friedrich Engels' Gleichnis vom Revolver, der das Schwert besiegt habe und immer die bessere und überlegene Rüstung für den Ausgang eines Krieges ausschlaggebend seien, hatte Früchte getragen.

Truppenkommandeuren der Roten Armee erklärte Stalin am 13. Januar 1941, daß eine „zweifache Übermacht" geradezu „Gesetz" zu sein habe und daß „man mindestens die doppelte Überlegenheit" für einen Sieg über die Deutschen benötige, die er als „kultivierten Gegner" apostrophierte,

Panzer-Parade – am 1. Mai 1941 – vor dem Kreml, dem Zentrum der politischen und militärischen Macht der Sowjetunion.

was zu der Zeit unter den sowjetischen Militärs Usus war. Da Offiziere keine „Knaben" seien, dürfe diese Erkenntnis zwar nicht in den Dienstordnungen stehen, doch gesagt müsse ihnen werden, daß eine zwei- bis dreifache Übermacht erforderlich sei, um über die Deutschen zu siegen. Mit „schwachen Kräften", so resümierte er nach den Aufzeichnungen eines Sitzungsteilnehmers, der im September 1941 als NKWD-Major bei Drjukowschtchina in der Nähe von Lochwiza fiel,* sei der Gegner weder zu schlagen noch zu vernichten.

Der Devise folgend, daß der Feind auf seinem eigenen Territorium zu vernichten sei, hat sich die Sowjetführung früh schon (und seit 1938, seit dem dritten Fünfjahresplan, besonders intensiv) darum bemüht, ihre wirtschaftliche und militärische Macht zunehmend zu verstärken. Systematisch und zielgerichtet wurden ausländische technische, militärwissenschaftliche und andere wissenschaftliche Erkenntnisse in Anspruch genommen und Modelle von Kriegsmaterialien übernommen, was nicht nur ihr Wunschkatalog vom 11. Februar 1940 bezeugt. Allein rund 5 000 deutsche Techniker und Ingenieure hatten vornehmlich jenseits des Urals und in den Industriegebieten von Magnitogorsk, im Kuznezbecken, in der Südukraine (Donbas) und im Kaukasus gearbeitet und den Sowjets Hilfestellungen geboten, auf die Stalin in seinem Bemühen, in der Rüstungsindustrie autark zu werden, nicht verzichten zu können meinte. Neue Kohlegruben, Erzminen und Ölfelder wurden erschlossen, gigantische Stahl- und Walzwerke errichtet, Energiequellen ausgeweitet und angemessene Verkehrswege geschaffen.

General Schukow berichtete unter anderem: „Der dritte Fünfjahresplan (1938 – 1942) schloß sich folgerichtig an den zweiten und ersten an ... Die Industrie hatte ihre Produktion innerhalb der ersten vier Jahre verdoppelt und im zweiten Fünfjahresplan auf das 2,2fache erhöht ... Die Bruttoproduktion der Industrie erreichte bis Juni 1941 bereits 86 Prozent des für 1942 vorgesehenen Standes, der Eisenbahngüterumlauf sogar 90 Prozent. 2 900 Werke, Fabriken, Kraftwerke, Gruben, Erzbergwerke und andere Industriebetriebe wurden ihrer Bestimmung übergeben, das Investitionsprogramm für den dritten Fünfjahresplan auf 182 Milliarden Rubel festgelegt."[9]

Oberst Cooper, ein US-Militär, schuf in Zusammenarbeit mit der deutschen Siemens-Bau-Union am Dnjepr das monströse Kraftwerk „Dnje-

---

* Bei sich trug er sein Taschenbuch mit Aufzeichnungen über Stalins Reden vom 13. Januar und 8. Februar 1941. Vgl. dazu S. 299.

prostroi". Die Detroiter Firma Albert Kahn Inc., die in Detroit den Nachbau der „Ford Baton River Ruger Plant" entwarf und leitete, tat sich in „ihrem" Molotow-Werk in Briansk auf bemerkenswerte Weise hervor. Und auch das größte Stahlwerk der Welt in Magnitogorsk war kein sowjetischer „Eigenbau", sondern die Leistung einer amerikanischen Firma aus Cleveland. 1940 deckten die Kohlebergwerke von Kuznez und Karaganda bei Irkutsk 35 Prozent der Gesamtförderung der UdSSR an Kohle und 25 Prozent an Koks. 28 Prozent des gesamten Aufkommens an Eisenerz, 28 Prozent an Gußeisen, 37 Prozent der Stahlproduktion, 36 Prozent an Walzeisen und 25 Prozent der Gesamtenergie lieferten die östlichen Teile der Sowjetunion. 50 Prozent der 31 649 Traktoren und 14 Prozent der 1940 produzierten 54 437 Werkzeugmaschinen stammten aus diesem Teil des Landes. 3 000 große Unternehmen, die jederzeit auf Rüstungsherstellung umgestellt werden konnten, entstanden allein seit 1938. 14,9 Millionen Tonnen Roheisen, 18,3 Millionen Tonnen Stahl, 13,1 Millionen Tonnen Walzmaterial und 31,1 Millionen Tonnen Erdöl standen der Rüstungsindustrie gegebenenfalls zur Verfügung.

Diese Voraussetzungen ermöglichten Stalin schließlich, am 22. Juni 1941 (nach den sowjetischen Produktionsstatistiken von 1938 bis 1941) 29 Panzerkorps mit mindestens 24 000 Panzern,* 23 245 Kriegsflugzeuge (darunter 3 719 neuester Produktion), 148 000 Geschütze und Granatwerfer zur Verfügung zu haben, denen zu Beginn des deutsch-sowjetischen Krieges kein auch nur annähernd proportionsgerechtes deutsches Gegengewicht gegenüberstand: 3 648 Panzer und Sturmgeschütze (darunter 1 700 total veraltete Typen), 2 510 Kriegsflugzeuge und 7 147 Geschütze.[10]

Die sowjetischen Panzer „T 34" und „KW-1" (Woroschilow) galten 1941 als beste Panzer der Welt. Bis 1943 waren sie weder durch deutsche Waffen noch durch die deutschen Panzer III und IV ernsthaft verwundbar. Der deutsche Panzer „35" (t), mit dem die 6. Panzerdivision ausgerüstet war, galt bereits Ende 1940 als „nicht mehr kriegsverwendungsfähig". Ohne den Einsatz der seit Kriegsbeginn ständig verbesserten Ausführungen (von Pz III E bis III J, der dem „T 34" nicht mehr hoffnungslos unterlegen war) und der erbeuteten tschechischen Panzer „Skoda 35" und 38, die im Laufe der Zeit ebenfalls modernisiert wurden, wäre

---

* Am 22. Juni 1941 verfügte die Rote Armee bereits über 1 862 Exemplare der besten Panzer der Welt, des „T 34" und des „K W" (= Kliment Woroschilow), denen die deutschen Panzer III und IV in keiner Hinsicht ebenbürtig waren.

Sowjetischer Panzer T 34: Gewicht: 26 t
76,2 mm-Kanone
2 MG

Sowjetischer Panzer KW-1: Gewicht: 44 t
76,2 mm Kanone
2 MG

Deutscher Panzer III: Gewicht 22 t
37 oder 50 mm Kanone
2 MG

es den deutschen Streitkräften unmöglich gewesen, die großen Anfangserfolge zu erzielen.

Angesichts dieses Sachverhalts erscheint geradezu bestürzend, wie schlecht der deutsche Generalstab informiert war. So notierte Halder beispielsweise am 22. Februar 1941 als vermutete Gesamtstärke der sowjetischen Luftwaffe: 5 655 Flugzeuge, davon 2 205 Kampfflugzeuge und 3 450 Jäger. Und selbst von diesen 5 655 Maschinen wurde angenommen, daß im Sommer lediglich 60 Prozent von ihnen eingesetzt werden könnten.[11] Noch am 20. Juni 1941, zwei Tage vor dem Beginn des deutsch-sowjetischen Krieges, hieß es in einer „Geheimen Kommandosache" (Generalkommando V.A.K. Abt. I c Nr. 93/41 g. Kdos.): „Die russische Luftwaffe verfügt nach den bisherigen Unterlagen über rund 6 000 Frontflugzeuge".

Doch zurück zum ersten sowjetischen Kriegsspiel des Jahres 1941. Sowenig ergiebig wie die Darstellungen Schukows sind auch die veröffentlichten Überlieferungen anderer Teilnehmer der Veranstaltung, beispielsweise der Generale Jeremenko, Kasakow und Merezkow. Wesentliche Einzelheiten memorierte keiner von ihnen, und auch die offizielle „Geschichte des Großen Vaterländischen Krieges" ging über bloße Andeutungen nicht hinaus.*

---

* General Dimitri Wolkogonow ging noch 1989 in seiner Stalin-Biographie nicht einmal auf sie ein. Er berichtete (Wolkogonow, Stalin, S. 545 ff.) dagegen über Stalins Verteidigungsplanung seit Herbst 1939 unter anderem, daß Schaposchnikow und Wassilewski auf Stalins Anweisung zunächst einen Plan entwarfen, der die Sowjetunion in die Lage versetzen sollte, sich gleichzeitig an zwei Fronten zu verteidigen (in „Europa gegen Deutschland und seine Verbündeten und im Fernen Osten gegen Japan"). Nachdem Woroschilow, der Volkskommissar für Verteidigung, den Plan nicht gebilligt habe, sei er im August 1940 unter der Leitung des neuen Generalstabschef Merezkow (in Zusammenarbeit mit Wassilewski) überarbeitet worden, wobei davon ausgegangen sei, daß die Hauptkräfte der Roten Armee an der Westfront stationiert werden müßten, weil die deutschen Truppen im Falle eines Krieges vermutlich in der Umgebung von Brest zusammengezogen werden würden. Da Stalin diesen Plan abgelehnt und seine Überarbeitung innerhalb von zehn Tagen befohlen habe, sei vom Generalstab ein Konzept unter dem Titel „Überlegungen über die Grundlagen der strategischen Entwicklung der Streitkräfte im Westen und Osten für die Jahre 1940 bis 1941" entwickelt worden, das die Verteidigung der sowjetischen Westgrenze zum primären Kriterium gemacht habe, weil „Deutschland die Hauptgefahr" darstelle. „Man ging davon aus", heißt es bei Wolkogonow, „daß die Hauptkräfte der Roten Armee zwei Wochen Zeit hätten, bevor sie in Aktion treten müßten". Da weder in den „Überlegungen" noch im Verteidigungsplan „defensiven Operationen genügend Aufmerksamkeit geschenkt" worden war, weil die Überzeugung vorherrschte, daß es den deutschen Streitkräften unmöglich sein würde, „tief in die Sowjetunion" einzudringen, sei eine entsprechende Lage gar nicht in Betracht gezogen worden. Als einmal in einem strategischen Spiel eine solche Variante „simuliert" worden sei, habe Stalin „böse" gefragt: „Warum sollte man eine Rückzugsgesinnung kultivieren? Was denn, plant ihr etwa einen Rückzug?". Doch bereits der zu Zeiten des Generalstabschefs Schaposchnikow im November 1938 angenommene Kriegsplan enthielt aggressive Offensivelemente. Unter Berücksichtigung der im weiteren Ausbau befindlichen (inoffiziell) sogenannten „Stalin-Linie" (Narwa-Pskow-Polozk-Nowgorod-Wolynskij) sollte die Rote Armee in Westrußland rasch mobil gemacht und an die Grenzen Polens und der baltischen Staaten transportiert werden können, wobei von einem möglichen Zusammenwirken Deutschlands mit Polen, Finnland und den baltischen Staaten ausgegangen wurde. Nicht erst Schukow leitete also die sowjetischen Offensiv-Planungen ein. Vgl. Tarleton, Robert E., What Really Happened to the Stalin Line?, Teil I in: Journal of Soviet Military Studies, London 2/1992, S. 186 ff. (hierzu vor allem S. 210 ff.).

Die im ersten Kriegsspiel vom 2.* bis 6. Januar** angenommenen sowjetischen Streitkräfte*** umfaßten 92 Infanterie-Divisionen, 4 Kavallerie-Divisionen, 6 motorisierte und 12 Panzer-Divisionen, 26 Panzer- und motorisierte Brigaden, über 17 800 Geschütze und Granatwerfer, mehr als 12 300 Panzer und etwa 9 000 Flugzeuge.[12] Im zweiten „Spiel" waren es 181 Infanterie-Divisionen, 10 Kavallerie-Divisionen, 7 motorisierte und 15 Panzer-Divisionen, 22 Panzer- und motorisierte Brigaden, rund 29 000 Geschütze und Granatwerfer, mehr als 12 100 Panzer und über 10 200 Flugzeuge.[13]

Die Behauptung Schukows, daß ein gelungener deutscher Angriff als Ausgangslage für das Kriegsspiel vorgegeben worden sei, deckt sich nicht mit den Tatsachen. Vorgegeben wurde, daß deutsche Truppen seit dem 15. Juli 1941 auf sowjetischem Territorium stünden. Wer den Krieg begonnen haben sollte, wurde nicht erörtert, und auch der angenommene Verlauf des Krieges blieb unerwähnt,[14] so daß sowohl die Rote Armee als auch die deutsche Wehrmacht als auslösende Faktoren in Frage kamen. Angenommen wurde, daß deutsche Streitkräfte zwischen dem 23. und 25. Juli die Linie Osowez – Skiedel – Lida – Kaunas – Schjauljaj erreicht hätten und damit 70 bis 120 Kilometer auf sowjetisches Ter-

---

* Das erste „Spiel" begann vor dem Hintergrund des sowjetischen Eindrucks, daß Deutschland versuche, die Sowjetunion vom Süden her zu umklammern, was Ribbentrop bewog, den Missionschef und die Waffenattachés in Moskau richtungsweisend zu informieren, daß davon nicht die Rede sein könne. „Die Transporte starker deutscher Truppenteile über Ungarn nach Rumänien sind dadurch veranlaßt", erklärte er am 7. Januar als „vertrauliche Information", daß „ernsthaft mit der Notwendigkeit gerechnet werden muß, die Engländer wieder vollständig aus ganz Griechenland hinauszuwerfen." Akten zur Deutschen Auswärtigen Politik, D XI/2, Nr. 616 (C.-E. 206), Vgl. auch ebenda, Nr. 681 und Nr. 688.
** Am 8. Januar drängte Molotow zur „schnellsten" Liquidierung des 1940 ständig diskutierten Problems „deutscher Zipfel in Litauen", den die Sowjetunion zur Abrundung ihrer strategischen (Baltikum-) Basis möglichst umgehend auch in die Sowjetunion einzuverleiben trachtete. Sie war nun bereit, die als Preis für den Landstrich vorgesehene Summe von 7 500 000 Golddollar (= 31 500 000 Mark) innerhalb von drei Monaten zu entrichten, davon 7/8 in Gold, 1/8 in Buntmetallen. Akten zur Deutschen Auswärtigen Politik, D XI/2, Nr. 625 und Nr. 638.
*** Schukow, der die „Blauen" (die Deutschen) führte, nach eigenen Angaben (vgl. Schukow, Erinnerungen, S. 185 ff.) rasch bemerkenswerte Erfolge gegen die „Roten" erzielte und während seines Berichts Mängel innerhalb der Roten Armee und der Befestigungsanlagen analysierte, wurde von Stalin im Februar 1941 zum Chef des Generalstabes der Roten Armee ernannt.

ritorium vorgedrungen seien.[15] Am 1. August 1941, so der Verlauf des Kriegsspiels, galt die UdSSR wieder als feindfrei.*

Das zweite „Große Kriegsspiel" vom 8. bis zum 11. Januar 1941, das nach dem gleichen „Drehbuch" ablief, verschwiegen die sowjetischen Generale gänzlich. Wieder war von der Annahme ausgegangen worden, daß deutsche Streitkräfte auf sowjetischem Boden stünden. Sie hätten, so die vorgegebene Lage, die Linie Lwow-Kowel erreicht und 50 bis 70 Kilometer ukrainischen Territoriums erobert. Doch diesmal war eingedenk der harschen Kritik Stalins nach dem ersten „Spiel" nicht nur die Befreiung des sowjetischen Territoriums erreicht worden, sondern – den sowjetischen Militärdoktrinen entsprechend – die Verfolgung der deutschen Streitkräfte bis auf zunächst 120 Kilometer auf deutschem Boden.[16] „Weder im ersten noch im zweiten Kriegsspiel bildete die Verteidigung der westlichen Grenze der Sowjetunion die Hauptaufgabe, sondern der Angriff".[17] „Offensivoperation der Front mit Durchbruch eines befestigten Rayons" hatte die Aufgabe für das erste „Spiel" gelautet,[18] in dem die Militärs sich mit den Grundlagen der modernen Abwehroperation lediglich „bekannt machen"[19] sollten. Entsprechend war beim zweiten Kriegsspiel, bei dem nur ein anderer Kriegsschauplatz vorgegeben worden war, vorgegangen worden. Während die „Kriegshandlungen" beim ersten Spiel im „westlichen Preußen" – mit dem Marsch auf Königsberg – und in Polen endeten, geschah dies im zweiten „Spiel" in Polen, in der Tschechoslowakei, in Rumänien und in Ungarn, wobei der Sturm auf Budapest den Schlußpunkt bildete.**

Während für das erste Kriegsspiel vorgegeben war, daß die Rote Armee in einer Frontbreite von 600 Kilometern in nordwestlicher Richtung (Baltikum-Westpreußen) zum Angriff antreten und die Truppenführung die Organisation, Planung und Leitung im Rahmen einer modernen Großoperation üben sollte, sahen die Vorgaben für das „Spiel" vom 8. bis zum 11. Januar anders aus. Anstatt in nordwestlicher Richtung zur Offen-

---

* Während des ersten „Spieles" war es den „Roten" (Russen) nicht gelungen, die „Blauen" (die Deutschen und ihre Verbündeten) in Ostpreußen zu vernichten, was am 13. Januar offensichtlich Stalins Kritik auslöste.

** Der sowjetische Oberstleutnant A.S. Kowalew, Sohn eines ehemaligen Großgrundbesitzers, dessen beiden anderen Söhne während des Bürgerkrieges als zaristische Offiziere von den Sowjets erschossen worden waren, berichtete am 27. August 1941 nach seiner Gefangennahme, daß vor dem Kriege auf der Kriegsakademie Planspiele stattgefunden hätten, in denen Offensivoperationen „aus [der] Linie Grodno – Brest-Litowsk Richtung Ostpreußen" simuliert worden seien. Bundesarchiv-Militärarchiv, RH 21-1/472.

sive anzutreten, war vorgesehen, in einer Frontlänge von 1 500 Kilometern in südwestlicher Richtung offensiv zu werden und Brest und die Düna-Mündung als erste Ziele anzusehen. Dabei sollte eine einheitliche Meinungsbildung über die Führung einer groß angelegten Offensivoperation unter massierter Beteiligung der Artillerie, der Panzerverbände, der Luftwaffe und der Flugabwehr erzielt werden.

Im Gegensatz zur deutschen Führung waren die Sowjets recht zuverlässig über die Stärke ihres Feindes informiert. Sie rechneten im Januar 1941 mit rund 210 Divisionen, was dem tatsächlichen Sachverhalt einigermaßen entsprach. Am 22. Juni standen auf deutscher Seite bereit: 153 deutsche Divisionen, 12 rumänische Infanterie-Divisionen, 2 slowakische Infanterie-Divisionen, 3 italienische motorisierte Divisionen und 18 finnische Divisionen. Dazu kamen 4 rumänische Kavallerie-Brigaden, eine Panzer-Brigade und 3 Gebirgsbrigaden, 2 ungarische motorisierte und eine Kavallerie-Brigade und eine slowakische motorisierte Division.

Nach Schukows Überlieferung registrierten die Teilnehmer der sowjetischen Kriegsspiele als Bilanz, daß erst der Durchbruch durch die Front des Feindes die Möglichkeit schaffe,* in der Tiefe des Hinterlandes Manöveroperationen vorzunehmen.[19] Entgegen den Vorschlägen des Generals Romanenko, der hinsichtlich des Einsatzes der Panzer und Luftwaffe das deutsche Vorgehen im Westfeldzug zu kopieren empfahl, entschieden sich die maßgeblichen sowjetischen Militärs nach Schukows Überlieferung, die alte sowjetische Taktik beizubehalten, nach der die Panzerverbände vorerst lediglich zur Erzwingung und Entwicklung eines Durchbruchs durch die feindliche Front einzusetzen seien.

Und auch hinsichtlich des Einsatzes der in Front- und Armeeflieger aufgegliederten Roten Luftwaffe habe weiterhin die konservative sowjetische Taktik, das heißt, die Luftstreitkräfte vorrangig zur Bekämpfung der feindlichen Verteidigungsfront einzusetzen, dominieren sollen.[20] Daß diese Angaben nicht den Tatsachen entsprachen, bezeugten in Gefangenschaft geratene hohe sowjetische Militärs bereits kurz nach Beginn des deutsch-sowjetischen Krieges. So erklärte beispielsweise Oberst Nikanor Lubimow, ein Taktik-Dozent der Moskauer Artillerie-Akademie und Kommandeur der 49. Panzer-Division, der am 4. August 1941 bei Tisch-

---

* Damit befand er sich im Widerspruch zu Stalin, der den Truppenkommandeuren am 13. Januar 1941 die Deutschen als Vorbild vorhielt, weil sie „die Maginotlinie nicht erobert, sondern umgangen" hätten. „Keinen Durchbruch machen, wie man es in Friedenszeiten macht", lautete seine Devise. Bundesarchiv-Militärarchiv, RH 24 – 24/335.

kowo gefangengenommen worden war, während seiner Vernehmung vom 6. August 1941: „Die Taktik der Zusammenarbeit zwischen Infanterie-, mot. [-orisierten] und Panzer-Divisionen" sei „vor etwa zwei Jahren überraschend der Änderung der deutschen Taktik ... umgebildet worden."[21] Über die Taktik der verschiedenen Feldzüge, „Polen, Holland, Belgien, Frankreich" wurde „in russischen Militärakademien gelehrt. Besonders in Bezug auf Frankreich. Die verschiedenen Arten des Durchbruchs der Weygand-Linie [in Frankreich] wurden bei den Kriegsspielen berücksichtigt. Es wurde jedoch alles nur theoretisch behandelt und es fehlte die Praxis. Die zur Ausbildung der Infanterie erforderlichen Vorschriften wurden erst kurze Zeit vor dem Ausbruch" des deutsch-sowjetischen Krieges ausgearbeitet.*

Am 28. Januar 1941, 12 Tage nach dem ersten deutschen Planspiel** der Heeresgruppen A – C gegen die Sowjetunion, ging der deutsche Generalstab des Heeres davon aus, daß für das Unternehmen „Barbarossa" rund 110 Infanterie-Divisionen, 20 Panzer-Divisionen, 13 motorisierte Divisionen und eine Kavallerie-Division zur Verfügung stehen würden. Als „Auftrag" notierte Franz Halder am 28. Januar:

„a) alle verfügbaren Verbände einsetzen.

b) Rußland in einem schnellen Feldzug niederwerfen.

4) Ausführung muß sich auf folgende Charakteristika einstellen:

a) Großräumigkeit bei Dnjepr = Luxemburg – Loire-Mündung.

b) Schnelligkeit. Kein stopp! Nicht auf Bahn warten! Alles mit Motor leisten.

c) Stark gesteigerte Motorisierung [gegenüber 1940] allein 33 schnelle Verbände, mot. [-orisierte] Art. [-illerie], Pi. [-oniere], Nachr. [-ichten] pp.

---

* Bundesarchiv-Militärarchiv, RH 21 – 1/472. Von einer krampfhaft und kritiklos aufrechterhaltenen Vorstellung jedenfalls hatten zumindest die nachdenklichen Teilnehmer der Kriegsspiele im Laufe der Kriegssimulierungen Abschied genommen, von der als erwiesen behaupteten Version nämlich, daß die Rote Armee unbesiegbar sei und daß ein Krieg gegen Deutschland – wie die deutschen Feldzüge im Westen – als „Blitzkrieg" zugunsten der Roten Armee enden würde.

** Am 20. Januar 1941 hatte beim Generalstab eine Besprechung stattgefunden, die infolge der behandelten breiten Palette (Gesamtkriegsführung, Rüstungsprogramm und Wirtschaft) hinsichtlich des Falles „Barbarossa" nicht „zu einem abschließenden Ergebnis geführt" hatte. Vgl. Halder, Kriegstagebuch, Bd. 2, S. 259.

Theoretische Vorbereitungen für den Aufmarsch

Auszug aus dem Bericht über die Vernehmung des sowjetischen Obersts Nikanor Lubimow*

Nach Angabe des Gefangenen sollen die besten Kräfte der Armee vernichtet sein und es fehlt an Reserven. Er glaubt nicht, dass sich viel von der 6. und 12. Armee über den Dnjepr wird retten können. Angeblich ist die 26. Armee aufgelöst und auf die 6. und 12. Armee verteilt worden. Die Bildung der 26. Armee erfolgte während der Kämpfe bei XXXI Winnitza.

Die Geb. Div. setzten sich aus 4 Inf. Rgtern. zusammen. Ausserdem 2 Abteilungen Geb. Artl., 76 mm Geschtz. und einer Abt. Haub. 122 mm. Die Anzahl der Geschütze ist nicht bekannt. Die Kampfkraft einer Geb. Div. soll schwächer sein, weil sie über weniger Artl. verfügt.

Der Gefangene meint, dass die Deutschen in diesem Kriege eine andere Taktik befolgen als in den bisherigen Feldzügen und als in dem Buche des Generals Guderian. Die Taktik bestände heute in kurzen Stössen an der Hauptfront und dadurch Bindung des Gegners, ausserdem Vorstösse an den Flanken ohne Seitendeckung und Einkreisung.

Die russische Armee verfügt über zu wenig Karten. Das Rgt. erhält 1-2 Karten im Masstab 1:200.000, nach denen die Artl. nicht schiessen kann. Ferner fehlt es an Kabel, sodass es nicht möglich ist, zwischen Artl. und Inf. Verbindung herzustellen. Über Funk einrichtung verfügen die Stäbe der Div., Korps usw. Die Apparate sind oft nicht in Ordnung und es fehlt an ausgebildeten Leuten. Die Korps verfügen über je 1 Artl.Rgt. mit 122 mm Geschützen und 1 Rgt. Haub. 152 mm. Ausserdem gibt es Artl. Rgter. des Oberkommandos, die je nach Bedarf eingesetzt werden.

Von 300 Div. sollte 1/3 motorisiert werden. Dies ist jedoch nicht durchgeführt worden, weil der Krieg überraschend früh kam.

Die Taktik der Zusammenarbeit zwischen Infanterie -, mot.-, und Panzerdivisionen soll vor etwa 2 Jahren entsprechend der Änderung der deutschen Taktik ebenfalls umgebildet worden sein.

Über die Taktik der verschiedenen Feldzüge (Polen, Holland, Belgien, Frankreich) wurde in der russischen Militärakademie gelehrt. Besonders in Bezug auf Frankreich. Die verschiedenen Arten des Durchbruchs der Weygand-Linie wurden bei den Kriegsspielen berücksichtigt. Es wurde jedoch alles nur theoretisch behandelt und es fehlte die Praxis. Die zur Ausbildung der Infanterie erforderlichen Vorschriften wurden erst kurze Zeit vor Ausbruch des Krieges mit Russland ausgearbeitet und es war nicht mehr möglich, die Truppe hierfür auszubilden.

Quelle: Bundesarchiv-Militärarchiv RH 21-1/472

Da mit Bahn (Zerstörung, Wasserläufe, andere Spur) bei dem geforderten Tempo nicht zu rechnen ist, hängt stockungslose Operationsführung vom Nachschub durch Motor ab.
Warum stockungslose Operation nötig (Wir müssen russ. Armee zerschlagen, ohne sie zum Halten kommen zu lassen über Dnjepr-Düna-Linie* (500 km hinaus Nordrußland und andere Ziele weitere 500 km, im ganzen 1000 km.)."²²

In Hitlers „Weisung Nr. 23: Richtlinien für die Kriegführung gegen die englische Wehrwirtschaft" vom 6. Februar 1941 hieß es unter anderem:

„Bis zum Beginn der Umgruppierung für Barbarossa ist anzustreben, die Wirkung der Luft- und Seekriegführung im zunehmenden Maße zu steigern, nicht nur, um England möglichst großen Schaden anzufügen, sondern auch, um den Anschein eines in diesem Jahr bevorstehenden Angriffs gegen die britischen Inseln vorzutäuschen."²³

General Schukow, der wesentlich betonter als Timoschenko auf den Angriff fixierte neue Generalstabschef der Roten Armee, ließ es augenblicklich mit theoretischen Spielen genug sein. „Einige Verfasser von Kriegserinnerungen behaupten jetzt", schrieb er in seinen „Erinnerungen", wir „hätten vor dem Krieg keine Mobilmachungspläne der Streitkräfte und keine strategischen Aufmarschpläne besessen".** In „Wirklichkeit", so rechtfertigte er die Kriegsvorbereitungen, „gab es im Generalstab natürlich einen Operations- und Mobilmachungsplan der Streitkräfte. Sie wurden laufend ausgebaut und ununterbrochen korrigiert, dann unverzüglich der Führung des Landes unterbreitet und nach ihrer Bestätigung sogleich auf die Wehrkreise aufgeschlüsselt ... Die führenden Männer der operativen Verwaltung hatten vor dem Krieg viel zu tun mit diesen Operations- und Mobilmachungsplänen."***

---

* Nach dem von General Heinz Guderian am 26. und 27. Februar 1941 geleiteten „Kriegsspiel" sollte die Dnjepr-Linie am 11. Tag nach Angriffsbeginn erreicht werden (Halder, Kriegstagebuch, Bd. 2, S. 296). Erzwungen wurde der Übergang über den Fluß während des deutsch-sowjetischen Krieges am 11. Juli 1941 gegen starken Widerstand der 19. sowjetischen Armee von der Panzergruppe 2 unter Guderian.
** Er räumte als Fehler ein, daß es für den Kriegsfall keine Befehlsstellen für den Generalstab, für den Volkskommissar für Verteidigung und für die Befehlshaber der Teilstreitkräfte und Waffengattungen gegeben habe.
*** Vor Schukows Amtsübernahme hatte die Gesamtleitung in den Händen des Marschalls Schaposchnikow gelegen.

Schukow, der Stalins besonderes Vertrauen besaß, sah sich seit Februar 1941 in der Lage, sich der Gunst Stalins als würdig zu erweisen:

- Nach der XVIII. Unionskonferenz der KPdSU (B) vom 15. bis 20. Februar 1941 wurden die Parteiorganisationen angewiesen, sich umgehend um die Bedürfnisse der Rüstungsbetriebe zu kümmern.
- Im Februar und März drängte der Hauptmilitärrat der Roten Armee darauf, die bereits 1940 nach der Eingliederung der Baltikum-Staaten in die Sowjetunion begonnenen neuen Befestigungsanlagen – an den neuen Grenzen – zu vervollkommnen.*
- Ein Teil der Artillerie wurde „in weniger wichtigen Abschnitten" abgebaut und „in den westlichen und südwestlichen Abschnitt" verlegt.
- „Kader" für die Führung der Befestigungsbereiche wurden bereitgestellt.
- Im Februar bestätigte Stalin den Mobilmachungsplan „MP 41", der die vorausgegangenen Weisungen korrigierte oder außer Kraft setzte, was bis zum 1. Mai 1941 zu geschehen hatte.
- Die militärischen Führungsinstanzen wurden angewiesen, den „Bedarf an Bewaffnung und wesentlichster Einrichtung" zu berechnen.
- Der Chef der Verwaltung Verteidigungsbau hatte den Wehrkreisen bis zum 1. Mai 1941 technische Anweisungen für die Bewaffnung „und elementare Inneneinrichtung zuzustellen."[24]
- Bereits im März konnte der Generalstab „die Arbeit am Mobilmachungsplan für die Industrie hinsichtlich der Rüstungsproduktion im Kriegsfall" abschließen.
- Versorgungsmaterial für die Truppen wurde in Grenzrichtung „näher an die Truppen" herangebracht.
- „Zwei allgemeine Armeen verringerten Bestands in Form von beweglichen Übungslagern" wurden in die „Ukraine und nach Belorußland geheim getarnt verlegt. Zugleich gab Stalin die Anweisung, den Bau von Haupt- und Feldflugplätzen mit allen Mitteln voranzutreiben".[25]

Franz Halder, der „Schukow" auf deutscher Seite, dem die Bewegungen der Roten Armee nicht entgingen, notierte am 6. April: „Auffallend die Zusammendrängung in der Ukraine. Ein Angriff gegen Ungarn und die

---

* Die bis dahin als Verteidigungslinie gedachte sogenannte „Stalin-Linie" vor den alten Grenzen wurde nicht weiter ausgebaut. An ihre Stelle sollten die im Volksmund als „Molotow-Linie" bezeichneten neuen Befestigungsanlagen treten.

Bukowina wäre nicht unmöglich. Ich halte sie aber für völlig unwahrscheinlich".[26] Und am nächsten Tag schrieb er: „Die russische Gliederung gibt zu Gedanken Anlaß: Wenn man sich von dem Schlagwort freimacht, der Russe will Frieden und wird nicht von sich aus angreifen, dann muß man zugeben, daß die russische Gliederung sehr wohl einen raschen Übergang zum Angriff ermöglicht, der uns außerordentlich unbequem werden könnte."[27]

Die Vorstellungen der deutschen militärischen Führung über die Operationen der Roten Armee und deren Kriegsstärke änderten sich dennoch nicht, auch wenn gelegentliche Details ein wenig anders artikuliert erschienen. Bezeichnend erscheint nicht zuletzt Halders „Kriegstagebuch"-Eintragung vom 10. April 1941. Hatte er sich drei Tage zuvor noch ernsthafte Sorgen über die sowjetischen Truppenbewegungen bereitet, schrieb er nun lapidar und kommentarlos: „Rußland keine Besorgnis."[28]

Im Gegensatz zu vielen seiner Generale begrüßte Hitler die sowjetischen Truppenkonzentrationen an der Grenze. „Die Russen sind genau an der Grenze massiert, das Beste, was uns überhaupt passieren kann", erklärte er Goebbels am 16. Juni 1941 und belehrte ihn: „Wären sie weit verstreut ins Land gezogen, dann stellten sie eine größere Gefahr dar. Sie haben 180 bis 200 Divisionen zur Verfügung, vielleicht auch etwas weniger, jedenfalls ungefähr soviel wie wir. An personellem und materiellem Wert sind sie mit uns überhaupt nicht zu vergleichen ... Sie werden glatt aufgerollt ... Wir stehen vor einem Siegeszug ohnegleichen."[29] Er unterschätzte die Stärke und Kampfbereitschaft der Roten Armee und rechnete mit einem „Blitzkrieg" von 21 bis 22 Wochen Dauer, unterließ es am 11. Juni 1941 jedoch, den im Wehrmachtsführungsstab festgestellten Entwurf einer „Führerweisung Nr. 32" über die Strategie nach der Beendigung des Unternehmens „Barbarossa" zu unterzeichnen. Die Tatsache, daß es unter den maßgeblichen Militärs – außer Alfred Jodl und anfänglich auch Großadmiral Raeder – niemanden gab, der ihm hinsichtlich seiner diesbezüglichen Vorstellungen und der von ihm propagierten „Notwendigkeit" des Rußlandkrieges ernsthaft widersprach (die während des Nürnberger Prozesses vorgetragenen Darstellungen Hermann Görings, Joachim von Ribbentrops und Wilhelm Keitels, Hitler gewarnt zu haben, sind quellenmäßig nicht zweifelsfrei zu belegen), konnte er durchaus als Widerspiegelung seiner Situations- und Lageeinschätzung verstehen.[30]

Die von zahlreichen Autoren zu Unrecht gerühmten Ergebnisse der deutschen Spionage und Abwehr erwiesen sich letztlich als pure Vermutungen und Spekulationen.* So ging beispielsweise General Franz Halder als Chef des Generalstabes des Heeres auch nach den sowjetischen Kriegsspielen am 3. Februar 1941 in seinem Vortrag über „die geplante Durchführung der Operation ‚Barbarossa'"** davon aus, daß auf der Seite der Sowjetunion mit nur „etwa 100 [verfügbaren] Inf.(-anterie) = 25 Kav.(-allerie) und 30 mechanischen Div.(-isionen)"[31] zu rechnen sei.*** Zwar verwies er darauf, daß die sowjetischen Infanterie-Divisionen „über verhältnismäßig viele Panzer verfügten", doch relativierte er diese Tatsache im gleichen Atemzuge mit der Bemerkung, daß es sich „dabei um schlechtes, zusammengewürfeltes Material" handele. Und auch hinsichtlich der „zahlenmäßigen" Überlegenheit der Roten Armee an mechanischen Divisionen war er überzeugt, daß von qualitativ minderwertigem Material ausgegangen werden könne,[32] wie unter den russischen Führern nur Timoschenko[33] hervorrage. Doch bereitete er sich Gedanken über die gegenwärtigen Pläne der Sowjets. „Die Absichten der russischen Füh-

* Trotz der bemerkenswerten Erfolge bei der Entschlüsselung der sowjetischen Truppenschlüssel unterhalb der Armee-Ebene durch deutsche Funkaufklärung gelang es den Deutschen nicht, Stalins „Korrespondenz" mit seinen Oberbefehlshabern und Diplomaten zu entschlüsseln. Der innere Kreis um Stalin erwies sich als ein nicht zu durchdringendes Feld.

** Halder trug Hitler auf dessen „Berghof" in Anwesenheit unter anderem von Keitel und Jodl vor. In seinem „Kriegstagebuch" (Bd. 2, S. 270) erwähnte er die Besprechung mit lediglich 28 Wörtern. Halders Vortragsgrundlage bildete die Aufmarschanweisung vom 31. Januar 1941, in der es unter anderem hieß: „Für den Fall, daß Rußland seine bisherige Haltung gegen Deutschland ändern sollte, sind als Vorsichtsmaßnahmen alle Vorbereitungen zu treffen, die es ermöglichen, auch vor Beendigung des Krieges gegen England Sowjetrußland in einem schnellen Feldzug niederzuwerfen. Die Operation soll so geführt werden, daß die im westlichen Rußland stehende Masse des russischen Heeres unter weitem Vorantreiben von Panzerkeilen vernichtet, der Abzug kampffähiger Teile in die Weite des russischen Raumes verhindert wird ... erste Absicht ... ist es, die Front der in Westrußland erwarteten Masse des russischen Heeres nördlich und südlich der Pripjet-Sümpfe aufzureißen und in Ausnutzung dieses Durchbruches die voneinander getrennten Feindgruppen zu vernichten ... Für die Kampfführung im Rahmen dieser Operation werden die im polnischen Feldzug bewährten Grundsätze zu gelten haben ... Auf die Verwendung chemischer Kampfmittel auch aus der Luft durch den Gegner muß die Truppe sich einstellen." Zit. nach Jacobsen-Dollinger, Der Zweite Weltkrieg in Bildern und Dokumenten, S. 358.

*** Halders illusionäre Vorstellung (Halder, Kriegstagebuch, Bd. 2., S. 266, 3. Februar 1941): „Feind: a) Nachrichten nicht erschöpfend, nicht (zu) verlässig. b) Wahrscheinlich in Europa 121 Schützen-Div. (13 mot), 25 Kav.-Div., mindestens 31 mot. mech. Brig. in Summe bis zu 180 Verbänden. ... Wir rechnen als gebunden: gegen Finnland und im Kaukasus 21 Inf.- Divisionen + 1 Kav.-Div. Verfügbar: 100 Inf. Div, 25 K.D., 30 mot. mech. Brigaden. Wir: 101 I.D. (einschließ. Leichte Div.), 34 schn. Verbände (einschl. K. Div.). Dazu einige rumänische Divn. Zahlenmäßig überlegen (Erfahrung, Ausbildung, Bewaffnung, Organisation, Führung, Volkscharakter, Idee)".

rung", so erklärte er gegenüber Hitler, dem die „riesengroßen" Operationsräume Unbehagen bereiteten, „seien nicht erkennbar; an der Grenze stünden starke [sowjetische] Kräfte, ein Zurückweichen sei nur in beschränktem Maße möglich, da das Baltikum und die Ukraine aus Versorgungsgründen für die Russen lebensnotwendig seien. Russische Befestigungsarbeiten seien im Gange, besonders am Nord- und Südteil der russischen Westgrenze".[34]

Nach dem 22. Juni 1941 sahen sowohl Hitler als auch der Generalstab ihre Meinungen teilweise bestätigt, teils widerlegt. So gab beispielsweise Oberst Nikanor Lubimow am 6. August während seiner Vernehmung an, daß das zu der von ihm geführten 49. Panzer-Division gehörende Artillerie-Regiment 49 über 63 Rohre verfügt habe, davon 11 122-Millimeter-Geschütze des Modells 1938, 4 152-Millimeter-Haubitzen und 48 76-Millimeter-Kanonen, was zahlenmäßig eine außerordentliche artilleristische Feuerkraft bedeutete. Doch er erklärte zugleich auch, daß den Fernmeldetrupps keine Kabel zur Verfügung standen, so daß die Infanterie keine Verbindung zur Artillerie herstellen konnte, die zudem nicht mit indirekter Richtung zu schießen vermochte, weil ihr nur zwei Landkarten im Maßstab 1:200 000 zur Verfügung gestanden hätten.[35] Völlig negativ war der Bericht des am 23. Juli 1941 vernommenen Hauptmanns Nikolai Bondar vom 739. Schützenregiment. „Das Panzer-Regiment 87," so gab er an, „ist nichts anderes als ein mit wenigen Panzerwagen, älterer und neuerer Bauart ausgestattetes Infanter-Regiment. Die Division ist eine Neuaufstellung neueren Datums. Auch für die Ausrüstung der Nachrichtenabteilung fehlte es an den vorgesehenen Panzer-Spähwagen und dergleichen. Seitdem die Division bei den Rückzugskämpfen eingesetzt ist, hat sich der Ausrüstungszustand noch wesentlich verschlechtert."[36] Da „der deutsche Vorstoß ... die Rote Armee mitten in der Umgruppierung und Umorganisierung überrascht" habe, „die erst im Laufe des Jahres 1941 zum Abschluß gebracht werden sollte," sei die Division nicht mehr rechtzeitig „zu einer motorisiert-mechanischen Division" umgestaltet worden.[37] Andere Gefangene berichteten, daß sie während des Rückzuges zwar „alle Geschütze" zurückgelassen hätten, jedoch umgehend wieder „neu ausgerüstet" worden seien.[38] „Infolge schlechter Verpflegung", notierte der I c der 60. deutschen Infanterie-Division am 23. Juli 1941, „bei großen Marschleistungen ohne die notwendigste Ruhe ist die Stimmung [bei den Russen] nicht kampfesfreudig. Ein großer Teil der Gefangenen ist nur kurzfristig und kaum mit der Waffe ausgebildet."[39] Ähnlich äußerte sich der in Zivilkleidung ge-

Erste Seite des Berichts über die Vernehmung des sowjetischen Obersts Nikanor Lubimow

Panzergruppe 1
Abt. Ic/AO.

Gr.H.Qu., den 6.8.1941

Gefangenenvernehmung.

(Kdr. der Artl. in 49. Pz. Div. p. Prl.)

Nikanor Lubimow, geb. 2.1.94 in Moskau, am 4.8. bei Tischkowo gefangen.
Von 1933 bis 25. Mai 1941 Dozent für Taktik an der Artl.-Akademie
in Moskau, Artl.Kdr. der 49. Pz. Div.

Das zur 49. Pz.Div. gehörende 49. Art. Rgt. bestand aus
122 mm Geschütze, Modell 1938, bei Kriegsbeginn 11 am 3.8. 3
152 "   Haub.   bei Kriegsbeginn 4 " 3.8. keine
76 "   Kanonen   "   48" 3.8. "
Bei Tischkowo waren der Div. zugeteilt:
2 152 mm Geschütze (Haub.)
8 122 "   "
8 76 "   " von der 2. Pak Brig.
Flak war nicht vorhanden. Die Artl. verfügte am 3.8. über je 15 Geschosse für jedes Geschütz. Die Infanterie soll eine Kampfstärke von nur 500 Mann besessen haben.

Am 4.8. waren angeblich im Raume südlich Uman die folgenden
Kessel gebildet:
1.) Bei Tischkowka - Ternowka 49. Pz.Div., 211. Fallschirmjäger Brig.
bestehend aus 1 Btl. (400 Mann), eingesetzt als Infanterie
58. Schtz.Div.
2.) Nördlich Nowo Archangelsk 44.Geb. Schtz./Div.
3.) Rassochowatez nordwestl. Ternowka 216. mot Schtz. Rgt.
(zusammengesetzt aus Überresten der 216. mot Schtz.Div.)
4.) Im Raume Ternowka Versprengte folgende Div.
72. Schtz.Div. Stab angeblich vernichtet
60. Geb.Schtz. Div.
15. mot Schtz. Div.
16. Pz. Div.
Die Stäbe der 6. und 12. Armee sollen durch Flugzeuge am 4.8. nach
Osten geflüchtet sein. Bestimmungsort unbekannt.

Bei Rogi östlich Talnoje soll eine Grenzschutz-Abt. zerschlagen worden sein. Dem 98. Pz. Rgt. wurde eine Grenzschutz-Abt. zugeteilt und als Infanterie eingegliedert. Auch die Mannschaft des 98.Pz.Rgt. war als Infanterie eingesetzt, da die Div. keine Panzer mehr hatte.

Quelle: Bundesarchiv-Militärarchiv RH 21-1/472

fangengenommene Kommandeur der 223. Division, der Oberstleutnant Kowalew, am 27. August 1941. „Ausbildungsstand der Mannschaften und Bewaffnung sind mangelhaft,* auch Geist und Moral der Truppe sind schlecht. Auf Grund der dauernden Rückzüge, der vielen Niederlagen und der großen Verluste fehlt der Glaube an den Sieg und die Hoffnung auf eine Besserung der Lage."[40]

Als die deutschen Streitkräfte dann am 22. Juni 1941 schließlich zum Angriff auf die Sowjetunion antreten mußten, war die deutsche militärische Führung überzeugt, zwar nicht die materielle Überlegenheit,** so doch aber die höhere operative Führungskunst und damit das kriegsentscheidende Kriterium auf ihrer Seite zu haben.

Inzwischen verfügte Stalin „endlich" auch über einen „Beleg", den er unter Tatsachenverkehrungen als „Beweis" für seine bis August 1939 verfochtene Behauptung, daß Hitler die UdSSR mit Krieg überziehen wolle, verwenden konnte. Ihm waren die wesentlichsten Kriterien der Hitler-„Weisung Nr. 21: Fall Barbarossa" zugespielt worden, die den Angriff auf die Sowjetunion betraf. Andreas Hillgruber schrieb 1965: „Die erste Mitteilung über deutsche Vorbereitungen zu einem Angriff auf die Sowjetunion erhielt das State Departement von dem Handelsattaché an der amerikanischen Botschaft in Berlin, Sam E. Woods, Anfang Januar 1941. Woods empfing seine Informationen von einem (namentlich nicht bekannten) deutschen Gegner des Nationalsozialismus".[41] Hillgrubers Angaben decken sich nur teilweise mit den nachweisbaren Tatsachen. Sam E. Woods hatte die Informationen unmittelbar nach dem 18. Dezember 1940 von dem einstigen Zentrumsabgeordneten, Brüning-Anhänger und Hitler-Gegner Dr. Erwin Respondek erhalten, der mit General Franz Halder verkehrte.[42] Woods informierte umgehend nicht nur das Weiße Haus, sondern auch einen Kollegen von der sowjetischen Botschaft in Berlin, der sich mit Moskau in Verbindung setzte, wo Stalin bereits vor dem Jahreswechsel mit den wesentlichsten Details der Hitler-„Weisung" vertraut gewesen sein muß.***

---

* Der Soll-Bestand an Waffen bei den neu aufgestellten Divisionen entspräche zwar dem Bestand der aktiven Divisionen, erklärte Kowalew, doch sei „dieser Bestand nicht erreicht". Bundesarchiv-Militärarchiv Freiburg, RH 21 – 1/472.

** Zur Entwicklung und zum Stand der Rüstung auf deutscher Seite seit 1940 vgl. neben den im Text, in den Fußnoten und in den Anmerkungen bereits angeführten Quellen unter anderem: Thomas, Georg, Geschichte der deutschen Wehr- und Rüstungswirtschaft, 1918 – 1943, Hrsg. Wolfgang, Birkenfeld, Boppard 1966 und vor allem die im Bundesarchiv-Militärarchiv Freiburg archivierten Dokumente Wi/I A, 13, III W 805/2, Teil 2, Wi/I F 5, 126, Teil i, Wi/IF 5, 120, Teil 2, RW 19/164, RH 8/ v. 1130, RH 2/ v. 427, III W 805/2. Teil 2, RW 19/244 und RW 19/176.

*** Zahlreiche Indizien weisen auf den 28.Dezember 1941 hin.

Daß Stalin seine Kenntnis nicht in die Kriegsspiele einbrachte oder einbringen ließ, resultierte aus seinem schier unüberwindlichen Mißtrauen und seinem Verhältnis zur Geheimhaltung. Konsequenter noch als Hitler* behielt er für sich, was er als „geheim" behandelt sehen wollte. So informierte er beispielsweise den Marinekommissar Admiral Nikolai Kusnezow erst am 16. September 1939 darüber, daß die Rote Armee am 17. September in Polen einmarschieren werde.[43] In deutsche Gefangenschaft geratene hohe sowjetische Offiziere bestätigten, daß dies zum Führungsstil Stalins und seines Generalstabes gehörte. So berichtete beispielsweise der am 13. Juli 1941 bei Schklow übergelaufene Divisionskommandeur der 53. Schützen-Division, der 42jährige Oberst Iwan Jakowlewitsch Bartenjew, bei seiner Vernehmung am 14. Juli 1941: „Über [die] große Lage werden [die] Divisionskommandeure nicht unterrichtet. Alles wird verheimlicht. Offiziere befürchten untereinander Verrat ... Kommissare reden ein, daß wir Gefangene erschießen."[44] „Über die eigentlichen Aufgaben seines Regiments beziehungsweise der Division befragt", heißt es in einem Bericht über eine Gefangenenvernehmung vom 23. Juli 1941, erklärte der in Gefangenschaft geratene Stabschef des Regiments, „daß die Division seit dem Mißerfolg bei Ostrog sich ständig in der Verteidigung abschnittweise zurückgezogen habe. Über größere operative Vorhaben sei das Regiment nie unterrichtet worden; auch die bisher durchgeführten Aufgaben seien gewissermaßen improvisiert worden."[45]

Daß Woods Gewährsmann Respondek den Inhalt der „Weisung Nr. 21" gekannt haben muß, bezeugt die Tatsache, daß er sich bei der Übermittlung seiner Kenntnisse mit dem ersten Satz des Textes auseinandersetzte, der sich auf den Angriffstermin bezog. „Die deutsche Wehrmacht muß darauf vorbereitet sein", lautete er, „auch vor Beendigung des Krieges gegen England Sowjetrußland in einem schnellen Feldzug niederzuwerfen."[46]

Angesichts dieser Formulierung konnte Stalin nicht sicher sein, daß dem deutschen Angriff auf die Sowjetunion die Niederwerfung Englands, deren Beginn Hitler am 17. September 1940 „bis auf weiteres" verschoben hatte, unbedingt vorausgegangen sein müsse.** Von nun an jedenfalls wa-

---

* Vgl. z.B. den Absatz C/IV in der „Weisung Nr. 21".
** Der sowjetische Historiker und General Michail Milstejn, der 1940 und 1941 dienstlich mit dem erfolgreichen sowjetischen Spion Sandor Rado (Deckname: „Dora") zu tun hatte, meinte 1990 (Neue Zeit, Moskau, Juni 1990, S. 33): „Auf jeden Fall war" Stalin „davon überzeugt, daß ein Konflikt mit Deutschland, wenn überhaupt, erst nach einem Sieg Hitlers über England ausbrechen könne. Deshalb betrachtete er alle bei ihm

Erste Seite des Berichts über die Vernehmung des sowjetischen Obersts Iwan Jakowlewitsch Bartenjew

P a n z e r g r u p p e 2
Abt.Ic.

Gr.Gef.St., den 14.7.1941

10. /ez, Ivo. 13.7.
XXXXVI

Vernehmung des russischen Oberst BARTENJEW (Iwan Jakowlewitsch), Kommandeur der 53.Schtz.Div., freiwillig am 13.7.41 zu unseren Truppen bei Schklow übergegangen.

1.)   53.Schtz.Div.   Kader-Div., Friedensgarnison Saratow, Mil.Bez.Wolga. Gehörte im Frieden zum LXIII.A.K. (Stab ebenfalls in Saratow). Friedensbestand der Div. 6000 Mann, mit Aushebung für regelmässige 45-tägige Übungen (Frühjahr) 12000 Mann, Kriegsbestand 18000 Mann. Aushebungen zu Übungen waren Mai 41 erfolgt und hatten Div. auf 12000 Mann gebracht.

Mitte Juni erhielten Div. und ganzes LXIII.A.K. Befehl, mit besonderer Beschleunigung nach Gomel zu gehen, angeblich zu Übungen. Es sollte A l l e s mitgenommen werden, auch sämtliche Munitions-und eiserne Bestände. Daher allgemeine Überzeugung, dass Krieg unmittelbar bevorstand. Transport in 26 Zügen. Bartenjew ("B") selbst traf 17.6. mit 4.Transportzug (ungewöhnlich schnelle Beförderung) in Gomel ein. Etwa 22.6. Abtransport der Div. auf Lkw's nach Orscha unter Zurücklassung eiserner Bestände, sowie eines Schützen-Rgts, und sowie eines Art.Rgt., die andere Verwendung fanden.(Schützen Rgt. zur Verstärkung nach Retschiza). Ausserdem Absendung eines Kommandos nach Saratow zwecks Abholung von Nachschubtruppen. In Orscha zunächst unmittelbare Unterstellung 20.Armee - Gen.Ltn. Remisow. Einige Tage darauf Div. unterstellt über LXI.A.K. (Friedensgarnison Poltawa, Mil.Bez.Charkow) der 21.Armee. Gleichzeitig verlangt XLV.A.K. Unterstellung über letzteres der 13.Armee, deren Führung inzwischen Gen.Ltn. Remisow erhalten hatte (Kommandowechsel) und der ab 10.7. auch LXI.A.K. angehörte. Schliesslich wird 53.Div. wieder unmittelbar der 21.Armee unterstellt. Grund dieser dauernden Umgruppierungen: "Verwirrung", insbesondere bei 13.Armee, die zurückgegangen war und grösstenteils keine Verbindung mehr mit ihren unterstellten Verbänden hatte.

Erste Gefechtsstellung: Kopys - Staiki, 31 km. Später kürzere Front Schklow - Zerkowitschi. Rechts 18.Schtz.Div. Links 110.Schtz.Div. an Stelle ursprünglich vorgesehener 172.Schtz. Div.(aus Mogilew)

ren sowohl Hitler als auch Stalin legitimiert, reinen Gewissens von der Notwendigkeit eines Präventivkrieges zu reden – und sich darauf vorzubereiten. Amerikanische Historiker verfechten beispielsweise die Auffassung, daß der sowjetische Aufmarsch und die Offensivvorbereitungen der Roten Armee nicht zuletzt auf den amerikanischen Präsidenten Roosevelt zurückgingen,* der Stalin ebenfalls vor dem deutschen Angriff gewarnt hatte. Er, der die polnische Regierung im August 1939 nicht über die deutsch-sowjetischen Vereinbarungen hinsichtlich der Aufteilung Polens informiert hatte, Stalin jedoch gern auf der Seite der Westmächte fechtend sehen wollte, gab sich seit Ende 1940 der Hoffnung hin, diese Mächtekonstellation bald verwirklicht zu sehen. „Das ist der Zeitpunkt, Hitler zu packen", erklärte er seinem Finanzminister Henry Morgenthau,[47] als die deutschen Streitkräfte bereits auf sowjetischem Territorium kämpften.

Stalin konnte nicht verhindern, daß die Informationen über das Unternehmen „Barbarossa" führenden sowjetischen Militärs zumindest seit Februar 1941 auch bekannt wurden. Der in den sowjetischen militärischen Geheimdienst der unmittelbaren Vorkriegszeit maßgeblich eingebundene General Milstejn berichtete 1990 beispielsweise: „Am 21. Februar 1941 erhielten wir folgende Meldung von Rado: ‚Deutschland hat gegenwärtig 150 Divisionen im Osten. Deutschland beginnt seine Aktion Ende Mai'",[48] was Hitlers Weisung, bis Mitte Mai 1941 alle Vorbereitungen abgeschlossen zu haben, als wahrscheinlich, zumindest aber

---

Fortsetzung Fußnote von Seite 263

einlaufenden Angaben über die Vorbereitung der deutschen Truppen auf einen Überfall als Provokation, von wem diese Angaben auch immer kommen mochten. Er hielt dafür, daß die Provokation von den Engländern ausging, die darauf bedacht gewesen seien, seine Beziehungen zu Hitler zu zerstören und diesem einen Vorwand für den Krieg zwischen Deutschland und der UdSSR zu liefern."

* Franz Knipping (Die amerikanische Rußlandpolitik in der Zeit des Hitler-Stalin-Paktes 1939–1941, Tübingen 1974, in: Tübinger Studien zur Geschichte und Politik, Bd. 30, S. 193) warf Roosevelt vor, am Ausbruch des europäischen Krieges im September 1939 ebenso mitverantwortlich gewesen zu sein wie 1941 an der Ausweitung des europäischen Krieges zum Weltkrieg.

288   IV. Das Konkurrenzprogramm

Juni 1941: Keitel, Hitler und Jodl im Führerhauptquartier „Wolfsschlucht" bei Bruly-le-Pecke in Belgien. In diesen Tagen gab Hitler den Anstoß zur Vorbereitung der „Barbarossa"-Planung*.

* Hitlers Operationsplan und seine strategischen Ziele gingen zunächst primär von politischen und kriegswirtschaftlichen Erwägungen aus. Nach der Vernichtung der in den Grenzterritorien in Angriffsposition befindlichen Truppen der Roten Armee sollten in möglichst kurzer Frist Leningrad genommen, die Herrschaft über die Ostsee hergestellt und die Verbindung zu Finnland hergestellt werden. Ferner sollten die Rohstoffgebiete in der Ukraine, das Rüstungszentrum des Donezgebietes und danach die Erdölfelder des Kaukasus in Besitz genommen und die Sowjetunion kriegswirtschaftlich entscheidend gelähmt werden.

Erich von Manstein warf Hitler 1955 (Manstein, S. 173 f.) vor: „Die in der Weisung ‚Barbarossa' von Hitler niedergelegte ‚allgemeine Absicht' (‚die im westlichen Rußland stehende Masse des russischen Heeres soll in kühnen Operationen unter weitem Vortreiben von Panzerkeilen vernichtet, der Abzug kampfkräftiger Teile in die Weite des russischen Raumes verhindert werden') war schließlich nicht mehr als ein operatives oder gar nur taktisches ‚Rezept'. Zwar sind dank der überlegenen Leistungen der deutschen militärischen Führung und Truppe außerordentliche Erfolge erzielt worden, die die sowjetische Wehrmacht an den Rand der Niederlage brachten. Dieses ‚Rezept' konnte aber niemals einen Operationsplan ersetzen, über dessen Anlage und Durchführung man sich im Bereich der obersten Führung völlig einig hätte sein müssen. Ein Operationsplan, der angesichts des Kräfteverhältnisses und der Weite des Kriegstheaters wohl von vornherein die Möglichkeit hätte ins Auge fassen sollen, die Vernichtung der sowjetischen Wehrmacht gegebenenfalls in zwei Feldzügen anzustreben."

Der Führer und Oberste Befehlshaber   F.H. Qu., den 18.12.1940
der Wehrmacht
OKW/WFSt/Abt. L (I)
Nr. 33408/40 gK Chefs.

Geheime Kommandosache
Chef Sache   9 Ausfertigungen
Nur durch Offizier   2. Ausfertigung.

Weisung Nr. 21: Fall Barbarossa

Die Deutsche Wehrmacht muß darauf vorbereitet sein, auch vor Beendigung des Krieges gegen England *Sowjetrußland in einem schnellen Feldzug niederzuwerfen* (Fall Barbarossa).

Das *Heer* wird hierzu alle verfügbaren Verbände einzusetzen haben mit der Einschränkung, daß die besetzten Gebiete gegen Überraschungen gesichert sein müssen.

Für die *Luftwaffe* wird es darauf ankommen, für den Ostfeldzug so starke Kräfte zur Unterstützung des Heeres freizumachen, daß mit einem raschen Ablauf der Erdoperationen gerechnet werden kann und die Schädigung des ostdeutschen Raumes durch feindliche Luftangriffe so gering wie möglich bleibt. Diese Schwerpunktbildung im Osten findet ihre Grenze in der Forderung, daß der gesamte von uns beherrschte Kampf- und Rüstungsraum gegen feindliche Luftangriffe hinreichend geschützt bleiben muß und die Angriffshandlungen gegen England, insbesondere seine Zufuhr, nicht zum Erliegen kommen dürfen.

Der Schwerpunkt des Einsatzes der *Kriegsmarine* bleibt auch während eines Ostfeldzuges eindeutig gegen *England* gerichtet.

Den *Aufmarsch* gegen Sowjetrußland werde ich gegebenenfalls acht Wochen vor dem beabsichtigten Operationsbeginn befehlen.

Vorbereitungen, die eine längere Anlaufzeit benötigen, sind – soweit noch nicht geschehen – schon jetzt in Angriff zu nehmen und bis zum 15.5.1941 abzuschließen.

Entscheidender Wert ist jedoch darauf zu legen, daß die Absicht eines Angriffes nicht erkennbar wird.

Die Vorbereitungen der Oberkommandos sind auf folgender Grundlage zu treffen:

I. Allgemeine Absicht:

Die im westlichen Rußland stehende Masse des russischen *Heeres* soll in kühnen Operationen unter weitem Vortreiben von Panzerkeilen vernichtet, der Abzug kampfkräftiger Teile in die Weite des russischen Raumes verhindert werden.

In rascher Verfolgung ist dann eine Linie zu erreichen, aus der die russische Luftwaffe reichsdeutsches Gebiet nicht mehr angreifen kann. Das

Endziel der Operation ist die Abschirmung gegen das asiatische Rußland aus der allgemeinen Linie Wolga – Archangelsk. So kann erforderlichenfalls das letzte Rußland verbleibende Industriegebiet am Ural durch die Luftwaffe ausgeschaltet werden.

Im Zuge dieser Operationen wird die russische *Ostseeflotte* schnell ihre Stützpunkte verlieren und damit nicht mehr kampffähig sein.

Wirksames Eingreifen der russischen *Luftwaffe* ist schon bei Beginn der Operation durch kraftvolle Schläge zu verhindern.

II. Voraussichtliche Verbündete und deren Aufgaben:

1.) Auf den Flügeln unserer Operation ist mit der aktiven Teilnahme *Rumäniens* und *Finnlands* am Kriege gegen Sowjetrußland zu rechnen.

In welcher Form die Streitkräfte beider Länder bei ihrem Eingreifen deutschem Befehl unterstellt werden, wird das Oberkommando der Wehrmacht zeitgerecht vereinbaren und festlegen.

2.) *Rumäniens* Aufgabe wird es sein, den Angriff des deutschen Südflügels, wenigstens in seinen Anfängen, mit ausgesuchten Kräften zu unterstützen, den Gegner dort, wo deutsche Kräfte nicht angesetzt sind, zu fesseln und im übrigen Hilfsdienste im rückwärtigen Gebiet zu leisten.

3.) *Finnland* wird den Aufmarsch der aus Norwegen kommenden abgesetzten deutschen *Nordgruppe* (Teile der Gruppe XXI) zu decken und mit ihr gemeinsam zu operieren haben. Daneben wird Finnland die Ausschaltung von Hangö zufallen.

4.) Mit der Möglichkeit, daß *schwedische* Bahnen und Straßen für den Aufmarsch der deutschen Nordgruppe spätestens von Operationsbeginn an zur Verfügung stehen, kann gerechnet werden.

III. Die Führung der Operationen:

A.) *Heer* (in Genehmigung der mir vorgetragenen Absichten):
In den durch die Pripetsümpfe in eine südliche und eine nördliche Hälfte getrennten Operationsraum ist der Schwerpunkt *nördlich* dieses Gebietes zu bilden. Hier sind 2 Heeresgruppen vorzusehen.

Der südlichen dieser beiden Heeresgruppen – Mitte der Gesamtfront – fällt die Aufgabe zu, mit besonders starken Panzer- und mot. Verbänden aus dem Raum um und nördlich Warschau vorbrechend die feindlichen Kräfte in Weißrußland zu zersprengen. Dadurch muß die Voraussetzung geschaffen werden für das Eindrehen von starken Teilen der schnellen Truppen nach Norden, um im Zusammenwirken mit der aus Ostpreußen in allgemeiner Richtung Leningrad operierenden nördlichen Heeresgruppe die im Baltikum kämpfenden feindlichen Kräfte zu vernichten. Erst nach Sicherstellung* dieser vordringlichsten Aufgabe, welcher

---

* Die erste Weisung zur Vorbereitung eines Feldzuges gegen die Sowjetunion erhielt der Oberbefehlshaber des Heeres – nach Anregungen Hitlers Anfang Juli 1940 – am 22. Juli 1940.

die Besetzung von Leningrad und Kronstadt folgen muß, sind die Angriffsoperationen zur Besitznahme des wichtigen Verkehrs- und Rüstungszentrums Moskau fortzuführen.

Nur ein überraschend schnell eintretender Zusammenbruch der russischen Widerstandskraft könnte es rechtfertigen, beide Ziele gleichzeitig anzustreben.

Die wichtigste Aufgabe der Gruppe XXI bleibt auch während der Ostoperationen der Schutz Norwegens. Die darüber hinaus verfügbaren Kräfte sind im Norden (Geb.-Korps) zunächst zur Sicherung des Petsamo-Gebietes und seiner Erzgruben sowie der Eismeerstraße einzusetzen, um dann gemeinsam mit finnischen Kräften gegen die Murmansk-Bahn vorzustoßen und die Versorgung des Murmansk-Gebietes auf dem Landwege zu unterbinden.

Ob eine derartige Operation mit *stärkeren* deutschen Kräften (2 – 3 Div.) aus dem Raum von Rovaniemi und südlich geführt werden kann, hängt von der Bereitwilligkeit Schwedens ab, seine Eisenbahnen für einen solchen Aufmarsch zur Verfügung zu stellen.

Der Masse des finnischen Heeres wird die Aufgabe zufallen, in Übereinstimmung mit den Fortschritten des deutschen Nordflügels möglichst starke russische Kräfte durch Angriff westlich oder beiderseits des Ladoga-Sees zu fesseln und sich in den Besitz von Hangö zu setzen.

Auch bei der *südlich* der Pripetsümpfe angesetzten Heeresgruppe ist in konzentrischer Operation und mit starken Flügeln die vollständige Vernichtung der in der Ukraine stehenden russischen Kräfte noch westlich des Dnjepr anzustreben. Hierzu ist der *Schwerpunkt* aus dem Raum von Lublin in allgemeiner Richtung Kiew zu bilden, während die in Rumänien befindlichen Kräfte über den unteren Pruth hinweg einen weit abgesetzten Umfassungsarm bilden. Der rumänischen Armee wird die Fesselung der dazwischen befindlichen russischen Kräfte zufallen.

Sind die Schlachten südlich bzw. nördlich der Pripetsümpfe geschlagen, ist im Rahmen der Verfolgung anzustreben:

im Süden die frühzeitige Besitznahme des wehrwirtschaftlich wichtigen Donez-Beckens,

im Norden das schnelle Erreichen von Moskau. Die Einnahme dieser Stadt bedeutet politisch und wirtschaftlich einen entscheidenden Erfolg, darüber hinaus den Ausfall des wichtigsten Eisenbahnknotenpunktes.

B.) *Luftwaffe:*

Ihre Aufgabe wird es sein, die Einwirkung der russischen Luftwaffe soweit wie möglich zu lähmen und auszuschalten sowie die Operationen des Heeres in ihren Schwerpunkten, namentlich bei der mittleren Heeresgruppe und auf dem Schwerpunktflügel der südlichen Heeresgruppe, zu unterstützen. Die russischen Bahnen werden je nach ihrer Bedeutung für die Operationen zu unterbrechen bezw. in ihren wichtigsten nahegelegenen Objekten (Flußübergänge!) durch kühnen Einsatz von Fallschirm- und Luftlandetruppen in Besitz zu nehmen sein.

Um alle Kräfte gegen die feindliche Luftwaffe und zur unmittelbaren Unterstützung des Heeres zusammenfassen zu können, ist die Rüstungsindustrie während der Hauptoperationen nicht anzugreifen. Erst nach dem Abschluß der Bewegungsoperationen kommen derartige Angriffe, in erster Linie gegen das Uralgebiet, in Frage.

C.) *Kriegsmarine:*
Der Kriegsmarine fällt gegen Sowjetrußland die Aufgabe zu, unter Sicherung der eigenen Küste ein Ausbrechen feindlicher Seestreitkräfte aus der Ostsee zu verhindern. Da nach dem Erreichen von Leningrad der russischen Ostseeflotte der letzte Stützpunkt genommen und diese dann in hoffnungsloser Lage sein wird, sind vorher größere Seeoperationen zu vermeiden.

Nach dem Ausschalten der russischen Flotte wird es darauf ankommen, den vollen Seeverkehr in der Ostsee, dabei auch den Nachschub für den nördlichen Heeresflügel über See, sicherzustellen (Minenräumung!)

IV. Alle von den Herren Oberbefehlshabern auf Grund dieser Weisung zu treffenden Anordnungen müssen eindeutig dahin abgestimmt sein, daß es sich um *Vorsichtsmaßnahmen* handelt für den Fall, daß Rußland seine bisherige Haltung gegen uns ändern sollte. Die Zahl der frühzeitig zu den Vorarbeiten heranzuziehenden Offiziere ist so klein wie möglich zu halten, weitere Mitarbeiter sind so spät wie möglich und nur in dem für die Tätigkeit jedes Einzelnen erforderlichen Umfang einzuweisen. Sonst besteht die Gefahr, daß durch ein Bekanntwerden unserer Vorbereitungen, deren Durchführung zeitlich noch gar nicht festliegt, schwerste politische und militärische Nachteile entstehen.

V. Vorträgen der Herren Oberbefehlshaber über ihre weiteren Absichten auf Grund dieser Weisung sehe ich entgegen.
Die beabsichtigten Vorbereitungen aller Wehrmachtteile sind mir, auch in ihrem zeitlichen Ablauf, über das Oberkommando der Wehrmacht zu melden.

(gez.) Adolf Hitler[49]

als möglich erscheinen lassen mußte.* Richard Sorge** übermittelte bereits Anfang März Fotokopien von Telegrammen Ribbentrops an den deutschen Botschafter Eugen Ott in Tokio, den der deutsche Außenminister telegrafisch informiert hatte, daß der deutsche Angriff auf die UdSSR in der zweiten Juni-Hälfte beginnen würde.[50] General Filipp Golikow, der Chef der Aufklärungsverwaltung des sowjetischen Generalstabs, verfügte seit März 1941 über zahlreiche Einzelmeldungen bedrohlichen Inhalts, die er der Führung am 20. März vorlegte.*** Gustav Hilgers Mitarbeiter Gerhard Kegel, der zu den Mitgliedern der „Roten Kapelle" gehörte und seit 1939 als Botschaftsangehöriger in Moskau mit der sowjetischen militärischen Führung „zusammenarbeitete",[51] versorgte seine sowjetischen Gewährsleute ständig und zuverlässig mit Nachrichten aus Berlin. Daß die sowjetische Führung im Juni 1941 vom deutschen Angriff überrascht worden sei, wie einige − schlecht informierte oder politisch korrumpierte − Historiker behaupten, ist eine Legende. Stalin und Molotow rechneten nach Molotows späten Bekenntnissen[52] „sowohl im Jahre 1939 als auch 1940" bereits mit einem Krieg gegen Deutschland, weshalb sie sich − infolge der nach ihrer Auffassung auf

---

* Hitler sah sich nach den gescheiterten Feldzügen Mussolinis in Griechenland und Nordafrika und dem Militärputsch vom 26. zum 27. März 1941 in Belgrad veranlaßt, am 27. März festzustellen, daß „der Beginn der Barbarossa-Unternehmung bis zu 4 Wochen verschoben werden" müsse, und in seiner „Weisung" Nr. 25 vom 27. März 1941 zu erklären: „Der Militärputsch in Jugoslawien hat die politische Lage auf dem Balkan geändert. Jugoslawien (das eben erst dem Dreimächtepakt hatte beitreten wollen) muß ... als Feind betrachtet und daher so rasch als möglich zerschlagen werden." Vgl. Hubatsch, Hitlers Weisungen, S. 124.
** Dr. Richard Sorge (Deckname „Ramsay") war von 1939 bis zu seiner Verhaftung 1941 unter anderem als Korrespondent der „Frankfurter Zeitung" und des „Berliner Börsenkuriers" in China und Japan tätig, wo er infolge seiner engen Kontakte zum deutschen Botschafter Eugen Ott regelmäßig über Pläne und Entscheidungen der deutschen Regierung informiert war, die er der sowjetischen Führung zutrug.
*** Nach Schukows Angaben (Erinnerungen, S. 227) waren in ihnen vermutliche operative Maßnahmen der deutschen Streitkräfte präzisiert. In diesen Dokumenten, so berichtete Schukow, „wurden mögliche Stoßrichtungen der deutschen Wehrmacht erwogen, die − wie sich später herausstellte − den Dispositionen für das Unternehmen ‚Barbarossa' entsprachen und teilweise dem Wesen diesen Planes sehr nahe kamen." Im Nachhinein beschuldigten sowjetische Militärs und Historiker General Filipp Golikow, den Chef der Aufklärungsverwaltung des Generalstabes, die Warnungen und Hinweise auf den deutschen Angriff nicht ernst genommen und als gezielte „Falschmeldungen" charakterisiert und damit auch Stalin in entsprechender Weise beeinflußt zu haben (so auch Schukow, Erinnerungen, S. 227).

ТЕЛЕГРАММА вх.№ 89084

Токио 11 . 40 ... I — июня 41
       17 . 45 ... I — июня 41

НАЧАЛЬНИКУ РАЗВЕДУПРАВЛЕНИЯ ГШ КРАСНОЙ
АРМИИ

Токио, 30 мая 1941 г.

Берлин информировал своего посла в Японии ОТТ, что немецкое наступление против СССР начнется во второй половине июня.

Наиболее сильный удар будет нанесен левым флангом германской армии.

ОТТ совершенно уверен, что война скоро начнется, поэтому он потребовал от военного атташе не посылать никаких важных сообщений через территорию СССР.

Технический департамент германских воздушных сил в Токио получил указание возвратиться в Германию.

РАМЗАЙ

Отпечатано 1-.. 30. 18 . 15

Адресату

30. Mai 1941: Richard Sorge teilt dem Chef der Aufklärungsverwaltung des Generalstabes der Roten Armee in einem unverschlüsselten Telegramm aus Tokio mit, daß Botschafter Ott aus Berlin erfahren habe, daß Deutschland die UdSSR in der zweiten Juni-Hälfte angreifen werde[53].

„Barbarossa" und die sowjetische Aufklärung 295

Richard Sorge (Deckname: „Ramsay"). Am 7. November 1944 in Japan hingerichteter deutscher Sowjetagent.

einen solchen Krieg noch nicht vorbereiteten Roten Armee – bemühten, „eine kleine Atempause"⁵⁴ zu bewirken.

Am 13. Januar hatte Stalin vor hochrangigen Kommandeuren der Roten Armee mehr als nur angedeutet, daß es einen Krieg gegen Deutschland geben werde, wenn die sowjetische Armee „eine zwei- bis dreifache Übermacht" besitze und den Offizieren klar geworden sei, worauf es in dem Krieg ankommen werde. Selbst mit strategischen und taktischen Richtlinien hatte er offen aufgewartet und unter anderem erklärt, daß die Rote Armee „versuchen" könne, auch „über die Karpaten zu gehen", wenn „5 000 Flugzeuge alles" zerstört hätten.⁵⁵ Anders als Schukow am Ende der Kriegsspiele, hatte er den „Luftdivisionen", den Fernbombern, Jägern und Nahkampfbombern, Aufgaben zugewiesen, die sowjetischen Militärs als revolutionär erscheinen mußten. „Man soll nicht beim Alten bleiben und reden", hielt er den konservativ eingestellten Truppenführern vor und belehrte sie, daß im Falle des Krieges auf „den Reserveflugstützpunkten ... nicht alle notwendige Ausrüstung zurückbehalten" werden dürfe, da sie „beim Stellungswechsel" von den „Hauptstützpunkten" entnommen werden könne, was zwangsläufig nur in einem Angriffskrieg möglich ist. „Ist der Panzerschütze gefährlicher als der aktive Schütze der Infanterie?" fragte er und schob sofort seine Antwort nach: „Der erfahrene Soldat sagt, daß die Armee unbesiegbar ist, die alles hat."⁵⁶ „Leichte Panzer, gute Artillerie, Mechanisierung, welche sich schneller von der alten Armee loslöst. Die Armee soll", so hatte der NKWD-Major Murat als Zuhörer in sein Taschenbuch geschrieben, „bewegliche Reserven haben. Der moderne Krieg – ist ein Krieg der Motoren.* Wer eine Armee auf Kraftfahrzeugen fortbewegt, der siegt. Der ganze Nachschub muß auf Kraftfahrzeugen nachgefahren werden. Ihr sagt alle – es ist gleich, was gefahren wird, die Landwirtschaft (transportiert) auf (und mit) dem Pferdchen. Bei solcher industriellen Basis ist auch eine alte Armee nicht fortzubewegen. Wir brauchen eine Vermehrung der Mechanisierung, um die Routine zu brechen."⁵⁷

Und am 8. Februar 1941? Da hatte Stalin im Zentralkomitee vor höheren Offizieren der Roten Luftwaffe in eigentlicher Fortsetzung seiner Ausführungen vom 13. Januar 1941 wiederum deutlich werden lassen, welche Zukunftsvorstellungen ihn bewegten. Im Stile des Oberbefehlshabers monierte er, daß die bislang gestellten „Aufgaben ... den Kern der

---

* In dieser Hinsicht deckten sich seine Vorstellungen mit der Auffassung Hitlers.

Sache" umgingen, weil in „den Kursen der Flieger" Themen als Hauptkriterien behandelt würden, die angesichts seiner Richtlinien-Direktiven lediglich als zweitrangig betrachtet werden dürften. Anstatt über die möglichst rasche Angleichung an ausländische Vorgaben hinsichtlich der Leistungen und Feuerkraft der Kriegsflugzeuge zu reden, würde „über den Mangel an technischen Lehrkräften", über „nicht vorhandene Flugzeuge" und zu wenig Brennstoff diskutiert. „Wir sind zurückgeblieben", so heißt es als Stalin-Äußerung in Murats Taschenbuch, „unsere motorisierten Teile sind zweitklassig. Vor zwei Jahren waren wir auf dem ersten Platz, jetzt auf dem zweiten. In England, Deutschland, sind die Motoren mit Wasserkühlung, unsere Vorliebe für luftgekühlte Motoren muß geändert werden."[58] Nach einem – zuweilen hinkenden – Vergleich zwischen russischen und ausländischen Kriegsflugzeugen versprach er den Fliegeroffizieren: „Wir werden 1941 7 000" Maschinen erhalten, deren Höchstgeschwindigkeiten zwischen 480 und 620 Stundenkilometern liegen werden.* „Noch ein Jahr Rückständigkeit", drohte er, würden weder er noch die „Sowjetmacht" hinnehmen.[59]

Diese Offiziere hatte Stalin nicht noch aufdringlich mit dem Gedanken vertraut machen müssen, den Krieg als Angriffskrieg zu denken. Obwohl die sowjetische Luftwaffe bis Januar 1942 nicht als eigene ständige Truppe operierte, sondern den jeweiligen Armeen unterstellt war, verfügte sie über Kriegsflugzeuge, die ausschließlich – oder doch vornehmlich – für den Angriff konstruiert worden waren. Die fünfsitzige, mit einer Rumpfpanzerung von 990 Kilogramm ausgerüstete „Il-2" beispielsweise war nicht für Jagdeinsätze in der Luft, sondern als Angriffswaffe für Bodeneinsätze konstruiert. Der flugfähige Panzer KT („Antonow 1940") und die „R-5", die 16 Fallschirmjäger (ebenfalls eine reine Angriffstruppe) transportieren konnte, waren ebenso Offensivwaffen wie der Fernbomber „DB 3-F (Il 4), der 2500 Kilogramm Bomben laden, 9700 Meter hoch und 445 Kilometer schnell fliegen konnte und am 8. August 1941 zur Bombardierung Berlins eingesetzt wurde. Und auch der „SB 2"-Bomber, die „Pe 2" und die „LaGG" waren Maschinen, mit denen nicht verteidigt, sondern angegriffen werden sollte.

---

* Die von Stalin genannte „Mig 3", über die er sagte, daß sie 620 Stundenkilometer fliegen, 5 Maschinengewehre und eine 20-mm-Kanone haben werde (Bundesarchiv-Militärarchiv Freiburg, RH 24 – 24/335), verfügte über nur zwei Maschinengewehre und flog nicht 620, sondern 580 Stundenkilometer.

Begleitschreiben zum Taschenbuch des gefallenen NKWD-Majors Murat

Generalkommando XXIV.Pz.Korps K.G.St., den 24. 9. 19**41**.
Ic

Betr.: Wichtiges Beutepapier. *Entwurf.*

Der

Panzergruppe 2 - Ic/A.O.

Anliegend werden ein Taschenbuch und vier Personalausweise des Majors der NKWD Murat vom Stabe der 21.Armee vorgelegt. Murat wurde am 24.9. als Leiche in einem Waldstück südostwärts Drjukowschtohina (12 km südwestlich Lochwiza) mit tödlichen Verletzungen aufgefunden. An der bezeichneten Stelle sind der Frontstab der Süd-West Front und die Stäbe der 5.und 21.Armee umzingelt und nach starkem Widerstand zu grossen Teilen gefangen genommen worden. Unter zahlreichen Leichen wurde auch der Oberbefehlshaber der Süd-West Front, Generaloberst Kirponos, aufgefunden.

Das Taschenbuch des Majors der NKWD Murat enthält Aufzeichnungen über Ausführungen Stalins in einer Sitzung von Truppenkommandeuren der Roten Armee vom 13.1.1941; ferner Aufzeichnungen über Ausführungen Stalins in einer Sitzung der Flieger im Zentral Komité vom 8.2.1941 über das, was in der russischen Luftwaffe veraltet ist und das, was bis zum Jahre 1942 geschaffen werden sollte. Das Taschenbuch ist unzweifelhaft von erheblicher politischer Bedeutung. Entwurf einer Übersetzung der ersten Seite ist beigefügt. Nach persönlicher Prüfung des Kommandierenden Generals ist verantwortliche Übersetzung im Hinblick auf die sich aus dem Text ergebenden besonderen Schwierigkeiten nur durch durchgebildete Kenner der militärischen Fachsprache möglich. Im Hinblick auf etwaige Reproduktion durch Fotokopie dürfte es sich empfehlen das Taschenbuch völlig unverändert zu lassen und keinerlei Einzeichnungen vorzunehmen.

Für das Generalkommando
Der Chef des Generalstabes

Quelle: Bundesarchiv-Militärarchiv RH 24-24/335

Auszug aus den Notizen des NKWD-Majors Murat über Stalins Rede vom 13. Januar 1941

13. 1. 41.

Sitzung der Truppenoffiziere
Rede des Genossen Stalin

Man muss einen kultivierten Gegner annehmen und nicht schlechter bewaffnet. Die Truppenteile sind alle 5 - 7 Tage heraus zu ziehen, weil sie sonst ermüden. Man muss mindestens die doppelte Überlegenheit haben. Die Deutschen sind keine Dummköpfe. Sie haben die Maginotlinie nicht erobert, sondern sie umgangen. Das Spiel nähert sich den kriegerischen Operationen. Die Offiziere sind keine Knaben, oder man kann sagen, es ist eine 2 - 3fache Übermacht erforderlich. In der Dienstordnung darf man es nicht aussprechen. Kleine taktische Truppenverschiebungen beeinflussen das Schicksal des Krieges nicht. - Fernbomber. 2 - 3 Staffeln Reserve.

----

2)

Eine zweifache Übermacht ist Gesetz, eine stärkere noch besser. Gut ist es, die rückwärtigen Dienste zu überprüfen. Eine gute Armee mit leicht beweglichen rückwärtigen Diensten die über Konserven verfügt, muss man verbessern, 2 Tage warmes Essen, 5 Tage Konserven.

----Errichtet seine Front gegen uns, indem er die Flanken verstärkt. Kein Durchbruch machen, wie man es in Friedenszeiten macht, - was wird in Kriegszeiten sein. Ihr wollt den Gegner mit schwachen Kräften vernichten, habt Ihr ihn auch geschlagen !! (?)

----

3)

Erwiderungen nach der Rede
5ooo Flugzeuge
alles zerstören, dann kann man versuchen über die Karpathen zu gehen   (an Paul ?)Name unleserlich.

Man darf die Luftdivision nicht teilen, eine deckt, die andere kämpft.

Das Schicksal des Kampfes entscheiden die Nahkampfflugzeuge und sie begleiten Einsitzer-Jäger.

Fernbomber - Ablenker (Diversanten)und entscheiden nicht den Krieg.

Einen solchen Luxus wie Teiloperationen kann man sich nicht leisten.

Deutlich spiegelte seit Anfang 1941 – vor allem nach der XVIII. Parteikonferenz im Februar – der staatlich zentral gelenkte „Kulturbetrieb" den Gesinnungswandel hinsichtlich des Umganges mit „Hitlerdeutschland" wider, den Stalin drastisch-martialisch artikulierte. In Moskauer Theatern lief, von Hitler instinktsicher registriert und eingeordnet, ein aggressiv akzentuiertes und unmißverständlich gegen Deutschland gemünztes Tendenzstück über den von Stalin besonders geschätzten russischen Heerführer Alexander Wassilijewitsch Suworow (1730 – 1800). Der Filmregisseur Sergej Eisenstein sah der Entgegennahme des ihm für den antideutschen Film „Alexander Newsky" zugesprochenen „Stalin-Preises" entgegen. Extrem nationalistische Werke wie beispielsweise Alexej Tolstois „Peter I.", J.A. Schaporins Oratorium „Das Feld von Kulikowo" und S.N. Sergejew-Zenskijs Roman über die Belagerung Sewastopols wurden gerühmt und ausgezeichnet. Die „Prawda", die am 1. Januar bereits durchsichtig gemeint hatte, „Im Jahr einundvierzig werden wir unsere Schaufeln in frische Bodenschätze stoßen ... und vielleicht gesellen sich zu den sechzehn Wappen [der Sowjetunion] noch andere Wappen hinzu", proklamierte am 4. März offen: „Trennt eure Feinde, erfüllt vorübergehend die Forderungen eines jeden von ihnen, doch dann schlagt sie einzeln, und laßt ihnen keine Möglichkeit, sich zu vereinen."

Stalins Konzept vom modernen Krieg

Die mit einer Rumpfpanzerung von 990 Kilogramm versehene „Il-2" bei einem Angriff auf Berlin. Die J1-2 war 1941 nicht nur das einzige Flugzeug der Welt, das über eine Rumpfpanzerung verfügte, sondern zugleich über die Möglichkeit, während des Einsatzes Raketengeschosse abzufeuern. Neben diesem von S. Wladimirowitsch Iljuschin konstruierten und seit 1940 in Woronesch und Moskau in Serie produzierten Erdkampfflugzeug verfügte die Sowjetunion 1941 über zahlreiche bemerkenswert gute Kampfflugzeuge eigener und fremder Konstruktion. Mehr als 20 US-Firmen, die Flugzeuge, Motoren und entsprechendes Zubehör produzierten, lieferten den Sowjets vor dem Kriege Flugzeuge wie beispielsweise Consolidated- und Martin-Bomber, Flugboote, Hubschrauber, Seversky-Jäger, Douglas-Transporter und eine Reihe anderer Typen. Britische Unternehmen beteiligten sich ab 1933, französische Firmen ab 1935. Seit Februar 1940 lieferte Deutschland einige Maschinen der Typen Heinkel He 100, Messerschmitt Me 109, Junkers Ju 88, Dornier Do 215, Bücker Bü 131 und Focke-Achgelis Fa 266 (Hubschrauber). US-Ingenieure bauten in der Sowjetunion – zusammen mit sowjetischen Fachleuten – verschiedene Versionen von Wright-Motoren.

Der Balkanfeldzug

28. Oktober 1940

Höhepunkt antideutscher Tendenzen auf dem Balkan vor allem infolge des italienischen Angriffs auf Griechenland, dessen Regierung am 8. Februar 1940 (wieder) mit Großbritannien über britische militärische Hilfen verhandelte und infolge des Beschlusses der britischen Regierung vom 28. Februar 1940, eine ,,Griechenlandexpedition" zu entsenden, der britischen militärischen Unterstützung gewiß sein konnte.

Eine italienische Panzer-Division, eine Gebirgs-Division und 6 Infanterie-Divisionen (insgesamt 155 000 Mann) greifen von Albanien aus Griechenland an. Luftwaffe in Albanien: 107 Jäger, 55 Bomber, 22 Aufklärer, in Apulien: 119 Bomber, 54 Jäger, 18 Aufklärer und 20 von Deutschland gelieferte Ju 87.

Griechische Streitkräfte: 430 000 Mann (eine Kavallerie-Division, 14 Infanterie-Divisionen, 44 Jäger, 39 Bomber und 66 (zum Teil veraltete) Bomber.

2. März 1941

Einmarsch deutscher Truppen in Bulgarien.

5. März 1941

Hitler-,,Weisung Nr. 24: Über Zusammenarbeit mit Japan".
,,Das Ziel der durch den Drei-Mächte-Pakt begründeten Zusammenarbeit muß sein, Japan so bald wie möglich zum aktiven Handeln im Fernen Osten zu bringen ... *(Über das Barbarossa-Unternehmen darf den Japanern gegenüber keinerlei Andeutung gemacht werden".)*

7. März 1941

Britische Landungen im Piräus und in Volos.

9. März 1941

Erstes Eintreffen deutscher Vorausabteilungen an der bulgarisch-griechischen Grenze. Griechische Truppen räumen West-Thrazien.

16. März 1941

Die am 9. März begonnene italienische Offensive in Albanien endgültig gescheitert.

Der Balkanfeldzug 303

17. März 1941

Unterredung Hitlers mit Brauchitsch und Halder in Berlin. Hitler wünscht eine geänderte Aufmarschanweisung für „Barbarossa": Verzicht auf den ursprünglich geplanten Offensivstoß von Rumänien aus. Neue Operativversion: Angriff auf die Rote Armee nach deren Ausweichen.
Hitler: „Wir müssen von Anfang an Erfolge haben. Es dürfen keine Rückschläge eintreten ... Kräftemäßig können wir sicher nur rechnen: mit deutschen Kräften, mit finnischen Kräften. Von diesen ist nur zu erwarten, daß sie Hangoe angreifen und dem Russen [d.h. der russischen Flotte] das Ausweichen in den Ostseeraum nehmen, Nicht zu rechnen ist mit Rumänien ... Keine Offensivkraft. Von Schweden können wir nichts erwarten, denn wir können ihnen nichts bieten. Ungarn ist nicht [zu]verlässig. Hat keinen Grund gegen Rußland anzutreten. Seine Ziele liegen in Jugoslawien; hier wird ihnen etwas geboten ... Slowaken ... vielleicht später für Besatzungszwecke".

27. März 1941

Deutschfeindlicher Militär-Staatsstreich in Belgrad; Thronbesteigung des 17jährigen Königs Peter II. Antideutsche Demonstrationen in Belgrad und anderen serbischen Städten.

3. April 1941

Selbstmord des ungarischen Ministerpräsidenten Paul Graf Teleki aus Protest gegen den deutschen Druck auf Ungarn, sich am Krieg gegen Jugoslawien zu beteiligen.

6. April 1941

Unterzeichnung eines sowjetisch-jugoslawischen Nichtangriffspaktes (zurückdatiert auf dem 5. April 1941).*

---

* Hitler konnte sich ausrechnen, welchen Zweck der sowjetisch-jugoslawische Pakt haben sollte. Im Artikel I des Hitler-Stalin-Paktes vom 23. August 1939 war festgelegt worden: „Die beiden Vertragschließenden Teile verpflichten sich, sich jeden Gewaltakts, jeder aggressiven Handlung und jeden Angriffs gegeneinander, und zwar sowohl einzeln als auch gemeinsam mit anderen Mächten, zu enthalten", und der Artikel II lautete: „Falls einer der Vertragschließenden Teile Gegenstand kriegerischer Handlungen seitens einer dritten Macht werden sollte, wird der andere Vertragschließende Teil in keiner Form diese dritte Macht unterstützen." Da der Vertrag an dem Tag geschlossen wurde, an dem Hitler den Balkanfeldzug eröffnete, ließ Stalin ihn auf den 5. April zurückdatieren. Dem „Dreierpakt" Deutschland-Italien-Japan hatte er sich nicht angeschlossen, und auch Hitlers Erwartung, im Rücken der UdSSR Japan als Waffengefährten zu haben, sobald das Unternehmen „Barbarossa" angelaufen sei, hatte er zunichte gemacht, indem die Sowjetunion und Japan am 13. April 1941 einen Neutralitätspakt abschlossen. Vgl. S. 358 f.

6. April 1941

Beginn des deutschen Balkanfeldzuges gegen Jugoslawien und Griechenland.

Hitlers Absicht: Sicherung der Südostflanke gegen britische Landungen und der rumänischen Ölgebiete vor dem Beginn des Unternehmens „Barbarossa".

Halder-Eintragung in das „Kriegstagebuch": „Russische Gliederung: Auffallend die Zusammenziehung in der Ukraine. Ein Angriff gegen Ungarn und Bukowina wäre nicht unmöglich. Ich halte sie aber für völlig unwahrscheinlich."

Deutsche Streitkräfte: 2. Armee, 12. Armee und Panzer-Gruppe 1. Gegen Jugoslawien eingesetzt: 4 Panzer-Divisionen, 4 motorisierte Divisionen, 7 Infanterie-Divisionen;
gegen Griechenland: 2 Panzer-Divisionen, Zweidrittel einer motorisierten Division und 2 Gebirgsjäger-Divisionen.
Insgesamt: rund 1 200 Panzer und die 4. Luftflotte mit 210 Jägern, 400 Sturzkampfbombern und Bombern und 170 Aufklärern.

Ungarische Streitkräfte: 3. Armee mit 10 Brigaden (ab 11. April).
Italien (in Albanien): 9. und 11. Armee (wie bis dahin in Griechenland) mit einer Panzer-Division, 3 Alpini-Divisionen und 19 Infanterie-Divisionen; 2. Armee mit einer Panzer-Division, 3 schnellen Divisionen, einer Alpini-Division und 10 Infanterie-Divisionen von Istrien aus gegen Jugoslawien; 320 Flugzeuge.

Jugoslawien: 3 Kavallerie-Divisionen, 28 Infanterie-Divisionen, eine Festungs-Division und 9 Brigaden; Luftwaffe: 400 Flugzeuge (144 Jäger, 160 Bomber, 40 Aufklärer und einige andere Maschinen).

Griechenland gegen Italien: eine Kavallerie-Division, 14 Infanterie-Divisionen und 2 Brigaden,
gegen Deutschland: eine motorisierte Division, 5 Infanterie-Divisionen, 2 Brigaden und einige Festungstruppen (insgesamt 21 Divisionen, rund 80 Flugzeuge).

Großbritannien in Griechenland: eine Panzer-Brigade und 2 Infanterie-Divisionen.

Der deutsche Angriff, der innerhalb von drei Wochen die Südküste des Peloponnes erreichte und sowohl den Westmächten als auch Stalin Respekt abnötigte, erschien noch einmal als Demonstration hoher deutscher militärischer Führungskunst, die anschließend auch das Unternehmen „Merkur" (die Wegnahme Kretas zwischen dem 20. und 27. Mai 1941) offenbarte.

17. April 1941

Kapitulation der jugoslawischen Armee.

18. April 1941

Selbstmord des griechischen Ministerpräsidenten Koryzis.

20. April 1941

Kapitulation der griechischen Epirus-Armee vor der SS-Leibstandarte, die den Metzovon-Paß erreicht und den Griechen den Rückzug abgeschnitten hatte.

23. April 1941

Kapitulationsunterzeichnung der griechischen Armee in Saloniki.

24. April 1941

Durchbruch deutscher Streitkräfte durch die von britischen Einheiten verteidigten Thermopylen-Stellung.

24. bis 29. April 1941

Die britische Flotte räumt unter dem Decknamen Operation ,,Demon" Griechenland. 50 672 britische Soldaten eingeschifft.

27. April 1941

Einmarsch deutscher Truppen in Athen.

30. April 1941

Besetzung Griechenlands (einschließlich des Peloponnes) abgeschlossen. 223 000 griechische und 21 900 britische Soldaten werden deutsche Kriegsgefangene (unmittelbare Entlassung der Griechen).
Deutsche Verluste: 2 559 Tote, 5 820 Verwundete, 3 169 Vermißte.

Großbritannien hatte während des Balkanfeldzuges zwar erneut einen empfindlichen Prestigeverlust hinnehmen müssen, doch es war der britischen Regierung gelungen, den Balkan in das aktive Kriegsgebiet einzubeziehen und fortan deutsche Streitkräfte zu binden, zumal – systematisch von außen geschürte – Unruhen und besonders im serbischen Hinterland (von Kommunisten, besonders von Tito) organisierte Partisanenaktionen eine truppenmäßige Entblößung ausschlossen. Zudem sah sich die deutsche Führung veranlaßt, Straßen, Eisenbahnlinien und Hafenanlagen auszubauen.

Hitler in der ,,Weisung Nr. 29" vom 17. Mai 1941: ,,Das Ziel des deutschen Einsatzes im Südosten, die Engländer vom Balkan zu vertreiben und die Grundlagen für den Einsatz deutscher Fliegerkräfte im ostwärtigen Mittelmeer zu erweitern, ist erreicht und wird mit Durchführung des Unternehmens ‚Merkur' [Besetzung Kretas] weiter verbessert."

20. April 1941: Während Hitler (hier mit – v.l. – Keitel, von Brauchitsch, Reichspressechef Dietrich, Raeder und Göring) seinen 52. Geburtstag „feiert", verhandeln Ribbentrop und Graf Ciano nach der Kapitulation der griechischen Epirus-Armee in Wien über die Aufteilung Jugoslawiens.

Der Aufmarsch der Roten Armee 307

Am 14. April 1941 erließ der Generalstab der Roten Armee die folgende „Direktive": „Ungeachtet einer Reihe von Anweisungen des Generalstabes der Roten Armee erfolgt der Einbau der Kasemattenwaffen in die permanenten Kampfstände und die Versetzung dieser Anlagen in Kampfbereitschaft unzulässig langsam.

Der Volkskommissar für Verteidigung hat befohlen:

1. Alle im Wehrkreis vorhandenen Waffen für die Befestigungsbereiche dringend in die Kampfanlagen einzubauen und diese in Kampfbereitschaft zu versetzen.
2. soweit Spezialwaffen fehlen, zeitweilig Maschinengewehre auf Feldgestellen und − wenn möglich − auch Geschütze in die einfach vermauerten Schießscharten und Kammern einzubauen;
3. die Anlagen auch bei Fehlen der übrigen sollmäßigen Einrichtungen aber unbedingt durch Einbau von gepanzerten Eisen- oder Gittertüren in Kampfbereitschaft zu versetzen;
4. die gebührende Pflege und Instandsetzung der Waffen in den Anlagen zu organisieren;
5. dem Chef der Verwaltung Verteidigungsausbau der Roten Armee an die Wehrkreise unverzüglich technische Anweisungen für den Einbau zeitweiliger Waffen in Stahlbetonanlagen zugehen zu lassen. Über die getroffenen Maßnahmen ist bis zum 25.4.1941 dem Generalstab der Roten Armee Meldung zu erstatten.

i.A. Chef des Generalstabs der Roten Armee
Armeegeneral G. Schukow

f.d.R. Chef der Abteilung Befestigungsbereiche des Generalstabs der Roten Armee
Generalmajor S. Schirjajew."[60]

Nahezu 140 000 Mann, so berichtete Schukow, waren 1941 täglich dabei, die − auch von Stalin als äußerst dringlich angesehene − Aufgabe zu erfüllen,* die neue Grenze zu befestigen.[61] Die Befestigungsbereiche

---

* Als „Geheime Kommandosache" meldete das Generalskommando V.A.K. am 20. Juni 1941: „Der Ausbau der [russischen] Befestigungen wird im gesamten Abschnitt der Armee mit verstärktem Einsatz fortgeführt. Der für die Fertigstellung ursprünglich auf 1. Juli 1941 festgesetzte Termin ist nach Funkmeldungen um etwa eine Woche vorverlegt worden. Nach Erdbeobachtungen und Auswertung der Luftbilder sind grenznahe Kampfanlagen zu etwa 40 % fertiggestellt, im Hintergelände nur zum geringen Teil."
Bundesarchiv Militärarchiv Freiburg, RH 24−5/104.

an der alten Staatsgrenze [aus der Zeit vor den deutsch-sowjetischen Abmachungen von 1939] ... blieben [daneben] in sämtlichen wichtigen Abschnitten bestehen und sollten sogar noch verstärkt werden",* wozu es angesichts der Kampfhandlungen zu Beginn des Krieges jedoch „nicht mehr ... in vollem Umfang" kam.[62] Anders als in Finnland, wo die Rote Armee einen hohen Blutzoll für den Durchbruch durch die „Mannerheim-Linie" hatte entrichten müssen – oder in Frankreich, wo die von den deutschen Streitkräften nicht durchbrochene, sondern umgangene „Maginot-Linie" als militärischer Schutzwall gedient hatte,** sollten in der Sowjetunion zwei hintereinander gestaffelte Bollwerke solcher Art vorhanden sein. Die in den dreißiger Jahren heimlich errichteten dreizehn „Befestigten Räume" (Ukrepljonnyrajon), die als militärische Formationen jeweils die Feuerkraft eines Korps verkörperten, das heißt jeder „Befestigte Raum", verfügten über ein Artillerie-Regiment, ein Panzer-Bataillon, ein Nachrichten-Bataillon, ein Pionier-Bataillon, drei bis vier Artillerie-/Maschinengewehr-Bataillone und weitere Teileinheiten. Sie deckten jeweils eine Frontlänge von 100 – 180 Kilometer und eine Fronttiefe von 30 – 50 Kilometer ab.[63] Diese Linie, inoffiziell als „Stalin-Linie" bezeichnet, die teilweise bis zu einigen hundert Kilometern innerhalb des Landes lag, konnte nicht umgangen werden, da sie von der Ostsee bis zum Schwarzen Meer reichte. Ihre Aufgabe: Abwehr von Infanterie-, Panzer- und Fliegerangriffen. „In Unkenntnis der genauen Lage der Befestigten Räume konnte der Gegner", schrieb Viktor Suworow, „unversehens mit Gefechtsanlagen konfrontiert sein und sich im gleichen Augenblick bereits im Bereich eines mörderischen Abwehrfeuers befinden. Ein weiterer Unterschied zur Maginot-Linie bestand darin, daß die Stalin-Linie nicht durchgehend als geschlossener Verteidigungsgürtel angelegt war; zwischen den einzelnen Befestigungen hatte man Zwischenräume von mitunter bis zu einigen Dutzend Kilometern Breite gelassen."[64]

Brach der Feind zwischen den Anlagen durch, „setzte er seine Flanken und anschließend auch seine rückwärtigen Truppenteile dem gezielten Angriff aus.[65]

Im Sommer 1940, nach der Neufestlegung der Staatsgrenzen der UdSSR infolge der Konsequenzen der deutsch-sowjetischen Verträge, die die sowjetischen Grenzen nach Westen verschoben, war von der Sowjetführung beschlossen worden, die neuen Grenzen durch Festungsanlagen zu

---

* Dieser Darstellung widersprach Suworow. Vgl. Suworow, S. 114 ff.
** Vgl. dazu Stalins Äußerungen vom 13. Januar 1941, S. 299 in diesem Kapitel.

schützen, die von den Militärs ironisch als „Molotow-Linie" bezeichnet wurden. Allein für das Baltikum waren über 2 000 Gefechtsanlagen geplant, von denen allerdings nur 300 zustande kamen.⁶⁶ Suworows Bilanz: „Die Stalin-Linie war in erster Hinsicht zur Angriffsvorbereitung bestimmt, in zweiter Hinsicht für Verteidigungszwecke. Die Molotow-Linie dient nur dem Angriff. Aus eben diesem Grund halten ihre Befestigten Räume die Brücken und Verkehrswege für die Angriffslawine der sowjetischen Truppen offen, während sie die dann entblößten Nebenabschnitte decken. Eben deshalb werden die Gefechtsanlagen unmittelbar an der Grenze errichtet* ... um mit geballter Feuerkraft die angreifenden sowjetischen Truppen zu unterstützen und den Gegner daran zu hindern, seine Truppen von den Nebenabschnitten abzuziehen."⁶⁷

Seit Mai 1941 konnten Veränderungen gravierenden Ausmaßes in der Sowjetunion nicht mehr so getarnt und verheimlicht werden, wie Stalin es sich sicher gewünscht hätte. Die „Prawda" vom 1. Mai deutete Überraschungen an, auf die das Sowjetvolk gefaßt sein sollte, ohne daß es allerdings erfuhr, was konkret gemeint sei. Die Bemerkung, „was in der UdSSR verwirklicht worden ist, kann auch in anderen Ländern verwirklicht werden", wie es im Leitartikel der „Prawda" hieß, ließ in Verbindung mit dem Aufruf, „für Überraschungen bereit zu sein," Assoziationen zu, die zu der Zeit dennoch wohl nur Insider des Machtapparates und der militärischen Führung augenblicklich zuverlässig zu deuten vermocht haben. Doch die erste Überraschung folgte dem Hinweis auf dem Fuß. Stalin übernahm am 6. Mai das Amt des Regierungschefs der UdSSR. Am Tag zuvor hatte er vor einigen hundert Absolventen der Militärakademien, ihren Dozenten und Vertretern der politischen und militärischen Führung im Kreml einen 40minütigen Vortrag gehalten, über dessen Inhalt – trotz der vorhandenen Quellen und des Forschungsstandes – jahrzehntelang gemutmaßt und spekuliert worden ist. Da Stalins Rede weder auf eine Schallplatte aufgenommen noch mitstenographiert werden durfte, war es Stalins Anhängern lange Zeit hindurch möglich,

---

* Suworows Analyse deckt sich im wesentlichen mit einem Geheimbericht des Generalkommandos V.A.K. vom 20. Juni 1941, in dem es unter anderem hieß: Es „kann damit gerechnet werden, daß die Absicht besteht, eine deutsche Offensive in der Narew-Bibrza-Njemen-Linie unter Einschluß der grenznahen Befestigungen nordwestlich Grodno zum Zusammenbruch zu bringen. Vorwärts dieser Linie ist eine bewegliche Kampfführung zu erwarten, wobei im Südabschnitt (Lomza bis Augustow) mit starkem Feindwiderstand in der Grenzstellung, im Nordabschnitt (ostwärts Kalety bis Vystiter See) mit starkem Widerstand erst im allgemeinen etwa 15 km von der Grenze entfernten Sperrstellungen zu rechnen ist." Bundesarchiv-Militärarchiv Freiburg, RH 24 – 5/104.

Versionen zu multiplizieren, die das Regime aus propagandistischen Erwägungen für geboten hielt.

Gustav Hilger, der in Moskau geborene Gesandtschaftsrat und Handelsattaché an der deutschen Botschaft in Moskau, publizierte bereits zehn Jahre nach dem Ende des Zweiten Weltkrieges, was drei in deutsche Gefangenschaft geratene höhere sowjetische Offiziere, die am 5. Mai Stalins Rede als Teilnehmer der Zeremonie unmittelbar gehört hatten, während ihrer Vernehmungen – unabhängig voneinander – zu Protokoll gegeben hatten. Danach hatte Stalin auf einen Toast Chosins, des Chefs der Militärakademie Frunse, auf die sowjetische Friedenspolitik scharf und verärgert mit der Bemerkung reagiert, daß nur Spießbürger und Narren noch in der Lage sein könnten, Friedensschalmeien und Friedenslosungen ertönen zu lassen, wo es jetzt doch darauf ankäme, offensiv zu werden und der gewaltsamen Ausbreitung der sowjetischen Front das Wort zu reden.[68] Zudem sei wichtig, endlich damit aufzuhören, die Leistungen der deutschen Armee zu glorifizieren. Oberst Bartenjew, der sich drei Wochen nach dem Beginn des deutsch-sowjetischen Krieges in Gefangenschaft begeben hatte, bestätigte – als einstiger Teilnehmer des Banketts im Kreml – am 14. Juli 1941, was Hilger in Erfahrung gebracht hatte. Stalin habe, so Bartenjew, auf den Toast des sowjetischen Generals auf die „Friedenspolitik" mit dem Hinweis reagiert: „Nein, Kriegspolitik".[69]

Der aus Petersburg stammende britische Moskau-Korrespondent Alexander Werth, der in der UdSSR über außergewöhnliche Kontakte verfügte, gab 1965 – nach russischen mündlichen Quellen – unter anderem an, daß Stalin auf einen „deutschen Angriff" in naher Zukunft hingewiesen, die sowjetische Armee als zu der Zeit „noch nicht stark genug" bezeichnet und erklärt habe, daß die „Sowjetregierungen ... mit allen ihr zur Verfügung stehenden diplomatischen Mitteln versuchen" werden, „einen bewaffneten Konflikt mit Deutschland zumindest bis zum Herbst" 1941 hinauszuzögern, „weil es um die Jahreszeit für einen deutschen Angriff zu spät sein"[70] würde. Alle Informanten, so versicherte Werth, hätten übereinstimmend erklärt, daß der Krieg gegen Deutschland nach Stalins Ausführungen vom 5. Mai 1941 als „fast unvermeidlich" signalisiert worden sei.

Stalins Feststellung, daß der Krieg zwischen Deutschland und der Sowjetunion „fast unvermeidlich 1942" beginnen und gegebenenfalls von der UdSSR ausgelöst werden würde, war allen Bezugspersonen im Gedächtnis haften geblieben.[71] Auch von deutschen Truppen gefangenge-

Der Aufmarsch der Roten Armee 311

Seit 6. Mai 1941 in jeder Hinsicht uneingeschränkter Herr über die Sowjetunion:
Stalin mit seinem Außenminister Molotow.

nommene Offiziere der Roten Armee, die am 5. Mai als Veranstaltungsteilnehmer im Kreml gewesen waren, berichteten während ihrer Vernehmungen, was sie aus Stalins Mund vernommen hatten.

Nach einem Schreiben des Chefs der Abteilung Fremde Heere Ost im Generalstab des Heeres vom 18. Oktober 1942 rekapitulierten drei in deutsche Gefangenschaft geratene sowjetische Offiziere, die nicht die Möglichkeit gehabt hatten, sich vor den Vernehmungen abzusprechen, unabhängig voneinander und übereinstimmend Stalins Hauptthesen vom 5. Mai 1941 stichwortartig wie folgt:

„1) Aufruf, sich zum Krieg gegen Deutschland bereitzuhalten.
2) Ausführungen über die Kriegsvorbereitungen der Roten Armee.
3) Die Ära der Friedenspolitik der Sowjetunion ist vorüber. Ausdehnung der Sowjetunion mit Waffengewalt nach Westen ist nunmehr notwendig. Es lebe die aktive Angriffspolitik des Sowjetstaates!
4) Der Kriegsbeginn steht in nicht allzu ferner Zeit bevor.
5) Ausführungen über die großen Siegesaussichten der Sowjetunion im Krieg gegen Deutschland.

Einer der drei Berichte enthält die bemerkenswerte Äußerung, daß der mit Deutschland bestehende Friedensvertrag nur eine Täuschung und ein Vorhang sei, hinter dem man offen arbeiten könne."[72]

Unter den in den ersten Wochen des deutsch-sowjetischen Krieges in deutsche Gefangenschaft geratenen Rotarmisten befand sich auch Stalins ältester Sohn Jakob Josefowitsch Dschugaschwili. Der 33jährige Artillerie-Oberleutnant war am 17. Juli von Soldaten des Schützen-Regiments 5 der 12. Panzer-Division bei Ljosno gefangengenommen worden, nachdem sein Versuch gescheitert war, sich in der Verkleidung eines Bauern nach Osten durchzuschlagen. In seiner Vernehmung vom 17. Juli 1941 erklärte er, daß die Stimmung in der Roten Armee bis zum 7. Juli, vor den „erkennbar erfolgten Rückschlägen", die er vornehmlich als Folge des „starken Eingreifens der deutschen Luftwaffe" verstanden sehen wollte, „gut und zuverlässig gewesen" sei. Er gab die schweren Rückschläge zu, entgegnete jedoch selbstbewußt und offensichtlich auch nicht sonderlich deprimiert, daß sich die Rückschläge als „scheinbare" Niederlagen erweisen könnten, wenn es der Roten Armee gelänge, die vorgestoßenen deutschen Panzer von der nachrückenden Infanterie abzuschneiden.

Der Aufmarsch der Roten Armee

Stalins ältester Sohn Jakob als Kriegsgefangener.

IV. Das Konkurrenzprogramm

Auszug aus dem Bericht über die erste Vernehmung des Stalin-Sohnes Jakob

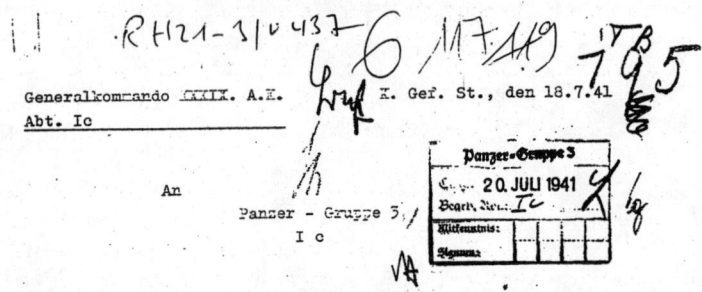

Generalkommando XXIX. A.K. K. Gef. St., den 18.7.41
Abt. Ic

An

Panzer - Gruppe 3
I c

Panzer-Gruppe 3
Eing.: 20. JULI 1941
Bearb. Nr.: I c
Mitkenntnis:
Abgang:

Vernehmung des vom Schtz. Rgt. 5 der 12.Pz.-Div.
am 17.7.41 gefangengenommenen Oberleutnant Jakob
Josefowitsch Dschugaschwili (Sohn Stalins).

Der Gefangene gab auf Befragen den obengenannten Namen an und
erklärte, der älteste Sohn Stalins aus erster Ehe zu sein. Zur
Beweisführung aufgefordert, erklärt er, er habe zwar seine Papiere verbrannt, um sich als Bauer verkleidet nach Osten durchzuschlagen, sei aber zum Beweise seiner Identität bereit, jede
der Beweisführung dienliche Frage zu beantworten. Ausserdem
würden bereits gefangengenommene Offiziere der 14. Panzer-Div.
seine Angaben bestätigen können.

Über seine militärische Stellung und sonstige Tätigkeit befragt,
gibt er zur Vernehmung, dass er zunächst als Turbineningenieur
tätig gewesen und dann als aktiver Offizier in die Rote Armee
eingetreten sei. Er sei Batterie-Führer im Art.-Rgt.14 der
14. Panz.-Div.. Zur Division gehörten ausserdem, das 14. mot.
Schtz. und das 27. und 28. Panzer-Rgt.. Die Division gehörte
zum VII. mot/mech. Korps, dem ausserdem die 13. Panzer-Division
und die 1. proletarische mot. Division angehörten. Das Korps
sei im Raum Witebsk - Ljesno - Senno eingesetzt gewesen und als
zerschlagen anzusehen. Die Panzer-Divisionen hätten 80% ihrer
Panzer verloren. Der Rest sei der 20. Armee unmittelbar unterstellt
worden.

Die Stimmung in der Truppe sei bis zum 7.7.41 gut und zuverlässig
gewesen. Die von da an offenbar erfolgten Rückschläge, insbesondere
das starke Eingreifen der deutschen Luftwaffe, habe zu einer zunehmenden Verschlechterung der Stimmung geführt.

Den Hinweis, dass die politischen Kommissare in der Truppe nach
unseren Feststellungen wenig beliebt seien, beantwortet er damit,

Quelle: Militärgeschichtliches Forschungsamt, Freiburg

Sechs Offiziere verschiedener sowjetischer Einheiten zitierten am 20. Juli 1941 übereinstimmend die von Oberst Lubimow* am 6. August 1941 noch einmal wiederholte Stalin-Äußerung vom 5. Mai: „Ob Deutschland will oder nicht, der Krieg mit Deutschland kommt."[73] Die sowjetischen Generale I.P. Krupenikow und L.A. Masanow, mit denen Gustav Hilger am 22. Juli 1944 sprach, bestätigten ihrerseits ebenfalls,** was den deutschen Vernehmungsoffizieren – und Hitler – seit Mitte Juli 1941 bekannt war.

Dimitri Wolkogonow ergänzte 1990 – ohne Nennung konkreter Quellen, daß Stalin während des Banketts auch erklärt habe, daß die Rote Armee zu Beginn des Jahres 1941 300 Divisionen aufweisen werde,[74] womit er bestätigte, was Oberst Lubimow am 6. August 1941 in deutscher Kriegsgefangenschaft aussagte: „Von 300 sollten 1/3 motorisiert werden. Dies ist jedoch nicht durchgeführt worden, weil der Krieg überraschend früh kam".[75] Der „Krieg wird auf dem Territorium des Gegners geführt werden, und der Sieg muß mit wenig Blutvergießen erreicht werden", zitierte Wolkogonow als eine der Stalin-Devisen des 5. Mai.[76]

Eine der dürftigsten und unergiebigsten Quellen stellt in diesem Zusammenhang Andreas Hillgrubers Publikation „Hitlers Strategie, Politik und Kriegführung 1940–1941" dar.[77] Sein geschichtsfremder Schluß von 1965, daß nicht wesentlich sei, „was Stalin am 5.5. tatsächlich gesagt hatte ... sondern welche Nahziele er verfolgte,"[78] erscheint hier so absonderlich, daß sich jeder weitere Kommentar erübrigt.

Die erste „Überraschung", die der „Prawda"-Ankündigung vom 1. Mai 1941 folgte, nämlich die Übernahme der Regierungsgeschäfte durch Josef Stalin, mußte zumindest für Deutschland negative Konsequenzen haben, auch wenn die in Moskau akkreditierten deutschen Diplomaten das Gegenteil behaupteten und erwarteten.

„Stalin hat anstelle von Molotow den Vorsitz im Rate der Volkskommissare übernommen und ist damit an die Spitze der Regierung der Sowjetunion getreten", teilte Schulenberg dem Auswärtigen Amt in Berlin am 7. Mai mit und fuhr fort: „Der Grund hierfür dürfte in den außenpolitischen Fehlgriffen der letzten Zeit zu suchen sein, die zu einer Abkühlung

---

* Oberst Lubimow (Bundesarchiv Militärarchiv Freiburg RH 21 – 1/472) hatte dem deutschen Vernehmungsoffizier erklärt: „ ... der Krieg mit Deutschland kommt unbedingt. Es wurde jedoch nicht damit gerechnet, daß er schon so schnell ausbrechen würde."
** Politisches Archiv des AA Bonn, Handakten Etzdorf, Bd. 24, 22. Juli 1942, Masanow hatte zwar nicht zu den Stalin-„Gästen" am 5. Mai 1941 im Kreml gehört, doch war er sehr gut über alle Einzelheiten und Stalins Rede informiert.

Am Mittwoch, dem 30. April 1941, hatte Hitler mit dem Oberbefehlshaber des Heeres den „Zeitplan" für das Unternehmen „Barbarossa" besprochen,[79] den Beginn der Auslösung bestätigt und seine Vermutungen über den Verlauf der Kampfhandlungen präzisiert.

Das Ergebnis:

„F.H. Qu., 1.5.1941

„Besprechung bei Chef L am 30.4.1941
1. Zeitplan Barbarossa: Der Führer hat entschieden: Beginn Barbarossa: 22. Juni, ab 23. Mai Höchstleistungsfahrplan. Zu Beginn der Operationen sind OKH.-Reserven in den vorgesehenen Räumen noch nicht eingetroffen.
2. Stärkeverhältnis im Fall Barbarossa: Abschnitt Nord: deutsche und russische Kräfte etwa gleich. Abschnitt Mitte: starke deutsche Überlegenheit. Abschnitt Süd: russische Überlegenheit.
3. Russischer Aufmarsch: Weiterhin starke Truppenverlegungen an die deutsch-russische Grenze.
4. Beurteilung des Ablaufs Barbarossa durch Ob. d.H.: Voraussichtlich heftige Grenzschlachten, Dauer bis zu 4 Wochen. Im weiteren Verlauf wird dann aber nur noch mit geringem Widerstand zu rechnen sein. Beurteilung der russischen Soldaten: Der Russe wird sich dort, wo er hingestellt wird, bis zum letzten schlagen.
5. Besprechungen mit Finnland. Besprechungen sind gemäß OKW./WFSt./Abt. LIOp. 44 594/91 g. K. Chefs. v. 28.4.1941 vom Führer genehmigt worden.
6. Besprechungen mit Ungarn sind erst im letzten Drittel des Monats Mai möglich. Führer glaubt, daß die Ungarn zu defensiven Maßnahmen an der russischen Grenze bereit sind, aber einen Ansatz deutscher Kräfte aus Ungarn nicht zulassen werden.
7. Besprechungen mit Rumänien werden erst sehr spät möglich sein.
8. Tarnung der Besprechungen mit den befreundeten Ländern: Beabsichtigter deutscher Angriff im Westen, Ostfront muß daher abgedeckt werden. Beteiligung der befreundeten Länder als rein defensive Maßnahme ..."[80]

Bereits sechs Tage zuvor, am 24. April, hatte der deutsche Militär-Attaché von der deutschen Botschaft in Moskau dem deutschen Oberkommando der Kriegsmarine gemeldet: „Nach Angaben italienischen Botschaftsrats sagt englischer Botschafter [Cripps] 22. Juni als Tag [des] Kriegsbeginns voraus." Akten zur Deutschen Auswärtigen Politik, D XII/2, Nr. 399 (C.-E. 242).

der deutsch-sowjetischen freundschaftlichen Beziehungen geführt haben ... Ich bin überzeugt, daß Stalin seine neue Stellung dazu benutzen wird, um in eigener Person an der Aufrechterhaltung und Weiterentwicklung der guten sowjetischen Beziehungen zu Deutschland tätig zu werden."[81] Und am 12. Mai stellte er in einer Mitteilung an das Auswärtige Amt fest: „Mit großer Gewißheit kann man behaupten, daß, wenn Stalin sich entschlossen hat, das höchste Regierungsamt zu übernehmen, dies aus Gründen der Außenpolitik geschehen ist ... Meines Erachtens läßt sich mit Sicherheit annehmen, daß Stalin sich ein außenpolitisches Ziel von überragender Wichtigkeit für die Sowjetunion gesteckt hat ... Dieses Ziel besteht, wie ich fest glaube, darin, daß Stalin in einer von ihm ernst gehaltenen internationalen Lage die Sowjetunion von einem Konflikt mit Deutschland bewahren will".[82] Daß er an den Tatsachen vorbeiredete und pure Wunschvorstellungen multiplizierte, schien ihm offenbar abwegig.* „Das Echo aus Berlin ist aber noch nicht hörbar", monierte er zwölf Tage nach seinem Bericht vom 7. Mai vorsichtig und folgerte nachdenklich, „und unklar bleibt bisher, ob der Umschwung der Sowjetpolitik rechtzeitig gekommen ist."[83]

Ein Einblick in die Protokolle über Molotows Unterredungen mit Hitler, in denen Molotows Feststellung dokumentiert worden war, daß er im Auftrage und im Sinne Stalins handele, hätte ihn möglicherweise eines Besseren belehrt. Sicher freilich ist dies nicht; denn angesichts der engen Beziehungen, die einige seiner Untergebenen zur Moskauer Führungsspitze unterhielten, kann ihm der Inhalt der eindeutig gegen Deutschland gerichteten Stalin-Reden vom 13. Januar, 8. Februar und 5. Mai 1941 nicht unbekannt gewesen sein, als er die hier zitierten Feststellungen traf.

Realistisch war an Schulenbergs Kommentaren lediglich, daß „eine Abkühlung der deutsch-sowjetischen freundschaftlichen Beziehungen" registriert werden müßte, was zu der Zeit allerdings keineswegs mehr eine singuläre Situation darstellte. Daß derartige „Zustände" einen Aspekt, nämlich den am 11. Februar 1940 vereinbarten sowjetischen Waren- und Rohstofflieferungen einerseits und den deutschen Kompensationsleistungen andererseits, denen das besondere Augenmerk beider Diktatoren galt, keinen Abbruch tun konnte, hatten vorausgegangene Phasen gleichen oder

---

* Nicht ohne Berechtigung monierte der 1924 in Moskau geborene und bis 1944 in der UdSSR lebende Historiker Michael Moroszow 1980 (Der Georgier, S. 210): „Der Kriegsbeginn wurde seitdem (6. Mai 1941) in Moskau täglich erwartet – jedermann wußte: der ‚Chosjain' (Hauswirt) übernahm nun die ganze Führung. Alle wußten es – nur die deutschen ‚Fachleute' nicht."

ähnlichen Charakters bewiesen. Und auch jetzt konnten sich weder Hitler noch Stalin leisten, die vertraglichen Absprachen gefährlich zu vernachlässigen. Hitler benötigte die sowjetischen Leistungen während der intensiven materiellen Vorbereitungen des Unternehmens „Barbarossa" – nicht nur infolge der angespannten Versorgungslage – mehr als zuvor. Stalin wiederum, der nach dem Frankreich-Feldzug vor allem an deutschem Kriegsmaterial interessiert war und dies auch forderte, hatte gleichrangige Probleme zu bewältigen. Zwar brauchte er nicht unbedingt die Waren und Rohstoffe, die er der eigenen Substanz entzog, sondern Zeit für die Maximierung der auf sowjetischer Seite ebenfalls massiv angelaufenen Kriegsvorbereitungen. Und sie, die Zeit, so mußte Stalin kalkulieren, konnte ihm nur Hitler „gewähren". Zwar befand die UdSSR sich seit Sommer, seit Deutschland der Sowjetunion 73 Millionen Mark für geleistete Lieferungen schuldete, in einer besseren Position als Deutschland, das bis zum 11. Mai 1941 weitere 234 Millionen Mark auszugleichen hatte, doch Stalin sah sich außerstande, darauf mit einem Stop der eingefahrenen Leistungen zu reagieren. Einer brauchte den anderen, und einer erpreßte den anderen.

Kurz vor seinem Tod gab der über neunzigjährige Molotow in einem Gespräch mit dem russischen Schriftsteller Feliks Tschujew zu: „Wir mußten einen Angriff Deutschlands hinausschieben. Deshalb bemühten wir uns, mit ihnen Geschäftsbeziehungen zu pflegen, und zwar Export – Import".[84]

Karl Julius Schnurres positiv gehaltene Aufzeichnungen vom 15. Mai 1941 über die jüngsten sowjetischen Lieferungen an Getreide, Mineralöl, Baumwolle, Manganerz, an Phosphaten und an Platin* spiegelten denn auch womöglich nicht die Absicht Stalins wider, mit Hitler weiterhin in Frieden leben zu wollen, sondern seine Einsicht in die Zwangslage, in der er sich befand.

Wolkogonow, der zwar dieses Verhalten Stalins richtig einschätzte, jedoch unterschlug, daß Stalin ebenfalls auf den Krieg zusteuerte und für seine Vorbereitungen Zeit zu „schinden" versuchte, schrieb unter ande-

---

* Vgl. Akten zur Deutschen Auswärtigen Politik, D XII/2, Nr. 521 (C.-E. 249). „Der Transitweg durch Sibirien", notierte Schnurre, „funktioniert nach wie vor. Die Anlieferung ostasiatischer Rohstoffe, insbesondere von Kautschuk ... sind weiterhin beträchtlich (... im Monat April 2 000 Tonnen in normalen Sibirienzügen) ... Das jetzt vereinbarte Ausmaß an Rohstofflieferungen wird von den Russen trotz der dadurch hervorgerufenen eigenen schweren Belastungen pünktlich durchgeführt." Die Sowjets hatten infolge der jüngsten Vereinbarungen bis zum 1. August 1942 über 3 Millionen Tonnen Getreide an Deutschland zu liefern.

rem: „Militärschüler wurden vorzeitig in ihre Einheiten zurückgeschickt, die Flughäfen wurden getarnt und [am 1. Mai 1941] rund 800 000 Reservisten eingezogen. Zu diesen wenigen richtigen Schritten konnte Stalin sich nur schwer entscheiden, denn ihn beherrschte die Vorstellung, auf keinen Fall die Deutschen zu provozieren. Timoschenko und Schukow mußten Stalin zu verschiedenen Fragen zwei- oder dreimal Bericht erstatten, bis dieser einverstanden war. Stalin war nach wie vor ein Gefangener der Idee, daß Hitler keinen Zweifrontenkrieg führen werde."[85] General Wassilewski dagegen, der im Rahmen der sowjetischen Kriegsvorbereitungen zu den wichtigsten Ratgebern Stalins gehörte, überlieferte Jahrzehnte später eine andere Version, auch wenn er Wert darauf legte, bestimmte Details und Zusammenhänge, die Stalin belasteten, aus seinen Schilderungen auszuklammern. „Von Mai bis Juni 1941", schrieb er beispielsweise, „wurden die 19., 21. und 22. Armee aus dem Nordkaukasischen, Wolgaer und Uraler Militärbezirk an die westliche Dwina und den Dnjepr sowie das 25. Schützenkorps aus dem Militärbezirk Charkow und die 16. Armee aus dem Transbaikalmilitärbezirk in die Ukraine verlegt. Am 27. Mai wies der Generalstab die westlichen Grenzmilitärbezirke an, unverzüglich Frontgefechtsstände zu errichten und am 19. Juni die Frontstäbe des Baltischen, Westlichen und Kiewer Militärbezirks dorthin zu verlegen."*

In diese Situation, die kritischen Deutschen und Russen gleichermaßen unheilvolle Ahnungen suggerierte, platzte buchstäblich ein Ereignis hinein, das hüben und drüben zugleich kühnste und absurdeste Vorstellungen auslöste. Rudolf Heß, der einstige Weltkriegsflieger, Reichsminister und Stellvertreter Hitlers als Parteiführer, war am 10. Mai 1941 mit einer „Me 110" nach Großbritannien geflogen und bei Glasgow in Schottland mit dem Fallschirm abgesprungen. Die Parteileitung der NSDAP teilte am 12. Mai mit, daß Heß sich in geistiger Verwirrung eines Flugzeuges bemächtigt habe und wahrscheinlich abgestürzt sei.[86] Einen Tag später hieß es dann, Heß sei, offenbar dem Wahn verfallen, „durch einen persönlichen Schritt bei ihm von früher her bekannten Engländern doch noch eine Verständigung zwischen Deutschland und England herbeiführen zu können",[87] in Schottland mit dem Fallschirm abgesprungen. Die deut-

---

* Wassilewski, Sache des ganzen Lebens, S. 101. Um die Angriffsvorbereitungen, deren Pläne von ihm entwickelt worden waren (vgl. S. 327), als Verteidigungsmaßnahmen erscheinen zu lassen, verlegt er (ebenda) beispielsweise die Einberufung der 900 000 Reservisten auf „Anfang Juni". Allerdings gab er zu, daß im Juni 1941 „über 5 Millionen Mann" unter Waffen standen. „Das war," schrieb er (ebenda), „2,8 mal mehr als 1939."

schen „Volksgenossen" erwiesen sich jedoch als hellhörig genug, aus den öffentlichen Erklärungen herauszulesen, daß die offiziellen Informationen zumindest äußerst fragwürdig seien. „Fast alle Meldungen", so hieß es beispielsweise in einem SD-Bericht vom 15. Mai, „brachten zum Ausdruck, daß die Mitteilung zunächst von Parteigenossen wie von anderen Volksgenossen wegen des großen Vertrauens zu Heß nicht geglaubt worden ist."[88] Wie die Dinge tatsächlich lagen, erfuhr die Öffentlichkeit niemals. Nur Hitler, Heß und eine Handvoll Vertrauter wußten, was wirklich vorausgegangen und geschehen war.

Was die Öffentlichkeit nicht erfuhr, war dies: Das zweimotorige Langstrecken-Zerstörer-Flugzeug des Typs „Me 110", mit dem Heß nach Schottland geflogen war, hatte sein alter Bekannter Willy Messerschmidt, bei dem er gelegentlich Testflüge absolvierte, mit zwei Zusatztanks von je 900 Litern (zum serienmäßig eingebauten 1 200 Liter-Tank) ausgerüstet und für den langen Flug, den Heß im Januar schon einmal zu unternehmen versucht hatte, besonders vorbereitet. Ein paar Tage vor seinem Abflug hatte Hitler Heß zu einem rund vierstündigen Gespräch empfangen, was Hitlers unmittelbarer Umgebung aufgefallen war; denn derartig lange Zusammenkünfte hatte es zwischen den beiden seit dem Beginn des Krieges nicht mehr gegeben.* Die auf Enthüllungen hoffenden, ungefähr 60 bis 70 Minister, Gauleiter und Spitzenfunktionäre, die Hitler am 13. Juni 1941 zu sich auf den „Berghof" bestellt hatte, hörten von ihm auch nur, was alle Welt seit einem Monat wußte. Heß, so erklärte Hitler erneut, sei geisteskrank und habe ihn und das Reich durch seine „verrückte Idee" in eine peinliche Situation gebracht. Nur gegenüber Bormann, dessen Stunde nach Heß' Verschwinden schlug, äußerte Hitler, daß Lord Hamilton, den Heß hatte aufsuchen wollen, nach Lage der Dinge „natürlich nicht öffentlich" zugeben könnte, mit Heß „bekannt gewesen" zu sein.

---

* Martin Bormann, der Sekretär Hitlers, ließ in das Tagebuch seines Büros (Nationalarchiv Washington, NA Mikrocopy No. T – 84, Item No (s).: EAP 105/18) am 11. Mai lediglich eintragen: „Mittags bringt Adjutant Pintsch Briefe des Stellvertreters des Führers; dieser ist am 10. 5., 17.40 Uhr nach England gestartet. Rücksprache des Führers mit M(-artin) B(-ormann): Göring., Ribbentrop und Udet werden zum Obersalzberg gerufen."

Irritationen durch Heß' Flug nach England

November 1940: in Berlin begrüßt Rudolf Heß Molotow, der kurz vor seinem Tod auf die Frage, wie Stalin zu „Hitler als Person" gestanden und ob er „ihn unterschätzt" habe, wie folgt antwortete: „Zu sagen, daß er ihn unterschätzt habe, wäre nicht richtig. Er hat gesehen, daß Hitler es war, der das deutsche Volk in kurzer Zeit organisiert hat … Er hat das Volk hinter sich gebracht, und die Deutschen haben im Krieg so gekämpft, daß das zu spüren war. Deshalb hat Stalin sich als kaltblütiger Mann bei der Erörterung der großen Strategie ernsthaft verhalten."

Rudolf Heß' Brief vom 20. September 1971 an den amerikanischen Kommandanten des Spandauer Kriegsverbrechergefängnisses über seinen Flug nach Großbritannien

Vielerseits ist festgestellt worden, so auch von Churchill, daß Rudolf Heß 1941 nicht auf Veranlassung Hitlers, sondern aus eigenem Entschluß nach Großbritannien geflogen ist. Er setzte sein Leben ein in der Absicht, den Anstoß zu geben zur schnellstmöglichen Beendigung des Krieges durch einen Verständigungsfrieden. Er glaubte damit den beteiligten Völkern, und darüber hinaus der ganzen Menschheit einen großen Dienst zu erweisen.

Umso unverständlicher bleibt es, daß die Briten ihn nach Nürnberg verbrachten, um ihn vor Gericht stellen zu lassen. Obendrein stimmten sie am Ende des Prozesses zu, daß er nach Spandau kam. Damit wurde er praktisch den Russen ausgeliefert. Denn diesen wurde nun die Möglichkeit gegeben, ihn nach Belieben festzuhalten, indem sie das Veto-Recht gegen seine Freilassung erhielten. Auch Sir Winston hat dies verurteilt.

Demgemäß kann vor allem von Großbritannien erwartet werden, daß es sich für die endliche Entlassung von Heß wieder und wieder in aller Öffentlichkeit einsetzt.

20. September 1971.

Zu Händen von Col. Bird.

Irritationen durch Heß' Flug nach England 323

> „Vielerseits ist festgestellt worden, so auch von Churchill, daß Rudolf Heß 1941 nicht auf Veranlassung Hitlers, sondern aus eigenem Entschluß nach Großbritannien geflogen ist. Er setzte sein Leben ein, in der Absicht, den Anstoß zu geben zur schnellmöglichsten Beendigung des Krieges durch einen Verständigungsfrieden. Er glaubte damit den beteiligten Völkern und darüber hinaus der ganzen Menschheit einen großen Dienst zu erweisen.
> Umso unverständlicher bleibt es, daß die Briten ihn nach Nürnberg verbrachten, um ihn vor Gericht stellen zu lassen. Obendrein stimmten sie am Ende des Prozesses zu, daß er nach Spandau kam. Damit wurde er praktisch den Russen ausgeliefert. Denn diesen wurde nun die Möglichkeit gegeben, ihn nach Belieben festzuhalten, indem sie das Veto-Recht gegen seine Freilassung erhielten. Auch Sir Winston hat dies verurteilt.
> Demgemäß kann vor allem von Großbritannien erwartet werden, daß es sich um die endliche Entlassung von Heß wieder und wieder in aller Öffentlichkeit einsetzt.
>
> 20. September 1971.
>
> Zu Händen von Col Eugene Bird."*

Hitlers Feststellung, daß die britische Regierung in arge Verlegenheit gebracht werden würde, wenn die englische Öffentlichkeit erführe, was Heß vorzutragen und auszuhandeln beabsichtige, hörten nur Bormann und Heinz Linge, der Chef der Bediensteten Hitlers. Aus zahlreichen Indizien schlossen nicht nur Linge, Heß' Sekretär Karlheinz Pintsch und Bormann unmittelbar, daß sich Heß im Auftrage Hitlers nach England begeben habe.**

---

* Der amerikanische Berater des IMT, Robert Stewart, schlug in Nürnberg zwar vor, Heß' Flug nach Schottland „im Zusammenhang" mit dem deutschen Angriffsplan auf die UdSSR als Teil einer „Verschwörung" zu behandeln und Heß auch in diesem Punkt anzuklagen, doch das Gericht, das „außerordentlich schlüssige Beweise" verlangte, hielt diesen Plan angesichts der Heß-Erzählungen, die unwahrscheinliche Behauptungen enthielten, für nicht angemessen. Vgl. Memorandum zum Fall Heß, Box 5, S. 37, FB Papers.
** Heinz Linge und Heinrich Heim in zahlreichen Gesprächen von 1977 bis 1980 mit dem Autor. Sofort mißtrauisch wurde Linge, als am Morgen des 11. Mai 1941 um 9.30 Uhr bei ihm Alfred Bormann (Bruder Martin Bormanns und Chef der Privatkanzlei des Führers) und Heß' Adjudant Karl-Heinz Pintsch erschienen und ihn baten, Hitler zu melden, daß Heß mit dem Flugzeug Deutschland verlassen habe. Da Hitler Linge ausdrücklich befohlen hatte, ihn erst gegen Mittag zu wecken, war Linge verblüfft, Hitler um 9.30 Uhr plötzlich voll angekleidet und rasiert vor sich zu sehen. Hitlers Überraschung war

IV. Das Konkurrenzprogramm

Heß selbst flüchtete sich gern in sibyllinische Antworten oder aber in Niederschriften an vertraute Personen, denen er sich – dann – in dritter Person darstellte, wie er es am 20. September 1971 in einem Brief an Oberst Eugene Bird, dem amerikanischen Kommandanten des Spandauer Kriegsverbrechergefängnisses in Berlin tat.[89]

Obwohl Hitler den britischen Premierminister Winston Churchill am 4. Mai in seiner Reichstagsrede gerade erst als kriegslüsternen „Narren", „Verbrecher" und „Wahnsinnigen" bezeichnet hatte, der „durch Europa" herumliefe und „irgendetwas" suchte, was „brennen" könnte,[90] waren in der Sowjetunion augenblicklich wieder Erinnerungen an Stalins Behauptungen von 1939 wach geworden, daß Deutschland die Sowjetunion mit Waffengewalt überfallen würde. Zwar hatte die erste TASS-Meldung vom 12. Mai lediglich wiederholt, was die deutsche Propaganda als Erklärung verbreitete, nämlich daß Heß „verrückt" geworden sei, doch Mißtrauen und Ängste wucherten nicht nur unter der Bevölkerung auf dem platten Lande. Die Vorstellung, daß Hitler – trotz seiner Verträge mit Stalin – nun eben doch mit England kooperieren und gemeinsam mit den Westmächten die UdSSR überfallen könne, war auch bei den höchsten militärischen Instanzen auf fruchtbaren Boden gefallen. Marschall Timoschenko, der Volkskommissar für Verteidigung und General Schukow, der Chef des Generalstabes der Roten Armee, übergaben Stalin einen von General Wassilewski konzipierten, in handschriftlicher Fassung vorliegenden und von Timoschenko und Schukow unterzeichneten Operativplan, der einen Präventivangriff auf Deutschland zum Gegenstand hatte.

Der Stalin von den beiden Spitzenmilitärs der Roten Armee vorgelegte und mit der Formel „Erwägungen zum strategischen Aufmarschplan der sowjetischen Truppen für den Fall eines Krieges mit Deutschland und seinen Verbündeten" eingeleitete Geheimplan sah vor:

Fortsetzung Fußnote von vorheriger Seite
nach Linges Überzeugung nur gespielt. Zur weiteren Information: Maser, Werner, „EN 1952, STALINE a PROPOSE A HESS D'ETRE LE FUHRER DELA R.D.A.!", in Le Figaro magazine, Paris, 5. September 1987 und 12. September 1987. Ferner: Maser, Werner, Das Regime. Alltag in Deutschland 1933–1945, München 1983 ff, S. 247 ff.; Ausgabe Berlin 1990, S. 241 ff.; Maser, Hitler, S. 506 ff. Es erübrigt sich, an dieser Stelle noch einmal die Belege dafür anzuführen, daß Heß nach Absprache mit Hitler und dessen Weisungen nach England flog. Die gegenteilige Meinung des britischen Diplomaten Sir Ivone Kirkpatrick aus dem Foreign Office (1940/1941), der Heß „verhörte" (Kirkpatrick, J.,The Inner Circle, London 1959, S. 169 ff.), stützte sich auf „Hören-Sagen" und persönliche Eindrücke und erwies sich angesichts der Quellenlage als pure Behauptung.

„I ... Wenn man in Betracht zieht, daß Deutschland sein Heer mit eingerichteten Rückwärtigen Diensten mobil gemacht hält, so kann es uns beim Aufmarsch zuvorkommen und einen Überraschungsschlag führen.

Um dies zu verhindern und die deutsche Armee zu zerschlagen, erachte ich es für notwendig, dem deutschen Kommando unter keinen Umständen die Initiative zu überlassen, dem Gegner beim Aufmarsch zuvorzukommen und das deutsche Heer dann anzugreifen, wenn es sich im Aufmarschstadium befindet, noch keine Front aufbauen und das Gefecht der verbundenen Waffen noch nicht organisieren kann.

II. Als erstes strategisches Ziel haben die Truppen der Roten Armee die Hauptkräfte des deutschen Heeres, die südlich von Demblin aufmarschiert sind, zu vernichten und bis zum 30. Tag der Operation die allgemeine Frontlinie Ostrolenka, Fluß Narev, Lodz, Kreuzburg, Oppeln und Olmütz zu erreichen ... um

a) den Hauptschlag mit den Kräften der Südwestfront in Richtung Krakau, Kattowitz zu führen und somit Deutschland von seinen südlichen Verbündeten abzuschneiden;

b) den Nebenschlag mit dem linken Flügel der Westfront in Richtung Siedlce, Demblin zu führen, um die Kräftegruppierung um Warschau zu binden und die Südwestfront bei der Vernichtung der feindlichen Kräftegruppierung zu unterstützen;

c) gegen Finnland, Ostpreußen, Ungarn und Rumänien eine beweglich geführte Verteidigung zu führen, um bei günstiger Lage zur Führung eines Schlages gegen Rumänien bereit zu sein.

„Ausgehend von der Absicht des strategischen Aufmarschplanes," so hieß es weiter, „ist für die Streitkräfte der UdSSR folgende Kräftegruppierung vorgesehen:

1. Die Landstreitkräfte der Roten Armee in der Stärke" von 198 Schützen-Divisionen, 61 Panzer-Divisionen, 31 motorisierten Divisionen, 13 Kavallerie-Divisionen (insgesamt: 303 Divisionen) und 74 Artillerie-Regimenten als Reserve der Oberkommandos, sollten auf vier „Fronten" verteilt werden: Nordfront (Militärbezirk Leningrad), Nordwestfront (besonderer Militärbezirk Baltikum), Westfront (besonderer Militärbezirk West) und Südwestfront.

„a) In einem konzentrisch geführten Stoß durch die Armeen des rechten Flügels der Front", so lautete die operative Planung, „ist die feindliche Hauptkräftegruppierung ostwärts der Weichsel im Raume Lublin einzukesseln und zu vernichten.

Timoschenko und Schukow während eines Manövers der Roten Armee.

Von General Wassilewski verfaßter und vom Volkskommissar für Verteidigung und dem Chef des Generalstabes der Roten Armee unterzeichneter strategischer Aufmarschplan vom Mai 1941 für einen Krieg gegen Deutschland und seine Verbündeten:

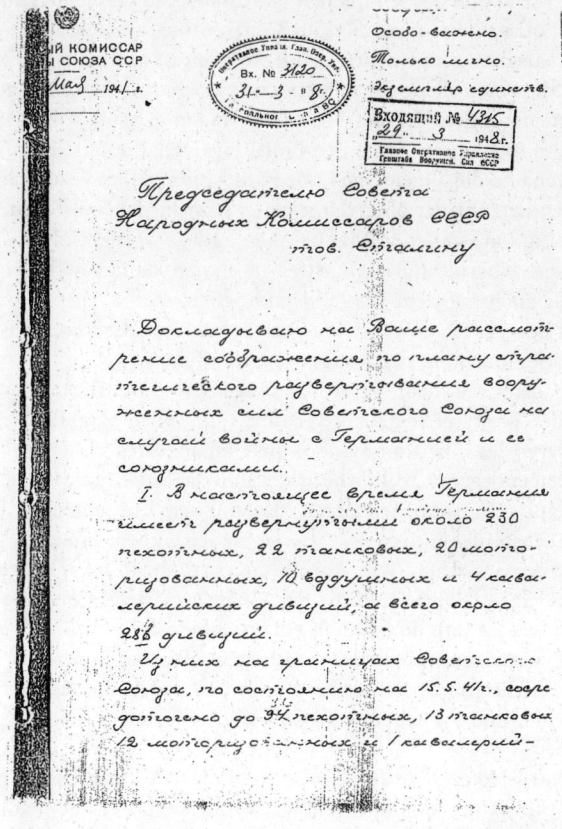

Der an Stalin persönlich gerichtete, in schwarzer Tinte geschriebene Text, umfaßt 15 genormte Schreibmaschinen-Seiten, Er wurde Stalin vor dem 15. Mai 1941 ausgehändigt. Das nur in einem Exemplar ausgefertigte Dokument wurde am 29. März 1948 (viereckiger Stempel) in der operativen Hauptverwaltung des Generalstabes und am 31. März 1948 (ovaler Stempel) in der operativen Verwaltung des Generalstabes neu registriert. Bis zu diesem Zeitpunkt befand sich das Dokument im Geheimsafe des sowjetischen Marschalls Wassilewski.

Quelle: Oberst Dr. Walerij Danilow „Österreichische Militärische Zeitschrift", Heft 1/1993

b) Gleichzeitig sind durch einen Schlag von der Front Sejawa, Peremyschl, Ljutowiska feindliche Kräfte in Richtung Krakau zu zerschlagen, der Raum Kattowitz in Besitz zu nehmen, in der Absicht, aus diesem Raume den Angriff nach Norden bzw. nach Nordwesten fortzusetzen, um starke Kräfte des feindlichen Nordflügels zu vernichten und das ehemalige Polen und Ostpreußen in Besitz zu nehmen.

c) Die Staatsgrenze zu Ungarn und Rumänien ist nachhaltig zu verteidigen, und die Bereitschaft zur Führung von konzentrischen Schlägen gegen Rumänien aus dem Raume Tschernowitz und Kischinjow ist sicherzustellen, um in weiterer Folge den Nordflügel der rumänischen Armee zu vernichten und die allgemeine Linie Fluß Modawa-Jassy zu erreichen.

Um die Umsetzung der oben dargelegten Absicht sicherzustellen, müssen rechtzeitig nachstehende Maßnahmen gesetzt werden, ohne die die Führung eines Überraschungsangriffes gegen den Feind sowohl von der Luft aus als auch auf dem Festland unmöglich ist.

1. Unter dem Anschein von Übungen für Soldaten der Reserve ist eine geheime Mobilmachung der Truppe durchzuführen.

2. Unter dem Anschein, in Ausbildungslager auszurücken, sind in der Nähe der Westgrenze geheim Truppen und vorrangig alle Armeen für die Reserve des Oberkommandos zusammenzuziehen.

3. Aus den entlegenen Militärbezirken sind die Luftstreitkräfte geheim auf Feldflugplätzen zu konzentrieren, und mit dem Einrichten der Rückwärtigen Dienste der Luftstreitkräfte ist sogleich zu beginnen.

4. Unter dem Anschein von Ausbildungsvorhaben und Übungen für die Rückwärtigen Dienste sind die Rückwärtigen Dienste und die Basis für die San-Versorgung allmählich einzurichten ...

Um sich von einem möglichen feindlichen Überraschungsstoß zu sichern, ist das Zusammenziehen der Kräfte und der Aufmarsch der eigenen zu decken und ihr Übergang zum Angriff vorzubereiten ...

IX. Bitte:

1. Den vorgelegten Plan für den strategischen Aufmarsch der Streitkräfte der UdSSR und den beabsichtigten Einsatzplan für den Fall eines Krieges mit Deutschland zu bestätigen.

2. Die konsequente Durchführung der geheimen Mobilmachung und die geheime Zusammenziehung, vorrangig aller Armeen der Reserve des Oberkommandos und der Luftstreitkräfte rechtzeitig zu genehmigen.

3. Vom NKPC (Volkskommissariat der Industrie) zu fordern, die volle und rechtzeitige Erfüllung des Baues der Eisenbahnstrecken gem. dem Plan des Jahres 1941 und im besonderen in Richtung Lwow (Lemberg).

Maßnahmen Schukows 329

Plan Schukows von Mai 1941 für die erste Offensive der Roten Armee

Quelle: Der Spiegel Nr. 24/91

4. Die Industrie verbindlich zu verpflichten, den Produktionsausstoßplan für Panzer und Flugzeuge als auch den Plan für die Herstellung und Zufuhr von Munition und Kraftstoff innerhalb der vorgegebenen Zeit genauestens zu erfüllen."*

Längst erschien Stalin die im Dezember 1938 für 1939 formulierte Felddienstordnung der Roten Armee nicht mehr situations- und zeitgemäß. In einem Exemplar aus seiner persönlichen Bibliothek notierte er handschriftlich, was er umgehend geändert sehen wollte. Wolkogonow berichtet, daß die neue Vorlage „übersät von Bemerkungen"[91] gewesen sei. War in dem im Dezember 1938 verfaßten Befehl Nr. 113 des Volkskommissariats für Verteidigung der Sowjetunion „über die Gefechtsausbildung und politische Schulung für das Jahr 1939" – in Übereinstimmung mit der allgemeinen sowjetischen Propaganda – noch davon die Rede gewesen, daß die Rote Armee nur nach einem der UdSSR aufgezwungenen Krieg „die angriffslustigste von allen Armeen sein" werde, die „irgendwann einen Angriff geführt haben", hieß in den auf Stalins Weisung für 1941 neu formulierten Richtlinien über die „Aufgaben der politischen Propaganda in der Roten Armee in der nächsten Zeit" hinsichtlich der Offensivausrichtung nicht einmal mehr durchsichtig verschleiert: „Die Soldaten sind im Geiste eines aktiven Hasses auf den Feind zu erziehen und zum Streben, den Kampf mit ihm aufzunehmen, zur Bereitschaft, unser Vaterland auf dem Territorium des Feindes zu verteidigen und ihm einen tödlichen Schlag zu versetzen. Der gesamte Personalbestand der Roten Armee muß sich dessen bewußt werden, daß die gewachsene politische Wirtschafts- und Militärmacht der Sowjetunion uns gestattet, eine offensive Außenpolitik zu betreiben, Kriegsherde an unseren Grenzen entschieden zu beseitigen und unser Territorium auszudehnen."[92]

General Schukow, der von allen sowjetischen Generalstabschefs am meisten auf operative Offensivmaßnahmen eingeschworene spätere Marschall der Sowjetunion, setzte derweilen kontinuierlich, instinktsicher, umsichtig und klug kalkulierend fort, was er im Februar 1941 im Sinne Stalins begonnen hatte:

– Am 13. Mai wurden die Wehrkreise angewiesen, die „Truppen aus den inneren Wehrkreisen nach Westen vorzuschieben. Die 22. Armee wurde vom Ural in den Raum Wilikije Luki in Bewegung gesetzt, die 21. Armee aus dem Wolga-Wehrkreis in den Raum Gomel, die 19. Armee aus dem Nordkaukasischen Wehrkreis in den Raum Be-

---

* Vgl. den vollständig abgedruckten und übersetzten Text im Anhang, S. 406 ff.

laja Zerkow, das 25. Schützenkorps aus dem Charkower Wehrkreis auf die Linie Westliche Düna und die 16. Armee aus Transbaikalien in den Raum Schepetowka (Ukraine); insgesamt also 28 Schützen-Divisionen und 4 Armeekommandos wurden ... näher an die Westgrenze vorgeschoben.[93]

- Ausländern und Sowjetbürgern, die nicht in Grenzgebieten beheimatet waren, wurde untersagt, in Grenzgebiete einzureisen.[94]

- Ende Mai wies der Generalstab sämtliche Befehlshaber des Grenzkreises an, „umgehend Befehlstände einzurichten" und sie bis Ende Juni zu belegen.*

- Die Feldämter sollten zwischen dem 21. und 25. Juni in Paneweschis, Obus-Lesna, Tarnopol und Tiraspol Stellung beziehen.

- 47 Landabteilungen und 6 Marineabteilungen, 9 selbständige Kommandanturen, 11 Regimenter der operativen Truppen des Kommissars für Innere Angelegenheiten (NKWD), 2,9 Millionen Mann, mehr als 1 500 Flugzeuge neuer Typen und zahlreiche Maschinen älterer Bauart, 35 000 Geschütze und Granatwerfer (ohne 50-mm-Geschütze), 1 800 schwere und mittlere Panzer, davon rund 1 000 neuester Konstruktion, und „eine beträchtliche Anzahl leichter Panzer", standen nach Schukows Aufzeichnungen bereits im Frühjahr 1941 dem „voraussichtlichen Gegner am nächsten,"[95] bevor der eigentliche Aufmarsch begann.

- Stalin bewilligte die im Aufmarschplan enthaltenen „Bitten" der Militärs, indem er eine Anlage mit seiner Paraphe „J.St." versah und sie an Schukow zurückgab, in dessen Nachlaß Oberst Wladimir Karpow sie rund fünf Jahrzehnte später entdeckte und im „Kommunist wojuruschennyjlich sil 5/1990" publizierte.

* Wassilewski ergänzte 1973 (Sache des ganzen Lebens, S. 101), daß von Mitte Mai bis Juni 1941 die 19., 21. und 22. Armee aus Nordkaukasien, dem Wolga-Raum und dem Uraler Militärbezirk an die westliche Dwina und den Dnjepr verlegt wurde, wozu das 25. Schützenkorps aus dem Militärbezirk Charkow und die 16. Armee aus dem Transbaikal-Militärbezirk kamen. Am 27. Mai waren die westlichen Grenzmilitärbezirke angewiesen worden, unverzüglich Frontgefechtsstände zu errichten und am 19. Juni die Frontstäbe des Baltischen, Westlichen und Kiewer Militärbezirks nach dort zu verlegen. Zwischen dem 12. und 15. Juni wurde allen diesen Militärbezirken befohlen, die in der Tiefe liegenden Divisionen näher an die Staatsgrenze heranzuführen. Am 19. Juni erhielten sie den Befehl, die Flugplätze, Truppenteile, Parks, Lager und Basen zu tarnen und die Flugzeuge auf den Flugplätzen zu dezentralisieren, was infolge des deutschen Angriffs und „des ökonomischen Potentials des Landes" (S. 102) nur teilweise möglich war.

Unentbehrlich für Lagenanalysen und Operationsplanungen, die Generale Friedrich Paulus (oben) und Franz Halder (unten).

Feindbeurteilung des Generalstabes des Heeres vom 20. Mai 1941

RH2/1483

Feindbeurteilung
(Stand 20.5.41.)

A I. Die Rote Armee steht mit der Masse der Verbände des europäischen Teils der UdSSR, d.h. mit rund

130 Schütz.Div. - 21 Kav.Div. - 5 Pz.Div.-36 Pz.(mot.Mech.) Brigaden

entlang der Westgrenze von Odessa bis Murmansk.
Schwerpunkt des Aufmarsches sind im Raum Czernowitz-Lemberg, um Bialystok und in den baltischen Ländern, stärkere operative (bewegliche) Reserven im Raum Schepetowka - Proskurow -Shitomir, südw. Minsk und um Pskow zu erkennen.

II. Im einzelnen ergibt sich folgendes Bild:

1) Gesamtzahl der im europ. Teil der UdSSR stehenden Kräfte:
   (eine wesentliche Verstärkung aus Asien ist aus politischen Gründen nicht wahrscheinlich; deshalb sind die dort stehenden Verbände hierbei unberücksichtigt geblieben.)

   Sch.Div.-K.Div.-Pz.Div.-Pz.Brig. (mot.mech)
   145 - 25 1/2 - 5 - 37

2) Davon sind als gebunden anzunehmen:
   Kaukasus   5   1   0   2
   Finnland   19   0   0   3
   insgesamt: 24   1   0   3

3) Es bleiben daher: 121 - 24 1/2 - 5 - 34
4) Davon stehen im westl. Grenzraum:
   (ohne Finnische Front)   110   21   5   33
5) Folglich zur freien Verfügung: 11 - 3 1/2 - 0 - 1

B. Vermutliche Absichten im Großen:

I. Bei einem Angriff von Westen ist ein Absetzen der Masse der Kräfte und eine mehr oder weniger kampflose "Flucht" in die Tiefe des Raumes ähnlich dem Verhalten der Russen 1812 unwahrscheinlich.
Gründe dafür:
a) Starke Bindung der gesamten russischen Kriegsführung an die Flotten-u. Luftbasis im Baltikum und Notwendigkeit der Anlehnung des Südflügels an das Schwarze Meer.
b) Große Abhängigkeit der Rüstungs-u. Wehrindustrie von der Ukraine, Moskau und Leningrad.
c) Wenn die kampflose Aufgabe des Landes beabsichtigt ist, hätte ein so stark an die Grenze gebundener Aufmarsch nur den Zweck eines militärischen Täuschungsmanövers und damit der Ausübung eines politischen Drucks.
d) Bleibt die Wirkung als politisches Druckmittel aus, so ist bei Berücksichtigung der sowjetrussischen Eisenbahnlage, der Schwerfälligkeit des militärischen Führungsapparates und dem Mangel an rascher Organisationsfähigkeit ein Absetzen der Masse der Kräfte in beschränkter Zeit nicht mehr möglich.

Die

Sie müssen dann zum völligen Scheitern dieser Bewegung führen und eine geordnete Operationsführung unmöglich machen. Unter den gegebenen Verhältnissen müßte diese Absicht jetzt bereits durch rückgängige Transporte zu erkennen sein, da die Durchführung sonst zumeist Zeit? Anzeichen dafür liegen aber noch nicht vor.

II. Die derzeitige grenznahe Aufstellung der Masse der Kräfte
    (150 – 21 – 5 – 36)
    läßt folgende Möglichkeiten ihres Einsatzes zu:

  1.) Präventiv-Offensive.
    Sie ist auf Grund des militärischen Aufmarsches möglich, und zwar mit einem starken Stoß aus dem Raum um Czernowitz-Lemberg nach Rumänien, Ungarn oder nach Ostgalizien, mit einer weiteren starken Angriffsgruppe aus Weißrussland Richtung Warschau oder nach Ostpreußen.
    Die Präventivoffensive ist jedoch aus folgenden Gründen unwahrscheinlich:
    a) Militärisch: Trotz der beim Russen häufig anzutreffenden Überheblichkeit und Selbstüberschätzung und entsprechender Äußerung über eine beabsichtigte Offensive kann angenommen werden, dass die obere Führung den geringen Ausbildungsstand und die innere Schwäche der Roten Armee kennt. Dazu kommt die augenblickliche Umstellung auf andere Ausbildungsmethoden die Unsicherheit erzeugt und keine geeignete Angriffsbasis, vielmehr ein Schwächemoment bildet.
    b) Politisch: Die Tatsache, dass bisher weit günstigere Gelegenheiten eines Präventivkrieges (schwache Kräfte im Osten, Balkankrieg) von der UdSSR nicht ausgenutzt worden, ferner das gerade in letzter Zeit fühlbare politische Entgegenkommen und festzustellende Bestreben der Vermeidung möglicher Reibungsabsicht lassen eine Angriffsabsicht unwahrscheinlich erscheinen.

  2.) Wenig wahrscheinlich ist ferner der Einsatz der russ. Kräfte im hinhaltenden Gefecht. Es bedingt frühzeitiges weites Absetzen der Masse der Kräfte von der Grenze und dann völlige Umstellung des sich bisher abzeichnenden Aufmarsches, sowie Räumung wichtiger Gebiete. Es wird erschwert durch die geringe Wendigkeit der oberen und mittleren militärischen Führung, durch das umständliche und mangelhafte Nachrichtenwesen und durch die geringe Leistungsfähigkeit des Verkehrsnetzes. Weiterhin belastend wirkt hierbei die gespannte innerpolitische Lage in den von Rußland besetzten Gebieten, insbesondere in den baltischen Ländern.

  3.) Grenznahe, zähe Verteidigung, verbunden mit Teilangriffen zu Beginn des Krieges und während der Operationen als Gegenangriffe gegen durchgebrochenen Feind. Diese Absicht erscheint auf Grund der politischen Verhältnisse und des bisher erkennbaren Aufmarsches am wahrscheinlichsten.
    Die Länge der Grenze (Schwarzes Meer - Ostsee rund 2000 Km.) zwingt den Verteidiger unter Vermeidung einer Verzettelung seiner Kräfte zur Bildung von Verteidigungsschwerpunkten. Diese Schwerpunkte liegen an den durch Gelände und Verkehrswege bedingt und von West nach Ost führenden Landbrücken.
    (Wasserscheiden)
    Es sind dies:
    a) Die Ukraine beiderseits der Linie Lemberg-Berditschew-Kiew.
    b) Weißrußland beiderseits der Linie Bialystok-Minsk-Moskau.
    c) Der baltische Höhenrücken.

    Während

4

Während unter Ausnutzung der Befestigungen die Verteidigung im
großen grenznah (Tiefe bis 30 Km.) geführt wird, ist aus den r
Schwerpunkträumen heraus mit der Möglichkeit von Offensivver-
stößen mit begrenztem Ziel (örtlich angriffsweise geführte
Verteidigung) zur Durchkreuzung der Angriffsoperationen des
Gegners und Verlegung der Kämpfe in das Feindgebiet dort zu rechne
wo sich der Russe stark überlegen fühlt. Fernerhin müssen
Angriffe unter zahlenmäßig starkem Einsatz rückwärtiger, größten-
teils beweglicher Kräftegruppen gegen die Flanken durchgebroche-
ner Panzerkeile erwartet werden. Dazu sind anscheinend diese
Kräftegruppen ziemlich schematisch hinter der Front verteilt:
(Südbessarabien, Proskurow, Baranwitschi, Wilna, Pskow).
Ob die zum Teil in der Front eingesetzten beweglichen Verbände
(Kav.Div. und Pz.zsw. mot.mech. Brig., einige vielleicht zu
Befestigungsarbeiten eingesetzt) später herangezogen werden
sollen und ob dies gelingt, ist zweifelhaft.
Vor überlegenem Feindangriff ist mit schrittweisem Ausweichen
auf die Dnjepr - Düna - Linie zu rechnen, die endgültig
gehalten werden muss, sollen nicht lebenswichtige Gebiete
ausfallen. Hierbei kommen dem Russen die rückwärtigen Befestigungs
linien für den Aufbau einer neuen Abwehr zugute.

C) <u>Vermutliche Gliederung und Aufträge der einzelnen Kräftegruppen
in Großen:</u>

I. <u>Vermutliche Gliederung:</u> Stärke
Sch.Div. K.Div. Pz.Div. Pz.(m.M.)

1. A.O.K. 2 (Stab Kischinew)
   (unmittelbar der OKH unterstellt?)

2. Südwestfront (Stab Shitomir)
   mit A.O.K. 12
       A.O.K. 6
       A.O.K. 5
   Reserve (mot.mech. Gruppe
           Proskurow.)

   insgesamt:

3. Nordwestfront (Stab Minsk)
   mit A.O.K. 4
       A.O.K. 10
       A.O.K. 3
   Reserve: A.O.K. 1 od. 3

   insgesamt:

4. Baltische Front (Stab Riga)
   mit A.O.K. 11
       A.O.K. 8
   Küstenverteid. Gruppe

   insgesamt:

5. Gruppe Pskow
   (unmittelbar der OKH
    unterstellt ?)

Übertrag:
6. **Finnische Front**
   (Stab Leningrad)
   mit A.O.K. 7
   A.O.K. 14
   Reserve (um Leningrad)

   insgesamt

Gesamtstärke zu 1.= 6?)

Grenzen s. Anlage.

Vermutliche Aufträge im Großen:
Die Rote Armee gewährleistet die Verteidigung des Gebiets der UdSSR und gewinnt darüber hinaus bei günstiger Entwicklung der Lage Einwirkung auf das Feindgebiet.

Dazu ist erforderlich:
a) Abwehr fdl. Angriffe zur See oder zu Land gegen die kriegswichtigen Gebiete
   im Norden: Leningrad und der Baltischen Staaten als wichtiges Rüstungszentrum und als Operationsbasis für die Kriegsmarine.
   im Süden: der Ukraine als landwirtschäftliche und rüstungsindustrielle Versorgungsbasis.

b) Ausschaltung fdl. Luftangriffe auf die eigene Industrie- und Rüstungszentren und auf die Hauptstadt Moskau.

c) Sicherung einer Operationsbasis für eigene Luftangriffe auf die in Ostpreußen und Ostpolen versammelten Feindkräfte, auf das Oberschlesische Industriegebiet, auf die Reichshauptstadt Berlin und insbes. auf das rumänische Erdölgebiet.

   Bei günstiger Entwicklung der militärischen Lage sind die Kampfhandlungen in das Feindgebiet zu verlegen. Dabei gelten als
   1. Ziele:
      a) das Erdölgebiet von Rumänien
      b) die Inbesitznahme Ostpreußens und Polens bis zur Weichsel
      c) die Nickelgruben bei Salmijärvi (Kolosjoki)
   Im Einzelnen.
2. Armee: Verzögerung eines Feindvorgehens aus Rumänien unter Ausnutzung der Flußläufe des Purth und Dnjestr der zu halten ist.
Verhinderung fdl. Landungsversuche im Raum Odessa.
Bei günstiger Entwicklung der Lage kann Vorverlegung der Front an den Siretul, besonders am rechten Flügel in Zusammenwirken mit 12.Armee erforderlich sein- oder Herausziehen von starken Kräften zum Abtransport in Frage kommen.

2.) **Südwestfront:**
Brechen starke Feindkräfte aus Galizien bzw. den Karpathen
in die Ukraine ein, so ist der Vorstoß unter Ausnutzung der
Grenzbefestigungen zum Stehen zu bringen. Vor überlegenem
Feind weicht die Heeresgruppe in zähem Kampf und unter
Ausnutzung der befestigten Stellungen Shitomir - Kaminets
Podolsk auf den Dnjepr aus, der zu halten ist.
Bei günstiger Entwicklung sind die Kampfhandlungen in das
Feindgebiet zu verlegen und der fdl. Aufmarsch und Angriff
zu zerschlagen.
Als Ziele können dabei gelten:

a) Besetzung der Nordbukowina, günstigstenfalls Ukrainische
Ölgebiete.
b) Besetzung und offenhalten der südl. Karpathenausgänge.
c) Vorstoß an die Weichsel.

12.Armee:
Verteidigung der Karpathenfront und Nordbukowina.
Vorbereitung von Gegenangriffen unter Festhaltung des
Schulterpunktes der Karpathen.

a) Nach Süden unter Zusammenwirken mit 2.Armee.
b) nach Norden, falls Gegner bei 6. u. 5. Armee durchbricht.

3.) **Nordwestfront:**

Verzögerung eines fdl. Vorstoßes über Wilna - Baranowitschi-
Pinsk und Verhinderung eines fdl. Durchbruches über Dünaburg
Witebsk - Orsha - Mogilew Richtung Moskau durch Angriff und
Vernichtung eingebrochener Feindkräfte spätestens im Raum
um Smolensk.

Vorbereitung eines Vorstoßes Richtung Warschau oder nach
Ostpreußen gegen die Flanken der fdl. Angriffsgruppen.

4.Armee:
Verzögerung fdl. Vorgehens, Ausweichen im zähen Kampf auf
Slutk - Pinsk.
Gegenbenenfalls Abgabe von Kräften an 10. Armee.

10. Armee u. 3.Armee:
Verhinderung eines aus Südostpreußen oder Ostpolen gegen
die Linie Lida - Baranowitschi - Pinsk zu erwartenden
Feindvorstoßes. Vor stark überlegenem Feindkräften gehen
die Armeen auf die Linie Wilejka - Minsk zurück.
Vorbereitung Vorstoß auf Warschau bzw. Ostpreußen.

1.(13?) Armee:
Gegenangriff gegen durchgebrochenen Gegner in nordw. oder
südw. Richtung. Sonst Nachführen.

4.) **Baltische Front:**

Verhinderung eines aus Ostpreußen zu erwartenden starken
fdl. Vorstoßes Richtung Dünaburg unter Ausnutzung des
Njemen - Ponewesys - und Dünastellungen. Gleichzeitig
Schutz der Marine - u. Luftbasen in den Baltischen Ländern.

Stark überlegener Feindvorstoß ist spätestens an der Befesti-
gungslinie der ehm. Westgrenze zum Stehen zu bringen.

11.Armee ebenso

8.Armee:

7

8.Armee:
Verhinderung fdl. Landungsversuche in Litauen und Estland,
Verzögerung fdl.Vorgehens über die Dwina Richtung Leningrad
und Ausnutzung der Dünastellung.

Küstenverteid. Gruppe:
Verhinderung fdl. Landungsversuche in Estland und Schutz
der dortigen Marine-u. Luftbasen.

5.) **Gruppe Pskow:**
Operative bewegliche Reserve. Vorbereitung, Einsatz.
a) Richtung Minsk - Smolensk zum Angriff gegen die durchgebrochene Feindgruppe.
b) in westl. Richtung gegen auf Leningrad vorstoßenden Gegner.

6.) **Finnische Front:**
Schutz von Murmansk und der Bahn.
Verhinderung eines fdl. Vorstoßes aus Finnland Richtung
Leningrad oder durch die Seeenge Ladogasee - Onegasee.
Im weiteren Verlauf des Krieges kann bei günstiger Entwicklung
der Operationen an anderen Fronten Besetzung Finnlands erforderlich werden.

7.Armee.
Verhinderung eines fdl. Vorgehens durch die Seeenge Onega-
Ladogasee oder durch die Karelischeenge auf Leningrad.
Schutz des Rüstungszentrum Leningrad.

14.Armee
Schutz der Murmanskbahn im Abschnitt Nordspitze Onegasee -
Murmansk. Ergibt sich eine günstige Gelegenheit zur Inbesitznahme der Finnischen Nickelgruben bei Salmijärvi, so ist
sie entschlossen auszunutzen.

Quelle: Bundesarchiv-Militärarchiv Freiburg, RH 2/1983.

Der Aufmarsch in der Endphase 339

Chruschtschow, Berija, Schkirjatow, Malenkow und Schdanow (1938) wie deprimierte, reuige Sünder – neben Stalin. Fotos solcher Art bestärkten Hitler, die deutschen Militärs und politischen Funktionsträger in ihrer Auffassung, daß die sowjetische Führung – außer Stalin – keine großen Probleme bereiten könnte.

Die Konfrontation der schriftlich fixierten deutschen Erwartungen, Vermutungen, Irrtümer, Tatsachenanalysen und Hoffnungen mit den vier Wochen später als nachweisbare Realität registrierbaren Fakten offenbart überzeugend, daß die Sowjetunion definitiv einen Präventivkrieg vorbereitete. Daß es sich bei dem gigantischen Aufmarsch der Roten Armee an den Westgrenzen der UdSSR weder um ein Täuschungsmanöver noch um eine drastische Methode handelte, politischen Druck auf Deutschland auszuüben, noch um Erpressungsversuchen Nachdruck zu verleihen, zeigte sich so rasch wie die Tatsache, daß die sowjetische Führung nicht die Absicht hatte, sich unverrichteter Dinge wieder abzusetzen. Die Vermutung, daß die UdSSR „bisher weit günstigere Gelgenheiten eines Präventivkrieges ... nicht ausgenutzt" hätte und daß das „gerade in letzter

Zeit fühlbare politische Entgegenkommen und festzustellende Bestreben der Vermeidung möglicher Reibungspunkte" einen Angriffskrieg „als unwahrscheinlich erscheinen" ließe, resultiert aus der unzureichenden Kenntnis der politischen Hintergründe und der Unkenntnis der Absicht Stalins, den Beginn des Krieges möglichst noch hinauszuzögern. „Groß war der Wunsch", sagte Molotow am Ende seines Lebens, „den Krieg, wenn auch nur um ein halbes Jahr, hinauszuschieben ..."[96] wenn auch nur für ... einige Monate."[97]

Die Vermutung, daß die sowjetischen Eisenbahnen schwerlich in der Lage sein würden, den Aufmarsch in „beschränkter Zeit" wieder rückgängig zu machen, erwies sich als zutreffend. Und als richtig stellte sich auch die Einschätzung der „Organisationsfähigkeit" des sowjetischen „militärischen Führungsapparates" heraus, einem solchen Aufwand gewachsen zu sein, wie die Vorgänge es beim Aufmarsch der Truppen in teilweise dramatischer Weise offenbarten. Schwer zu beantworten ist indes die Annahme, daß die „obere Führung" trotz ihrer Äußerungen „über eine beabsichtigte Offensive" die „innere Schwäche der Roten Armee" kennen würde. Es spricht soviel dafür wie dagegen, wie die Auswertung der Vernehmungen der gefangenen Offiziere aller Dienstgrade es bezeugt. Dabei mag überraschen, daß marxistisch-leninistische Argumente selbst bei präzisen Fragen, die entsprechende Reaktion herausfordern sollten, nicht die geringste Rolle spielten. Einzig Stalins Sohn Jakob versuchte, das sowjetische politische System und das kommunistische Regime zu verteidigen. Bei allen anderen Offizieren standen gänzlich andere Überlegungen und Erwägungen im Vordergrund.

Nahezu ausnahmslos plagte die sowjetischen Soldaten die Angst, im Falle der Gefangennahme durch deutsche Streitkräfte gequält und erschossen zu werden. Der Oberstleutnant A.S. Kowalew, so heißt es beispielsweise im Bericht der Vernehmung vom 27. August 1941, „wurde in Zivil gefangengenommen. Nach anfänglich anderen Angaben gab er zu, aus Angst vor Erschießung Zivil angelegt zu haben, um irgendwo in der Masse unterzutauchen. ‚Wenn man 20 Jahre lang ununterbrochen hört, daß alle höheren Offiziere in der Gefangenschaft erschossen werden, glaubt man es schließlich selber.'"[98] „Obwohl er unter dem Einfluß der kommunistischen Propaganda sich vor der Gefangennahme Sorgen über sein weiteres Schicksal gemacht" habe, protokollierte der Dolmetscher am 23. Juli 1941 während der Vernehmung des Hauptmanns Bondar, „zog er doch schließlich es vor, zu den Deutschen überzugehen, als früher oder später bei dem nächsten Mißerfolg" seiner sowjetischen Einheit „das Opfer der neu eingeführten Spitzelwirtschaft der Kommissare zu werden. Nach Angaben [Bondars] sei die Gleichordnung der Kommissare mit den Kommandeuren schon jetzt zum Anlaß schwerer Konflikte innerhalb des Regiments und der Division geworden; der Kommandeur des Nachbarregiments ... Major Sinkiewitsch, habe sich infolge der Anschuldigungen des Kriegskommissars erschossen."[99]

Die Summe solcher Angaben ist Legion. Viele Offiziere – aber auch Unteroffiziere und Mannschaften – erschossen sich selbst, bevor sie gefangen genommen werden konnten. Der überall zutage tretende verbissene Widerstand der Sowjettruppen resultierte nirgendwo aus der Überzeugung, dem marxistisch-leninistischen Regime die Treue halten zu wollen.

Noch bevor es zum Ausbruch der Feindseligkeiten gekommen war, hatten sich litauische Angehörige der Roten Armee heimlich – meist nachts – auf die deutsche Seite begeben, weil sie überzeugt waren, als am Krieg noch nicht beteiligte Soldaten nicht umgebracht zu werden. So erklärten beispielsweise die am 16. Juni 1941 übergelaufenen sowjetischen Soldaten Jonas Burauskas, Vaclowas Matusevicius und Jakulevicius Bronius, „keine Lust" zu haben, in der Roten Armee zu dienen, in der verbreitet würde, daß „es zu einem Krieg mit Deutschland kommen"[100] werde.

Der sowjetischen Propaganda überdrüssig, erboten sich Offiziere, gelegentlich niederzuschreiben, wie sie die Sowjetunion, das Sowjetsystem und die Sowjetführung einschätzten. Oberstleutnant Kowalew schrieb am 27. August 1941: „Im Verlauf der 24 Jahre des Sowjetsystems hatten die russischen Arbeiter Hunger und Armut zu ertragen. Die Sowjetregierung versprach immer wieder, eine Verbesserung der Lage herbeizuführen, jedoch blieb es bei den Versprechungen und die Lage der Arbeiter verschlechterte sich von Tag zu Tag. Der Arbeitslohn war niedrig, die Versorgung mit Verbrauchsgütern miserabel ... Die Sowjetregierung posaunte dauernd, daß die Arbeiter die Fabriken, die Werke und die Freiheit erhalten haben. Jedoch weder das Eine noch das Andere entsprach den Tatsachen ... Ein Arbeiter, der es wagte, seine Meinung frei auszusprechen, wurde der Spionage und Gegenrevolution beschuldigt, in das Gefängnis geworfen oder erschossen. Besonders schwer wurde die Lage des Arbeiters in den Jahren 1940/41."[101] Auf die Frage „Glauben Sie an einen Sturz der Sowjetregierung durch das Volk, wenn sich die Kriegslage für Sowjetrußland weiterhin ungünstig entwickelt?" antwortete der Offizier mit der Feststellung: „Es ist bestimmt anzunehmen, daß Kälte, Hunger und Armut, die ganz Rußland erfaßt haben, zu Unruhen ... gegenüber der Sowjetmacht führen werden. Bei geringen weiteren Erfolgen der deutschen Armee muß das russische Volk die Sowjetregierung stürzen."[102]

Ein junger Leutnant der 44. Panzer-Division beklagte am 23. Juli 1941, daß „die Wiedereinsetzung der Kommissare als Überwachungsorgane der Kommandeure und der Truppe zu bedeutenden Unzuträglichkeiten geführt" und „Unruhe und Unsicherheit bei der Truppe" ausgelöst hätten[103] und Erschießungen angeblicher Deserteure und deutscher Gefangener* auf ihre Veranlassung zurückgingen, was die Truppe verunsicherte. Besonders aufschlußreich ist nicht zuletzt das zusammenfassende Urteil des 1. Generalstabsoffiziers einer Division, die in den ersten Wochen nach dem Beginn des deutsch-sowjetischen Krieges zahlreiche Gefangene verhörte; 400 Gefangene waren es allein am 23. Juli 1941. „Die intelligenteren und gebildeteren unter den Gefangenen (Ingenieure, Ärzte, Techniker, Filmschauspieler) waren in völliger Unkenntnis über alles, was Deutschland und das Ausland betraf. Es war offenbar, daß sie sich auch aus Erzählung von Einzelheiten über deutsche Verhältnisse kein Bild formen konnten. Befragt, wie sie sich das künftige Rußland nach der Niederlage des Bolschewismus vorstellten, daß sie überhaupt keine Vorstellung von einer anderen Lebensweise als der im bolschewistischen Rußland üblichen hatten."[104] Selbst über das Schicksal der im deutschen Herrschaftsbereich lebenden Juden schienen sie nicht einmal umrißhaft informiert zu sein. Offensichtlich überrascht, schrieb der 1. Generalstabsoffizier der 60. motorisierten Infanterie-Division am 23. Juli 1941 an die Abteilung I c des Generalkommandos des XIV. Armee-Korps: „Es ist auffällig, daß die Juden unter den Gefangenen nicht den geringsten Versuch machten, zu leugnen, daß sie Juden wären. Sie gaben es zu, ohne Furcht zu zeigen. Es handelt sich zu meist um einfache Soldaten, die in völliger Unkenntnis der deutschen Haltung gegenüber dem Judentum zu leben schienen."[105]

---

* „Wenn man 20 Jahre lang ununterbrochen hört, daß alle höheren Offiziere in der Gefangenschaft erschossen werden, glaubt man es schließlich selber", hatte der Oberstleutnant Kowalew am 27. August 1941 erklärt (Bundesarchiv – Militärarchiv Freiburg, RH 21-1/472) und damit ausgesprochen, was innerhalb der Roten Armee – nicht nur von höheren Offizieren, sondern von allen Dienstgraden schlechthin als selbstverständliche Tatsache vorausgesetzt wurde. Daher plagten Rotarmisten auch keine Skrupel, wenn sie deutsche Gefangene quälten, folterten und massenweise erschossen (Politisches Archiv des Auswärtigen Amtes, Kult. Pol. Geheim. Bd. 159. Gesandter von Saucken). Ausdrücklich befahlen Politruks, die den Kommandeuren als Überwachungsorgane zugeteilt waren, „keine Gefangenen zu machen", sondern „alle Deutschen zu töten" (Bundesarchiv –

Fortsetzung auf S. 344

„Kriegsgerichtsbarkeit"

Erlaß über die Ausübung der Kriegsgerichtsbarkeit im Gebiet „Barbarossa" (Auszug).

Geheime Kommandosache   Anlage zu 32/41 g.Kdos.Chefs.WR. 1.Ausf.
                        C h e f s a c h e .
Der Führer   Führerhauptquartier, den 13. Mai. 1941.
und Oberste Befehlshaber
der Wehrmacht.

Erlaß
über die Ausübung der Kriegsgerichtsbarkeit im Gebiet "Barbarossa"
und über besondere Maßnahmen der Truppe.

Die Wehrmachtgerichtsbarkeit dient in erster Linie der Erhaltung der Mannszucht.

Die weite Ausdehnung der Operationsräume im Osten, die Form der dadurch gebotenen Kampfesführung und die Besonderheit des Gegners stellen die Wehrmachtgerichte vor Aufgaben, die sie während des Verlaufs der Kampfhandlungen und bis zur ersten Befriedung des eroberten Gebietes bei ihrem geringen Personalbestand nur zu lösen vermögen, wenn sich die Gerichtsbarkeit zunächst auf ihre Hauptaufgabe beschränkt.

Das ist nur möglich, wenn <u>die Truppe</u> selbst sich gegen jede Bedrohung durch die feindliche Zivilbevölkerung schonungslos zur Wehr setzt.

Demgemäß wird für den Raum "Barbarossa" (Operationsgebiet, rückwärtiges Heeresgebiet und Gebiet der politischen Verwaltung) folgendes bestimmt:

I.

<u>Behandlung von Straftaten feindlicher Zivilpersonen</u>

1. <u>Straftaten feindlicher Zivilpersonen</u> sind der Zuständigkeit der Kriegsgerichte und der Standgerichte bis auf weiteres entzogen.

2. <u>Freischärler</u> sind durch die Truppe im Kampf oder auf der Flucht schonungslos zu erledigen.

3. Auch <u>alle anderen Angriffe feindlicher Zivilpersonen gegen die Wehrmacht</u>, ihre Angehörigen und das Gefolge sind von der Truppe auf der Stelle mit den äußersten Mitteln bis zur Vernichtung des Angreifers niederzukämpfen.

4. Wo Maßnahmen dieser Art versäumt wurden oder zunächst nicht möglich waren, werden tatverdächtige Elemente sogleich <u>einem Offizier vorgeführt. Dieser entscheidet, ob sie zu erschießen sind.</u>

Gegen <u>Ortschaften,</u> aus denen die Wehrmacht hinterlistig oder heimtückisch angegriffen wurde, werden unverzüglich auf

Die Anordnung des Ermittlungsverfahrens be... f in jedem
einzelnen Fall der Unterschrift des Gerichtsherrn.
4. Bei der Beurteilung der Glaubwürdigkeit von Aussagen
feindlicher Zivilpersonen ist äußerste Vorsicht geboten.

III.
Verantwortung der Truppenbefehlshaber

Die Truppenbefehlshaber sind im Rahmen ihrer Zuständigkeit persönlich dafür verantwortlich

1. daß sämtliche Offiziere der ihnen unterstellten Einheiten über die Grundsätze zu I rechtzeitig in der eindringlichsten Form belehrt werden,
2. daß ihre Rechtsberater von diesen Weisungen und von den mündlichen Mitteilungen, in denen den Oberbefehlshabern die politischen Absichten der Führung erläutert worden sind, rechtzeitig Kenntnis erhalten,
3. daß nur solche Urteile bestätigt werden, die den politischen Absichten der Führung entsprechen.

IV.
Geheimschutz

Mit der Enttarnung genießt dieser Erlaß nur noch Geheimschutz als Geheime Kommandosache.

Im Auftrage
Der Chef des Oberkommandos der Wehrmacht

Quelle: Nationalarchiv Washington.

Fortsetzung von S. 342

Militärarchiv Freiburg, RW 2/v. 158, S. 81; vgl. dazu auch ebenda, S. 8 und S. 81, S. 168, RW 5/v. 506; S. 27, RW 2/v. 193, S. 193, RW 2/v. 217, S. 4, RW 2/v. 192, S. 301 f.) Kommissare führten „Adreßbücher" und schickten Rotarmisten, die mindestens 20 deutsche Gefangene erschossen hatten, jeweils für zwei Tage in Urlaub (Bundesarchiv – Militärarchiv Freiburg, RW 2/v. 158, S.255). Da die Sowjetunion sowohl das Haager Abkommen vom 18. Oktober 1907 über die Behandlung von Kriegsgefangenen als auch das Genfer Abkommen vom 27. Juli 1929 nicht mehr als verbindlich betrachtete und 1940 aus dem Völkerbund ausgeschlossen worden war, sah die sowjetische Führung sich legitimiert, derartige Völkerrechtsverbrechen zuzulassen. Zwar existierte ein Beschluß des Rates der Volkskommissare vom 1. Juli 1941, der den Bestimmungen der Haager Landkriegsordnung entsprach (Bundesarchiv – Militärarchiv Freiburg RW 2/v. 158, S. 27), doch es waren nicht humanitäre Vorgaben, die diese diktierten. Deutsche Gefangene sollten danach nicht erschossen werden, weil die Sowjetführung hoffte, aus dem Verhalten der Gefangenen die Moral der deutschen Streitkräfte und darüber hinaus auch eventuelle Absichten der deutschen militärischen Führung herauslesen zu können. Zudem gingen die Sowjets davon aus, daß deutsche Soldaten nicht (mehr) überlaufen würden, wenn bekannt würde, daß sie nach der Gefangennahme kurzerhand niedergemacht werden würden. (Bundesarchiv – Militärarchiv Freiburg RW 2/v. 158, S. 40). Doch nicht die Kommandeure, sondern die Kommissare entschieden, was zu geschehen hatte, so daß zwischen den Beschlüssen der Armeeführung und den Geschehnissen gravierende Unterschiede bestanden.

Der Aufmarsch in der Endphase 345

Alexander Michailowitsch Wassilewski

General Wassilewski hatte die Aufzählung der für den Krieg zur Verfügung stehenden „Vorräte" an Munition, Treib- und Schmierstoffen und Bomben am Schluß seines Operationsplanes für Stalin mit der Formulierung eingeleitet: „Der Aufmarsch der Truppen und ihr Einsatz werden durch die nachstehend angeführten Vorräte sichergestellt,"* was nicht unbedingt auf beabsichtigte Verteidigungsoperationen hinwies. Seine Aufschlüsselung bestätigte es ebenfalls. So registrierte er beispielsweise für die Flugabwehr einen Vorrat von lediglich 5 Tagen für 37-mm-Munition und von 11 Tagen für 85-mm-Munition, was eindeutig gegen eine Absicht sprach, sich an den Grenzen auf Defensivoperationen vorzubereiten und einen Verteidigungskrieg führen zu wollen. Ebenso verhielt es sich hinsichtlich der „Fliegermunition" und der Treib- und Schmierstoffe: „Betonbrechende Munition" lag für 10 Tage bereit, Benzin der Marke „B-70" für 2 1/2 Monate.** „Betonbrechende Munition" konnte im Ver-

---

* Vgl. das Dokument im Anhang.
** Hinzu kamen Benzin „B-78" für 10 Tage, Benzin „B-74" für einen Monat und Diesel für einen Monat.

teidigungskrieg im eigenen Land nicht eingesetzt werden. Die großen Treibstoffmengen in Grenznähe schlossen Verteidigungsabsichten als dominierendes Motiv ebenso aus.

1 000 000 Tonnen Treibstoff wurden Anfang Juni aus dem Landesinneren in Grenznähe geschafft,[106] wo sie im Falle eines Verteidigungskrieges rasch ein Opfer der feindlichen Luftwaffe werden mußten, wie es bereits am ersten Tag des deutsch-sowjetischen Krieges auch geschehen ist. So berichtete beispielsweise der Sowjet-General I.W. Boldin, der zu der Zeit als Stellvertreter des Kommandierenden Generals an der sowjetischen Westgrenze fungierte, daß die im Umkreis von Bialystok zum Angriffe bereitstehende 10. Armee, damals die stärkste Armee an der Westfront, ihre Treibstoffvorräte bereits in den ersten Stunden des deutsch-sowjetischen Krieges durch deutsche Luftangriffe eingebüßt habe.[107]

Ähnlich verhielt es sich im Zusammenhang mit den Munitionsbereitstellungen. 4 216 – in Grenznähe „geparkte" – Eisenbahnwagen mit Munition wurden unmittelbar bei Kriegsbeginn allein an der Westfront vernichtet.[108] Auf dem kleinen Bahnhof Kalinowka an der Südwestfront standen 1 500 Eisenbahnwaggons voller Munition – nicht für Manöverübungen, sondern für den Kriegsfall bereit,[109] was nicht zu den Ausnahmen gehörte. An allen Frontabschnitten befanden sich in angemessener Entfernung von den Grenzen fahrbereite Munitionszüge, deren Besatzungen auf Anweisungen für ihre Weiterfahrten harrten. Hätte die Rote Armee sich auf einen Verteidigungskrieg vorbereitet, wären diese Vorräte nicht auf mobilen Fahrzeugen gelagert, sondern an vorbereiteten Verteidigungsstellungen deponiert worden.

Die Offiziere, Unteroffiziere und Soldaten der Roten Armee wußten aus eigener Erfahrung, daß das Gerede über die Sowjetarmee als „Verteidigungsarmee" nur eine Version der Propaganda war. Und sie bestätigten dies nach ihrer Gefangennahme auch nahezu ausnahmslos.* So erklärte beispielsweise der ukrainische Hauptmann und Ia des Schützenregiments 739, der aus dem Bezirk Winniza stammende Nikolai Sem. Bon-

---

* Zum Quellenwert von Gefangenenaussagen vgl. Kusnezowa, Olga und Konstantin Selesenjow. Der politisch-moralische Zustand der faschistischen deutschen Truppen an der sowjetisch-deutschen Front in den Jahren 1941–1945, in: Zeitschrift für Militärgeschichte, 9/1970, H. 9, S. 598 ff. und eine Notiz des I c-Dienstes der Abteilung Fremde Heere Ost des Generalstabes des Heeres. Bundesarchiv-Militärarchiv Freiburg, RH 2/2/92 (6. Mai 1943). Den Gefangenenaussagen wird Primärquellencharakter bescheinigt. Eigene Erfahrungen als Dolmetscher bei Gefangenenvernehmungen in den Jahren 1942 und 1943 in Rußland waren geeignet, das Urteil zu bestätigen.

dar, am 23. Juli 1941, daß „die Rote Armee sich gar nicht auf eine Verteidigung, sondern auf einen Angriff ... eingestellt" gehabt habe. Sein Regiment habe, wie andere Einheiten auch, vor dem Beginn des Krieges Karten „zugewiesen" bekommen, die das Territorium bis Krakau an der Oberen Weichsel betrafen. „Durch den überraschenden Vorstoß der deutschen Heere" seien „alle diese Pläne über den Haufen geworfen worden."[110] Kartenmaterial mit Einzeichnungen für strategische Operationen, die über Ostpreußen hinaus bis weit ins westdeutsche Gebiet reichten, wurden in Kobryn, Dubno, in Grodno und an zahlreichen anderen Orten in fluchtartig verlassenen Gefechtsständen sowjetischer Stäbe gefunden. Hans Hartmut Hindenburg von Brockhusen, einem Enkel Paul von Hindenburgs, fiel als Adjutant eines Panzer-Regiments eine dieser Karten in die Hände, auf der sein elterliches Gutshaus in Pommern als künftiger sowjetischer Gefechtsstand eingezeichnet worden war.[111]

Nachdem Stalin die Auffassung geäußert hatte, daß ein deutscher Angriff nach Herbstbeginn nicht erwartet werden könne, weil der Zeitpunkt „für einen deutschen Angriff zu spät" sei, wurde in der Sowjetunion alles darauf vorbereitet, den deutschen Möglichkeiten mit einem eigenen Angriff „zuvorkommen", wie der von Timoschenko und Schukow unterzeichnete Operationsplan es vorsah. Die sowjetische Eisenbahn trug dabei einen wesentlichen Teil der Hauptlasten. Zu den bereits genannten Zahlen gesellte sich die Tatsache, daß allein 1 320 Eisenbahnzüge (nicht etwa Waggons, sondern Züge) mit Kraftwagen auf den Schienen bereitstanden.[112]

Angesichts dieses schier unübersehbaren Aufwandes und der sowjetischen Organisationsmängel kam es vor und bei Kriegsbeginn zu Pannen, die den deutschen Streitkräften zugute kamen. So überlieferte beispielsweise der sowjetische General S.M. Stemenko: „Die Militärtransporte mit den Truppen rollten in dichter Folge nach Westen und Südwesten. Bald wird der eine von uns, dann wieder ein anderer zu den Stationen, an denen sie ausgeladen wurde, kommandiert. Die Kompliziertheit und Unbeständigkeit der Lage erzwang nicht selten den Abbruch des Ausladens und das Umdirigieren der Transporte zu irgendeiner anderen Station. Es kam vor, daß Führung und Stab einer Division an einer Stelle ausgeladen wurden, die Regimenter jedoch an einem anderen Ort oder sogar an mehreren weit auseinandergezogenen Stellen."[113]

Ganze Armeen, die zum Angriff bereit stehen sollten, „biwakierten" in Waggons der Eisenbahnzüge, die sie nach Westen transportierten, wo sie nicht rechtzeitig eintrafen. Ein Großteil der Einheiten der 21. Armee[114] wurde ebenso auf dem Transport vom Kriegsausbruch überrascht wie das 43. Schützenkorps, 11 Divisionen der 21. und 22. Armee und die 19. und 16. Armee.[115] „Die ungeheure Ansammlung von Waggons lähmte den Betrieb vieler Eisenbahnknotenpunkte nahezu vollständig", überlieferte I. W. Kowaljow,[116] der stellvertretende Volkskommissar für Staatskontrolle, was General A. S. Klemin vier Jahre später mit dem Hinweis bestätigte, daß sich 47 000 Waggons mit Kriegsmaterialien auf den Strecken befanden und zu spät zum Einsatz zur Verfügung standen.[117]

Stalins Kalkül, daß Hitler frühestens Anfang 1942 „kommen" würde, hatte nicht nur ihn getrogen, sondern auch die Militärs bewogen, ihre Vorbereitungen nicht mit der Eile zu betreiben, die angesichts der Sachlage am Platze gewesen wäre. Wer – wie Joachim Hoffmann vom Militärgeschichtlichen Forschungsamt – davon ausgeht, daß auch Stalin seine Offensive erst 1942 habe auslösen wollen, übersieht die Tatsache, daß die Rote Armee in dem Falle im Freien überwintern oder aber den gesamten Aufmarsch durch die Rückführung in die Standorte oder an Orte mit ausreichenden festen Winterquartieren hätte bewältigen müssen, um kurze Zeit danach die ganze Prozedur noch einmal vor sich gehen zu lassen. Wenn Stalin, wie Molotow zwischen 1969 und 1986 mehrfach bestätigte, 1941 fest überzeugt gewesen ist, daß Hitler den Krieg gegen die Sowjetunion nicht mehr 1941 beginnen würde,[118] erübrigt sich zwangsläufig jede weitere Diskussion über den Zweck des sowjetischen Aufmarsches an der deutschen Ostgrenze. Stalin wollte 1941 mit dem – auch nach seiner Meinung – „unvermeidlichen Krieg gegen Deutschland" beginnen.*

Zwar gehörten längerwährende „Sommerlager" im offenen Gelände zum grundsätzlichen Ausbildungsprogramm der Roten Armee, doch der personelle und materielle Aufwand, der 1941 – für jedermann sichtbar – getrieben wurde, war beispiellos und irritierte sowohl das Militär als auch die Bevölkerung. Nur bestimmten Chargen und Funktionsträgern war bewußt, was bevorstand. Die Soldaten und die Bevölkerung der UdSSR, die bereits 1940 nach dem sowjetisch-finnischen Krieg und den teilweise beängstigend wirkenden Spannungen zwischen Deutschland und der Sowjetunion besorgt registriert hatten, daß das militärische Sommerlager außergewöhnliche Ausmaße angenommen hatte, bedurften keiner prophetischen Fähigkeiten, um zu erkennen, daß die Dinge 1941 anders lagen, zumal seit Mitte Mai die Grenzregionen sowohl für Ausländer als auch für Russen gesperrt worden waren, die nicht in den Gebieten leb-

---

* Vgl. dazu auch die Darstellung S. 373 über die Ereignisse des 21. Juni 1941.

Geheimbericht der Abteilung Fremde Heere Ost vom 29. April 1940 (Auszug)

Fremde Heere Ost (II)
Nr. 2400/40 geh.

Berlin, den 29. April 1940.

GEHEIM!

Heeresgruppenkommando C
1. MAI 1940

Lagebericht Sowjetunion.

Die Presseberichte, Gerüchte und sonstige unbestätigte Nachrichten über <u>Truppenansammlungen der Russen an der rumänischen Grenze und im transkaukasischen Gebiet</u> dauern an. Ein klares Bild über die tatsächlichen Verhältnisse läßt sich jedoch hieraus nicht gewinnen.

Den Meldungen können folgende Vorgänge zugrundeliegen:

1.) Der <u>Militärbezirk Kiew</u> ist schon immer <u>im Frieden sehr stark belegt gewesen</u>. Im Frühjahr setzte dann regelmäßig die Ausbildungstätigkeit der Truppe im Gelände ein. Die Truppen beziehen ihre Sommerlager. Jede russische Division verfügt über ihr eigenes Zeltlager, das im Sommer 3 - 4 Monate lang bewohnt wird. Die Truppe wird während dieser Zeit immer durch Reservisteneinberufungen verstärkt.

2.) In diesem Jahre müssen alle derartigen Übungen im Gelände und Märsche zu den Truppenlagern besonders auffallen, da die Truppe zum größten Teil <u>mobile</u> Stärke hat.

3.) Zu den Friedenstruppenteilen kommen in diesem Jahre die aufgestellten <u>Reservedivisionen</u>, deren Zahl im Militärbezirk Kiew auf mindestens 8 Schütz.Div. geschätzt werden muß.

4.) Es steht fest, daß mindestens 5 - 6 Schütz.Div. des Kiewer Militärbezirks an den Kämpfen in <u>Finnland</u> beteiligt waren. Diese Truppen <u>kehren</u> jetzt anscheinend nach und nach in die Standorte <u>zurück</u>.

Aus diesen Möglichkeiten würde sich ergeben, daß die gemeldeten Truppenansammlungen und Truppentransporte mit Aufmarschgedanken an der Grenze nichts zu tun haben.

<u>Andererseits</u> ergibt sich aus der militärpolitischen Gesamtlage in Europa, daß der Südostraum und der Nahe Orient Spannungsgebiete geworden sind und <u>daß Rußland für seinen Teil die militärischen Maßnahmen getroffen hat oder zurzeit trifft,</u> die die Durchführung seiner Politik in Südosteuropa und im Nahen Orient unterstützen werden.

Quelle: Bundesarchiv-Militärarchiv Freiburg, RH 19 III/381.

ten. 1940 war es problemlos möglich gewesen, sowohl die betroffenen Truppenteile als auch deren Ausrüstung vor dem Beginn der Schlechtwetterperiode und dem Beginn des Winters wieder in die festen Standorte zurückzutransportieren. 1941 wäre dies angesichts des gigantischen Aufwandes, der allein schon die weit überforderte sowjetische Eisenbahn in den Frühjahrs- und Sommermonaten vor nahezu unlösbare Probleme gestellt hatte, nicht möglich gewesen. Das horrende Kosten verursachende „Sommerlager" 1941 stand unter einem anderen Gesetz.

Stalin ging es 1941, um das an dieser Stelle noch einmal festzustellen, um den massiven Erstschlag gegen Deutschland, das nach seiner mehrfach zitierten Auffassung erst 1942 „kommen" könnte.

Wie die Rote Armee auf den Angriff ausgerüstet war, ist kein Geheimnis mehr. Bereits 1939 verfügte die Sowjetunion über 200mal mehr Fallschirmjäger als alle anderen Länder zusammen.* Grenztruppen des NKWD waren zur gleichen Zeit auf die gewaltsame Überquerung von Flüssen und anderen Gewässern vorbereitet. Keine der 63 sowjetischen Panzer-Divisionen verfügte über Pioniere zur Brückensprengung bei eventuellen Rückzügen. Jede Division hatte jedoch Ponton-Bataillone, die jederzeit in der Lage waren, auf erobertem Feindgebiet gesprengte Brücken durch Behelfsbrücken zu ersetzen und den Vormarsch zu unterstützen. Ihre Anzahl übertraf ebenfalls den Umfang aller anderen Armeen der Zeit. Die entsprechenden Angaben über die sowjetischen Panzer-Einheiten und über die Rote Luftwaffe brauchen an dieser Stelle nicht noch einmal wiederholt zu werden. Wesentlich erscheint lediglich der Hinweis auf die Tatsache, daß die sowjetischen Panzer, die sämtlich auf einen Krieg auf fremdem Territorium konstruiert waren, sowohl über spezielle Panzer mit Flammenwerfern zu eigenen Durchbrüchen und zur Unterstützung der angreifenden Infanterie als auch über die Typen BT-2 bis BT-7M und die aus ihnen fortentwickelten A-20 (A:Awtostrada = Autobahn) verfügten, die so präpariert waren, daß sie beim Erreichen der deutschen Autobahnen in der Lage waren, ihre Ketten abzusprengen und mit den dafür vorgesehenen Rädern mit Gummibereifung ohne Ketten zu fahren und höhere Geschwindigkeiten zu erreichen. Zwar hatten sich diese

---

* 1936 hatte die Rote Armee der Öffentlichkeit Fallschirmübungen und -absprünge vorgeführt, wobei 200 Fallschirmjäger verunglückten. Seitdem war der Ausbildung dieser Truppengattung größte Aufmerksamkeit geschenkt worden. In zahlreichen Fallschirmspringer-Clubs für Jugendliche wurden sowohl männliche als auch weibliche Jugendliche ausgebildet, so daß die Sowjetunion letztlich rund eine Million Fallschirmspringer zur Verfügung hatte.

Auszug aus dem Bericht über die Vernehmung des sowjetischen Obersts Nikanor Lubimow

Aus Charkow wurde vor etwa 2 Wochen nach Nordwesten 1 Korps geworfen, dass aber auseinandergelaufen sein soll. Einzelheiten sind nicht bekannt. Es herrscht bei der Truppe die Ansicht, dass die 6. und 12. Armee geopfert werden sollte, denn alle noch zur Verfügung stehenden Kräfte wurden angeblich zur Verteidigung in den Raum Leningrad und Moskau befördert.

Um Kiew ist eine Befestigungszone in einer Tiefe von etwa 40 km ausgebaut worden. In der östlichen Ukraine sollen noch frische Truppen stehen, denn von hier sollen nach Moskau und Leningrad keine Truppen entsandt worden sein. Im Kaukasus standen bei Kriegsbeginn eine grössere Anzahl Divisionen, davon wurden einige nach dem Westen gesandt. Der Gefangene bestätigt frühere Aussagen, dass Stalin Anfang Mai bei der Entlassung von Offizieren aus der Militärakademie gesagt haben soll, der Krieg mit Deutschland kommt unbedingt. Es wurde jedoch nicht damit gerechnet, dass er schon so früh ausbrechen würde.

Der Gefangene glaubt, dass der Krieg im Herbst zuende sein wird und dass mit einem Partisanenkrieg nicht zu rechnen ist, da hierfür die Vorbedingungen, wie sie im Jahre 1918/19 waren, fehlen.

Die meisten Soldaten sind mit Gasmasken versehen. Die Bevölkerung jedoch nur in ganz beschränktem Umfange und auch nur mit veralteten Gasmasken. Hautentgiftungsmittel und dergleichen wurden nur in ganz beschränktem Umfang bei der Truppe ausgegeben.

Die ausgebildeten Reservisten wurden von den Bezirks-Kriegskommissariaten bei Beginn des Krieges nach Mob-Plan und später nach Bedarf den Feldeinheiten zugeführt. Nicht ausgebildete Mannschaften wurden in Ersatzeinheiten zusammengefasst.

Ersatz auf russisch "Sapas" wird z.T. fälschlich mit Reserve übersetzt, hat aber mit Reserve nichts zu tun, denn es handelt sich hierbei um aufgestellt Ersatzeinheiten.

Quelle: Bundesarchiv-Militärarchiv RH 21-1/472

Panzer, die von den Sowjets bereits im Spanien-Krieg getestet und als nicht besonders brauchbar klassifiziert worden waren, nicht bewährt, weil sie ohne Ketten zwar sehr schnell fahren, jedoch kaum gelenkt werden konnten, doch aus der Produktion waren sie nicht genommen worden. Auf den deutschen Autobahnen hätten sie indes sowohl ihre mangelnde Geländegängigkeit als auch die fehlende Flexibilität beim Stellungswechsel problemlos durch ihr großes Tempo wettmachen können.

Daß der Krieg unmittelbar bevorstand, konnte niemand mehr übersehen. Seit Ende Oktober 1940 flogen zwei Staffeln des Oberbefehlshabers der deutschen Luftwaffe unter der Regie des Oberstleutnants Theodor Rowehl von Seerappen und Insterburg in Ostpreußen mit Flugzeugen der Typen He 111 und Do 215 B-2, die mit Motoren für Höhenflüge bis zu 12 000 Meter umgerüstet worden waren, Höhenaufklärung über der Sowjetunion. Hitler, der diese Maßnahmen selbst befohlen hatte, hatte gehofft, daß die Sowjets Maschinen in dieser Höhe nicht würden orten können, was sich jedoch als Irrtum erwies.[119] Da die Russen zunächst nicht darauf reagierten, blieb es dabei. Selbst in den Tagen unmittelbar vor dem 22. Juni 1941, als deutsche Aufklärer den Befestigungsausbau aus der Luft „kontrollierten",[120] stießen sie auf keine sowjetischen Abwehrmaßnahmen. Zwar hatte Werner von Tippelskirch, der als Gesandter und Geschäftsträger an der deutschen Botschaft in Moskau fungierte, dem Auswärtigen Amt in Berlin am 21. April 1941 mitgeteilt, daß das Außenkommissariat der UdSSR ihm eine Verbalnote übergeben habe, in der die deutschen Grenzverletzungen dieser Art moniert worden seien, doch Konsequenzen blieben aus. Schon der Ton der Verbalnote lud die Deutschen dazu ein, ihre Erkundungsflüge fortzusetzen. „Der Volkskommissar für Verteidigung", so hieß es da, habe befohlen, „die auf Sowjet herüberfliegenden deutschen Flugzeuge nicht unter Feuer zu nehmen, solange derartige Überfliegungen nicht häufig vorkommen."[121]

Das „Kriegstagebuch des Oberkommandos der Wehrmacht" notierte für den 13. Juni 1941: „Umfangreiche Eisenbahntransporte von Moskau nach Baltikum ... In Rußland wachsende Unruhe".[122] Hitler hatte bereits am 9. Juni gegenüber Alfred Jodl besorgt erklärt, daß er mit „russischen Präventivmaßnahmen" rechnete und die Verwendung von Gas und Lebensmittelvergiftungen durch russische Truppen für „möglich" hielt.[123] Während auf deutscher Seite demonstrativ offen „Verteidigungsanlagen" errichtet wurden, die Evakuierung der Grenzbevölkerung jedoch als indiskutabel erschien, agierten die Sowjets anders. General I. A. Bogdanow, der Chef der Grenztruppen des NKWD in Belorußland, erteilte am 18. Juni den Befehl, die Familien von Angehörigen der Grenztruppen zu evakuieren,[124] was zweifellos nicht seine persönliche Entscheidung gewesen sein kann. Selbst Berija hätte eine solche Maßnahme nicht von sich aus veranlassen können. Drei Tage später, am 21. Juni, einen Tag vor dem deutschen Angriff, wurden in Grodno deutsche Fallschirmjäger von sowjetischen Milizen gefangengenommen und vom NKWD verhört, der seine Meldung noch am selben Abend nach Moskau weiterleitete, ohne daß irgend etwas geschah. Die Gruppe 1c des Oberkommandos 17 berichtete in einer Meldung vom 27. August 1941 lapidar: „Am

Der Aufmarsch in der Endphase

Der veraltete und bereits 1940 als nicht mehr kriegstauglich bewertete deutsche Panzer 35 (t). Gewicht: 10 t. 37 mm-Kanone. 2 MG.

Der deutsche Panzer IV im Juli 1941. Gewicht: 24 t. 75 mm-Kanone (kurz), 2 MG. Er verfügte über den gleichen Motor wie der Pz. III und unterschied sich von ihm eigentlich nur durch das größere Kaliber seiner Kanone und durch 8 (statt 6) Laufrollen.

21.6.41, 16 Uhr wurde in Grodno ein deutscher Fallschirmtrupp ... gefangengenommen. Nach Aussagen dieser Gefangenen", die wieder freigelassen wurden, „sollte der deutsche Angriff am 22.6., 4.00 Uhr beginnen. Die vernehmenden Organe der NKWD faßten diese Aussage als Provokation und Bluff auf und meldeten diesen Vorfall mit den ihrer Meinung nach unrichtigen Aussagen um 20 Uhr nach Moskau."[125]

Stalin war, wie Heinz Magenheimer vom Institut für Strategische Forschung der Österreichischen Landesverteidigungsakademie feststellte, 84mal über deutsche Angriffstermine informiert worden,[126] ohne daß er entsprechende Sofortmaßnahmen auslösen ließ. Daß er dies unterließ, weil er überzeugt gewesen sei, daß Hitler „die Kuh nicht schlachten würde, die ihm die Milch lieferte", wie häufig gemutmaßt wird, ist eine Legende. Wie sehr dieser Aspekt die russische Forschung irritiert, exemplifiziert eine Darstellung aus erster Hand. Michail Milstejn, ein enger Mitarbeiter Filipp Golikows, des Chefs der Aufklärungsverwaltung des Generalstabs, deren Leiter – vor der Amtsübernahme Golikows – sämtlich hingerichtet worden waren,* erklärte im Juni 1990: „Angesichts dessen, daß Stalin damals ausnahmslos alle wichtigsten Entscheidungen über staatliche und militärische Fragen allein traf, ist er als der Hauptschuldige zu bezeichnen. Man kann jedoch schwer eine vernünftige und argumentierte Erklärung dafür finden, warum Stalin alle Informationen über die mögliche Aggression kategorisch und eindeutig verwarf und auf jede Information über die mögliche Aggression Deutschlands gegen die UdSSR reagierte."[127]

Hochmut ist Stalin unterstellt worden, Leichtgläubigkeit, Weltfremdheit und maßlos überzogenes Selbstbewußtsein. Nichts von all dem war es, was ihn so handeln ließ, wie er es tat. Molotow faßte sein – mit Sicherheit zutreffendes – Urteil in die Worte: „War Stalin so naiv? Nein. Stalin hat diese Sache sehr gut und richtig verstanden. Hat Stalin Hitler geglaubt? Er hat auch den eigenen Leuten bei weitem nicht alles und nicht allen geglaubt! Und es gab auch Gründe dafür. Hat Hitler Stalin betrogen? Im Ergebnis dieses Betruges war Hitler aber gezwungen, sich zu vergiften, während Stalin an der Spitze der Hälfte des Erdballs stand."[128] Stalin glaubte, was er glauben wollte. Sein vielgerühmter Instinkt und Realitätssinn hatten in dieser Hinsicht unentwirrbare Grenzen. Als selbst Friedrich Werner Graf von der Schulenburg „unter Lebensgefahr", wie

---

* Es waren der Reihe nach: Berzin, Urizki, Gendin, Orlow und Proskurow, der „Held der Sowjetunion".

Milstejn betonte,* der russischen „Führung" verriet, „daß der Krieg am 22. Juni beginne", reagierte Stalin mit der Bemerkung: „Wir wollen festhalten, daß die Desinformation nun auf Botschafterebene einsetzt."[129] Sowohl Stalin als auch Golikow hielten die zahlreichen Informationen für Desinformationsmaterialien – vor allem auf Betreiben Englands. Bis zum ersten Schuß von deutscher Seite spiegelten sowohl Hitler als auch Stalin einander Vertragstreue und Friedfertigkeit vor. Noch eine Woche vor dem Beginn der Kampfhandlungen wurden Verträge geschlossen, die der tatsächlichen Situation Hohn sprachen. Nicht nur, daß Stalins Züge mit Waren und Rohstoffen noch nach Deutschland rollten, als bereits geschossen wurde. Während Anthony Eden eine Woche zuvor dem sowjetischen Botschafter I. M. Maiski am 13. Juni 1941 in London versicherte, daß die Regierung Großbritanniens angesichts der deutschen Truppenkonzentrationen an der sowjetischen Westgrenze bereit sei, eine Militär-„Mission nach Moskau zu schicken",[130] verhandelte Walther Schieber, der deutsche Staatsrat und Chef des Rüstungslieferungsamtes, in Moskau mit sowjetischen Fachleuten über die Errichtung eines Werkes zur Produktion von Zellwolle im Wolgaraum. Modell sollte die „Thüringische Zellwolle" sein, die im thüringischen Schwarza mit modernsten Methoden produziert wurde. Am 15. Juni, einen Tag nachdem Molotow den deutschen Botschafter empfangen und ihn mit einer alarmierenden TASS-Meldung über angebliche deutsche territoriale und wirtschaftliche Forderungen und deren Ablehnung durch die Sowjetunion konfrontiert hatte,** traf Schieber mit dem unterschriebenen Vertrag in Berlin ein. Die Sowjets hatten sich verpflichtet, Anfang Juli 10 Millionen Goldmark als Anzahlung zu deponieren.[131]

* Nach Milstejns Angaben arbeiteten Mitglieder der deutschen Botschaft in Moskau eng mit der sowjetischen „Aufklärungsverwaltung" (Spionage) zusammen. So berichtete er beispielsweise (Milstejn, S. 32): „Viele wichtige Angaben kamen vom Mitarbeiter der Deutschen Botschaft in Moskau Gerhard Kegel, dessen Zusammenarbeit mit unserer militärischen Aufklärung 1939 begonnen hatte. So teilte er am 11. Juni mit, die deutsche Botschaft in Moskau habe am 9. Juni einen Befehl aus Berlin erhalten, sich binnen 7 Tagen auf die Evakuierung vorzubereiten. Im Keller würden die Archivdokumente verbrannt ... Kegel ... berichtete am 20. Juni ... daß ... der Überfall entweder am 21. oder dem 22. Juni, geschehen würde."
** Gemeint war Stalins bissig-ironischer Kommentar zu einer TASS-Meldung vom 14. Juni 1941 (Akten zur Deutschen Auswärtigen Politik, D X, Nr. 162 (C.-E. 157)) über ausländische Gerüchte, nach denen (offenbar von Stafford Cripps initiiert) ein Krieg zwischen Deutschland unmittelbar bevorstünde, weil Deutschland „Forderungen territorialen und wirtschaftlichen Charakters" an die UdSSR gestellt habe, die von der Sowjetunion abgelehnt worden seien. Verantwortliche Kreise aus Moskau, so meldete Schulenburg nach Berlin, wiesen diese Meldungen als „plump zusammengebraute Propaganda" zurück und attestierten beiden Vertragspartnern, „unentwegt die Bedingungen des sowjetisch-deutschen Nichtangriffspaktes" zu erfüllen.

Beide Seiten achteten sorgsamst darauf, daß ihre eigentlichen Vorhaben nicht womöglich durch ernsthaftes Mißtrauen gefährdet werden könnten. Hitler wollte den großen Überraschungsschlag. Stalins Rote Armee benötigte noch Zeit, die Hitler nicht mehr hatte. Zudem hatte die Sowjetführung bis dahin nicht begriffen, wie Hitler seine Kriege begann. „Bei der Überarbeitung der Operationspläne im Frühjahr 1941", gab Schukow drei Jahrzehnte später zu, „wurden ... die neuen Methoden der Kriegsführung zu Beginn der Feindseligkeiten praktisch nicht genügend berücksichtigt. Das Volkskommissariat für Verteidigung und der Generalstab meinten, daß ein Krieg zwischen so bedeutenden Mächten wie Deutschland und die Sowjetunion nach altem Schema beginnen würde: Die Hauptkräfte treten ein paar Tage nach den Grenzkämpfen zu Schlachten an ... In Wirklichkeit waren die ... Bedingungen ganz anders."[132]

Die Rote Armee in Angriffs-Formation (Karte rechts)

So war die Erste Strategische Staffel der sowjetischen Streitkräfte im Juni 1941 an der Westgrenze angetreten: 8. Armee (Befehlshaber: General Sobennikow); 11. Armee (General Morosow); 3. Armee (General Kusnezow); 10. Armee (General Golubew); 4. Armee (General Korobkow); 5. Armee (General Potapow); 6. Armee (General Musytschenko); 26. Armee (General Kostenko); 12. Armee (Gebirgsjäger / General Ponedelin); 9. Armee (ab 24. Juni 1941 General Tscherewitschenko). Dahinter standen die 27. Armee (General Bersarin) und die 13. vor sieben weiteren aufschließenden Armeen. Die Oberbefehlshaber: General Popow (Nordfront); General Kusnezow (Nordwestfront); Armeegeneral Pawlow (Westfront); General Kirponos (Südwestfront); Armeegeneral Tjulenjew (Südfront).

Bis zum letzten Augenblick: Vorgetäuschte Normalität 357

Quelle: Viktor Suworow: Der Eisbrecher, Stuttgart, 1989.

Neutralitätspakt zwischen Japan und der Sowjetunion vom 13. April 1941

Das Präsidium des Obersten Rates der Union der Sozialistischen Sowjetrepubliken und seine Majestät der Kaiser von Japan haben, geleitet von dem Wunsch, die friedlichen und freundschaftlichen Beziehungen zwischen den beiden Ländern zu befestigen, beschlossen, einen Neutralitätspakt abzuschließen und zu diesem Zweck als ihre Bevollmächtigten ernannt:

Das Präsidium des Obersten Rates der UdSSR:
Wjatscheslaw Michailowitsch Molotow, den Vorsitzenden des Rates der Volkskommissare und Volkskommissar für Auswärtiges der UdSSR,

Seine Majestät der Kaiser von Japan:
Yosuke Matsuoka, Minister des Auswärtigen, Zjusanmi, Ritter des Ordens des Heiligen Schatzes Erster Klasse, und Yosizugo Tatekawa, Außerordentlicher und bevollmächtigter Botschafter in der UdSSR, Generalleutnant, Zjusanmi, Ritter des Ordens der Aufsteigenden Sonne Erster Klasse und des Ordens des Goldenen Geiers Vierter Klasse,

welche nach der gegenseitigen Vorlegung ihrer entsprechenden Vollmachten, die als in gehöriger und gesetzlicher Form ausgestellt befunden wurden, Nachstehendes vereinbart haben:

Artikel 1

Die beiden Vertragschließenden Teile verpflichten sich, friedliche und freundschaftliche Beziehungen gegenseitig zu unterhalten und die territoriale Integrität und Unantastbarkeit des anderen Vertragschließenden Teiles zu achten.

Artikel 2

Im Falle, daß einer der Vertragschließenden Teile zum Objekt kriegerischer Handlungen seitens einer oder mehrerer dritter Mächte wird, wird der andere Vertragschließende Teil während der ganzen Dauer des Konflikts Neutralität beobachten.

Artikel 3

Der gegenwärtige Pakt tritt in Kraft am Tage seiner Ratifizierung durch beide Vertragschließenden Teile und bleibt fünf Jahre in Kraft. Wenn keiner der Vertragschließenden Teile den Pakt bis zum Ablauf der Frist kündigt, wird er automatisch als auf weitere fünf Jahre verlängert betrachtet.

> **Artikel 4**
>
> Der gegenwärtige Pakt unterliegt einer Ratifizierung in möglichst kurzer Frist. Der Austausch der Ratifizierungsurkunden soll auch in möglichst kurzer Frist in Tokio stattfinden.
> Zur Bestätigung dessen haben die obengenannten Bevollmächtigten den gegenwärtigen Pakt unterzeichnet in zwei Exemplaren, die in russischer und japanischer Sprache abgefaßt sind, und mit ihren Siegeln versehen. Ausgefertigt in Moskau am 13. April 1941, was dem 13. Tag des vierten Monats des 16. Jahres Showa entspricht.
>
> W. Molotow   Yosuke Matsuoka   Yosizugo Tatekawa

Der sowjetisch-japanische Neutralitätspakt wurde am 5. April 1945 von der Sowjetunion gekündigt. Am 8. August 1945 erklärte die Sowjetunion, daß sie sich ab 9. August 1945 mit Japan im Kriegszustande befinde.

Da der deutsche Angriffstermin Stalin eher als deutschen Generalen bekannt war, die erst am 7. Juni 1941 verbindlich erfuhren, daß die deutschen Streitkräfte ihren Angriff in den ersten Morgenstunden des 22. Juni beginnen würden, erschienen manche Eventualitäten auf beiden Seiten ausgewogen. Sicher ist zumindest, daß der sowjetische Geheimdienst, der nicht nur im Generalstab, sondern auch in allen Grenzmilitärbezirken über eigene „Aufklärungsabteilungen" [133] verfügte, weitaus besser als die deutsche Seite über wesentliche Details informiert war, die von entscheidender Bedeutung sein konnten – oder gar sein mußten. Daß Hitler und der deutsche Generalstab mit zum Teil völlig falschen Vorstellungen und Erwartungen in den deutsch-sowjetischen Krieg eingetreten waren, zeigten bereits die ersten beiden Wochen des Krieges – trotz der schier beispiellosen, aber auch erwarteten Erfolge der deutschen Truppen. So sah Halder sich schon am 3. Juli, 11 Tage nach dem Beginn des Feldzuges, dazu veranlaßt, die Verlustzahlen mit der diesbezüglichen Bilanz des Westfeldzuges zu vergleichen und negative Ergebnisse zu registrieren.[134] Vom 22. Juni bis zum 30. Juni waren in Rußland 524 Offiziere und 8 362 Unteroffiziere und Mannschaften gefallen sowie 966 Offiziere und 28 528 Unteroffiziere und Mannschaften verwundet worden, was hieß, daß die Verlustziffern über denen von 1940 im Westen lagen. Im Westfeldzug waren 3,1 Prozent der Iststärke der Offiziere verwundet worden. Im Osten waren es 3,3 Prozent. 4,85 Prozent der Offiziere des Westfeldzuges waren gefallen. In Rußland waren es 6,2 Prozent.

Der populärste sowjetische Panzer-Stratege General Michael Efimowitsch Katikow

Der deutsche Panzer-Stratege General Heinz Guderian

Ferner mußte er zugeben, daß die Soldaten der Roten Armee „hart" kämpften,* die Verfolgung der zurückweichenden sowjetischen Truppen „durch Gegenstöße einzelner Feindgruppen" immer wieder aufgehalten und deutsche Angriffskeile durch Flankenangriffe bedroht würden, doch war er überzeugt, daß „man ... diesen Feind nicht überschätzen"[135] dürfte. Obwohl er - im Gegensatz zu den krassen Fehleinschätzungen aus der Zeit davor - am 2. Juli 1941 von etwa 15 000 Panzern auf russischer Seite sprach, bilanzierte er am 3. Juli: „Es ist ... wohl nicht zuviel gesagt, wenn ich behaupte, daß der Feldzug gegen Rußland innerhalb [von] 14 Tagen gewonnen wurde.** Natürlich ist er damit noch nicht beendet. Die Weite des Raumes und die Hartnäckigkeit des mit allen Mitteln geführten Widerstandes wird uns noch viele Wochen beanspruchen."[136]

Hitler, den auf der sowjetischen Seite die gewaltige Masse und Qualität der Panzer irritierte, hatte eher als Halder begriffen, was dieser Umstand bedeutete.

„Wenn ich gewußt hätte, daß die Panzerzahlen der Russen, die Sie in Ihrem Buch erwähnt haben, tatsächlich stimmen, dann hätte ich - glaube ich - diesen Krieg nicht angefangen", bekannte er gegenüber General Guderian, der 1937 in seinem Buch „Achtung Panzer!"[137] 10 000 Panzer als Bestand der Roten Armee genannt hatte.*** Guderians Kommentar nach rund fünfzig Jahren: „Man kann ... nicht durch die Politik des Vogels Strauß eine heraufkommende Gefahr bannen; gerade dies aber hatten sowohl Hitler, wie auch sehr maßgebliche Ratgeber auf politischem Gebiet immer wieder getan. Die Folgen dieses gewaltsamen Verschließens der Augen vor der harten Wirklichkeit wurden verheerend, und wir müssen sie nun tragen."[138] Wie sehr Hitler bis Ende Juni 1941 an Gu-

---

* Am 5. Juli (Kriegstagebuch, Bd. 3, S. 44) trug er beispielsweise ein: „Bei dem Intermezzo mit den hinter der Front der 6. Armee eingeklemmten Mongolenhorden (der angeblichen Leibwache Stalins) soll die [deutsche] 168 Div.[-ision] völlig versagt haben. Ablösung von Kommandeuren wird gefordert."

** General Erich Marcks (Chef des Generalstabes der 18. Armee) rechnete mit 9 bis 17 Wochen, General Erich von Sodenstern (Chef des Generalstabes der Heeresgruppe A) mit 16, General Friedrich Paulus (Oberquartiermeister I im Generalstab des Heeres) mit 8 bis 10 und Generalfeldmarschall Walther von Brauchitsch (bis 1941 Oberbefehlshaber des Heeres) mit 6 bis 8 Wochen.

*** Ursprünglich hatte Guderian im Manuskript 17 000 Panzer angegeben. Auf Betreiben des Chefs des Generalstabes des Heeres (1937) General Beck mußte er diese Angaben „korrigieren" und die Zahl 10 000 einsetzen. Vgl. Guderian, Heinz, Erinnerungen eines Soldaten, Stuttgart 1986, S. 172.

derians Angaben gezweifelt haben muß, scheint nicht zuletzt auch die Tatsache zu bezeugen, daß er noch im Frühjahr 1941 – zur Verblüffung nicht nur Guderians – einer sowjetischen Offiziersmission ausdrücklich gestattete, die deutschen Panzerschulen und Panzerfabriken zu besichtigen und ihr „alles zu zeigen"[139].

Offenbar überzeugt, daß der seit 1941 als „Standardpanzer" eingesetzte Panzerkampfwagen IV (mit einer 7,5-cm-Kanone ausgerüstet, auf 8 Laufrollen fahrend und fünf Mann Besatzung benötigend) alles an Panzern überträfe, was die Rote Armee angesichts der von ihr während ihrer Feldzüge in Polen und Finnland eingesetzten Tanks aufzubieten haben würde, meinte er vermutlich, den Russen Respekt einflößen zu können. Eingetreten war jedoch das Gegenteil. Die Russen „wollten beim Betrachten unseres Panzers IV nicht glauben", berichtete Guderian, „daß dieser unseren schwersten Typ darstellte. Sie erklärten immer wieder, wir verheimlichten ihnen unsere neuesten Konstruktionen, deren Vorführung Hitler ihnen zugesagt habe".[140] Daß die Russen bereits zu der Zeit über bessere und schwerere Typen verfügten,* erschien den Gastgebern, den deutschen Panzerfabrikanten und Waffenoffizieren, zumindest als einigermaßen sicher. Ob eine Notiz Halders vom 30. März 1941 aus derartigen Überlegungen resultierte, ist nicht schlüssig zu beantworten. Seine Bemerkung, „russische Tankwaffe (respektabel): 4,7 cm, eine gute schwere Type, Masse alt",[141] was er nachzuprüfen befahl, reicht als Urteilsgrundlage nicht aus.

Während Hitler Arglosigkeit demonstrierte und auf einem Gebiet tatsächlich auch die Karten offen auf den Tisch legen ließ, vollzog sich der deutsche Aufmarsch „planmäßig".** Nicht anders verhielt es sich in der UdSSR. General Schukow berichtete in seinen Erinnerungen: „In der zweiten Aprilhälfte kurbelte die Führung der Roten Armee die Maßnahmen zur Verstärkung der Grenzwehrkreise*** noch an."[142] Nach einem Be-

---

* Ein amerikanischer Fotograf hatte bereits im Mai 1941 in der Stalin-Panzerschule bei Moskau einen T 34 gesehen. Vgl. Milsom, J., Die russischen Panzer, Stuttgart 1974, S. 147.
** Vgl. unter anderem Halder, Kriegstagebuch, Bd. 2, S. 238 (3. März 1941), S. 381 (23. April 1941), S. 402 (8. Mai 1941) und S. 451 (11. Juni 1941).
*** Nach dem Befehl 008 130 vom 26. März 1941 des Kriegsrates des Militärbezirks Odessa beispielsweise war die volle Mobilmachung für den 15. Juni 1941 festgelegt (Bundesarchiv-Militärarchiv, RW, 4/v. 329). Ein entsprechender Befehl existierte (vgl. Hoffmann, Joachim, Die Sowjetunion bis zum Vorabend des deutschen Angriffs, S. 100) auch für den Baltischen Besonderen Militärbezirk. Im Kiewer Besonderen Militärbezirk waren nach einer Direktive des Volkskommissars für Verteidigung von Anfang Mai 1941 5 Schützenkorps und 4 mechanische Korps bis auf 30 Kilometer an die Westgrenze heranzuführen. Vgl. Hoffmann, ebenda, S. 101.

fehl aus Moskau vom 26. April waren allein in einem Wehrkreis bis zum 1. Juni 1941* fünf bewegliche Artillerie- und Panzerabwehrbrigaden und ein ganzes Fallschirmjägerkorps aufzustellen.[143] „Vier von unseren Schützendivisionen", überlieferte der sowjetische Generalstabsschef, „wurden zu Gebirgsjägerdivisionen umgestellt",[144] was ein eindeutiges Indiz für Offensivabsichten darstellte. Oberst Hans Krebs, der in Moskau als stellvertretender Militärattaché General Ernst Köstring vertreten hatte, berichtete nach Halders Aufzeichnungen vom 5. Mai: „Materielle Rüstung ist im Gange. Neuer Jäger. Neuer Fernbomber ... Fernbomber anscheinend in der Nähe der deutschen Grenze versammelt."[145] 48 000 Mann und eine zusätzliche Gebirgsjäger-Division aus dem Nordkaukasischen Wehrkreis mußte Schukow in der zweiten Mai-Hälfte im Westen in Lagern unterbringen, weil es an Kasernen mangelte. „Ende Mai liefen nacheinander die Züge mit den neuen Truppen ... ein", registrierte Schukow und ergänzte: „Kaum waren die 5 Divisionen ... in unserem westlichen Wehrkreis eingetroffen, da teilte der Generalstab auch schon in den ersten Junitagen mit, daß die 19. Armee formiert worden sei und bis 10. Juni in Tscherkassy eintreffen werde ... sämtliche 5 Divisionen des 34. Schützenkorps und 3 Divisionen des 25. Schützenkorps des Nordkaukasischen Wehrkreises"[146] wurden in die 19. Armee eingegliedert. Und noch ehe die Soldaten sich im extremen Westen der UdSSR mit der neuen Umgebung vertraut gemacht hatten, erfuhren ihre Kommandeure, daß zwischen dem 15. Juni und dem 10. Juli aus Transbaikalien auch die 16. Armee eintreffen werde.[147]

28 Divisionen wurden nach Wassilewskis Angaben allein seit Mitte Mai 1941 „aus den zentralen Militärbezirken in die Grenzmilitärbezirke verlegt" und bis „Mitte Juni ... die 19., 1. und 22. Armee ... an die Westliche Dwina und an den Dnjepr" und die 16. Armee aus Transbaikalien in die Ukraine transportiert.[148]

Truppenbewegungen aus den östlichen Teilen der UdSSR in westlicher Richtung bis nahe an die Landesgrenzen gehörten zu der Zeit zum Alltag der Sowjetunion, deren Bevölkerung hellhörig und besorgt darauf reagierte. „Marine-Attaché Moskau" meldet, hieß es beispielsweise am 13. Juni im „Kriegstagebuch des Oberkommandos der Wehrmacht":

---

* Für die Beurteilung der sowjetischen militärischen Maßnahmen des Jahres 1941 erscheint nicht zuletzt von Bedeutung, daß die Wehrübungen gewöhnlich erst immer nach der Ernte stattfanden. 1941 begannen sie (die Truppenverlegungen eingeschlossen) bereits im Februar. Vgl. dazu Ljudnikow, I. I., in: Wojenno-istoritscheski schurnal, N3, 9, Moskau 1966, S. 66.

„Umfangreiche Eisenbahntransporte von Moskau nach Baltikum ... In Rußland wachsende Unruhe."[149]

Seit dem 13. Juni 1941 rollten, von der sowjetischen Regierung am 14. Juni über die Nachrichtenagentur TASS durchsichtig als bloße Maßnahme zur „Ausbildung von Reservisten sowie" zur „Prüfung der Leistungsfähigkeit des Eisenbahnnetzes" ausgegeben*, neben den seit dem 1. Mai einberufenen knapp 800 000 Reservisten in fünf Heeresgruppen weitere 170 Divisionen, 46 motorisierte Verbände und 10 000 Panzer als erste Angriffsstaffel an die sowjetische Westgrenze, wo sie – ersten Plänen zufolge – spätestens am 10. Juli ihre Ausgangsstellungen erreicht haben sollten. 70 weitere Divisionen und 8 000 Panzer rückten als zweite Staffel nach, so daß in der ersten Juli-Hälfte 240 Divisionen, 29 motorisierte Korps, 20 000 Panzer und 10 000 Kampfflugzeuge ihren Bestimmungen hätten folgen können, in südwestlicher Richtung (entlang der polnisch-slowakischen Grenze) zuerst als Hauptstoß vom Grenzvorsprung bei Lemberg in der Ukraine und danach von Weißrußland (vom Grenzvorsprung bei Bialystok) aus, den „faschistischen" Nachbarn anzugreifen und zu „zerschmettern". Innerhalb von 30 Tagen, so war geplant, sollte eine Linie erreicht werden, die von Nordosten nach Südwesten von Ostrolenko am Narew, westlich Warschau, Oppeln und Kattowitz vorbei bis Olmütz verliefe.[150]

Daß Schukow diese – aufdringlich als ausschließliche Maßnahmen zur Verteidigung stilisierten – massiven Truppenaufmärsche mit der Behauptung verquickte, daß Stalins Ernennung zum Vorsitzenden des Rats der Volkskommissare die Konsequenz einer „Versteifung" der internationalen Lage[151] gewesen sei, paßte ins Bild, zumal das Menetekel an der Wand „faschistisches Deutschland" hieß.[152] Und ins Klischee der instrumentalisierten Propaganda des Sowjetregimes fügte sich zumindest dem ersten Anscheine nach auch die Version Schukows über das Versagen der am 22. Juni überrumpelten Roten Armee. Der Operationsplan der Roten Armee von 1940, der 1941 „präzisiert" beibehalten worden sei,**

---

* Molotow informierte den deutschen Botschafter zuvor über den Inhalt der TASS-Meldung, die in Deutschland nicht veröffentlicht wurde. Vgl. Akten zur Deutschen Auswärtigen Politik, D XII/2, Nr. 628. Vgl. auch Foreign Office Akten, 1941, Bd. 29 456 und Bd. 29 466.

** Nach Wassilewskis Überlieferung (Wassilewski, Sache des ganzen Lebens, S. 100) war vorgesehen, daß die sowjetischen Truppen „auf jeden Fall voll und ganz mit den geplanten Gruppierungen in den Krieg eintreten würden und ihre Mobilmachung abgeschlossen sei."

so Schukows Rechtfertigungsversuch, habe den gravierenden Mangel aufgewiesen, daß die „im Operations- und Mobilmachungsplan vorgemerkten Maßnahmen ... nur auf besondere Entscheidung der Regierung durchgeführt werden" konnten.* Tatsache ist indes, daß der „Generalstab die bereits im Herbst 1940 begonnene Arbeit am Mobilmachungsplan für die Industrie hinsichtlich der Rüstungsproduktion" für den Kriegsfall bereits im März 1941 abgeschlossen hatte[153] und daß Stalin seit dem 5. Mai 1941 unangefochtene oberste Instanz der Regierung, der Roten Armee und des Landes war und daß der Generalstab der Roten Armee seit Beginn des Jahres 1941 selbst die Pläne des Verkehrswesens koordinierte.[154]

Während Stalin sich wider besseres Wissen noch Mitte Juni — durch die TASS-Erklärung vom 14. Juni — darum bemühte, in der Öffentlichkeit den Eindruck zu erwecken, daß es keine nennenswerten Probleme zwischen Deutschland und der UdSSR gebe und daß von einem Krieg gegeneinander keine Rede sein könne, hatte Hitler seinerseits einer solchen Position bereits Mitte Mai den Boden entzogen. Bis dahin war er — wie im Sommer 1939 vor dem Feldzug gegen Polen — für jedermann sichtbar, routinemäßig zwischen München, dem Obersalzberg und Berlin hin- und hergependelt, in München als leutseliger Restaurantbesucher in seine Stammlokale „Osteria" und „Cafe Heck" (24. Februar und 24. März) gegangen und im „Belvedere" (am 1. März und 24. März) zum Essen erschienen, hatte am 1. und 2. März Wien und Linz und am 13. März die Grabstätte seiner Eltern in Leonding besucht. In Berlin war er am 15. März Gast im „Zeughaus" und am 22. März in Pullach im Bormann-Haus Gastgeber prominenter Künstler gewesen, bevor er am 26. März dem Schloß „Bellevue" in der Reichshauptstadt seinen Besuch abstattete. In Marburg, Klagenfurt und Graz, wo er am 26. April** Gast der Oper war, sah ihn die Bevölkerung so zuversichtlich und unbefangen, wie er den Menschen am 4. Mai in Danzig erschien.

* Schukow, Erinnerungen, S. 220. Als vorgesehene Maßnahmen führte Schukow an: „Bei Kriegsdrohung alle Streitkräfte in höchste Kampfbereitschaft zu versetzen; im Lande unverzüglich die Mobilmachung der Truppen durchzuführen; die Truppen nach Mobilmachungsplan auf Kriegsstärke zu bringen; sämtliche mobilisierten Truppen nach dem Plan der Grenzwehrkreise und des Oberkommandos im Gebiet der Westgrenzen zu sammeln und aufmarschieren zu lassen". Vgl. dazu auch Wassilewski, Sache des ganzen Lebens, S. 100 f.
** Am 26. April registrierte Halder (Kriegstagebuch, Bd. 2, S. 382): „Verdichtung im Westen [der Sowjetunion] durch Zuzug neuer Divisionen (10) wirkt sich vornehmlich aus um Bialystok und Lemberg. Hinter der dicht nach Westen aufgeschlossenen Front stehen 4 Panzertruppen von verschiedener Stärke".

Daß diese „nur" durch zwei sarkastische Reden vom 6. April und 4. Mai gegen Großbritannien – und vor allem gegen Churchill* – unterbrochene Friedensidylle schlagartig mit Heß' Flug nach England endete, ist offenbar niemandem aufgefallen. Aufgefallen waren indes nahezu jedermann die Eisenbahnzüge, die Autos, Geschütze, Kanonen, Panzer, anderes Kriegsmaterial und Soldaten an die deutsche Ostgrenze transportierten. Wie Stalin nicht die Wahrheit über die sowjetischen Militärtransporte verbreiten ließ, so tat dies auch Hitler nicht. Graf von der Schulenburg, der im April die Möglichkeit gehabt hatte, in Berlin mit Hitler darüber zu sprechen, nachdem er ihm berichtet hatte, daß die Russen „sehr unruhig über die Gerüchte" seien, die „einen deutschen Angriff auf Rußland voraussagten", notierte am 28. April: „Der Führer betonte, daß die Russen mit den Aufmärschen angefangen hätten, indem sie unnötig zahlreiche Divisionen im Baltikum konzentriert hätten."[155] Er wollte die deutsche Truppenbewegungen als Ablenkung von den letzten Vorbereitungen auf die Offensive gegen England dargestellt sehen und den Eindruck erwecken, daß die Truppen, die im Westen gekämpft hatten, in dem von westlichen Bombenangriffen verschonten Territorium ruhige Erholungsmöglichkeiten finden sollten. Und um dieser Version möglichst zusätzliche Glaubwürdigkeit zu verleihen, wurde am Atlantik die Stationierung von Luftlandekorps und Raketenbatterien vorgetäuscht.

Ab Mitte Mai erschien Hitler selbst seiner nächsten Umgebung wie verwandelt.[156] Reisen, das von ihm so geliebte „Bad in der Menge", Besuche öffentlicher Veranstaltungen und Empfänge von Zivilisten, gehörten der Vergangenheit an. Am 12. Mai konferierte er mit Göring, Ribbentrop und Udet, am 13. Mai mit sämtlichen Gauleitern, am 2. Juni mit dem japanischen Botschafter Hiroshi Oshima, am 4. Juni mit König Boris von Bulgarien, am 6. Juni mit dem kroatischen Staatsführer Ante Pavelić, am 12. Juni mit dem rumänischen Staatschef Ion Antonescu und am 14. Juni mit den Befehlshabern der Heeresgruppen und Armeen, denen er erklärte, daß die Offensive gegen die Sowjetunion unmittelbar bevorstünde und deren Erfolg Großbritannien zum Nachgeben zwingen werde. Während er bei den Militärs allerdings keineswegs den Eindruck gewinnen konnte, daß sie einem Waffengang gegen das Riesenreich entgegenfieberten, war er von dem Rumänen zum Krieg gegen die UdSSR mehr als nur ermuntert worden. Er hatte Hitler vorgetragen, daß Rumänien von der Sowjetunion

---

* Ihn nannte Hitler in der Rede unter anderem einen „Wahnsinnigen" und „Narren."

Antonescu bei Hitler

Der rumänische Staatschef Ion Antonescu. Er drängte Hitler am 12. Juni 1941,
den Krieg gegeben die Sowjetunion zu beginnen.

unmittelbar militärisch bedroht werde. Von sich aus hatte er Hitler angeboten, Deutschland für einen Krieg gegen die Sowjetunion „die gesamten militärischen, politischen und sozialen Hilfskräfte" Rumäniens zur Verfügung stellen zu wollen, und versichert, daß ein „Hinausschieben des Konflikts mit Rußland für den Sieg der [am 25. Oktober 1936 begründeten] Achse [Berlin – Rom] gefährlich" sei. „Das rumänische Volk" habe, so sagte er, „Tag und Nacht an die Stunde der Abrechnung mit Rußland" gedacht und gewünscht, daß „der Augenblick möglichst bald herankommen" möge, der es ihm ermögliche, sich für alles das „zu rächen", was ihm durch „Rußland geschehen" sei. Über die Aussichten eines „Kampfes gegen Rußland", so heißt es im Gesprächsprotokoll, „sprach sich Antonescu sehr positiv aus. Man dürfe sich, so wurden seine Äußerungen protokolliert, nicht durch Beispiele aus der Geschichte irreleiten lassen. Während Napoleon und selbst die Deutschen 1917 noch mit den großen Raumschwierigkeiten zu kämpfen hatten, sei durch den Motor in der Luft und auf dem Boden der Raum als Verbündeter Rußlands nunmehr ausgeschaltet",[157] was Hitler – nach dem Protokoll – mit der Feststellung quittierte, daß „das Ziel der Aktion nicht darin" bestünde, „den russischen Armeen den Rückzug in ihr weites Land zu gestatten, sondern daß die Armeen vernichtet werden müßten".[158]

Daß Hitler das Unternehmen „Barbarossa" niemals vernachlässigt oder gar aus dem Auge verloren hatte, bezeugen zahlreiche Dokumente und Primärquellen anderer Art. So hatte er beispielsweise am 17. Februar gedrängt: „Wenn England erledigt" sei, bringe er das deutsche Volk „nicht mehr hoch gegen Rußland; also muß zuerst Rußland erledigt werden."[159] Japans Außenminister Yosuke Matsuoka entließ er am 4. April mit dem Hinweis, seinem Kaiser zu berichten, „daß ein Konflikt zwischen Deutschland und der Sowjetunion" nicht „ausgeschlossen"[160] sei. Und am 30. April, vier Tage nachdem der Generalstabschef in seinem Kriegstagebuch vermerkt hatte, daß seit dem 1. April allein nach Wilna 250 Eisenbahnzüge (anscheinend für „Ergänzung auf Kriegsstärke") gerollt seien,[161] hatte er hinsichtlich des Falles „Barbarossa" eine „Sprachregelung mit Ungarn, Finnen und Rumänen"[162] gefordert.

Eine Woche vor der Auslösung des Unternehmens „Barbarossa" bereitete sich der Generalstab des Heeres erneut Gedanken über die zu erwartenden ersten „blutigen Ausfälle in der Operation", wobei davon ausgegangen wurde, daß aus dem Ersatzheer und aus den Feldersatzbataillonen insgesamt 370 000 Mann als Ersatz zur Verfügung stehen würden.[163] Am 20. Mai hatte General Fritz Fromm, der Befehlshaber des

Ersatzheeres und Chef der Heeresrüstung, mit 275 000 ersten Verlusten in den Grenzschlachten gerechnet und erklärt, daß 385 000 Mann als Ersatz zur Verfügung stehen würden, jedoch zugleich auch darauf verwiesen, daß bei vermuteten weiteren 200 000 Ausfällen im September „nichts mehr da"[164] sein würde, wenn am 1. August nicht der „Jahrgang 22" einberufen werde. Mitarbeiter der Auslandsabwehr bemühten sich, im Kaukasus (im Gebiet um Baku) „sowjetfeindliche Organisationen auf die Beine zu bringen",[165] was mit Hilfe von 100 in Rumänien erfaßten Georgiern und weiteren russischsprechenden Personen geschehen sollte, die „in Persien bereits ... bereitgestellt"[166] worden waren. Inzwischen war am 18. Juni* auch in Finnland die Mobilmachung – gegen die Sowjetunion – angelaufen und am 20. Juni der Wunsch des finnischen Oberkommandos eingegangen, offiziell „möglichst spät"[167] über den ersten Einsatz informiert zu werden, weil die finnische Regierung nicht als Aggressor erscheinen wollte.

Ein Versuch Molotows vom 18. Juni, Hitler telefonisch zu sprechen,[168] war negativ verlaufen. Jetzt wollte Hitler nur noch die Waffen „sprechen" lassen. „Osten: Aufmarsch planmäßig. Wetter günstig",[169] notierte Halder am 20. Juni, während Ribbentrop dabei war, den deutschen Auslandsvertretungen in Rom, Tokio, Helsinki, Budapest, Bukarest, Ankara, Madrid, Sofia, Preßburg, Agram, Teheran und Kabul telegrafisch als „Geheime Reichssache" mitteilen ließ, daß sie an den ihnen jeweils genau genannten Terminen die Außenminister aufzusuchen und ihnen mündlich vorzutragen hätten, daß sich die Reichsregierung durch den Aufmarsch der Roten Armee bedroht fühle und genötigt sehe, „dieser Bedrohung mit allen ihr zur Verfügung stehenden Machtmitteln entgegenzutreten".

Die immer wieder kolportierte Behauptung, daß die Sowjets am 22. Juni vom deutschen Angriff völlig überrascht worden seien, trifft für die oberste Führungsebene gar nicht und in vielen Fällen selbst für die unteren Ebenen der militärischen Führung nicht zu. Wie sowjetische Offiziere aller Dienstgrade berichteten,[170] waren Teile der Roten Armee am 21. Juni bereits in Stellung gegangen, um den ihnen zuvorkommenden

---

* Am selben Tage war zur Absicherung im Süden ein deutsch-türkischer Freundschaftsvertrag unterzeichnet worden (RGBl. 1941, II S. 261), in dem die Vertragspartner einander versicherten, die Unverletzlichkeit der beiderseitigen Staatsgrenzen zu garantieren und freundschaftliche Fühlungnahme bei gemeinsamen Fragen aufzunehmen. Bemerkenswert erschien dabei, daß zwischen der Türkei und Großbritannien eine Militärallianz bestand – und seit dem 24. März 1941 auch eine sowjetisch-türkische Freundschafts- und Neutralitätserklärung existierte.

Multex-Telegramm des Reichsaußenministers Joachim von Rippentrop vom 20. Juni 1941 an die deutschen Auslandsvertretungen

Berlin, den 20.6.41.

151

1)	Diplogerma	Rom	abzusenden	21.6.	3'	Uhr
2)	"	Tokio	"	21.6.	3'	"
3)	"	Helsinki	"	21.6.	3°	"
4)	"	Budapest	"	21.6.	3°	"
5)	"	Bukarest	"	21.6.	3°	"
6)	"	Ankara	"	22.6.	3°	"
7)	"	Madrid	"	22.6.	4°	"
8)	"	Sofia	"	22.6.	4°	"
9)	"	Pressburg	"	22.6.	4°	"
10)	"	Agram	"	22.6.	4°	"
11)	"	Teheran	"	22.6.	4°	"
12)	"	Kabul	"	22.6.	4°	"

Mittag 401 v. 21.6.41

<u>Tel.i.Ziff. (Geh.Ch.V.)</u>

Geheimvermerk f.Geheime Reichssachen für Missionschef persönlich.

Ich bitte Sie

<u>zu 1 – 6</u>: in den frühen Morgenstunden des Sonntag, den 22.Juni

– <u>zu 7 – 12</u>: sogleich nach Eingang dieses Telegramms –   113555

den

- 2 -

den dortigen Aussenminister aufzusuchen
und ihm mündlich folgendes mitzuteilen:

Die Reichsregierung habe sich angesichts der sich ständig steigernden Bedrohung des Reiches durch den massierten Aufmarsch der Roten Armee an unserer Grenze genötigt gesehen, dieser Bedrohung mit allen ihr zur Verfügung stehenden Machtmitteln entgegenzutreten. Die Gesichtspunkte, die für diesen Entschluss massgebend gewesen seien, seien in einem Memorandum niedergelegt, das durch den Reichsaussenminister dem sowjetrussischen Botschafter in Berlin am 22. Juni in der Frühe übergeben und das anschliessend auch veröffentlicht werde. In kurzer Zusammenfassung besage dieses Memorandum folgendes:

- ins.

- 3 -   15

- ins. aus dem Telegramm nach Moskau
von Seite 1 ' I. die Reichsregierung ..
..." bis Seite 3 "... Machtmitteln
entgegenzutreten". -

Schluss des Inhalts des Memorandums.

~~Dieser Mitteilung bitte ich hinzuzufügen, wir seien dessen gewiss, dass
die dortige Regierung unsere Auffassung
teile, dass angesichts des in dem Memorandum dargelegten Sachverhalts nur eine
sofortige Abwehraktion habe in Frage kommen können. Wir rechneten bestimmt damit,~~
dass wir in diesem neuen Waffengang
~~zu 1 - 5 : in jeder Hinsicht auf die
dortige Regierung zählen können~~
- zu 6-12 : ~~kan mit der Sympathie der
dortigen Regierung rechnen~~
könnten.

Drahtbericht über Aufnahme Ihres
Schrittes.   113557

Ribbentrop.

„Aggressor" wenigstens „aufzufangen".[171] „An einzelnen Stellen wird erhöhte Aufmerksamkeit der Russen gemeldet", notierte auch General Halder am 21. Juni und ergänzte: „Vor VIII. AK Besetzen der Stellung"[172] durch sowjetische Einheiten.

Daß auf diplomatischer Ebene so getan wurde, als seien Gefahren nicht im Verzuge, entsprach dem beiderseits gepflegten und von vorsätzlichen Vorspiegelungen, Irritationen, Erpressungen und Versprechungen geprägten Stil. „Der russische Botschafter hatte sich heute bei mir angesagt", schrieb Ernst von Weizsäcker am 15. Juni und kommentierte: „Der Botschafter verließ mich, ohne daß das deutsch-russische Verhältnis auch nur im geringsten berührt worden wäre",[173] was zumindest einen Diplomaten hellhörig werden lassen mußte. Und auch Maiski, der sowjetische Botschafter in London, meinte gegenüber Stafford Cripps, dessen betonte Publicityfreudigkeit ihm natürlich bekannt war, daß „er keinen Grund für einen Bruch in den deutsch-sowjetischen Beziehungen sehen" könne.*

Das für die Auslösung des Falles „Barbarossa" vereinbarte Stichwort „Dortmund" hatte Hitler am 21. Juni gegeben. Bis auf kleinere „Probleme"** lief auf deutscher Seite alles wie ein Uhrwerk ab.

Schukow gab an, am 21. Juni – als Molotow den deutschen Botschafter um 21.30 Uhr mit der besorgten Frage empfangen hatte, wieso Deutschland mit der Sowjetunion nicht zufrieden*** sei – zu Stalin in den Kreml gefahren zu sein, um ihn zu bitten, einen von ihm vorbereiteten Befehl zur unmittelbaren Vorbereitung der „Kampfbereitschaft" der Roten Armee an die westlichen Kommandos weitergeben zu dürfen, was Stalin mit der Bemerkung abgelehnt habe, daß eine „Solche Weisung ... jetzt verfrüht"[174] wäre, so daß Schukow und der ihn begleitende General N.F. Watutin „eine Weisung des Volkskommissars" (Timoschenko) entwarfen, die schließlich Stalins Billigung gefunden habe.[175] Ihr Text:

---

* Foreign Office Akten, 1941, Bd. 29466. Der sowjetische Botschafter Dekanosow erfuhr von Ribbentrop am 22. Juni gegen 4 Uhr früh, daß deutscherseits eben „Gegenmaßnahmen" gegen die UdSSR ausgelöst worden seien. Er verließ den deutschen Außenminister, ohne ihm noch einmal die Hand zu reichen. In Moskau vollzog sich um 4.30 Uhr (deutscher Zeit, 5.30 Uhr Moskauer Zeit) ein ähnlicher Akt zwischen Schulenburg und Molotow, der nach Hilgers Angaben mit der Bemerkung reagierte: „Das haben wir nicht verdient." Vgl. Hilger, Erinnerungen, S. 313. Zu Maiski vgl. auch: Maiski, I.M., Kto pomogal Gitleru?, Moskau 1962.

** Die Heeresgruppen Nord und Mitte stritten über den Zeitpunkt ihres Antretens zum Angriff (Halder, Kriegstagebuch, Bd. 2, S. 458). Unklar erschien in dem Augenblick, ob die SS-Leibstandarte „Adolf Hitler" ausreichend mit Geräten versorgt war (ebenda, S. 459).

*** Akten zur Deutschen Auswärtigen Politik, D XII/2, Nr. 662 (C.-E. 261).

„An die Militärräte des L.[eningrader] Wehrkr.[eises], des Balt.[ischen] Sonderwehrkr., des West.[lichen] Sonderwehrkr., des K.[iewer] Sonderwehrkr. und des Od.[essaer] Wehrkr.[eises]
Abschrift: Volkskommissar der Kriegsmarine.
1. Im Laufe des 22. und 23.6.41 Überraschungsangriff der Deutschen an den Fronten des L.[eningrader] Wehrkr.[eises], des Balt.[ischen] Sonderwehrkr.[eises], des Westl.[ichen] Sonderwehrkr.[eises] des K.[iewer] Sonderwehrkr.[eises] oder des Od[essaer] Wehrkr.[eises] mögl.[icher] Angriff kann mit provokatorischen Handlungen beginnen.
2. Aufgabe unserer Truppen: sich von keiner provokatorischen Handlung verleiten zu lassen, die große Komplikationen hervorrufen könnte. Zugleich haben die Truppen des Leningrader, des Baltischen, des Westlichen, des Kiewer und des Odessaer Wehrkreises in höchster Kampfbereitschaft zu sein und einem eventuellen Überraschungsschlag der Deutschen oder ihrer Verbündeten zu begegnen.
3. Ich befehle:
a) im Laufe der Nacht zum 22.6.41 getarnt die Feuernester der Befestigungsbereiche an der Staatsgrenze zu beziehen;
b) am 22.6.41 vor dem Morgengrauen die gesamte Luftwaffe, darunter die Heeresflieger, auf die Feldflugplätze zu verteilen und gründlich zu tarnen;
c) alle Truppenteile in Kampfbereitschaft zu versetzen, die Truppen auseinandergezogen und getarnt zu halten;
d) die Luftverteidigung ohne Einberufung von Reservisten in Kampfbereitschaft zu versetzen. Alle Vorkehrungen zur Verdunklung der Städte und Anlagen zu treffen;
e) ohne Sonderanweisung keine weiteren Maßnahmen durchzuführen.
21.6.41   Timoschenko   Schukow"[176]

Watutin habe diese Weisung anschließend vom Generalstab aus „gleich den Wehrkreisen" durchgegeben, was um 0.30 Uhr des 22. Juni erledigt gewesen sei. Daß sich die Darstellung nicht mit den Tatsachen deckte, stellte Molotow bald danach fest. Weder Schukow noch Watutin oder Timoschenko (oder gar Stalin selbst) habe die Weisung an die Truppenkommandeure weitergeleitet, sondern der Volkskommissar und Flottenadmiral N.G. Kusnezow* sei es gewesen, und er habe dies aus „eigener Initiative" getan, weil Schukow es „nicht tat".[177]

---

* Kusnezows Position war der Stellung des Stellvertretenden Kommissars Schukow übergeordnet.

Wassilewski, dessen Darstellung über den Beginn des deutsch-sowjetischen Krieges Molotow rund eineinhalb Jahrzehnte später als „ein wenig naiv"[178] charakterisierte, war nicht nur „naiv", sondern auch irreführend und falsch. „In den ersten Stunden des 22. Juni wurden wir angewiesen", schrieb er, die von „Schukow und vom Volkskommissar für Verteidigung unterzeichnete Direktive unverzüglich den Kommandos an den sowjetischen Westgrenzen" zu übermitteln. In der Direktive hieß es, daß vom 22. zum 23. Juni ein überraschender Überfall deutscher Truppen ... möglich sei"[179] und entsprechende militärische Maßnahmen noch in der Nacht getroffen werden sollten. Zwar gab er zu, daß Stalin nicht einverstanden gewesen sei, die Grenzbezirke „in volle Gefechtsbereitschaft zu setzen",[180] doch unterließ er es zu erklären, wieso Stalin sich so verhielt und wer befahl, die „Anweisung an die ‚Kommandos' zu übermitteln." „Ich bin der Meinung", memorierte er, „wir waren zwar nicht voll und ganz auf den Krieg vorbereitet, aber da der Zeitpunkt einmal gekommen war, hätte man den entscheidenden Schritt tun müssen, ohne zu zaudern."[181] Daß Stalin nicht verteidigen, sondern zu einem von ihm bestimmten Zeitpunkt angreifen wollte, hatte Wassilewski offenbar nicht realisiert, obwohl er der eigentliche Architekt des Operationsplanes war, der Stalin seit Mai vorlag. „Stalin hat diesen Krieg vorbereitet", schrieb der in dieser Hinsicht schwerlich als befangen zu bezeichnende Kusnezow 1966, „seine [Stalins] Vorbereitung war umfassend und vielseitig – , und er ging dabei von den ihm selbst vorgegebenen ... Fristen aus. Hitler zerstörte seine Berechnungen."[182] Dimitri Wolkogonow, der hervorhob, daß die besagte „Direktive" auf dem Operationsplan basierte, in dem davon die Rede war, daß „dem Gegner zuvorzukommen und seine Hauptstreitkräfte auf dem Territorium des ehemaligen Polens und Ostpreußens zu zerschlagen"[183] seien, umging die wesentlichen Fragen ebenfalls. „Erst um 0 Uhr 20 Minuten am 22. Juni begann der Generalstab die Direktive ... weiterzuleiten," referierte er und folgerte: „Um 1 Uhr 20 war sie in allen Militärbezirken eingetroffen."[184]

Geradezu entwaffnend erscheint nach alldem Schukows Bilanz: „In der Nacht zum 22. Juni 1941 wurden alle Mitarbeiter des Generalstabs und des Volkskommissariats für Verteidigung angewiesen, sich bereitzuhalten. Die schnelle Durchgabe der Weisung des Volkskommissars an die Wehrkreise, welche die Alarmbereitschaft der Truppen in den Grenzgebieten anordnete, mußte gesichert werden. Inzwischen führten der Volkskommissar für Verteidigung und ich ununterbrochen Gespräche mit den Befehlshabern der Wehrkreise und den Chefs der Wehrkreisstäbe, die uns immer stärker werdende Geräusche jenseits der Grenze meldeten. Die Informationen kamen von den Grenzwachen und den vorgeschobenen Sicherungstruppen ... Alle Anzeichen deuteten darauf hin, daß die deutschen Truppen zur Grenze vorrückten. Um 0 Uhr 30 setzten wir J.W. Stalin davon in Kenntnis. Er erkundigte sich, ob die Weisung an die Wehrkreise durchgegangen sei. Ich konnte die Frage bejahen.

Nach Stalins Tod kam die Version auf, daß einige Wehrkreisbefehlshaber und ihre Stäbe in der Nacht zum 22. Juni ahnungslos geschlafen oder sich sogar unbekümmert und ohne den geringsten Verdacht amüsiert hätten. Das stimmt nicht."[185]

Eines weiteren Kommentars bedarf diese Erzählung nicht.

„Eines ist ... erstaunlich", meinte Viktor Suworow, der 1989 resümierte: „Niemand – einschließlich der Führer –", die am Abend und in der Nacht vom 21. zum 22. Juni 1941 im Kreml tagten, „argwöhnt eine bevorstehende deutsche Invasion. Ja, mehr noch, als darauf hinweisende Informationen am Abend wie eine Sturzflut hereinzubrechen beginnen, weigern sich die höchsten sowjetischen Führer, daran zu glauben. Aus dem Kreml, aus dem Volkskommissariat für Verteidigung, aus dem Generalstab hagelt es entsprechende Direktiven in Richtung Grenze ... sich keinesfalls auf irgendwelche Provokationen einzulassen. Das führt zu der zwingenden Frage: Wenn die sowjetischen Führer nicht an die Möglichkeit einer deutschen Invasion glauben, in was für einen Krieg gedachten sie denn zu ziehen? Und es bleibt nur eine Antwort: Sie waren auf dem Weg in einen Krieg, der ohne deutsche Invasion beginnen sollte."[186]

Stalins Kalkül und die – von ganz oben bis weit unten dominierende – Furcht vor militärischer Zivilcourage ohne Auftrag kam den deutschen Streitkräften entgegen, als sie am 22. Juni 1941 um 03.15 Uhr die deutsch-sowjetischen Grenzen überschritten und den nicht auf die Verteidigung, sondern auf den Angriff fixierten Feind zunächst buchstäblich überrannten.

Was die sowjetischen Militärs, Historiker, Politiker und Publizisten gewöhnlich meinten, wenn sie die von ihnen stereotyp kolportierte Version verbreiteten, daß die Rote Armee im Juni 1941 noch nicht „voll auf den Krieg vorbereitet" gewesen sei, brachte die sowjetische Zeitschrift „Die sowjetischen Streitkräfte" 1978 auf die Formel: „Vorbereitung von Ausgangsstellungen für einen Angriff. Anlage von Kolonnenmarschbewegen ... Maßnahmen zur Räumung von Sperren ... Organisation des Zusammenwirkens von Infanterie und Panzern in den Sturmgruppen, Vorkehrungen für gewaltsame Flußüberquerungen."[187] Der deutsche Angriff stieß in die sowjetischen Vorbereitungen hinein, die spätestens Mitte Juli 1941 abgeschlossen sein sollten.* Er vereitelte nicht nur ihre Vollendung, sondern zwang der UdSSR zugleich auch das Dilemma auf, zu der Zeit über eine Armee zu verfügen, die auf die Verteidigung nahezu gar nicht und auf die Offensive noch nicht ausreichend vorbereitet war. Am 22. Juni standen beispielsweise die sowjetischen Kriegsflugzeuge, die für den Offensivaufmarsch der Roten Armee zunächst bereitgestellt worden waren, nicht auf Horsten in rückwärtigen Gebieten der UdSSR, was im Falle von Verteidigungsabsichten selbstverständlich gewesen wäre, sondern – wie zum Appell – Tragfläche an Tragfläche auf Flugfeldern und an deren Rändern in der Nähe der Grenze. So war es möglich, bereits am ersten Tag des Krieges Aufklärer, Bomber und Jagdflugzeuge zu Hunderten – allein durch den Einsatz von 2-kg-Splitterbomben – zu zerstören. 344 sowjetische Maschinen vernichtete das deutsche Schnellkampfgeschwader 210, 129 das Jagdgeschwader 51. Mehr als 1000 sowjetische Flugzeuge setzte das V. deutsche Fliegerkorps vom 22. Juni bis zum 3. Juli am Boden außer Gefecht. 4 490 Kriegsflugzeuge wurden – bei 179 eigenen Verlusten – allein in der ersten Kriegswoche vernichtet.[188]

Entsprechend verhielt es sich, wie bereits dargestellt,** mit den gewaltigen Mengen von Treib- und Schmierstoffen, Munitionsvorräten, Waffen aller Art,[189] Eisenbahnschienen, Baumaterialien und Kohle, Pferden, Pferdewagen und Autos und Motorrädern, die in Grenznähe sowohl der deutschen Artillerie als auch der Luftwaffe leicht zerstörbare Ziele boten. Weder die Infanterie noch die Panzer und die Artillerie hatten sich für den Verteidigungsfall eingegraben. Zusätzliche Eisenbahnlinien oder auch nur Schienenstränge für mögliche Rücktransporte in die Tiefe der UdSSR gab es nicht.

---

* Nach Angaben des sowjetischen Armeegenerals S.P. Iwanow (Nacal' nyj period wojn, Moskau 1974, S. 211) war der vollständige Aufmarsch der Roten Armee an der deutsch-sowjetischen Grenze auf den 10. Juli 1941 festgesetzt. Nach den bisher zugänglichen Unterlagen standen von den 170 im westlichen Grenzbezirk der UdSSR vorhandenen Truppen am 22. Juni 1941 48 Divisionen 10 bis 15 Kilometer, 64 Divisionen 50 bis 150 Kilometer und 56 Divisionen 150 bis 500 Kilometer von der Westgrenze der UdSSR entfernt, obwohl alle Einheiten zu der Zeit bereits in unmittelbarer Grenznähe eingetroffen sein sollten. Vgl. dazu auch Fabry, Der Hitler-Stalin-Pakt, S. 421 f. und Magenheimer, in: ÖMZ, 1/1994, 56 ff.
** Vgl. S. 346.

Von den im Juni 1941 insgesamt rund 6 700 Kilometern Schienenwegen waren lediglich 2 008 Kilometer zweispurig angelegt,[190] was Eisenbahntransporte außerordentlich erschwerte, wie es sich beim Aufmarsch bereits drastisch gezeigt hatte. Brücken, die zum eigenen Angriff genutzt werden konnten, waren nicht gesprengt worden, so daß sie den Deutschen unversehrt in die Hände fielen und ihren Vormarsch erleichterten. „Aus welchem Grunde eigentlich waren im Bereich der 4. Armee so viele Brücken über den Bug intakt geblieben?" fragte L.M. Sandalow, 1941 Stabschef der 4. sowjetischen Armee, 1966 in seinen Erinnerungen.[191] Die sowjetische Führung war davon ausgegangen, sie für ihre Offensive zu benötigen. Pioniere und Sprengkommandos, die von der Lehranstalt für Spezialtechniken in Uljanowsk ausgebildet worden waren, standen im Juni nicht zur Verfügung.[192] Dagegen waren die ursprünglich für Verteidigungszwecke angelegten Minenfelder seit dem 20. Juni ebenso geräumt worden, wie die in Brücken, Bahnhofsanlagen und anderen wichtigen Gebäuden eingebauten Sprengladungen entfernt worden waren. Tausende Kilometer Stacheldrahtverhaue, die einen angreifenden Feind behindern sollten, existierten am 22. Juni nicht mehr, weil sie eine eigene Offensive erschwert hätten.

Der Text, mit dem der deutsche Wehrmachtsbericht am 1. Mai 1945 begann. Hitler war zu der Zeit (15.40 Uhr) bereits genau 24 Stunden tot. Der große Buchstabe „J" bedeutet, daß General Jodl die Meldung genehmigt und abgezeichnet hat.

46 Monate später, am 1. Mai 1945, meldete der deutsche Wehrmachtsbericht über den Rundfunk: „Im Stadtkern von Berlin verteidigt sich die tapfere Besatzung um unseren Führer geschart auf verengtem Raum gegen die bolschewistische Übermacht. Unter schwerstem feindlichen Artilleriefeuer und rollenden Luftangriffen dauert das heroische Ringen an."[193] Daß Hitler sich bereits am Tag zuvor gegen 15.30 Uhr das Leben genommen hatte, erfuhr die Öffentlichkeit nicht.* Molotows später Bilanz, daß weder Stalin noch er „in Hitlers Kopf gesessen" hätten und der Wortbruch Hitler letztlich in den Selbstmord trieb, während er Stalin „an die Spitze der Hälfte des Erdballs" [194] trug, ist kaum etwas hinzuzufügen.

---

* Am 2. Mai um 22.30 Uhr meldete der Rundfunk: „An der Spitze der heldenmütigen Verteidiger der Reichshauptstadt ist der Führer gefallen. Von dem Willen beseelt, sein Volk und Europa vor der Vernichtung durch den Bolschewismus zu erretten, hat er sein Leben geopfert." Murawski, Erich. Der deutsche Wehrmachtsbericht 1939 – 1945. Ein Beitrag zur Untersuchung der geistigen Kriegsführung. Mit einer Dokumentation der Wehrmachtsberichte vom 1. 7. 1944 bis zu, 8. 5. 1945. Boppard am Rhein 1962, S. 595.

V
Anhang

Dokumente

Auszug aus dem sowjetischen Protokoll vom 14. August 1939 über die Verhandlungen der sowjetischen britischen und französischen Militärmissionen in Moskau:

Marschall der Sowjetunion K. J. Woroschilow führte den Vorsitz.
Marschall K. J. Woroschilow: Gestatten Sie, daß ich die Sitzung der Militärmissionen Frankreichs, Englands und der Sowjetunion als eröffnet erkläre.
General Doumenc hatte auf der gestrigen Sitzung einen Entwurf der – wie er sich ausdrückte – offensichtlich der Erörterung unserer Konferenz zugrunde liegenden Prinzipien vorgelegt. Offenbar sollen diese sogenannten Prinzipien ihrem Sinn nach die Grundlage einer künftigen Konvention bilden. Angesichts der Ernsthaftigkeit dieser Fragen hält es die sowjetische Militärmission für notwendig, die vorgeschlagenen drei Prinzipien gründlich zu studieren, ehe sie ihre Antwort gibt. Gestatten Sie, zu der zur Diskussion stehenden Frage überzugehen.
Auf der gestrigen Sitzung war beschlossen worden, daß wir die heutige Sitzung damit beginnen, daß uns Herr General Doumenc eine Antwort auf die von mir gestellte Frage gibt ...
Marschall K. J. Woroschilow: Ich habe gestern General Doumenc folgende Frage gestellt: Wie stellen sich die vertretenen Missionen oder Generalstäbe Frankreichs und Englands die Teilhabe der Sowjetunion an einem Kriege gegen einen Angreifer vor, wenn dieser Frankreich und England angreift, wenn der Aggressor Polen oder Rumänien angreift oder Polen und Rumänien zusammen, wenn der Aggressor die Türkei angreift? Mit einem Wort, wie stellt sich die englische und französische Mission unser gemeinsames Vorgehen gegen einen Aggressor oder einen Block von Aggressoren vor im Falle ihres Angriffs gegen eines der vertragschließenden Länder oder gegen jene Länder, die ich gerade erwähnt habe?
Gen. Doumenc: Ich bemühe mich, auf diese Frage zu antworten ...
General Gamelin denkt, und ich als sein Untergebener denke ebenso, daß unsere erste Aufgabe darin besteht, daß jeder an seiner Front standhaft aushalten und seine Kräfte an dieser Front gruppieren muß. Was die vorher erwähnten Länder betrifft, so sind wir der Ansicht, daß es ihre Angelegenheit ist, ihr Territorium zu schützen. Aber wir sollten bereit sein, ihnen zu Hilfe zu kommen, wenn sie darum bitten. Und in diesem Falle sollten wir die Verbindungswege sichern, die bei ihnen unzureichend entwickelt sind ...
Diese Länder schützen ihr Territorium, aber wir werden ihnen Hilfe erweisen, wenn sie es verlangen.
Marschall K. J. Woroschilow: Aber wenn sie keine Hilfe verlangen?
Gen. Doumenc: Uns ist bekannt, daß sie Hilfe brauchen.
Marschall K. J. Woroschilow: ... und wenn sie nicht rechtzeitig diese Hilfe erbitten, so wird das bedeuten, daß sie die Arme hochheben, daß sie sich ergeben.
Gen. Doumenc: Das wäre äußerst unangenehm.

Marschall K. J. Woroschilow: Was wird dann die französiche Armee unternehmen?
Gen. Doumenc: Frankreich wird dann an seiner Front Streitkräfte halten, die es für notwendig erachtet.
Wenn die Umstände es erfordern, wird General Gamelin die Verantwortung für die Entscheidung dieser Frage auf sich nehmen. Eine undurchdringbare Front, starke Verbindung mit dem Hinterland und Hilfe für diese Länder über die Verkehrswege. Die Kommunikationen zwischen uns beabsichtigen wir im einzelnen zu studieren und sind einverstanden, uns später damit zu befassen. Ich spreche nicht von der Türkei, da dies ebenfalls mit der Frage über die Seeverbindung zusammenhängt, die wir beschlossen haben, später zu erörtern.
Außer dieser grundsätzlichen Teilnahme sehe ich noch zwei sehr wichtige Dinge, die wir gemeinsam diskutieren sollten. Erstens gemeinsame Maßnahmen gegen die Verbindungswege des Feindes – des faschistischen Staates (zeigt auf der Karte die Richtung).
Marschall K. J. Woroschilow: Die See-Verbindungswege?
Gen. Doumenc: Ja. Fragen der Versorgung und der Verkehrswege werden wir ... später im einzelnen studieren.
Zweitens gemeinsame Maßnahmen unserer Bomber- und Jägerluftwaffe. Das ist ebenfalls eine Frage, bezüglich derer wir gestern übereinkamen, die Erörterung hinauszuschieben. Ich frage den Marschall, sind meine Erklärungen hinreichend klar?
Marschall K. J. Woroschilow: Sie sind nicht klar. Ich möchte mich sehr für meine Offenheit entschuldigen, aber wir Militärs sollten doch offen sein.
Die Unklarheit dieser Skizze besteht darin, daß ich, und ich glaube auch meine Kollegen, sich den Standort der Streitkräfte der Sowjetunion auf dieser Skizze nicht ganz klar vorstellen können. Allgemein ist der Umriß ganz verständlich, aber der Standort der Steitkräfte der Sowjetunion ist nicht völlig klar. Es ist unverständlich, wo sie sich örtlich aufhalten und wie sie physisch am gemeinsamen Kampf teilnehmen.
Gen. Doumenc (entfaltet eine Karte der UdSSR und zeigt auf das Gebiet an der Westgrenze): Das ist die Front, die die Deutschen in keinem Falle überschreiten sollen. Und das ist jene Front, an der die sowjetischen Streitkräfte stehen müssen.
Marschall K. J. Woroschilow: Diese „Front", die wir immer besetzt halten und die – Sie können überzeugt sein, Herr General – die Faschisten niemals überschreiten werden, vereinbaren wir mit ihnen oder nicht.
Gen. Doumenc: Ich freue mich sehr, diese Versicherung des Marschalls zu hören. Wenn die Deutschen Polen angreifen, so glaube ich nicht, daß die sowjetischen Streitkräfte am Kampf teilnehmen können, bevor sie ihre Konzentration vollendet haben. Ich erlaube mir, dem Marschall eine Frage zu stellen: Könnte er in dem Augenblick Polen Hilfe erweisen, in dem Augenblick, wenn der Angriff geschieht?
Marschall K. J. Woroschilow: Es gibt auf der Welt keine Zufälle. Hinsichtlich unseres Planes, unserer Kräfte und Möglichkeiten werden wir später berichten ...
Gen. Doumenc: Ich bin zufrieden, daß Sie später Ihre Meinung zu dieser Frage darlegen. Wenn der Marschall aber jetzt seinen Plan bekanntgeben könnte, wäre

es leichter darüber zu sprechen, was getan werden könnte, um Polen Hilfe zu erweisen ... ich erbitte seine Gegenvorschläge.
Marschall K. J. Woroschilow: Herr General Doumenc hat auf einen Teil der von mir gestellten Frage geantwortet, aber nicht auf die gesamte Frage im ganzen. Es ist die Rede von der Ostfront. Wenn ein Aggressor oder ein Block von Aggressoren Polen von Ostpreußen her oder unmittelbar die Westgrenze Polens angreift – das ist die eine Frage. Auf diese Frage hat General Doumenc geantwortet. Der zweite Teil meiner Frage bezieht sich auf den Fall, daß der Angriff des Aggressors unmittelbar auf Frankreich oder England durchgeführt wird oder auf diese beiden Länder zusammen – wie helfen in der Vorstellung der Generalstäbe Frankreichs und Englands die Truppen der Sowjetunion diesen Ländern ...
Gen. Doumenc: Ich habe gestern erklärt, daß ein Angriff auf den Westen automatisch auch Polen mit hineinzieht. Unter diesen Umständen ist General Gamelin der Ansicht, daß man sehen muß, wie sich die Lage entwickeln wird. General Gamelin meint, daß sich die sowjetischen Truppen an jenen Orten konzentrieren müssen, wie es auf dem Plan vorgesehen ist, und daß zwischen General Gamelin und Marschall Woroschilow engster Kontakt gehalten werden muß, damit keine Landoperationen mit unzureichender Truppenstärke unternommen werden.
General Gamelin wird seine Kräfte plangemäß einsetzen und bitten, einen baldigen Luftangriff auf Deutschland und seine Verbindungswege durchzuführen, und die Maßnahmen im Westen werden durch eine bedeutende Anzahl von Streitkräften vorbereitet werden.
Wahrscheinlich wird man sagen können, daß, sobald Polen und Rumänien in den Krieg eintreten, sie Hilfe hinsichtlich der Versorgung brauchen. Wir werden alles tun, was wir können, und diese Verbindungen werden sicher sein. Aber es ist klar, daß die UdSSR viel in dieser Richtung tun kann, da die Rote Armee besser gelegen ist.
Marschall K. J. Woroschilow: So, wie Sie sich das vorstellen, bin ich damit einverstanden. Was heißt besser gelegen ... Unabhängig davon, was geschehen wird, ist unser Land gut gelegen, um seine Grenzen zu verteidigen. Zur Teilnahme am gemeinsamen Kampf gegen den Feind kann es sich nicht für so gelegen halten.
Gen. Doumenc: Ich präzisiere die Frage dahingehend, daß in Ihren Luftstreitkräften und von einem Angriff dieser Streitkräfte auf Deutschland die Rede ist ...
Marschall K. J. Woroschilow: Ich möchte eine klare Antwort auf meine völlig klare Frage haben bezüglich der gemeinsamen Maßnahmen der Streitkräfte Englands, Frankreichs und der Sowjetunion gegen einen gemeinsamen Gegner – gegen einen Block von Aggressoren oder gegen einen Hauptaggressor – , wenn er angreift. Nur das will ich wissen und bitte, mir eine Antwort zu geben, wie sich General Gamelin und die Generalstäbe Englands und Frankreichs diese gemeinsamen Maßnahmen vorstellen ...
Unterstellen die Generalstäbe Großbritanniens und Frankreichs, daß die sowjetischen Landstreitkräfte auf polnisches Territorium gelassen werden, damit sie unmittelbar mit dem Gegner in Berührung kommen, wenn er Polen angreift? Und weiterhin: Unterstellen Sie, daß unsere Streitkräfte durch polnisches Territorium

gelassen werden zwecks Berührung mit dem Gegner und zum Kampf mit ihm im Süden Polens durch Galizien? Und außerdem:
Ist der Durchmarsch sowjetischer Truppen durch rumänisches Territorium vorgesehen, wenn der Aggressor Rumänien angreift? Diese drei Fragen sind es, die uns am meisten interessieren ...
Gen. Doumenc: Ich stimme mit dem Marschall überein, daß die Konzentration der sowjetischen Truppen hauptsächlich in jenen Gebieten geschehen soll, die der Marschall genannt hat, und der Einsatz dieser Truppen nach Ihrem Ermessen vollzogen wird. Ich bin der Ansicht, daß die Flanken und die Stelle, an der sie zusammentreffen, die schwachen Punkte der polnisch-rumänischen Front darstellen ...
Marschall K. J. Woroschilow: Ich bitte, auf meine direkte Frage zu antworten. Ich sprach nicht über die Konzentration sowjetischer Streitkräfte, ich fragte hinsichtlich dessen, ob von den Generalstäben Englands und Frankreichs der Durchmarsch unserer Truppen nach Ostpreußen und anderen Punkten zum Kampf mit dem gemeinsamen Gegner vorgesehen ist.
Gen. Doumenc: Ich glaube, daß Polen und Rumänien Sie ... bitten werden, ihnen zu Hilfe zu kommen.
Marschall K. J. Woroschilow: Aber vielleicht werden sie es nicht tun. Bis jetzt ist das nicht bekannt. Wir haben mit den Polen einen Nichtangriffspakt, und Frankreich hat mit Polen einen Vertrag über gegenseitige Hilfe. Deshalb ist die von mir gestellte Frage für uns nicht für unwesentlich, da wir einen Plan gemeinsamer Maßnahmen gegen einen Aggressor erörtern. Meiner Ansicht nach sollten Frankreich und England eine genaue Vorstellung von unserer realen Hilfe und unserer Teilnahme am Kriege haben ...
Adm. Drax: Wenn Polen und Rumänien keine Hilfe von der UdSSR fordern, werden sie in kurzer Zeit zu einfachen deutschen Provinzen werden, und dann wird die UdSSR entscheiden, was aus ihnen werden soll. Wenn andererseits die UdSSR, Frankreich und England verbündet sein werden, dann stellt sich die Frage, ob Rumänien und Polen Hilfe erbitten werden, ganz offensichtlich.
Marschall K. J. Woroschilow: Ich wiederhole, meine Herren, daß diese Frage für die Sowjetunion eine ganz kardinale Frage ist.
Adm. Drax: Ich wiederhole noch einmal meine Antwort. Wenn die UdSSR, Frankreich und England Verbündete sein werden, so kann in diesem Falle nach meiner persönlichen Meinung keinerlei Zweifel bestehen, daß Polen und Rumänien Hilfe erbitten werden. Aber das ist meine persönlich Meinung, und um eine genaue Antwort zu erhalten, die keinen Zweifel übrigläßt, muß man Polen befragen.
Marschall K. J. Woroschilow: Ich bedaure außerordentlich, daß sich die Militärmissionen Großbritanniens und Frankreichs diese Frage nicht gestellt und keine genaue Antwort gegeben haben ...
Adm. Drax: Gestern erbaten Sie ... unsere Meinung. Wir haben sie Ihnen bekanntgegeben. Wir erörtern jetzt eine Frage, deren Entscheidung von der polnischen Regierung unter dem Druck eines Krieges abhängt. Ich möchte Ihnen folgendes Beispiel anführen: Wenn ein Mensch in einem Fluß versinkt und am Ufer steht ein anderer Mensch, der ihm einen Rettungsring anbietet – wird der er-

trinkende Mensch auf die ihm angebotene Hilfe verzichten? Der Rettungsring wird sich am rechten Ort befinden, wenn wir gemeinsam handeln werden.
Marschall K. J. Woroschilow: Wenn Sie zu einem „Gleichnis" gegriffen haben, so gestatten Sie mir, Ihrem Beispiel zu folgen. Ich habe folgendes zu sagen: Schön, aber was wird sein, wenn sich der „Rettungsring" in solcher Entfernung befindet, daß man ihn dem Ertrinkenden nicht zuwerfen kann? Es ist selbstverständlich, daß ein solcher Ring dem Ertrinkenden keinerlei Hilfe bringt.
Gen. Doumenc: Ich setze diesen Vergleich fort und sage, daß dieser „Rettungsring" in erster Linie kräftig und solide sein sollte. Das ist die Frage, auf der ich vom militärischen Gesichtspunkt aus von Anfang an bestanden habe ...
Marschall K. J. Woroschilow: Man weiß nicht, was kommt. Im Krieg kommt alles vor. Aber das ist eine Vorbedingung – der Durchlaß unserer Truppen auf polnischem Territorium durch den Korridor von Wilna und Galizien und durch rumänisches Territorium. Das ist die Vorbedingung unserer Verhandlungen und des gemeinsamen Vertrages zwischen den drei Staaten. Wenn ... diese Frage keine positive Lösung erfährt, so zweifle ich überhaupt an der Zweckmäßigkeit unserer Verhandlungen.
Die Erklärung General Doumenc's und anderer Vertreter der französischen und englischen Militärmission, daß Polen und Rumänien von selbst Hilfe erbitten werden, halte ich nicht für ganz richtig. Sie – Polen und Rumänien – können sich um Hilfe an die Sowjetunion wenden, aber sie können es auch nicht tun oder ihre Bitte mit solcher Verspätung absenden, daß diese dann sehr große und schwere Folgen nach sich zieht für die Armeen Frankreichs, Englands und derjenigen Verbündeten, die zu ihnen gehören. Zu dieser Zeit werden wir nicht imstande sein, entsprechend auf die Ereignisse einzuwirken ...
Die Meinung an sich, daß Polen und Rumänien, wenn sie nicht die Hilfe der UdSSR erbitten, sehr schnell zu Provinzen des aggressiven Deutschland werden können, bestreite ich nicht. Man muß hier allerdings bemerken, daß unsere Konferenz der Militärmissionen von drei großen Staaten ist, und die die Streitkräfte dieser Staaten vertretenden Menschen sollten folgendes wissen: Es liegt nicht ... im Interesse der Streitkräfte Großbritanniens, Frankreichs und der Sowjetunion, daß die zusätzlichen Streitkräfte Polens und Rumäniens vernichtet würden. Und wenn sie nun aber – Polen und Rumänien – nicht rechtzeitig die Hilfe der Sowjetunion erbitten, so werden nach der Konzeption des Admirals die Streitkräfte Polens und Rumäniens vernichtet.
Das ist es, warum die Militärmission der Sowjetunion darauf besteht, daß vorher, d.h. noch bevor wir uns endgültig über die entsprechenden Dokumente verständigen, die das Ergebnis unserer Konferenz darstellen werden, die Frage über den Durchlaß sowjetischer Truppen auf polnisches Territorium (im Norden und im Süden) und auf rumänisches Territorium entschieden würde.
Adm. Drax: Wir haben die Erklärung des Marschalls mit großen Interesse vernommen, und ich schlage vor, jetzt eine 15-minütige Pause einzulegen, in der wir die Erklärung des Herrn Marschalls besprechen werden.

(Nach der Pause)

Marschall K. J. Woroschilow: Die Sitzung wird fortgesetzt.
Gen. Doumenc: Ich möchte vor allem sagen, daß wir über die eingebrachten Vorschläge des Marschalls betreffs der Organisation der Verteidigung an der Ostfront befriedigt sind. Wir glauben, daß dies das beste Mittel ist, den Aggressor abzuschlagen. Aber wir müssen davon überzeugt sein, daß wir von unserer Seite über ausreichende Kräfte verfügen werden, die rechtzeitig in Aktion treten können. Wir werden befriedigt sein, wenn wir erfahren, welche Mittel der Marschall in unsere gemeinsamen Aktionen einzubeziehen gedenkt. Vielleicht tut der Marschall das jetzt?
Marschall K. J. Woroschilow: Sie haben unserer Mission überhaupt keine Antwort auf die direkt gestellte Frage gegeben. Ich wiederhole meine Frage: Werden die sowjetischen Streitkräfte durchgelassen auf das Territorium Polens im Raum Wilna durch den sogenannten Korridor von Wilna? Erstens.
Werden die sowjetischen Truppen die Möglichkeit haben, durch polnisches Territorium zwecks Berührung mit den Truppen des Aggressors durch Galizien zu marschieren? Zweitens.
Wird den Streitkräften der Sowjetunion die Möglichkeit zugesichert, erforderlichenfalls das Territorium Rumäniens zu benutzen, wenn der Aggressor in dieser südlichen Richtung operieren will? Drittens.
Ich wiederhole noch einmal: Für die sowjetische Mission sind die Antworten auf diese direkt gestellten Fragen am allerwichtigsten. Ohne genaue unzweideutige Antworten auf diese Fragen werden unsere weiteren Gespräche keine aktuelle Bedeutung besitzen.
Nach Erhalt einer Antwort auf diese drei Fragen werden wir unverzüglich unseren Plan und unsere Vorschläge in dem Umfange darlegen, den wir für uns für notwendig erachten und der ... die versammelte Hohe Konferenz vollauf befriedigen wird ...
Gen. Heywood ...: Um die Möglichkeit zu haben, eine genaue Antwort zu geben, bitten wir, uns 5 Minuten zur Verfügung zu stellen.

Nach einer zehnminütigen Besprechung, während der Admiral Drax und General Heywood ihre Aufzeichnungen ordneten und diese General Doumenc vorlasen, verliest General Heywood im Namen der englischen und französischen Militärmission folgende Erklärung:

Wir haben unsere Meinung bereits hinreichend deutlich zum Ausdruck gebracht und das summarische Ergebnis aller Äußerungen des Herrn Marschall zur Kenntnis genommen. Man darf aber nicht vergessen, daß Polen und Rumänien selbständige Staaten sind und im gegebenen Falle die Erlaubnis zum Durchmarsch sowjetischer Streitkräfte von ihren Regierungen eingeholt werden müßte. Diese Frage verwandelt sich in eine politische Frage, und die UdSSR sollte sie den Regierungen Polens und Rumäniens stellen. Es ist ganz offensichtlich, daß dies die einfachste und direkteste Methode darstellt.
Wenn jedoch Herr Marschall besonders auf seiner Forderung besteht, so können wir uns mit London und Paris in Verbindung setzen, damit diese den Regierungen Polens und Rumäniens folgende Frage stellen mögen: Könnten sie in dem Falle, daß die Sowjetunion unser Verbündeter wird, den sowjetischen Truppen

gestatten, durch das Territorium Polens im Raum des Korridors von Wilna und in Galizien zu marschieren und ebenso durch das Territorium Rumäniens zu dem Zweck, bei den Operationen gegen Deutschland im Falle einer Aggression von dessen Seite, zusammenzuarbeiten?
Es ist möglich, daß Deutschland morgen in das Territorium Polens einbricht. Wenn wir keine Zeit verlieren wollen, könnten wir dann unsere Arbeit fortsetzen in der Hoffnung, auf die genannten Fragen eine positive Antwort zu erhalten ...
Wir haben dem Marschall bereits eine Darstellung unserer Pläne für die Organisationen der Verteidigung an der Westfront gegeben. Während unsere Missionen die Anfragen an ihre Regierungen richten, werden sie sich zuversichtlicher fühlen, wenn sie Ihren Plan hören würden für die Verwendung der sowjetischen Streitkräfte in dem Falle, daß die Erlaubnis zum Durchzug der sowjetischen Truppen durch das Territorium der genannten Staaten erteilt wird.
Marschall K. J. Woroschilow: ... ich verkünde eine Pause von 15 Minuten.

(Nach der Pause)

Marschall K. J. Woroschilow: Ich bitte um Entschuldigung für die Verzögerung. Ich bitte um Gehör für die Erklärung der sowjetischen Mission ...
Ich bitte sehr zu entschuldigen, daß die heutige Sitzung ganz und gar für eine Frage und eine Antwort verwendet worden ist. Die morgige Sitzung wird der Unterbreitung der sowjetischen Pläne gewidmet sein, wie wir uns die gemeinsamen Maßnahmen gegen eine Aggression in Europa vorstellen, wenn wir uns über den Abschluß einer Militärkonvention einigen werden.
Wenn keine Fragen und Bemerkungen mehr sind, kann die Sitzung geschlossen werden ...
Ich erkläre die Sitzung als geschlossen.

Erklärung der sowjetischen Militärmission während der Sitzung der Militärmissionen der UdSSR, Englands und Frankreichs am 14. August 1939

Die sowjetische Militärmission antwortet in Entgegnung auf das Memorandum der englischen und französischen Militärmission, das durch General Heywood verlesen wurde:
1. Die sowjetische Militärmission hat nicht vergessen und vergißt nicht, daß Polen und Rumänien selbständige Staaten sind. Im Gegenteil, indem sie gerade von dieser unbestreitbaren Tatsache ausging, hat die sowjetische Militärmission die englische und französische Militärmission gebeten, auf die Frage zu antworten: Werden sowjetische Streitkräfte durch das Territorium Polens (Korridor von Wilna und Galizien) und Rumäniens hindurchgelassen im Falle einer Aggression gegen England und Frankreich oder gegen Polen und Rumänien?
Diese Frage ist um so mehr berechtigt, als Frankreich mit Polen in einem politischen und militärischen Bündnis steht, und England mit Polen einen Pakt über gegenseitige Hilfe sowie ein Militärabkommen hat.

2. Die sowjetische Militärmission stimmt der Meinung der englischen und französischen Militärmissionen überein, daß die ... Frage eine politische Frage ist, aber in noch größerem Maße eine militärische.
3. Was die Erklärung der Militärmissionen Englands und Frankreichs betrifft, daß es am einfachsten wäre, wenn sich die sowjetische Regierung in der obengenannten Frage unmittelbar an die Regierung Polens und Rumäniens wendet, so sollen die englische und französische Regierung gemeinsam mit den Regierungen Polens und Rumäniens die Frage über den Durchlaß der sowjetischen Streitkräfte durch das Territorium Polens und Rumäniens und ebenso über die Maßnahmen der sowjetischen Truppen auf den Territorien dieser Staaten gegen den Aggressor entscheiden; denn die UdSSR besitzt keine Militärabkommen mit Polen und Rumänien und außerdem sind vor allem Polen, Rumänien, Frankreich und England durch eine Aggression in Europa bedroht.
4. Die sowjetische Militärmission drückt ihr Bedauern aus, daß die Militärmission Englands und Frankreichs keine genaue Antwort auf die gestellte Frage bezüglich des Durchlasses der sowjetischen Streitkräfte durch das Territorium Polens und Rumäniens geben kann.
Die sowjetische Militärmission ist der Auffassung, daß eine positive Lösung dieser Frage das ganze begonnene Unternehmen über den Abschluß einer Militärkonvention zwischen England, Frankreich und der UdSSR nach ihrer Meinung von vornherein zum Mißlingen verurteilt ist. Deshalb kann die Militärmission der Sowjetunion ihrer Regierung nicht mit gutem Gewissen empfehlen, an einem Unternehmen teilzunehmen, das klar zum Scheitern verurteilt ist.
5. Die sowjetische Militärmission bittet, die Erteilung einer Antwort auf die gestellte Frage von den Regierungen Englands und Frankreichs zu beschleunigen. Bis zum Erhalt einer Antwort hält es die sowjetische Militärmission für möglich, ihre Vorstellungen über einen Plan gemeinsamer Operationen gegen eine Aggression in Europa darzulegen.

Quelle: Schukow, Erinnerungen, S. 177 ff. und Internationales Leben, Moskau 1959, H. 2, S. 154 ff.

Auszug aus dem britischen Protokoll vom 14. August 1939 über die Verhandlungen der sowjetischen, britischen und französischen Militärmissionen

... Marschall Woroschilow eröffnete die Sitzung. Dann erklärte er, daß General Doumenc ihm auf der letzten Sitzung einen Entwurf der Prinzipien gegeben habe, auf die die Zusammenarbeit der drei Mächte gegründet werden könnte. Es wäre offenbar, daß die Prinzipien, die in diesem Entwurf enthalten wären, Grundlage für eine militärische Konvention sein würden, falls diese zustande gebracht werden könnte. Die sowjetische Mission sei daher der Meinung, daß diese Prinzipien sehr wichtig seien und müsse mehr Zeit erbitten, um den Entwurf zu studieren.

Dokumente

Admiral Drax und General Doumenc stimmten überein, die Diskussion des Entwurfs solle zurückgestellt werden, bis die sowjetische Delegation die nötige Zeit zur Beratung habe.

Marschall Woroschilow bat darum, daß General Doumenc auf die Fragen, die er den Delegationen beim letzten Treffen gestellt habe, antworte.

General Doumenc antwortete, General Gamelin stehe auf dem Standpunkt, das Wichtigste sei, daß jede Partei ihre eigene Front sicher halte und alle ihre Streitkräfte an jener Front aufstellen solle. Es ist die Pflicht der Streitkräfte jener Länder, die zwischen Deutschland und den drei Mächten liegen, ihre eigenen Grenzen zu verteidigen; die drei Mächte müssen jedoch bereit sein, diesen Armeen zu helfen, wenn sie um Beistand bitten, um sicherzustellen, daß sie die Verbindungsstraßen, die für sie von größter Wichtigkeit sind, benutzen können. Er (General Doumenc) ... deutete ... gegenüber Marschall Woroschilow an, daß anfangs die französische Armee die Linie ihrer eigenen Grenzen halten werde, daß es eine vorgeschobene Front, bestehend aus den Armeen Belgiens und der Schweiz, geben werde, falls diese Staaten angegriffen würden, und daß die französischen Armeen bereit sein würden, ihnen Beistand zu leisten, wenn sie darum bäten, und ihnen die Benutzung gewisser Verbindungsstraßen auf französischem Gebiet gestatten würden.

Marschall Woroschilow fragte, was die Franzosen tun würden, falls die Schweizer oder Belgier den Deutschen keinen Widerstand leisten würden. General Doumenc antwortete, daß die Franzosen die von ihm aufgezeigte Front halten würden; falls General Gamelin es für wünschenswert hielte, würde er vielleicht eine Zwischenfront errichten.

General Doumenc sagte, sich der östlichen Front zuwendend, daß die Ausgangsfront die der polnischen und rumänischen Armeen sein würde; an dieser Front seien ebenfalls Beistand und zusätzliche Verbindungsstraßen vonnöten. Falls die Verhältnisse es möglich und wünschenswert machten, könnte dort eine Zwischenfront sein, das sei jedoch eine Angelegenheit, die Marschall Woroschilow entscheiden müsse. Außerdem existierte auch die sehr wichtige Frage der Seeverbindung zwischen den beiden Fronten, die, wie man übereingekommen war, später untersucht werden sollte. Es gibt zusätzlich zwei Punkte, bei denen eine Zusammenarbeit wesentlich ist:

1. Gemeinsames Vorgehen gegen die Verbindungsstraßen der faschistischen Mächte.
2. Gemeinsames Vorgehen der unabhängigen Jäger und Bomber der Luftstreitkräfte der drei Mächte.

Man ist bereits übereingekommen, diese Probleme zum richtigen Zeitpunkt zu studieren.

Marschall Woroschilow sagte, daß General Doumenc's Exposé nicht genügend klar sei ... Er verstünde nicht, welche Rolle die sowjetische Armee nach dem Vorschlag spielen solle.

General Doumenc sagte, es dürfe niemals gestattet werden, daß der Feind die sowjetische Westgrenze durchbräche, und er nähme an, daß die Rote Armee sich auf jene Grenze konzentrieren werde.

Marschall Woroschilow erklärte, daß seine Front immer besetzt sei. Die faschistischen Mächte würden niemals durchbrechen, ob die Delegationen ein Abkommen erreichten oder nicht.

General Doumenc sagte, offensichtlich könne die Rote Armee an keiner Schlacht teilnehmen, bevor sie nicht ihre Konzentration vollendet habe, da es im höchsten Grade unerwünscht sei, daß die Armeen irgendeiner der drei Mächte Operationen durchführten, es sei denn, sie hätten hinreichend Streitkräfte unmittelbar zur Verfügung. Habe Marschall Woroschilow daran gedacht, daß er in dem Augenblick, wo der Angriff stattfinde und bevor seine Konzentration vollendet sei, handeln könne?

Marschall Woroschilow sagte, er werde später über seine Pläne sprechen.

General Doumenc sagte, er ... erwarte nun des Marschalls Gegenvorschläge.

Marschall Woroschilow fragte, ob General Doumenc den zweiten Teil der Fragen der sowjetischen Delegation beantworten werde, nämlich, in dem Falle des Angriffs gegen Frankreich oder Großbritannien oder gegen beide zugleich; was solle nach Meinung des französischen und des britischen Generalstabs die Rote Armee tun, um zu helfen?

General Doumenc antwortete, er habe den Marschall informiert, daß Polen Frankreich unter solchen Umständen zu Hilfe kommen solle, und daß man sehen müsse, wie sich die Situation entwickele. Er schlug vor, der Marschall solle seine Armee konzentrieren, wie er beschlossen habe, daß jedoch die engste Zusammenarbeit zwischen dem Marschall und General Gamelin aufrechterhalten werden müsse, um zu entscheiden, wann die Rote Armee intervenieren solle.

Marschall Woroschilow wies auf die Hauptkonzentrationsgebiete der Roten Armee hin. Es sind zwei, das eine mit Minsk und das andere mit Kiew als Zentren.

General Doumenc sagte, Polen und Rumänien würden ein gut Teil Hilfe in der Frage des Nachschubs benötigen. Frankreich und Großbritannien würden tun, was sie könnten, aber offensichtlich könne die Sowjetunion viel mehr leisten. Er betonte, daß Landoperationen nicht mit unzureichenden Streitkräften unternommen werden sollten, aber er bat darum, daß die Sowjetunion bereit sein sollte, mit ihrer Armee zu intervenieren, wenn es für wünschenswert gehalten werde, und auch daß sie bereit sein solle zu unmittelbaren Aktionen in der Luft und gegen die feindlichen Verbindungslinien sowohl mit Luft- als auch mit Seestreitkräften.

Marschall Woroschilow sagte, daß, obwohl die Rote Armee wohl auf die Verteidigung ihrer eigenen Grenzen eingerichtet sei, sie nicht gut auf offensive Operationen eingerichtet sei. Er wollte wissen, wie nach Meinung des britischen und französischen Generalstabs die sowjetischen Landstreitkräfte im Falle eines Angriffs handeln können. Er stellte zum Beispiel die folgen Fragen: – Glauben der britische und französische Generalstab, daß die Rote Armee durch Nordpolen marschieren kann und insbesondere durch den Wilna-Vorsprung und durch Galizien, um mit dem Feind Kontakt zu erhalten? Wird es sowjetischen Truppen gestattet sein, Rumäniens Gebiet zu durchqueren?

Admiral Drax sagte, es würde eine große Hilfe für Polen und Rumänien sein, zu wissen, daß die Rote Armee hinter ihnen massiert sei und bereit, auf eine vorbestimmte Linie vorzurücken, an der die Deutschen aufgehalten werden müssen. Außerdem würden seiner Meinung nach diese beiden Länder im Verlauf der Entwicklung der Operation die Unterstützung der Sowjetarmee anfordern.

General Doumenc stimmte zu und erklärte, die Konzentrationsgebiete der Roten Armee, wie aufgezeigt ... erschienen ihm äußerst günstig für diesen Zweck. Die schwächsten Punkte in der polnisch-rumänischen Front würden ihre Flanken und ihr Verbindungspunkt sein.

Marschall Woroschilow sagte, er wünsche eine definitive Antwort auf seine Frage ‚Glauben der französische und britische Generalstab, daß die Sowjetarmee durch Polen und Rumänien operieren können wird?'

General Doumenc sagte, er denke, die Polen und Rumänen würden den Marschall anflehen, sie zu unterstützen.

Marschall Woroschilow sagte, diese Länder könnten zu spät um Unterstützung bitten, und er müsse präzise Kenntnis über dieses Problem haben, da es von großer Wichtigkeit für die ganze sowjetische Mission sei. Es wäre bedauerlich, wenn es Deutschland gestattet würde, die polnischen und rumänischen Streitkräfte allein deshalb zu vernichten, weil diese Länder nicht rechtzeitig um sowjetische Hilfe bitten wollten.

Admiral Drax sagte, falls ein französisch-sowjetisch-britischer Pakt abgeschlossen würde, würden seiner Meinung nach die Polen und Rumänen um die Hilfe der Roten Armee ersuchen, sobald sie von ihren Grenzen zurückgetrieben worden seien ...

Marschall Woroschilow sagte, dies sei das Kernproblem für die Sowjetunion, demgegenüber alle anderen Probleme von untergeordneter Bedeutung seien. Es tat ihm sehr leid, daß die französisch-britischen Delegationen sich nicht mit dieser Frage vertraut gemacht und keine genaue Antwort mitgebracht hätten.

Admiral Drax sagte, es sei unvorstellbar, daß diese Länder nicht um Hilfe bitten würden ...

Marschall Woroschilow sagte, daß die Operationen der sowjetischen Truppen gegen Ostpreußen und in Galizien, und die Operationen Englands und Frankreichs im Westen das Ende Deutschlands bedeuten würden. Die Frage des Durchzuges sowjetischer Truppen durch Polen und Rumänien sei deshalb von erstrangiger Bedeutung für die alliierte Sache. Er nahm mit Interesse Admiral Drax' Andeutung zur Kenntnis, daß Polen und Rumänien überrannt und falls sie nicht rechtzeitig um sowjetische Hilfe bäten deutsche Provinzen werden könnten ... Falls diese Länder zu spät um Unterstützung nachsuchen, würden sie zerstört werden, was gegen die Interessen der drei vertragsschließenden Mächte sei. Vorläufige Schritte müssen unternommen werden, um dieser Gefahr vorzubeugen. Die Alliierten würden die Streitkräfte dieser Staaten verwenden müssen.

Admiral Drax schlug vor, die Zusammenkunft solle vertagt werden, Marschall Woroschilow widersprach jedoch.

General Doumenc fragte, ob der Marschall erklären wolle, wie die sowjetischen Streitkräfte vogehen würden.

Marschall Woroschilow sagte, er könne dies nicht tun, weil weder er noch seine Mission eine klare Antwort auf jene Frage erhalten hätten.

Marschall Woroschilow richtete die folgenden Fragen an die britischen und französischen Delegationen:

a) Werden die sowjetischen Streitkräfte die Erlaubnis haben, gegen Ostpreußen durch polnisches Gebiet und insbesondere durch die Wilna-Lücke vorzurücken?

b) Werden die sowjetischen Streitkräfte die Erlaubnis haben, durch polnisch-Galizien vorzurücken, um mit den feindlichen Truppen Kontakt aufzunehmen?
c) Werden die sowjetischen Streitkräfte die Erlaubnis haben, Rumäniens Gebiet zu benutzen im Falle eines deutschen Angriffs gegen jenes Land?
Er erklärte, die sowjetische Delegation habe um klare Antworten auf diese klaren Fragen gebeten; und seiner Meinung nach wäre eine Fortführung der militärischen Unterhaltungen ohne eine genaue, unzweideutige Antwort nutzlos ...
Die britische Delegation zog sich zurück, um über ihre Antwort zu beraten; und nach Wiedereröffnung der Sitzung gab General Heywood für die britische und französische Delegation der sowjetischen Delegation gegenüber die folgende Erklärung ab:
‚Wir haben unsere persönliche Meinung bereits recht klar zum Ausdruck gebracht und wir nehmen Marschall Woroschilows Zusammenfassung der Situation zur Kenntnis. Man darf jedoch nicht vergessen, daß Polen und Rumänien souveräne Staaten sind, und daß die Vollmacht, die von der sowjetischen Mission gefordert wird, von diesen beiden Regierungen erteilt werden muß. Dies wird zu einer politischen Frage, und wir schlagen daher vor, daß die sowjetische Regierung die polnische und rumänische Regierung um die Antwort ersucht. Dies ist offensichtlich das einfachste und direkteste Verfahren. Falls der Marschall es besonders wünscht, sind wir bereit, mit London und Paris in Verbindung zu treten, um zu fragen, ob unsere Regierungen bereit seien, an die polnische und die rumänische Regierung die folgende Frage zu richten: –

Falls die UdSSR unser Verbündeter ist, wären die polnische und rumänische Regierung bereit, im Falle eines Angriffs durch Deutschland, den sowjetischen Truppen zu gestatten, polnisches Gebiet in der Wilna-Lücke und in Galizien, und auch rumänisches Gebiet zu betreten, um bei den Operationen gegen Deutschland mitzuwirken?
Es ist möglich, daß die deutschen Armeen morgen in Polen einmarschieren.
Falls es gewünscht wird, die Vergeudung kostbarer Zeit zu vermeiden, lassen Sie uns annehmen, daß die Antwort auf diese Fragen ja sein wird, und unsere Konferenz kann dann nutzbringend fortgeführt werden.
Es wäre eine große Hilfe für uns, die Pläne des Marschalls zu kennen; wir haben alle unsere Pläne im Westen dargelegt, und es würde unsere Ersuchungen an unsere Regierungen sehr stärken, wenn wir wüßten, wie der Marschall seine Streitkräfte einzusetzen beabsichtigt, falls diese Erlaubnis erteilt wird.'
Die sowjetische Delegation zog sich zur Beratung zurück. Als die Sitzung wieder eröffnet wurde, wurde die folgende Erklärung vom Stenographen der sowjetischen Delegation gelesen:
‚Die sowjetische Militärmission erklärt in Antwort auf die Erklärung der britischen und französischen Delegationen: –
a) Die sowjetische Militärmission vergißt nicht, daß Polen und Rumänien souveräne Staaten sind. Im Gegenteil, aufgrund dieser unwiderlegbaren Tatsache stellt die sowjetische Militärmission an die britischen und französischen Delegation die folgende Frage: –
Wird es den sowjetischen Streitkräften gestattet sein, durch polnisches Ge-

biet zu passieren, das heißt durch die Wilna-Lücke und Galizien und durch rumänisches Gebiet im Falle eines Angriffs gegen Britannien und Frankreich oder Polen und Rumänien? Diese Frage ist um so angebrachter, als Frankreich bereits einen Vertrag mit Polen hat und Britannien die Integrität Polens garantiert hat.

b) Die sowjetische Militärmission befindet sich in Übereinstimmung mit der Meinung der britischen und französischen Delegation, daß dies eine politische Frage sei.

c) Hinsichtlich des Standpunktes der britischen und französischen Delegationen, daß es die einfachste Methode sein würde, wenn die sowjetische Regierung sich an die Regierungen von Polen und Rumänien wenden würde: da die Sowjetunion mit Polen oder Rumänien kein militärisches Abkommen hat und da die Gefahr eines Angriffs in Europa mit größter Wahrscheinlichkeit Polen, Rumänien, Frankreich und England betrifft; in diesem Ausmaße sollte die Frage des Durchmarschrechts von sowjetischen Streitkräften durch Polen und Rumänien und ebenfalls die Frage der Mitwirkung der sowjetischen Streitkräfte gegen einen Angriff durch das Gebiet dieser Länder von den Regierungen Frankreichs und Großbritanniens im Einvernehmen mit der polnischen und der rumänischen Regierung entschieden werden.

d) Die sowjetische Militärmission drückt ihr Bedauern über das Fehlen einer genauen Antwort durch die britischen und französischen Missionen auf diese Frage des Durchmarschrechts der sowjetischen Streitkräfte durch polnisches und rumänisches Gebiet aus.

Die sowjetische Militärmission ist der Meinung, daß ohne eine Lösung dieser Frage all die Diskussionen, die hinsichtlich des Abschlusses eines Militärabkommens zwischen Frankreich, Großbritannien und der Sowjetunion begonnen worden sind, zum Scheitern verurteilt sind. Aus diesem Grunde kann die sowjetische Militärmission ihrer Regierung nicht empfehlen, an einem Unternehmen teilzunehmen, das so offensichtlich zum Scheitern verurteilt ist.

e) Die sowjetische Militärmission bittet darum, daß die Antworten auf die Fragen durch die britische und französische Regierung beschleunigt werden mögen. Bis zum Erhalt dieser Antworten ist die sowjetische Militärmission der Meinung, daß es immer noch möglich ist, ihre Pläne für eine militärische Zusammenarbeit gegen eine Aggression in Europa zu erörtern.

Man kam dann überein –

(I) Daß die Frage, die in Paragraph 35 zitiert wurde, an die britische und französische Regierung gerichtet werden solle;
(II) daß die Tagesordnung der nächsten Sitzung Marschall Woroschilows Exposé des sowjetischen Planes für die Bekämpfung von Aggressionen in Europa zum Gegenstand haben solle.

Die Sitzung wurde dann geschlossen.

Quelle: Documents on British Foreign Policy, Serie 3, Bd. VII, Anhang II.

Aufmarschplan „Gelb" vom 19. Oktober 1939 für den deutschen Westfeldzug

Der Oberbefehlshaber des Heeres
          Geheime Kommandosache
ANLAGE 1 (AUSZUG AUS DEM ORIGINAL)

Gen.St.d.H.Op.Abt.
Nr. 44 440/39 g.Kdos.

19. 10. 39

Aufmarschanweisung „Gelb"

25 Ausfertigungen
4. Ausfertigung.

Chef-Sache! Nur durch Offizier!

1. Allgemeine Absicht.
Die Haltung der Westmächte kann es erforderlich machen, daß das deutsche Heer im Westen zur Offensive übergeht. Der Angriff wird dann unter Einsatz aller zu Gebote stehenden Kräfte geführt werden.
Zweck dieses am Nordflügel der Westfront durch den holländisch-belgischen und luxemburgischen Raum zu führenden Angriffs wird es sein, möglichst starke Teile des französischen Heeres und seiner Verbündeten zu schlagen und gleichzeitig möglichst viel holländischen, belgischen und nordfranzösischen Raum als Basis für eine aussichtsreiche Luft- und Seekriegführung gegen England und als weites Vorfeld des Ruhrgebiets zu gewinnen.
2. Gliederung und Aufgaben:
    a) Der Angriff wird unter meinem Befehl durch Armee-Abt. N und die Heeresgruppen B und A geführt werden mit dem ersten Ziel, unter Ausschaltung der holländischen Streitkräfte möglichst starke Teile des belgischen Heeres im Bereich der Grenzbefestigungen zu schlagen und durch rasches Zusammenführen starker – besonders schneller – Verbände in Nord- und Mittelbelgien die Voraussetzung zu schaffen für unverzügliche Fortführung des Angriffs mit starkem Nordflügel und für rasche Besitznahme der belgischen Küste. Armee-Abt. N und Heeresgruppe B und A versammeln sich hierzu ostwärts der Reichsgrenze zwischen Rheine und Mettlach (südlich Trier) getarnt derart, daß sie in 6 Nachtmärschen die für Überschreiten der Grenze erforderliche Bereitstellung einnehmen und am Morgen des 7. Tages zum Angriff antreten können. Der Zeitpunkt, bis zu dem die Bereitstellung eingenommen sein muß, wird gesondert befohlen (siehe Ziff. 10).
    Heeresgruppe C wird mit einem Mindestmaß an Kräften die Befestigungen in ihrem Abschnitt zu halten haben. Über Vortäuschen von Angriffsabsichten ergeht gesonderter Befehl.
    b) Armee-Abt. N (Holland nördlich des Waal) wird neu gebildet. Sie steht unmittelbar unter OKH.

Der Heeresgruppe B (Nordflügel des Angriffs) sind unterstellt:
2. Armee am rechten Flügel. AOK (aus bisherigem AOK 8 neu gebildet) wird zugeführt.
6. Armee in der Mitte. AOK 6 wird aus seinem derzeitigen Einsatzbereich zeitgerecht freigemacht werden.
4. Armee am linken Flügel der Heeresgruppe.
Der Heeresgruppe A (Südflügel des Angriffs) sind unterstellt:
12. Armee am rechten Flügel. AOK (bisher AOK 14) wird zugeführt.
16. Armee am linken Flügel der Heeresgruppe. AOK (Neuaufstellung) wird zugeführt.
Der Heeresgruppe C (Abwehrfront) bleiben unterstellt:
                        1. Armee   7. Armee
Trennungslinien zwischen den Heeresgruppen und innerhalb der Armeen: (Karte 1:1 000 000)

a) Armee-Abt. N und 2. Armee: Borken (N) – Rees (2.) – Südufer Rhein und Waal.

b) 2. Armee und 6. Armee: Sterkrade (2.) – Arcen (2.) – Neerpelt (6.) – Diest (6.).

c) 6. Armee und 4. Armee: Bergisch Gladbach (6.) – Mülheim (6.) – Köln (4.) – Aachen (6.) – Nordrand Stadt Lüttich.

d) 4. Armee und 12. Armee: Rosbach a. d. Sieg (4.) – Weyerbusch (4.) – Honnef (4.) – Ahrweiler (12.) – Hillesheim (4.) – Schönecken (4.) – Houffalize (12.) – Marche (4.) – Namur (Mitte).

e) 12. Armee und 16. Armee: Höhr-Grenzhsn. (16.) – Bendorf (16.) – Kaisersesch (16.) – Bollendf. (16.) – Diekirch (16.) – Neufchateau (12.) – Bouillon (12.).

f) 16. Armee und Heeresgruppe C: Lorch (16.) – Gemünden (16.) – Nonnwlr. (16.) – Mettlach (16.) – Diesdorf (16.).

3. Aufträge der Angriffsfront:

a) Armee-Abt. N greift über Linie Rheine – Rhein westl. Bocholt über den Ijssel in allgemeiner Richtung Utrecht an und gewinnt die Grebbe-Linie. Jede Möglichkeit, durch diese Linie und durch das zur Überschwemmung vorbereitete Gebiet beiderseits Utrecht vorzustoßen, gegebenenfalls zur Besetzung von Amsterdam und Rotterdam zu schreiten, ist auszunutzen. Die erforderlichen Verstärkungen werden alsdann zugeführt werden.
Die Provinz Groningen ist durch schwache Kräfte zu besetzen.

b) Heeresgruppe B durchstößt die belgischen Grenzbefestigungen nördlich und südlich Lüttich und führt die ihr unterstellten Kräfte über den Albert-Kanal und die Maasstrecke Lüttich – Namur derart in den Bereich nördlich und südlich Brüssel zusammen, daß sie ohne Zeitverlust von hier aus weiter nach Westen angreifen und starke schnelle Kräfte aus Gegend Antwerpen in den Bereich um Brügge – Gent vortreiben kann.
Das Entkommen des Feindes aus Antwerpen und Lüttich muß verhindert werden.
Die vom Feind gehaltenen Teile der Festungsbereiche sind abzuschließen.
2. Armee greift, die Maas zwischen Nimwegen und Arcen überschreitend,

nördl. der Linie Arcen (einschl.) – Neerpelt (ausschl.) – Diest (ausschl.) in allgemeiner Richtung Aerschot an mit der Aufgabe, den Angriff der 6. Armee gegen Einwirkung aus dem Bereich um Antwerpen zu decken. Hierzu ist rasches Vordringen an und über den Albert-Kanal erforderlich.
6. Armee tritt aus der Linie Venlo – Aachen (Orte einschl.) derart an, daß sie die Maas rasch überwinden und die belgischen Grenzbefestigungen mit möglichst geringem Zeitaufwand durchstoßen kann. Allgemeine Angriffsrichtung: Tirlemont. 6. Armee schließt den Festungsbereich Lüttich nach Weisung der Heeresgruppe B im Norden ab.
4. Armee greift, mit der Masse ihrer Kräfte aus der Linie Monschau – Habscheid antretend, gegen die Maaslinie Lüttich – Namur an und durchstößt sie. Es kommt darauf an, so rasch als irgend möglich auf dem Nordufer der Maas festen Fuß zu fassen und rasches Nachführen möglichst starker Kräfte auf das nördliche Flußufer sicherzustellen.
Fortführung des Angriffs nördlich der Maas in nordwestl. Richtung nach Weisung der Heeresgruppe B.
Die Armee schließt nach Weisung der Heeresgruppe B den Festungsbereich Lüttich im Osten und Süden ab und hält sich bereit, durch Einschwenken von Teilen gegen die Westfront die mögliche enge Einschließung der Festung zu vollenden. Gegen Namur ist durch schwache Kräfte zu sichern.
c) Heeresgruppe A deckt den Angriff der Heeresgruppe B gegen feindl. Angriff aus Süden und Südwesten. Sie treibt ihren rechten Heeresflügel so rasch wie möglich über die Maas südl. Namur vor, um den weiteren Angriff der Heeresgruppe B nach Westen je nach Weisung des OKH südl. der Sambre zu decken oder zu verbreitern.
12. Armee stößt, von der Our zwischen Habscheid und Wallendorf antretend, durch die belgischen Grenzbefestigungen beiderseits Bastogne durch und erzwingt mit starkem rechten Flügel den Übergang über die Maas zwischen Namur und Fumay (einschl.). Der linke Flügel gewinnt und hält den Maas-Semois-Abschnitt unterhalb Bouillon (einschl.).
Gegen Namur ist im Anschluß an 4. Armee zu sichern.
16. Armee gewinnt, aus der Linie Wallendorf – Mettlach angreifend unter scharfem Vorwärtstreiben des rechten Flügels die allgemeine Linie Semois (oberhalb Bouillon) – Gegend südl. Arlon – südl. Luxemburg und deckt in dieser Linie die Südflanke des Gesamtangriffs.
Sie nimmt und hält mit linkem Flügel Anschluß an die befestigte Saarlinie südlich Mettlach nach Vereinbarung mit 1. Armee.

4. Allgemeine Richtlinien.
Die angreifenden Armeen haben zunächst weniger mit starken oder besonders hochwertigen Feindkräften zu rechnen, als mit einer großen Zahl technischer Hindernisse (Flußläufe, Kanäle, Sperrungen aller Art, befestigte Linien) sowie Fliegerkampfkräften. Sorgsamste Überlegung und Vorbereitung bis ins Kleinste muß dazu beitragen, diese technischen Hindernisse an möglichst zahlreichen Stellen rasch zu überwinden. Nur rücksichtsloses Vorwärtsdrängen aller durchgebrochenen Teile in Richtung auf das Angriffsziel und ihre rasche

Unterstützung durch nachgeführte Kräfte kann die erste Abwehrfront in ihrer Gesamtheit rasch zu Fall bringen.
Im weiteren Verlauf kommt es darauf an, heraneilende Verstärkungen durch rücksichtslosen Angriff im Verein mit der Luftwaffe zu zersprengen und so dem planmäßigen Aufbau stärkerer Angriffsgruppen zuvorzukommen. Dem raschen Zugriff schneller Verbände werden sich dabei günstige Erfolgsmöglichkeiten bieten. Dem raschen Herstellen und dem Erhalten von Übergängen über Flüsse und Kanäle und straffster Verkehrsregelung kommt besondere Bedeutung zu.
Vorbereitung des Angriffs und Ausbildung der Angriffstruppe müssen diesen Gesichtspunkten Rechnung tragen.
5. – 12. pp.

gez. v. Brauchitsch

Zit. nach Manstein, Verlorene Siege, S. 620 ff.

Aufmarschanweisung OKH vom 31. Januar 1941 „Barbarossa" für den Krieg gegen die Sowjetunion

Oberkommando des Heeres
Genst. d.H.Op.Abt. (I) H.Qu. OKH, den 31. Januar 1941
Nr. 050/41 g.K.

Aufmarschanweisung Barbarossa
1. Auftrag:

Für den Fall, daß Rußland seine bisherige Haltung gegen Deutschland ändern sollte, sind als Vorsichtsmaßnahmen alle Vorbereitungen zu treffen, die es ermöglichen, auch vor Beendigung des Krieges gegen England *Sowjetrußland in einem schnellen Feldzug niederzuwerfen.*
Die Operationen sollen so geführt werden, daß die im westlichen Rußland stehende Masse des russischen Heeres unter weitem Vortreiben von Panzerkeilen vernichtet, der Abzug kampffähiger Teile in die Weite des russischen Raumes verhindert wird.

2. Feindlage:

Als wahrscheinlich kann gelten, daß Rußland unter Ausnutzung der stellenweise verstärkten Feldbefestigungen an der neuen und an der alten Landesgrenze und zahlreicher für die Verteidigung günstiger Wasserläufe den Kampf im Bereich westlich des Dnjepr und der Düna mindestens mit starken Teilen annimmt. Besonderen Wert wird die russische Führung darauf legen müssen, die Erhaltung ihrer Luft- und Flottenbasis in den baltischen Provinzen und die Anlehnung ihres Südflügels an das Schwarze Meer durch Einsatz ausreichender Kräfte möglichst lange zu gewährleisten. Bei ungünstigem Verlauf der südlich und nördlich der Pripjet-Sümpfe zu erwartenden Schlachten wird der Russe anstreben müssen, den deut-

schen Angriff an der Dnjepr-Düna-Linie zum Stehen zu bringen.
Sowohl bei der Abwehr deutscher Durchbrüche wie auch bei dem möglichen Versuch, gefährdete Kräfte auf die Dnjepr-Düna-Linie zurückzuführen, wird mit dem offensiven Einsatz auch stärkerer russischer Verbände unter Verwendung von Panzerkraftwagen zu rechnen sein.

3. Absicht:

Erste Absicht des OKH im Rahmen des erteilten Auftrages ist es, die Front der in Westrußland erwarteten Masse des russischen Heeres durch raschen und tiefen Vorstoß starker schneller Verbände nördlich und südlich der Pripjet-Sümpfe aufzureißen und in Ausnutzung dieses Durchbruchs die voneinander getrennten Feindgruppen zu vernichten.
Südlich der Pripjet-Sümpfe – *H Gr.Süd Generalfeldmarschall von Rundstedt* – ist der rasche Durchbruch starker Panzerkräfte aus dem Bereich um Lublin in Richtung Kiew auszunutzen, um die in Galizien und in der Westukraine stehenden Feindkräfte von ihren Verbindungen über den Dnjepr abzuschneiden, die Dnjepr-Übergänge bei und unterhalb Kiew in die Hand zu nehmen und damit die Bewegungsfreiheit für späteres Zusammenwirken der HGr.Süd mit den im nördlichen Rußland operierenden deutschen Kräften oder für neue Aufgaben im südlichen Rußland sicherzustellen. Nördlich der Pripjet-Sümpfe wird der von *HGr.Mitte – Generalfeldmarschall von Bock* – unter Einsatz starker schneller Kräfte aus dem Bereich um Warschau und Suwalki in Richtung Smolensk zu erzwingende Durchbruch auszunutzen sein für das Eindrehen starker schneller Truppen nach Norden, um im Zusammenwirken mit der aus Ostpreußen in allgemeiner Richtung Leningrad angreifenden *HGr.Nord – Generalfeldmarschall von Leeb* – die im Baltikum kämpfenden feindlichen Kräfte zu vernichten, anschließend in Verbindung mit dem finnischen Heere und gegebenenfalls aus Norwegen herangeführten deutschen Kräften die letzten Widerstandsmöglichkeiten des Feindes im nördlichen Rußland endgültig zu beseitigen und damit die Bewegungsfreiheit für weitere Aufgaben – gegebenenfalls im Zusammenwirken mit den im südlichen Rußland operierenden deutschen Kräften – sicherzustellen.
Bei überraschendem und völligem Zusammenbruch des feindlichen Widerstandes im Norden Rußlands kann unter Verzicht auf ein Einschwenken sofortiger Vorstoß auf Moskau in Frage kommen.
Das Antreten zum Angriff wird für die ganze Front einheitlich befohlen werden (B-Tag, Y-Zeit).
Für die Kampfführung im Rahmen dieser Operation werden die im polnischen Feldzug bewährten Grundsätze zu gelten haben. Hierbei muß jedoch berücksichtigt werden, daß trotz klarer Schwerpunktbildung an den entscheidenden Stellen die Kräfte des Gegners auch an anderen Frontabschnitten angegriffen werden müssen. Nur so wird es zu verhindern sein, daß der Gegner mit kampfkräftigen Teilen frühzeitig ausweicht und sich seiner *Vernichtung* westlich der Dnjepr-Düna-Linie entzieht. Ferner wird in höherem Maße als bisher mit der Einwirkung der russischen Luftwaffe gegen das Heer zu rechnen sein, zumal die deutsche Luftwaffe nicht in ihrer *Gesamt*stärke für die Operation gegen Rußland zur Verfü-

gung stehen wird. Auf die Verwendung chemischer Kampfmittel auch aus der Luft durch den Gegner muß die Truppe sich einstellen.

4. *Aufträge an die Heeresgruppen und Armeen:*

a) *HGr.Süd* hat die Aufgabe, ihren starken linken Flügel — schnelle Kräfte voraus — in Richtung Kiew vorzutreiben, die russischen Kräfte in Galizien und in der Westukraine noch westlich des Dnjepr zu vernichten und die Dnjepr-Übergänge bei und unterhalb Kiew für die Weiterführung der Operationen jenseits des Dnjepr frühzeitig in die Hand zu nehmen. Die Operation ist so zu führen, daß die schnellen Truppen aus dem Bereich um Lublin zum Durchbruch in Richtung Kiew zusammengefaßt werden.

Im Rahmen dieses Auftrages fallen den Armeen und der Panzergruppe nach näherer Anweisung des Oberkommandos der HGr.Süd folgende Aufgaben zu:
Die 11. Armee hat den für die deutsche Kriegführung lebenswichtigen rumänischen Raum gegen den Einbruch russischer Kräfte zu schützen. Im Rahmen des Angriffs der HGr.Süd wird sie die gegenüberstehenden feindlichen Kräfte durch Vortäuschen des Aufmarsches stärkerer Kräfte zu fesseln und bei fortschreitender Entwicklung der Lage im Verein mit der Luftwaffe den geordneten Rückzug der Russen über den Dnjepr im Nachstoß zu verhindern haben.

Erste Aufgabe der *Pz.Gr. 1* wird es sein, in Zusammenarbeit mit der 17. und 6. Armee die feindlichen grenznahen Kräfte zwischen Rawa Ruska und Kowel zu durchbrechen und über Berditschew-Shitomir frühzeitig den Dnjepr bei und unterhalb Kiew zu gewinnen. Sie wird von hier aus ohne Zeitverlust den Angriff nach Weisung des Oberkommandos der Heeresgruppe entlang des Dnjepr in südostwärtiger Richtung fortzusetzen haben, mit dem Ziele, den in der Westukraine kämpfenden Feind am Ausweichen über den Dnjepr zu verhindern und durch Angriff im Rücken zu vernichten.

17. Armee wird nordwestlich Lemberg die feindliche Grenzverteidigung zu durchbrechen haben. Sie muß anstreben, durch scharfes Vortreiben ihres starken linken Flügels den Feind in südostwärtiger Richtung zu werfen und zu schlagen. Im übrigen wird die Armee unter Ausnutzung des Vorgehens der Panzergruppe frühzeitig den Bereich um Winniza-Berditschew zu erreichen haben, um je nach Lage den Angriff nach Südosten oder Osten fortzusetzen.

6. Armee wird im Zusammenwirken mit Teilen der Pz.Gr. 1 die feindliche Front im Gebiet beiderseits Lucki zu durchbrechen und unter Deckung der Nordflanke der Heeresgruppe gegen Einwirkung aus dem Bereich der Pripjet-Sümpfe mit möglichst starken Kräften und möglichst rasch der Panzergruppe auf Shitomir zu folgen haben.
Sie muß bereit sein, nach Weisung des Oberkommandos der Heeresgruppe mit starken Kräften westlich des Dnjepr nach Südosten einzuschwenken, um im Zusammenwirken mit Pz.Gr. 1 den in der Westukraine kämpfenden Feind am Ausweichen über den Dnjepr zu verhindern und zu schlagen.

b) *HGr.Mitte* zersprengt — starke Kräfte von ihren Flügeln aus vortreibend —

die feindlichen Kräfte in Weißrußland, gewinnt durch Zusammenfassen ihrer südlich und nördlich Minsk vorzuführenden schnellen Kräfte frühzeitig den Bereich um Smolensk und schafft so die Voraussetzung für das Zusammenwirken starker Teile ihrer schnellen Truppen mit der HGr.Nord zur Vernichtung der im Baltikum und im Bereich von Leningrad kämpfenden feindlichen Kräfte.
Im Rahmen dieses Auftrags fallen nach den näheren Weisungen des ObKdo. der HGr.Mitte den Panzergruppen und Armeen folgende Aufgaben zu:

Pz.Gr. 2 durchbricht bei und nördlich Kobryn in Zusammenarbeit mit 4. Armee die feindlichen grenznahen Kräfte und schafft durch rasches Vorgehen auf Sluzk und Minsk in Verbindung mit der in die Gegend nördlich Minsk vorstoßenden Pz.Gr. 3 die Voraussetzung für die Vernichtung der im Gebiet zwischen Bialystok und Minsk stehenden Feindkräfte. Ihre weitere Aufgabe wird es sein, beschleunigt in enger Fühlung mit Pz.Gr. 3 die Gegend bei und südlich Smolensk zu gewinnen, das Zusammenfassen feindlicher Kräfte im Bereich des oberen Dnjepr zu verhindern und damit der HGr. die Handlungsfreiheit für weitere Aufgaben zu wahren.

Pz.Gr. 3 durchbricht in Gegend nördlich Grodno in Zusammenarbeit mit 9. Armee die feindlichen grenznahen Kräfte und schafft durch rasches Vorgehen in die Gegend nördlich Minsk in Verbindung mit der von Südwesten auf Minsk vorstoßenden Pz.Gr. 2 die Voraussetzung für die Vernichtung der im Gebiet zwischen Bialystok und Minsk stehenden Feindkräfte. Ihre weitere Aufgabe wird es sein, beschleunigt in enger Fühlung mit Pz.Gr. 2 die Gegend bei und nördlich Witebsk zu erreichen, das Zusammenfassen feindlicher Kräfte im Bereich der oberen Düna zu verhindern und damit der HGr. die Handlungsfreiheit für weitere Aufgaben zu wahren.

4. Armee erzwingt mit Schwerpunkt beiderseits Brest-Litowsk den Übergang über den Bug und öffnet hierdurch der Pz.Gr. 2 den Weg auf Minsk. Mit der Masse ihrer Verbände über die Schara südlich und bei Slonim vordringend, vernichtet sie unter Ausnutzung des Vorgehens der Panzergruppe die im Gebiet zwischen Bialystok und Minsk befindlichen Feindkräfte im Zusammenwirken mit 9. Armee. Weiterhin wird es ihre Aufgabe sein, hinter Pz.Gr. 2 folgend, unter Deckung ihrer Südflanke gegen die Pripjet-Sümpfe den Übergang über die Beresina zwischen Bobrujsk und Borysau zu erzwingen und den Dnjepr bei und nördlich Mohilew zu gewinnen.

9. Armee durchbricht in Zusammenarbeit mit Pz.Gr. 3 mit Schwerpunkt auf dem Nordflügel die feindlichen Kräfte westlich und nördlich Grodno, stößt in Richtung Lida-Wilna vor und vernichtet unter Ausnutzung des Vorgehens der Panzergruppen und in Verbindung mit 4. Armee die im Gebiet zwischen Bialystok und Minsk befindlichen Feindkräfte. Weiterhin wird es Aufgabe der Armee sein, hinter der Pz.Gr. 3 folgend, die Düna bei und südostwärts Polacak (Polock) zu gewinnen.

c) *HGr.Nord* hat die Aufgabe, die im Baltikum kämpfenden feindlichen Kräfte zu vernichten und durch Besetzen der baltischen Häfen, anschließend durch Besetzung von Leningrad und Kronstadt, der russischen Flotte ihre Stützpunkte zu entziehen. Zusammenwirken mit starken, von HGr.Mitte auf Smolensk vorzutreibenden schnellen Kräften wird von OKH zeitgerecht veranlaßt werden.

Im Rahmen dieser Aufgabe durchbricht HGr.Nord die feindliche Front, Schwerpunkt in Richtung Dünaburg, und treibt ihren starken rechten Flügel – schnelle Truppen über die Düna voraus – baldmöglichst in den Bereich nordwestwärts Opotschka vor mit dem Zweck, den Abmarsch kampffähiger russischer Kräfte aus dem Baltikum nach Osten zu verhindern und die Voraussetzung für weiteres rasches Vordringen in Richtung auf Leningrad zu schaffen.

Im Rahmen dieses Auftrages fallen nach den näheren Weisungen des ObKdo der HGr.Nord der Pz.Gr. 4 und den Armeen folgende Aufgaben zu:

Pz.Gr. 4 durchbricht, zwischen Wystiter See und Straße Tilsit-Schaulen vorbrechend, in Verbindung mit 16. und 18. Armee die feindliche Front, stößt gegen die Düna bei und unterhalb Dünaburg vor und schafft sich Brückenköpfe über die Düna. Weiterhin wird es für Pz.Gr. 4 darauf ankommen, so rasch wie möglich die Gegend nordostwärts Opotschka zu erreichen, um von hier aus je nach Lage in nordostwärtiger oder nördlicher Richtung vorgeführt werden zu können.

16. Armee durchbricht im Zusammenwirken mit Pz.Gr. 4 den ihr gegenüberstehenden Feind mit Schwerpunkt beiderseits der Straße Ebenrode-Kowno und erreicht unter scharfem Vortreiben ihres starken rechten Flügels hinter dem Panzerkorps möglichst frühzeitig das nördliche Dünaufer bei und unterhalb Dünaburg. Weitere Aufgabe der Armee wird es sein, hinter Pz.Gr. 4 folgend, baldig die Gegend Opotschka zu erreichen.

18. Armee durchbricht die vor ihr stehenden Feindkräfte mit Schwerpunkt an und ostwärts der Straße Tilsit-Riga, schneidet die südwestlich Riga stehenden Teile des Feindes durch rasches Vortreiben der Masse ihrer Kräfte über die Düna bei und unterhalb Stockmannshof ab und vernichtet sie. Weiterhin wird es ihre Aufgabe sein, durch rasches Vordringen gegen die Linie Ostrow-Pskow ein Entkommen russischer Kräfte südlich des Peipus-Sees zu verhindern und nach Weisung der HGr.Nord – gegebenenfalls im Zusammenwirken mit schnellen Kräften nördlich des Peipus-Sees – Estland vom Feinde zu säubern. Für die Besetzung der baltischen Inseln Ösel, Dagö und Moon sind alle Vorbereitungen so zu treffen, daß, sobald die Lage es erlaubt, überraschende Durchführung möglich ist.

5. pp.

6. Auftrag des AOK Norwegen (OKW unmittelbar unterstellt):

a) Die wichtigste Aufgabe bleibt die zuverlässige Sicherung des ganzen norwegischen Raumes nicht nur gegen Handstreiche, sondern auch gegen ernsthafte Landungsversuche der Engländer, mit denen im Laufe dieses Sommers gerechnet werden muß.

Diese Aufgabe verlangt, daß

aa) zunächst die zur Verstärkung des Küstenschutzes vorgesehenen Batterien mit aller Energie und unter Zuhilfenahme aller Transportmöglichkeiten bis Mitte Mai zum Einsatz gebracht werden,

bb) die zur Zeit in Norwegen befindlichen Verbände durch die für Barbarossa außerhalb Norwegens zu lösenden Aufgaben nicht nennenswert geschwächt, in dem am meisten gefährdeten Abschnitt Kirkenes-Narvik sogar verstärkt werden. Diese Verstärkung ist sofort aus Kräften, die schon in Norwegen stehen, einzuleiten.

b) Über diese defensiven Aufgaben hinaus fällt dem AOK Norwegen die Aufgabe zu,

aa) mit Beginn der Operationen, erforderlichenfalls schon früher, in das *Petsamo-Gebiet* einzurücken und es gegen Angriffe zu Lande, von See und aus der Luft gemeinsam mit finnischen Kräften zu sichern, wobei den für die deutsche Rüstung wichtigen Nickelgruben besondere Bedeutung zukommt (Unternehmen Renntier).

bb) den *Stützpunkt Murmansk,* als Basis für eine offensive Tätigkeit seiner Land-, See- u. Luftstreitkräfte, nach Kräften einzuengen und im weiteren Verlauf, wenn genügend Angriffskräfte zur Verfügung stehen, in Besitz zu nehmen (Unternehmen Silberfuchs). In jedem Fall ist damit zu rechnen, daß Schweden die Sicherung der eigenen Nordostgrenze mit ausreichenden Kräften selbst durchführt.

7. OKH-Reserven:

Die Reserven des OKH werden mit Antreten zur Operation mit je einer stärkeren Gruppe in den Bereich von Reichshof und ostwärts Warschau, mit je einer schwächeren Gruppe in den Bereich von Zamosc, Suwalki und Eydtkau herangeführt werden.

8. Mitwirken der Luftwaffe und Kriegsmarine.

Aufgabe der *Luftwaffe* ist es, die Einwirkung der russischen Luftwaffe weitmöglichst auszuschalten und die Kampfführung des Heeres in ihren Schwerpunkten, namentlich bei der HGr.Mitte und auf dem Schwerpunktflügel der HGr.Süd zu unterstützen. Während der Hauptoperation wird sie alle Kräfte gegen die feindliche Luftwaffe und zur unmittelbaren Unterstützung des Heeres zusammenfassen. Angriffe gegen die feindliche Industrie sollen erst nach Erreichen der Operationsziele des Heeres durchgeführt werden.

Auf Zusammenarbeit werden angewiesen:
HGr.Süd   mit Luftflotte 4
HGr.Mitte mit Luftflotte 2
HGr.Nord mit Luftflotte 1

Der *Kriegsmarine* fällt unter Beibehaltung des Einsatzschwerpunktes gegen England die Aufgabe zu, bei Sicherung der eigenen Küste ein Ausbrechen feindlicher Seestreitkräfte aus der Ostsee zu verhindern. Hierbei sollen bis zur Wegnahme von Leningrad als letztem Stützpunkt der russischen Ostseeflotte größere Seeoperationen vermieden werden. Nach dem Ausschalten der russischen Flotte hat die Kriegsmarine die Aufgabe, den vollen Seeverkehr in der Ostsee – auch für den Nachschub des nördlichen Heeresflügels – sicherzustellen.

9. Mitwirkung anderer Staaten:

Auf den Flügeln der Operation ist mit der aktiven Teilnahme *Rumäniens und Finnlands* im Kriege gegen die Sowjetunion zu rechnen. Die Form der Mitwirkung und der Unterstellung der Streitkräfte beider Länder unter deutschem Oberbefehl bleibt zeitgerechter Regelung vorbehalten.

Aufgabe Rumäniens wird es sein, zusammen mit der dort aufmarschierenden Kräftegruppe den gegenüberstehenden Gegner zu fesseln und im übrigen Hilfsdienste im rückwärtigen Gebiet zu leisten.

Aufgabe Finnlands wird es sein, bei möglichst frühzeitiger Ausschaltung von Hangö den Aufmarsch der deutschen Kräfte in Nordfinnland zu decken, sowie spätestens beim Überschreiten der Düna durch die HGr.Nord die russischen Kräfte vor der finnischen Südostfront je nach Anforderung durch OKH mit Schwerpunkt ostwärts oder westlich des Ladoga-Sees, möglichst ostwärts desselben, anzugreifen und die HGr.Nord bei ihrer Vernichtung zu unterstützen.

Mit einer aktiven Teilnahme *Schwedens* ist voraussichtlich nicht zu rechnen. Es ist jedoch nicht ausgeschlossen, daß Schweden die Benutzung seiner Bahnen für den Aufmarsch deutscher Kräfte in Nordfinnland und für ihre Versorgung duldet.

10. ...
11. ...
12. ...
13. ...

2 Anlagen

gez. von Brauchitsch

Zit. nach Franz Halder, Kriegstagebuch, Bd. II, S. 463 ff. Vgl. de Mendelssohn, P., Die Nürnberger Dokumente, Hamburg 1947, S. 332 ff.

Von General Wassilewski verfaßter und vom Volkskommissar für Verteidigung und dem Chef des Generalstabes der Roten Armee unterzeichneter strategischer Aufmarschplan vom Mai 1941 für einen Krieg gegen Deutschland und seine Verbündeten

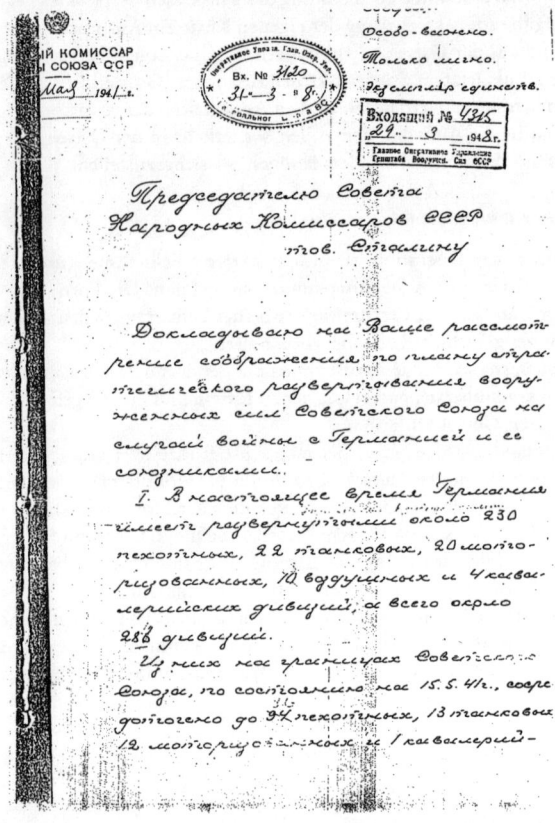

Der an Stalin persönlich gerichtete, in schwarzer Tinte geschriebene Text, umfaßt 15 genormte Schreibmaschinen-Seiten, Er wurde Stalin vor dem 15. Mai 1941 ausgehändigt. Das nur in einem Exemplar ausgefertigte Dokument wurde am 29. März 1948 (viereckige Stempel) in der operativen Hauptverwaltung des Generalstabes und am 31. März 1948 (ovaler Stempel) in der operativen Verwaltung des Generalstabes neu registriert. Bis zu diesem Zeitpunkt befand sich das Dokument im Privatsafe des sowjetischen Marschalls Wassilewski.

Quelle: Oberst Dr. Walerij Danilow „Österreichische Militärische Zeitschrift", Heft 1/1993

...рдеде[...]
~~рманского армией — пе-~~
~~б/б направлении Мукач, Львов и~~
~~рехода в наступление в общем направле~~
б) Санок, Львов.
~~нении на Жмеринку - Румынской ар-~~
~~мии, поддержанной германскими~~
~~дивизиями.~~

~~Не исключена также возможность~~
~~вспомогательного удара немцев и~~
~~за р. Сан в направлении на Львов.~~

Вероятные союзники Германии
могут выставить против СССР:
Финляндия до 20 пехотных дивизий,
Венгрия - 15 пд. Румыния до 25 пд.

Всего Германия с союзниками может развернуть против СССР до
~~243~~ 240 дивизий.

Учитывая, что Германия в настоя-
щее время держит свою армию от-
мобилизованной, с развернутыми
тылами, она имеет возможность
предупредить нас в развертывании
и нанести внезапный удар.

Чтобы предотвратить это, ~~и раз-~~
~~громить немецкую армию,~~ считаю
необходимым ни в коем случае не
давать инициативы действий
Германскому командованию, упре-
дить противника в развертывании ...

ской дивизией, а всего до ~~118~~ 112/120 дивизий.

Предполагается, что в условиях политической обстановки сегодняшнего дня, Германия, в случае нападения на СССР, сможет выставить против нас — до ~~144~~ 137 пехотных, ~~20~~ 19 танковых, ~~18~~ 15 моторизованных, ~~2~~ 4 кавалерийских и 5 воздушно-десантных дивизий, а всего до ~~189~~ 180 дивизий.

Остальные ~~95~~ 104 дивизий будут находиться ~~в центре страны, на западных границах, в Норвегии, в Африке, в Греции и Италии.~~

Вероятнее всего главные силы немецкой армии в составе 76 пехотных, 10 танковых, 10 моторизованных и 5 воздушных, а всего до 100 дивизий будут развернуты к югу от Демблин для нанесения удара в направлении — Ковель, Ровно, Киев.

Этот удар, повидимому, будет сопровождаться ударом на севере из Восточной Пруссии на Вильно и Ригу, а также короткими, концентрическими ударами со стороны Сувалки и Бреста на Волковыск, Барановичи.

На юге — возможно ожидать

и атаковать германскую армию в тот момент, когда она будет находиться в стадии развертывания и не успеет еще организовать фронт и взаимодействие родов войск.

2. ~~Ближайшей~~ Первой стратегической целью действий войск Красной Армии поставить — разгром главных сил немецкой армии, развертываемых южнее Демблин и выход к 30 дню операции на фронт Остроленка, р. Нарев, Ловиг, Лодзь, Крейцбург, Оппельн, Оломоуц, для чего:

а) главный удар силами Юго-Западного фронта нанести в направлении Краков, Катовице, отрезав Германию от ее южных союзников;

б) вспомогательный удар левым крылом Западного фронта нанести в направлении Седлец, Демблин, с целью сковывания Варшавской группировки, и содействия Юго-Западному фронту в разгроме Люблинской группировки противника;

в) вести активную оборону против Финляндии, Восточной Пруссии, Венгрии и Румынии и

нанесения удара против Румынии
при первой же возможности.
~~при первой же возможности.~~ ближайшим образом

III. Исходя из указанного замысла стратегического развертывания, предусматривается следующая группировка вооруженных сил СССР.

1. Сухопутные силы Красной Армии — 198 сд, 61 тд, 31 мд, 13 кд [всего 303 дивизии] и 74 артполка РГК, распределяются следующим образом: (6 схема)

а) Главные силы в составе 164 [169] сд, 40 [58] тд, 20 [30] мд и 7 кд (всего 249 [253] дивизий) и 53 артполка РГК иметь на Западе, из них: в составе Северного, Северо-Западного, Западного и Юго-Западного фронтов — 137 [136] сд, 40 [44] тд, 20 [23] мд, 7 кд (всего 204 [210] дивизий) и 53 артполка РГК; в составе резерва Главного Командования за Юго-Западным и Западным фронтами — 27 сд, 12 [18] тд, 6 мд [7] (всего 45 [43] дивизий); ~~в стадии формирования буд~~

б) Остальные силы, в составе 34 сд, 3 тд, 1 мд, 6 кд (всего 44 [45] дивизий) и 21 ап РГК, назначаются для обороны южной и северной границы СССР, из них:

— на Дальнем Востоке и в ЗабВО — 22 сд, 3 тд, 1 мд, 1 кд (всего 27 дивизий) и

- в Средней Азии - 2 горно-стрелковых и 3 кав. дивизии (всего 5 дивизий);
- в Закавказье - 8 стрелковых и 2 кавалерийских дивизий (всего 10 дивизий) и 2 ап РГК;
- на обороне Черноморского побережья Северного Кавказа и Крыма - 2 стр. дивизии;
- на побережьи Белого моря - 1 стр. дивизия.

Детальная группировка сил показана на прилагаемой карте.

2. Военно-воздушные силы Красной Армии в составе имеющихся и боеспособных на сегодняшний день 97 иап, 75 ббп, 11 шап, 29 дбп и 6 тбп /всего 218 авиаполков/, распределяются следующим образом:

а) Главные силы, в составе 66 иап, 64 ббп, 5 шап, 25 дбп и 5 тбп /всего 165 авиаполков/, развернуты на Западе, и них:

- в составе Северного, Северо-Западного, Западного и Юго-Западного фронтов 63 иап, 64 ббп, 5 шап, 11 дбп и 1 тбп - всего 144 авиаполка;

- в составе резерва Главного Командования за Юго-Западным и Западным фронтами - 14 дбп и 4 тбп, всего 21 авиаполк;

б) Остальные силы в составе...

11 ббп, 6 шап, 4 дбп и 1 тбп — всего 53 авиаполка оставить на обороне дальневосточных, южной и северной границы и пунктов ПВО гор. Москвы, из них:

— на Дальнем Востоке и в ЗабВО — 14 иап, 9 ббп, 5 шап, 4 дбп и 1 тбп, всего 33 авиаполка.

— в САВО — 1 иап и 1 шап, всего 2 авиаполка

— в ЗакВО — 9 иап, 2 ббп, всего 11 авиаполков

— в АрхВО — 1 истр. авиаполк.

На обороне города Москвы — 6 истребительных авиаполков.

Детальная группировка сил показана на прилагаемой карте.

Кроме указанных ВВС на сегодняшний день имеется в стадии формирования и совершенно еще небоеспособных 52 иап, 30 ббп, 4 шап, 7 дбп и 22 дпс всего 115 авиаполков, на полную готовность которых можно рассчитывать к 1.1.42 г.

Эти авиаполки по мере их готовности намечено распределить следующим образом:

— на Запад назначить 41 иап, 30 ббп, 4 шап, 5 дбп, 14 дпс а всего 94 авиаполка из них:

— в состав фронтов 41 иап, 33 ббп, 6 ш, 7 дпс, всего 87 авиаполков;

— в состав резерва Главного Командования

вации — 4 иап, 3 дбп, всего 7 авиаполков;
- оставить для ДВфронта и ЗабВО 10 и в ЗакВО - 6 авиаполков;
- на обороне г. Москвы - 6 истр. авиаполков
Ориентировочные сроки вступления этих авиаполков в строй - согласно приб лицы на картах.

IV. Состав и задачи развертываемых на Западе фронтов (карты 1:1.000.000):

<u>Северный фронт</u> (ЛВО) - 3 армии, в составе - 15 стрелковых, 4 танковых и 2 моторизованных дивизий, а всего 21 дивизии, 18 полков авиации и Северного военно-морского флота, с основными задачами - оборона г. Ленинграда, порта Мурманск, Кировской желд. роги и совместно с Балтийским военно-морским флотом обеспечить за нами полное господство в водах Финского залива. С этой же целью предусматривается передача Северному фронту ПриВО - оборона северного и северо-западного побережья Эстонской ССР

Граница фронта слева - Осташков, Остров, Выру, Вильянди, зал. Матсалу, острова Эзель и Даго включительно.
Штаб фронта - Парголово.

4. постепенно под видом учебных сборов и тыловых учений развертывать тылы и госпитальную базу.

V. Группировка резервов Главного Командования.

В резерве Главного Командования иметь 5 армий и сосредоточить их:

- две армии в составе 9 стрелковых, 4 танковых и 2 моторизованных дивизий, всего 15 дивизий, в районе Вязьма, Сычевка, Ельня, Брянск, Сухиничи;

- одну армию в составе 4 стрелковых, 2 танковых и 2 моторизованных дивизий, а всего 8 дивизий, в районе Вилейка, Новогрудок, Минск;

- одну армию в составе 6 стрелковых, 4 танковых и 2 моторизованных дивизий, а всего 12 дивизий, в районе Шепетовка, Проскуров, Бердичев и

- одну армию в составе 8 стрелковых, 2 танковых и 2 моторизованных дивизий, а всего 12 дивизий, в районе Белая-Церковь, Звенигородка, Черкассы.

VI. Прикрытие сосредоточения и развертывания.

Для этого, чтобы обеспечить себя от возможного, внезапного удара, что …

Северо-Западный фронт (Прибово) три армии, в составе 17 стрелковых дивизий ~~(трёх батальонных)~~, 4 танковых, 2 моторизованных дивизий, а всего 23 дивизий и 13 полков авиации с задачами: — упорной обороной прочно прикрыть Рижское и Виленское направления, не допустив вторжения противника из Восточной Пруссии; обороной западного побережья и островов Эзель и Даго не допустить высадки морских десантов противника.

Границы фронта слева — Полоцк, Ошмяны, Друскеники, Маргграбова, Летцен. Штаб фронта — Поневеж.

Западный фронт (Запово) — четыре армии, в составе — 31 стрелковой, 8 танковых, 4 моторизованных и 2 кавалерийских дивизий, а всего 45 дивизий и 21 полка авиации.

Задачи: — упорной обороной на фронте Друскеники, Остроленка, прочно прикрыть Лидское и Белостокское направления;

— с переходом армий Юго-Западного фронта в наступление, ударом левого крыла фронта в общем направлении;

(Варшаву) разгромить Демблинскую группировку и овладеть Радомом, Седлец, Радом, способствовать Юго-Западным фронтам разбить Люблинско-Радомскую группировку противника, войти на р. Висла и подвижными отрядами овладеть разгром со стороны Варшавы и Восточной Пруссии.

Граница фронта слева - р. Припять Пинск, Влодава, Демблин, Радом.

Штаб фронта - Барановичи.

Юго-Западный фронт - восемь армий, в составе 74 стрелковых, 78 танковых, 15 моторизованных и 5 кавалерийских дивизий, а всего 106 дивизий и 91 полка авиации, с ближайшими задачами:

а) концентрическим ударом армий правого крыла фронта окружить и уничтожить основную группировку противника восточнее р. Вислы в районе Люблина;

б) одновременно ударом с фронта Сенява, Перемышль, Лютовиска разбить силы противника на Краковском направлении и овладеть районом Краков, Катовице, имея в виду в дальнейшем наступать из этого района в северком, или северо-западном направлении для разгрома крупных сил северного крыла фронта противника и овладения территорией бывшей Польши и Восточной Пруссии;

б) прочно оборонять госграницу с Венгрией и Румынией и быть готовым к нанесению концентрических ударов против Румынии из районов Черновиц и Кишинев с ближайшей целью разгромить сев. крыло Румынской армии и выйти на рубеж р. Молдавы, Яссы.

Для этого, чтобы обеспечить выполнение изложенного выше замысла, необходимо заблаговременно провести следующие мероприятия, без которых не возможно нанесение внезапного удара по противнику как с воздуха, так и на земле:

1. произвести скрытое отмобилизование войск под видом учебных сборов запаса;

2. под видом выхода в лагеря произвести скрытое сосредоточение войск ближе к западной границе, в первую очередь сосредоточить все армии резерва Главного Командования;

3. скрытно сосредоточить авиацию на полевые аэродромы из отдаленных округов и теперь же начать развертывать авиационный тыл.

ника, прикрыть сосредоточение и
развертывание наших войск и подготовку
их к переходу в наступление,
необходимо:

1. организовать прочную оборону и
прикрытие госграницы, используя для
этого все войска приграничных округов
и почти всю авиацию, назначенную
для развертывания на западе;

2. разработать детальный план
противовоздушной обороны страны и
привести в полную готовность средства
ПВО.

По этим вопросам мною отданы
распоряжения и разработка планов
обороны госграницы и ПВО полностью
заканчивается к 1.6.41 г.

Состав и группировка войск прикрытия
— согласно прилагаемой карте.

VII. Задачи Военно-морскому флоту
поставлены согласно ранее утвержденных
Вами моих докладов.

VIII. Развертывание войск и их боевые
действия, имеющимися запасами, обеспечиваются:

по боеприпасам —
   мелкокалиберными снарядами

три недели;
среднекалиберными – на месяц;
тяжело-калиберными – на месяц;
мелкими – на полмесяца;
по зенитным выстрелам –
37 мм – на 5 дней;
76 мм – на полтора месяца;
85 мм – на 11 дней;
по авиабоеприпасам –
фугасными бомбами – на месяц;
бронебойными – на 10 дней;
бетонобойными – на 10 дней;
осколочными – на месяц;
зажигательными – на полмесяца;
по горюче-смазочным материалам –
бензином Б-78 – на 10 дней;
" Б-74 – на месяц;
" Б-70 – на 2½ месяца;
автобензином – на 1½ месяца;
дизельным топливом – на месяц.

Запасы горючего, предназначенные для западных округов, эшелонированы в значительном количестве (из-за недостатка емкости на их территории) во внутренних округах.

IX. Прошу:

1. Утвердить представленный мобилизационный план стратегического развертывания ВС.

боевых действий на случай войны с Германией;

2. своевременно разрешить последовательное проведение скрытого от мобилизования и скрытого сосредоточения в первую очередь всех армий резерва Главного Командования и авиации;

3. потребовать от НКПС полного и своевременного выполнения строительства железных дорог по плану 41 года и особенно на Львовском направлении;

4. обязать промышленность выполнить план выпуска материальной части танков и самолетов, а также производства и подачи боеприпасов и горючего строго в назначенные сроки.

Приложения: 1. схема развертывания на карте 1:1.000.000, в 1 экз.;

2. схема развертывания на прикрытие на 3-х картах;

3. схема соотношения сил, в 1 экз.

4. три карты базирования ВВС на запад

Народный Комиссар Обороны СССР
Маршал Советского Союза
/С. Тимошенко/

Начальник Генерального Штаба К.А.
Генерал-Армии
/Г. Жуков/

Dokumente

Übersetzung des sowjetischen Aufmarschplanes vom Mai 1941

Der Volkskommissar	Streng geheim
für die Verteidigung	Besonders wichtig
der UdSSR	Nur persönlich
Mai 1941	Einziges Exemplar

Operative Verwaltung	Operative Haupt-
des Generalstabes	verwaltung des
der Streitkräfte	Generalstabes der
	Streitkräfte der
	UdSSR

An den Vorsitzenden des Rates der Volkskommissare der UdSSR,
den Genossen Stalin

Ich trage Ihnen zur Begutachtung die Erwägungen für den strategischen Aufmarschplan der Streitkräfte der Sowjetunion für den Fall eines Krieges mit Deutschland und seinen Verbündeten vor.

I. Zur Zeit hat Deutschland ungefähr 230 InfDiv, 22 PzDiv, 20 motDiv, 10 FlgDiv und 4 KavDiv – im gesamten ca. 286 Div – mobil gemacht. Davon sind mit Stand 15. 5. 1941 94 InfDiv, 13 PzDiv, 12 motDiv und 1 KavDiv – im gesamten 120 Div – an den Grenzen zur Sowjetunion aufgestellt.

Es ist anzunehmen, daß Deutschland angesichts der derzeitigen politischen Lage im Falle eines Überfalles auf die UdSSR gegen uns 137 InfDiv, 19 PzDiv, 15 motDiv, 4 KavDiv und 5 LL-Div – im gesamten 180 Divisionen – aufstellen kann. Die übrigen 104 Div werden sich im Landesinneren, an der West-Grenze, in Norwegen, in Afrika, in Griechenland und in Italien befinden.

Aller Wahrscheinlichkeit nach werden die Hauptkräfte des deutschen Heeres in einer Stärke von 76 InfDiv, 11 PzDiv, 8 motDiv und 5 FlgDiv – im gesamten 100 Divisionen – südlich von Demblin aufmarschieren, um in Richtung Kovel, Rovno und Kiev einen Stoß zu führen.

Mit diesem Stoß werden gleichzeitig aus Ostpreußen ein Stoß nach Norden, nach Wilnius und Riga sowie konzentrisch geführte Angriffe aus dem Raum Suwalki und Brest in den Raum Volkovysk und Baranowici geführt werden.

Im Süden ist zu erwarten, daß die rumänische Armee, die durch deutsche Divisionen unterstützt wird, mit dem deutschen Heer in der allgemeinen Richtung Schmerinka zum Angriff übergehen wird (zum Großteil durchgestrichen – Korrekturen).

a) (nicht leserlich),
b) in Richtung Munkatsch, Lwow,
c) Sanok, Lwow.

Auch ein Nebenschlag der Deutschen aus dem Raume des Flusses San in Richtung Lwow ist nicht ausgeschlossen (durchgestrichen).

Die wahrscheinlichen Verbündeten Deutschlands können gegen die UdSSR folgende Verbände aufstellen: Finnland 20 InfDiv, Ungarn 15 InfDiv und Rumänien 25 InfDiv.

Im gesamten kann Deutschland mit seinen Verbündeten gegen die Sowjetunion 240 Divisionen aufmarschieren lassen. Wenn man in Betracht zieht, daß Deutschland sein Heer mit eingerichteten rückwärtigen Diensten mobil gemacht hält, so kann es uns beim Aufmarsch *zuvorkommen* und einen Überraschungsschlag führen.

Um dies zu verhindern und die deutsche Armee zu zerschlagen (letzteres durchgestrichen), erachte ich es für notwendig, dem deutschen Kommando unter keinen Umständen die Initiative zu überlassen, dem Gegner beim Aufmarsch *zuvorzukommen* und das deutsche Heer dann anzugreifen, wenn es sich im Aufmarschstadium befindet, noch keine Front aufbauen und das Gefecht der verbundenen Waffen noch nicht organisieren kann.

II. Als erstes strategisches Ziel haben die Truppen der Roten Armee die Hauptkräfte des deutschen Heeres, die südlich Demblin aufmarschiert sind, zu vernichten und bis zum 30. Tag der Operation die allgemeine Frontlinie Ostrolenka, Fluß Narev, Lodz, Kreuzburg, Oppeln und Olmütz zu erreichen (die in Klammer eingefügte Passage ist mangelhaft kopiert und auf Grund der zusätzlichen Streichungen nur in unzusammenhängenden Bruchstücken übersetzbar), um:

a) den Hauptschlag mit den Kräften der Südwestfront in Richtung Krakau, Kattowitz zu führen und somit Deutschland von seinen südlichen Verbündeten abzuschneiden;

b) den Nebenschlag mit dem linken Flügel der Westfront in Richtung Siedlce, Demblin zu führen, um die Kräftegruppierung um Warschau zu binden und die Südwestfront bei der Vernichtung der feindlichen Kräftegruppierung zu unterstützen;

c) gegen Finnland, Ostpreußen, Ungarn und Rumänien eine beweglich geführte Verteidigung zu führen, um bei günstiger Lage zur Führung eines Schlages gegen Rumänien bereit zu sein.

III. Ausgehend von der Absicht des strategischen Aufmarschplanes, ist für die Streitkräfte der UdSSR folgende Kräftegruppierung vorgesehen:

1. Die Landstreitkräfte der Roten Armee in der Stärke von 198 SchtzDiv, 61 PzDiv, 31 motDiv, 13 KavDiv — gesamt 303 Divisionen — und 74 ArtRgter als Reserve des Oberkommandos verteilen sich wie folgt:

a) Die Hauptkräfte in der Stärke von 163 SchtzDiv, 58 PzDiv, 30 motDiv und 7 KavDiv — gesamt 258 Divisionen — und 53 ArtRgter als Reserve des Oberkommandos im Westen. Davon sind im Bestand der N-, NW-, W- und SW-Front 136 SchtzDiv, 44 PzDiv, 23 motDiv, 7 KavDiv — gesamt 210 Divisionen — und 53 ArtRgter als Reserve des Oberkommandos. Als Reserve des Oberkommandos gehören zur SW- und W-Front 27 SchtzDiv, 14 PzDiv, 7 motDiv — gesamt 48 Divisionen.

b) Die übrigen Kräfte in der Stärke von 35 Div, 3 PzDiv, 1 motDiv, 6 KavDiv

- gesamt 45 Divisionen – und 21 ArtRgter als Reserve des Oberkommandos werden für die Verteidigung der Süd- und der Nordgrenze der UdSSR eingesetzt; davon im
- Fernen Osten und im Militärbezirk Transbaikal 22 SchtzDiv, 3 PzDiv, 1 motDiv, 1 KavDiv – gesamt 27 Divisionen – ... (nicht leserlich),
- in Zentralasien: 2 GebirgsjägerDiv und 3 KavDiv – gesamt 5 Divisionen,
- in Transkaukasien 8 Schtz und 2 KavDiv – gesamt 10 Divisionen – und 2 ArtRgter als Reserve des Oberkommandos,
- zur Verteidigung der Schwarzmeerküste, des nördlichen Kaukasus und der Krim 2 SchtzDiv,
- an der Küste des Weißen Meeres 1 SchtzDiv.

Eine detaillierte Kräftegruppierung zeigt die Beilagekarte.

2. Die Luftstreitkräfte der Roten Armee in der Stärke der zur Zeit verfügbaren und einsatzfähigen 97 JgdFlgGeschw, 75 NahBombGeschw, 11 JagdBombGeschw, 29 FernBombGeschw und 6 schwBombGeschw – gesamt 218 FlgGeschw – verteilen sich wie folgt:

a) Die Hauptkräfte in der Stärke von 66 JgdFlgGeschw, 64 NahBombGeschw, 5 JgdBombGeschw, 25 FernBombGeschw und 5 schwBombGeschw – gesamt 105 FlgGeschw – im Westen. Davon sind
- im Bestande der Nord-, Nordwest-, Süd- und Südwestfront 63 JgdFlgGeschw, 64 NahBombGeschw, 5 JgdBombGeschw, 11 FernBombGeschw und 1 schwBombGeschw – gesamt 144 FlgGeschw,
- im Bestande der Reserve des Oberkommandos der Südwest- und der Westfront [3 JgdFlgGeschw], 14 FernBombGeschw und 4 schwBombGeschw – gesamt 21 FlgGeschw.

b) Die übrigen Kräfte in der Stärke von ... 11 NahBombGeschw, 6 JgdBombGeschw und 1 schwBombGeschw – gesamt 53 FlgGeschw – sind zur Verteidigung der Grenzen im Fernen Osten, im Süden und Norden und auf den Luftverteidigungs-Stützpunkten in Moskau zu belassen, darunter:
- im Fernen Osten und im Militärbezirk Transbaikal 14 JgdFlgGeschw, 9 NahBombGeschw, 5 JgdBombGeschw, 4 FernBombGeschw und 1 schwBombGeschw – gesamt 33 FlgGeschw,
- im Militärbezirk Zentralasien 1 JgdFlgGeschw und 1 JgdBombGeschw – gesamt 2 FlgGeschw,
- im Militärbezirk Transkaukasien 9 JgdFlgGeschw, 2 NahBombGeschw – gesamt 11 FlgGeschw,
- im Militärbezirk ... 1 JgdFlgGeschw.

Zur Verteidigung von Moskau 6 JgdFlgGeschw.

Eine detaillierte Kräftegruppierung zeigt die Beilagekarte.

Außer der mit heutigem Tag verfügbaren Luftstreitkräfte gibt es noch sich in Aufstellung befindende und nicht einsatzfähige 52 JgdFlgGeschw, 30 NahBombGeschw, 4 JgdBombGeschw, 7 FernBombGeschw und 22 FernJgdFlgGeschw – gesamt 115 FlgGeschw, mit deren voller Einsatzbereitschaft man bis 1. 1. 1942 rechnen kann.

Je nach Einsatzbereitschaft sollen diese FlgGeschw wie folgt verteilt werden:
Für den Westen sind 41 JgdFlgGeschw, 30 NahBombGeschw, 4 JgdBombGeschw, 5 FernBombGeschw, 14 FernJgdFlgGeschw – gesamt 94 FlgGeschw – vorzusehen; davon
- zu den Fronten 41 JgdFlgGeschw, 33 NahBombGeschw, 6 ... 7 FernJgdFlgGeschw – gesamt 87 FlgGeschw,
- zur Reserve des Oberkommandos – 4 JgdFlgGeschw, 3 FernJgdFlgGeschw – gesamt 7 FlgGeschw – und
- zur Verteidigung Moskaus sind 5 JgdFlgGeschw zu belassen.

Ungefähre Zeitangaben hinsichtlich der Einsatzbereitschaft dieser FlgGeschw sind den ... auf den Karten zu entnehmen.

IV. Zusammensetzung und Aufträge für die im Westen aufgebauten Fronten (Karte 1:1 000 000).

Nordfront (MB Leningrad) – 3 Armeen in der Stärke von 15 SchtzDiv, 4 PzDiv und 2 motDiv – gesamt 21 Divisionen – 18 FlgGeschw und die Nordflotte mit dem Hauptauftrag – Verteidigung von Leningrad, des Hafens von Murmansk, der Eisenbahnlinie von Kirow und die gemeinsame Sicherstellung mit der baltischen Flotte der vollen Seeherrschaft über den Finnischen Meerbusen. Mit demselben Ziel soll vom besonderen Militärbezirk der Nordfront die Verteidigung der Nord- und Nordwestküste der Estnischen Sozialistischen Sowjetischen Unionsrepublik übergeben werden. Frontgrenze rechts – Ostaschkow, Ostrow, Wyru, Wiljandi, Bucht von Haapsalu, Inseln Ösel und Dagö ausgeschlossen. Stab der Front – Pargolowo.

Nordwestfront (besonderer MB Baltikum) – 3 Armeen in der Stärke von 17 SchtzDiv, 4 PzDiv, 2 motDiv – gesamt 23 Divisionen – und 13 FlgGeschw mit dem Auftrag
- in beharrlicher Verteidigung den Raum Riga und Wilnius nachhaltig zu sichern,
- das Eindringen des Feindes aus Ostpreußen zu verhindern,
- die Westküste – die Inseln Ösel und Dagö zu verteidigen und ein Anlanden von Seelandungstruppen zu verhindern.

Frontgrenze links – Polozk, Oschmjany, Druskeniki, Marggrabowa, Lötzen. Stab der Front – Ponewież.

Westfront (besonderer MB West) – 4 Armeen in der Stärke von 31 SchtzDiv, 8 PzDiv, 4 motDiv und 2 KavDiv – gesamt 45 Divisionen – und 21 FlgGeschw. Aufträge:
- In beharrlicher Verteidigung des Frontbereiches Druskeniki, Ostrolenka den Raum Lifskoje und Bjelostokskoje nachhaltig zu sichern.
- Mit dem Übergang der Armeen der Südwestfront zum Angriff in einem Stoß des linken Flügels der Front in der allgemeinen Linie Siedlce, Radom im Zusammenwirken mit der Südwestfront die feindliche Kräftegruppierung im Raume Lublin – Radom zu vernichten, zur Weichsel vorzurücken ... (durchgestrichen und teilweise unleserlich) und Radom in Besitz zu nehmen.

Frontgrenze links: Fluß Pripjet, Pinsk, Wlodawa, Demblin, Radom.
Stab der Front: Baranowiči.

Südwestfront – 8 Armeen in der Stärke von 74 SchtzDiv, 28 PzDiv, 15 motDiv und 5 KavDiv – gesamt 122 Divisionen – und 91 FlgGeschw mit folgenden Aufträgen:

a) In einem konzentrisch geführten Stoß durch die Armeen des rechten Flügels der Front ist die feindliche Hauptkräftegruppierung ostwärts der Weichsel im Raume Lublin einzukesseln und zu vernichten.

b) Gleichzeitig sind durch einen Schlag von der Front Sejawa, Peremyschl, Ljutowiska feindliche Kräfte in Richtung Krakau zu zerschlagen, der Raum Kattowitz in Besitz zu nehmen, in der Absicht, aus diesem Raume den Angriff nach Norden bzw. nach Nordwesten fortzusetzen, um starke Kräfte des feindlichen Nordflügels zu vernichten und das ehemalige Polen und Ostpreußen in Besitz zu nehmen.

c) Die Staatsgrenze zu Ungarn und Rumänien ist nachhaltig zu verteidigen, und die Bereitschaft zur Führung von konzentrischen Schlägen gegen Rumänien aus dem Raume Tschernowitz und Kischinjow ist sicherzustellen, um in weiterer Folge den Nordflügel der rumänischen Armee zu vernichten und die allgemeine Linie Fluß Moldawa-Jassy zu erreichen.

Um die Umsetzung der oben dargelegten Absicht sicherzustellen, müssen rechtzeitig nachstehende Maßnahmen gesetzt werden, ohne die die Führung eines Überraschungsangriffs gegen den Feind sowohl von der Luft aus als auch auf dem Festland unmöglich ist.

1. Unter dem Anschein von Übungen für Soldaten der Reserve ist eine geheime Mobilmachung der Truppe durchzuführen.

2. Unter dem Anschein, in Ausbildungslager auszurücken, sind in der Nähe der Westgrenze geheim Truppen zusammenzuziehen, und vorrangig sind alle Armeen für die Reserve des Oberkommandos zusammenzuziehen.

3. Aus den entlegenen Militärbezirken sind die Luftstreitkräfte geheim auf Feldflugplätzen zu konzentrieren, und mit dem Einrichten der Rückwärtigen Dienste der Luftstreitkräfte ist sogleich zu beginnen.

4. Unter dem Anschein von Ausbildungsvorhaben und Übungen für die Rückwärtigen Dienste sind die Rückwärtigen Dienste und die Basis für die San-Versorgung allmählich einzurichten.

V. Die Gruppierung der Reserven des Oberkommandos. In der Reserve des Oberkommandos gibt es 5 Armeen. Sie sind wie folgt zusammenzuziehen:
- 2 Armeen in der Stärke von 9 SchtzDiv. 4 PzDiv und 2 motDiv. – gesamt 12 Divisionen – im Raume Wjasma, Syčewka, Jelna, Brjansk, Suchiniči,
- 1 Armee in der Stärke von 4 SchtzDiv, 2 PzDiv, 2 MotDiv – gesamt 8 Divisionen – im Raum Wilejka, Nowogrudok, Minsk,
- 1 Armee in der Stärke von 6 SchtzDiv, 4 PzDiv und 2 motDiv – gesamt 12 Divisionen – im Raume Schepetowka, Proskurow, Berdičew,
- 1 Armee in der Stärke von 8 SchtzDiv, 2 PzDiv und 2 motDiv – gesamt 12 Divisionen – im Raume Bjelaja Zerkow, Swenigorodskij, Tscherkassy.

VI. Die Sicherung des Zusammenziehens und des Aufmarsches: Um sich vor einem möglichen feindlichen Überraschungsstoß zu sichern, ist das Zusammenziehen der Kräfte und der Aufmarsch der eigenen zu decken und ihr Übergang zum Angriff vorzubereiten. Hierzu ist es notwendig:

1. Unter dem Einsatz aller verfügbaren Truppen der Grenzmilitärbezirke sowie fast der gesamten für den Aufmarsch an der Westgrenze vorgesehenen Luftstreitkräfte ist eine nachhaltige Verteidigung und Sicherung der Staatsgrenze einzurichten.

2. Einen Detailplan für die Heimatluftverteidigung auszuarbeiten und die Mittel der Fliegerabwehr in volle Bereitschaft zu versetzen.

Zu diesen Fragen sind von mir schon zahlreiche Anordnungen ergangen, und die Ausarbeitung von Plänen für die Verteidigung der Staatsgrenze und der Fliegerabwehr wird bis 1.6.1941 vollends abgeschlossen sein. Zusammensetzung und Gruppierung der Deckungstruppen laut Beilagekarte.

VII. Aufträge an die Flotte sind entsprechend meiner von Ihnen zuvor genehmigten Berichte ergangen.

VIII. Der Aufmarsch der Truppen und ihr Einsatz werden durch die nachstehend angeführten Vorräte sichergestellt:

An Munition –

    Kleinkalibergranaten — für 3 Wochen
    Mittelkalibergranaten — für 1 Monat
    Schwerkalibergranaten — für 1 Monat
    Minen — für 1 halben Monat

An Fla-Munition –

    37 mm — für 5 Tage
    76 mm — für 1 1/2 Monate
    85 mm — für 11 Tage

An Fliegermunition –

    Sprengbomben — für 1 Monat
    Pzbrechende Munition — für 10 Tage
    betonbrechende Munition — für 10 Tage
    Splitterbomben — für 1 Monat
    Brandbomben — für 1/2 Monat

An Treib- und Schmierstoffen:

    Benzin B-78 — für 10 Tage
    Benzin B-74 — für 1 Monat
    Benzin B-70 — für 2 1/2 Monate
    Diesel — für 1 Monat

Die Kraftstoffvorräte, die für die westlichen MB vorgesehen sind, sind in beträchtlicher Menge (wegen fehlender Fassungskapazitäten auf ihrem Territorium) in den inneren MB gestaffelt.

IX. Bitte:

1. den vorgelegten Plan für den strategischen Aufmarsch der Streitkräfte der UdSSR und den beabsichtigten Einsatzplatz für den Fall eines Krieges mit Deutschland zu bestätigen.

2. Die konsequente Durchführung der geheimen Mobilmachung und die geheime Zusammenziehung, vorrangig aller Armeen der Reserve des Oberkommandos und der Luftstreitkräfte rechtzeitig zu genehmigen.

3. Vom NKPC zu fordern, die volle und rechtzeitige Erfüllung des Baues der Eisenbahnstrecken gem. dem Plan des Jahres 1941 und im besonderen in Richtung Lwow (Lemberg).

4. Die Industrie verbindlich zu verpflichten, den Produktionsausstoßplan für Panzer und Flugzeuge als auch den Plan für die Herstellung und Zufuhr von Munition und Kraftstoff innerhalb der vorgegebenen Zeit genauestens zu erfüllen.

Beilagen:
1. Aufmarschskizze auf einer Karte von 1:1 000 000 in 1 Exemplar.
2. Aufmarschskizze für die Sicherung auf 3 Karten.
3. Übersicht über das Kräfteverhältnis in 1 Ausgabe.
4. 3 Karten für die Stationierung der Luftstreitkräfte im Westen.

Der Volkskommissar für die Verteidigung
der UdSSR
Marschall der Sowjetunion

S. Timoschenko

Der Chef des Generalstabes
der Roten Armee

G. Schukow

Anmerkungen

I. Der Hitler-Stalin-Pakt.
Die Schleuse zum Krieg in Europa

1 Ribbentrop, Joachim von, Zwischen London und Moskau. Erinnerungen und letzte Aufzeichnungen. Aus dem Nachlaß herausgegeben von Annette von Ribbentrop, Leoni am Starnberger See 1961, S. 171. Fortan zit.: Ribbentrop ...
2 J. Stalin, Fragen des Leninismus, Ost-Berlin 1951, S. 687 – 689 ff.
3 Ribbentrop, S. 265.
4 Jacobsen, Hans Adolf, 1939 – 1945. Der Zweite Weltkrieg in Chronik und Dokumenten, Darmstadt 1959, S. 92 ff. Fortan zit.: Jacobsen, Chronik ...
5 Aufzeichnungen des Wehrmacht-Chefadjutanten Oberstleutnant (ab 4. August 1939: Oberst) Schmundt über Hitlers Feststellungen vom 23. Mai 1939, Nationalarchiv Washington, EAP 105/16.
6 Fleischhauer, Ingeborg, Der Pakt. Hitler, Stalin und die Initiative der deutschen Diplomatie 1938 – 1939, Berlin und Frankfurt am Main 1990, S. 237 und S. 499. Fortan zit.: Fleischhauer, Der Pakt ...
7 Akten zur Deutschen Auswärtigen Politik, D VI, Nr. 215 (C.-E. 1).
8 Ebenda, D VI, Nr. 332.
9 Ebenda, D VI, Nr. 414, Anm. 2
10 Ebenda, D VI, Nr. 451 (C.-E. 12).
11 Ebenda, D VI, Nr. 529 (C.-E. 16).
12 Ebenda, D VI, Nr. 478 (C.-E. 15).
13 DNB-Text vom 12. Juni 1939; Domarus, Max, Hitler. Reden und Proklamationen 1932 – 1945, München 1965, Band II., 1. Halbband 1939 – 1940, S. 1212. Fortan zit.: Domarus...
14 Vgl. Hitler, Mein Kampf, München 1925 ff., 469 – 473. Aufl., 1939, S. 726 ff. und Maser, Werner, Adolf Hitler. Mein Kampf. Geschichte, Auszüge, Kommentare, München und Esslingen 1966 ff., S. 204 ff.
15 Foreign Office Akten, 1940, Bd. 24 844.
16 Die Weizsäcker-Papiere 1939 – 1950. Hrsg. Leonidas E. Hill, Frankfurt am Main 1974, S. 1547.
17 Akten zur Deutschen Auswärtigen Politik, Bd. 6, Nr. 540.
18 Ribbentrop, S. 172.
19 Akten zur Deutschen Auswärtigen Politik, Bd. 6, Nr. 579. Vgl. auch L. A. Gordon/E. V. Kloptov, Tridcatye-sorokovje (Die dreißiger Jahre), in: sila, Moskau 1988, Nr. 3, S. 6 f.
20 Akten zur Deutschen Auswärtigen Politik, D VI, Nr. 583 (C.-E. 19).
21 Ebenda, Nr. 588 (C.-E. 21).
22 Vgl. Völkischer Beobachter vom 15. – 17. Juli 1939 (Nr. 196 – 198).
23 Ebenda, Nr. 607 (C.-E. 22). Vgl. dazu auch Gordon, L. A./Kloptov, E. V., Cto eto bylo? Razmyslenija o predposylkach i togach, cto slucilos s nami v 30 – 40 gody (Was war das? Überlegungen zu den Ursachen und Ereignissen dessen, was mit uns in den dreißiger und vierziger Jahren passiert ist), Moskau 1989, S.198 f.
24 Akten zur Deutschen Auswärtigen Politik, D VI, Nr. 628.
25 Ebenda, Nr. 714.
26 SSSR v borbe za mir nakanune vtoroj mirovoj voiny (IX/1938 – VIII/39), dokumenty i materialy (Die UdSSR im Kampf für den Frieden am Vorabend des Zweiten Weltkrieges), Moskau 1971, S. 246, Dok. 162. Fortan zit.: SSSR ...
27 Akten zur Deutschen Auswärtigen Politik, D VI, Nr. 729 (C.-E. 25).

28 Ebenda.
29 Vgl. zur Vorgeschichte: Vierteljahrshefte für Zeitgeschichte, 2. Jg. 1954, H. 2, S. 193 ff.
30 Akten zur Deutschen Auswärtigen Politik, D VI, Nr. 729 (C.-E. 25).
31 Ebenda.
32 Ebenda, Nr. 734.
33 Chruschtschow, N. S., Welt ohne Waffen – Welt ohne Krieg, Ost-Berlin 1961, S. 112.
34 Zit. nach Hass, Gerhard, 23. August 1939. Der Hitler-Stalin-Pakt, Berlin 1990, S. 96 ff. Fortan zit.: Hass, 23. August 1939.
35 Wolkogonow, Dimitri, Stalin. Triumph und Tragödie, Düsseldorf, 2. Aufl. 1990, S. 465. Fortan zit.: Wolkogonow, Stalin ...
36 Vgl. Kennan, George F., Sowjetische Außenpolitik unter Lenin und Stalin. Stuttgart 1961, S. 433 ff.
37 Vgl. Hofer, Walther, Die Entfesselung des Zweiten Weltkrieges. Eine Studie über die internationalen Beziehungen im Sommer 1939 – mit Dokumenten, Frankfurt am Main 1960, S. 36 ff.
38 Akten zur Deutschen Auswärtigen Politik, D VI, Nr. 759 (C.-E. 27).
39 Wolkogonow, Stalin, S. 469.
40 SSSR, S. 543 ff., Dok. 411, 413, 415, 417, 425, 429, 437, 440, 446.
41 Akten zur Deutschen Auswärtigen Politik, D VII, Nr. 132 (C.-E. 42 und 43).
42 Wolkogonow, Stalin, S. 469.
43 Schukow, Georgi K., Erinnerungen und Gedanken, Stuttgart 1969, S. 177 ff. Fortan zit.: Schukow, Erinnerungen ...
44 Akten zur Deutschen Auswärtigen Politik, D VII, Nr. 56 (C.-E. 34).
45 Documents on British Foreign Policy, Serie 3, Bd. VII, Anhang II. Vgl. auch das Protokoll der britischen Militärmission vom 14. August 1939 im Anhang, S. 390 ff.
46 Akten zur Deutschen Auswärtigen Politik, D VII, Nr. 88 (C. E. 37) Vgl. auch ebenda, Nr. 70 (C. E. 35) und Nr. 79 (C. E. 36).
47 Vgl. die im Anhang S. 383 ff. zitierten sowjetischen und britischen Sitzungsprotokolle vom 14. August 1939.
48 Akten zur Deutschen Auswärtigen Politik, D VII, Nr. 79 (C.-E. 36).
49 Ebenda, Nr. 105 (C.-E. 39).
50 Ebenda.
51 Ebenda.
52 Ebenda.
53 Ebenda.
54 Ebenda, Nr. 113 (C.-E. 40).
55 Ebenda, Nr. 125 (C.-E. 41).
56 Ebenda, Nr. 133 (C.-E. 42).
57 Geschichte der Diplomatie. Die Diplomatie in der Vorbereitung des Zweiten Weltkrieges 1939–1945. Hrsg.: W. P. Potiomkin, Ost-Berlin 1948, 2. Teil, 2. Auflage, S. 358. Fortan zit.: Geschichte der Diplomatie ... .
58 Vgl. Nikonow, A. D., Geschichte der internationalen Beziehungen 1917–1939, Ost-Berlin 1963, S. 425 ff.
59 Vgl. Kettenacker, Lothar, Großbritannien und der deutsche Angriff auf die Sowjetunion, in: Zwei Wege nach Moskau. Vom Hitler-Stalin-Pakt bis zum „Unternehmen Barbarossa", München 1991, S. 605 und Bavendamm, Dirk, Roosevelts Krieg 1937–45 und das Rätsel von Pearl Harbor, München 1993, S. 163. Vgl. auch Churchill, Winston S., The Second World War, Bd. 2, London 1949, S. 506.
60 Ribbentrop, S. 179 f.
61 Akten zur Deutschen Auswärtigen Politik, Bd. 7, Nr. 228
62 Prawda vom 24. August 1939.

63 Wolkogonow, Stalin, S. 477.
64 Akten zur Deutschen Auswärtigen Politik, D VII, Nr. 229 (C.-E. 55).
65 Rosenberg, Alfred, Das politische Tagebuch Alfred Rosenbergs 1934/35 und 1939/40, Hrsg. Hans-Günther Seraphim, München 1964, S. 92/93. Fortan zit.: Rosenberg, Tagebuch ...
66 Zit. nach Hass, 23. August 1939, S. 254 f.
67 Vgl. das Chruschtschow-Interwiev in: Le Figaro vom 19. März 1958. Vgl. auch: Deutsche Außenpolitik, (DDR) 1959, S. 541 ff. Zu den Absichten Stalins im Zusammenhang mit dem Pakt vgl. auch Ernst Topitsch, Stalins Krieg – Die sowjetische Langzeitstrategie gegen den Westen als rationale Machtpolitik, 2. Aufl., München 1986, S. 42–60.
68 Geschichte der Diplomatie, S. 353 f. Vgl. auch Wolkogonow, Stalin, S. 477.
69 Vgl. Wolkogonow, Stalin, S. 503 und Hass, 23. August 1939, S. 30.
70 Geschichte der Diplomatie, S. 355.
71 Stalin, Über den Großen Vaterländischen Krieg der Sowjetunion, Moskau 1946, S. 7 f.
72 Hass, 23. August 1939, S. 30.
73 Vgl. dazu auch Bracher, Karl Dietrich, in: Propyläen Weltgeschichte, Berlin und Frankfurt am Main 1986, Bd. IX, S. 429.
74 Geschichte der Diplomatie, S. 377.
75 Die Beschaffung des bis September 1993 „verschollenen" Dokuments verdanke ich der Unterstützung durch die in Frankfurt am Main ansässige „Internationale Gesellschaft für Menschenrechte".
76 Schukow, Erinnerungen, S. 183 f. Der sowjetische Marschall Wassilewski berichtete 1973 in seinen Erinnerungen unter anderem: „Im ersten Halbjahr 1941 arbeitete der Generalstab mit nicht nachlassender Anspannung ... Sehr sorgfältig studierte man Fragen des Angriffs und der Verteidigung ... Die Hauptrolle spielte natürlich die angreifende Seite". Wassilewski monierte: „Hier muß jedoch gesagt werden, daß die ... Orientierung darauf, bei einem Überfall auf die UdSSR die sowjetischen Truppen entschlossen handeln zu lassen und den Krieg auf dem Territorium des Gegners zu führen, mancherorts zum Dogma erhoben wurde", wogegen andere wiederum meinten, „die sowjetischen Truppen würden von Anfang an nur angreifen und dabei erfolgreich sein", Wassilewski, Sache des ganzen Lebens, S. 99 f. und 96 f.
77 Vgl. International Conference on Military Trials, U. S. Government Printing Office, 1947, S. 294, 328 und 375. Vgl. auch Maser, Werner, Nürnberg. Tribunal der Sieger, Düsseldorf 1977 ff., S. 529.
78 Maser, ebenda.

II. Die unheilvolle Allianz –
Vom deutsch-sowjetischen Krieg gegen Polen zum sowjetisch-finnischen Krieg

1 Hubatsch, Walther, Hrsg., Hitlers Weisungen für die Kriegführung 1939–1945, S. 19. Fortan zit.: Hubatsch, Hitlers Weisungen ...
2 Kominternorgan „Rundschau", Basel, 16. März 1939.
3 Vgl. Wolkogonow, Stalin, S. 456. Zu Tuchatschewski und den „Säuberungen" während der Zeit vgl. Maser, Werner, Adolf Hitler. Legende – Mythos – Wirklichkeit, München 1971 ff., 13. Aufl. 1993, S. 508. Fortan zit.: Maser, Hitler ...; Wolkogonow, Stalin, u.a. S. 419, 422 ff., 424, 431, 445, 450, 458; Ulam, Adam B., Stalin. Koloß der Macht, München 1973, u.a. S. 417 f. Fortan zit.: Ulam, Stalin ...; Der Spiegel, Nr. 7 vom 8.2.1971; Moroszow, Michael, Der Georgier. Stalins Weg und Herrschaft, München 1980, S. 146 f. Fortan zit.: Moroszow, Der Georgier ...
4 Akten zur Deutschen Auswärtigen Politik, D VIII, Nr. 37 (C.-E., 68).
5 Ebenda, Nr. 46 (C.-E. 69).
6 Ebenda, Nr. 70 (C.-E. 72).
7 Ebenda.
8 Ebenda.
9 Ebenda, Nr. 78 (C.-E. 73).
10 Ebenda.
11 Ebenda.
12 Deborin, G.A., Der Zweite Weltkrieg, Ost-Berlin 1960, S. 65 f.
13 Wassilewski, Alexander Michailowitsch, Sache des ganzen Lebens, Ost-Berlin 1977, S. 85. Fortan zit.: Wassilewski, Sache des ganzen Lebens ...
14 Vgl. Hartl, Hans, Werner Marx, Fünfzig Jahre sowjetische Deutschlandpolitik, Boppard 1967, fortan zit.: Hartl ...; Werth, Alexander, Rußland im Krieg 1941–1945, München 1965, fortan zit.: Werth ...; Gosztony, Peter, Hitlers fremde Heere, Düsseldorf 1976, fortan zit.: Gosztony ...; Hart, Liddell, Geschichte des Zweiten Weltkrieges, Düsseldorf 1972, fortan zit.: Hart ...; Bullock, Alan, Adolf Hitler. Eine Studie über Tyrannei, Düsseldorf 1953 ff., fortan zit.: Bullock, Hitler ...; Ders. Hitler und Stalin. Parallele Leben, Berlin 1991, fortan zit.: Bullock, Hitler und Stalin ...
15 Manstein, Erich v., Verlorene Siege, Frankfurt am Main 1964, S. 46 f.; fortan zit.: Manstein ...
16 Bullock, Hitler, S. 563 f.
17 Hart, S. 49.
18 Vgl. Gosztony, S. 24.
19 Suworow, Viktor, Der Eisbrecher. Hitler in Stalins Kalkül, Stuttgart 1989, S. 50 ff., fortan zit.: Suworow ...
20 Zuletzt noch: Istorija meschdunarodnych otnosenij; vnesnej politiki SSSR, Bd. 1, Moskau 1986, S. 224 f.; Vgl. auch Ginsberg, G., The Soviet Union as a Neutral 1939–1941, in: Soviet Studies, July 1958, S. 12–31.
21 Hitler in einer Rede vom 8. November 1939. DNB-Text vom 8. November 1939.
22 Hitler in seiner Rede vom 19. September 1939 in Danzig. DNB-Text vom 19. September 1939.
23 Akten zur Deutschen Auswärtigen Politik, D VIII, Nr. 90 (C.-E. 77).
24 Ebenda, Nr. 131 (C.-E. 82).
25 Hillgruber, Andreas, Staatsmänner und Diplomaten bei Hitler. Vertrauliche Aufzeichnungen über Unterredungen mit Vertretern des Auslandes 1939–1941. Frankfurt am Main 1967, S. 32. Fortan zit.: Hillgruber, Staatsmänner ... Vgl. auch Dahlerus, Birger, Der letzte Versuch. London – Berlin Sommer 1939, München 1973, S. 107 ff.

26 Ribbentrop, S. 205.
27 Akten zur Deutschen Auswärtigen Politik, D VIII, S. 738–740.
28 Ribbentrop, S. 205.
29 Akten zur Deutschen Auswärtigen Politik, D VIII, Nr. 237.
30 Ebenda, Nr. 280 (C.-E. 113).
31 Ebenda, Nr. 283.
32 Ebenda.
33 Ebenda, Nr. 419 (C.-E. 116).
34 Ribbentrop, S. 210.
35 Ebenda, S. 211.
36 Ebenda.
37 Akten zur Deutschen Auswärtigen Politik, D VIII, Nr. 182 (C.-E. 97).
38 Ebenda, Nr. 194 (C.-E. 100).
39 Kominternorgan „Rundschau", November 1939.
40 Ribbentrop, S. 206.
41 Ebenda, S. 206 ff.
42 Akten zur Deutschen Auswärtigen Politik, D VIII, Nr. 271 (C.-E. 112).
43 Hitlers Auftrag an Göring. Die Unterlagen fanden sich nach dem Krieg unter Speers Papieren. Vgl. Documents on German Foreign Policy, Ser. C. Vol. 5, Nr. 490, Meinck, Gerhard, Hitler und die deutsche Aufrüstung, Wiesbaden 1959, S. 164 und Tessin, Georg, Formationsgeschichte der Wehrmacht 1933–39, Schriften des Bundesarchivs, Bd. 7, Boppard/Rhein 1959.
44 Vgl. Bullock, Alan, Hitler and the Origins of the Second World War. Raleigh Lecture on History, 22. November 1967, S. 268, London, Oxford University Press, published for the British Academy, 1968. Fortan zit.: Bullock, Second World War ...
45 Heim, S. 344.
46 Hitler in seiner Rede vom 1. September 1939 im Reichstag, DNB-Text vom 1. September 1939. Vgl. auch Zentrales Staatsarchiv (Sonderarchiv) Moskau: 1303(6)568.
47 Bericht vom September 1939 des Generalquartiermeisters der Luftwaffe, in: Bidlingmaier, C., Die Grundlagen für die Zusammenarbeit Luftwaffe/Kriegsmarine und ihre Erprobung in den ersten Kriegsmonaten, in: Die Entwicklung des Flottenkommandos ... (Beiträge zur Wehrforschung. Hrsg.: Arbeitskreis für Wehrforschung, Bd. IV. Darmstadt 1964, S. 110 f. Vgl. auch Klee, K. (Hrsg.), Dokumente zum Unternehmen „Seelöwe". Die geplante deutsche Landung in England. Göttingen, Berlin, Frankfurt am Main 1959, S. 37 ff., (Einsatzstärken und Verluste) S. 67 ff. und 89 ff. Vgl. auch Zentrales Staatsarchiv (Sonderarchiv) Moskau: 145(1) 177 und 1459(1) 177.
48 Der Generalquartiermeister. Briefe und Tagebuchaufzeichnungen des Generalquartiermeisters des Heeres General der Artillerie Eduard Wagner. Hrsg. Elisabeth Wagner, München und Wien 1963, S. 110 (Tagebuchaufzeichnung vom 31. August 1939).
49 Zit. nach Domarus, S. 1237.
50 Vgl. Maser, Hitler, S. 496. Vgl. auch Birkenfeld, Wolfgang, Stalin als der Wirtschaftspartner Hitlers (1939–1941), in: Vierteljahresschrift für Sozial- und Wirtschaftsgeschichte, 53 (1966), S. 482; Petzina, Dietmar, Der national-sozialistische Vierjahresplan von 1936. Entstehung, Verlauf, Wirkungen. Diss. Mannheim 1965, S. 127; Eichler, Gerhard, Die deutsch-sowjetischen Wirtschaftsbeziehungen von August 1939 bis zum faschistischen Überfall im Juni 1941, Diss. Halle 1965; Jäger, Jörg Johannes, Die wirtschaftliche Abhängigkeit des Dritten Reiches vom Ausland, dargestellt am Beispiel der Stahlindustrie, Berlin 1969, S. 131 ff.
51 Vgl. Weidemann, Alfred, Der rechte Mann am rechten Platz, in: Bilanz des Zweiten Weltkrieges, Oldenburg 1953, S. 215 ff.

Anmerkungen zu den Seiten 135–152

52 Vgl. Rohwer, J., Der U-Boot-Krieg und sein Zusammenbruch 1943, in: Entscheidungsschlachten des Zweiten Weltkrieges. Hrsg.: Hans-Adolf Jacobsen und J. Rohwer, Frankfurt am Main 1960, S. 327 ff.

53 Vgl. Hillgruber, Andreas, Hitlers Strategie, Politik und Kriegführung 1940–1941, Frankfurt am Main 1965, S. 34. Fortan zit.: Hillgruber, Hitlers Strategie ...

54 Hitler in seiner 2. Ansprache vom 22. August 1939 vor den Oberbefehlshabern der Wehrmacht. Zit. nach Hass, 23. August 1939, S. 189.

55 Schukow, Erinnerungen, S. 197.

56 Wolkogonow, Stalin, S. 503. Wosnessenski gab 1947 an (Die Kriegswirtschaft der UdSSR während des großen Vaterländischen Krieges, Moskau 1947, S. 154; russische Ausgabe), daß sich der Gesamtwert der staatlichen Materialreserven von 1940 bis Juni 1941 von 4 Milliarden auf 7,6 Milliarden Rubel erhöhte. Die Stärke der Streitkräfte stieg nach Schukow (Erinnerungen, S. 205) von 1939 bis 1941 um das 2,8fache. Am 1. Januar 1941 zählten sie (Schukow, Erinnerungen, S. 205) mehr als 4 200 000 Mann.

57 Hass, 23. August 1939. S. 23. Vgl. auch Schukow, Erinnerungen, S. 190 ff.

58 Wolkogonow, Stalin, S. 505.

59 Heim, S. 180.

60 Schukow, Erinnerungen, S. 228.

61 Fleischhauer, Ingeborg, Die sowjetische Außenpolitik und die Genese des Hitler-Stalin-Paktes, in: Zwei Wege nach Moskau. Vom Hitler-Stalin-Pakt bis zum „Unternehmen Barbarossa", München und Zürich, S. 29.

62 Hubatsch, Hitlers Weisungen, S. 32.

63 Vgl. Hillgruber, Andreas, Hümmelchen, Gerhard, Chronik des Zweiten Weltkrieges. Kalendarium militärischer und politischer Ereignisse 1939–45., Frankfurt am Main 1978, S. 16. Fortan zit.: Hillgruber-Hümmelchen, Chronik ...

64 Churchill, Winston, Reden 1938–1945, 6 Bde., Zürich 1946–1950, Bd. I, S. 211.

65 Bericht der Agentur Reuter vom 3. Oktober 1939.

66 Hitler in seiner Reichstagsrede vom 6. Oktober 1939. DNB-Text vom 6. Oktober 1939.

67 Manstein, S. 69.

68 Hubatsch, Hitlers Weisungen, S. 37.

69 Wolkogonow, Stalin, S. 537.

70 Wassilewski, Sache des ganzen Lebens, S. 95.

II. Die unheilvolle Allianz – Kontinentaleuropa im Griff der Diktatoren

1 Vgl. Hart, Bd. 1, S. 65.

2 Werth, S. 71.

3 Vgl. „Prawda" vom 30. November 1939. Zum sowjetisch-finnischen Krieg insgesamt vgl. Blauweiß-Buch der finnischen Regierung. Dokumente über die Entwicklung des finnisch-russischen Konflikts und den Ausbruch der Feindseligkeiten zwischen Finnland und der Sowjetunion am 30. November 1939. Basel 1940. M. Jakobson, The Diplomacy of the Winter War. Cambridge, Mass. 1961; A.G. Mazour, Finland between East and West, Princeton 1956; C.L. Lundin, Finland in the Second World War. Bloomington, Ind. 1957; Finland and World War II, 1939–1944. Hrsg. v. J.H. Wuorinen, New York 1948; C.G. Mannerheim, Minnen, 2 Bde., Helsinki 1951; V. Tanner, The Winter War. Stanford 1957; H.J. Procopé, Sowjetjustiz über Finnland. Zürich 1947. – Zur Vorgeschichte: J.-J. Fol, A propos des conversations finno-soviétiques qui ont pré-

cédé la „Guerre d'hiver" (30 novembre 1939 – 12 mars 1940), in: Revue d'histoire de la deuxième guerre mondiale. 1970, Nr. 77. S. 25–40. O.V. Kuusinen, Finland unmasked. London 1944; W.P. u. Z.K. Wates, The Soviet-Finnish Campaign. Military and Political. 1939–1940. London 1942; I.M. Majskij, Anglija i sowetskofinskaja wojna, in: Woprosy istorii. 1965, Nr. 4, S. 43–55. – Bibliographischer Wegweiser zum sowjetisch-finnischen Winterkrieg: E. Klink, Zur Literatur über den finnischsowjetischen Winterkrieg 1939–1940. In: Jahresbibliographie, Bibliothek für Zeitgeschichte. 1961, Frankfurt am Main 1963, S. 589–597. Ueberschär, Gerd R., Hitler und Finnland 1939–1941. Die deutsch-finnischen Beziehungen während des Hitler-Stalin-Pakts. Wiesbaden 1978.
4 Vgl. Werth, S. 71.
5 Wassilewski, Sache des ganzen Lebens, S. 85.
6 Ebenda, S. 84 f.
7 Ebenda, S. 85.
8 Ebenda, S. 86.
9 Ebenda.
10 Ebenda.
11 Ebenda.
12 The National Archives, National Archives and Records Service, General Services Administration, Washington (Microfilme). Fortan zit.: National Archives.
13 Werth, S. 79.
14 National Archives.
15 „Völkischer Beobachter" vom 27. Dezember 1939.
16 So sagte Hitler beispielsweise am 27. Januar 1942 im Führerhauptquartier: „Ribbentrop ist ein unangenehmer Zeitgenosse, aber: stur und hart ist er." Heim, S. 240.
17 Akten zur Deutschen Auswärtigen Politik, D VIII, Nr. 594.
18 Archiv Media D, Dr. Günther Deschner, Bonn.
19 Ebenda.
20 Akten zur Deutschen Auswärtigen Politik D VIII, Nr. 600.
21 Ebenda, Nr. 636; vgl. auch Hass, 23. August 1939, S. 274 f.
22 Zit. nach Hillgruber, Andreas, Sowjetische Außenpolitik im Zweiten Weltkrieg, Düsseldorf 1979, S. 45 f.
23 Hass, 23. August 1939, S. 276 f. Vgl. auch Akten zur Deutschen Auswärtigen Politik. D X, Nr. 206.
24 Wassilewski, Sache des ganzen Lebens, S. 85 ff.
25 KTB OKW, Bd. 1, S. 233
26 Hubatsch, Hitlers Weisungen, S. 98 f.
27 National Archives.
28 Soviet Documents on Foreign Policy, Bd. 3, S. 469.
29 Hart, S. 75.
30 Hubatsch, Hitlers Weisungen, S. 37.
31 Akten zur Deutschen Auswärtigen Politik, D IX, Nr. 73.
32 Teheran, Jalta, Potsdam. Die sowjetischen Protokolle von den Kriegskonferenzen der „Großen Drei", Köln 1973 (2. Aufl.) S. 230.
33 Vgl. dazu die Protokolle der Verhandlungen der sowjetischen, britischen und französischen Militärmissionen vom August 1939 auf S. 383 ff.
34 Zum „Fall Weserübung" vgl. Hubatsch, Hitlers Weisungen, S. 57.
35 Hart, S. 89 f.
36 Akten zur Deutschen Auswärtigen Politik, D IX, Nr. 226 (C.-E. 130).
37 A.A., Film 357, S. 203950–52.
38 Hubatsch, Hitlers Weisungen, S. 32-33 f.

39 Vgl. Bavendamm, Dirk, Roosevelts Krieg 1937 – 45 und das Rätsel von Pearl Harbor, München 1993, S. 163. Fortan zit.: Bavendamm
40 Ebenda.
41 Akten zur Deutschen Auswärtigen Politik, D IX, Nr. 347 (C.-E. 131).
42 Ebenda, Nr. 300.
43 Ebenda, D X, Nr. 4 (C.-E. 146).
44 Ebenda.
45 KTB OKW, Bd. 1, S. 15 f.
46 Akten zur Deutschen Auswärtigen Politik, D X, Nr. 206.
47 Warlimont, S. 128.
48 Vgl. Woodward, D. British Foreign Policy in the Second World War, London 1962, Bd. I, S. 453 ff. Fortan zit.: Woodward ...
49 Vgl. Bavendamm, S. 161.
50 Vgl. ebenda, S. 162.
51 Vgl. ebenda.
52 Ebenda.
53 Churchill. Der Kampf ums Überleben 1940 – 1945. Aus dem Tagebuch seines Leibarztes Lord Moran. München 1967, S. 19.
54 Schroeder, Christa, Er war mein Chef. Aus dem Nachlaß der Sekretärin von Adolf Hitler. Hrsg. Anton Joachimsthaler, München 1985, S. 113.
55 Werth, S. 94.
56 Wassilewski, Sache des ganzen Lebens, S. 91.
57 Vgl. Woodward, S. 489 f.
58 Foreign Office Akten, 1940, Bd. 28447.
59 Vgl. Woodward, S. 493/494.

III. Die Dämmerung des Burgfriedens
Kein west-östlicher Diwan

1 Halder, Kriegstagebuch, Bd. 2, S. 30 ff.
2 Vgl. Woodward, S. 140 ff.
3 Halder, Kriegstagebuch, Bd. 2, S. 6.
4 Warlimont, S. 126.
5 Wassilewski, Sache des ganzen Lebens, S. 88.
6 Ebenda.
7 Ebenda, S. 90.
8 Ebenda, S. 94.
9 Ebenda, S. 91.
10 Schukow, Erinnerungen, S. 182.
11 Ebenda.
12 Ebenda.
13 Vgl. Chihiro, H., The Japanese-Soviet Neutrality Pact, in: The Fateful Choice, Hrsg.: Morley, J.W., New York 1980, S. 13 ff.
14 Schukow, Erinnerungen, S. 183.
15 „Prawda" vom 5. Oktober 1940.
16 Ebenda.
17 TASS-Bericht in der „Prawda" vom 5. Oktober 1940.
18 „Prawda" vom 25. Oktober 1940.
19 Ebenda, 27. Oktober 1940.
20 Vgl. Zentrales Staatsarchiv (Sonderarchiv) Moskau; 1378 und ebenda: xp. N2.
21 Halder, Kriegstagebuch, Bd. 2, S. 32 ff.
22 Schustereit, Hartmut, Vabanque. Hitlers Angriff auf die Sowjetunion 1941 als Versuch, durch den Sieg im Osten den Westen zu bezwingen, Herford und Bonn 1988, S. 12. Fortan zit.: Schustereit ...
23 Ebenda, S. 12.
24 Ebenda, S. 12 f.
25 Halder, Kriegstagebuch, Bd. 1, S. 361 f. Vgl. auch ebenda, S. 363 (19. Juni 1940).
26 Schustereit, S. 14.
27 Akten zur Deutschen Auswärtigen Politik, D XI, Nr. 4.
28 Ebenda, Nr. 7 (C.-E. 172).
29 Ebenda, Nr. 176 (C.-E. 191).
30 Ebenda, Nr. 176 (C.-E. 191).
31 Ebenda, NR. 211.
32 Vgl. A.A.-Film 3115, S. 635646-48.
33 Wassilewski, Sache des ganzen Lebens, S. 97.
34 Ebenda, S. 98.
35 Ebenda,
36 Görlitz, Walter (Hrsg.), Generalfeldmarschall Keitel. Verbrecher oder Offizier? Erinnerungen, Briefe, Dokumente des Chefs OKW. Göttingen, Berlin, Frankfurt 1961, S.252 f. Fortan zit.: Görlitz ...
37 Ebenda, S. 253.
38 Akten zur Deutschen Auswärtigen Politik, D XI, Nr. 325, 326, 328 und 329 (S. 445-461).
39 Ebenda.
40 Vgl. auch Feliks Tschujew, Sto sorok besed s Molotowim, Moskau 1991, S. 14 ff., fortan zitiert: Tschujew ...

41 Akten zur Deutschen Auswärtigen Politik, D XI, Nr. 325, 326, 328 und 329 (S. 445–461).
42 Ebenda.
43 Ebenda.
44 Ebenda.
45 Ebenda.
46 Ebenda.
47 Görlitz, S. 253.
48 Topitsch, Ernst, Stalin's Krieg. Die sowjetische Langzeitstrategie gegen den Westen als rationale Machtpolitik, Herford 1993. Hier zitiert nach der Ausgabe von 1986, S. 98.
49 Vgl. Halder, Kriegstagebuch, Bd. 2, S. 144 und KTB OKW, unter anderem Bd. 1, S. 295 und 994 ff.
50 Halder, Kriegstagebuch, Bd. 2, S. 154.
51 Vgl. Akten zur Deutschen Auswärtigen Politik, D XI, S. 326 ff.
52 Ebenda, S. 301 ff.
53 Halder, Kriegstagebuch, Bd. 1, S. 372.
54 Ebenda.
55 Zit. nach Hass, 23. August 1939, S. 194.
56 Görlitz, S. 253.
57 Trevor-Roper, Hugh R., Hitlers politisches Testament. Die Bormann-Diktate vom Februar und April 1945, München 1981, S. 78 ff. Fortan zit.: Trevor-Roper ...
58 Trevor-Roper, S. 80.
59 Ebenda, S. 114.
60 Halder, Kriegstagebuch, Bd. 2, S. 176.
61 Akten zur Deutschen Auswärtigen Politik, D XI, Nr. 404 (C.-E. 204).
62 Ebenda.
63 Halder, Kriegstagebuch, Bd. 2, S. 201.
64 Ebenda, S. 205.
65 Ebenda, S. 217.
66 Akten zur Deutschen Auswärtigen Politik, D XI, Nr. 437.
67 Vgl. Benes, E., Pameti, Prag 1947, S. 214–217.
68 Ebenda.
69 Vgl. Adolf Hitler, Mein Kampf, S. 742 ff. und Maser, Werner. Adolf Hitler. Mein Kampf, S. 197 ff.
70 Stalin, Josef, Werke, 13 Bde., Ost-Berlin 1951–1953, Bd. 7, S. 11 f.
71 Akten zur Deutschen Auswärtigen Politik, D XI, Nr. 550.
72 Ebenda.
73 Vgl. KTB OKW, Bd. 1, S. 979.
74 Vgl. Langer, William L., und S. Everett Gleason, The Undeclared War 1940–1941, New York 1953, S. 38 ff.
75 Vgl. dazu Geschichte des Großen Vaterländischen Krieges der Sowjetunion, Ost-Berlin, ff., (1952–76) Halder, Kriegstagebuch, Bd. 2, S. 214, S. 509 ff.
76 Halder, Kriegstagebuch, Bd. 2, S. 214.
77 Wassilewski, Sache des ganzen Lebens, S. 99.
78 Schukow, S. 183.
79 Ebenda, S. 184.
80 Ebenda, S. 185.
81 Wassilewski, Sache des ganzen Lebens, S. 99.
82 Vgl. Tschujew, S. 32 ff.
83 Vgl. Akten zur Deutschen Auswärtigen Politik, D XI, Nr. 550.
84 Vgl. Ebenda.
85 Ebenda.
86 Ebenda.

IV. Das Konkurrenzprogramm
Hitlers Unternehmen „Barbarossa"
und Stalins strategischer Aufmarsch von 1941

1 Wassilewksi, Sache des ganzen Lebens, S. 99.
2 Ebenda.
3 Schukow, Erinnerungen
4 Ebenda, S. 185.
5 Ebenda.
6 Ebenda.
7 Ebenda, S. 186.
8 Ebenda, S 187.
9 Ebenda, S. 190.
10 Hoffmann, Joachim, Die Angriffsvorbereitungen der Sowjetunion 1941, S. 369.
11 Bundesarchiv-Militärarchiv Freiburg, RH 24-5/104.
12 Vgl. Bobijljew, Pawel, B Janware Csorok Perwogo Krasnaja Armija Nastupala Na Kenigsberg, „Iswestija" vom 22. Juni 1993. Fortan zit.: Bobijljew ...
13 Ebenda.
14 Ebenda.
15 Ebenda.
16 Ebenda.
17 Ebenda.
18 Ebenda.
19 Vgl. Hoffmann, Joachim, Die Sowjetunion bis zum Vorabend des deutschen Angriffs, in: Der Angriff auf die Sowjetunion, TB nach der Originalausgabe des Bandes 4 des Militärgeschichtlichen Forschungsamtes; TB: Stuttgart 1991, S. 92.
20 Ebenda, S. 91.
21 Bundesarchiv-Militärarchiv Freiburg, RH 21-1/472.
22 Halder, Kriegstagebuch, Bd. 2, S. 258.
23 Hubatsch, Hitlers Weisungen, S. 120.
24 Schukow, Erinnerungen, S. 212.
25 Ebenda, S. 216.
26 Halder, Kriegstagebuch, Bd. 2, S. 351.
27 Ebenda, S. 353.
28 Ebenda, S. 359.
29 Zit. nach „Der Spiegel" 10/89, S. 149.
30 Vgl. Maser, Werner, Nürnberg. Tribunal der Sieger, Düsseldorf 1977 ff., S. 597 ff.
31 Halder, Kriegstagebuch, Bd. 2, S. 266.
32 KTB OKW, Bd. 1, 297.
33 Ebenda.
34 Ebenda.
35 Vernehmungsprotokoll des sowjetischen Obersts Nikanor Lubimow vom 6. August 1941, Bundesarchiv-Militärarchiv Freiburg, RH 21 – 1/472. Fortan zit.: Lubimow ...
36 Bundesarchiv-Militärarchiv Freiburg, RH 21 – 1/471.
37 Ebenda.
38 Ebenda.
39 Ebenda.
40 Ebenda, RH 21 – 1/472.
41 Hillgruber, Hitlers Strategie, S. 440.
42 Vgl. Knipping, Franz, Die amerikanische Rußlandpolitik in der Zeit des Hitler-Stalin-Paktes 1939 – 1941, Tübingen 1974, (in: Tübinger Studien zur Geschichte und Politik. Bd. 30, S. 178) und Bavendamm, S. 388.

43 Ulam, Stalin, S. 490.
44 Vernehmungsprotokoll des sowjetischen Obersts Iwan Jakowlewitsch Bartenjew vom 14. Juli 1941, Bundesarchiv-Militärarchiv Freiburg, RH 21 – 2/648. Fortan zit.: Bartenjew ...
45 Ebenda, RH 21 – 1/471.
46 Vgl. Hubatsch, Hitlers Weisungen, S. 96.
47 Vgl. Heinrichs, Waldo, Threshold of War. Franklin D. Roosevelt and American Entry into World War II, New York 1988, S. 137.
48 Milstejn, Michail, Vom Nachrichtendienst liegt vor ... „Neue Zeit", Nr. 26, Moskau 1990, S. 32.
49 Hubatsch, Hitlers Weisungen, S. 96 ff.
50 Ebenda.
51 Ebenda.
52 Tschujew, S. 36.
53 Zentralarchiv des Generalstabes der Roten Armee, Moskau.
54 Ebenda, S. 36.
55 Taschenbuchaufzeichnungen des sowjetischen NKWD-Majors Murat vom 13. Januar 1941. Bundesarchiv-Militärarchiv Freiburg, RH 24 – 24/335.
56 Ebenda.
57 Ebenda.
58 Ebenda.
59 Ebenda.
60 Archiv des Ministeriums für Verteidigung der UdSSR, Moskau, Fonds 73, Liste 109. Akte 5789, Bl. 114.
61 Schukow, Erinnerungen, S. 212.
62 Ebenda.
63 Vgl. Suworow, S. 109.
64 Ebenda, S. 110.
65 Ebenda.
66 Ebenda, S. 114.
67 Ebenda, S. 118.
68 Vgl. Hoffmann, Joachim, Die Angriffsvorbereitungen der Sowjetunion, S. 373.
69 Bundesarchiv-Militärarchiv Freiburg, RH 21 – 2/648.
70 Werth, S. 106 f.
71 Ebenda, S. 106 f.
72 Politisches Archiv des Auswärtigen Amtes Bonn, Handakten Etzdorf, Bd. 24, 18.10.1942.
73 Hoffmann, Joachim, Die Angriffsvorbereitungen der Sowjetunion, S. 374.
74 Wolkogonow, Stalin, S. 496. Bundesarchiv-Militärarchiv Freiburg, RH 21 – 1/472.
76 Wolkogonow, Stalin, S. 497.
77 Hillgruber, Hitlers Strategie, unter anderem S. 432.
78 Ebenda.
79 Halder, Kriegstagebuch, Bd. 2, S. 387.
80 Zit. nach Domarus, Bd. 2, S. 1696.
81 Akten zur Deutschen Auswärtigen Politik, D XII/2, Nr. 468. A.A., Film 493, S. 299098 – 99.
82 Ebenda, D XII/2, Nr. 505.
83 A.A. Film 493, S. 233082 – 87.
84 Tschujew, S. 33.
85 Wolkogonow, Stalin, S. 540.
86 Völkischer Beobachter vom 13.5.1941.

87 Ebenda.
88 SD-Berichte, S. 145.
89 Veröffentlichung mit freundlicher Genehmigung vom Oberst Eugene Bird.
90 DNB-Text vom 4.5.1941.
91 Wolkogonow, Stalin, S. 547.
92 Maser, Werner, Deutschland-Magazin, 26. Jg., Nr. 3 – März 1994, S. 36; vgl. auch Wolkogonow, Stalin, S. 557, wo der Text geringfügig anders übersetzt und als „Direktive" dargestellt wird.
93 Schukow, Erinnerungen, S. 216.
94 Halder, Kriegstagebuch; Bd. 2, 419.
95 Schukow, Erinnerungen, S. 217.
96 Tschujew, S. 33.
97 Ebenda, S. 34.
98 Bundesarchiv-Militärarchiv Freiburg, RH 21 – 1/472.
99 Ebenda, RH 21 – 1/471.
100 Ebenda, RH 24 – 5/104.
101 Ebenda, RH 21 – 1/472.
102 Ebenda.
103 Ebenda, RH 21 – 1/471.
104 Ebenda.
105 Ebenda.
106 Kurkotkin, S.K. Tyl Sovetskich Vooruzennych Sil v Velikoj Otečstvennoj vojne 1941 – 1945 gg., Moskau 1977, S. 59. Fortan zit.: Kurkotkin, ...
107 Boldin, I.W., Stranizcy zizni, Moskau 1961, S. 92.
108 Voenno-istoričeskij žurnal, Moskau 1980, S. 71. Fortan zit.: Voenno-istoričeskij ...
109 Sovetskie železnodorožniki v gody Velikoj Otečestvennoj voj vojny, Moskau 1963, S. 36.
110 Bundesarchiv-Militärarchiv Freiburg, RH 21 – 1/471.
111 Persönliche Mitteilungen von Hans Hartmut Hindenburg von Brockhusen, 1992 und 1993.
112 Voenno-istoričekij, Nr. 1, 81.
113 Stemenko, S.M., General'nyj stab v gody vojny, Moskau 1968, S. 30.
114 Po prikazu Rodiny. Boevoj put' 6 – j gvardejskoj armii v Velikoj Otečvennoj vojne 1941 – 1945 gg., Moskau 1971, S. 5.
115 Istorija Votoroj vojny, 12 Bde., Moskau 1973 – 1983, hier: Bd. 4, S. 47.
116 Kowaljow, I, W., Transport v Velikoj Otečestvennoj vojne (1941 – 1945), Moskau 1981, S. 59.
117 Voenno-istoričeskij, Nr. 3, 1985, S. 67.
118 Tschujew, S. 42.
119 Vgl. Kurowski, Franz, Hakenkreuz und Roter Stern. Der Luftkrieg über Rußland 1941 – 1945, Friedberg 1984, S. 56.
120 Vgl. Bundesarchiv-Militärarchiv Freiburg, RH 24 – 5/104.
121 Akten zur Auswärtigen Deutschen Politik, D XII/2, Nr. 381 (C.-E. 239).
122 KTB OKW, S. 404.
123 Ebenda, S. 402.
124 Suworow, S. 107.
125 Bundesarchiv-Militärarchiv Freiburg, RH 21 – 1/472.
126 Vgl. Magenheimer, Heinz, Zum deutsch-sowjetischen Krieg 1941. Neue Quellen und Erkenntnisse, in: Österreichische Militärische Zeitschrift, ÖMZ, 1/1994, S. 54.
127 Milstejn, S. 33.
128 Tschujew, S. 33.

129 Milstejn, S. 33.
130 Kehrl, S. 222.
131 Foreign Office Akten, 1941, Bd. 29 482.
132 Schukow, Erinnerungen, S. 214.
133 Milstejn, S. 32.
134 Vgl. Halder, Kriegstagebuch, Bd. 3, S. 40.
135 Ebenda, S. 38. Vgl. dazu auch Kirschin, Jurij, Die sowjetischen Streitkräfte am Vorabend des großen Vaterländischen Krieges, in: Zwei Wege nach Moskau, S. 389 ff. Vgl. auch Magenheimer, Heinz, Zum deutsch-sowjetischen Krieg 1941. Neue Quellen und Erkenntnisse, in: ÖMZ, 1/1994, S. 55 f.
136 Halder, Kriegstagebuch, Bd. 2, S. 38.
137 Guderian, Heinz, Achtung Panzer!, Stuttgart 1937, S. 148.
138 Guderian, Heinz, Erinnerungen eines Soldaten, Stuttgart 1986, S. 172.
139 Guderian, Erinnerungen eines Soldaten, S. 129.
140 Ebenda.
140 Ebenda.
141 Halder, Kriegstagebuch, Bd. 2, S. 335 f.
142 Schukow, Erinnerungen, S. 218.
143 Ebenda.
144 Ebenda.
145 Halder, Kriegstagebuch, Bd. 2, S. 396 f.
146 Schukow, Erinnerungen, S. 219. Vgl. auch Bagramjan, I. Chr, in: Voenno-istoričeskij Žurnal, Nr. 1, Moskau 1967, S. 60.
147 Schukow, Erinnerungen, S. 218.
148 Wassilewski, Sache des ganzen Lebens, S. 100 f.
149 KTB OKW, Bd. 1, S. 404. vgl. dazu auch Plaskow, G.D., Pod grochot kanonnady, Moskau 1969, S. 125.
150 Zit. nach Danilow, Walerij, Hat der Generalstab der Roten Armee einen Präventivkrieg gegen Deutschland vorbereitet?, in: ÖMZ, 1/1993. Das Dokument ist im Anhang S. 406 ff. in russischer und deutscher Sprache abgedruckt.
151 Vgl. Schukow, Erinnerungen, S. 190 ff.
152 Stereotype Formulierung der Sowjets.
153 Schukow, Erinnerungen, S. 213.
154 Vgl. Wassilewski, Sache des ganzen Lebens, S. 100.
155 Akten zur Deutschen Auswärtigen Politik, D XII/2, Nr. 423 (C.-E. 242).
156 Persönliche Auskünfte von Heinz Linge, Chef des persönlichen Dienstes (der Dienerschaft und des Hauspersonals) Hitlers, unter anderem vom 10. August 1976.
157 Akten zur Auswärtigen Deutschen Politik, D XII, Dok. 614.
158 Ebenda.
159 Halder, Kriegstagebuch, Bd. 2, S. 283.
160 Akten zur Deutschen Auswärtigen Politik, D XII, Dok. 266.
161 Halder, Kriegstagebuch, Bd. 2, S. 382.
162 Ebenda, S. 387.
163 Ebenda, S. 457.
164 Ebenda, S. 422.
165 KTB OKW, Bd. 1, S. 406.
166 Ebenda, S. 407.
167 Halder, Kriegstagebuch, Bd. 2, S. 458.
168 Ebenda.
169 Ebenda.

170 Persönliche (zum Teil durch Dokumente belegte) Informationen ehemaliger sowjetischer Offiziere, Diplomaten und Historiker (1990 bis 1994).
171 Vgl. Anm. 170.
172 Halder, Kriegstagebuch, Bd. 2, S. 461.
173 A.A. Film 2134, S. 467752.
174 Schukow, Erinnerungen, S. 230.
175 Ebenda.
176 Ebenda,, S. 230 f.
177 Tschujew, S. 41.
178 Ebenda.
179 Wassilewski, Sache des ganzen Lebens, S. 103.
180 Ebenda.
181 Ebenda.
182 Suworow, S. 321.
183 Wolkogonow, Stalin, S. 557.
184 Ebenda, S. 558.
185 Schukow, Erinnerungen, S. 232.
186 Suworow, S. 417.
187 Sowetskie Wooruzennye Sily, Moskau 1978, S. 255.
188 Kurowski, Hakenkreuz und Roter Stern, S. 64.
189 Starinow, J. G., Miny zdut swoego casa, Moskau 1964, S. 190.
190 Vgl. Suworow, S. 95.
191 Sandalow, L. M., Perezitoe, Moskau 1966, S. 99.
192 Starinow, Miny zdut swoego casa, S. 175.
193 Murawski, Erich, Der deutsche Wehrmachtsbericht 1939 – 1945. Ein Beitrag zur Untersuchung der geistigen Kriegsführung. Mit einer Dokumentation der Wehrmachtsberichte vom 1.7.1944 bis zum 9.5.1945, Boppard 1962, S. 594.
194 Tschujew, S. 33.

Bibliographie

Ich danke meinem Freund und Kollegen, Prof. Dr. Walter Zöllner von der Martin-Luther-Universität Halle-Wittenberg für seine freundliche Bereitschaft, die Druckfahnen durchzusehen.

Quellen- und Literaturhinweise:

Akten zur Deutschen Auswärtigen Politik 1919 – 1945. Aus dem Archiv des Auswärtigen Amts. Serie D (1937 – 1945). Gelegentlich nach der Baden-Badener Ausgabe 1950-56 zitiert, wobei jeweils darauf hingewiesen wird (statt Dok.-Nr. = Seitenangabe).

Archiv der Aufklärungsabteilung des ehemaligen Generalstabs der Roten Armee, Moskau.

Archiv der Familie des Generalfeldmarschalls Wilhelm Keitel.

Archiv der Landesverteidigungsakademie. Institut für strategische Forschung, Wien.

Archiv der russischen Nachrichtenagentur „Nowosti", Moskau und Köln.

Archiv des Gesandten a.D. (Reichsaußenministerium z.Zt. Ribbentrops) Dr. Paul Schmidt-Carell.

Archiv des Großadmirals Karl Dönitz.

Archiv des Heeres-Adjutanten bei Hitler, Major i.G. Gerhard Engel.

Archiv des Hitler-Anwalts und Bormann-Adjutanten Heinrich Heim.

Archiv des Kommandeurs der Abt. II der 1. Kosakenkavallerie-Division (Helmuth von Pannwitz), P. Friedrich.

Archiv des Kommissariats (seit 1946: des Ministeriums) für Verteidigung der UdSSR, Moskau.

Archiv Fachgebiet Militärtechnik des Militärhistorischen Museums Dresden.

Archiv Heinz Linges, des Chefs des persönlichen Dienstes bei Hitler.

Archiv Oberst a.D. Helmut Ritgen.

Archiv Oberst Walerij Danilow, Moskau.

Archiv Reinhard Heydrichs, des Chefs des Reichssicherheitshauptamtes.

Archiv US-Oberst Eugene Bird (US-Kommandant des Spandauer Kriegsverbrechergefängnisses).

Blauweiß-Buch der finnischen Regierung. Dokumente über die Entwicklung des finnisch-russischen Konflikts und den Aufbruch der Feindseligkeiten zwischen Finnland und der Sowjetunion am 30. November 1939. Basel 1940.

Bundesarchiv-Militärarchiv Freiburg.

Caroll, Eber Malcolm und Fritz Theodor Epstein: Das nationalsozialistische Deutschland und die Sowjetunion 1939 – 1941, Akten aus dem Archiv des Deutschen Auswärtigen Amtes, Washington 1948. Die gelegentlich an die Quellenangabe Akten zur Deutschen Auswärtigen Politik in Klammern vorhandenen Hinweise C.-E. beziehen sich auf die Numerierung derselben Akte bei Caroll-Epstein.

Der Prozeß gegen die Haupt-Kriegsverbrecher vor dem Internationalen Militärgerichtshof Nürnberg 14. November 1945 – 1. Oktober 1946, Nürnberg 1947. (IMT)

Documenti Diplomatici Italiani, 8. Serie 1935–1939, 1952/53, 9. Serie 1939–1943, 1954ff.

Documents on British Foreign Policy.

Documents on German Foreign Policy 1918–1945. Serie D. Vol. XI. (1.9.1940-31.1.1941), London 1961, Vol. XII (1.2.-22.6.1941), London 1962.

Dokumente der deutschen Politik, Hrsg. P. Müller-Benneckenstein und Six. Berlin, 1935ff.

Dokumente und Materialien zur Vorgeschichte des 2. Weltkrieges. Hrsg. Ministerium für Auswärtige Angelegenheiten der UdSSR. Bd.1 (1937–1938), Bd. 2 (1938–1939), Moskau 1948 und 1949.

Foreign Office Akten, London

Materialien des II. Kongresses der Volksdeputierten der UdSSR, Dezember 1989. Über die politische und rechtliche Bewertung des deutsch-sowjetischen Nichtangriffsvertrages von 1939. Moskau 1990.

Militärgeschichtliches Forschungsamt Freiburg.

Nationalarchiv Washington. The National Archives, National Archives and Records Service, General Services Administration, Washington (Microfilme).

Nazi Conspiracy and Aggression: Opinion and Judgment. Washington, D.C. 1962.

Politisches Archiv des Auswärtigen Amtes Bonn.

Soviet Documents on Foreign Policy. Ed. by J. Degras, Vol. III: 1931–1941. London, New York, Toronto 1953.

SSSR v borbe za mir nakanune vtoroj mirovoj voiny (IX/1938-VIII/39), dokumenty i materialy (Die UdSSR im Kampf für den Frieden am Vorabend des zweiten Weltkrieges), Moskau 1971.

Zentrale und militärische Gedenkstätte des Generalstabes der Streitkräfte Rußlands, Moskau.

Zentrales Staatsarchiv (Sonderarchiv) Moskau.

Zentrales Staatsarchiv Merseburg.

Bavendamm, Dirk: Roosevelts Krieg 1937-45 und das Rätsel von Pearl Harbour. München 1993.
Bekker, C.: Angriffshöhe 4000. Ein Kriegstagebuch der deutschen Luftwaffe 1949/45. Oldenburg 1964.
Benes, E.: Pameti. Prag 1947.
Bidlingmaier, C.: Die Grundlagen für die Zusammenarbeit Luftwaffe/Kriegsmarine und ihre Erprobung in den ersten Kriegsmonaten, in: Die Entwicklung des Flottenkommandos . (Beiträge zur Wehrforschung. Hrsg.: Arbeitskreis für Wehrforschung, Bd. IV. Darmstadt 1964.
Bilanz des Zweiten Weltkrieges. Erkenntnisse und Verpflichtungen für die Zukunft. Oldenburg 1953.
Birkenfeld, Wolfgang: Stalin als der Wirtschaftspartner Hitlers (1939 – 1941), in: Vierteljahresschrift für Sozial- und Wirtschaftsgeschichte, 53 (1966).
Bobijljew, Pawel: B Janware Csorok Perwogo Krasnaja Armija nastupala Na Kenigsberg, „Iswestija", 22. Juni 1993.
Boldin, I.W.: Stranižcy žizni. Moskau 1961.
Bonnet, George. La Defense de la Paix.
Boroznjak, Aleksandr I.: „22. ijunja 1941: Vzgljad s ‚toj' storony," in: Otečestvennaja istorija. Russische Akademie der Wissenschaften, 1/1994.
Bullock, Alan: Adolf Hitler. Eine Studie über Tyrannei. Düsseldorf 1953ff.
Ders.: Hitler and the Origins of the Second World War. Raleigh Lecture on History, Read 22 November 1967. London, Oxford University Press, published for the British Academy, 1968.
Ders.: Hitler und Stalin. Parallele Leben. Berlin 1991.
Chihiro, H.: The Japanese-Soviet Neutrality Pact, in: The Fateful Choice, Hrsg. J.W. Morley. New York 1980.
Chruschtschow, Nikita S.: Welt ohne Waffen - Welt ohne Krieg. Ost-Berlin 1961.
Ders.: Vospominanja, Isbrannye otryvki. New York 1982.
Churchill, Winston: Reden 1938 – 1945. 6 Bde., Zürich 1946 – 1950.
Ders.: The Second World War. 3 Bde., London 1950.
Churchill. Der Kampf ums Überleben 1940 – 1965. Aus dem Tagebuch seines Leibarztes Lord Moran (Hrsg.). München 1967.
Dahlerus, Birger: Der letzte Versuch. London – Berlin Sommer 1939. München 1973.
Dallin, David J.: Soviet Russia's Foreign Policy. New Haven 1944.
Danilow, Walerij: Hat der Generalstab der Roten Armee einen Präventivkrieg gegen Deutschland vorbereitet?, in: Österreichische Militärische Zeitschrift (ÖMZ), 1/1993.
Deborin, G.A.: Der zweite Weltkrieg. Ost-Berlin 1960.
Djilas, Milovan: Gespräche mit Stalin. Frankfurt am Main 1962.
Domarus, Max: Hitler. Reden und Proklamationen 1932 – 1945. München 1965, Bd. II., 1. Halbband 1939 – 1940.
Dönitz, Karl: Zehn Jahre und zwanzig Tage. Frankfurt am Main 1964.
Eichler, Gerhard: Die deutsch-sowjetischen Wirtschaftsbeziehungen von August 1939 bis zum faschistischen Überfall im Juni 1941. Diss. Halle 1965.

Fabry, Philipp Walter: Der Hitler-Stalin-Pakt 1939 – 1941. Ein Beitrag zur Methode sowjetischer Außenpolitik. Darmstadt 1962.

Fleischhauer, Ingeborg: Der Pakt. Hitler, Stalin und die Initiative der deutschen Diplomatie 1938 – 1939. Berlin und Frankfurt am Main 1990.

Dies.: Die sowjetische Außenpolitik und die Genese des Hitler-Stalin-Paktes, in: Bernd Wegner (Hrsg.); Zwei Wege nach Moskau. Vom Hitler-Stalin-Pakt bis zum „Unternehmen Barbarossa". München und Zürich 1991.

Fol, J.-J.: A propos des conversations finno-soviétiques qui ont précédé la „Guerre d'hiver" (30 novembre 1939 – 12 mars 1940, in: Revue d'histoire de la deuxième guerre mondiale. 1970, Nr. 77, S. 25-40.

Geschichte der Diplomatie. Die Diplomatie in der Vorbereitung des Zweiten Weltkrieges 1939 – 1945. Hrsg. W.P. Potjomkin, Ost-Berlin, 1948.

Geschichte des Großen Vaterländischen Krieges der Sowjetunion. Hrsg.: Institut für Marxismus-Leninismus beim ZK der KPdSU, Ost-Berlin 1952 – 1976.

Ginsberg, G.: The Soviet Union as a Neutral 1939 – 1941, in: Soviet Studies, July 1958, S. 12-31.

Goebbels, Joseph: Die Tagebücher. Sämtliche Fragmente. Hrsg. von Elke Fröhlich im Auftr. des Instituts für Zeitgeschichte und in Verbindung mit dem Bundesarchiv. T. 1: Aufzeichnungen 1924 – 1941, 4 Bde., München, London 1987.

Gordon, L. A. und E. V. Kloptov: Cto eto bylo? Razmyslenija o predposylkach i togach, cto slucilos s nami v 30-40 gody. Moskau 1989.

Dies.: Tricatye-sorokovye, in: sila, Moskau 1988.

Görlitz, Walter (Hrsg.): Generalfeldmarschall Keitel. Verbrecher oder Offizier? Erinnerungen, Briefe, Dokumente des Chefs OKW. Göttingen, Berlin, Frankfurt am Main 1961.

Gosztony, Peter: Hitlers fremde Heere. Düsseldorf 1976.

Groscurth, H.: Tagebücher eines Abwehroffiziers 1938 – 1940, hrsg. von Helmut Krausnick und H. C. Deutsch unter Mitarbeit von H. v. Kotze. Stuttgart 1970 (= Quellen und Darstellungen zur Zeitgeschichte, Bd. 19).

Guderian, Heinz: Achtung Panzer! Stuttgart 1937.

Guderian, Heinz: Erinnerungen eines Soldaten. Stuttgart 1986.

Halder, Franz: Kriegstagebuch. Tägliche Aufzeichnungen des Chefs des Generalstabes des Heeres 1939 – 1942, bearbeitet von Hans-Adolf Jacobsen. Hrsg.: Arbeitskreis für Wehrforschung. 3 Bde., Stuttgart 1962 – 1964.

Hart, Liddell: Geschichte des Zweiten Weltkrieges, 2 Bde., Düsseldorf 1972.

Hartl, Hans und Werner Marx: Fünfzig Jahre sowjetischer Deutschlandpolitik. Boppard 1967.

Hass, Gerhart: 23. August 1939. Der Hitler-Stalin-Pakt. Dokumentation. Berlin 1990.

Hassel, Ulrich von: Vom anderen Deutschland. Aus den Tagebüchern 1938 – 1944. Frankfurt am Main 1964.

Heinrichs, Waldo: Threshold of War. Franklin D. Roosevelt and American Entry into World War II. New York 1988.

Herwarth von Bittenfeld, Hans-Heinrich: Zwischen Hitler und Stalin. Erlebte Zeitgeschichte 1931–1945. Frankfurt am Main 1982.
Hesse, Erich: Der sowjetische Partisanenkrieg 1941–1944 im Spiegel deutscher Kampfanweisungen und Befehle. Göttingen und Zürich 1993.
Hilger, Gustav: Wir und der Kreml. Deutsch-sowjetische Beziehungen 1918–1941. Erinnerungen eines deutschen Diplomaten, 2. Aufl., Frankfurt am Main, Berlin 1956.
Hillgruber, Andreas: Hitlers Strategie, Politik und Kriegsführung 1940–1941. Frankfurt am Main 1965.
Ders.: Sowjetische Außenpolitik im Zweiten Weltkrieg. Düsseldorf 1979.
Ders.: Staatsmänner und Diplomaten bei Hitler. Vertrauliche Aufzeichnungen über Unterredungen mit Vertretern des Auslandes 1939–1941. Frankfurt am Main 1967.
Hillgruber, Andreas und *Gerhard Hümmelchen*: Chronik des Zweiten Weltkrieges. Kalendarium militärischer und politischer Ereignisse 1939–1945. Düsseldorf 1978.
Hitler, Adolf: Mein Kampf. München 1925ff.
Hofer, Walther: Die Entfesselung des Zweiten Weltkrieges. Eine Studie über die internationalen Beziehungen im Sommer 1949 – mit Dokumenten. Frankfurt am Main 1960.
Hoffmann, Joachim: Die Sowjetunion bis zum Vorabend des deutschen Angriffs, in: Der Angriff auf die Sowjetunion. Stuttgart 1987, S. 38-97 (= Das Deutsche Reich und der Zweite Weltkrieg. Hrsg. vom Militärgeschichtlichen Forschungsamt, Bd. 4).
Ders.: Die Kriegführung aus der Sicht der Sowjetunion, in: Der Angriff auf die Sowjetunion. Stuttgart 1987, S. 713-809 (= Das Deutsche Reich und der Zweite Weltkrieg. Hrsg. vom Militärgeschichtlichen Forschungsamt, Bd. 4).
Ders.: Die Angriffsvorbereitungen der Sowjetunion 1941, in: Zwei Wege nach Moskau. Vom Hitler-Stalin-Pakt bis zum „Unternehmen Barbarossa". Im Auftrag des Militärgeschichtlichen Forschungsamtes hrsg. von Bernd Wegner, München und Zürich 1991, S. 367-388.
Hubatsch, Walther: Hitlers Weisungen für die Kriegführung 1939–1945. Dokumente des Oberkommandos der Wehrmacht. München und Zürich 1965.
International Conference on Military Trials. U.S. Government Printing Office 1947.
Istorija meschdunarodnych ostosenij i vnesnej politiki SSSR. Bd. 1, Moskau 1986.
Istorija Vtoroj vojny, 12 Bde., Moskau 1973–1983.
Iwanow, S. P.: Načal' nyj period woojn. Moskau 1974.
Jacobsen, Hans Adolf: 1939–1945. Der Zweite Weltkrieg in Chronik und Dokumenten. Darmstadt 1959.
Ders.: Dokumente zur Vorgeschichte des Westfeldzuges 1939–1940. Göttingen 1956.

Jacobsen, Hans-Adolf und *Hans Dollinger* (Hrsg.): Der Zweite Weltkrieg in Bildern und Dokumenten. 3 Bde., München 1963.

Jacobsen, Hans-Adolf und *Werner Jochmann* (Hrsg.): Ausgewählte Dokumente zur Geschichte des Nationalsozialismus 1933 – 1945. Bielefeld 1961ff.

Jacobsen, M.: The Diplomacy of the Winter War. Cambridge, Mass. 1961.

Jäger, Jörg Johannes: Die wirtschaftliche Abhängigkeit des Dritten Reiches vom Ausland, dargestellt am Beispiel der Stahlindustrie. Berlin 1969.

Jochmann, Werner (Hrsg.): Adolf Hitler. Monologe im Führerhauptquartier 1941 – 1944. Die Aufzeichnungen Heinrich Heims. München 1980.

Kehrl, Hans: „Kriegswirtschaft und Rüstungsindustrie", in: Bilanz des Zweiten Weltkrieges. Erkenntnisse und Verpflichtungen für die Zukunft. Oldenburg 1953.

Ders.: Krisenmanager im Dritten Reich. Erinnerungen. Düsseldorf 1973.

Kempner, Robert M. W.: Das Dritte Reich im Kreuzverhör. Aus den Vernehmungsprotokollen des Anklägers. Düsseldorf 1984.

Kennan, George F.: Sowjetische Außenpolitik unter Lenin und Stalin. Stuttgart 1961.

Kettenacker, Lothar: Großbritannien und der deutsche Angriff auf die Sowjetunion, in: Zwei Wege nach Moskau. Vom Hitler-Stalin-Pakt bis zum „Unternehmen Barbarossa". Im Auftrag des Militärgeschichtlichen Forschungsamtes hrsg. von Bernd Wagner, München und Zürich 1991.

Kirkpatrick, Ivone.: The Inner Circle, London 1959.

Kirschin, Jurij: Die sowjetischen Streikräfte am Vorabend des Großen Vaterländischen Krieges, in: Zwei Wege nach Moskau. Vom Hitler-Stalin-Pakt bis zum „Unternehmen Barbarossa". Im Auftrag des Militärgeschichtlichen Forschungsamtes hrsg. von Bernd Wagner, München und Zürich 1991.

Klee, K. (Hrsg.): Dokumente zum Unternehmen „Seelöwe". Die geplante deutsche Landung in England. Göttingen, Berlin, Frankfurt am Main 1959.

Klein, Burton H.: Germany's Economic Preparations for War. Cambridge, Mass. 1959.

Klink, E.: Zur Literatur über den finnisch-sowjetischen Winterkrieg 1939 – 1940, in: Jahresbibliographie, Bibliothek für Zeitgeschichte. 1961. Frankfurt am Main 1963, S. 589-597.

Knipping, Franz: Die amerikanische Rußlandpolitik in der Zeit des Hitler-Stalin-Paktes 1939 – 1941, Tübingen 1974, in: Tübinger Studien zur Geschichte und Politik, Bd. 30.

Kowaljow, I. W.: Transport v Velikoj Otečestvennoj vojne (1941 – 1945). Moskau 1981.

Kurkotkin, S. K.: Tyl Sovetskich Vooružennych Sil v Velikoj Otečestvennoj vojne 1941 – 1945 gg., Moskau 1977.

Kurowski, Franz: Hakenkreuz und Roter Stern. Der Luftkrieg über Rußland 1941 – 1945. Friedberg 1984.

Kusnezowa, Olga und *Konstantin Selesjow*. Der politisch-moralische Zustand der faschistischen deutschen Truppen an der sowjetisch-deutschen Front in den Jahren 1941–1945, in: Zeitschrift für Militärgeschichte, 9/1970, S. 598ff.
Kuusinen, Otto V.: Finland unmasked. London 1944.
Langer, William L. und *S. Everett Gleason*: The Undeclared Waar 1940–1941. New York 1953.
Leonhard, Wolfgang: Der Schock des Hitler-Stalin-Paktes. Erinnerungen aus der Sowjetunion, Westeuropa und USA. Freiburg 1986.
Lundin, C.L.: Finland and the Second World War. Bloomington, Ind. 1957.
Magenheimer, Heinz: Zum deutsch-sowjetischen Krieg 1941. Neue Quellen und Erkenntnisse, in: ÖMZ, 1/1994, S. 51-60.
Ders.: Der deutsche Angriff auf Sowjetrußland 1941. Das operative Problem in Planung und Ablauf des Feldzuges. Dissertation, Universität Wien 1969.
Ders.: Der deutsche Angriff auf Sowjetrußland 1941, in: ÖMZ, 3/1971, S. 157–164.
Ders.: Der Kriegsausbruch 1939. Die politische und militärische Lage in Europa und ihre Entwicklung bis Ende September 1939, in: ÖMZ, 5/1979, S. 367-377.
Ders.: Der deutsche Feldzug gegen Polen 1939, in: ÖMZ, 5/1989, S. 376-379.
Ders.: Die Sowjetunion und der Ausbruch des Zweiten Weltkrieges. Sowjetische Positionen zum Zeitabschnitt 1938/39–1941, in: ÖMZ, 5/1989, S. 385-396.
Ders.: Neue Erkenntnisse zum „Unternehmen Barbarossa", in ÖMZ, 5/1989, S. 441-445.
Maiski, I. M.: Kto pomogal Gitleru. Moskau 1962.
Maiski, I. M.: Anglija i sowetskofinskaja wojna, in: Woprosy istorij, 1965, Nr. 4, S. 43-55.
Mannerheim, Carl Gustav: Minnen, 2 Bde., Helsinki 1951
Manstein, Erich von: Verlorene Siege. Frankfurt am Main und Bonn 1964.
Marx, Karl und *Friedrich Engels*: Werke, Bd. 2. Ost-Berlin, 1959.
Maser, Werner: Adolf Hitler. Legende – Mythos – Wirklichkeit. 13. Auflage, München 1993.
Ders.: Adolf Hitler. Mein Kampf. Geschichte, Auszüge, Kommentare. München und Esslingen 1966ff.
Ders.: Das Regime. Alltag in Deutschland 1933–1945. München 1983ff.
Ders.: Hitlers Briefe und Notizen. Sein Weltbild in handschriftlichen Dokumenten. Düsseldorf 1972ff.
Ders.: Nürnberg. Tribunal der Sieger. Düsseldorf 1977ff.
Mazour, A. G.: Finland between East and West. Princeton 1956.
Meinck, Gerhard: Hitler und die deutsche Aufrüstung. Wiesbaden 1959.
Meinecke, Friedrich: Ausgewählter Briefwechsel, Hrsg.: L. Dehio und P. Classen. Stuttgart 1962.
Mendelssohn, P. de: Die Nürnberger Dokumente. Hamburg 1947.
Milward, Alan S.: The German Economy at War. London 1965.

Moroszow, Michael: Der Georgier. Stalins Weg und Herrschaft. München 1980.
Murawski, Erich: Der deutsche Wehrmachtsbericht 1939–1945. Ein Beitrag zur Untersuchung der geistigen Kriegsführung. Mit einer Dokumentation der Wehrmachtsberichte vom 1.7.1944 bis zum 8.5.1945. Boppard am Rhein 1962.
Nikonow, A. D.: Geschichte der internationalen Beziehungen 1917–1939. Ost-Berlin 1963.
Petzina, Dietmar: Der national-sozialistische Vierjahresplan von 1936. Entstehung, Verlauf, Wirkungen. Diss. Mannheim 1965.
Picker, Henry: Hitlers Tischgespräche im Führerhauptquartier 1941–1942. 2. Auflage, Stuttgart 1965.
Plaskow, G. D.: Pod grochot kanonnady. Moskau 1969.
Po Prikazu Rodiny. Boevoj put' 6-j gvardejskoj armii v Velikoj Otečestvennoj vojne 1941–1945 gg. Moskau 1971.
Prokopé, H. J.: Sowjetjustiz über Finnland. Zürich 1947.
Rauch, Georg von: Der deutsch-sowjetische Nichtangriffsvertrag vom August 1939. Entfesselung oder Ausbruch des Zweiten Weltkrieges? Hrsg. von Gottfried Niedhart. Darmstadt 1976.
Ribbentrop, Joachim von: Zwischen London und Moskau. Erinnerungen und letzte Aufzeichnungen. Aus dem Nachlaß herausgegeben von Annette von Ribbentrop. Leoni am Starnberger See 1961.
Ritter, Gerhard: Carl Goerdeler und die deutsche Widerstandsbewegung. München 1964.
Robertson, Esmondo M.: Hitler Turns from the West to Russia, May-December 1940, in: Paths to War. New Essays on the Origin of the Second World War. Hrsg.: Robert Boyse. London 1989.
Rohwer, J.: Der U-Boot-Krieg und sein Zusammenbruch 1943, in: Entscheidungsschlachten des Zweiten Weltkrieges. Hrsg.: Hans-Adolf Jacobsen und J. Rohwer, Frankfurt am Main 1960.
Roos, H.: Polen zwischen den Weltkriegen, in: Osteuropa-Handbuch, Bd. Polen, Hrsg. W. Markert. Köln-Graz 1959.
Rosenberg, Alfred: Das politische Tagebuch Alfred Rosenbergs 1934/35 und 1939/40, Hrsg. Hans-Günter Seraphim. München 1964.
Sandalow, L. M.: Perezitoe. Moskau 1966.
Schönfelder, Karen: Historiker und Politik. Geschichtswissenschaft im Nationalsozialismus. Frankfurt am Main 1992.
Schramm, Percy E. (Hrsg.): Kriegstagebuch des Oberkommandos der Wehrmacht, 4 Bde., München 1982.
Schroeder, Christa: Er war mein Chef. Aus dem Nachlaß der Sekretärin von Adolf Hitler. Hrsg. Anton Joachimsthaler. München 1985.
Schukow, Georgi K.: Erinnerungen und Gedanken. Stuttgart, 1969.
Schustereit, Hartmut: Vabanque. Hitlers Angriff auf die Sowjetunion 1941 als Versuch, durch den Sieg im Osten den Westen zu bezwingen. Herford und Bonn 1988.

Sovetskie železdorožniki v gody Velikoj Otečestvennoj voj vojny. Moskau 1963.
Speer, Albert: Erinnerungen. Frankfurt am Main 1969.
Stalin, Josef: Fragen des Leninismus. Ost-Berlin 1951.
Ders.: Über den Großen Vaterländischen Krieg der Sowjetunion. Moskau 1946.
Ders.: Werke, 13 Bde., Ost-Berlin 1951–1953.
Starinow, J.G.: Miny zdut swoego casa. Moskau 1964.
Stemenko, S.M.: General'nyj štab v gody vojny. Moskau 1968.
Stübel, Heinrich: Die Finanzierung der Aufrüstung im Dritten Reich, Europa-Archiv, Jg. 6/1951.
Suworow, Viktor: Der Eisbrecher. Hitler in Stalins Kalkül. Stuttgart 1989.
Tanner, V.: The Winter War. Stanford 1957.
Tarleton, Robert E.: What Really Happened to the Stalin Line? in: Journal of Soviet Military Studies, London 2/1992, S. 186ff.
Taylor, A. J. P.: Die Ursprünge des Zweiten Weltkrieges. Die Jahre 1933–1939. München 1962.
Teheran, Jalta, Potsdam. Die sowjetischen Protokolle von den Kriegskonferenzen der „Großen Drei", hrsg. und eingeleitet von Alexander Fischer, 2. Aufl., Köln 1973.
Teske, Hermann: Ernst Köstring. Der militärische Mittler zwischen dem Deutschen Reich und der Sowjetunion 1921–1941. Frankfurt am Main 1965.
Tessin, Georg: Formationsgeschichte der Wehrmacht 1933-39, Schriften des Bundesarchivs, Bd. 7, Boppard/Rhein 1949
Thomas, Georg: Geschichte der deutschen Wehr- und Rüstungswirtschaft, 1918–1943, Hrsg. Wolfgang Birkenfeld. Boppard 1966.
Topitsch, Ernst: Stalins Krieg – Die sowjetische Langzeitstrategie gegen den Westen als rationale Machtpolitik. Herford 1993.
Topitsch, Ernst: Stalins Krieg – Die sowjetische Langzeitstrategie gegen den Westen als rationale Machtpolitik, 2. Aufl., München 1986.
Trevor-Roper, Hugh: Hitlers politisches Testament. Die Bormann-Diktate vom Februar und April 1945. München 1981.
Tschujew, Feliks: Sto sorok besed s Molotowim. Moskau 1991.
Tunkin, Gregor I.: Modernes Völkerrecht. Form oder Mittel der Außenpolitik. Berlin 1965.
Ders.: Woprosy Teorii meschdunarodnaja Prawa. Moskau 1962.
Ueberschär, Gerd R.: Hitler und Finnland 1939–1941. Die deutsch-finnischen Beziehungen während des Hitler-Stalin-Pakts. Wiesbaden 1978.
Ders.: Hitlers Entschluß zum „Lebensraum"-Krieg im Osten. Programmatisches Ziel oder militärisches Kalkül?, in: Der deutsche Überfall auf die Sowjetunion. „Unternehmen Barbarossa" 1941. Frankfurt am Main 1991.
Ueberschär, Gerd R. und *Wolfram Wette* (Hrsg.): Der deutsche Überfall auf die Sowjetunion. „Unternehmen Barbarossa" 1941. Frankfurt am Main 1991.

Ulam, Adam B.: Stalin. Koloß der Macht. München 1973.
Voenno-istoričeskij žurnal. Moskau 1980.
Wagner, Elisabeth (Hrsg.): Der Generalquartiermeister. Briefe und Tagebuchaufzeichnungen des Generalquartiermeisters des Heeres General der Artillerie Eduard Wagner. München und Wien 1963.
Warlimont, Walter: Im Hauptquartier der Wehrmacht 1933–1945. Frankfurt am Main und Bonn 1964.
Wassilewski, Alexander Michailowitsch: Sache des ganzen Lebens. Ost-Berlin, 1977.
Wates, W. P. und Z. K.: The Soviet-Finnish Campaign. Military and Political. 1939–1940. London 1942.
Weidemann, Alfred: Der rechte Mann am rechten Platz, in: Bilanz des Zweiten Weltkrieges, Oldenburg 1953.
Werth, Alexander: Rußland im Krieg 1941–1945. München 1965.
Wolkogonow, Dimitri: Stalin. Triumph und Tragödie. Ein politisches Porträt. Düsseldorf, 2. Aufl. 1990.
Woodward, D.: British Foreign Policy in the Second World War. London 1962.
Wosnessenski, Nikolaj Alexewitsch: Die Kriegswirtschaft der UdSSR während des Großen Vaterländischen Krieges. Moskau 1947.
Wuorinen, J. H. (Hrsg.): Finland and World War II, 1939–1944. New York 1948.

Infolge der wissenschaftlich zweifelsfrei belegten Bilanz dieses Buches erwies es sich als überflüssig, weitere Publikationen anzuführen, die sich in der Vergangenheit – unter welchen Vorgaben auch immer – mit dieser Thematik befaßten. Eine umfangreiche Bibliographie von Veröffentlichungen jedweder Art zu diesem Thema befindet sich in der 1991 erweiterten Ausgabe des Bandes 4 der vom Militärgeschichtlichen Forschungsamt Freiburg herausgegebenen Schriftenreihe „Das Deutsche Reich und der Zweite Weltkrieg".

Personenregister

Auf die Einbeziehung der Namen Hitler und Stalin in das Personenregister wurde aus offenkundigen Gründen verzichtet.

Achmatowa, Anna 226, 227
Albrecht 5, 11
Andrejewa, M. 10
Antonescu, Ion 366, 367, 368
Aschenbrenner, Heinrich 93
Asejew, Nikolai 101
Astachow, Georgij A. 9, 13f., 14, 16f., 24, 25
Attlee, Clement 213

Babarin, Ewgenij 16, 25
Baethgen, Friedrich 58
Baidikow 230
Bartenjew, Iwan Jakowlewitsch 285, 286, 310
Beck, Ludwig 361
Bekker, C. 133
Below, Nikolaus von 11
Benesch, Eduard 22
Berija, Lawrentij Pawlowitsch 45, 105, 129, 201, 233, 339, 352
Bersarin, N.E. 356
Berzin, Jan Antonowitsch 354
Bird, Eugene 323, 324
Birkenfeld, Wolfgang 284
Bismarck, Otto von 59, 238, 239
Bodenschatz, Karl 5, 11, 12
Bogdanow, I.A. 352
Bohlen, Charles E. 64
Boldin, I.W. 346
Bondar, Nikolai Sem. 282, 340f., 346-347
Bonnet, Georges 59-60
Boris III., König von Bulgarien 366
Borissow, Wladimir Nikolajewitsch 225
Bormann, Alfred 323

Bormann, Martin 247, 248, 320, 323
Boyse, Robert 250
Brackmann, Albert 58
Brauchitsch, Walther von 5, 11, 12, 15, 95, 136, 141, 192, 224, 303, 361
Briesen, Kurt von 91
Bronius, Jakulevieius 341
Browder, Earl 191
Brügel, J.W. 5
Bullock, Allan 97f., 260
Burauskas, Jonas 341

Carol II. von Rumänien 203
Carroll, Eber Malcolm 17
Chamberlain, Neville 79, 140
Christern, Hermann 58
Chruschtschow, Nikita S. 22, 88, 89f., 102, 339
Churchill, Sir Winston 53, 65f., 140-141, 144, 145, 156, 158, 182f., 196f., 202, 210, 213-215, 226, 227, 253, 257, 323, 324, 366
Ciano, Galeazzo, Graf 81, 248
Clausewitz, Carl von 266
Cooper 268
Cripps, Sir Stafford 12, 53, 197, 200, 202, 213, 217f., 224f., 225, 226, 227f., 229, 316, 355, 373

Dahlerus, Birger 80, 103
Daladier, Edouard 18
Dallin, David J. 7
Dalrymple-Hamilton, Sir Frederick Hew George 320
Danilow, Walerij 327
Dannenbauer, Heinrich 58
Darlan, Françcois 162, 164, 240, 241
Deborin, G.A. 96
Dekanosow, W.G. 128, 129f., 234, 373
Deutsch, H.C. 148
Dietrich, Otto 306
Dimitroff, Georgi 125f., 158
Djilas, Milovan 121
Dmitrijewa, K. 10
Dollinger, Hans 255, 281

Dönitz, Karl 135
Donovan, William J. 213
Doumenc, Joseph Edouard 28
Drax, Sir Reginald Plunkett Ernle 26

Eden, Anthony 53, 217, 255, 355
Eisenstein, Sergej 300
Engel, Gerhard 5, 11
Engels, Friedrich 125, 266
Epstein, Fritz Theodor 17
Erdmann, Carl 58

Fabry, Philipp W. 5, 377
Fester, Richard 58
Fleischhauer, Ingeborg 5, 6, 64, 138
Fomin, W.T. 58
Franco, Francisco 12, 184
Frank, Hans 120
Fromm, Fritz 368

Gamelin, Maurice Gustave 161-168, 195
Gaulle, Charles de 204, 207, 242
Gendin 354
Goebbels, Joseph 6, 122, 191
Goetz, Walter 58
Golikow, Filipp Iwanowitsch 259, 355, 293f., 354
Golubew. K.D. 356
Göring, Hermann 5, 11, 13, 84, 120, 129, 130, 218, 219, 237, 280, 306, 366
Gosiorowski 91
Gosztony, Peter 97f., 242
Gottwald, Klement 85
Greiffenberg, Hans von 224
Groscurth, H. 148
Guderian, Heinz 90, 99, 278, 360, 361-362

Hácha, Emil 19
Halder, Franz 5, 11, 12, 141, 143, 147, 180, 192, 211, 212f., 223, 224f., 229, 230, 239f., 242f., 257, 276f., 279f., 280, 281f., 284, 303, 332, 361-363, 365, 369, 373

Halifax, Edward Frederick Lindley Wood, Earl of H. 79
Hansen, Erik 239
Hart, Liddell 96, 97f., 150, 190
Hartl, Hans 50, 66
Hass, Gerhart 16
Hassel, Ulrich 148
Hedin, Sven 69f., 136, 179, 180
Heim, Heinrich 132, 136, 259
Heinrichs, Erik 180
Hencke, Andor 105
Henderson, Sir Nevile 79f., 126
Herwarth, Hans von [Johnnie] 5, 64
Hesse, Erich 250
Heß, Rudolf 319-324, 366
Hilger, Gustav 42, 56, 233, 310f., 315, 373
Hillgruber, Andreas 5, 69, 90, 104, 124, 136, 169, 242, 249, 250, 282, 315
Himmler, Heinrich 15, 58
Hindenburg von Brockhusen, Hartmut 347
Hindenburg, Paul von 88
Hoare, Sir Samuel 27
Hoepner, Erich 91
Hofer, Walther 5, 27, 60
Hoffmann, Heinrich 54
Hoffmann, Joachim 225, 348, 362
Holldack, Heinz 27
Hoppe, Willy 58
Hoth, Hermann 91
Hubatsch, Walther 8, 9, 242, 293;
Hull, Cordell 64
Hümmelchen, Gerhard 90, 169
Huntzinger, Charles 206, 241

Ignatiew, Graf 225
Ironside, William Edmund 168
Iswolsky, Petrowitsch 59
Iwanow, P.A. 203
Iwanow, S.P. 377

Jacobsen, Hans-Adolf 135, 148, 229, 243, 255, 256, 281
Jeremenko, Andrei Iwanowitsch 272
Jerussalimski, A.S. 53, 58, 238
Jochmann, Werner 132, 229, 243, 256
Jodl, Alfred 153, 174, 187, 224, 280, 281, 288, 352, 379
Johnston, Thomas 215

Kaehler, Siegfried A. 57, 58
Kaganowitsch, Lasar Moisejewitsch 122f.
Kalinin, Michail Iwanowitsch 216, 230
Karl XII. 238
Karpow, Wladimir 331
Kasakow, M.I. 272
Katikow, Michael Efimowitsch 360
Kegel, Gerhard 293, 355
Kehrl, Hans 132
Keitel, Wilhelm 5, 11, 12, 15, 80, 121, 230, 234, 235, 236, 246, 247, 250, 280, 281, 288, 306
Kempner, Robert M.W. 52
Kennan, George F. 22
Kern, Fritz 58
Kesselring, Albert 89, 213
Kirponos, Michail Petrowitsch 356
Klein, Burton H. 132
Kleist, Ewald von 91, 195
Kleist, Peter 4, 6
Klemin, A.S. 348
Knipping, Franz 287
Knochenhauer, Wilhelm 15
Kobulow, B.S. 129
Koltschanowski, N.P. 57
Korobkow, A.A. 356
Koryzis 305
Kostenko, F.J. 356
Köstring, Ernst August 6, 93, 155, 363
Kowalew, I.W. 92
Kowalew, A.S. 274, 284, 340, 341
Kowaljow, I.W. 348
Krausnick, Helmut 148

Krebs, Hans 93, 363
Kriwoschin 99
Krummacher, F.A. 5
Krupenikow, I.P. 315
Kulbakin, W.D. 58
Kulik, Viktor G. 178
Kusnezow, Fjedor I. 356
Kusnezow, Nikolai G. 24, 285, 374
Kusnezowa, Olga 346
Kutrzeba, Tadeusz 91
Kuusinen, Otto W. 152f.

Lange, Helmut 5
Laval, Pierre 239f., 240, 241f.
Lenin, W.I. 58, 70
Leonhard, Wolfgang 69
Leopold III. (von Belgien) 142, 197, 198
Linge, Heinz 323
Lintzel, Martin 58
Lipski, Josef 81f.
Litwinow, Maxim Maximowitsch 9f., 51, 122
Ljudnikow, I.I. 363
Loktionow, A.D. 24
Lubimow, Nikanor 275, 277, 282, 283, 315, 351

Magenheimer, Heinz 250, 354
Maiski, I.M. 53, 355, 373
Malenkow, Georgij Maximilianowitsch 45, 339
Mannerheim, Carl Gustav von 153
Manstein, Erich von 90, 143
Marcks, Erich 58, 361
Markert, W. 82
Markov, Walter 58
Marx, Karl 58, 125
Marx, Werner 50
Masanow, L.A. 315
Maschke, Erich 58
Maser, Werner 251, 324
Matsuoka, Yosuke 358, 359, 368
Matusevicius, Vaclowas 341

Meinecke, Friedrich 57
Merekalow, Alexej 8, 9, 74, 128
Merezkow, Kirill A. 225, 266f., 272f.
Messerschmidt, Willy 320
Meyer, Arnold Oskar 58
Mikojan, Anastas Iwanowitsch 15, 25, 119, 172, 233
Milch, Erhard 5, 11
Milsom, J. 362
Milstejn, Michail 285, 287, 354, 355
Milward, Alan S. 132
Mlot-Fijalkowski, Czeslaw 92
Molotow, Wjatscheslaw M. 9f., 12, 13f., 15f., 17, 22, 23, 25, 29, 31f., 37, 39, 40f., 42, 43, 45, 52f., 54, 55-56, 62, 71f., 80f., 90, 91-94, 96, 103f., 105f., 106-108, 118, 119f., 120, 123-124, 126, 128, 129, 138-139, 149, 150, 152f., 156, 175f., 182, 183, 191f., 201, 202-203, 217, 219, 227f., 232-237, 239, 242, 243, 246-249, 252f., 257, 260, 273, 279, 293f., 309, 311, 315, 317f., 318, 321, 348, 354f., 355, 358, 359, 364, 369, 373-375, 379
Morgenthau, Henry 287
Morosow, W.J. 356
Moroszow, Michael 230, 317
Müller, Karl Alexander von 58
Müller-Benneckenstein, P. 55
Murat 296-299
Murawski, Erich 379
Mussolini, Benito 50, 69, 80f., 184, 198, 204, 257, 293
Musytschenko, J.N. 356

Napoleon I. 238
Nikitschenko, J.T. 66
Nikonow, A.D. 38
Noguynkai, Abe 69
Oncken, Hermann 58
Orlow 354
Oshima, Hiroshi 69, 366
Ott, Eugen 293-294

Pankratowa, A.M. 57, 67
Parotkin, J.W. 57

Paulus, Friedrich 251f., 253f., 257, 361
Pavelić, Ante 366
Pawlenko, J.W. 57
Pawlow, Dimitri G. 260, 356
Pétain, Philippe 206, 227, 239-241, 256, 257
Peter II. von Jugoslawien 303
Picker, Henry 216
Pieck, Wilhelm 120
Pietrova, Bianka 150
Pintsch, Karlheinz 320, 323
Platanow, S.P. 57
Podhorski 92
Polititt, Harry 86
Ponedelin, P.G. 356
Popow, M.M. 356
Potapow, M.J. 356
Potemkin, Wladimir Petrowitsch 14, 25, 40
Potjomkin, W.P. 57, 67
Proskurow 354
Przedrzymirski-Krubowieck, Emil 90
Purkajew, Maxim Alexejewitsch 128

Quisling, Vidkun 186

Rado, Sandor 285, 287
Raeder, Erich 5, 11, 74, 183, 189, 205, 280, 306
Rassow, Peter 58
Rauch, Georg von 27
Raumer, Kurt von 58
Reinhardt, Hans 91
Respondek, Erwin 284, 285
Reynaud, Paul 200
Ribbentrop, Joachim von 3-6, 9-10, 12, 14f., 16, 31f., 33f., 34-43, 45, 49, 50f., 54, 59f., 65, 66, 71, 90, 95, 105-108, 117, 118, 119f., 122f., 124, 126-128, 138, 139, 158, 159, 169, 171, 176, 197f., 219, 231-234, 238, 245, 257, 273, 280, 293, 366, 370, 372
Richthofen, Wolfram Freiherr von 93
Ritter, Gerhard 58
Robertson, Esmondo M. 250

Roos, H. 82
Roosevelt, Franklin D. 197, 200, 211, 213-214, 223, 227, 253f., 257, 258-259, 287
Rosenberg, Alfred 4, 56f., 58f., 59
Rosso, Augusto 65, 80
Rowehl von Seerappen und Insterburg, Theodor 351
Rundstedt, Gerd von 196
Rydz-Smigly, Edward 91
Rytschagow, Pawel W. 260

Samislowa, S.P. 58
Sandalow, L.M. 378
Saslawskij, David 121f.
Schaposchnikow, Boris Michailowitsch 19f., 24, 25, 26, 93, 154, 178, 272, 278
Schdanow, Andrej Alexandrowitsch 152, 339
Schieber, Walther 355
Schirjajew, S. 307
Schkwarzew, Alexander 83, 118, 120, 128f., 231
Schmidt, Paul Otto 69, 103, 241
Schmundt, Rudolf 5, 11
Schnabel, Franz 58
Schnurre, Karl Julius 5, 9, 13, 16, 24, 169f., 171, 209, 252, 318
Schramm, Percy E. 135
Schroeder, Christine [Emilie] 215
Schukow, Georgi Konstantinowitsch 29, 133, 137f., 225f., 260f., 265f., 268, 272, 273f., 275f., 278-279, 293, 296, 307f., 324f., 326, 329, 330, 331, 347, 356, 362, 364-365, 373, 374-375
Schulenburg, Friedrich Werner Graf von der 5, 9, 13-14, 15, 17, 19, 29, 31-33, 39, 40f., 56, 60, 62, 64, 71f., 80, 91, 92-93, 96, 127f., 176, 219, 232, 233, 252, 315, 317, 354f., 366
Schustereit, Harmut 249
Schüßler, Wilhelm 58
Seidl, Alfred 45
Selesenjow, Konstantin 346
Sergejew-Zenskij, S.N. 300
Sikorski, Wladislaw 94, 121
Sinkiewitsch 341
Smirnow, A.K. 88, 260

Smorodionow, I.W. 24
Sobennikow, P.P. 356
Sodenstern, Erich von 361
Sorge, Richard 61, 293-295
Speer, Albert 132
Speidel, Hans 241
Sperrle, Hugo 213
Srbik, Heinrich von 58
Stalin, Jakob Josefowitsch [Dschugaschwili] 312, 313, 314, 331, 340
Steinhardt, Laurence A. 64f., 225
Stemenko, S.M. 347
Stewart, Robert 323
Streicher, Julius 121
Stübel, Heinrich 132
Suworow, Alexander Wassilijewitsch 300
Suworow, Viktor 97f., 99, 244, 308-309, 357, 376

Tarlé, E.W. 57, 70
Tarleton, Robert E. 272
Tartakowski, B.G. 58
Tatekawa, Yosizugo 359
Taylor, A.J.P. 7f., 50
Teleki von Szék, Paul Graf 303
Terboven, Josef 188
Thomas, Georg 246, 284
Tichonow, Nikolai 227
Timoschenko, Semjon Konstantinowitsch 88, 92, 158, 178, 216, 225f.,
    233, 260, 266f., 278, 281, 324f., 326, 347, 373, 374f.
Tippelskirch, Werner von 6, 352
Tito, Josip Broz 305
Tjulenjew, I.W. 356
Todt, Fritz 132
Topitsch, Ernst 238
Tolstoi, Alexej 300
Truchanow, S.A. 57
Truman, Harry S. 183-184
Tscherepanow, A. 86
Tscherewitschenko, J.T. 356
Tschiang Kai-schek 86

Tuchatschewski, Michael Nikolajewitsch 61, 87-88, 177
Tunkin, Gregorij I. 74

Udet, Ernst 218, 366
Uebersberger, Hans 58
Ueberschär, Gerd R. 146, 147, 250
Ulam, Adam B. 203
Ulbricht, Walter 54
Ulrich, Wassili Wassilijewitsch 89f.
Urbsys, Juozas 243
Urizki, Semen Petrowitsch 354

Vereker, John Standish Surtees Prendergast, Viscount Gort 195

Warlimont, Walter 5, 11, 12, 97, 174, 196, 210
Wassilewski, Alexander Michailowitsch 66, 96, 108, 148, 152, 153f., 155, 176, 225, 233, 234f., 246, 260f., 265f., 319, 324, 327, 331, 345f., 364, 365, 375
Watutin, Nikolaj F. 225, 374f.
Wavell, Sir Archibald 165
Weizsäcker, Ernst von 9f., 13, 14, 15, 16, 22, 52, 56f., 74, 373
Werth, Alexander 310f.
Wette, Wolfram 250
Weygand, Louis Maxime 165, 167, 195
Wiehl, Ernst 244
Wilhelmina, Königin von Holland 142, 194
Wilson, Charles McMoran, Lord Moran 215
Windelband, Wolfgang 58
Winkelman, Hendrik G. 192
Wlassow, Andrej Andrejewitsch 86
Woermann, Ernst 10
Wolchkow, A.F. 66
Wolkogonow, Dimitri 10, 19, 19, 34, 37f., 47, 67, 96, 137f., 201, 260, 272f., 315f., 318-319, 375
Woods, Sam E. 284-285
Woroschilow, Kliment Jefromowitsch 24, 28, 30, 38, 52, 93, 105, 122, 152, 178, 269
Wyschinskij, Andrej Januarjewitsch 217

Zahn 144

Die erste umfassende Biographie über den „Vater des Wirtschaftswunders"

Volker Hentschel
Ludwig Erhard
Ein Politikerleben

712 Seiten, 53 Fotos,
gebunden, DM 78,-
ISBN 3-7892-9337-7

„...glänzend geschrieben...
eröffnet spannende Einsichten in die turbulente
deutsche Nachkriegspolitik"

Peter Gillies in Die Welt

 Postfach 17 52, 86887 Landsberg • Tel.: 08191/125-559

Bedeutende Persönlichkeiten der Weltgeschichte

„Was will man uns noch mit dem Schicksal! - Politik ist das Schicksal."

Napoleon zu Goethe

Franz Herre
Ludwig II.
Bayerns Märchenkönig - Wahrheit und Legende
19/354

E.C. Conte Corti
Elisabeth von Österreich
Tragik einer Unpolitischen
19/388

Vincent Cronin
Napoleon
Stratege und Staatsmann
19/389

Louis Fischer
Gandhi
Prophet der Gewaltlosigkeit
19/426

Zoé Oldenbourg
Katharina die Große
Die Deutsche auf dem Zarenthron
19/353

19/426

Heyne-Taschenbücher

Sally Perel

*„Ich habe mir vor-
genommen, die
ganze Wahrheit zu
schreiben, ohne
Rücksicht darauf,
wie man sie inter-
pretieren wird."*

Nach über 40 Jahren des Schweigens gibt Sally Perel das Geheimnis seiner doppelten Identität preis: Als Jude entkam er dem Holocaust in der Uniform seiner Feinde - als Hitlerjunge Jupp Perjell.

19/2022

Heyne-Taschenbücher

Stichwort

»Die Taschenbuch-Reihe gibt knappe, übersichtliche und aktuelle Auskünfte zu den jeweiligen Themen.«

Westfälische Rundschau

Eine Auswahl:

Angst
19/4062

Autismus
19/4019

BSE – Rinderwahnsinn
19/4047

Buddhismus
19/4015

Chaosforschung
19/4033

Dalei Lama
19/4067

Drogen
19/4046

Geheimbünde
19/4004

Internet
19/4083

Judentum
19/4055

Kelten
19/4072

Naturreligionen
19/4064

Neue Medien
19/4075

Nostradamus
19/4063

Palästinenser und PLO
19/4045

Philosophie
19/4071

Rechtschreibreform
19/4076

Prophezeiungen
19/4104

Scientology
19/4068

Seuchen
19/4080

Viren
19/4082

Heyne-Taschenbücher

Der Zweite Weltkrieg

„Wenn wir wollen, daß uns andere nicht immerfort an die Vergangenheit erinnern, tun wir selbst gut daran, die Vergangenheit nicht zu verdrängen."

Richard von Weizsäcker

Christian Zentner (Hrsg.)
Der zweite Weltkrieg
Ein Lexikon
19/366

Werner Maser
Adolf Hitler
Legende - Mythos - Wirklichkeit
19/421

Jochen v. Lang
Die Gestapo
Instrument des Terrors
19/233

Telford Taylor
Die Nürnberger Prozesse
Hintergründe, Analysen und Erkenntnisse aus heutiger Sicht
19/390

Stichwort
Zweiter Weltkrieg
19/4074

19/390

Heyne-Taschenbücher